Sprache im Blick

Leichte Sprache

Theoretische Grundlagen
Orientierung für die Praxis

Von
Ursula Bredel und Christiane Maaß

Dudenverlag
Berlin

Bibliografische Information der Deutschen Nationalbibliothek
Die Deutsche Nationalbibliothek verzeichnet diese Publikation in der
Deutschen Nationalbiografie; detaillierte bibliografische Daten sind im Internet über
http://dnb.dnb.de abrufbar.

Es wurde größte Sorgfalt darauf verwendet, dass die in diesem Werk gemachten
Angaben korrekt sind und dem derzeitigen Wissensstand entsprechen. Für dennoch
wider Erwarten im Werk auftretende Fehler übernehmen Autor, Redaktion und Verlag
keine Verantwortung und keine daraus folgende oder sonstige Haftung.
Dasselbe gilt für spätere Änderungen in Gesetzgebung oder Rechtsprechung.
Das Werk ersetzt nicht die professionelle Beratung und Hilfe in konkreten Fällen.

Namen und Kennzeichen, die als Marken bekannt sind und entsprechenden Schutz
genießen, sind durch das Zeichen ® geschützt.
Aus dem Fehlen des Zeichens darf in Einzelfällen nicht geschlossen werden, dass ein
Name frei ist.

Das Wort **Duden** ist für den Verlag Bibliographisches Institut GmbH als Marke geschützt.

Kein Teil dieses Werkes darf ohne schriftliche Einwilligung des Verlages in irgendeiner
Form (Fotokopie, Mikrofilm oder ein anderes Verfahren), auch nicht für Zwecke der
Unterrichtsgestaltung, reproduziert oder unter Verwendung elektronischer Systeme
verarbeitet, vervielfältigt oder verbreitet werden.

Für die Inhalte der im Buch genannten Internetlinks, deren Verknüpfungen zu anderen
Internetangeboten und Änderungen der Internetadresse übernimmt der Verlag keine
Verantwortung und macht sich diese Inhalte nicht zu eigen. Ein Anspruch auf Nennung
besteht nicht.

Alle Rechte vorbehalten. Nachdruck, auch auszugsweise, verboten.

© Duden 2016   D C B
Bibliographisches Institut GmbH, Mecklenburgische Straße 53, 14197 Berlin

Redaktionelle Leitung Dr. Kathrin Kunkel-Razum, Ilka Pescheck
Redaktion Hannah Schickl
Autorinnen Prof. Dr. Ursula Bredel, Prof. Dr. Christiane Maaß

Herstellung Ursula Fürst
Umschlaggestaltung Büroecco, Augsburg
Satz fotosatz griesheim GmbH
Druck und Bindung CPI books GmbH, Birkstraße 10, 25917 Leck
Printed in Germany

ISBN 978-3-411-75616-2
Auch als E-Book erhältlich unter: ISBN 978-3-411-91178-3
www.duden.de

o Inhalt

o Einleitung... 13
    0.1 Konzeption und Anspruch des vorliegenden Buchs..................... 13
    0.2 Aufbau des vorliegenden Buchs...................................... 18

I Leichte Sprache: Konzept und Funktion 24

1 Leichte Sprache in soziolinguistischer Perspektive..................... 24

    1.1 Leichte Sprache im Varietätengefüge des Deutschen..................... 24
        1.1.1 Gebrauch/Reichweite 24
        1.1.2 Medialität/Medienspezifik 29
        1.1.3 Entstehung 32
        1.1.4 Kodifizierung/Normiertheit....................................... 36
        1.1.5 Erwerbsbedingungen 39
    1.2 Sprachbewertung: Leichte Sprache als Provokation und Stigma.......... 45
        1.2.1 Leichte Sprache als Provokation.................................. 45
        1.2.2 Leichte Sprache als Stigma 50
    1.3 Funktionen Leichter Sprache 56
        1.3.1 Partizipationsfunktion... 56
        1.3.2 Lernfunktion... 56
        1.3.3 Brückenfunktion.. 57
    1.4 Zusammenfassung 58

2 Geschichtlicher Hintergrund und Genese der aktuellen rechtlichen Situation.. 60

    2.1 Geschichte des Konzepts 61
        2.1.1 Lesbarkeitsindizes... 61
        2.1.2 Regulierte Varietäten: Leichte Sprache und Plain English 63
        2.1.3 Kommunikative Inklusion von Personen mit Behinderung............ 65
    2.2 Rechtliche Grundlagen 68
        2.2.1 Grundgesetz, Sozialgesetzbuch Neuntes Buch (SGB IX) und Behindertengleichstellungsgesetz (BGG)................................. 70
        2.2.2 UN-Behindertenrechtskonvention (UN-BRK)......................... 71
        2.2.3 Barrierefreie-Informationstechnik-Verordnung (BITV und BITV 2.0) 76
        2.2.4 Nachteilsausgleich 79
    2.3 Zusammenfassung 80

3 Regelwerke... 82

    3.1 Netzwerk Leichte Sprache 83

    3.2 Inclusion Europe 84

    3.3 BITV 2.0 88

    3.4 Konvergenz und Divergenz zwischen den Regelwerken 89

        3.4.1 Mediale und visuelle Gestaltung 92
        3.4.2 Schriftzeichen 97
        3.4.3 Morphologie 101
        3.4.4 Lexik 103
        3.4.5 Syntax 103
        3.4.6 Semantik 104
        3.4.7 Text 105

    3.5 Prüfen 107

    3.6 Kritische Würdigung 108

    3.7 Regeltabelle 109

4 Verstehen und Verständlichkeit 117

    4.1 Perzeption und Verstehen 118

        4.1.1 Perzeption 118
        4.1.2 Verstehen 120

    4.2 Perzipierbarkeit und Verständlichkeit 123

        4.2.1 Perzipierbarkeit 123
        4.2.2 Verständlichkeit 127
            4.2.2.1 Lesbarkeit 127
            4.2.2.2 Lesefreundlichkeit 131

    4.3 Verstehens- vs. Verständlichkeitsprüfung von Texten in Leichter Sprache 136

        4.3.1 Prüfung von Perzeption und Verstehen 136
        4.3.2 Prüfung von Perzipierbarkeit und Verständlichkeit 136
            4.3.2.1 Automatisierte Prüfung 136
            4.3.2.2 Prüfung über Korrektor(inn)en 137

    4.4 Zusammenfassung 138

5 Adressat(inn)en von Texten in Leichter Sprache 139

5.1 Die Heterogenität der Adressatenschaft von Leichte-Sprache-Texten 139

5.2 Primäre Adressat(inn)en von Texten in Leichter Sprache 140

    5.2.1 Heterogenität der primären Adressatenschaft von Texten in Leichter Sprache 140
    5.2.2 Zur Terminologie: Lernschwierigkeiten vs. geistige Behinderung 146
    5.2.3 Lernschwierigkeiten 148
    5.2.4 Geistige Behinderung 151
    5.2.5 Demenz 153
    5.2.6 Prälinguale Hörschädigung / Gehörlosigkeit 158
    5.2.7 Aphasie 163
    5.2.8 Analphabetismus 166
    5.2.9 Deutsch als Zweitsprache (DaZ) 169

5.3 Sekundäre Adressat(inn)en 172

    5.3.1 Wahrnehmung von Leichte-Sprache-Texten durch sekundäre Adressat(inn)en 172
    5.3.2 Lektüre von Leichte-Sprache-Texten durch sekundäre Adressat(inn)en 173
    5.3.3 Umgang mit sekundären Adressat(inn)en von Leichte-Sprache-Texten 174

5.4 Indirekte Adressierung der primären Adressatenschaft 175

5.5 Adressatenzuschnitt – Möglichkeiten der Qualitätssicherung 175

5.6 Zusammenfassung 180

6 Übersetzen in Leichte Sprache 181

6.1 Einführung 181

6.2 Intralinguale Übersetzung im Feld der Übersetzungsdimensionen 182

6.3 Barrierefreie Kommunikation und Übersetzen in Leichte Sprache 185

6.4 Zum Common Ground zwischen Ausgangstextautor(inn)en und Zieltextadressat(inn)en 187

6.5 Übersetzungswissenschaftliche Ansätze 188

6.6 Äquivalenzbezogene Übersetzungsansätze und Übersetzen in Leichte Sprache 189

6.7 Übersetzungsregeln und Hilfsmittel 196

    6.7.1 Übersetzungsregeln 196

    6.7.2 Übersetzerische Hilfsmittel 197
        6.7.2.1 Wörterbücher... 197
        6.7.2.2 Terminologiemangementsysteme 198
        6.7.2.3 Translation-Memory-Systeme 199
        6.7.2.4 Tools zur Verständlichkeitsprüfung 201
6.8 Handlungstheoretische Übersetzungsansätze und Übersetzen in Leichte Sprache 202
6.9 Rezeptionsweisen von Informationen in Leichter Sprache und deren Auswirkungen auf die Zieltexte........................ 211
    6.9.1 Rezeption durch eigenständige Lektüre 212
    6.9.2 Rezeption durch auditive Perzeption 213
    6.9.3 Rezeption in einer mündlichen Interaktionssituation mit anderen Personen 216
6.10 Zusammenfassung 218

II Struktur Leichter Sprache 221

7 Das Zeichensystem: Form – Inventar – räumliche Ordnung.. 221

7.1 Die Form der Schriftzeichen 223
    7.1.1 Schrifttypen 224
    7.1.2 Schriftgruppen.. 225
    7.1.3 Schriftarten 226
    7.1.4 Schriftauszeichnung... 228
7.2 Das Inventar der Schriftzeichen 229
    7.2.1 Buchstaben 231
    7.2.2 Ziffern und Zahlen... 231
        7.2.2.1 Zahlen und Zahlwörter (Numeralia)...................... 232
        7.2.2.2 Zahlen und Zahlkonzepte............................... 240
        7.2.2.3 Zahlen in Maßangaben 242
    7.2.3 Sonderzeichen.. 250
    7.2.4 Interpunktionszeichen....................................... 253
        7.2.4.1 Die syntaktischen Zeichen 254
        7.2.4.2 Die kommunikativen Zeichen 255
        7.2.4.3 Defektzeichen – Markierung von Inkohärenz/Unvollständigkeit 260
        7.2.4.4 Das Inventar der Interpunktionszeichen – Standardsprache und Leichte Sprache im Vergleich 263

7.3 Typografie – die räumliche Ordnung der Schriftzeichen	264
7.3.1 Die typografischen Formate der Standardsprache	264
7.3.2 Das typografische Basisformat von Texten in Leichter Sprache	266
7.3.2.1 Typografische und syntaktische Struktur	266
7.3.2.2 Typografische und thematische Struktur	268
7.3.2.3 Linearität und Hyperstruktur	268
7.3.3 Zusammenfassung	270
7.4 Multikodalität und Bildlichkeit	271
7.4.1 Text-Bild-Relationen	273
7.4.1.1 Passung	273
7.4.1.2 Bezugsgrößen	276
7.4.1.3 Bezugsarten	280
7.4.1.4 Die Anordnung von Text und Bild – der „Split-Attention-Effekt"	282
7.4.2 Bildtypen	283
7.4.2.1 Abbilder	284
7.4.2.2 Visualisierungen	286
7.4.2.3 Karten	288
7.4.2.4 Piktogramme	288
7.4.3 Bildfunktionen	290
7.4.3.1 Zeigefunktion	291
7.4.3.2 Situierungsfunktion	292
7.4.3.3 Konstruktionsfunktion	293
7.4.4 Multikodalität in der Standardsprache	294
7.4.5 Zusammenfassung	295
8 Morphologie	297
8.1 Flexionsmorphologie	297
8.1.1 Nominale Flexion – Leichte Sprache als Drei-Kasus-System	300
8.1.1.1 Nominativ, Akkusativ und Dativ in Leichter Sprache	301
8.1.1.2 Der Genitiv und seine Ersatzkonstruktionen	302
8.1.1.3 Fazit	311
8.1.2 Verbale Flexion	312
8.1.2.1 Genus Verbi – Aktiv und Passiv	313
8.1.2.2 Modus – Indikativ und Konjunktiv	317
8.1.2.3 Tempus	323
8.1.3 Zusammenfassung	326
8.2 Wortbildung	328
8.2.1 Erweiterungsmuster – Komposition substantivischer Stämme	331
8.2.2 Der Bindestrich im Deutschen	334
8.2.3 Komplexe Wortstrukturen in Leichter Sprache	336
8.2.4 Zusammenfassung	338

9 Lexik … 339

9.1 Der Wortschatz des Deutschen … 341
9.1.1 Quantitäten … 341
9.1.2 Qualitäten – Inhaltswörter und Funktionswörter … 342

9.2 Inhalts- und Funktionswörter in Leichter Sprache … 345
9.2.1 Inhaltswörter in Leichter Sprache … 345
9.2.1.1 Fremdwörter … 347
9.2.1.2 Fachwörter … 350
9.2.1.3 Eigennamen … 355
9.2.2 Funktionswörter in Leichter Sprache … 360
9.2.2.1 Präpositionen … 361
9.2.2.2 Artikel … 365
9.2.2.3 Pronomen … 369
9.2.2.4 Adverbien … 375

9.3 Zusammenfassung … 380

10 Syntax … 383

10.1 Satzgefüge – Subordination … 383
10.1.1 Relativsätze … 387
10.1.2 Adverbiale Nebensätze … 391
10.1.2.1 Konditionalität … 391
10.1.2.2 Kausalität … 393
10.1.2.3 Temporalität … 394
10.1.2.4 Adversativität … 395
10.1.2.5 Konzessivität … 396
10.1.2.6 Finalität … 397
10.1.3 Ergänzungssätze … 398
10.1.4 Zusammenfassung … 401

10.2 Satzreihen – Koordination … 402
10.2.1 Die Art der Verknüpfung: Asyndese und Syndese … 403
10.2.2 Die Verknüpfer … 404
10.2.3 Die verknüpften Einheiten: Satzexterne und satzinterne Koordination … 410
10.2.4 Das Verknüpfungsresultat: Distributive und nicht distributive Koordination … 413
10.2.5 Zusammenfassung … 415

10.3 Wortstellung … 415
10.3.1 Die Satzklammer … 418

	10.3.2 Vorfeldbesetzung	419
	10.3.3 Die Satzgliedabfolge im Mittelfeld	423
	10.3.4 Zusammenfassung	424

11 Semantik ... 426

11.1 Frames bzw. Frames und Scripts ... 426

11.2 Semantische Phänomene jenseits des Einzelworts ... 431

11.3 Mentale Räume ... 431
    11.3.1 Faktisches ... 438
        11.3.1.1 Vergangenes ... 439
        11.3.1.2 Räumlich Fernes ... 442
        11.3.1.3 Fiktionales ... 443
        11.3.1.4 Gegenstände und Ereignisse ohne räumliche, temporale oder fiktionale Verschiebung ... 445
        11.3.1.5 Zusammenfassung ... 445
    11.3.2 Potenzielles ... 447
        11.3.2.1 Zukünftiges ... 447
        11.3.2.2 Modales ... 449
        11.3.2.3 Konditionales ... 452
        11.3.2.4 Zusammenfassung ... 456
    11.3.3 Kontrafaktisches ... 457
        11.3.3.1 Irreale Konditionalität ... 458
        11.3.3.2 Negation ... 460
        11.3.3.3 Zusammenfassung ... 468
    11.3.4 Metaphern ... 469
        11.3.4.1 Zum Metaphernverbot bei Inclusion Europe und beim Netzwerk Leichte Sprache ... 469
        11.3.4.2 Metaphern und Blending ... 470
        11.3.4.3 Die Rolle der Metaphern im menschlichen Denken und Sprechen ... 473
        11.3.4.4 Arten des Umgangs mit Metaphern ... 473
        11.3.4.5 Zusammenfassung ... 478

11.4 Zusammenfassung ... 479

12 Text ... 481

12.1 Die Textebene in den Leichte-Sprache-Regelwerken ... 482

12.2 Eigenschaften von Texten ... 484
    12.2.1 Begrenzung ... 484
    12.2.2 Kohärenz ... 485

      12.2.2.1 Grammatische Kohärenz 485
      12.2.2.2 Thematische Kohärenz 487
  12.2.3 Kommunikative Funktion 487
  12.2.4 Ganzheit... 488
12.3 Divergenzen zwischen Text- und Sprachstruktur. 489
  12.3.1 Reduktion und Addition... 489
  12.3.2 Zeichenebene.. 491
      12.3.2.1 Interpunktion 491
      12.3.2.2 Listen- statt Textmodus................................... 491
      12.3.2.3 Bilder in Leichte-Sprache-Texten.......................... 491
  12.3.3 Morphologie 492
      12.3.3.1 Flexionsmorphologie 492
      12.3.3.2 Mittelfeldentlastung 494
      12.3.3.3 Wortbildungsmorphologie 494
  12.3.4 Lexik.. 494
      12.3.4.1 Beschränkung der lexikalischen Vielfalt 494
      12.3.4.2 Reduktion des Funktionswortschatzes....................... 495
      12.3.4.3 Umgang mit Fach- und Fremdwörtern...................... 497
  12.3.5 Syntax... 498
      12.3.5.1 Verzicht auf komplexe nominale Strukturen und Nebensätze.. 498
      12.3.5.2 Satzgliedstellung 499
  12.3.6 Semantik 500
      12.3.6.1 Aufbau von Frames als additive Strategie 500
      12.3.6.2 Reduktion bei den Spacebuildern 500
      12.3.6.3 Darstellung von Kontrafaktizität ohne Konjunktiv........... 501
      12.3.6.4 Auflösen von Implizitem................................... 501
12.4 Strategien auf Textebene 502
  12.4.1 Verfahren der typografischen Gestaltung 502
      12.4.1.1 Zwischenüberschriften und Randglossen................... 503
      12.4.1.2 Einrückungen 503
      12.4.1.3 Listen.. 504
      12.4.1.4 Einsatz von Bildern....................................... 505
  12.4.2 Verfahren der Adressierung 506
      12.4.2.1 Orientierung und direkte Adressierung der Adressat(inn)en .. 506
      12.4.2.2 Höflichkeit... 507
  12.4.3 Verfahren der metakommunikativen Kommentierung 509
      12.4.3.1 Explizite Benennung der Textfunktion...................... 509
      12.4.3.2 Verwendung von Textverweisen 509
      12.4.3.3 Verfahren der Themenrahmung 511
12.5 Zusammenfassung 512

13 Strukturprinzipien Leichter Sprache 514

13.1 Die Kernfunktion Leichter Sprache 514

13.1.1 Verständlichkeit – Orientierung an der konzeptionellen Mündlichkeit 514

13.1.2 Perzipierbarkeit – Typografische und informationelle Aufbereitung 515

13.2 Leitprinzipien Leichter Sprache 516

13.2.1 Das Prinzip der Proximität 516

13.2.2 Das Prinzip der maximalen Explizitheit 517

13.2.3 Das Prinzip der Kontinuität 518

13.3 Die Struktur Leichter Sprache im Überblick 519

13.4 Leichte Sprache und Standardsprache im Vergleich – Isolation vs. Integration 523

14 Leichte Sprache – Einfache Sprache – Standardsprache 526

14.1 Einfache Sprache und Leichte Sprache – Abgrenzungen 527

14.2 Konstruktionsprinzipien Einfacher Sprache 530

14.2.1 Modellbildung 530

14.2.2 Orientierungskriterien 531

14.2.3 Ableitungsrichtung 532

14.2.4 Addition und Reduktion / Auf- und Abbau 533

14.3 Sprachliche Komplexität als Kontinuum – Verfahren der Anreicherung 533

14.3.1 Kategoriale Anreicherungsskalen 534

14.3.2 Kategorieninterne Anreicherungsskalen 535

14.3.3 Interrelationen 537

14.4 Typografische Komplexität als gestuftes Kontinuum 538

14.4.1 Mikrostruktur 539

14.4.2 Makrostruktur 539

14.4.3 Multikodalität/Bilder 539

14.4.4 Schriftzeichen – Form und Inventar 540

14.5 Textpragmatik 541

14.6 Zusammenfassung 541

Literatur 543

0 Einleitung

Die vielfältigen Funktionen, die die schriftliche Kommunikation in literalen Gesellschaften erfüllen muss, führen zu immer komplexer werdenden Vertextungspraktiken, die sich zu je spezifischen Textmustern und Textsorten verdichten. Je länger eine Diskurstradition besteht, desto verdichteter und damit undurchdringlicher werden die Konventionen, die sie stabilisieren und sichern. Das reicht bis hin zu Spezialdiskursen, die überhaupt nur noch von einer kleinen Gruppe von Expert(inn)en rezipiert und verstanden werden können. Das Textuniversum literaler Gesellschaften ist damit notwendig und konstitutiv exkludierend: Kein Gesellschaftsmitglied verfügt über eine umfassende Literalitätskompetenz, wenn darunter die Fähigkeit verstanden wird, sämtliche Textkonventionen und -traditionen zu kennen und sie aktiv für die Produktion und für die Rezeption von Texten zu nutzen.

Um dennoch für umfassendere Partizipationsmöglichkeiten zu sorgen, unterhalten literale Gesellschaften eine reiche intralinguale Übersetzungspraxis, die Informationen aus Fachtexten für ein breiteres Publikum aufbereitet (etwa Wissenschaftsjournalismus, Experten-Laien-Kommunikation, Lehrwerke etc.).

In diese Tradition lässt sich auch die Leichte Sprache stellen. Im Gegensatz zu durchschnittlich sozialisierten Gesellschaftsmitgliedern ist bei den Zielleser(inne)n von Leichte-Sprache-Texten die Zugänglichkeit zu Texten jedoch maximal eingeschränkt: Als ungeübte Leser(innen) verfügen sie nicht über hinreichende Texterfahrung; insgesamt können sie kaum auf die konzeptionelle Schriftlichkeit als Wissensressource beim Lesen zurückgreifen; darüber hinaus ist teilweise auch die Sprachfähigkeit, die visuelle oder die auditive Wahrnehmungsfähigkeit eingeschränkt.

Leichte Sprache greift deshalb tiefer als alle anderen Formen der didaktischen Informationsaufbereitung in die Ausgangsstrukturen ein.

0.1 Konzeption und Anspruch des vorliegenden Buchs

Gegenwärtig ist Leichte Sprache noch weitgehend ein Praxisphänomen. Sie wurde aus der Behindertenrechtsbewegung heraus entwickelt und in den vergangenen Jahren vor allem von den Mitgliedern des Netzwerks Leichte Sprache getragen. Auch die gegenwärtigen Regelwerke sind überwiegend aus der Praxis heraus entstanden.

Inzwischen hat Leichte Sprache eine rechtliche Abstützung erfahren: Gemäß der UN-Behindertenrechtskonvention, die 2009 auch in

Deutschland in Kraft getreten ist, haben Personen mit Kommunikationseinschränkungen ein Recht auf barrierefreie Kommunikation. In der Barrierefreie-Informationstechnik-Verordnung (BITV 2.0) von 2011 wird Leichte Sprache neben der Gebärdensprache als Mittel der Wahl zur Umsetzung dieses Anspruchs postuliert.

Die Praxis-Regelwerke halten dem daraus erwachsenden Erfordernis nach Übersetzung auch fachlicher Texte in Leichte Sprache jedoch noch nicht stand. Die Regeln sind intuitiv konzipiert und bieten bislang keinen ausreichend präzisen Rahmen.

Ein Beispiel: Metaphern sollen gemäß den Regelwerken von Inclusion Europe (2009) und des Netzwerks Leichte Sprache (BMAS 2013) vermieden werden. Das ist zunächst ein intuitiver Befund, der gut mit Forschungsergebnissen der kognitiven Linguistik konvergiert – die Verarbeitung von Metaphern ist nachweislich kognitiv anspruchsvoll. Dennoch ist ein generelles Metaphernverbot nicht umsetzbar, denn Metaphern gehören fest zum System einer jeden, auch der Leichten Sprache; etwa werden in der Standardsprache ebenso wie in der Leichten Sprache lokale Metaphern gebraucht, um temporale Konzepte auszudrücken *(vor drei Stunden, in drei Minuten, am 7. Dezember)*. Das Metaphernverbot muss also präzisiert werden: Welche Arten von Metaphern bereiten Probleme und wie ist mit ihnen umzugehen? Welche Metaphern sind verzichtbar, welche nicht? Übersetzer(innen) brauchen darüber hinaus eine Orientierung für ihre Textpraxis: Was tun, wenn im Ausgangstext Metaphern erscheinen?

Und so ist Leichte Sprache auch ein Forschungsdesiderat: Es bedarf einer wissenschaftlich fundierten Analyse der bestehenden Regelwerke, um konkrete Regelhypothesen aufstellen zu können, die im nächsten Schritt einer empirischen Prüfung zu unterziehen sind. Ziel ist es dabei, jenseits der Vertextungspraxis das System der Leichten Sprache greifbar zu machen: Wir gehen davon aus, dass Leichte Sprache eine regulierte Varietät des Deutschen und folglich auf allen Ebenen des Sprachsystems linguistisch beschreibbar ist. Das vorliegende Buch liefert hierzu einen Beitrag.

Einen wichtigen Ausgangspunkt bilden für uns die allgemein zugänglichen Praxis-Regelwerke der Leichten Sprache: die Regeln des Netzwerks Leichte Sprache (BMAS 2013), von Inclusion Europe (2009) sowie die in Anlage 2 der BITV 2.0 formulierten Vorgaben für die Bereitstellung von Informationen in Leichter Sprache. Diese Regelwerke stellen wir in ihrer Leistung, aber auch in ihren Grenzen dar. Wir nehmen jeweils zunächst die Gültigkeit der postulierten Regeln an und untersuchen im nächsten Schritt, welche Konsequenz die jeweilige Regel für das System der Leichten Sprache hat und inwiefern sie ggf. zu modifizieren ist.

Dabei gehen wir von der kontrastiv-linguistischen Perspektive aus und beschreiben das System der Leichten Sprache auf der Folie der deutschen Standardsprache. Der Blick auf die Standardsprache bleibt dabei naturgemäß selektiv. Im Fokus steht die Frage, was diejenigen sprachlichen Mittel, die durch die Regeln der Leichten Sprache beschnitten werden, in der Standardsprache leisten. Was leistet der Genitiv? Was Konjunktiv oder Präteritum und was die Negation? Welche kompensatorischen Mittel stehen zur Verfügung, wenn Leichte Sprache ohne diese Kategorien auskommen muss? Stehen diese kompensatorischen Mittel möglicherweise im Gegensatz zu anderen Regeln? Der Genitiv beispielsweise erscheint häufig in komplexen Nominalphrasen *(das aktuelle Problem der jungen Generation)*; und sowohl der Genitiv als auch komplexe nominale Strukturen sind in Leichter Sprache verboten. In der Standardsprache können komplexe Nominalphrasen in Nebensatzkonstruktionen aufgelöst werden *(das Problem, das die junge Generation gegenwärtig hat)*. Gemäß den Regelwerken enthalten Sätze in Leichter Sprache jedoch nur eine Aussage, Nebensätze sind nicht lizenziert. Dieses kompensatorische Mittel der Standardsprache zur Auflösung komplexer Nominalphrasen mit Genitiv kollidiert daher in Leichter Sprache mit einer anderen Regel. Der Wegfall des Genitivs ist folglich in Leichter Sprache nicht leicht zu kompensieren, da auf allen Ebenen nur ein reduzierter Inventarbestand zur Verfügung steht. Bei der möglichen Übersetzung der vorliegenden Konstruktion, *die junge Generation hat gegenwärtig ein Problem,* bleibt die Verwendung von *gegenwärtig* als typisch schriftsprachlich geprägter und morphologisch komplexer Ausdruck kritisch. Es stellt sich also immer wieder und auf allen Ebenen die Frage, welche Mittel eingesetzt werden können, um Ersatz für standardsprachliche Strukturen zu finden, die nicht zum System der Leichten Sprache gehören. Dieser Frage wird im vorliegenden Buch systematisch nachgegangen, denn ihre positive Beantwortung ist die Grundlage für den Nachweis, dass mit Leichter Sprache eine funktionierende, wenngleich eingeschränkte Varietät des Deutschen vorliegt.

Unsere Studie baut auf der Forschungsliteratur zu unterschiedlichen Gegenstandsbereichen auf. Dabei kann ein Projekt dieser Breite keine Vollständigkeit erreichen. Ziel ist es vielmehr, Anknüpfungspunkte zu unterschiedlichen Disziplinen und Themenbereichen aufzuzeigen, die es ermöglichen, Leichte Sprache angemessen zu konzeptualisieren. Zentral ist für uns die linguistische Forschungsliteratur zu den einzelnen behandelten Themenbereichen (Soziolinguistik, Morphologie, Syntax, Semantik etc.). Neben der im engeren Sinne linguistischen Literatur beziehen wir uns auf die Verständlichkeitsforschung aus der Psychologie und der Fachkommunikationsforschung. Hinzu kommt die Forschung, die sich mit den Verstehensvoraussetzungen und Kommunikationseinschränkungen der unterschiedlichen Adressatengruppen von Leichter Sprache beschäftigt. Ein solcher Ansatz läuft im gegenwärtigen Diskurs Gefahr, als defizitorientiert wahrgenommen zu werden, eine Zugriffsweise, die sich zunehmend in der Kritik sieht. Wir halten diese Vorgehensweise dennoch für geboten, da es für eine präzise Fassung der Regeln notwendig ist, die Kommunikationsbedürfnisse der Adressatenschaft möglichst genau zu kennen.

Manche Regeln Leichter Sprache beschneiden das System der Standardsprache in einer Weise, die für die Leser(innen) an der Grenze der Akzeptabilität liegt. Ein Beispiel ist der Verzicht auf Personalpronomina der dritten Person in anaphorischer Funktion *(Karla durfte die Katze füttern. Sie weinte vor Glück. / Sie war schon ganz ausgehungert)*: Dieser Verzicht stellt einen schwerwiegenden Texteingriff dar, der einer guten Begründung bedarf. Die Forschung zu unterschiedlichen Formen von Behinderung (Demenz, prälinguale Hörschädigung) hat jedoch erwiesen, dass Personen mit diesen Behinderungsbildern mit pronominalen Anaphern häufig erhebliche Schwierigkeiten haben, so dass der Verzicht auf pronominale Anaphern als gerechtfertigt erscheint. Auch allgemeine kognitiv-linguistische Studien stützen den Befund, dass pronominale Anaphern schwer zu prozessieren sind.

Nicht nur hier, sondern auch bezüglich anderer Phänomene erweist sich, dass in der Forschung disziplinenübergreifend eine hohe Konvergenz mit den Leichte-Sprache-Regeln besteht: Negation, Präteritum, Abstrakta, peripherer Wortschatz oder Wörter und Sätze jenseits einer bestimmten Länge, die in den Regelwerken indiziert sind, werden auch in unterschiedlichen Forschungsansätzen als kognitiv anspruchsvoll herausgestellt. Insofern steht die Forschung zu Leichter Sprache, anders als zunächst zu vermuten wäre, nicht ganz am Anfang, sondern kann sich auf einen reichen Ertrag aus den genannten Disziplinen stützen. Es zeigt sich darüber hinaus auch, dass die Regelwerke in einer robusten Tradition des Verständlichmachens von Texten stehen und bei all ihren Grenzen als Ausgangspunkt für die linguistische Betrachtung durchaus geeignet sind.

Die Aussagen, die wir formulieren, haben selbst nicht den Status von Regeln. Es handelt sich vielmehr um Hypothesen und Konsequenzen aus den Annahmen der Regelwerke und der einschlägigen Forschung unter Beachtung der Interrelation der bestehenden Regeln. Nur eine Aussage pro Satz zuzulassen bedeutet, dass satzinterne Koordination und Subordination nicht möglich sind. Dies wiederum zieht es nach sich, dass das Komma nicht zum System der Leichten Sprache gehört und das System der Interpunktionszeichen in Leichter Sprache mithin von dem der Standardsprache abweicht. Aus den Verschränkungen der Regeln untereinander leiten sich Erkenntnisse über das System Leichter Sprache ab, das sich entlang der unterschiedlichen sprachlichen Ebenen beschreiben lässt.

Die Orientierung an den Regelwerken bringt es dabei mit sich, dass manche Regeln in unterschiedlichen Kapiteln, aber jeweils unter anderem Fokus behandelt werden. Die Regel „Nur eine Aussage pro Satz" hat, wie eben ausgeführt, Auswirkungen auf unterschiedliche Sprachebenen (mindestens Syntax, Interpunktion und Text) und wird folglich mehrfach wieder aufgegriffen. Andere Regeln, insbesondere aus der Barrierefreie-Informationstechnik-Verordnung, fassen Phänomene ganz verschiedener Art in jeweils einer Regel zusammen, so dass die entsprechenden Verweise mehrfach im Text erscheinen müssen.

Die Hypothesen und Konsequenzen, die aus der forschungsgeleiteten Auseinandersetzung mit den unterschiedlichen Regeln erwachsen, formulieren wir möglichst präzise und fassen sie in den Kapiteln jeweils in möglichst übersichtlicher Form zusammen. Die Ausführungen haben damit zwar nicht den Status von Übersetzungsregeln, aber sie können, solange sie nicht empirisch widerlegt sind, in der konkreten Übersetzungspraxis zur Konsultation genutzt werden, so dass sich das vorliegende Buch durchaus auch als Nachschlagewerk für Übersetzer(innen) lesen lässt, die sich für schwierige Fragen Orientierung holen wollen. Die Kapitel sind kleinteilig untergliedert; zusammen mit den intensiven buchinternen Verweisungen erleichtert diese Struktur das Nachschlagen auch in ganz praktischer Hinsicht.

Wir arbeiten durchgehend mit einer Vielzahl von Beispielen, um die beschriebenen Phänomene zu illustrieren. Die Exemplifizierung entspricht dabei jeweils den Erfordernissen des Gegenstands, so dass sowohl empirische als auch, wie in der germanistischen Grammatiktheorie durchaus üblich, konstruierte Beispiele verwendet werden. Konstruierte Beispiele kommen dabei überwiegend dort zum Einsatz, wo sprachliche Einzelphänomene dargestellt werden, denn diese treten in einem komplexitätsreduzierten konstruierten Beispiel oft deutlicher hervor als in empirischen Belegen, die sich in ihrer Komplexität kaum je auf ein einzelnes Problem reduzieren lassen. Immer dann, wenn die Textebene in den Blick kommt (bei uns insbesondere in den Kap. 6, 7 und 12), greifen wir tendenziell auf empirische Belege zurück, denn dann geht es häufig gerade darum, Komplexität fassbar zu machen. Manche empirischen Beispiele nehmen dabei die Ausgangstexte zur Grundlage und konstruieren Musterlösungen in Leichter Sprache, andere reflektieren publizierte Leichte-Sprache-Übersetzungen unterschiedlicher Provenienz.

0.2 Aufbau des vorliegenden Buchs

Das Buch gliedert sich in zwei Großkapitel: Im ersten Großkapitel werden Konzept und Funktion, im zweiten wird die Struktur Leichter Sprache beschrieben.

Großkapitel I: Leichte Sprache – Konzept und Funktion
In Großkapitel I wird Leichte Sprache im gesellschaftlichen Kontext verortet: Wir beschreiben ihre soziolinguistische und rechtliche Situierung, ihre historische Genese und ihren aktuellen Regulierungszustand, Profil und Bedürfnisse der Adressatenschaft und schließlich die angemessene und funktionsgerechte Erstellung von Texten in der konkreten Übersetzungspraxis.

Kapitel 1 Leichte Sprache in soziolinguistischer Perspektive stellt dar, welche Ausprägung Leichte Sprache unter den Varietäten des Deutschen hat und wie sie von den gesellschaftlichen Akteuren wahrgenommen wird. Leichte Sprache wird als regulierte Varietät des Deutschen mit einem charakteristischen soziolinguistischen Profil beschrieben. Wir zeigen die Überschneidungen zu Xenolekten einerseits und zu Plansprachen andererseits auf und belegen, dass die Leichte Sprache insgesamt ein untypisches variationslinguistisches Profil aufweist. Dieses Profil bringt es mit sich, dass die Personen, die auf Leichte Sprache angewiesen sind, sich potentiell einer Stigmatisierung ausgesetzt sehen, während sich privilegierte Gesellschaftsgruppen in teils scharfer Form von ihr abgrenzen. Außerdem arbeiten wir heraus, welche Funktionen Leichte Sprache für die Adressat(inn)en und die Interaktion mit ihnen hat, und formulieren im Vorgriff auf die folgenden Kapitel Hypothesen, wie ihr diesbezügliches Potenzial nutzbar wird.

Kapitel 2 Geschichtlicher Hintergrund und Genese der aktuellen rechtlichen Situation verortet das Konzept der Leichten Sprache im Diskurs der Bemühungen um politische Teilhabe. Die Inklusionsbewegung, deren Instrument Leichte Sprache ist, versteht sich einerseits als gesellschaftliche Kraft, ist aber andererseits inzwischen ein Rechtsgegenstand, so dass sich für Personen mit Behinderung konkrete Ansprüche ableiten, auch mit Blick auf die Leichte Sprache. Wir gehen hier u. a. auf den Nachteilsausgleich ein, in dessen Rahmen Leichte Sprache bereits als Mittel der Wahl implementiert ist. Ein Blick über die Landesgrenzen hinaus zeigt die Entwicklung und zugleich die Entwicklungspotenziale von sprachlichen Erleichterungssystemen in heterogenen Sprachgemeinschaften.

Kapitel 3 Regelwerke nimmt die bestehenden, öffentlich zugänglichen Regelwerke in den Blick. Diese beruhen weitgehend auf erfahrungsnahen Intuitionen, die sich als überwiegend gut herausstellen werden: Die meisten Regeln haben, wie sich insbesondere im zweiten Großkapitel zeigen wird, zumindest einen „wahren Kern", d. h. eine gewisse Grundplausiblität und Relevanz. Andererseits sind die Regeln, wie bereits eingangs ausgeführt, überwiegend wenig präzise und häufig übergeneralisierend; beide Aspekte sollen aufgezeigt und darüber hinaus Konvergenz und Divergenz der diskutierten Regelwerke herausgearbeitet werden.

Kapitel 4 Verstehen und Verständlichkeit setzt sich mit der kognitionswissenschaftlichen, psychologischen bzw. kognitiv-linguistischen und fachkommunikationswissenschaftlichen Verstehens- und Verständlichkeitsforschung auseinander. Dabei nehmen wir zunächst die Leser(innen) in den Blick und stellen dar, wie Perzipieren und Verstehen von Texten funktioniert und inwiefern diese Prozesse bei der Leichte-Sprache-Leserschaft beeinträchtigt sein können. Aus der Perspektive der Texte identifizieren wir Perzipierbarkeit und Verständlichkeit als Grundkonstanten Leichter Sprache, die auf allen Ebenen des Sprachsystems einzulösen sind und deren Realisierung zusätzlich Gestaltungsvorgaben für die Oberfläche konkreter Leichte-Sprache-Texte nach sich zieht.

Kapitel 5 Adressat(inn)en von Texten in Leichter Sprache wendet sich den intendierten Nutzergruppen von Leichte-Sprache-Texten zu. Personen mit Kommunikationsbehinderungen haben ein Recht darauf, dass ihnen Texte in Leichter Sprache angeboten werden. Die Regeln Leichter Sprache müssen sich an den Kommunikationsbedürfnissen dieser Adressatenschaft ausrichten. Darüber hinaus gibt es weitere Personengruppen, die aufgrund ihrer eingeschränkten Lesefähigkeit ebenfalls auf Leichte Sprache angewiesen sind, ohne dass sie einen Rechtsanspruch auf Kommunikationserleichterung hätten. Das Kapitel gibt einen Abriss über die potenziellen Adressat(inn)en Leichter Sprache und die charakteristischen Einschränkungen, die zu einer Erschwernis bei der Rezeption standardsprachlicher Texte führen. Darüber hinaus zeichnet sich ab, dass es auch indirekte Adressierungen unterschiedlicher Art gibt: sekundäre Adressat(inn)en, die keine Beschränkung der Lesefähigkeit haben, Leichte-Sprache-Angebote in fachlichen Kontexten aber gern wahrnehmen, und Expert(inn)en, die im Umgang mit der primären Adressatenschaft Leichte-Sprache-Texte als Kommunikationsbausteine einsetzen.

Kapitel 6 Übersetzen in Leichte Sprache wendet den Blick auf die Übersetzungstheorie und beschreibt Leichte Sprache als Gegenstand der Übersetzungswissenschaft. Übersetzen in Leichte Sprache wird als überwiegend intralingual und intrakulturell sowie teilweise intersemiotisch beschrieben. Wir loten äquivalenzbezogene und handlungstheoretische übersetzungswissenschaftliche Ansätze mit Blick auf ihre Anwendbarkeit auf das Übersetzen in Leichte Sprache aus. Äquivalenzbezogene Ansätze stützen die Entwicklung von Übersetzungsregeln und übersetzerischen Hilfsmitteln – beides drängende Desiderate der übersetzungswissenschaftlichen Leichte-Sprache-Forschung. Handlungstheoretische Ansätze eröffnen einen Blick auf die Funktionalität der Zieltexte in der Zielsituation, machen unterschiedliche Ausprägungen des Verhältnisses von Ausgangs- und Zieltext plausibel und schärfen den Blick für unterschiedliche Entstehungs- und Rezeptionsformen der Zieltexte.

Großkapitel II: Struktur Leichter Sprache
In Großkapitel II wird die Struktur Leichter Sprache entlang der unterschiedlichen Ebenen des Sprachsystems von der Zeichen- bis zur Textebene beschrieben.

Dabei wird die aktuelle Regulierungspraxis auf der Grundlage der Vorannahmen aus dem ersten Teil evaluiert, modifiziert und präzisiert. Dies erlaubt es uns im Anschluss, allgemeine Strukturprinzipien Leichter Sprache zu beschreiben, die sie als funktionale Varietät des Deutschen charakterisieren, und Leichte Sprache im Feld komplexitätsreduzierter Varietäten zu verorten.

Kapitel 7 Zeichensystem untersucht die in Leichter Sprache zur Verfügung stehenden Zeichen, wobei zunächst symbolische, weiterführend aber auch indexikalische und insbesondere ikonische Zeichen in den Blick genommen werden. Durch die besonderen Anforderungen an die Perzipierbarkeit von Leichte-Sprache-Texten einerseits und die Komplexitätsreduktion bei den syntaktischen Mitteln andererseits gewinnt die räumliche Ordnung der Zeichen durch die Typografie besondere Bedeutung. Das Erfordernis nach der Erläuterung und Veranschaulichung bei gleichzeitig begrenzter Aufnahmekapazität der Rezipient(inn)en hat wiederum Konsequenzen für den Einsatz von Bildern in Leichte-Sprache-Texten, die in diesem Kapitel beschrieben werden.

Kapitel 8 Morphologie beschreibt die Auswirkungen, die sich aus der Anwendung der Leichte-Sprache-Regeln auf die Flexions- und Wortbildungsmorphologie ergeben. Leichte Sprache wird durch den Wegfall des Genitivs zum Drei-Kasus-System; auch die Verbalflexion ist reduziert:

Leichte Sprache ist ein Zwei-Tempus-System (Präsens, Präsens Perfekt), ein Ein-Modus-System (Indikativ) und ein Ein-Genus-Verbi-System (Aktiv). Die Reduktionen folgen dabei systematisch beschreibbaren Markiertheitshierarchien. Das Kapitel thematisiert Herausforderungen und Lösungsansätze, die sich durch die Reduktionen flexionsmorphologischer Formen bei der Übersetzung in Leichte Sprache ergeben. Bei der Wortbildungsmorphologie konzentrieren wir uns auf das im Deutschen höchst produktive Wortbildungsmittel der Komposition. Weil lange Komposita die Perzeption und das Verstehen von Wörtern erschweren, wird in den Regelwerken durchgängig eine Trennung der Kompositionsbestandteile durch den Bindestrich vorgeschlagen. Wir setzen uns mit diesem Vorschlag in orthografietheoretischer und psycholinguistischer Perspektive auseinander und schlagen mit dem Mediopunkt einen alternativen, weniger belasteten Segmentierungsmarker vor.

Kapitel 9 Lexik versucht die Frage zu beantworten, wie die Regel, Leichte-Sprache-Texte sollten „einfache" (BMAS 2013) bzw. „leicht verständliche Wörter" (Inclusion Europe 2009) verwenden, dahingehend präzisiert werden kann, dass sie jenseits der individuellen Intuition operationalisierbar wird. Dabei identifizieren wir auf der Basis der Prototypentheorie Kriterien, die es erlauben, überindividuelle Entscheidungen für die Wortauswahl für Leichte-Sprache-Texte zu treffen. Die Verwendung von Fremdwörtern, Fachwörtern und Eigennamen sowie strukturelle und konzeptionelle Erfordernisse an Worterklärungen in Leichter Sprache werden gesondert diskutiert. Darüber hinaus gehen wir auf Funktionswörter, insbesondere auf Präpositionen, Artikel, Pronomen und Adverbien ein, die in Leichter Sprache jeweils ein spezifisches Funktionsprofil aufweisen.

Kapitel 10 Syntax zeigt die Auswirkungen auf, die sich aus dem Subordinations- und Koordinationsverbot für das System der Leichten Sprache ergeben: Leichte Sprache verfügt ausschließlich über autonome Einzelsätze, mit denen auch Konzepte ausgedrückt werden müssen, die in der Standardsprache über Nebensätze oder Koordinationskonstruktionen versprachlicht werden. Wir diskutieren, wie mit Nebensätzen aus Ausgangstexten umgegangen werden kann, und machen konkrete Vorschläge für die Reformulierung unterschiedlicher Arten von Relativsätzen, adverbialen Nebensätzen und Ergänzungssätzen. Bei den Koordinationskonstruktionen nehmen wir die in Leichter Sprache erlaubten Konjunktionen in den Blick und zeigen auf, welche Konsequenzen ihre Verwendung für die Textkonstruktion hat. Zuletzt skizzieren wir Probleme, die mit der Wortstellung verknüpft sind: Thematisiert wird die Klammerstruktur deutscher Sätze, die für die Leichte-Sprache-Leserschaft eine Herausforderung darstellen kann, sowie die variable Vorfeldbesetzung im Spannungsfeld zwischen Verstehensanforderungen und den Anforderungen an eine plausible textuelle Themenführung.

Kapitel 11 Semantik beschreibt die Anforderungen an Leichte Sprache, die sich daraus ergeben, dass in standardsprachlichen Texten Frames und Scripts aktiviert werden, die den Adressat(inn)en von Leichte-Sprache-Texten nicht zur Verfügung stehen. Thematisiert wird außerdem, wie standardsprachlich etablierte Wirklichkeitsentwürfe (etwa Fiktionalität, Potenzialität, Kontrafaktivität) in Leichter Sprache wiedergegeben werden können. Mit Fauconniers Modell der mentalen Räume wird die kognitive Komplexität dieser Gegenstände greifbar; es eröffnen sich aber zugleich auch Pfade für mögliche Überträge in Leichte Sprache. Auf der Basis der Metapherntheorie von Fauconnier/Turner wird außerdem die Verwendung bzw. das Erfordernis der Vermeidung von Metaphern in Leichter Sprache diskutiert.

Kapitel 12 Text eröffnet dann den Blick auf die Konsequenzen, die sich einerseits aus der Regelreduktion und andererseits aus den additiven Verfahren wie beispielsweise Erläuterungen für die Textebene ergeben. Die Ausprägung von Leichter Sprache auf den anderen sprachlichen Ebenen steht dabei zunächst einmal in deutlichem Widerspruch zu den Anforderungen der Textebene. Es zeigt sich, dass die Leichte-Sprache-Regeln zwar lokal die Verständlichkeit erhöhen, dass dies jedoch dramatische Auswirkungen auf globale Texteigenschaften wie Kohäsion, thematische Entfaltung oder auch Ausprägung von Textsorten hat. Die Textebene bedarf mithin eigener Anreicherungsstrategien, die lokale Reduktions- und Additionsverfahren zumindest teilweise kompensieren. Entsprechend bringen wir Vorschläge für eine Gestaltung der Textebene Leichter Sprache ein.

Kapitel 13 Strukturprinzipien Leichter Sprache eröffnet in der Zusammenschau den Blick auf die Kernfunktion und die Prinzipien Leichter Sprache und gestattet es, das Profil dieser Varietät in Abgrenzung vom Standard präzise kategorial zu fassen. Als Leitprinzipien identifizieren wir das Prinzip der Proximität im Bühler'schen Sinne, das Prinzip der maximalen Explizitheit und das Prinzip der Kontinuität, die auf allen sprachlichen Ebenen wirksam werden. Sprachtypologisch wird Leichter Sprache mit ihrer Tendenz zur Degrammatikalisierung das Format einer isolierten Sprache bzw. Varietät zugewiesen.

Kapitel 14 Leichte Sprache – Einfache Sprache – Standardsprache misst dann den Raum zwischen den beiden Polen Standardsprache und Leichte Sprache aus und verortet dort das Konzept der Einfachen Sprache, die als Kontinuum entworfen wird. Wir schlagen hier Verfahren vor, mit denen Texte gegenüber dem Standard dynamisch und individuell vereinfacht werden bzw. umgekehrt Texte gegenüber der Leichten Sprache sowohl sprachlich als auch typografisch sukzessive angereichert werden können, um zu einem begründeten Kontinuum von sprachlichen und typografischen Leichtigkeitsgraden zu gelangen.

In Großkapitel II folgen wir dem Prinzip vom Kleinen zum Großen. Die behandelten Phänomene greifen allerdings auch auf andere Weise ineinander, so dass auch andere Abfolgen der Kapitel denkbar gewesen wären. In Kap. 7 und Kap. 9 geht es um das Inventar der Leichten Sprache, in Kap. 8 und Kap. 10 um die grammatischen Strukturen. Aus dieser Perspektive hätte sich eine Abfolge Zeichensystem/Lexik als Inventar und Morphologie/Syntax als Grammatik ergeben.

Unsere Entscheidung hat jedoch gute Gründe, die sich unmittelbar aus dem Gegenstand Leichte Sprache ergeben: Das Fehlen von Mitteln und Strukturen auf den unteren Ebenen wirkt sich auf die jeweils höhere Ebene aus. Aus der Beschreibung der unteren Ebenen ergibt sich mithin das für die oberen Ebenen zur Verfügung stehende Material.

I Leichte Sprache: Konzept und Funktion

1 Leichte Sprache in soziolinguistischer Perspektive

In diesem Kapitel richten wir einen soziolinguistischen Blick auf Leichte Sprache, die nicht im engeren Sinne eine Sprache ist, sondern eine Varietät im Diasystem des Deutschen. Welche Eigenschaften zeichnen aber nun Leichte Sprache als Varietät des Deutschen aus und welches sind die ihr benachbarten Varietäten? Wer sind die Kommunikationspartner, die sich dieser Varietät bedienen, und welche Formen der Interaktion bringt Leichte Sprache hervor? Welche Arten von Sprachbewertungen zieht sie auf sich und woraus ergibt sich diese Wahrnehmung? Was sind ihre gesellschaftlichen Funktionen und inwieweit haben sie Auswirkungen auf die Ausprägung der Varietät und der konkreten Einzeltexte?

Diesen und ähnlichen Fragen gehen wir im vorliegenden Kapitel nach, um eine erste, soziolinguistische Einordnung Leichter Sprache zu ermöglichen. Dabei beschreiben wir Leichte Sprache zunächst im Rahmen eines varietätenlinguistischen Ansatzes. Der zweite Abschnitt ist der Wahrnehmung und Bewertung Leichter Sprache gewidmet, der dritte den gesellschaftlichen Funktionen.

1.1 Leichte Sprache im Varietätengefüge des Deutschen

Das Deutsche hat als natürliche, kultur- und traditionsgebundene Sprache ein ganzes Bündel an Varietäten ausgeprägt. Jede dieser Varietäten weist spezifische Merkmale auf, nach denen sie beschrieben und ihr Stellenwert im Varietätengefüge bestimmt werden kann. Zur Ermittlung des Varietätenstatus von Leichter Sprache lassen wir uns von den folgenden fünf Kriterien leiten: Gebrauch/Reichweite, Medialität/Medienspezifik, Entstehung, Kodifizierung/Normiertheit, Erwerbsbedingungen.

1.1.1 Gebrauch/Reichweite

Mit dem Kriterium Gebrauch/Reichweite bezieht man sich auf den Umstand, dass nicht alle Varietäten überall von jedem und jederzeit für alle kommunikativen Zwecke verwendet werden können. Nur die Standardsprache ist gebrauchsneutral. Das zeichnet sie gegenüber den Nonstandardvarietäten aus, die mit Coseriu (1988) in diaphasische, diastratische und diatopische Varietäten unterteilt werden können:

Diaphasische Varietäten sind Varietäten, deren Gebrauch situations- und kontextabhängig ist. Die Umgangssprache ist dafür ein typisches Beispiel.

Von **diastratischen Varietäten** spricht Coseriu, wenn der Varietätengebrauch von sozialen Faktoren abhängig ist. So wird die Jugendsprache als sehr typische diastratische Varietät eben nicht von allen Gesellschaftsmitgliedern genutzt, sondern nur von Kindern und Jugendlichen. Mit dem Gebrauch diastratischer Varietäten errichten die Varietätennutzer Kommunikationsbarrieren. Sie schotten sich gegen andere ab und erzeugen und stabilisieren so zugleich eine Gruppenidentität.

Diatopische Varietäten sind in Bezug auf ihre lokale Reichweite spezifiziert; ein Dialekt ist in dem ihm entsprechenden Dialektraum unauffällig, außerhalb des entsprechenden Dialektraums ist sein Gebrauch markiert.

Dem reinen Kriterium der Reichweite/des Gebrauchs folgend müsste Leichte Sprache zunächst als diastratische Varietät charakterisiert werden: Sie wird nicht von allen Gesellschaftsmitgliedern gleichermaßen gebraucht, sondern von Leser(inne)n, die keinen oder einen nur eingeschränkten Zugang zu standardsprachlichen Ausgangstexten haben. Allerdings weist Leichte Sprache keine Tendenz zur Abschottung auf. Sie dient umgekehrt dem Abbau von Barrieren. Außerdem ist sie nicht gruppenbildend. Dies schon deshalb, weil eine entscheidende Voraussetzung für die Herstellung einer Gruppenidentität fehlt, denn Leichte Sprache ist asymmetrisch: Die Produzenten sind nicht zugleich die Rezipienten. Produziert werden Texte in Leichter Sprache nicht von denen, die die Texte lesen, sondern von Schreibern, die über den geschriebenen Standard verfügen und Texte in Leichte Sprache übersetzen.

Diese Interaktionsasymmetrie ist möglicherweise weniger selten als häufig angenommen wird: Auch bei fachsprachlichen Texten sind die Produzenten häufig weder mit den Rezipienten identisch – nur fachintern unter Expert(inn)en gibt es einen symmetrischen Austausch – noch ist ein solcher Rollenwechsel intendiert. Auch hier entsteht, ebenso wie bei Produzenten und Rezipienten von Texten in Leichter Sprache, keine Gruppenidentität zwischen Produzenten und Rezipienten.

In dieser Hinsicht weist die Leichte Sprache die größte Ähnlichkeit zu den Xenolekten auf, d.h. Varietäten, die Nichtmuttersprachler(inne)n gegenüber zur Anwendung kommen; verbreitet ist hierfür auch der von

Ferguson ab 1971 in seinen Publikationen verwendete Terminus „Foreigner Talk". Xenolekte sind Leichter Sprache darüber hinaus auch strukturell ähnlich, denn sie sind ebenfalls mit Bezug auf Lexikon und Grammatik vereinfachte Varietäten. Anders als Leichte Sprache sind diese Varietäten jedoch monomedial mündlich (s. dazu nachfolgend 1.1.2). In der Forschung ist die Position vertreten worden, die Sprecher näherten sich mit Xenolekten an die vermutete oder beobachtete Sprechweise der Kommunikationspartner an und förderten damit die Entstehung von Pidgins (so auch Ferguson 1971).

Studien wie die von Roche (1989) oder Jakovidou (1993) legen jedoch nahe, dass es sich um einseitige Modifikationsstrategien handelt, die je nach Sprecher und Kommunikationssituation mehr oder weniger ausgeprägt zum Einsatz kommen. Auch Xenolekte sind damit asymmetrisch: Sie werden einseitig vom Muttersprachler gegenüber dem Nichtmuttersprachler verwendet und das insbesondere in Situationen, in denen die Muttersprachler den adressierten Nichtmuttersprachlern einen niedrigeren sozialen Status zuweisen (Long 1983, der noch weitere Parameter benennt, die die Verwendung von Xenolekten auslösen können). Xenolekte sind damit keine neutrale Option, sondern weisen ein ausgeprägtes Potential auf, den Gesprächspartner zu diskriminieren (s. Kap. 1.2). Zumindest vordergründig werden sie eingesetzt, um das Verständnis in einer gegebenen (mündlichen) Interaktionssituation zu erleichtern. Sinner (2014: 200) nennt die folgenden Strategien, die dabei zum Einsatz kommen; sie weisen deutliche Überschneidungen mit Leichter Sprache auf:

- Kürzere und syntaktisch weniger komplexe Konstruktionen;
- logische Satzordnung wird nicht verändert;
- Simplifizierung oder Tilgung syntaktischer und morphologischer Komponenten (wie Ausfall von Artikeln, Präpositionen, Suffixen oder Kasus, Reduzierung von Flexionen usw.);
- Vermeidung eher wenig gebräuchlicher Wörter und Idiome, lexikalische Reduktion und ggf. kompensierende semasiologische Erweiterung;
- Vermeidung von Funktionsverben;
- Vermeidung von Ellipsen bzw. Beibehaltung von Elementen, die in der Kommunikation zwischen Muttersprachlern ausfallen können;
- reduziertes Sprechtempo und sorgfältige Aussprache;
- Vermeidung dialektaler Merkmale;
- starke Betonung der als wichtig erachteten Lexeme oder Satzteile;
- Markierung relevanter Aussagen durch Pausen;
- geschlossene Fragen;
- Verständnisfragen bzw. Rückversicherungsfragen.

Hier sind Strategien, die in das Regelsystem der Sprache eingreifen, mit solchen Strategien kombiniert, die sich auf die Realisierung konkreter Texte beziehen. Dieses Spektrum findet sich auch in Leichter Sprache, aber ebenfalls in anderen vereinfachten Varietäten. Sinner (2014: 198) nennt hier neben Varietäten, die mit Nichtmuttersprachlern gesprochen werden, auch solche, mit denen Kleinkinder, Personen mit geistiger oder sensorischer Behinderung oder von Demenz Betroffene in mündlicher Kommunikation adressiert werden. Hier eröffnet sich ein breites Feld: Kindgerichtete Sprachvarietäten haben eine Lernerperspektive, bei ausgeprägten Demenzen ist bereits die reine Verständnissicherung prekär. Gemeinsam ist allen diesen Varietäten jedoch, dass sie die Asymmetrie der Gesprächssituation mitkodieren; mit Bezug auf die Kommunikation von Pflegepersonal mit Bewohner(inne)n von Altenheimen stellen Hummert/ Ryan (1996) heraus, dass es sich dabei um patronisierende Kommunikation handelt, die nicht unbedingt auf die tatsächlichen Kommunikationsbedürfnisse der älteren Menschen abgestimmt ist, sondern vielmehr auf einer stereotypen Wahrnehmung Älterer als inkompetent und abhängig basieren (Hummert/Ryan 1996: 149). Auch Leichte Sprache läuft Gefahr, dass sie die adressierten Personen in unangemessener Weise anspricht und dadurch stigmatisiert (Kap. 1.2).

Die Überschneidungen von Xenolekten und Leichter Sprache seien nachfolgend mit Fergusons (1977) Ansatz erläutert. Ferguson (1977: 29 f., deutsche Terminologie nach Jakovidou 1993: 10 f.) unterscheidet vier Arten von Modifizierungsprozessen:

1. Vereinfachende Prozesse: Sie sind das leitende Merkmal von Xenolekten. Ausgeprägte Realisierungsformen von Xenolekten weisen Reduktionen bis hin zur Agrammatizität auf, wobei insbesondere die Finitheit im Bereich der Nominalphrase (Wegfall des definiten Artikels) und der Verbalphrase (infinite Formen – *Kind gehen Schule*, Ausfall der Kopula – *Ich Tarzan, Du Jane*) beeinträchtigt ist. Bereits in weniger ausgeprägten Realisierungsformen fallen häufig Präpositionen weg und es dominiert das Präsens.

Auch für Leichte Sprache sind Vereinfachungen des Regelsystems im Vergleich zur Standardsprache das dominierende Merkmal. Im Unterschied zu Xenolekten sind diese vereinfachenden Prozesse jedoch regelgeleitet und überschreiten nicht die Grenze zur Agrammatizität. Die Verwendung agrammatischer Strukturen weist ein ausgeprägtes Potenzial auf, die Adressaten zu diskriminieren, denen damit unterstellt wird, dass sie „korrektes" Deutsch nicht verstünden.

2. Verdeutlichende Prozesse: In dieser Kategorie fasst Ferguson zwei sehr unterschiedliche Arten von Prozessen zusammen: Einerseits additive Strategien, also Erläuterungen und Exemplifizierungen, andererseits Strategien zur Erhöhung der Perzipierbarkeit wie die oben genannten (reduziertes Sprechtempo, sorgfältige Aussprache, Vermeidung dialektaler Merkmale etc.).
Beide finden sich auch in Leichter Sprache: Additive Strategien der Erläuterung und Exemplifizierung sind in Leichter Sprache hochfrequent (dazu Kap. 9, 11 und 12). Sie werden gezielt eingesetzt, um den Adressat(inn)en die Möglichkeit zu eröffnen, Frames zu Gegenständen des Texts aufzubauen, die sie bislang noch nicht angelegt haben und die für das Textverständnis vorausgesetzt werden.
Den detaillierten Ausführungen zur phonischen Realisierung von Xenolekten entspricht eine starke Betonung der typografischen Ebene in Leichter Sprache (s. Kap. 7). Die Optimierung der Perzipierbarkeit ist in beiden Fällen der erste Schritt bei der Erleichterung des Verstehens.

3. Ausdrucks- und Identifizierungsprozesse: Diese Prozesse zeigen „den Grad der emotionalen Beteiligung" (Jakovidou 1993: 11) sowie die Einstellungen des Muttersprachlers gegenüber den nichtmuttersprachlichen Adressat(inn)en an. Charakteristisch ist die Verwendung der proximalen Anredeform *Du* zulasten des distalen *Sie* auch in Situationen, in denen diese Verwendung nicht durch tatsächliche Proximität der Gesprächspartner gedeckt ist. Der Verzicht auf die Höflichkeitsform (insbesondere einseitig oder initiativ) ist eine starke Statusmarkierung, die die vom muttersprachlichen Sprecher postulierte Asymmetrie der Gesprächspartner manifest macht.
In den Regeln des Netzwerks Leichte Sprache (Kap. 3) wird explizit darauf hingewiesen, dass die Adressat(inn)en von Leichte-Sprache-Texten im Regelfall zu siezen sind. Gerade im Bereich der geistigen Behinderung ist das Duzen der heute üblicherweise „Klienten" genannten Bewohner von Heimen noch gang und gäbe. Es ist von großer Bedeutung für die Akzeptanz von Leichter Sprache, asymmetrische Adressierungen zu vermeiden, so dass hier ein prägender Unterschied zum Xenolekt zu konstatieren ist. Gleichzeitig ist das direkte Adressieren in angemessener und nicht asymmetrischer Form Teil der Orientierungsfunktion Leichter Sprache (s. Kap. 12).

4. Einebnungsprozesse: Hier sind Einebnungsprozesse in Richtung des Standards gemeint. In mündlicher Interaktion werden dialektale Einschläge unterdrückt, der Muttersprachler bemüht sich, den Nichtmuttersprachler in einer standardnahen, diatopisch möglichst unmarkier-

ten Varietät zu adressieren. Hinnenkamp (1982) weist auf die Häufung von Hyperkorrektismen in Xenolekten hin, die diesem Bemühen entspringen.

Xenolekten und Leichter Sprache ist gemein, dass Perzipierbarkeit und Verständlichkeit ihre ersten Zielgrößen sind. Dazu greifen sie in die Standardsprache ein und reduzieren das dort zur Verfügung stehende Inventar. Zusätzlich wird die phonische bzw. visuelle Perzipierbarkeit erhöht. In beiden Fällen hat die Art der Adressierung das Potenzial, die Adressaten zu diskriminieren. Beide Varietäten sind für die Konstruktion einer Gruppenidentität nicht geeignet.

Im Unterschied zu Xenolekten, die eine breite Ausfächerung aufweisen, ist Leichte Sprache jedoch durch ein umgrenztes Regelsystem bestimmt und damit als Varietät auch sprachlich viel genauer beschreibbar. Wegen des ausgesprochen heterogenen Adressatenkreises von Leichter Sprache zeichnet sich jedoch bereits ab, dass sich weitere vereinfachte Varietäten herausbilden werden (vgl. Magris/Ross 2015, Bock 2014; s. auch Kap. 14).

1.1.2 Medialität/Medienspezifik

Mit dem Kriterium der Medialität/Medienspezifik bezieht man sich auf den Umstand, dass nicht alle Varietäten in mündlicher und schriftlicher Ausprägung vorliegen. Das ist nur anders bei der Standardsprache, die sich auch in dieser Hinsicht als herausgehobene Varietät innerhalb des Varietätengefüges erweist. Nonstandardvarietäten sind in der Regel monomedial. Für Dialekte oder Soziolekte gibt es – bis auf eher folkloristische Fassungen einzelner Texte – keine produktiven schriftsprachlichen Ausprägungen. Leichte Sprache in Deutschland liegt dagegen derzeit nur in schriftlicher Form vor. Die vom Netzwerk Leichte Sprache offerierten „Regeln für Treffen und Tagungen" (BMAS 2013: 76 ff.) suggerieren zwar eine Verankerung in der Mündlichkeit, jedoch ist eine spontan-mündliche Sprachproduktion, die tatsächlich den Regeln der Leichten Sprache entspricht, nicht denkbar: Komplexe Informationen in derart reduzierter Form aufzubereiten erfordert einen hohen Planungsaufwand, weshalb Leichte Sprache in dieser Hinsicht der konzeptionellen Schriftlichkeit zuzuordnen ist.

Der Begriff der konzeptionellen Schriftlichkeit ist eng mit Koch/Oesterreicher (1985) assoziiert. Die Autoren beschreiben konzeptionell mündlich verfasste Sprache als **Sprache der Nähe**, konzeptionell schriftlich verfasste Sprache als **Sprache der Distanz**. Dabei beziehen sie sich sowohl auf Unterschiede in den Kommunikationsbedingungen als auch auf Unterschiede in den Versprachlichungsstrategien:

1 Leichte Sprache in soziolinguistischer Perspektive

Kommunikationsbedingungen	
Sprache der Nähe	**Sprache der Distanz**
dialogisch	monologisch
Vertrautheit der Partner	Fremdheit der Partner
Face-to-face-Interaktion	raumzeitliche Trennung
freie Themenentwicklung	Themenfixierung
keine Öffentlichkeit	Öffentlichkeit
Spontaneität	Reflektiertheit
Involviertheit	Distanziertheit
Situationsverschränkung	Situationsentbindung
Expressivität/Affektivität	‚Objektivität'
Versprachlichungsstrategien	
Sprache der Nähe	**Sprache der Distanz**
Prozesshaftigkeit	Verdinglichung
Vorläufigkeit	Endgültigkeit
geringere:	größere:
• Informationsdichte	• Informationsdichte
• Kompaktheit	• Kompaktheit
• Integration	• Integration
• Komplexität	• Komplexität
• Elaboriertheit	• Elaboriertheit
• Planung	• Planung

Tabelle 1: Sprache der Nähe – Sprache der Distanz; Darstellung nach Koch/Oesterreicher (1985)

Die Sprache der Nähe, so Koch/Oesterreicher (1985: 25), weist einen „pragmatischen Modus" auf, bei der Sprache der Distanz sprechen die Autoren von einem „syntaktischen Modus". Gemeint ist, dass es die Situationseingebundenheit der Sprache der Nähe erlaubt, situationsspezifische Informationen und Dynamiken für die Diskursstrukturierung zu nutzen; demgegenüber macht es die Situationsentbundenheit der Sprache der Distanz erforderlich, die Textstrukturierung über syntaktische Mittel einzuholen. Daraus ergibt sich die vergleichsweise höhere Informationsdichte, Kompaktheit, Integration, Komplexität und Elaboriertheit geschriebensprachlicher Texte.

Leichte Sprache, die im Gegensatz zu den anderen Nonstandardvarietäten nur schriftlich vorkommt, steht nun vor einem gewissen Dilemma: In Bezug auf die Kommunikationsbedingungen ist Leichte Sprache eine

Sprache der Distanz; sie erfordert auf Seiten der Produzent(inn)en, wie angesprochen, einen hohen Planungsaufwand, die Rezeption ist idealerweise situationsentbunden. Bei den Versprachlichungsstrategien dominieren jedoch Verfahren der Nähe (s. Kap. 13), denn gerade die hohe Komplexität, Informationsdichte und Elaboriertheit, die die Struktur der Sprache der Distanz wesentlich ausmachen, müssen in Leichter Sprache reduziert werden. Damit muss sich Leichte Sprache in Bezug auf die Versprachlichungsstrategien der Sprache der Nähe annähern. Der pragmatische Modus steht jedoch wegen der Situationsentbindung nicht in vollem Umfang zur Verfügung. Eine Annäherung an den pragmatischen Modus findet sich u.a. in den Adressierungsstrategien, wie sie z.B. in der Regel 2 der BITV-2.0-Regeln formuliert sind: „Die Leserinnen oder Leser sollten, soweit inhaltlich sinnvoll, persönlich angesprochen werden" (BITV 2.0 2011); in den Kapiteln 7 und 12 stellen wir weitere Adressierungsstrategien wie die Begleitung durch Leitfiguren, die Personifizierung und Polyphonie oder auch bestimmte Verfahren der Bildunterstützung vor.

Durch solche Verfahren wird eine Brücke zur Sprache der Nähe geschlagen, so dass die Leichte-Sprache-Texte, obwohl medial schriftlich realisiert, eher nähesprachlich situiert sind. Weil damit aber kein weiterer Orientierungskontext für den pragmatischen Modus generiert wird, entstehen im Ergebnis Texte, die weder die Struktur der Sprache der Nähe noch die Struktur der Sprache der Distanz haben. Die syntaktische Komplexität ist reduziert, ohne dass Kontexthilfen in Anspruch genommen werden können, die ein durch syntaktische Einfachheit entstehendes Informationsdefizit beheben könnten.

Ausgangstext	Zieltext (Leichte Sprache)
Wer Maßschneider/-in werden möchte, sollte manuelles Geschick und gutes Vorstellungsvermögen mitbringen. Er/Sie sollte gut sehen können und farbtüchtig sein. Es darf keine Neigung zu Sehnenscheidenentzündungen vorhanden sein. Sorgfalt beim Arbeiten und höfliches Auftreten im Umgang mit Kunden ist wichtig. Voraussetzung für die Ausbildung ist der Hauptschulabschluss.	Sie wollen Maßschneider werden. Dann müssen Sie das können: Sie müssen gut mit Ihren Händen arbeiten können. Sie müssen sich Dinge gut vorstellen können. Sie müssen gut sehen können. Sie müssen alle Farben richtig sehen können. Sie müssen gesunde Hände haben. Sie müssen genau arbeiten. Und Sie müssen nett zu Kunden sein. Sie brauchen für die Ausbildung einen Hauptschulabschluss.

Das vorangehende Beispiel von der Homepage des Landesbildungszentrums für Hörgeschädigte (http://www.lbzh-hi.de/massschneider.ls.html; geprüft am 30.10.2015) zeigt, dass die notwendige Verbindung zwischen umfassender Information und struktureller Einfachheit eine gewisse strukturelle und informationelle Gleichförmigkeit erzeugt, die so weder in der Sprache der Distanz noch in der Sprache der Nähe vorkommt.

1.1.3 Entstehung

Sprachen und Varietäten entstehen normalerweise durch dauernden aktiven Gebrauch; als regulierende Instanzen gelten die Kommunikationsteilnehmer(innen), die aus den möglichen Formen eines Sprach- oder Varietätensystems diejenigen ausfiltern, die kommunikativ funktional, strukturhomogen mit bereits gefundenen Lösungen und ökonomisch sind. Durch dauernden Gebrauch entstehen so Strukturen, die die kommunikativen Bedürfnisse der Sprachgemeinschaft optimal erfüllen.

So entstandene Sprachen werden natürliche Sprachen genannt, selbst wenn sie – wie die meisten Standardsprachen – auch Normierungen von außen erfahren können. Abzugrenzen von natürlichen Sprachen sind die Plansprachen. Schubert (2014: 209) weist darauf hin, dass sich zwischen diesen beiden Kategorien zahlreiche Zwischenstufen mit einem aufsteigenden Grad an sprachlicher Lenkung finden. Mit Moch (1897) unterscheidet er apriorische und aposteriorische Plansprachen, wobei es sich bei ersteren um die „so genannten philosophischen Sprachen mit frei erfundenen lexikalen Elementen" (Schubert 2014: 2010), bei letzteren um diejenigen Plansprachen handelt, die sprachliches Material aus dem Lexikon einer natürlichen Sprache entlehnen. In jedem Fall aber geht die Entstehungsgeschichte von Plansprachen auf einen bewussten, nicht interaktiv gesteuerten Konstruktionsakt zurück. Ein herausragendes Beispiel für eine aposteriorische Plansprache ist das Esperanto, dessen Grundlagen der russische Augenarzt Ludwik Lejzer Zamenhof 1887 publizierte. Nachdem das Lateinische als *lingua franca* im Europäischen Sprachraum ausgedient hatte und durch Nationalsprachlichkeit verdrängt worden war, versuchte Zamenhof mit dem Esperanto eine Sprache zur Verfügung zu stellen, die dem zersplitterten europäischen Sprachraum als universelles, leicht lernbares und national neutrales Kommunikationsinstrument zur Verfügung stehen sollte.

Aposteriorischen Plansprachen ist gemeinsam, dass sie zwar auf existierende Sprachen, sogenannte Quellsprachen, zurückgreifen, jedoch eigene lexikalische und grammatische Mittel finden, die in sich widerspruchsfrei und architektonisch transparent sind. So ist etwa das Esperanto strikt agglutinierend: Alle grammatischen Informationen erhalten spezifische, unverwechselbare Ausdrucksmittel, die nacheinander an Stämme angefügt werden. Wortarten werden durch gesonderte Affixe kenntlich gemacht, während der Stamm konstant gehalten wird (*nombr-o* = Zahl, *nombr-i* = zählen). Die grammatischen Kategorien sind reduziert (Zweikasussystem aus Nominativ und Akkusativ; Genitiv und Dativ werden analytisch ausgedrückt), die Syntax weist eine homogene Wortstellung auf (SVO).

Leichte Sprache ist nicht im engeren Sinne eine Plansprache, da sie zum Diasystem einer anderen natürlichen Sprache – des Deutschen – gehört. Auf Schuberts Skala der Sprachformen mit aufsteigendem Lenkungsgrad nimmt sie einen mittleren Platz ein. Im Gegensatz zu einer Plansprache ist sie weder in Bezug auf ihre Quellsprache(n) frei – ihre Bezugssprache ist die entsprechende Nationalsprache (hier das Deutsche) –, noch ist es möglich, eigene, von der entsprechenden Quellsprache nicht gedeckte Regeln zu implementieren.

Für Texte in Leichter Sprache hat dies vielfältige Konsequenzen: Natürliche Sprachen sind nicht in derselben Weise nach einem Baukastenprinzip organisiert wie herkömmliche Plansprachen.

So weist das Deutsche kein agglutinierendes, sondern ein flektierendes System auf. Viele Strukturen flektierender Systeme sind auf den ersten Blick irregulär und intransparent:

- Formfusion: manchmal werden verschiedene grammatische Informationen mit nur einem Morphem ausgedrückt (*den Mensch-en* – *n*-Marker = Plural und Dativ)
- Synkretismen: ein und dieselbe Form kann verschiedene Funktionen haben (*das gute Kind* kann Nominativ oder Akkusativ Singular sein)
- Suppletivformen: im selben Paradigma können Formverschiedenheiten auftreten *(ist, sein, bin, sind)*
- Kontextsensitivität: die Wahl der Flexive kann von der syntaktischen Umgebung abhängen (*der grüne Tee*, aber *ein grüne-r Tee*)
- Residualformen: Flexionsmuster aus älteren Sprachschichten können erhalten bleiben. In der Verbflexion stehen starke *(geben – gab – gegeben)* Verben der älteren Sprachschicht neben den für das heutige Deutsch regulären schwachen Verben *(lachen – lachte – gelacht).*

Die Leichte Sprache kann hier keine Ausgleichsprozesse anstrengen, sondern muss die Varianz der Quellsprache in ihr Repertoire übernehmen. Für Nutzer(innen) von Leichter Sprache kann diese Varianz zu Leseerschwernissen führen; insbesondere dann, wenn ihnen die Quellsprache auch in ihrer mündlichen Fassung nicht zur Verfügung steht, wie dies etwa bei Gehörlosen der Fall ist. Im Kapitel zur Morphologie (Kap. 8) und

1 Leichte Sprache in soziolinguistischer Perspektive

zur Syntax (Kap. 10) werden wir Punkte wie diese erneut aufgreifen und zeigen, welche Strategien in Bezug auf die Bearbeitung morphologischer und syntaktischer Varianz zur Verfügung stehen, welche Kompromisse gefunden werden können und wo die Grenzen liegen. Es wird sich dort aber auch zeigen, dass die Struktur Leichter Sprache einige Analogien zur Struktur von herkömmlichen Plansprachen aufweist (etwa reduziertes Kasussystem, Wortstellung, Komplexitätsreduktion bei Einbettungsstrukturen).

Der Vergleich zwischen einem deutschen Ausgangstext und seiner Übersetzung in Esperanto kann zeigen, was gemeint ist. Bei der Analyse der syntaktischen Struktur, der Wortstellung und der lexikalischen Ausdrücke des Beispieltextes ignorieren wir für einen Moment, dass die Nacherzählung des biblischen Quelltextes (Der Turmbau zu Babel) im deutschen Ausgangstext inhaltlich nicht korrekt ist. Es geht zunächst nur um die sprachlichen Strukturen:

Deutscher Ausgangstext (Standardvarietät)	Esperanto
Der biblischen Legende zufolge wurde im altertümlichen Babylon ein riesiger Turm gebaut, dessen Zusammensturz zur Sprachverwirrung führte, bei der Männer und Frauen für ihre Anmaßung bestraft wurden, indem sie dazu verurteilt wurden, gegenseitig unverständliche Sprachen zu sprechen.	Laŭ biblia legendo, grandega turo estis konstruita en la malnova Babilono, kaj ĝia kolapso kondukis al la lingvodiverseco, per kiuj homoj estis punataj pro sia pretendemo, kaj devigataj paroli inter si ekompreneblajn lingvojn.
(Quelle: http://home.arcor.de/gmickle/leag/t_imt.html; geprüft am 30.10.2015)	(Quelle: http://satesperanto.org/Salutoj-de-la-Internacia-Markisma.html; geprüft am 30.10.2015)

Analyse der syntaktischen Struktur
Der Ausgangstext besteht aus einem Satz mit vierfacher Einbettung (HS = Hauptsatz; RS = Relativsatz, KS = Konjunktionalsatz), IS (Satz mit *zu*-Infinitiv):

[HS [Der biblischen ...] [RS [dessen ...] [RS [bei der ...] [KS [indem ...] [IS[gegenseitig ...]]]]]]

Der Esperantotext weist erheblich geringere Komplexität auf, auch wenn durch die Komma- statt Punktsetzung syntaktische Komplexität suggeriert wird. Es findet sich lediglich eine (einfache) Relativsatzeinbettung; die übrigen Sätze sind gereihte Hauptsätze:

[HS [Laŭ biblia legendo (= gemäß einer biblischen Legende)]]
[HS [kaj (= und)] RS [per kiuj (= durch die)]]]
[HS [kaj]]

Die Analyse der Abfolge von Subjekt und Prädikat zeigt, dass der deutsche Ausgangstext mit der für das Deutsche typischen Inversionsstruktur arbeitet, bei der das Subjekt nicht im Vorfeld, sondern nach dem finiten Verb steht *(Der biblischen Legende zufolge **wurde**fin im altertümlichen Babylon **ein riesiger Turm**Subj gebaut)*. Im Esperantotext steht das Subjekt stets vor dem Prädikat; die Sätze weisen eine regelhafte SVO-Struktur auf.

Analyse der lexikalischen Ausdrücke

Deutscher Ausgangstext (Standardvarietät)	Esperanto
Der biblischen Legende zufolge wurde im **altertümlichen** Babylon ein **riesiger** Turm gebaut, dessen **Zusammensturz** zur Sprachverwirrung führte, bei der **Männer und Frauen** für ihre Anmaßung bestraft wurden, indem sie dazu verurteilt wurden, gegenseitig unverständliche Sprachen zu sprechen.	Laŭ biblia legendo, **grandega** turo estis konstruita en la **malnova** Babilono, kaj ĝia **kolapso** kondukis al la lingvodiverseco, per kiuj **homoj** estis punataj pro sia pretendemo, kaj devigitaj paroli inter si ekompreneblajn lingvojn.
(Quelle: http://home.arcor.de/gmickle/leag/t_imt.html; geprüft am 30.10.2015)	(Quelle: http://satesperanto.org/Salutoj-de-la-Internacia-Markisma.html; geprüft am 30.10.2015)

Bei der Wahl der lexikalischen Ausdrücke greift das Esperanto auf semantische Prototypen zu *(alt [malnova], groß [grandega])*, der Ausgangstext auf die lexikalische Peripherie *(altertümlich, riesig)*. Zusätzlich präferiert der Esperantotext einfache Ausdrücke, wo im Ausgangstext zusammengesetzte bzw. komplexe Ausdrücke stehen *(Zusammensturz vs. kolapso; Männer und Frauen vs. homoj = Menschen)*.

1 Leichte Sprache in soziolinguistischer Perspektive

Eine Eigenschaft, die Ausgangs- und Esperantotext teilen, ist die Verwendung von Passivformen *(bestraft wurden, verurteilt wurden; estis punataj, [estis] devigitaj)*, die es in Leichter Sprache nicht gibt (s. Kap. 8.1.2.1).

Beim Versuch, den Ausgangstext in Leichte Sprache zu übersetzen, muss deshalb deutlich mehr geleistet werden als bei der Übersetzung in Esperanto. Der Versuch einer Übersetzung zeigt aber zugleich eine der Problemstellen des Ausgangstextes: Bei den Passivkonstruktionen ist das Subjekt der Bestrafung / der Verurteilung ausgespart. Der Leser / die Leserin des Ausgangstextes muss sich auf sein Weltwissen stützen. Der Übersetzer / die Übersetzerin muss zusätzliche Informationen einholen, die nur außerhalb des Ausgangstextes zu finden sind.

Eine Übersetzung in Leichte Sprache könnte unter Einbezug der außerhalb des Ausgangstextes gewonnenen Informationen – zusammen mit den erforderlichen inhaltlichen Korrekturen – wie folgt aussehen:

> In der Bibel stehen viele Geschichten.
> Eine von den Bibel·geschichten erzählt von den Menschen in Babylon:
> Die Menschen in Babylon wollten einen sehr hohen Turm bauen.
> Die Menschen wollten zeigen:
>> Wir sind stark.
>> Wir gehören zusammen.
> Gott hat die Menschen dafür bestraft:
> Gott hat den Menschen verschiedene Sprachen gegeben.
> Die Menschen haben sich nicht mehr verstanden.
> Die Menschen konnten den Turm nicht fertig·bauen.

Die syntaktische Struktur des Leichte-Sprache-Textes ist strikt reihend (keine Einbettung), die Wortfolge folgt bis auf den Einleitungssatz, der den thematischen Rahmen setzt (dazu ausführlicher Kap. 10), überall dem SV-Muster und die lexikalischen Ausdrücke weisen eine prototypische Semantik auf (s. Kap. 9). Die morphologischen Irregularitäten der Quellsprache Deutsch (hier etwa: Synkretismus *Menschen*, starke Flexion von *verstehen/verstanden*, Suppletivform *sind*) müssen jedoch erhalten bleiben.

1.1.4 Kodifizierung/Normiertheit

Das Kriterium Kodifizierung/Normiertheit macht Aussagen darüber, wie gut eine Varietät beschrieben ist (Kodifizierung) und wie verbindlich die herausgearbeiteten Regeln für die Sprachnutzer(innen) sind (Normiertheit). Auch hier nimmt die Standardvarietät eine Sonderrolle ein: Sie wird spätestens seit dem 18. Jh. kontinuierlich in Grammatiken und Wörterbüchern aufbereitet, die deutsche Orthografie wird seit 1901 verbindlich geregelt. Mit dem Institut für Deutsche Sprache Mannheim (IDS) unterhält die Gesellschaft eine wissenschaftliche Institution, die neben der Dokumentation des Deutschen die Aufgabe hat, Zweifelsfälle zu ermitteln und Lösungen auszuarbeiten (http://hypermedia.ids-mannheim.de/call/public/fragen.ansicht; geprüft am 30.10.2015). Die Kodifizierung und Normiertheit der Standardsprache ist auch deshalb hoch, weil mit ihr als allgemein verbindlicher Verkehrssprache zweifelsfreies Verstehen, maximale Explizitheit und hohe Reziprozität gesichert werden muss.

Bei den Nonstandardvarietäten teilt sich das Bild: Natürliche Varietäten wie Dialekte oder Soziolekte weisen nur eine äußerst geringe Normiertheit/Kodifizierung auf. Für manche Dialekte liegen Wörterbücher und Grammatiken vor, deren Zweck jedoch nicht in der Normierung, sondern in der Bewahrung liegt. Auch Soziolekte wie die Jugendsprache sind teilweise beschrieben und in Wörterbüchern gesichert; eine von außen kommende Normierung von soziolektalem Sprechen gibt es aber ebensowenig wie eine von außen kommende Normierung von Dialekten.

Plansprachen weisen gegenüber den natürlichen Nonstandardvarietäten eine starke Normiertheit auf. Zwar ist nicht alles, was eine Plansprache ausmacht, geregelt; so hatte etwa Zamenhof keine eigenen Wortstellungsregeln aufgestellt, sondern die Normalabfolge SVO (s.o.) mit musterbildenden Beispielen eingespielt. Dennoch sind Plansprachen in noch stärkerem Maße als die Standardsprache von Normen geprägt: Es handelt sich um Sprachen, die im Gegensatz zu natürlichen Sprachen noch vor ihrer Existenz kodifiziert und normiert sind – die also überhaupt erst durch eine Regulierung entstehen.

Wie Plansprachen hat die Leichte Sprache gegenüber Standardvarietäten und insbesondere gegenüber den Nonstandardvarietäten einen höheren Regulierungsgrad, sie verbleibt jedoch innerhalb des Diasystems der deutschen Sprache und ist damit „eine durch planmäßige Regelsetzung in Wortschatz und Syntax reduzierte Variante" (Schubert 2014: 211) einer natürlichen Sprache. Das zeigt sich an den vorliegenden Regelwerken, insbesondere am Regelanhang in der Anlage der BITV 2.0 (2011), die Leichte Sprache in einen juristisch-administrativen Kontext einordnet (Hervorhebungen durch die Verfasserinnen, U.B., C.M.):

1. Abkürzungen, Silbentrennung am Zeilenende, Verneinungen sowie Konjunktiv-, Passiv- und Genitiv-Konstruktionen **sind zu vermeiden**.
2. Die Leserinnen oder Leser **sollten**, soweit inhaltlich sinnvoll, **persönlich angesprochen werden**.
3. Begriffe **sind** durchgängig in gleicher Weise **zu verwenden**.
   […]

Ein Vergleich mit der ebenfalls strikt regulierten (zuvor aber beschriebenen) Orthografie verdeutlicht den Unterschied der Regelformate, hier am Beispiel der Hauptregeln zur *h*-Grafie (§§ 6–8 der Amtlichen Regelung der deutschen Rechtschreibung 2006; Hervorhebung durch die Verfasserinnen, U.B., C.M.):

§ 6 Wenn einem betonten einfachen langen Vokal ein unbetonter kurzer Vokal unmittelbar folgt oder in erweiterten Formen eines Wortes folgen kann, so **steht** nach dem Buchstaben für den langen Vokal stets der Buchstabe *h*.

§ 7 Das *h* **steht** ausnahmsweise auch nach dem Diphthong [ai].

§ 8 Wenn einem betonten langen Vokal einer der Konsonanten [l], [m], [n] oder [r] folgt, so **wird** in vielen, jedoch nicht in der Mehrzahl der Wörter nach dem Buchstaben für den Vokal ein *h* **eingefügt**.

Im Unterschied zu den Normen der Leichten Sprache, die Anweisungscharakter haben (*sind zu vermeiden, sind zu verwenden* etc.), ist das Format für die Orthografie deskriptiv, beschreibend (*steht, wird eingefügt* etc.). Die Matrix für die Leichte Sprache ist somit das Verhalten, das sie erzeugt, die Matrix für die Orthografie ist ein vorgängiges System, dessen Ausführungspraxis geregelt wird.

Searle hat zur Beschreibung dieses Unterschieds das Begriffspaar **konstitutive** und **regulative Regeln** verwendet: „Regulative rules regulate a pre-existing activity, an activity whose existence is logically independent of the rules. Constitutive rules constitute (and also regulate) an activity the existence of which is logically dependent on the rules" (Searle 1969: 34). Regulative Regeln regulieren also bereits bestehende Verhaltensweisen oder Systeme, konstitutive Regeln erschaffen neue.

Die Regeln der Leichten Sprache sind konstitutiv im Sinne Searles. Durch ihre Anwendung wird Leichte Sprache überhaupt erst erzeugt. Umso bedeutsamer ist es, dass diese konstitutiven Regeln so strukturiert sind, dass mit ihnen tatsächlich erzeugt wird, was sie intendieren. Wie groß die Abweichungen zwischen den Regeln und den bislang vorliegenden Texten in Leichter Sprache sind, zeigt Kuhlmann (2013) in einer vergleichenden Analyse von Regelwerken mit einem Korpus von 59 Leichte-Sprache-Texten.

In Kapitel 3 werden wir die Profile der bisher existierenden, öffentlich zugänglichen Regelwerke herausarbeiten, die bislang eher eine lose Sammlung von (konstitutiven) Einzelregeln als die (regulative) Beschreibung eines Systems sind, wie wir in einer tabellarischen Synopse am Ende von Kapitel 3 zeigen werden.

Ein bedeutsames Problem ist die häufig auftretende Verbots- statt Gebotsstruktur (s. o., „sind zu vermeiden"). Um zu einer Beschreibung der Leichten Sprache im regulativen Format zu gelangen, muss Leichte Sprache jedoch positiv spezifiziert sein. In Großkapitel II werden wir auf der Basis der vorliegenden Regeln die Mittel, die in Leichter Sprache zur Verfügung stehen, auch diejenigen, mit denen nicht lizenzierte Strukturen kompensiert werden können, herausarbeiten und ordnen. Im Ergebnis wird es möglich sein, die allgemeinen Gesetzmäßigkeiten der Leichten Sprache positiv zu spezifizieren und in ein regulatives Format zu bringen. Die tabellarische Synopse in Kapitel 13 zeigt diese Kippbewegung von der Norm zur Beschreibung.

Mit dem regulativen Beschreibungsformat wird zugleich die defizitorientierte Sicht („sind zu vermeiden", „Verwenden Sie niemals …") aufgegeben und stattdessen eine ressourcenorientierte Perspektive eingenommen.

1.1.5 Erwerbsbedingungen

Varietäten können zusätzlich zu den bisher genannten Kriterien auf der Basis typischer Erwerbsszenarien unterschieden werden. Der wichtigste Unterschied ist hier der zwischen **gesteuertem** und **ungesteuertem Erwerb**. Von ungesteuertem Erwerb spricht man, wenn eine Sprache bzw. Varietät beiläufig, durch alltäglichen Gebrauch und weitgehend ohne regulierenden Eingriff von außen erworben wird; die Lernprogression folgt der natürlichen Erwerbslogik. Gesteuerte Erwerbsszenarien folgen demgegenüber einer von außen gesteuerten, curricularen Logik; die Sprache/Varietät wird für die Lerner(innen) in spezifischer Weise aufbereitet, im Gelingensfall wird das sprachliche Kenntnissystem auf der Basis der von einem Lehrprogramm intendierten Erwerbsfolge aufgebaut.

Ein typisches Beispiel für ein gesteuertes Erwerbsszenario ist der Fremdsprachenerwerb in deutschen Schulen. Englisch wird in Deutschland nicht beiläufig, in einer englischsprachigen Umgebung erworben, sondern der Erwerb geschieht unterrichtlich gesteuert, in einer nicht englischsprachigen Umgebung. Ein typisches Beispiel für ein ungesteuertes Erwerbsszenario ist der Erwerb der Erstsprache, aber auch der Erwerb einer Zweitsprache; davon spricht man, wenn sich Lerner(innen) eine zweite Sprache in der Zielsprachenumgebung im Kontakt mit Zielsprachensprecher(inne)n aneignen.

Die bislang besprochenen Varietäten unterscheiden sich in Bezug auf die Erwerbsszenarien erheblich: Die gesprochene Standardvarietät kann, wenn sie die Umgebungssprache ist, im ungesteuerten Erwerb als Erst- oder als Zweitsprache erworben werden. Demgegenüber ist die Aneignung des geschriebenen Standards auf gesteuerte Szenarien angewiesen. Diesem Umstand verdankt sich die Schulpflicht.

Monomedial mündlich ausgeprägte Nonstandardvarietäten (Dialekte, Soziolekte, Umgangssprache) werden ausschließlich ungesteuert erworben.

Wegen der Asymmetrie von Produktion und Rezeption müssen für die Rekonstruktion der Erwerbsbedingungen von Leichter Sprache zwei verschiedene Szenarien konturiert werden: Denn die Frage, wie man Leichte Sprache schreiben lernt, ist eine andere als die, wie man Leichte Sprache lesen lernt.

Rezeptionserwerb
Häufig wird ohne weitere Prüfung davon ausgegangen, dass Leichte Sprache allen Gesellschaftsmitgliedern barrierefreie Kommunikation gestattet. Jedoch ist auch die Rezeption von Texten in Leichter Sprache nicht voraussetzungslos. In den programmatischen Bestimmungen des Netzwerks Leichte Sprache (BMAS 2013: 121) heißt es:

Für wen ist leichte Sprache?
Jeder Mensch kann Texte in Leichter Sprache besser verstehen.
Leichte Sprache ist besonders wichtig für Menschen mit Lern-Schwierigkeiten.
Aber Leichte Sprache ist auch gut für alle anderen Menschen.
Zum Beispiel:
Für Menschen, die nicht so gut lesen können.
Für Menschen, die nicht so gut Deutsch können.

Die Voraussetzung für das Verstehen von Texten in Leichter Sprache sind also eine mindestens basale Lesefähigkeit und eine mindestens basale Kenntnis des Deutschen. Dabei sind diese Bedingungen nicht alternativ zueinander, sondern müssen zusammenkommen. Wir stehen hier vor einer ganz erheblichen Forschungsaufgabe. Denn bislang ist noch nicht hinreichend beschrieben, wie genau die Kenntnisstruktur beschaffen sein muss, damit die Rezeption von Leichter Sprache gelingt. Wir zeigen das am Beispiel des Analphabetismus sowie am Beispiel des Zweitspracherwerbs. Es ist anzunehmen, dass die Leser, die dem „Analphabetismus im engeren Sinn" zugerechnet werden (Grotlüschen/Riekmann 2011a: 2, s. auch Kap. 5.2), nicht über hinreichende Lesekompetenzen verfügen, um Leichte-Sprache-Texte zu rezipieren. Definierend für den Analphabetismus im engeren Sinn ist das Unterschreiten der Satzebene, d. h., „dass eine Person zwar einzelne Wörter lesend verstehen bzw. schreiben kann – nicht jedoch ganze Sätze. Zudem müssen die betroffenen Personen auch gebräuchliche Wörter Buchstabe für Buchstabe zusammensetzen." (Ebd.)

Betroffen sind laut der Studie von Grotlüschen/Riekmann mehr als vier Prozent der erwerbsfähigen Bevölkerung.

Bei den Lerner(inne)n des Deutschen als zweiter Sprache muss vermutet werden, dass das Lesen von Texten in Leichter Sprache frühestens dann gelingt, wenn das vom Gemeinsamen Europäischen Referenzrahmen (GER) definierte Niveau A1 erreicht ist, wobei im GER die Schriftlichkeit bei der Beschreibung der Niveaustufen A1, A2 und B1 ignoriert wurde, weshalb über die Lese- und Schreibfähigkeiten von Sprecher(inne)n auf diesen Niveaus nur begrenzt Aussagen möglich sind:

> Kann vertraute, alltägliche Ausdrücke und ganz einfache Sätze verstehen und verwenden, die auf die Befriedigung konkreter Bedürfnisse zielen. Kann sich und andere vorstellen und anderen Leuten Fragen zu ihrer Person stellen – z. B. wo sie wohnen, was für Leute sie kennen oder was für Dinge sie haben – und kann auf Fragen dieser Art Antwort geben. Kann sich auf einfache Art verständigen, wenn die Gesprächspartnerinnen oder Gesprächspartner langsam und deutlich sprechen und bereit sind zu helfen (GER, Niveaustufe A 1)

Für Nichtleser(innen) (Analphabetismus im engeren Sinn) und für Lerner(innen) des Deutschen, die noch keine hinreichenden Deutschkenntnisse erworben haben (< A1), ist vermutlich auch das Lesen und Verstehen von Texten in Leichter Sprache eine Erwerbsaufgabe.

Die Chance, die Schrift- und die Sprachkompetenz über den gezielten Erwerb des Lesens von Texten in Leichter Sprache zu initiieren und von dort aus ggf. zu erweitern, wird jedoch, soweit wir sehen, noch nicht hinreichend genutzt:

Bislang stehen kein Lehrwerk und kein bekanntes Programm für den Erwerb des Lesens von Texten in Leichter Sprache zur Verfügung. Im Zusammenhang mit Alphabetisierungsprogrammen sehen wir im Gegenteil in der Praxis einen teilweise lebhaften Widerstand gegen die Arbeit mit und an Texten in Leichter Sprache. Demgegenüber empfiehlt der Bundesverband Alphabetisierung in seiner Broschüre *Funktionaler Analphabetismus – Ursachen und Lösungsansätze hier und anderswo* (Nickel 2002) die Aufbereitung von Lesetexten in Alphabetisierungskursen, die dem Format der Leichten Sprache in vieler Hinsicht nahekommen (vgl. aber Löffler 2015).

Dass es bislang keine Lehr-Lern-Programme gibt, deren Ziel die Aneignung von Texten in Leichter Sprache ist, und dass die Praktiker(innen) sich mit Leichte-Sprache-Texten schwertun, hat verschiedene Gründe, die teilweise auch in pädagogischen Traditionen zu suchen sind. Die wichtigsten davon tragen wir zusammen:

1. Insgesamt wird angenommen, die geschriebene Sprache sei der gesprochenen nachgeordnet, so dass in allen Programmen zum Aufbau des Spracherwerbs das Sprechen/Hören im Zentrum steht. Die Niveaustufenbeschreibungen des GER (s. o.) sind dafür ein gutes Beispiel. Für ein Lehr-Lern-Programm zum einseitigen Aufbau schriftsprachlicher Fähigkeiten stehen keine Vorbilder zur Verfügung.

2. Beim Sprach- und beim Schriftspracherwerb wird traditionell die Produktion (also das Schreiben und das Sprechen) für zentraler gehalten als die Rezeption (also das Lesen und das [Zu-]Hören). Kaum einmal wird angenommen, dass die Rezeption auch die Produktion unterstützt, obwohl seit langem bekannt ist, dass in allen sprachlichen Kenntnissystemen die rezeptiven Fähigkeiten den produktiven Fähigkeiten vorauseilen und diese weit übertreffen.

3. Deutschland steht in einer starken bildungssprachlichen Tradition. Die sprachlichen Vorbilder sind an Lessing und Goethe gereift; das Deutsche ist ohne die vielfältigen sprachpflegerischen Aktivitäten, die seit dem 18. Jh. Konjunktur haben, gar nicht denkbar; und auch die schulische Sprachvermittlung ist, zumindest ideell, eng in ein bildungssprachliches Korsett eingespannt. Dass eine Varietät wie die Leichte Sprache Zielsprache sein könnte oder ihr Erwerb auch nur ein anzustrebender Zwischenschritt auf dem Weg in die Vollverschriftung, ist unter diesen Bedingungen für viele nur schwer vorstellbar.

Hier werden außerordentliche Chancen verspielt: Wie die Schrift als Ganze legen auch Texte in Leichter Sprache die Strukturen einer Sprache offen; das gilt vor allem für die morphologischen Markierungen, die in der gesprochenen Sprache häufig unhörbar bleiben, aber auch für die basalen syntaktischen Strukturen insgesamt.

Wegen ihrer konstruierten Einfachheit bieten Texte in Leichter Sprache gegenüber anderen Texten strukturelle und lexikalische Basismuster des Deutschen an, deren regelmäßige Rezeption den Alphabetisierungsprozess und den Zweitspracherwerb erheblich voranbringen könnte: Die Gleichförmigkeit der angebotenen Muster gibt den Neuleser(inne)n und den Lerner(inne)n des Deutschen als zweite Sprache die Möglichkeit, über die Einzelkonstruktionen hinaus Generalisierungen über sprachliche Strukturen abzuleiten und selbständig wiederzuverwenden. Die Redundanz der Texte gestattet eine flexible Zugriffsstruktur, die Prototypik der lexikalischen Ausdrücke erlaubt den Aufbau eines funktionierenden Basiswortschatzes.

Um diese Chancen optimal nutzen zu können, wäre ein gesteuertes Szenario erforderlich, das sich zum Ziel setzt, die Lesefähigkeit von Texten in Leichter Sprache schrittweise aufzubauen. Für einige Lerner(innen) wäre Leichte Sprache dann die Zielvarietät, für andere wäre sie zugleich eine Lernvarietät für den Ausbau der Vollverschriftung, Leichte Sprache hätte in didaktischer Perspektive dann *Scaffolding*-Funktion, wäre also ein Gerüst, das ein Weiterlernen erlaubt. In der Didaktik spricht man auch von *transitorischen Normen,* das sind Vorgaben, die einen Zwischenstand auf dem Weg zu einer voll ausgebauten Kompetenz beschreiben.

In diesem Zusammenhang würden dann auch die gestuften Leichtigkeitsstrukturen, wie sie mit der Methode Capito bereits auf den Weg gebracht sind (s. 5.2.1), von Bedeutung. Ein ähnliches Modell vertritt Bock (2015). So könnte verschiedenen Lerner(inne)n ein an ihren Lernstand angepasstes Angebot gemacht werden. Wir greifen den Gedanken systematisch abgestufter Verständlichkeitsgrade des Deutschen im letzten Kapitel (Kap. 14) des Buchs wieder auf.

Produktionserwerb
Die Übersetzung von Texten in Leichte Sprache ist nur auf den ersten Blick leicht und die vorliegenden Regelformate suggerieren, dass diese Übersetzungspraxis quasi voraussetzungslos ist. So heißt es in den Netzwerk-Regeln (BMAS 2013: 28):

Benutzen Sie Verben
Verben sind Tu-Wörter.
Vermeiden Sie Haupt-Wörter.

Die Erläuterung des Begriffs „Verb" sowie der Gebrauch des schulnahen Terminus „Hauptwort" legen es nahe, dass man den Übersetzungsvorgang auch Personen zutraut, die weder den Verbbegriff noch den Begriff des Substantivs kennen.

Hier zeigt sich eine erhebliche Problematik der Regelformulierung des Netzwerks: Sie sind in ihrer Form auf die Rezipient(inn)en, nicht auf die Produzent(inn)en zugeschnitten, also selbst in Leichter Sprache formuliert. Damit wird eine Interaktionssymmetrie vorgetäuscht, die gerade nicht vorliegt. Zusätzlich wird genau dadurch potenziellen Produzent(inn)en nahegelegt, Leichte Sprache sei nicht nur leicht zu rezipieren, sondern auch leicht zu produzieren.

Auch hier werden erhebliche Chancen vergeben. Nicht nur sind die Regeln selbst nicht hinreichend präzise für die Erstellung von Texten in Leichter Sprache. Zusätzlich verstellt dieser Zuschnitt die Einsicht in das Erfordernis der Professionalisierung von Übersetzer(inne)n für Leichte-Sprache-Texte.

Die bislang entstandenen und entstehenden Texte werden überwiegend von Laien und eher intuitiv als kategoriengeleitet erstellt; die Ergebnisse weisen entsprechend unterschiedliche Güte auf. Besonders problematisch ist, dass die Qualität der Zieltexte vom Zufall abhängt, d. h. davon, ob der/die Übersetzer(in) über eine gute Intuition verfügt oder nicht.

Eine Professionalisierung ist nur in einem gesteuerten Szenario möglich. Hier wäre – analog zu anderen Ausbildungsgängen von Übersetzer(inne)n – mindestens Folgendes zu leisten:

- In Bezug auf die Ausgangstexte müssen grundlegende Verfahren der Textanalyse erworben werden, um Probleme und Potentiale des Ausgangstexts zu ermitteln.
- Der Text muss als Vertreter einer Textsorte aufgefasst und in Bezug auf die in ihm enthaltenen Schwierigkeiten auf morphologischer, lexikalischer, semantischer, syntaktischer und textueller Ebene durchleuchtet werden.
- Angehende Übersetzer(innen) müssen ein Bewusstsein über den Status von Ausgangs- und Zieltext haben – so verlieren etwa Rechtstexte bei einer Übersetzung in Leichte Sprache ihre Justiziabilität, d. h. sie können nicht belastbare Grundlage für juristische Auseinandersetzungen sein.
- Übersetzer(innen) müssen die nötigen übersetzerischen Hilfsmittel (Wörterbücher – analog und digital; Datenbanken – Verwendung, Erstellung und Pflege; Translation Memory etc.) einbinden können und die Abläufe in Übersetzungsprojekten kennen (Kontakt und Zusammenarbeit mit dem Auftraggeber, Vieraugenprinzip, interne Korrektur, Zielgruppenkorrektur etc.) (s. Kap. 6).

Übersetzungsregeln vom Typ „Verwenden Sie Verben. Verben sind Tu-Wörter. Vermeiden Sie Haupt-Wörter" werden diesem professionellen Anspruch erkennbar nicht gerecht.

1.2 Sprachbewertung: Leichte Sprache als Provokation und Stigma

1.2.1 Leichte Sprache als Provokation

Leichte Sprache war in den vergangenen Jahren in der Presse wie auch auf unterschiedlichen Web-Plattformen öffentlicher Kritik ausgesetzt. Leichte Sprache wird einerseits als dysfunktional dargestellt, andererseits sieht man in ihr ein Zeichen des Sprachverfalls (Bock 2015: 10). Sie wird von den Lesern häufig als „restringierter Code" sowie „als abweichend von mit hohem Prestige verknüpften Sprachformen wahrgenommen" und verstößt gegen ein „gewisses normatives Bildungs- und Sprachideal, das der Wertung zugrunde liegt und das verteidigt werden soll" (ebd.).

Diese Wahrnehmung der Leichten Sprache ist ernst zu nehmen: In ihrer Privilegierung von Perzeptibilität und Verständlichkeit verstößt Leichte Sprache gegen etablierte Normen und Konventionen konzeptueller Schriftlichkeit. Die Regeln der Leichten Sprache beeinträchtigen sprachliche Ebenen und Aspekte, die zunächst einmal nicht direkt mit der Verständlichkeit zu tun haben: Reichtum der Register und Stile, Prägnanz und Kürze, Vielfalt der Textsorten. Einige ihrer Regeln wie der Verzicht auf pronominale Anaphern oder auf Nebensätze aller Art widersprechen dem Sprachgefühl der Leser und greifen tief in die Ästhetik der Texte ein. Auch pragmatische Aspekte wie Höflichkeit, Hedging oder Expressivität sind betroffen. Die Regeln der Leichten Sprache führen zu einer Uniformität der sprachlichen Mittel, die potenziell ein gewisses Stigma für Leichte Sprache insgesamt darstellt. In ihrer Redundanz und Explizitheit verstoßen Leichte-Sprache-Texte in der Wahrnehmung durchschnittlicher Leser(innen) permanent gegen die Grice'sche Konversationsmaxime der Quantität:

> Mache deinen Gesprächsbeitrag mindestens so informativ, wie es für den anerkannten Zweck des Gesprächs nötig ist. Mache deinen Beitrag nicht informativer, als es für den anerkannten Zweck des Gesprächs nötig ist. (Grice 1975: 45, dt. Übersetzung in Meggle 1993)

Ein mittlerer Grad von Informativität – also Texte, die explizit genug, aber eben auch nicht zu explizit sind – entspricht dem Default (De Beaugrande/Dressler 1981: 168) für Standardtexte; Leichte-Sprache-Texte sind in ihrer Explizitheit und durch die charakteristische Fülle an Erläuterungen auch hier gegenüber dem Standard auffällig.

Leichte Sprache wirkt darum für viele Leser als Provokation, auf die sie mit Abwehr reagieren. Dies umso stärker, wenn sie als Vorschlag für eine neue standarddeutsche Norm missverstanden wird. Das provoziert bei den Lesern jenseits der primären Adressatenschaft verachtende Vorurteile im Sinne der sozialpsychologischen Stereotypforschung. Wir beziehen uns hier auf den Ansatz von Fiske/Cuddy/Glick/Xu (2002), in dem die Autoren Stereotypen klassifizieren und dabei zwei Dimensionen (Wärme und Kompetenz) sowie zwei Variablen (Status und Konkurrenz) als leitend herausarbeiten. Gemäß den Ausführungen der Autor(inn)en werden anderen Gruppen je nach Ausprägung der Variablen „Status" und „Konkurrenz" auf stereotype Weise die Eigenschaften der beiden Dimensionen zugeschrieben, was wiederum zu bestimmten Formen von Vorurteilen führt: „Groups (like individuals) are distinguished according to their potential impact on the in-group (or the self)" (Fiske/Cuddy/Glick/ Xu 2002: 879). Wird eine Gruppe beispielsweise als hierarchieniedriger eingestuft (Status), jedoch nicht als Konkurrenz für die eigene Position empfunden, so wird sie üblicherweise als warm(herzig), aber inkompetent eingeschätzt, was gemäß Fiske/Cuddy/Glick/Xu (2002: 880) regelmäßig zu paternalistischem Vorurteil führt. Als Beispielgruppen werden ältere Menschen oder auch Menschen mit Behinderung genannt. Anders sieht es aus, wenn eine als hierarchieniedriger eingeschätzte Gruppe als Konkurrenz angesehen wird: Eine solche Gruppe wird üblicherweise als inkompetent sowie kalt bzw. anmaßend oder undankbar konzeptualisiert und mit einem verachtenden Vorurteil belegt; die Autor(inn)en nennen hier als Beispiel u. a. Sozialhilfeempfänger, die dann als Sozialschmarotzer konzeptualisiert würden, die gewissenlos (= mangelnde Wärme) Steuergelder verbrauchen, da sie nicht in der Lage sind (= mangelnde Kompetenz), sich selbst zu ernähren. Typische Gefühle diesen Gruppen gegenüber sind dann Verachtung, Abscheu, Zorn und Ressentiment: „Pity targets the warm but not competent subordinates; envy targets the competent but not warm competitors; contempt is reserved for out-groups deemed neither warm nor competent" (Fiske/Cuddy/Glick/Xu 2002: 879). Die nachfolgende Tabelle zeigt die möglichen Ausprägungen der Stereotype und Vorurteile, wobei zu beachten ist, dass die Beispiele dem amerikanischen Gesellschaftssystem entstammen und in ihrer Kulturgebundenheit nur bedingt auf deutsche Verhältnisse übertragbar sind. So ist in einem Land mit einer staatlichen Vorsorge für Alter, Krankheit und soziale Bedürftigkeit möglicherweise keine so klare kategoriale Ausdifferenzierung der Vorurteile in diesem Bereich gegeben wie in einem Land, in dem ein Teil dieser Risiken privat getragen, während ein anderer Teil aus Steuergeldern bestritten wird. Da es uns um die Kategorien selbst geht, zitieren wir dennoch die Übersicht von Fiske/Cuddy/Glick/Xu (2002):

Kompetenz / Wärme	niedrig	hoch
hoch	paternalistisches Vorurteil Status: niedrig Konkurrenz: niedrig Mitleid, Sympathie (z. B. Ältere, Behinderte)	Bewunderung Status: hoch Konkurrenz: niedrig Bewunderung, Stolz (z. B. Gleichgesinnte, Verbündete)
niedrig	verachtendes Vorurteil Status: niedrig Konkurrenz: hoch Verachtung, Abscheu, Zorn, Ressentiment (z. B. Sozialhilfeempfänger, Arme)	neidgeprägtes Vorurteil Status: hoch Konkurrenz: hoch Neid, Eifersucht (z. B. Reiche, Feministinnen)

Tabelle 2: Vier Arten von Out-Groups, Kombination von Status und Konkurrenz und entsprechende Formen von Vorurteilen als Funktion der Dimensionen Wärme und Kompetenz (Fiske/Cuddy/Glick/Xu 2002: 881)

Kommunikation in Leichter Sprache ist, wie wir bereits ausgeführt haben, asymmetrisch und enthält mithin die Zuschreibung als statusniedrig. Wird sie nun von den Protagonisten der Leichte-Sprache-Bewegung als „neuer Standard" proklamiert, so wird sie als Konkurrenz zur Standard- und Bildungssprache wahrgenommen und mit verachtender Geste abgewehrt. Insbesondere von Seiten des Netzwerks Leichte Sprache wird der Anspruch, Leichte Sprache solle in die Domänen des Standards hinein generalisiert werden, teilweise offensiv vertreten. Im Februar 2014 richtete das Netzwerk Leichte Sprache beispielsweise ein Schreiben an Professor(inn)en deutscher Universitäten, reklamierte die bestehenden Regeln für sich („wir haben die Regeln für Leichte Sprache gemacht") und forderte die Wissenschaftler(innen) zu einer Einbeziehung von Personen mit geistiger Behinderung in ihre Forschung zu Leichter Sprache auf:

> Wichtig ist:
> Bei der Leichten Sprache müssen immer Menschen
> mit Lern-Schwierigkeiten mitmachen.
> Sie sind die Fach-Leute für das Verstehen. […]
> **Deshalb bitten wir Sie:**
> Bitte forschen Sie inklusiv über Leichte Sprache.
> Inklusiv bedeutet, [sic]
> Menschen mit und ohne Behinderung arbeiten zusammen.

1 Leichte Sprache in soziolinguistischer Perspektive

Dieses Schreiben ist ausschließlich in Leichter Sprache verfasst; zentrale diskursive Konzepte („inklusiv") werden gemäß den Regularien Leichter Sprache erläutert, was im gegebenen Kontext der Adressierung an Forschende unangemessen erscheint. Der ohnehin höchst problematische Anspruch, alle Leichte-Sprache-Texte müssten eine Zielgruppenprüfung (s. Kap. 3 und Kap. 5) durchlaufen, wird hier noch dahingehend generalisiert, dass das Netzwerk um ein Mitspracherecht bei der Erforschung der Leichten Sprache nachsucht. Derlei Aktivitäten führen dazu, dass das Netzwerk Leichte Sprache nicht als Instanz wahrgenommen wird, die Leichte Sprache als Zusatzangebot einführen möchte, sondern die darauf hinwirkt, dass Leichte Sprache ausgangssprachliche (und diaphasisch wie diastratisch angemessene) Kommunikation ersetzen soll. Einem solchen Ansinnen wird dann entsprechend abwehrend begegnet.

Ein ausgeprägtes Beispiel für die Abwehr dieses Anspruchs zeigt sich im Interview der Neuen Zürcher Zeitung mit dem Bildungsforscher Rainer Bremer vom 8. September 2014, das den bezeichnenden Titel *„Schlimmer als Realsatire."* Der Bildungsexperte Rainer Bremer *kritisiert die „Leichte Sprache" als bildungsfeindlich und befürchtet eine Abwertung der sprachlichen Bildung* trägt. Bremer nimmt Leichte Sprache als Angriff auf die Bildungssysteme wahr und begegnet den Protagonisten der Leichte-Sprache-Bewegung mit dem abwertenden Vorurteil, sie würden sich an den Übersetzungen bereichern (http://www.nzz.ch/wissenschaft/bildung/schlimmer-als-realsatire-1.18378993; geprüft am 30.10.2015):

Frage des Reporters: Führen solche Angebote also zur Abwertung der Sprache?
Antwort Bremer: Dahinter verbirgt sich natürlich ein Klientelismus. Es gibt Leute, die schlagen sich auf die Seite der Benachteiligten und wollen damit eigentlich nur ein Geschäft betreiben. Indem sie gegen Geld eine sogenannte Dienstleistung erbringen, die im besten Fall zu einer Verfälschung führt.

Dabei ist zu konstatieren, dass viele Leichte-Sprache-Texte aktuell tatsächlich kein zufriedenstellendes Niveau erreichen. Zu Recht wird in Blogs und im Feuilleton immer wieder auf schlechte Textbeispiele verwiesen. Jan-Philipp Hein kritisiert beispielsweise in seinem Blog-Beitrag im Online-Auftritt der Schweriner Volkszeitung vom 18. April 2015 die Umsetzung der Wahlinformation anlässlich der Bremischen Bürgerschaftswahl im Mai 2015, die allen Wähler(inne)n (ausschließlich) in Leichter Sprache zugänglich gemacht wurde. Er zitiert aus den Wahlunterlagen:

> Guten Tag, am 10. Mai 2015 ist die Wahl von der Bremischen Bürgerschaft. Und die Wahl vom Beirat. In diesem Brief sind zwei Hefte. Die Hefte sind Muster-Stimm-Zettel. Das weiße Heft ist für die Wahl von der Bürgerschaft. Das gelbe Heft ist für die Wahl von dem Beirat. [...]

Dann kommentiert er:

> In diesem Duktus werden derzeit alle Insassen Bremens auf die anstehenden Landtagswahlen vorbereitet. „Leichte Sprache" nennt sich solche Wortschrauberei, die auf vieles verzichtet, was Sprache ausmacht: den Genitiv, Rhythmus und Melodie, eine gewisse Eleganz und Charme. [...] Das Problem mit dieser leichten Sprache: Sie ist gar nicht so leicht. Sie kann sogar missverständlich sein, wie das Bremer Wahl-Tutorial zeigt. „Das weiße Heft ist für die Wahl von der Bürgerschaft. Das gelbe Heft ist für die Wahl von dem Beirat." Fragt sich nur, wen oder was denn die Bürgerschaft und der Beirat eigentlich wählen? Den Senat? Einen Ortsamtsleiter? Ein Volk?
> Und nein, das ist keine dämliche Frage, deren Antwort auf der Hand liegt. Wer den Genitiv durch falsches Deutsch beseitigt, sollte durch diesen ästhetikfeindlichen Eingriff wenigstens etwas produzieren, das wirklich einfach und eindeutig ist. „Von dem" ist nichts davon. Und wer Leuten unterstellt, sie könnten „Wahl des Beirats" nicht verstehen, der sollte konsequenterweise nicht davon ausgehen, dass die Adressaten wissen, was dieser Beirat seinerseits so wählt und beschließt.
> (Quelle: Schweriner Volkszeitung, http://www.svz.de/nachrichten/ratgeber-uebersicht/kein-witz-das-soll-leichte-sprache-sein-id9485316.html; geprüft am 30.10.2015)

Die Privilegierung des Kriteriums der Verständlichkeit zulasten der ästhetischen Qualität der Sprache gehört zu den Prinzipien Leichter Sprache (s. Kap. 13). Heins Kritik ist hier berechtigt, die Priorisierungen, die Leichte Sprache trifft, geben hier jedoch Umsetzbarkeitsgrenzen vor.

Sein zweiter Kritikpunkt ist jedoch nicht dem System der Leichten Sprache anzulasten, sondern betrifft die mangelhafte Umsetzung im Einzeltext: Die hier vorgebrachte Strukturkritik richtet sich an die den Genitiv ersetzende *von*-Konstruktion; hier liegt nicht nur ein stilistisches, sondern ein handfestes semantisches Problem vor. Denn die *von*-Konstruktion kann subjektbezogen (die Bremische Bürgerschaft wählt etwas) und objektbezogen (jemand wählt die Bremische Bürgerschaft) interpretiert werden (s. hierzu auch Kap. 8.1.1). Eine desambiguierende Übertragung, die zugleich die Regeln der direkten Adressierung und der Vermeidung von Nominalkonstruktionen berücksichtigt, könnte etwa wie folgt aussehen:

> Guten Tag.
> Am 10. Mai 2015 ist Wahl in Bremen.
> Sie können die Bremische Bürgerschaft wählen.
> Und Sie können den Beirat wählen.
> In diesem Brief sind zwei Hefte.
> Die Hefte sind Muster·stimm·zettel.
> Das weiße Heft zeigt Ihnen:
> So wählen Sie die Bremische Bürgerschaft.
> Das gelbe Heft zeigt Ihnen:
> So wählen Sie den Beirat.

Und selbstverständlich wäre es regelkonform und sogar geboten, Konzepte wie „Bürgerschaft" und „Beirat" zu erläutern, denn in der Tat kann das Verständnis dieser Begriffe bei den primären Adressat(inn)en nicht vorausgesetzt werden. Bock (2015: 14, im Original kursiv) bringt die Auswirkungen einer mangelhaften Textpraxis auf den Punkt: „Leichte Sprache wird selbst zur Sprachbarriere, wenn sie ihre Vermittlungsaufgabe nicht ernst nimmt."

Problematisch ist auch die aktuelle Bebilderungspraxis, in der häufig kindliche, einer erwachsenen Adressatenschaft nicht angemessene Illustrationen anzutreffen sind, die das Konzept der Leichten Sprache massiv diskreditieren und selbst bei Teilen der primären Adressatenschaft zu Abwehr führen. Insofern ist hier zwischen solchen Eigenschaften der Texte zu unterscheiden, die auf notwendige und begründbare Regeln zurückgehen (ästhetisches Potenzial), und solchen, die sich aus einer mangelhaften Umsetzung dieser Regeln in den Texten ergeben (Strukturmängel, fehlende Erklärungskraft, unangemessene Bebilderung). Letztere sind durch Professionalisierung der Übersetzungspraxis heilbar, erstere gehören konstitutiv zur Leichten Sprache, vermindern aber gleichwohl ihre Akzeptanz bei der Leserschaft.

1.2.2 Leichte Sprache als Stigma

Auf Leichte Sprache angewiesen zu sein ist ein Stigma. Noch einmal sei das Interview der Neuen Zürcher Zeitung mit dem Bildungsforscher Rainer Bremer zitiert, der auch ausführt, Menschen mit Behinderung würden durch Leichte Sprache ihrer Würde beraubt:

> Die Leute, die die „Leichte Sprache" propagieren, lassen sich komische Sätze einfallen, die sich wie Parodien auf behinderte Menschen lesen. […] Das ist noch schlimmer als Realsatire. Und es hat auch einen moralischen Aspekt: Man nimmt diesen Menschen die Würde. Vor 20,

30 Jahren wäre das undenkbar gewesen, da wären die Behindertenverbände aufgestanden und hätten gesagt: „Ihr vermittelt ein fatales Bild von uns!" Und heute sind sie stolz darauf. (Neue Zürcher Zeitung vom 8.9.2014; http://www.nzz.ch/wissenschaft/bildung/schlimmer-als-realsatire-1.18378993; geprüft am 30.10.2015)

Hier wird beklagt, dass Leichte Sprache zu einer Wahrnehmung von Personen mit Behinderung führt, in der ihnen sprachliche und kognitive Defizite zugewiesen werden. Die Sorge ist offenbar, dass dies zur Ausprägung bzw. Bestätigung von Vorurteilen gegenüber Behinderten führt. Vorurteile sind Einstellungen gegenüber einer bestimmten Gruppe, die „aus einer kognitiven, einer affektiven und einer verhaltensbezogenen Komponente" (Knigge 2009: 48) bestehen. Die kognitive Komponente besteht in der stereotypen Zuschreibung dieser Eigenschaften („kann kein Deutsch", „versteht nicht"), die affektive Komponente entspricht der (hier: negativen) emotionalen Bewertung des Stereotyps, während die Verhaltenskomponente zur Diskriminierung der Gruppenmitglieder führt. Diskriminierung ist „eine ungerechtfertigte negative oder schädliche Verhaltensweise gegenüber einem Mitglied einer Gruppe allein wegen dessen Zugehörigkeit zu dieser Gruppe" (Aronson/Wilson/Akert 2008: 428). Leichte Sprache würde damit zur Diskriminierung von Personen mit Behinderung beitragen, obwohl sie doch eigentlich Inklusion fördern soll.

Andererseits kann es keine Lösung sein, den Personen mit Behinderung, die auf barrierefreie Kommunikation angewiesen sind, diese nur deshalb vorzuenthalten, weil durch die reine Präsenz dieser Texte ihre Behinderung offenbar wird. Das Dilemma ist jedoch offenkundig, denn auf Leichte Sprache angewiesen zu sein, ist insofern tatsächlich ein Stigma, als es diverse negative Zuschreibungen nahelegt:

Wer diese Texte benötigt,
1. kann kaum lesen;
2. kann möglicherweise nicht „richtig" Deutsch;
3. kann nicht an fachlichen Diskursen teilnehmen und gehört zu keiner dieser hoch valorisierten Gruppen;
4. benötigt Erklärungen selbst für einfachste Zusammenhänge und hat folglich eine verminderte Auffassungsgabe;
5. kann die Schönheit und Komplexität der Sprache nicht erfassen;
6. gefährdet die deutsche Sprache, wenn solche Texte im Zuge der Inklusion standarddeutsche Texte verdrängen.

Die Zuschreibung unter 3. wird nur von primären Adressat(inn)en erfüllt. So erklärt sich, warum eine große Zahl von Leser(inne)n heute gern auf

Leichte-Sprache-Texte zugreift, wenn diese Texte Fachdiskurse, z. B. juristische oder medizinische, zugänglich machen, über die sie sich nicht definieren. Wer selbst Mitglied valorisierter Gruppen ist, etwa über die eigene berufliche Tätigkeit oder einen hohen Bildungsstand, kann für bestimmte Kontexte auf Leichte-Sprache-Texte zugreifen, ohne eine Stigmatisierung zu erleiden. Die Zuschreibung wäre dann: „Ich habe einen Hochschulabschluss, aber die Verwaltungssprache ist einfach zu schwierig. Gut, dass es das jetzt in Leichter Sprache gibt." Wer für alle schriftlichen Textsorten auf die Leichte-Sprache-Version angewiesen ist, unterliegt dagegen leichter einer Stigmatisierung.

Die Zuschreibung unter 6. evoziert kein wahrscheinliches Szenario, denn Leichte Sprache ist ein Zusatzangebot und wird den Standard nicht ersetzen (s.o. Kap. 1.2.1); diesen Aspekt offensiv zu kommunizieren kann die Akzeptabilität von Leichter Sprache erhöhen. Die anderen Zuschreibungen sind jedoch in der Tat stigmatisierend und legen offen, dass eine Beeinträchtigung der Kommunikationsfähigkeit als Stigma wahrgenommen wird.

Mit Jones (1984: 24 ff., deutsche Entsprechungen nach Knigge 2009: 51) können sechs unterschiedliche Dimensionen angenommen werden, die Auswirkungen darauf haben, wie stark ein Stigma empfunden wird: Concealability (Kaschierbarkeit), Course (Dauer bzw. Entwicklung), Disruptiveness (Isolationspotenzial), Aesthetic qualities (ästhetische Beeinträchtigung), Origin (Verursachung) und Peril (Gefährdung der anderen):

1) Kaschierbarkeit
Hier stellt sich die Frage, wie offenkundig ein Stigma ist und ob es von den Betroffenen vor anderen verborgen werden kann. Dabei geht Jones davon aus, dass ein Stigma umso stärker ausgeprägt ist, je stärker es wahrnehmbar ist. Zwar gibt es auch immer Gruppenmitglieder, die offensiv mit einer stigmatisierenden Eigenschaft umgehen, jedoch tendieren viele Betroffene dazu, das Stigma zu kaschieren. Unter der Adressatenschaft von Leichter Sprache ist eine solche Haltung u.a. von funktionalen Analphabet(inn)en bekannt, die ihre Leseschwäche häufig zu verbergen suchen. Nicht selten ist auch der Fall, dass Personen(gruppen), die nicht von dem Stigma betroffen sind, seine Kaschierung einfordern. Diese Dimension ist auch in der Äußerung von Bremer enthalten: Er verleiht seiner Verwunderung Ausdruck, dass die Behindertenverbände sich hinter Leichte Sprache stellen und somit offensiv zu ihrer kommunikativen Beeinträchtigung stehen.

Mit Blick auf Leichte Sprache erfährt dieses Kriterium eine besondere Ausprägung: Durch die verstärkte Präsenz von Leichte-Sprache-Texten wird das Stigma in besonderer Weise wahrnehmbar. Vielen wird durch den Leichte-Sprache-Diskurs und die allgegenwärtigen Texte erst klar, wie viele Personen wie stark in ihrer schriftsprachlichen Kompetenz eingeschränkt sind. Dabei werden die Adressatengruppen auch direkt benannt, wodurch die Leseschwäche bestimmter Gruppen wie z. B. der prälingual Gehörlosen, die bislang außerhalb des Fachdiskurses wenig bekannt war, explizit gemacht wird. Durch das vorliegende Angebot an Texten kann das Individuum aber wiederum seine Leseschwäche leichter verbergen als bisher, da angemessene Kommunikationshilfen zur Verfügung stehen und die eigenständige Partizipation somit erleichtert wird.

2) Dauer bzw. Entwicklung
Ein Stigma wird dann als schwerwiegender wahrgenommen, wenn es von Dauer ist. Für Leichte Sprache würde daraus folgen, dass sie als weniger stigmatisierend wahrgenommen würde, wenn sie als Durchgangsstufe auf dem Weg zum Standard konzeptualisierbar wäre. Für einen Teil der Adressatenschaft ist dies auch tatsächlich der Fall. Ein anderer Teil der Adressatenschaft, etwa aus der Gruppe der Personen mit geistiger Behinderung, ist jedoch dauerhaft auf Leichte Sprache angewiesen. Das Konzept der Leichten Sprache könnte damit eine Imageverbesserung erreichen, wenn gezielt auf eine gestufte Kommunikation hingearbeitet würde, die sich den jeweiligen Möglichkeiten der Adressatenschaft bzw. ihren Lernfortschritten anpasst. Einen entsprechenden Vorschlag macht Bock (2015: 15), die eine „Ausarbeitung von Schwierigkeitsstufen ‚leichter Texte'" ins Spiel bringt (s. auch Kap. 14 in diesem Band).

3) Isolationspotenzial
Die Dimension des Isolationspotenzials bezieht sich darauf, wie stark soziale Interaktionen mit den Betroffenen gestört sind. Nach diesem Kriterium wären Beeinträchtigungen besonders stigmatisierend, die einen kommunikativen Austausch unmöglich oder besonders schwierig machen. Leichte Sprache zeigt auf, dass bei der primären Adressatenschaft die Fähigkeit, ungehindert auf den (schriftlichen) Diskurs zuzugreifen, massiv gestört ist. Damit trägt sie zur Stigmatisierung bei. Sie beinhaltet jedoch in sich selbst gleichzeitig die Überwindung dieser Barriere, indem sie soziale Interaktion möglich macht.

4) Ästhetische Beeinträchtigung
Dieses Kriterium bezeichnet das Ausmaß, in dem das Stigma als abstoßend angesehen wird. Die meisten Kritiken an Leichter Sprache beziehen sich auf dieses Kriterium: Leichte Sprache wird als ästhetisch inadäquat und das Sprachgefühl verletzend wahrgenommen. Bezüglich der visuellen Gestaltung von Leichte-Sprache-Texten ist noch Potenzial vorhanden, dieses stigmatisierende Kriterium durch eine professionelle und adressatengerechte Gestaltung der Texte abzumildern. Die ästhetische Dimension der Sprache steht in Leichter Sprache jedoch definitionsgemäß hinter der Verständlichkeit zurück (s. Kap. 13), so dass die Stigmatisierung durch Leichte Sprache sich als kaum überwindbar darstellt.

5) Verursachung
Ein Stigma, das selbstverschuldet ist, wird als gravierender wahrgenommen als ein unverschuldetes. Mit Blick auf Leichte Sprache werden die Adressatengruppen hier unterschiedlich wahrgenommen: Der Verweis darauf, dass sich Leichte-Sprache-Texte primär an Personen mit kognitiver und sensorischer Behinderung richten, führt regelmäßig zur Abmilderung kritischer und skeptischer Positionen. Funktionaler Analphabetismus nach abgeschlossener Regelschullaufbahn ist jedoch potenziell als selbstverschuldet konzeptualisierbar.

6) Gefährdung anderer
Wenn von der stigmatisierten Person bzw. Gruppe eine Gefährdung für andere ausgeht, dann hat ein Stigma die Tendenz, als gravierender wahrgenommen zu werden. Als Beispiel wird in der Literatur (Knigge 2009: 51) die HIV-Infektion angeführt, die das Risiko einer Ansteckung von nicht zur Gruppe Gehörenden mit sich bringt. Wir haben gezeigt, dass subjektiv die „Gefahr" wahrgenommen wird, Leichte Sprache könnte den Standard verdrängen. Das Stigma Leichter Sprache würde in diesem Falle als besonders stark, da den Status quo gefährdend, wahrgenommen werden. Leichte Sprache birgt allerdings keinerlei „Ansteckungsgefahr"; sie ist kein generalisierungsfähiges Konzept. Es scheint uns wichtig, dies zu betonen, da Versuche, die Standardsprache in Richtung Leichter Sprache einzuebnen bzw. Texte für alle Leser ausschließlich in Leichter Sprache anzubieten, weder zur Akzeptanz dieses Modells führen noch sachangemessen sind.

Wie sich zeigt, weist Leichte Sprache Eigenschaften auf, die das Konzept und die primäre Adressatenschaft in unterschiedlichen Dimensionen stigmatisieren: Die kommunikativen Einschränkungen der Adressat(inn)en werden offengelegt und sie werden in einen asymmetrischen Diskurs gedrängt; viele von ihnen benötigen diese Kommunikationshilfe dauerhaft und können ohne sie nicht partizipieren; die ästhetische Dimension ist massiv eingeschränkt; bei einem Teil der Adressatenschaft ist der Bedarf an Leichte-Sprache-Texten zumindest diskursiv einem Versagen des Bildungssystems oder gar einem persönlichen Versagen der entsprechenden Personen zuschreibbar; Leichte Sprache wird als Bedrohung des Standards wahrgenommen.

Goffman (1967) hat jedoch darauf hingewiesen, dass eine Eigenschaft, die in einer Situation bzw. in einem Kontext stigmatisierend wirkt, in einer anderen Situation ins Positive gewendet werden kann, dass man „negativen Stigmatisierungserfahrungen durch Situationsmanagement entgehen" (Knigge 2009: 50) und sie umkonnotieren kann. In diesem Sinne kann eine Imageverbesserung für Leichte Sprache erreicht werden, wenn sie mit positiv besetzten bzw. hochkonnotierten Konzepten assoziierbar ist. Dafür scheinen unter anderem die folgenden Aspekte besonders geeignet:

- Leichte Sprache hat eine wichtige Funktion für die **Barrierefreiheit** der Kommunikation;
- sie ermöglicht **Zugang** zu Informationen;
- sie ist ein Instrument der **Inklusion**;
- sie erhöht die **Verständlichkeit** der Kommunikation auch bei schwierigen fachlichen Diskursen, die auch Leser(innen) ohne Behinderung exkludieren (insbesondere technische, administrative und medizinische Fachsprache);
- sie ist Teil der Umsetzung internationaler Gesetze, die **Diskriminierung** bestimmter Personengruppen **verhindern** sollen (UN-Behindertenrechtskonvention);
- sie ist in amtlichen Verordnungstexten erwähnt und beschrieben (BITV 2.0) und mithin **vom Gesetzgeber anerkannt**;
- ihr Regelsystem ist Gegenstand der **Forschung**.

An einer positiven Wahrnehmung Leichter Sprache muss aktiv gearbeitet werden. Das kann durch positive Umkonnotierung im eben angeführten Sinne gelingen. Wichtigstes Instrument für eine erhöhte Akzeptanz Leichter Sprache ist aber eine Professionalisierung der Textpraxis, die darauf abzielt, hochwertige, regelkonforme und funktionale Texte vorlegen zu können, sowie eine klare Bestimmung ihres Anspruchs, der auf die Bereitstellung von Zusatzangeboten und nicht auf die Einebnung der sprachlichen Vielfalt abzielt.

1.3 Funktionen Leichter Sprache

Auf die Funktionen, die konkrete Exemplare von Leichte-Sprache-Texten haben können, gehen wir in Kapitel 12 ein. Leichte Sprache als solche hat jedoch darüber hinaus bestimmte gesellschaftliche Funktionen, die aus ihrer Verfasstheit als barrierefreie Varietät erwachsen und gegenüber dem Standard ein besonderes Profil ausprägen. Wir gehen hier auf die Partizipationsfunktion, die Lernfunktion und die Brückenfunktion ein.

1.3.1 Partizipationsfunktion

Die Heterogenität der Zielgruppen hat Auswirkungen auf die Funktion von Texten in Leichter Sprache: Entwickelt wurde Leichte Sprache zur Überwindung von Kommunikationsbarrieren. Leitend war der Gedanke der Inklusion, das Informationsangebot so zu verändern, dass möglichst allen Gesellschaftsmitgliedern – unabhängig von ihren kognitiven oder sprachlichen Voraussetzungen – eine umfassende Partizipation an gesellschaftlichen Prozessen möglich wird.

Im Zusammenhang mit der Partizipationsfunktion sollen Texte in Leichter Sprache möglichst exhaustiv sein, also möglichst alle Informationen aus dem Ausgangstext enthalten. Hier ist ein Dilemma zu konstatieren: Leichte-Sprache-Texte enthalten üblicherweise eine Vielzahl von Erläuterungen und Exemplifizierungen, weil nicht vorausgesetzt werden kann, dass die Adressatenschaft auf sämtliche zum Textverständnis nötigen Vorwissensbestände zugreifen kann. Im Ergebnis sind informationskonstante Leichte-Sprache-Texte zwingend länger als die allgemein- oder gar fachsprachlichen Ausgangstexte. Hinzu kommt, dass sich durch das Layout (Schriftgröße, Auflösung der Textur, Bebilderung) das Textvolumen weiter vergrößert. Angesichts der Tatsache, dass Leichte-Sprache-Texte sich an Adressat(inn)en mit schwach ausgebildeter Lesekompetenz richten, stehen wir hier vor einem Dilemma, das für jeden einzelnen Text die Festlegung einer Strategie erforderlich macht (s. dazu Kap. 6 und Kap. 12).

1.3.2 Lernfunktion

Eine weitere Aufgabe wächst der Leichten Sprache im Zusammenhang mit der Spätalphabetisierung zu. So äußert die SPD-Fraktion in einer kleinen Anfrage zum „Sachstand zur Förderung der Einfachen Sprache [gemeint ist Leichte Sprache, U.B., C.M.] in Deutschland" die Hoffnung, dass durch

Textangebote in Leichter Sprache „die Scheu vor dem Lesen überwunden [werden kann]. Die Lesematerialien mit dem passenden Sprachniveau ermöglichen den Aufbau von Selbstvertrauen. Die Lesefähigkeit wächst und es kann eine positive ‚Lesespirale' entstehen. Im besten Fall führt dies dazu, dass diese Menschen [gemeint sind Analphabet(inn)en, U.B., C.M.] aus der Einfachen Sprache herauswachsen und auf einem höheren Niveau lesen lernen" (SPD-Fraktion 2012). Angesprochen ist die Lernfunktion Leichter Sprache (s. dazu auch Kap. 5.2), von der in besonderer Weise Lerner(innen) des Deutschen profitieren könnten (vgl. Oomen-Welke 2015).

Die Lernfunktion macht es zwingend erforderlich, dass die Texte in Leichter Sprache keine zielsprachenfernen Konstruktionen enthalten. Hier müssen einige der Regeln aus den Praxisregelwerken (Trennung von Komposita mit Bindestrichen, Hauptsätze mit *weil* und *wenn* etc.) dahingehend modifiziert werden, dass sie nicht länger den Regeln der Standardsprache widersprechen. Das führt im Übrigen auch zu erhöhter Akzeptabilität und zu einem geringeren Stigmatisierungspotenzial.

1.3.3 Brückenfunktion

Verbunden mit der Lernfunktion ist eine dritte Funktion: Wie oben erwähnt, sind Texte in Leichter Sprache Zusatzangebote zu Ausgangstexten, die unterschiedliche Verstehensschwierigkeiten verursachen können. Texte in Leichter Sprache können demnach auch genutzt werden, um vorübergehende oder lokale Verstehensprobleme mit Ausgangstexten zu beheben. Wir sprechen von der Brückenfunktion Leichter Sprache.

Die Brückenfunktion verweist auf eine möglichst weitgehende Nähe von Ausgangs- und Zieltext. Diese Funktion sollte überall dort durch eine entsprechende Gestaltung des Zieltexts ermöglicht werden, wo Ausgangs- und Zieltext parallel genutzt werden können. Auf diese Weise ist der Weg für ein Hin- und Herspringen zwischen den beiden Textfassungen eröffnet, so dass Leser(innen) zur Lektüre des Ausgangstexts hingeführt werden und, sofern das im Rahmen ihrer Beeinträchtigung möglich erscheint, ihre Sprachkompetenz erweitern können.

Aus allen drei Funktionen, der Partizipations-, der Lern- und der Brückenfunktion von Texten in Leichter Sprache ergeben sich wichtige konzeptionelle Entscheidungen:

Im Zusammenhang mit der Partizipationsfunktion müssen Texte in Leichter Sprache möglichst exhaustiv sein, also möglichst alle Informationen aus dem Ausgangstext enthalten. Die Lernfunktion macht es zwingend erforderlich, dass die Texte in Leichter Sprache keine zielsprachenfernen Konstruktionen enthalten. Die Brückenfunktion verweist auf eine möglichst weitgehende Nähe von Ausgangs- und Zieltext, damit eine parallele Nutzung möglich ist.

Wegen der nur begrenzten sprachlichen Mittel, die in Leichter Sprache zur Verfügung stehen, und wegen der Anforderungen an die Textverständlichkeit, die auch bei eingeschränkten Sprachkompetenzen möglich sein soll, können Übersetzungen in jeder der drei Dimensionen an Grenzen stoßen. Eine zentrale Aufgabe für Übersetzer(innen) ist es, einen angemessenen Ausgleich zwischen dem Ausgangstext und den Potenzialen, die die Leichte Sprache bietet, herzustellen.

1.4 Zusammenfassung

Der Versuch, Leichte Sprache im Varietätengefüge des Deutschen zu verorten, hat uns vor Augen geführt, dass Leichte Sprache zwar zweifellos eine Varietät des Deutschen ist, dass aber gleichzeitig keines der herkömmlichen Beschreibungskriterien für Varietäten umstandslos anwendbar ist. Im Ergebnis müssen wir feststellen, dass die Leichte Sprache keine eindeutige Zuordnung zu einer bestimmten Varietätenklasse zulässt; vielmehr konnten überall Asymmetrien bzw. unvollständige Profile festgestellt werden, die in ihrer Gesamtheit aber dennoch ein charakteristisches Bild von dem ergeben, was Leichte Sprache ist und was sie nicht ist:

In Bezug auf den Gebrauch/die Reichweite ist die Interaktionsasymmetrie der Leichten Sprache charakteristisch. Obwohl sie als diaphasisch-diastratische Varietät gelten muss, ist Leichte Sprache nicht gemeinschaftsstiftend; hier ist eine gewisse Gemeinsamkeit mit Xenolekten zu konstatieren.

Während aber Xenolekte monomedial mündlich sind, ist Leichte Sprache monomedial schriftlich angelegt, ohne dabei die Eigenschaften konzeptioneller Schriftlichkeit aufzuweisen; vielmehr weist sie die Eigenschaften der Nähesprachlichkeit auf.

Leichte Sprache ist eine regulierte Varietät, die auf gezielte sprachplanerische Aktivitäten zurückgeht und sich im Rahmen des deutschen Standards bewegt. Durch das (für regulierte Sprachen typische) konstitutive Regelformat ist Leichte Sprache streng normiert, ohne dass die Normen bereits so beschaffen wären, dass daraus schon angemessene Zieltextstrukturen entstehen könnten.

Charakteristisch ist außerdem eine Asymmetrie des Erwerbs der Produktion und der Rezeption. Beide Erwerbsszenarien müssen zukünftig systematischer beachtet werden, als dies in der aktuellen Praxis der Fall ist.

Leichte Sprache kann somit als monomedial schriftliche, nähesprachlich geprägte, regulierte Reduktionsvarietät des Deutschen mit asymmetrischen Gebrauchs- und asymmetrischen Erwerbsbedingungen beschrieben werden.

Aus dem sprachlichen Profil ergibt sich ihre gegenüber dem Standard leichtere Rezipierbarkeit für Personen mit eingeschränktem Perzeptionsvermögen und Leseverstehen; aus dem Gebrauchs- und Erwerbsprofil ergeben sich potenziell Diskriminierungen und Stigmatisierungen der Leichte-Sprache-Leserschaft. Hier kann in einem gewissen Grade gegengesteuert werden, indem die Regulierung der Sprache auf wissenschaftlicher Grundlage erfolgt und indem sich die Übersetzungspraxis professionalisiert; durch die konstitutive Asymmetrie bleibt Leichte Sprache jedoch gleichwohl stigmatisierend. Dennoch bleibt sie ein unverzichtbares Instrument der Inklusion: Sie hat Partizipationsfunktion und ermöglicht den Zielgruppen einen eigenständigen Zugang zu schriftlichen Informationen, der auf der Basis von standardsprachlichen Texten nicht erreichbar ist. Für einen Teil der Adressatenschaft stellt Leichte Sprache eine Durchgangsstufe dar; sie hat Lernfunktion, denn sie stellt ein niederschwelliges Angebot dar, das der Adressatenschaft den Weg in die Schriftlichkeit bahnen kann. Um diesen Adressat(inn)en den Schritt aus der Leichten Sprache in den Standard hinein zu ebnen, sollte bei der Konzeption von Angeboten in Leichter Sprache erwogen werden, durch Strukturähnlichkeit von Ausgangs- und Zieltext die Brückenfunktion der Leichten Sprache zu stützen.

Nach dieser ersten konzeptuellen Klärung werden wir Leichte Sprache im nächsten Kapitel in den geschichtlichen Horizont der Bemühungen um verständliche Sprache und Texte stellen, die wiederum der Hintergrund für die Genese der aktuellen rechtlichen Situation sind.

2 Geschichtlicher Hintergrund und Genese der aktuellen rechtlichen Situation

Leichte Sprache ist zwar eine Varietät der *deutschen* Standardsprache, sie steht jedoch in einem übereinzelsprachlichen Kontext der Herstellung verständlicher Kommunikation. Bereits in den 1920er Jahren wurde versucht, systematische Kriterien für die Ermittlung der Verständlichkeit zunächst englischsprachiger Texte zu bestimmen. Diese Bemühungen führten zur Erarbeitung unterschiedlicher Lesbarkeitsindizes. Dabei handelt es sich um wissenschaftlich begründete, formale Metrikverfahren zur Evaluierung der Verständlichkeit von Texten, die teilweise auch heute noch für die Verständlichkeitsprüfung eingesetzt werden. Ziel war es, adressatenangepasste Texte produzieren bzw. Texte bezüglich ihrer Lesbarkeit für bestimmte Adressatenkreise (z. B. Schüler[innen]) evaluieren zu können. Es war nicht das Ziel dieser ersten Ansätze, barrierefreie Kommunikation für Personen mit Einschränkungen der Lesefähigkeit herzustellen. Die zugrunde gelegten Kriterien (Wort- und Satzlänge, Vermeidung von Passiv etc.) finden jedoch ihre Entsprechung in der Leichte-Sprache-Literatur, weshalb wir hier in Kürze auf die Lesbarkeitsindizes eingehen.

Verständlichere Texte auch fachlichen Inhalts herzustellen, ist das Ziel der Plain-Language-Bewegung, die wiederum insbesondere für das Englische (Plain English) eine beachtliche Ausdifferenzierung erfahren hat. Zwar richtet sich Plain Language nicht vordergründig an Personen mit Behinderung, die Überschneidungen in den jeweiligen Regularien mit den Praxisregelwerken der Leichten Sprache, die wir in Kapitel 3 vorstellen, sind jedoch erheblich. Plain Language ist Basis und Vorläufer für die aktuellen Bestrebungen, über barrierefreie Kommunikation die Inklusion von Personen mit kognitiver oder sensorischer Behinderung zu erreichen. Diese Bestrebungen sind nicht deutschen Ursprungs, sondern finden sich für unterschiedliche Einzelsprachen, mit einem Schwerpunkt auf dem Englischen und den skandinavischen Sprachen; sie werden hier skizziert.

In diesem Kontext ist Leichte Sprache entstanden und in den 2000er Jahren aus der Praxis heraus entwickelt worden. Inzwischen hat sie eine rechtliche Verankerung in der Barrierefreie-Informationstechnik-Verordnung von 2011 (s. Kap. 2.2). Sie ist damit eine Varietät des Deutschen, die in den vergangenen Jahren eine juristische Abstützung erfahren hat – eine durchaus ungewöhnliche Situation für eine Sprachvarietät. Dass sich das Konzept der Leichten Sprache in Deutschland innerhalb relativ weniger Jahre etablieren konnte und inzwischen beachtliche Aufmerksamkeit auf sich zieht, ist maßgeblich durch einen gesellschaftlichen Diskurs getragen, der die Frage nach dem Umgang mit Diversität durch Behinderung zum Gegenstand hat. Dieser Diskurs hat zu einer neuen Rechtslage geführt. Beide Aspekte – der gesellschaftliche Diskurs als solcher und die neue rechtliche Lage im Speziellen – sind die Grundlage für den derzeitigen Erfolg des Konzepts der Leichten Sprache.

2.1 Geschichte des Konzepts

2.1.1 Lesbarkeitsindizes

Der Test von Lively und Pressey von der Ohio State University aus dem Jahr 1923 gilt als erster Lesbarkeitstest (DuBay 2006: 6). Lively und Pressey zielen darauf ab, die Lesbarkeit von Schultexten für den Bereich der Junior High School systematisch zu erhöhen, indem die von den Autoren als übergroß empfundene lexikalische Vielfalt dieser Texte (sie sprechen von einem „vocabulary burden", Lively/Pressey 1923) beschränkt wird.

Die Winnetka Formula, benannt nach dem Wirkungsort ihrer Autoren Vogel und Washburne, stammt aus dem Jahr 1928 und siedelt sich ebenfalls im Bereich Schule an. Wie der Test von Lively und Pressey berücksichtigt die Formel die lexikalische Varianz, evaluiert darüber hinaus aber auch weitere Faktoren: Komplexität der Satzstrukturen, Länge und Gestaltung der Absätze, Länge und visuelle Gestaltung des Gesamttexts (Vogel/Washburne 1928). Laut den Autoren gestattet ihr Ansatz eine Voraussage darüber, für welche Altersstufe der sprachliche Schwierigkeitsgrad eines Texts als angemessen gelten kann. Dale und Tyler (1934) stellen fest, dass ein Teil der Kriterien, die die Lesbarkeit von Texten durch Kinder beeinflussen, auch für Erwachsene mit eingeschränkter Lesefähigkeit gilt, wobei in der Studie der Fokus auf Personen mit leicht eingeschränkter Lesefähigkeit ohne Behinderung liegt.

Der Lorge Readability Index von 1938 (Lorge 1944) strebt wiederum Voraussagen über die Schwierigkeit von Texten gemessen an kindlichem Lesevermögen an und bezieht eine Vielzahl von Parametern in die Studie mit ein; gleiches gilt für die Dale-Chall Readability Formula von 1948 (Dale/Chall 1948). Diese Tests berücksichtigen Parameter wie die Buchstaben- oder Silbenzahl pro Wort, Satzlänge, Verwendung von Wörtern, die jenseits des Grundwortschatzes liegen, sowie die Zahl der Präpositionalphrasen (als Indikator des Nominalstils) und der Passivkonstruktionen.

Besonders einflussreich wurde der Flesch Reading Ease (Flesch 1948), der sich an erwachsenen Lesern ausrichtet. Er baut seine Lesbarkeitsvoraussagen auf der durchschnittlichen Wort- und Satzlänge auf und ist damit weniger differenziert als einige der vorher publizierten Formeln. Kercher (2013: 100) sieht das jedoch gerade als Vorteil an, weil der Flesch-Index auf diese Weise in der Praxis leichter anwendbar war. Der Flesch Reading Ease wurde in Folge an die Gegebenheiten unterschiedlicher Einzelsprachen, u. a. des Deutschen, angepasst und dient noch heute der maschinellen Verständlichkeitsprüfung von Texten.

Für deutschsprachige Texte entwickelte Björnsson (1968) den LIX (Lesbarkeitsindex). Amstad (1978) entwickelte einen weiteren Index, indem er die Vorgaben des Flesch-Index an die Gegebenheiten der deutschen Sprache anpasste. Einflussreich im deutschsprachigen Raum ist auch die Wiener Sachtextformel von Bamberger und Vanecek (1984). Sie klassifiziert Texte nach Schwierigkeitsstufen, die sich, wie die frühen US-amerikanischen Formeln, wiederum an der Lesefähigkeit von Schüler(inne)n unterschiedlicher Niveaustufen und Altersklassen ausrichten. Grundlage dafür ist jeweils der Prozentsatz einsilbiger Wörter, mindestens dreisilbiger Wörter und der Wörter mit mehr als sechs Buchstaben sowie die mittlere Satzlänge. Eine Art Metaindex stellt der Hohenheimer Verständlichkeitsindex (Brettschneider/Kercher 2011: 352 f.) dar, der die gängigen Lesbarkeitsindizes in die elektronische Auswertung einbringt und weitere Kriterien hinzufügt, beispielsweise die Zahl der Teilsätze, die Häufung von Abstrakta oder die Verwendung von Fremdwörtern. Er ist für alle Arten von Textsorten zu verwenden, zielt aber insbesondere darauf ab, fachsprachliche Texte mit Bezug auf ihre Lesbarkeit zu evaluieren. Die auf dem Hohenheimer Verständlichkeitsindex beruhende Software TextLab hält inzwischen auch ein Benchmark für die Prüfung von Leichte-Sprache-Texten vor und geht somit den Schritt von der Überprüfung der allgemeinen Lesbarkeit standard- oder fachsprachlicher Texte hin zur Evaluierung barrierefreier Kommunikation.

Gemeinsam ist den Lesbarkeitstests die Annahme, dass die Verständlichkeit von Texten in unterschiedliche Stufen unterteilt werden kann, die wiederum jeweils für Adressat(inn)en mit unterschiedlichen Voraussetzungen in quantifizierbarer Weise angemessen sind. Diese Vorstellung von Schwierigkeitsstufen findet sich auch in Beschreibungsansätzen Leichter Sprache (z. B. bei Bock 2015). Dabei sind die meisten dieser Tests zunächst auf die Schule ausgerichtet, ab den 1960er Jahren erfolgt dann ein Übertrag auf den Bereich der fachexternen Kommunikation; aktuell deutet sich eine Ausweitung in den Bereich der barrierefreien Kommunikation an. Die Tests stellen einen Versuch dar, den Schwierigkeitsgrad von Texten zu objektivieren. Ihre Aussagekraft ist auf die morphologische, lexikalische und syntaktische Ebene begrenzt. Die Schwierigkeit semantischer Konzepte, die Informationsdichte und textuelle Prozesse wie die thematische Entfaltung sind über solche Tests nicht zu erfassen.

2.1.2 Regulierte Varietäten: Leichte Sprache und Plain English

Leichte Sprache ist „eine durch planmäßige Regelsetzung in Wortschatz und Syntax reduzierte Variante einer Ethnosprache" (Schubert 2014: 211), in diesem Falle des Deutschen. Schubert (2014) bezeichnet derartige Varianten bzw. Varietäten als „regulierte Sprachen" und rückt sie damit in ein Kontinuum zu Plansprachen, die den Rahmen der Einzelsprache verlassen. Ein Ziel von regulierten Sprachen und von Plansprachen wie Esperanto ist es stets, die Verständlichkeit zu erhöhen und Sprachen leichter rezipierbar, aber auch leichter lernbar zu gestalten. Bei Plansprachen kann dafür in das Sprachsystem eingegriffen werden: die grammatischen Strukturen werden regelmäßiger und das Lexikon nachvollziehbarer gestaltet; regulierte Varietäten von Einzelsprachen bewegen sich hier jedoch im Rahmen der grammatischen Vorgaben ihrer Standardvarietät und sind damit in ihren Regulierungsmöglichkeiten beschnitten (s. Kap. 1.1).

Regulierte Varietäten mit dem Anspruch der Verständlichkeitserhöhung weisen eine reiche Geschichte auf, denn es gibt und gab zahlreiche Regulierungsversuche insbesondere der administrativen und technischen Fachsprachen unterschiedlicher Einzelsprachen. Hier ist vor allem die Plain-Language-Bewegung zu nennen, die sich insbesondere für das Englische auf den britischen Literaten und Literaturwissenschaftler Arthur Quiller-Couch (1863–1944) beruft und im englischsprachigen Raum eine große Reichweite erzielt hat. In den USA wurde das Konzept ab den späten 1960er Jahren ausgebaut und fand Unterstützung höchster Stellen bis hin zum Weißen Haus. Ziel war es, eine verständliche Rechtskommunikation zu gewährleisten. Insbesondere die Präsidenten Nixon, Carter und später Clinton förderten Plain English als Kommunikationsinstrument für den Austausch zwischen den Experten der Administration mit den Bürgern. Diverse US-amerikanische Behörden stellen inzwischen detaillierte Regelwerke zum Plain English zur Verfügung, beispielsweise die US-Börsenaufsichtsbehörde SEC (United States Securities and Exchange Commission, http://www.sec.gov/news/extra/handbook.htm; überprüft am 30.10.2015). Dieses Regelwerk von 1998 schreibt u.a. die folgenden Regeln vor:

- kurze Sätze,
- kurze, häufig verwendete Wörter,
- die Wahl des einfacheren Synonyms,
- Bevorzugung des Aktivs,
- Verbalstil,
- Vermeidung von Funktionsverbgefügen,
- persönliche Ansprache an die Leserschaft,

- Vermeidung von Abstrakta,
- Erläuterung schwieriger Konzepte,
- sparsamer Einsatz von Negation,
- SPO-Satzgliedstellung ohne zu großen Abstand zwischen Subjekt, Verb und Objekt,
- Verwendung typischer Satzmuster unter Verwendung prototypischer Konnektoren,
- Verzicht auf Glossare.

Darüber hinaus finden sich ausführliche Layoutvorschriften:

- Einsatz von Serifenschriften,
- Schrift in gut aufnehmbarer Größe (also nicht zu kleiner und nicht zu großer Schriftgröße),
- Hervorhebungen über Fettsetzungen und Kursivierungen und nicht über Großbuchstaben,
- Bevorzugung von Flatterrand vor Blocksatz,
- Strukturierung des Textes mit kurzen Absätzen, Leerzeilen und Zwischenüberschriften,
- übersichtliche Gestaltung des Textes mit Tabellen und Listen (mit Einrückungen),
- Einfügung gut wahrnehmbarer Bebilderung und Visualisierung,
- Verwendung kontrastreicher Farben.

Außerdem wird eine Überprüfung der fertigen Texte durch eine „focus group", d.h. einer der primären Adressatenschaft entstammende Prüfgruppe, sowie durch elektronische Lesbarkeitsformel-Tools angeraten.

Auch in Großbritannien ist die Plain-English-Bewegung stark. 2013 ist in fünfter Auflage der Oxford Guide to Plain English von Martin Cutts erschienen, dessen Regularium zum verständlichen Schreiben eine vergleichbare Ausprägung hat.

Die Plain-English-Regularien weisen insgesamt eine große Konvergenz mit den Leichte-Sprache-Regelwerken auf. Plain English richtet sich allerdings nicht vordergründig an eine Adressatenschaft mit kognitiver oder sensorischer Behinderung, sondern an ein breites Publikum, so dass hier eher ein Pendant zur „bürgernahen" bzw. „einfachen Sprache" vorliegt (s. Kap. 14). Ziel ist es, fachliche Kommunikation für Personen zugänglich zu machen, die ein Recht auf diese Informationen haben, beispielsweise im Falle der Börsenaufsicht die Kleinaktionäre.

2.1.3 Kommunikative Inklusion von Personen mit Behinderung

Neben Bemühungen um textuelle Vereinfachung, die sich innerhalb der Standardsprache bewegen, gibt es seit Jahrzehnten auch Ansätze für die Schaffung regulierter Varietäten, die für die Rezeptionsbedürfnisse von Personen mit Leseeinschränkungen optimiert sind. In der englischsprachigen Welt werden diese Ansätze häufig als „Easy to read" bezeichnet. Ziel ist es, die Partizipation von Personen mit Leseeinschränkungen, insbesondere mit kognitiver oder sensorischer Behinderung, an den Angeboten der Informationsgesellschaft zu ermöglichen. Dafür sind angepasste Perzipierbarkeit und erhöhte Verständlichkeit der Texte erforderlich (s. dazu Kap. 4). Inzwischen finden sich im Internet Regularien für unterschiedliche Einzelsprachen dokumentiert. Wichtige übereinzelsprachlich organisierte Plattformen der Easy-to-read-Bewegung sind Inclusion Europe, die entsprechende Regularien für viele europäische Einzelsprachen vorgelegt haben (in Kapitel 3 gehen wir ausführlicher auf Inclusion Europe ein), sowie das Easy-to-Read-Netzwerk (wordpress.easytoreadnetwork.org), das 2005 gegründet wurde und aktuell Mitglieder aus ca. dreißig Staaten vereint, wobei ein europäischer Schwerpunkt zu konstatieren ist. Inclusion Europe ist die 1988 gegründete „Europäische Vereinigung von Menschen mit geistiger Behinderung und ihrer Familien" (www.inclusion-europe.org/de/ueber-uns), eine Empowerment-Bewegung, die sich u. a. für verständliche Sprache engagiert. Auch die International Federation of Library Associations and Institutions (IFLA) hat ein übereinzelsprachliches Easy-to-Read-Konzept vorgelegt und möchte damit zur Inklusion von Personen mit geringer Lesekompetenz beitragen: Die Guidelines for easy-to-read materials (2010), die in erster Ausgabe bereits 1997 erstmals erschienen sind und 2010 in überarbeiteter Form publiziert wurden, richten sich an Verlagshäuser und Bibliotheken und geben diesen Hinweise für eine barrierefreie Aufbereitung von Texten in unterschiedlichen Medienformaten.

Die heutige Situation baut auf die Erfolge der internationalen Behindertenrechtsbewegung auf, die in den USA seit den 1960er Jahren aktiv war und von dort auf andere Länder übergriff. In Deutschland erlebte die Behindertenrechtsbewegung erst in den 1980er Jahren ihren Aufschwung und erst 2002 gab sich Deutschland erstmals ein Behindertengleichstellungsgesetz, das jedoch noch wenig Einlassungen zur konkreten Gestaltung barrierefreier Kommunikation enthielt (s. Kap. 2.2). In Europa werden vor allem in den skandinavischen Ländern bereits seit Jahrzehnten weitgehende Angebote für Personen mit Behinderung vorgehalten. Das betrifft auch den Bereich der barrierefreien Kommunikation. Nachfolgend gehen wir kurz auf die Situation der Leichten Sprache in Finnland,

Schweden und Norwegen ein, die auf eine ausgeprägte und langjährige Tradition zurückblicken.

In Finnland gibt es zwei Zentren für leichte Varianten der Amtssprachen: Selkokeskus für Finnisch (www.selkokeskus.fi) und das LL-Center für Schwedisch (LL steht für „Lättläst", also „leicht zu lesen": http://papunet.net/ll-sidor), das in Finnland einen Status als Minderheitensprache innehat. Nach Auskunft der Direktorin des Zentrums für leichtes Finnisch, Leealaura Leskelä, sind ca. 500 000 Personen in Finnland auf leichtes Finnisch angewiesen; leichtes Schwedisch benötigen in Finnland ca. 20 000 bis 30 000 Personen, wobei letztere Zahl eine statistisch nicht gestützte Schätzung darstellt. Der Easy-to-Read-Ansatz wird in Finnland daher schwerpunktmäßig vom finnischen Selkokeskus getragen. Die für leichtes Finnisch erarbeiteten Materialien und Konzepte werden häufig in leichtes Schwedisch übersetzt (womit eine interlinguale Übersetzung zwischen leichten Varietäten unterschiedlicher Einzelsprachen vorliegt, s. Kap. 6.2), eigene Produktionen sind seltener. Beide Zentren kooperieren folglich eng miteinander. Das finnische Leichte-Sprache-Zentrum Selkokeskus veröffentlicht eine Zeitung in leichtem Finnisch (Selkosanomat: www.selkosanomat.fi) und, in Zusammenarbeit mit dem schwedischen LL-Center, die Schwester-Zeitung LL-Bladet (www.ll-bladet.fi) in leichtem Schwedisch; Chefredakteurin beider Blätter ist Leealaura Leskelä von Selkokeskus. Darüber hinaus produziert der finnische Rundfunk Nachrichten in Leichter Sprache (www.yle.fi/uutiset/selkouutiset).

Die Adressat(inn)en der Leichte-Sprache-Angebote in Finnland sind Personen, die durch eine angeborene Behinderung Bedarf an Texten in Leichter Sprache haben, Personen, die ihre sprachlichen Fähigkeit durch Krankheit oder Unfall eingebüßt haben oder bedroht sehen, sowie Personen, die Finnisch nicht als Muttersprache sprechen. Das finnische Kultusministerium unterstützt Selkokeskus durch eine jährliche Förderung von Literatur in Leichter Sprache; die Mittel werden von Selkokeskus an Schriftsteller, Illustratoren und Verleger für einschlägige Projekte weitergegeben. Wichtige Themenbereiche sind vor allem Justiz, Wahlen, Verkehr und Gesundheit (weitere Informationen: http://wordpress.easytoread-network.org/?page_id=30; geprüft am 30.10.2015). Daneben werden Fortbildungen für Übersetzer durchgeführt und es findet eine Vernetzung mit der internationalen Forschung statt.

Das Centrum för Lättläst von Schweden (lattlast.se) geht bis ins Jahr 1968 zurück. Bereits seit 1984 gibt es eine wöchentlich mit einem Umfang von 8 Seiten erscheinende Zeitung heraus. Darüber hinaus hat das Zentrum seit 1991 einen eigenen Verlag für Publikationen in leichtem Schwedisch und bietet Textprüfungen an. Die Texte sind nicht nur zum eigenständigen Lesen gedacht, sondern werden explizit auch für Vorlese-

Situationen optimiert, wobei auch Schulungen für die professionellen Akteure angeboten werden. Das Zentrum hat parlamentarische Unterstützung, seine Leitung wird von der Regierung bestellt. Seine Aktivitäten unterstehen jedoch nicht politischer Kontrolle und es sieht sich auch nicht als Interessenvertretung bestimmter Zielgruppen. Vielmehr richtet sich das Angebot inzwischen an eine breite Adressatenschaft: Neben Personen mit geistiger Behinderung und mit Demenz werden explizit auch Personen mit Dyslexie, Aphasie, Autismus und Gehirnverletzungen und prälingual Gehörlose adressiert sowie Immigranten, Schulkinder, ältere Menschen und ganz allgemein Personen mit Leseproblemen (http://wordpress.easytoread-network.org/?page_id=25; geprüft am 30. 10. 2015).

In Norwegen wurde 2003 unter Federführung des Kultusministeriums die Vereinigung „Leser søker bok" (lesersokerbok.no) gegründet, die es sich zum Ziel gesetzt hat, Bücher in leichtem Norwegisch zur Verfügung zu stellen. Zielgruppen sind ganz generell Personen mit eingeschränkter Lesefähigkeit. Literatur in leichtem Norwegisch soll ganz regulär in den Buchmarkt eingegliedert werden. Der aktuelle Gesamtbestand ist unter www.boksok.no abrufbar. Die Organisation bietet auch einen Vorleseservice an. Darüber hinaus erscheint die wöchentliche Zeitung Klare Tale (http://www.klartale.no/) in leichtem Norwegisch.

In Deutschland gehen die Anfänge der Leichte-Sprache-Bewegung auf eine Partizipation an den Aktivitäten von Inclusion Europe zurück. Das Projekt „Pathways – Wege zur Erwachsenenbildung für Menschen mit Lernschwierigkeiten", das von Inclusion Europe durchgeführt wurde, hat ein Regelwerk zur Abfassung verständlicher Texte hervorgebracht, das auch auf Deutsch vorliegt („Pathways – Wege zur Erwachsenenbildung für Menschen mit Lernschwierigkeiten": http://inclusion-europe.org/images/stories/documents/Project_Pathways1/DE-Information_for_all.pdf; geprüft am 30. 10. 2015). Das Bundesmodellprojekt „Wir vertreten uns selbst!" (1997–2001), das im Netzwerk People First Deutschland (www.people1.de) aufgegangen ist, hat ebenfalls wichtige Grundlagen für die Leichte Sprache in Deutschland gelegt (Maaß 2015: 19). Energische Lobbyarbeit für Leichte Sprache wurde dann ab 2006 insbesondere vom „Netzwerk Leichte Sprache" (www.leichtesprache.org) durchgeführt, das auch ein eigenes Regelwerk entwickelt hat (s. Kap. 3).

Anfang 2014 wurde an der Universität Hildesheim die Forschungsstelle Leichte Sprache (www.uni-hildesheim.de/leichtesprache) gegründet, die das Konzept der Leichten Sprache wissenschaftlich erforscht. Ein erstes Praxisregelwerk mit einer Handreichung für Übersetzer(innen) erschien Anfang 2015 (Maaß 2015) und ist inzwischen auch im Internet zugänglich (www.uni-hildesheim.de/leichtesprache).

Insgesamt ist in den letzten Jahren eine erhebliche Zunahme der Bemühungen um barrierefreie Varietäten unterschiedlicher Einzelsprachen zu konstatieren. In den meisten Ländern – so auch in Deutschland – war die Verabschiedung und dann die Ratifizierung der UN-Behindertenrechtskonvention (s. Kap. 2.2) ein wichtiger Impuls. Gemäß den rechtlichen Vorgaben erscheinen Internetseiten von Bundesbehörden zumindest mit einem Überblick in Leichter Sprache, es gibt auch mehrere Nachrichtenprojekte: der Deutschlandfunk bietet in Zusammenarbeit mit der FH Köln Nachrichten in einfacher Sprache an (www.nachrichtenleicht.de), der NDR in Zusammenarbeit mit der Universität Hildesheim in Leichter Sprache (www.ndr.de > NDR in Leichter Sprache).

Die wissenschaftliche Beschäftigung mit barrierefreien Varietäten von Standardsprachen steht noch am Anfang, jedoch lässt sich aktuell ein steigendes Forschungsinteresse konstatieren. Zu leichtem Finnisch liegt die Dissertation von Auli Kulkki-Nieminen aus dem Jahr 2010 vor sowie ein weiteres Buch von Kulkki-Nieminen in Zusammenarbeit mit der Direktorin des Zentrums für leichtes Finnisch, Leealaura Leskelä (Kulkki-Nieminen/Leskelä 2015), über leichtes Finnisch in unterschiedlichen Textsorten. Zu Leichter Sprache in Deutschland ist im Moment ein Aufschwung der Forschungstätigkeit zu konstatieren: neben mehreren Tagungen (u. a. in Hildesheim 2015 und Leipzig 2016) und Sektionen (u. a. auf den Tagungen der Gesellschaft für Angewandte Linguistik 2013 in Aachen und 2015 in Frankfurt/Oder) arbeiten aktuell mehrere junge Kolleg(inn)en an Dissertationen und Habilitationsschriften im Bereich Leichte Sprache.

2.2 Rechtliche Grundlagen

Durch rechtliche Veränderungen sind für Personen mit Behinderung Anspruchsgrundlagen geschaffen worden, auf die reagiert werden musste und in den vergangenen Jahren auch schon reagiert worden ist. So sieht die Barrierefreie-Informationstechnik-Verordnung von 2011 vor, dass Bundesbehörden in gewissem Umfang Informationen in Leichter Sprache zur Verfügung stellen müssen. Die Umsetzung solcher Ansprüche führt dazu, dass ein Markt für Übersetzungen in Leichte Sprache generiert wird, auf dem Leistungen nachgefragt und angeboten werden. Diese Nachfrage führt wiederum dazu, dass auf dem Ausbildungs- und Weiterbildungsmarkt Leichte-Sprache-Qualifikationen nachgefragt und angeboten werden. Dies führt zu einer Situation, in der Texte, Regel- und Lehrwerke vorliegen, die nun das Interesse der Forschung auf sich ziehen.

Die UN-Behindertenrechtskonvention wurde 2006 verabschiedet und trat in Deutschland 2009 in Kraft, nachdem sie 2008 ratifiziert worden war. Aktuell gilt es, ihre sehr weitreichenden Forderungen auf unterschiedlichen gesellschaftlichen Ebenen umzusetzen. Zu diesem Zweck wurden auf Bundes- und Länderebene diverse Aktionspläne aufgesetzt; unterschiedliche gesellschaftliche Akteure, z. B. in den Verwaltungen auf Ebene des Landes oder der Kommunen, aber auch in den Schulen, setzten sich mit dem Thema barrierefreie Kommunikation auseinander und haben Leichte Sprache als ein Umsetzungsinstrument kennengelernt. In den unterschiedlichsten Gesellschaftsbereichen entstehen aktuell Angebote in Leichter Sprache, wobei auch zunehmend fachliche Texte (z. B. aus dem juristischen und medizinischen Bereich) in Angriff genommen werden.

Gemäß der UN-Behindertenrechtskonvention steht Personen mit Behinderung autonome Teilhabe und Mitbestimmung am öffentlichen Leben zu. Degener spricht von einem „Paradigmenwechsel vom medizinischen zum menschenrechtlichen Modell von Behinderung" (Degener 2009: 200). Mit diesem im Empowerment-Ansatz verankerten Modell wird ein Gegenbild zu einem defizitorientierten Ansatz entworfen, der Behinderung als vorrangig medizinisches Problem begreift und die Personen mit Behinderung innerhalb der Gesellschaft über speziell zugeschnittene Hilfsangebote separiert bis hin zur „Bevormundung durch totale Versorgungsinstitutionen" (Bielefeld 2009: 11). Der Empowerment-Ansatz zieht einen Bedarf an barrierefreien Texten nach sich; denn aktive und eigenständige Teilhabe erfordert, dass Informationen in entsprechend aufbereiteter Form vorliegen.

Die Art und Weise, wie die Rezeption von Texten in Leichter Sprache entworfen wird – nämlich als eigenständige Leistung ohne Hilfe Dritter –, hat ihrerseits Auswirkungen auf die Regelwerke, die innerhalb des Empowerment-Diskurses entstanden sind (Inclusion Europe, Netzwerk Leichte Sprache). Sie weisen durchgehend eine starke Betonung der visuellen Gestaltung von Leichte-Sprache-Texten auf. Diese ist immer dann besonders bedeutungsvoll, wenn die Texte von der Zielgruppe eigenständig gelesen werden. Es zeigt sich jedoch in der Praxis, dass die Texte in Leichter Sprache in einer Vielzahl weiterer Kontexte eingesetzt werden und dass die Zielgruppen dabei nicht zwangsläufig als Leser(innen) in Aktion treten, so dass eine Abweichung von Diskurs und Praxis zu konstatieren ist.

Die Entwicklung des juristischen Diskurses um Leichte Sprache beginnt mit der Grundgesetzänderung 1994 und erreicht mit dem Bundesgleichstellungsgesetz 2002 einen ersten Höhepunkt. Die UN-Behindertenrechtskonvention von 2006 führt dann einen Paradigmenwechsel herbei, der den aktuellen Diskurs dominiert und für die Wahrnehmung von Leichter Sprache (wenn auch nicht unbedingt für die tatsächliche Praxis) prägend ist. Deshalb gehen wir auf die UN-Behindertenrechtskonvention ausführlicher ein als auf die anderen Rechtstexte, die nur summarisch behandelt werden.

2 Geschichtlicher Hintergrund und Genese der aktuellen rechtlichen Situation

2.2.1 Grundgesetz, Sozialgesetzbuch Neuntes Buch (SGB IX) und Behindertengleichstellungsgesetz (BGG)

1994 wurde Artikel 3 Satz 3 des Grundgesetzes um den Passus ergänzt, dass niemand wegen seiner Behinderung benachteiligt werden dürfe. Damit war der Weg für eine Gesetzgebung geebnet, welche die Teilhabe von Personen mit Behinderung am gesellschaftlichen Leben explizit regelt. Als erstes dieser Gesetze ist das IX. Buch des Sozialgesetzes (SGB IX) von 2001 zu nennen, das die Rehabilitation und selbstbestimmte gesellschaftliche Teilhabe behinderter Menschen in Deutschland zum Gegenstand hat.

2002 folgte das Behindertengleichstellungsgesetz (BGG), das auf Bundesebene die Ansprüche behinderter Personen gegenüber dem Staat regelt. Dabei sollte „die Benachteiligung von Menschen mit Behinderung […] im Umgang mit Trägern öffentlicher Gewalt" beseitigt bzw. verhindert „und so die gleichberechtigte Teilhabe am Leben in der Gesellschaft und selbstbestimmte Lebensführung" gewährleistet werden (Kerkmann 2015: 24). Dem BGG entsprechen auf Länderebene jeweils eng an das BGG angelehnte Landesgesetze, z. B. das Gesetz des Landes Nordrhein-Westfalen zur Gleichstellung von Menschen mit Behinderung (BGG NRW) von 2003 oder das Niedersächsische Behindertengleichstellungsgesetz (NBGG) von 2007. Das BGG arbeitet mit dem Instrument der Zielvereinbarung, d. h. Behindertenverbände werden gemäß § 5 BGG in die Lage versetzt, mit Unternehmen und staatlichen oder kommunalen Stellen u. a. Zielvereinbarungen über die Herstellung von Barrierefreiheit zu vereinbaren und konkrete Zeit- und Maßnahmenpläne auszuhandeln. Die Umsetzung des BGG im Bereich der barrierefreien Kommunikation wird durch die Barrierefreie-Informationstechnik-Verordnung von 2011 weiter konkretisiert (dazu s. u. Kap. 2.2.3).

Von Behindertenverbänden wurde der defizitorientierte Ansatz des BGG und der entsprechenden Landesgesetze kritisiert, da diese Rechtstexte die beschränkten Teilhabemöglichkeiten vorrangig der vorliegenden Behinderung und weniger dem exkludierenden gesellschaftlichen Umfeld zuschreiben (Kerkmann 2015: 25). Dies änderte sich nach der Verabschiedung und Implementierung der UN-Behindertenrechtskonvention, so dass unterschiedliche Akteure wie z. B. das Deutsche Institut für Menschenrechte e. V. seitdem auf eine Reformierung auch der deutschen Behindertengesetze hinwirken (Kerkmann 2015: 25). Die BITV 2.0 und der Nationale Aktionsplan (s. u. Kap. 2.2.2 und 2.2.3) können hier als erste Schritte einer Umsetzung gesehen werden.

2.2.2 UN-Behindertenrechtskonvention (UN-BRK)

Das Übereinkommen der Vereinten Nationen über die Rechte von Menschen mit Behinderung (Convention of the United Nations on the rights of persons with disabilities), kurz UN-Behindertenrechtskonvention (UN-BRK) genannt, ist von kaum zu überschätzender Bedeutung für die Behindertenrechtsbewegung weltweit. Die UN-BRK verankert das Recht der Personen mit Behinderung auf gleichberechtigte Teilhabe an der Gesellschaft. Ausgehend davon, „dass Behinderung aus der Wechselwirkung zwischen Menschen mit Beeinträchtigungen und einstellungs- und umweltbedingten Barrieren entsteht, die sie an der vollen, wirksamen und gleichberechtigten Teilhabe an der Gesellschaft hindern" (Präambel), wird der Gesellschaft eine Bringschuld auferlegt: Die Gesellschaft soll insgesamt möglichst barrierefrei eingerichtet werden und so der Diversität nicht nur Rechnung tragen, sondern diese zugleich fördern.

Die Behindertenrechtskonvention ist am 13. Dezember 2006 von der Generalversammlung der Vereinten Nationen verabschiedet worden und trat am 3. Mai 2008 in Kraft. Sie wurde inzwischen von mehr als 150 Staaten anerkannt. In Deutschland trat die UN-BRK zum 26. März 2009 in Kraft; für die Umsetzung der Maßnahmen wurde ein Nationaler Aktionsplan (NAP, 2011) aufgesetzt. Der NAP ist eine „Gesamtstrategie", deren Ziel es ist, „Menschen mit Behinderungen eine gleichberechtigte Teilhabe am politischen, gesellschaftlichen, wirtschaftlichen und kulturellen Leben zu ermöglichen, Chancengleichheit in der Bildung und in der Arbeitswelt herzustellen und allen Bürgerinnen und Bürgern die Möglichkeit auf einen selbstbestimmten Platz in einer barrierefreien Gesellschaft zu geben" (BMAS: Nationaler Aktionsplan). Er definiert zwölf Handlungsfelder und sieben Querschnittsthemen, die für die Umsetzung der UN-BRK zu bearbeiten sind.

Zwölf Handlungsfelder:

- Arbeit und Beschäftigung
- Bildung
- Prävention, Rehabilitation, Gesundheit und Pflege
- Kinder, Jugendliche, Familie und Partnerschaft
- Frauen
- ältere Menschen
- Bauen und Wohnen
- Mobilität
- Kultur und Freizeit
- gesellschaftliche und politische Teilhabe

- Persönlichkeitsrechte
- internationale Zusammenarbeit

Sieben Querschnittsthemen:

- Assistenzbedarf
- Barrierefreiheit
- Gender Mainstreaming
- Gleichstellung
- Migration
- selbstbestimmtes Leben
- Vielfalt von Behinderung

Kritik kommt von Seiten der Behindertenverbände an der fehlenden Verbindlichkeit und der ungenügenden finanziellen Ausstattung der Vorhaben (Kerkmann 2015: 21).

Die deutsche Übersetzung der UN-BRK wurde im deutschsprachigen Raum zwischen Deutschland, Liechtenstein, Österreich und der Schweiz abgestimmt. Behindertenverbände beklagten die mangelnde Einbeziehung in die Erstellung der Übersetzung und legten als Konsequenz eine „Schattenübersetzung" vor. Diese Begriffswahl orientiert sich an den „shadow reports", die Nicht-Regierungsorganisationen den UN regelmäßig flankierend zu offiziellen Umsetzungsberichten zu den unterschiedlichen Konventionen vorlegen. Unmut erzeugte u.a. die Übersetzung des englischen Begriffs „inclusion" mit „Integration"; in der Schattenübersetzung findet sich an diesen Stellen jeweils der Begriff „Inklusion", z.B. Artikel 24 („Bildung"), 2e. Die folgende Gegenüberstellung aller drei Texte findet sich auf der Seite der Beauftragten der Bundesregierung für die Belange behinderter Personen (http://www.behindertenbeauftragte.de; geprüft am 30.10.2015):

Rechtliche Grundlagen

Englischer Ausgangstext	Deutsche Übersetzung	„Schattenübersetzung"
In realizing this right, States Parties shall ensure that: e) Effective individualized support measures are provided in environments that maximize academic and social development, consistent with the goal of full **inclusion**.	Bei der Verwirklichung dieses Rechts stellen die Vertragsstaaten sicher, dass… (e) in Übereinstimmung mit dem Ziel der vollständigen **Integration** wirksame individuell angepasste Unterstützungsmaßnahmen in einem Umfeld, das die bestmögliche schulische und soziale Entwicklung gestattet, angeboten werden.	Bei der Verwirklichung dieses Rechts stellen die Vertragsstaaten sicher, dass… e) in Übereinstimmung mit dem Ziel der vollständigen **Inklusion** wirksame individuell angepasste Unterstützungsmaßnahmen in einem Umfeld, das die bestmögliche schulische und soziale Entwicklung gestattet, angeboten werden.

Tabelle 1: UN-BRK, englischer Ausgangstext, deutsche Übersetzung, Schattenübersetzung

Die „Schattenübersetzung" wurde vom „Netzwerk Artikel 3, Verein für Menschenrechte und Gleichstellung Behinderter e. V." veröffentlicht und hat große Beachtung, aber auch Kritik erfahren. Bei den vom Netzwerk Artikel 3 monierten Begriffen handelt es sich u. a. um die folgenden:

Englischer Ausgangstext	Deutsche Übersetzung	„Schattenübersetzung"
Inclusion, inclusive	Integration, integrativ	Inklusion, inklusiv
Accessibility, accessible	Zugänglichkeit, zugänglich	Barrierefreiheit, barrierefrei
Assistence	Hilfe	Assistenz; Unterstützung
Independence	Unabhängigkeit	Selbstbestimmung
Empowerment	Unterstützung der Autonomie	Empowerment

Tabelle 2: Übersetzung der Begrifflichkeit der UN-BRK,
Quelle: https://www.behindertenbeauftragter.de; geprüft am 30.10.2015

Die Begriffe aus der Schattenübersetzung sind heute im Diskurs weithin etabliert. Der Begriff der Barrierefreiheit geht so weit über „Zugänglichkeit" hinaus, dass er in Gänze unumsetzbar erscheint, da Lebensbereiche, die gänzlich frei von Barrieren gleich welcher Art sind, idealisierte Konstrukte sind. Dennoch ist der Begriff heute im Diskurs verankert. Die Begriffe Integration und Inklusion haben inzwischen einen Ausdifferenzierungsprozess erfahren und erscheinen als voneinander abgegrenzte Konzepte, wobei Integration verstanden wird als Eingliederung des „Besonderen" in das „Normale", während Inklusion „die individuelle Vielfalt der Menschen als Normalität" begreift (Kerkmann 2015: 17). Der vormals positiv besetzte Begriff der Integration hat damit nach gegenwärtigem Stand eine Bedeutungsverschlechterung erfahren.

Kerkmann (2015: 21) weist darauf hin, dass die Begriffe aus der Schattenübersetzung bereits in den nationalen Aktionsplan Eingang gefunden haben: U. a. ist dort durchgehend von Inklusion (und nicht von Integration) und von Unterstützungsangeboten (und nicht von Hilfe) die Rede. Auch weitere Termini, die die Schattenübersetzung in Abweichung von der offiziellen Übersetzung vorschlägt, finden sich im nationalen Aktionsplan wieder.

In Artikel 2 „Definitions" der UN-BRK wird u. a. der zugrunde gelegte Kommunikationsbegriff definiert; er schließt explizit die Aufbereitung von Texten in „plain language" mit ein; auch das Konzept der Accessibility erscheint bereits hier (Hervorhebungen im Original):

> „Communication" includes languages, display of text, Braille, tactile communication, large print, accessible multimedia as well as written, audio, **plain-language**, human-reader and augmentative and alternative **modes, means and formats of communication**, including **accessible information and communication technology.** (UN-BRK, Artikel 2, Satz 1)

Sowohl in der offiziellen deutschen Übersetzung als auch in der Schattenübersetzung wird dieser Terminus mit „einfache Sprache" umgesetzt; wir haben im ersten Teil dieses Kapitels gezeigt, dass „plain language" in der Tat nur allgemeine Verständlichkeit umfasst und nicht auf Personen mit Behinderung zugeschnitten ist. Die Forderung, Information solle sowohl „plain-language" als auch „accessible" sein, zielt aber auf barrierefreie Kommunikation im Sinne einer Leichten Sprache ab. Wenn in den Übersetzungen trotzdem von „einfacher" und nicht von „Leichter Sprache" die Rede ist, so ist das vermutlich darauf zurückzuführen, dass das Konzept der Leichten Sprache zum Zeitpunkt der Verabschiedung der UN-BRK und des Aktionsplans zwar bereits vorhanden, aber noch nicht hinreichend etabliert war. Der erste juristische Text auf Bundesebene, der Leichte Sprache explizit erwähnt, ist die zweite Fassung der Barrierefreie-Informationstechnik-Verordnung von 2011 (dazu s. u. 2.2.3).

Auch der Begriff des „Universal design" (in beiden Übersetzungen: „universelles Design") ist für das Konzept der Leichten Sprache interessant, denn er sieht vor, dass Produkte, Umfelder, Programme und Dienstleistungen in einer Form anzubieten sind, die möglichst von allen in größtmöglichem Umfang ohne Anpassungsnotwendigkeit und ohne spezielle Geräte nutzbar sind.

„Universal design" means the design of products, environments, programmes and services to be usable by all people, to the greatest extent possible, without the need for adaptation or specialized design. (UN-BRK, Artikel 2, Satz 5)

Leichte Sprache ist eine derartige Form der Anpassung: Sie erhöht die allgemeine Zugänglichkeit zu Kommunikationsangeboten, ohne dass spezielle technische Tools für das Abrufen erforderlich wären.

Insgesamt ist „Kommunikation" einer der zentralen Begriffe in der UN-BRK. Dabei geht es einerseits um die Kommunikation der Belange von Personen mit Behinderung an die Gesamtgesellschaft, wovon sich die UN-BRK insgesamt eine bessere und positivere Wahrnehmung der von Behinderung Betroffenen verspricht. Diesem Aspekt ist Artikel 8 („Awareness-Raising") gewidmet. Andererseits geht es aber auch um die Möglichkeit zur uneingeschränkten Partizipation an Information und Kommunikation.

Artikel 9 („Accessibility") thematisiert die Zugänglichkeit zu Ressourcen aller Art, darunter auch informationellen Ressourcen. Die Schattenübersetzung übersetzt „accessibility" mit „Barrierefreiheit", die in umfassendem Sinne verstanden wird: Neben dem „physical environment" und den Verkehrsmitteln werden die Bereiche „information and communications" erwähnt, worunter auch die elektronische Informationsvermittlung und insbesondere das Internet gefasst werden. Dafür sei es nötig, unterschiedlichste angemessene Formen „of assistance and support to persons with disabilities" zu fördern, damit deren Zugang zu Informationen gewährleistet sei. Leichte Sprache ist ein wirksames Instrument zur Umsetzung dieser Forderung.

Artikel 21 („Freedom of expression and opinion, and access to information") fordert von den Unterzeichnerstaaten Maßnahmen, die es Personen mit Behinderungen gestatten, ihre Meinung frei zu äußern und sich Informationen frei zu beschaffen, sie zu empfangen und weiterzugeben, wobei sie selbst die Formen der Kommunikation wählen dürfen und die Kosten für die Herstellung der Barrierefreiheit der Kommunikation nicht selbst zu tragen haben. Dabei wird explizit der behördliche Kontext angegeben, der auch von den jeweiligen Standardvarietäten abweichende Kommunikationsformen bereitzuhalten und zu akzeptieren habe.

Die UN-BRK befördert eine neue Konzeptualisierung von Behinderung, in der Menschen mit Behinderung als aktive und informationssuchende Personen wahrgenommen werden, die in ihrer persönlichen Entwicklung unterstützt und auf ihrem individuellen Weg nicht behindert werden dürfen. Der Gesellschaft wird auferlegt, einen adäquaten Rahmen dafür zu schaffen.

Das Leichte-Sprache-Konzept orientiert sich an diesem Rahmen. Die Schwerpunktsetzungen bei den Praxis-Regelwerken für Leichte Sprache greifen den Aspekt der eigenständigen Informationsbeschaffung auf. Das Regelwerk des Netzwerks Leichte Sprache bezieht sich eingangs direkt auf die UN-BRK. Ein Großteil der Regeln in diesen Regelwerken bezieht sich auf die mediale Gestaltung der Informationsprodukte (s. Kap. 3.4). Damit steht eine Verwendung der Texte im Aufmerksamkeitsfokus, bei der die Adressaten die Texte eigenständig lesen und die enthaltene Information verarbeiten.

Es zeigt sich nun jedoch, dass die entstandenen Informationsangebote vielfältiger als intendiert genutzt werden: Einerseits werden die Texte sehr häufig von der eigentlichen Zielgruppe nicht direkt gelesen, sondern im instruierenden Umgang mit der Zielgruppe eingesetzt, z. B. in Aufklärungsgesprächen, in der Interaktion in behördlichen Kontexten oder im Unterricht. Andererseits sind die eigentlichen Rezipient(inn)en häufig nicht allein die primären Adressat(inn)en von Leichte-Sprache-Texten, sondern ein größerer Personenkreis, der auf den Ausgangstext keinen direkten oder einen erheblich erschwerten Zugriff hat, z. B. wegen seiner Fachlichkeit (s. Kap. 5.3).

2.2.3 Barrierefreie-Informationstechnik-Verordnung (BITV und BITV 2.0)

Die Verordnung zur Schaffung barrierefreier Informationstechnik nach dem Behindertengleichstellungsgesetz, genannt „Barrierefreie-Informationstechnik-Verordnung" (BITV) regelt die Barrierefreiheit der Internetauftritte sowie der öffentlich zugänglichen Intranetangebote von Behörden der Bundesverwaltung. Die erste Fassung trat noch 2002 in Kraft und lehnte sich an die Web Content Accessibility Guidelines (WCAG 1.0) der Web Accessibility Initiative (WAI) von 1999 an. Die alte BITV, die eine Umsetzung der in ihr formulierten Regeln bis spätestens zum 31. 12. 2005 vorsah, wurde zum 21.9.2011 von der BITV 2.0 abgelöst, die sich an den WCAG 2.0 von 2008 orientiert.

Bei den WCAG handelt es sich um Best-Practice-Regeln zur barrierefreien Aufbereitung von Internetangeboten (umfassend dazu: Hellbusch/ Probiesch 2011). Internetinhalte sollen nach den Prinzipien der WCAG wahrnehmbar, bedienbar, verständlich und robust sein. Die Regeln sind nach einem Hierarchie-System gestuft, wobei drei Konformitätsstufen (A, AA, AAA) unterschieden werden. Regeln des Typs A sind grundlegend und müssen für alle barrierefreien Websites eingehalten werden. Werden alle Regeln des Typs A bis AAA eingehalten, so ist die Seite in höchstem Maße barrierefrei. Für jedes der vier Prinzipien gibt es grundlegende Regeln vom Typ A und weniger zentrale Regeln vom Typ AAA, die jedoch zu besonders ausgeprägter Barrierefreiheit führen.

Die BITV orientiert sich an diesen Best-Practice-Regeln und überträgt sie auf den deutschen Sprachraum. Dabei mussten gemäß der ersten Fassung der BITV für alle Angebote die Anforderungen der Prioritätsstufe A und für die zentrale Navigation und Einstiegsangebote zusätzlich die Anforderungen der Prioritätsstufe AA realisiert werden. Allerdings gehört die Aufbereitung der Inhalte in leicht verständlicher Sprache gemäß den WCAG nur der Prioritätsstufe AAA zu. Entsprechend war die Verständlichkeit der Sprache in der ersten Fassung der BITV nicht hoch priorisiert. Von Leichter Sprache ist in der Fassung von 2002 naturgemäß ohnehin nicht die Rede, denn das Konzept hatte sich zu diesem Zeitpunkt noch nicht etabliert.

Die BITV 2.0 nun sieht für die Internet- und Intranetangebote von Bundesbehörden neben einer Umsetzung von Inhalten in Gebärdensprache auch eine Bereitstellung von Informationen in Leichter Sprache vor. Damit ist die BITV 2.0 die erste Verordnung, die Leichte Sprache explizit verankert. In Anlage 2 zur BITV 2.0 werden Regeln zur Umsetzung von Texten in Leichter Sprache gegeben. Auf diese Regeln gehen wir ausführlich in Kapitel 3 ein. Für diese Umsetzung in Leichte Sprache (und Gebärdensprache) ist in der BITV 2.0 eine Frist gesetzt: Bundesbehörden müssen seit dem 22. März 2014 „Informationen zum Inhalt" und „Hinweise zur Navigation" sowie „Hinweise auf weitere in diesem Auftritt vorhandene Informationen" in Leichter Sprache zur Verfügung stellen. Für diese Informationen gibt es überwiegend keinen Ausgangstext; sie werden direkt in Leichter Sprache verfasst.

Diese Regelung ist für Leichte Sprache von großer Bedeutung, denn sie ist konkret und mit einer Frist versehen. In der Tat wurde sie von den Bundesbehörden überwiegend fristgerecht umgesetzt und die wenigen Nachzügler halten inzwischen auch ein bestimmungsgerechtes Angebot vor. Allerdings ist der Umfang der gemäß BITV 2.0 tatsächlich barrierefrei bereitzustellenden Informationen eng umgrenzt: Nicht die Inhalte selbst müssen in Leichter Sprache zur Verfügung gestellt werden, sondern nur „Informationen zum Inhalt" und „Hinweise zur Navigation". Das heißt, die Rezipienten erfahren, was sie auf der Seite lesen könnten, wenn sie denn auf standardsprachliche Texte zugreifen könnten. Die Inhalte selbst bleiben den Adressaten mit Leseeinschränkungen aber möglichweise verschlossen. Es müssen zwar „Hinweise auf weitere in diesem Auftritt vorhandene Informationen" gegeben werden, d.h. *sofern* weitere Angebote in Leichter Sprache vorhanden sind, muss darüber informiert werden; allerdings wird nicht gefordert, *dass* derartige Angebote bereitgestellt werden.

Damit wird, wie das auch in den WCAG 2.0 der Fall ist, die reine Perzipierbarkeit über die Verständlichkeit gestellt: Es wird erläutert, wie zu navigieren und auf die Inhalte zuzugreifen ist, die Inhalte selbst werden gut wahrnehmbar gestaltet, ihre Verständlichkeit wird jedoch nicht gemäß den Standards barrierefreier Sprache aufbereitet. Zwar ist die Perzipierbarkeit eine wichtige Voraussetzung für die Verständlichkeit von Informationsangeboten, aber das Prinzip „Perzipierbarkeit ohne Verständlichkeit" führt doch für die Informationssuchenden zu einer unbefriedigenden Situation.

Ein Blick auf die aktuelle Praxis belegt, dass ein Großteil der Bundesbehörden tatsächlich nur diese Minimalforderung umgesetzt hat. Ein Beispiel stellt das Angebot auf den Seiten des Bundesverteidigungsministeriums dar:

Leichte Sprache: Das Bundes-Ministerium der Verteidigung
Was ist Leichte Sprache?
Leichte Sprache können alle besser verstehen.
Hier finden Sie Inhalte von der Internet-Seite vom Bundes-Ministerium der Verteidigung in Leichter Sprache erklärt.

Bundesministerium der Verteidigung
Die Abkürzung für **B**undes-**M**inisterium der **V**erteidi**g**ung ist: **BMVg**
Die Chefin vom **BMVg** ist die Bundes-Ministerin der Verteidigung.
Sie hat viele verschiedene Aufgaben.
Zum Beispiel:
…

Abbildung 1: Bundesministerium der Verteidigung
(Quelle: http://www.bmvg.de > Leichte Sprache; Stand 21.10.2015
© *Bundeswehr/Noll)*

Wie sich hier abzeichnet, sind die entstehenden Angebote rudimentär, wenn die Behörden bei ihren Internetpräsenzen die BITV 2.0 *à la lettre* umsetzen. Das entspricht zwar den Vorgaben der BITV 2.0, die, wie wir gezeigt haben, nicht besonders weit gehen. Die Forderung der UN-Behindertenrechtskonvention nach umfassender kommunikativer Teilhabe und informationeller Selbstbestimmung wird mit diesen Vorgaben jedoch nicht eingelöst.

2.2.4 Nachteilsausgleich

Nachteilsausgleiche werden in verschiedenen Gesetzen und Verordnungen formuliert, um Personen mit Behinderungen eine Teilhabe an unterschiedlichen Gesellschaftsbereichen zu ermöglichen. So formuliert das SGB IX, § 126:

> Die Vorschriften über Hilfen für behinderte Menschen zum Ausgleich behinderungsbedingter Nachteile oder Mehraufwendungen (Nachteilsausgleich) werden so gestaltet, dass sie unabhängig von der Ursache der Behinderung der Art oder Schwere der Behinderung Rechnung tragen.

Bei Behinderung gibt es also den Anspruch, dass die Nachteile, die aus dieser Behinderung erwachsen, möglichst kompensiert werden. Nachteilsausgleiche sind unterschiedlicher Art und richten sich nach dem Schweregrad der Behinderung. So kann z. B. ein Anspruch auf unentgeltliche Beförderung im öffentlichen Personenverkehr bestehen, es können steuerliche Erleichterungen gewährt werden, der Rundfunkbeitrag oder Eintrittsgelder zu Veranstaltungen können ermäßigt werden, es kann Kündigungsschutz oder Anspruch auf Zusatzurlaub bestehen.

Leichte Sprache als Nachteilsausgleich wird derzeit vor allem im schulischen Bereich gewährt. Gemäß Zimmermann und Wachtel (2013: 449) sind Nachteilsausgleiche „alle notwendigen und geeigneten unterstützenden Maßnahmen [...], die dazu beitragen sollen, dass Schülerinnen und Schüler mit Einschränkungen [...] im Unterricht einen Zugang zu den Lerngegenständen und Aufgabenstellungen finden und in Prüfungssituationen ihre Kompetenzen und Lernleistungen nachweisen können." Dabei ist es bedeutsam, dass zwar die Bearbeitung der Aufgabe ermöglicht wird, die Leistungsanforderungen insgesamt jedoch nicht gesenkt werden. Wird also z. B. für Mathematikklausuren ein Nachteilsausgleich gewährt, so darf nur die sprachliche Schwierigkeit der Textaufgaben bearbeitet werden, während die Anforderungen an die mathematischen Kenntnisse nicht berührt werden dürfen (Rink 2014). Wagner/Schlenker-

Schulte (2006: 6) haben das auf die Formel „Sprachliche Vereinfachung ohne inhaltliche Vereinfachung" gebracht. Schon vor der Entstehung des Leichte-Sprache-Konzepts wurden sprachlich vereinfachte Texte im Rahmen des Nachteilsausgleichs eingesetzt. Hier ist insbesondere die Methode von Wagner/Schlenker-Schulte zu nennen. In den letzten Jahren ist im schulischen Bereich zunehmend Leichte Sprache im Rahmen des Nachteilsausgleichs bei Klausuren und schriftlichen Prüfungen an diese Stelle getreten.

2.3 Zusammenfassung

In diesem Kapitel haben wir die gesellschaftliche Verortung des Leichte-Sprache-Konzepts geprüft. Dabei sind wir zunächst auf Lesbarkeitstests eingegangen, die ab den 1920er Jahren zunächst für den schulischen Bereich eingesetzt wurden und die später auf die Evaluation fachlicher und schließlich auch barrierefreier Kommunikation ausgeweitet wurden. Diese Tests sind auf der Ebene der Einzeltexte angesiedelt und treffen Voraussagen über die Lesbarkeit dieser Einzeltexte durch bestimmte Zielgruppen. Dabei werden fertige Texte geprüft und als angemessen oder unangemessen für eine bestimmte Adressatenschaft eingestuft.

Wir haben Leichte Sprache sodann in das Feld der regulierten Varietäten eingeordnet. Ansätze, die von regulierten Varietäten (bzw. regulierten Sprachen) ausgehen, postulieren, dass es nicht allein Einzelexemplare von Texten sind, die eine bestimmte Lesbarkeit aufweisen, sondern dass man von regelrechten Varietäten auszugehen hat. Diese Varietäten weisen eine systematische Komplexitätsreduktion gegenüber dem Standard auf, die dazu führt, dass mithilfe dieser Regeln Texte generiert werden können, die prinzipiell alle für die intendierte Adressatenschaft angemessen sind. Diese Ansätze beschreiben also Eigenschaften des Sprachsystems und nicht Eigenschaften einzelner Texte.

Es stellt sich nun die Frage, ob Leichte Sprache allein auf Ebene der Texte (als Gegebenheitsweise von Texten mit hohen Verständlichkeitswerten) oder zusätzlich auf Ebene des Sprachsystems (als beschreibbare Varietät des Deutschen) angesiedelt ist. Angesichts der Kodifizierungsbemühungen durch die existierenden Regelwerke gehen wir von Letzterem aus. Auch der vorliegende Band hat zum Ziel, das System der Leichten Sprache als Varietät des Deutschen sprachlich zu beschreiben.

Wir haben gezeigt, dass Plain-Language-Ansätze wie Plain English keine direkte Entsprechung in Leichter Sprache im Deutschen haben, sondern eher dem Konzept der „bürgernahen" oder „einfachen Sprache" entsprechen. Wir konstatieren insbesondere für das Deutsche Ausdifferenzierungsbemühungen, wobei sich Leichte Sprache konsequent an den

Zusammenfassung

(vermuteten, empirisch noch weitgehend zu überprüfenden) Bedürfnissen von Personen mit kognitiver oder sensorischer Behinderung ausrichtet. Dass diese Fokussierung auf den Bereich der barrierefreien Kommunikation mit solcher Konsequenz durchgeführt wird, liegt auch an der neuen rechtlichen Situation, die für Menschen mit Behinderung konkrete Ansprüche definiert.

Die Regelwerke, die wir im nächsten Kapitel vorstellen und diskutieren, fußen auf der in diesem Kapitel dargestellten Tradition: Die Regeln weisen breite Überschneidungen sowohl zu den Lesbarkeitsparametern im Rahmen der Textevaluation als auch zu den Regeln der übereinzelsprachlichen Plain Language auf. Außerdem situieren sie sich innerhalb eines gesetzlich gesicherten Anspruchsrahmens, innerhalb dessen sich ihre Kodifizierung vollzieht.

3 Regelwerke

In diesem Kapitel sollen die existierenden Regelwerke in ihrer Historiogenese und Struktur vorgestellt, einer kritischen Würdigung unterzogen und nach linguistischen Kriterien systematisiert werden. Hier ist auch darzulegen, wie weit die Regeln reichen und wo noch Desiderate bestehen, die in den folgenden Teilen dieses Buchs oder aber in weiteren, vor allem empirischen Studien zu schließen sind.

In Umsetzung der in der UN-Behindertenrechtskonvention geforderten Grundsätze trat 2011 die Barrierefreie-Informationstechnik-Verordnung (BITV 2.0) in Kraft, die darüber hinaus Vorgaben des Behindertengleichstellungsgesetzes (BGG) von 2002 präzisiert. Die Verordnung soll Personen mit Behinderung den barrierefreien Zugang zu Informationen und Kommunikation im Internet ermöglichen. Demnach mussten z. B. bis 22. März 2014 alle Bundesbehörden Onlineangebote in Leichter Sprache und in Gebärdensprache vorlegen. In der BITV 2.0 findet sich auch eine Anlage zur Gestaltung von Texten in Leichter Sprache, die mithin eines der existierenden Regelwerke darstellt. Daneben gibt es ein Regelwerk, das vom Netzwerk Leichte Sprache erarbeitet und 2013 in Zusammenarbeit mit dem Bundesministerium für Arbeit und Soziales (BMAS) in aktualisierter Form auf der Internetseite des Ministeriums zur Verfügung gestellt wurde. Und schließlich existiert ein Regelwerk von Inclusion Europe, der „Europäischen Vereinigung von Menschen mit geistiger Behinderung und ihrer Familien", das 2009 in deutscher Fassung publiziert wurde. Das Regelwerk von Capito (s. Kap. 5.2.1) ist nicht öffentlich zugänglich, sondern wird nur den Franchise-Nehmern von atempo zur Verfügung gestellt; es bleibt deshalb hier unberücksichtigt.

Die drei öffentlich zugänglichen Regelwerke weisen Konvergenzen, aber auch Divergenzen auf. Bei keinem der drei Regelwerke waren Sprach- oder Übersetzungswissenschaftler in nennenswerter Form an der Genese beteiligt.

Seit Anfang 2015 liegt darüber hinaus ein Regelwerk der Forschungsstelle Leichte Sprache der Universität Hildesheim vor (Maaß 2015), das sich explizit an Übersetzerinnen und Übersetzer von Leichte-Sprache-Texten richtet und die oben genannten, öffentlich zugänglichen Regelwerke kritisch reflektiert. Das Hildesheimer Regelwerk geht in den Kapiteln dieses Bands auf und wird durch die dortigen Ausführungen weiter präzisiert und ggf. entsprechend dem Forschungsstand modifiziert.

Das vorliegende Kapitel fokussiert daher auf die drei zuerst genannten, aus der Praxis entstandenen Regelwerke:

- Regeln von Inclusion Europe (2009)
- Regeln des Netzwerks Leichte Sprache (BMAS 2013)
- Regeln in Anlage 2 der BITV 2.0 (2011)

3.1 Netzwerk Leichte Sprache

Das Netzwerk Leichte Sprache wurde 2006 als Zusammenschluss von Akteuren aus dem Bereich der Arbeit mit Personen mit geistiger Behinderung gegründet. Ziel war es, funktionierende Regeln für das Verfassen leicht verständlicher Texte zu finden und dabei die Zielgruppe Personen mit geistiger Behinderung bzw. mit Lernschwierigkeiten (so die Eigenbezeichnung in Teilen der Gemeinschaft, s. Kap. 5.2.2; zu den Adressatengruppen von Texten in Leichter Sprache s. insgesamt Kapitel 5 in diesem Buch) auf allen Ebenen einzubeziehen. Dafür arbeitete das Netzwerk Leichte Sprache von Beginn an auch mit „Mensch zuerst – Netzwerk People First Deutschland e. V." (www.people1.de; geprüft am 30. 10. 2015) zusammen, das sich ebenfalls für das Projekt Leichte Sprache einsetzt.

Die Regeln des Netzwerks Leichte Sprache sind seit 2009 auf der Homepage des Netzwerks (www.leichtesprache.org; geprüft am 30. 10. 2015) zugänglich. 2013 wurden die Netzwerkregeln in fast identischer Form vom Bundesministerium für Arbeit und Soziales als Broschüre aufgelegt, die ebenfalls im Internet zugänglich ist (www.gemeinsam-einfach-machen. de; geprüft am 30. 10. 2015). Sie haben mit dieser Veröffentlichung eine große Sichtbarkeit erreicht.

Die Regeln des Netzwerks Leichte Sprache folgen selbst weitgehend den in der Broschüre aufgestellten Regeln, sie sind also in Leichter Sprache verfasst. Dabei ist die Frage, wen genau sie adressieren, durchaus offen: Für das Übersetzen von Texten ist es unabdingbar, dass man sowohl die Ausgangs- als auch die Zielsprache (bzw. Ausgangs- und Zielvarietät) beherrscht, denn man erstellt ein Angebot für eine Adressatenschaft, der die Ausgangssprache / die Ausgangsvarietät nicht zugänglich ist. Da die Regeln in Zusammenarbeit mit Personen mit geistiger Behinderung erstellt worden sind, ist es nachvollziehbar, dass sie auch in Leichter Sprache vorliegen. Es fragt sich allerdings, warum sie ausschließlich in Leichter Sprache vorliegen und nicht in standardsprachlicher Fassung und Leichter Sprache. Für die Kommunikation mit den Übersetzer(inne)n sind sie in der aktuellen Form unangemessen. Es zeichnet hier der Anspruch ab, der auch in anderen Schriften des Netzwerks hervortritt: Schriftlichkeit vom Netzwerk Leichte Sprache ist tendenziell in Leichter Sprache verfasst, auch wenn man sich nicht an primäre Adressaten richtet. In Kap. 1.2 haben wir dargelegt, dass Versuche, Leichte Sprache zulasten der Standardsprache als Kommunikationsform zu generalisieren, für die Akzeptanz Leichter Sprache nicht dienlich sind.

Andererseits hat das Netzwerk Leichte Sprache in den vergangenen Jahren eine starke Lobby-Arbeit für die Leichte Sprache gemacht und die Sichtbarkeit der Leichten Sprache erheblich verbessert.

3.2 Inclusion Europe

2009 veröffentlichte Inclusion Europe die Regeln zum Übersetzen in Leichte Sprache in der Broschüre „Informationen für alle. Europäische Regeln, wie man Informationen leicht lesbar und leicht verständlich macht". Diese Broschüre richtet sich explizit an Personen mit geistiger Behinderung und ist ebenfalls aus der Community selbst heraus entstanden. Die Regeln für leicht verständliche Sprache von Inclusion Europe entstammen dem Projekt „Pathways I", das sich dem Thema Erwachsenenbildung für Personen mit geistiger Behinderung verschrieben hat. Ziel des Projekts, das mit Unterstützung der Europäischen Kommission durchgeführt wurde, war es, dem „lack of accessible adult training and information material in easy-to-understand language" (Inclusion Europe, Pathways) zu begegnen und u.a. Handreichungen für leicht verständliche Texte in unterschiedlichen europäischen Sprachen anzubieten. Das Projekt „Pathways I" begann im Oktober 2007 und endete im September 2009. Erste Ergebnisse wurden auf der Jahrestagung von Inclusion Europe vorgestellt, die vom 24. bis zum 27. Juni 2009 unter dem Motto „Europe in Action 2009" in Tampere (Finnland) stattfand (ein Bericht über die Tagung findet sich in der Zeitschrift „Include" 1, 2009). In das Projekt waren neben Inclusion Europe 9 weitere Projektpartner aus 8 Ländern eingebunden (Gomez 2009: 8):

- Selbstvertretungsgruppen: Nous Aussi (Frankreich), Enable Ace (Schottland), Me Itse (Finnland),
- Elternvereinigungen: FENACERCI (Portugal), VILTIS (Litauen), UNAPEI (Frankreich), Inclusion Ireland (Irland) und
- Übersetzungsdienstleister: Das Büro für Leichte Sprache der Lebenshilfe Bremen (Deutschland), atempo (Österreich).

Diese Projektpartner erarbeiteten zusammen mit Inclusion Europe sprachübergreifende Standardregeln für leicht verständliches Schreiben in der Erwachsenenbildung. Während der Projektlaufzeit entstanden vier Materialien zur barrierefreien Kommunikation für und mit Personen mit geistiger Behinderung, die jeweils in mehreren Sprachen vorliegen (Englisch, Deutsch, Französisch, Finnisch, Litauisch und Portugiesisch, die Checklist darüber hinaus in den Sprachen Kroatisch, Tschechisch, Estnisch, Ungarisch, Italienisch, Slowakisch und Slowenisch):

- Information for all. European standards on how to make information easy to read and understand for people with intellectual disabilities.
- Training lifelong learning staff. Guidelines on training people to write documents that are easy to read and understand.
- Do not write for us without us. Guidelines on how to involve people with intellectual disabilities in the writing of texts that are easy to read and understand.
- Check-list. Is your text easy to read and understand?

Hinzu kommt die kurze Handreichung „Teaching can be easy" (ebenfalls in den Sprachen Englisch, Deutsch, Französisch, Finnisch, Litauisch und Portugiesisch), die Empfehlungen für Lehrende zur barrierefreien Aufbereitung ihrer Kurse enthält.

Es ist offenkundig versucht worden, die Broschüren außer der Checklist selbst in Leichter Sprache zu verfassen, allerdings mit mäßigem Erfolg. Insbesondere im Bereich der Syntax gehen die Regeln nicht mit ihrem eigenen Standard konform. Es finden sich z. B. in der Regelbroschüre viele Satzgefüge und auch unpersönliche Konstruktionen:

> Wenn Menschen mit Lernschwierigkeiten
> keine guten Informationen bekommen,
> schließt man sie aus.

Das folgende Beispiel enthält darüber hinaus einen komplexbildenden textdeiktischen Verweis (das, s. Kap. 9.2.2.3 und 12.4.3), der die Leserichtung umkehrt. Solche Verweise bereiten in Zielgruppentests regelmäßig Probleme:

> Wenn viele Wörter nur durch
> Beistriche oder Kommas getrennt sind,
> ist das schwer lesbar.

Dieses Beispiel enthält, wie viele weitere in der Broschüre, ein Komma, obwohl der Gegenstand der Ausführungen hier gerade die Kommata sind; die Inkongruenz zwischen den formulierten Regeln und der tatsächlich realisierten sprachlichen Oberfläche ist hier gut sichtbar.

Die Regelbroschüre („Information for all") wird in den folgenden Teilkapiteln ausführlich besprochen. Es soll an dieser Stelle aber kurz auf die „Check-list. Is your text easy to read and understand?" (o. J.) eingegangen werden, die den Regelkatalog in einem Abfrageformat als Online-Angebot vorhält. Der Nutzer / die Nutzerin kann sich über eine Maske bei Inclusion Europe einloggen und wird durch eine Frageliste geleitet, wobei er bzw. sie ankreuzen muss, ob der erstellte Text dem jeweils abgefragten Kriterium entspricht. Die Regeln unterteilen sich in 11 „Hauptregeln" (Regeln 1–11), 8 „sehr wichtige Regeln" (Regeln 12–19) und 32 „wichtige Regeln" (Regeln 20–51), wobei keine stringente Aufteilung der Regeln zu diesen Kategorien ersichtlich ist. Für die Beantwortung werden jeweils Punkte zugewiesen. Am Ende wird für den geprüften Text ein Punktestand errechnet, wobei den einzelnen Fragen eine je sehr unterschiedliche Gewichtung zufällt: Beantwortet man die erste Frage „Wurden Menschen mit Lernschwierigkeiten beim Schreiben dieses Textes miteinbezogen?" mit „Nein", so kann das bewertete Projekt nur noch maximal 75 % der möglichen Punkte erhalten, auch wenn noch 50 weitere Fragen ausstehen. Der Test oszilliert damit zwischen einem Verstehens- und einem Verständlichkeitstest (s. Kap. 4.3): Die Verfasser(innen) prüfen Textmerkmale (hat der Text bestimmte Eigenschaften?), die Bewertung der ersten Frage erfolgt aber über ein Lesermerkmal (wurde der Text geprüft?).

Insgesamt ist der Test alles andere als nutzerfreundlich: Immerhin müssen 51 Fragen beantwortet werden, die in ihrer Fragelogik teilweise trickreich sind. So ist für die Frage „Beginnt ein neuer Satz immer in einer neuen Zeile?" „Ja" die erwünschte Antwort, während bei den direkt darauffolgenden Hauptregeln „Werden Wörter über 2 Zeilen getrennt (mit Bindestrich)?" und „Ist zu viel Text auf den einzelnen Seiten?" ein „Nein" erforderlich ist, um den Punkt zu erhalten. Die Frage nach „zu viel Text" ist darüber hinaus schwerlich zu beantworten, da die Relation nicht angegeben ist. Auch andere Fragen sind zu generisch formuliert, um tatsächlich problemlos beantwortbar zu sein: „Ist die Sprache des Textes für die Zielgruppe geeignet? (Das bedeutet zum Beispiel, dass man keine Kindersprache verwendet, wenn der Text für Erwachsene ist.)" Was bedeutet es „zum Beispiel" noch? Hier sieht sich der Nutzer / die Nutzerin in der Bredouille. In einigen Fällen wird die erwünschte Antwort angegeben (Regel 46: „Gibt es bunte Schrift? [einfarbig ist besser]"), in den meisten Fällen jedoch nicht.

Hinzu kommt, dass sich die Regeln in sehr ähnlicher Form auf den unterschiedlichen Hierarchieebenen wiederholen.

Fragen zur Informationsanordnung:

- Regel 4 („Hauptregel"): Sind die Informationen so angeordnet, dass man leicht verstehen kann, worum es geht?
- Regel 22 („wichtige Regel"): Sind alle Informationen zu demselben Thema zusammengefasst?
- Regeln 28 und 29 („wichtige Regeln"): Gibt es im Text zu viele Informationen? Macht das den Text verwirrend? Ist die wichtigste Information leicht zu finden?

Fragen zur Schriftartenformatierung:

- Regeln 5 und 6 („Hauptregeln"): Ist die Schrift klar und leicht zu lesen? Ist die Schriftgröße groß genug?
- Regel 24 („wichtige Regel"): Ist das Format übersichtlich, leicht zu lesen und kann man es gut kopieren?

Bei den Fragen zur Verwendung von Bildern wird Regel 2 bei den wichtigen Regeln identisch wieder aufgenommen und in einer untergeordneten Teilfrage präzisiert:

- Regel 2 („Hauptregel"): Gibt es Bilder neben dem Text, die helfen zu verstehen, worum es in dem Text geht?
- Regel 41 („wichtige Regel"): Gibt es Bilder neben dem Text, die helfen zu verstehen, worum es in dem Text geht? Wird im ganzen Text dasselbe Bild für dieselbe Erklärung verwendet?

Angesichts dieser Lage ist es fraglich, ob die Checkliste tatsächlich einen praktischen Nutzen für die Textprüfung hat.

Aus anderer Perspektive sind diese Ergebnisse aus den Reihen einer Empowerment-Bewegung in ihrem Regulierungsanspruch allerdings beeindruckend. Der politische Hintergrund ist bei allen diesen Schriften deutlich sichtbar: Es geht Inclusion Europe einerseits darum, Inhalte barrierefrei zu gestalten. Andererseits ist der Wille, die Gruppe der Personen mit geistiger Behinderung an allen Entscheidungen bis hin zur Textproduktion zu beteiligen, stark ausgeprägt („Do not write for us without us").

In der Tat ist die Kooperation zwischen den Ersteller(inne)n von Texten in Leichter Sprache und den Adressaten und Adressatinnen bei der Professionalisierung und Konsolidierung dieser jungen Sprachvarietät unverzichtbar. Im Optimalfall könnte sie zu einer empirisch abgesicherten Ermittlung von Struktur- und Konstruktionsprinzipien führen, die das Verstehenspotenzial bei eingeschränkten Lesefähigkeiten optimal ausschöpfen. Dafür sind Einzeltextprüfungen jedoch nicht geeignet; vielmehr sind hier wissenschaftlich abgesicherte Untersuchungen zur Verständlichkeit und zum Verstehen von Texten in Leichter Sprache erforderlich (s. auch Kap. 5.5).

Auch ein zweiter Aspekt ist bemerkenswert: Es ist dem Pathways-Projekt gelungen, aus der Praxis heraus übereinzelsprachliche Regeln für Leichtes Schreiben zu finden. Nur einige wenige Regeln wurden jeweils speziell für die Einzelsprachen hinzugefügt, für das Deutsche betrifft das im Wesentlichen die visuelle Trennung langer Komposita, den Verzicht auf das Präteritum und Vorschriften für das Gendern von Personenbezeichnungen. Die Mehrzahl der Regeln wurde dagegen in einem gemeinsamen Regelansatz entworfen und die Hefte wurden dann in unterschiedliche Einzelsprachen übersetzt.

Es zeigt sich, dass Verständlichkeit von Texten eine ausgeprägte sprachübergreifende Komponente hat. Wir werden sehen, dass ein beträchtlicher Teil der Regeln aller drei Regelwerke mit den Befunden der Verständlichkeitsforschung konvergiert (Kap. 4.2), so dass man also davon ausgehen darf, dass Inclusion Europe mit seinem Regelwerk durchaus sprachübergreifende Prinzipien verständlicher Sprache erfasst und formuliert hat.

3.3 BITV 2.0

Die „Verordnung zur Schaffung barrierefreier Informationstechnik nach dem Behindertengleichstellungsgesetz", kurz Barrierefreie-Informationstechnik-Verordnung bzw. BITV genannt, enthält in ihrer zweiten Fassung vom September 2011 eine Anlage 2 mit 13 Regeln zur Leichten Sprache. Diese Regeln dienen dazu, die Anforderungen an Texte in Leichter Sprache greifbar zu machen. Es handelt sich bei diesen Regeln um die bislang einzige Berücksichtigung der Leichten Sprache in einem deutschen Verordnungstext. Die Bedeutung der BITV 2.0 für die Akzeptanz und auch für die Durchsetzung der Leichten Sprache ist damit also besonders groß.

In sprachwissenschaftlicher Hinsicht sind die Regeln von ausgesprochen heterogener Qualität. Anders als die beiden praxisgenerierten Regelwerke folgen sie keiner erkennbaren Ordnung. Unterschiedliche sprachliche und typografische Phänomene werden in unzusammenhängender Folge gereiht, wie ein Blick auf die erste der Regeln zeigt:

1. Abkürzungen, Silbentrennung am Zeilenende, Verneinungen sowie Konjunktiv-, Passiv- und Genitiv-Konstruktionen sind zu vermeiden.

Die sprachwissenschaftliche Umsetzbarkeit der Regeln wurde nicht geprüft. Anders als die beiden anderen Regelwerke sieht die BITV 2.0 keine Zielgruppenprüfung von Leichte-Sprache-Texten vor (s. dazu Kap. 3.4.8 sowie Kap. 5.5).

3.4 Konvergenz und Divergenz zwischen den Regelwerken

Alle Regelwerke stellen insgesamt durchaus vergleichbare Regeln auf. Dabei sind die Regeln unterschiedlich komplex, so dass wir bei der vergleichenden Gegenüberstellung nicht der Nummerierung in den Regelwerken folgen, sondern den Regulierungsbereichen.

Trotz der auf den ersten Blick großen Ähnlichkeit erweist sich die tatsächliche Konvergenz zwischen den Regelwerken als gering. Von den insgesamt 120 unterschiedlichen Regeln, die in den drei Regelwerken aufgestellt werden, konvergieren nur 17. Sie sind in der nachfolgenden Tabelle aufgeführt:

Visuelle und mediale Gestaltung	1. Größere Schriftgröße 2. Jeder Satz auf neue Zeile 3. Keine Worttrennung am Zeilenende 4. Linksbündig
Morphologie	5. Kurze Wörter 6. Trennung von komplexen Wörtern durch Bindestriche 7. Verbot von Abkürzungen (Kurzwörtern und Abkürzungen) 8. Passiv vermeiden
Lexik	9. Leicht verständliche Wörter 10. Möglichst keine Fremdwörter 11. Fremdwörter erklären
Syntax	12. Kurze Sätze
Semantik	13. Negation vermeiden
Text	14. Konsistenz in der Bezeichnung auf Ebene der Nomen 15. Relevante Informationen an den Anfang 16. Zwischenüberschriften erwünscht 17. Direkte Ansprache

Tabelle 1: Konvergierende Leichte-Sprache-Regeln

3 Regelwerke

Es handelt sich bei den konvergierenden Regeln um prägende und charakteristische Regeln für Leichte Sprache, die allerdings für sich genommen nicht genügen, um die Varietät hinreichend zu beschreiben. Insbesondere für das Übersetzen in Leichte Sprache reichen sie nicht aus.

Von den 120 unterschiedlichen Regeln konvergieren mithin 17 für alle drei Regelwerke. 27 weitere Regeln finden sich jeweils in zwei Regelwerken, wobei mit 18 gemeinsamen Regeln die Konvergenz zwischen den Regelwerken von Inclusion Europe und des Netzwerks Leichte Sprache jeweils größer ist als zwischen jedem dieser beiden Regelwerke und der BITV 2.0. Das liegt u. a. daran, dass die BITV 2.0 insgesamt weniger Regeln formuliert: nur 34 gegenüber 80 (Inclusion Europe) bzw. 70 (Netzwerk Leichte Sprache). Allerdings formuliert die BITV 2.0 selbst auch immerhin 7 idiosynkratische Regeln, Regeln also, die sich in keinem der beiden anderen Regelwerke finden, obwohl die BITV 2.0 zeitlich nach den beiden anderen entstanden ist und sich erkennbar an diesen orientiert.

Zahl der Regeln insgesamt	120
davon idiosynkratische Regeln	76
davon gemeinsame Regeln Netzwerk Leichte Sprache und Inclusion Europe	18
davon gemeinsame Regeln Netzwerk Leichte Sprache und BITV 2.0	7
davon gemeinsame Regeln Inclusion Europe und BITV 2.0	2
davon gemeinsame Regeln aller drei Regelwerke (s. o.)	17

Tabelle 2: Ausprägung der Regeln

Insgesamt überwiegt die Zahl der idiosynkratischen Regeln mit 76 von 120 Regeln jede der anderen Kategorien deutlich, und zwar sogar in der Summe: nur 44 Regeln gibt es in mehr als einem Regelwerk. Für Übersetzerinnen und Übersetzer ist diese Lage problematisch – soll nun beim Gendern erst die weibliche und dann die männliche Form stehen (wie Inclusion Europe vorschlägt), oder erst die männliche und dann die weibliche (wie das Netzwerk Leichte Sprache nahelegt)? Die BITV 2.0 äußert sich dazu nicht. Darf das Präteritum vielleicht doch verwendet werden, weil dies zwar von Inclusion Europe abgelehnt wird, sich die beiden anderen Regelwerke dazu aber nicht äußern? Sollen Abstrakta vermieden werden? Das schreibt die BITV 2.0 vor, während die anderen Regelwerke keine Ausführungen dazu aufweisen; dafür ist beim Netzwerk Leichte Sprache ein Verbot von Fachwörtern formuliert, das sich jedoch wiederum nicht in den beiden anderen Regelwerken findet.

	Netzwerk Leichte Sprache		Inclusion Europe		BITV 2.0	
	gesamt	idiosynkratisch	gesamt	idiosynkratisch	gesamt	idiosynkratisch
Mediale und visuelle Gestaltung	28	11	39	23	15	6
Schriftzeichen	10	8	5	4	1	0
Morphologie	7	1	7	3	6	0
Lexik	7	2	6	1	4	1
Syntax	5	3	1	0	2	0
Semantik	2	0	2	0	1	0
Text	9	2	18	11	4	0
Prüfen	1	0	1	0	0	0
Gesamt	70	27	80	42	34	7

Tabelle 3: Regeln nach Kategorien

Die Tabelle zeigt die Verteilung der Regeln über die unterschiedlichen Kategorien. Besonders für den Bereich der medialen und visuellen Gestaltung werden vielfältige Auflagen gemacht. Wie Kap. 4 zeigt, ist dies durchaus sinnvoll, denn Perzipierbarkeit ist eine zwingende Voraussetzung für die Rezeption des Inhalts, und Adressat(inn)en mit Leseschwierigkeiten haben bezüglich der Gestaltung von Dokumenten und Internetseiten besondere Bedürfnisse. Dass der Bereich der medialen und visuellen Gestaltung jedoch eine ausdifferenzierte Behandlung erfährt, schließt nicht aus, dass die sonstigen Ebenen einer ebenso differenzierten Regulierung unterworfen werden. Diese bleibt jedoch weitgehend aus: So schwankt die Zahl der Syntaxregeln zwischen 1 und 5, was natürlich nicht genügt, um diesen komplexen Bereich differenziert darzustellen. Die einzige konvergierende Regel ist hier, dass Sätze „kurz" zu sein haben.
Es erweist sich, dass die Regelwerke nicht die Perspektive der Übersetzung einnehmen, so dass die Frage, wie komplexe Strukturen des standard-

sprachlichen oder sogar fachsprachlichen Ausgangstexts in Leichte Sprache zu übersetzen sind, durch keines der Regelwerke beantwortet wird. Der Fokus liegt vielmehr auf dem Ergebnis („kurze Sätze"), typische Wege dahin werden nicht aufgezeigt.

Interessant ist, dass auch bei der von zwei Regelwerken mehrfach formulierten Regel „Leichte-Sprache-Texte müssen immer von Menschen mit Lernschwierigkeiten (d. h. mit geistiger Behinderung) geprüft werden" keine Konvergenz zwischen den drei Regelwerken besteht: Die BITV 2.0 hat diese Regel nicht übernommen, obwohl sie für die beiden anderen Regelwerke recht eigentlich das zentrale Anliegen ist. Es ist davon auszugehen, dass das kein Versehen ist, da es sich bei der Prüfregel um eine politische Forderung handelt, während eine Verordnung die Folgekosten im Blick hat.

3.4.1 Mediale und visuelle Gestaltung

Alle Regelwerke machen, wie wir gesehen haben, ausführliche und teilweise sehr detaillierte Vorgaben zur medialen und visuellen Gestalt der Texte in Leichter Sprache. Insbesondere die typografische Gestaltung im Sinne der visuell-formalen Gestaltung von Drucksachen (Wehde 2000: 3) wird in den Regelwerken mit vielen Regeln und Ausführungsbestimmungen belegt. Wie Ernst (2005: 11) ausführt, ist es das „Charakteristikum der Typografie […], dass sie stets im Dienst der Vermittlung eines Inhaltes steht." Die typografische Gestaltung eines Texts kann bei guter Ausführung einen Beitrag zum ungestörten Zugriff auf den Textinhalt leisten. Die optischen Gestaltungskriterien, die insgesamt die Perzipierbarkeit von Texten erhöhen, sind von der Forschung detailliert beschrieben worden (s. dazu Kap. 4.2.1). Mit Blick auf die unterschiedlichen Adressatenkreise von Texten in Leichter Sprache kommen weitere Erfordernisse hinzu, z. B. erleichtert eine bestimmte Papierqualität und -dicke Adressat(inn)en mit motorischer Behinderung das Blättern etc.

Inclusion Europe spricht als einziges der Regelwerke die unterschiedlichen medialen Gegebenheitsweisen der Leichte-Sprache-Texte an: Liegen sie als Online-Texte oder als gedruckte Texte vor? Als Audiotexte oder in audiovisueller Gestalt? Laut Inclusion Europe (2009: 7) sind es letztlich die Bedürfnisse der Zielleserschaft, die diese Auswahl konditionieren. Entsprechend enthält die Broschüre auch Abschnitte mit „Regeln für elektronische Information" (2009: 24) und „Regeln für Audioinformation" (2009: 38–40), in denen auf die Bereitstellung von Texten im Rahmen von Online-Angeboten und als Audiotexte eingegangen wird. Die Regeln für elektronische Information orientieren sich im Wesentlichen an den Richtlinien der WCAG 2.0 des World Wide Web Consortiums (W3C) und betreffen vorrangig die technische Realisierung sowie die Perspektive der

Nutzung von Online-Angeboten. Die Regeln für Audioinformation gehen auf die technische und paraverbale Realisierung von Leichte-Sprache-Texten ein. Diese Informationen eröffnen auch den Blick für die unterschiedlichen Anforderungen der Adressatenschaft, die nicht durchgängig über eine ausreichende Lesefähigkeit verfügt (s. Kap. 5.2.4), um Leichte-Sprache-Texte sinnerfassend lesen zu können, während Audiotexte in Leichter Sprache für viele von ihnen zugänglich wären. Auch Personen mit Sehbeeinträchtigungen profitieren von Audiotexten. Auf die Rezeptionsweisen von Leichte-Sprache-Texten gehen wir in Kap. 6.9 ein.

Die BITV 2.0 betrifft ebenfalls schwerpunktmäßig Online-Texte, da sie die Informationsbereitstellung in Internet und Intranet regelt. Die medienspezifische Art der Informationsaufbereitung ist jedoch nicht in der Anlage 2 mit den Regeln zur Leichten Sprache, sondern insgesamt in der BITV 2.0 enthalten, die in Gänze dem Thema der barrierefreien Zugänglichkeit von Online-Informationen gewidmet ist.

Das Netzwerk Leichte Sprache setzt erkennbar einen Fokus auf gedruckte Texte; darüber hinaus werden im hinteren Teil der Broschüre Hinweise für die Durchführung barrierefreier Tagungen gegeben, auf denen u.a. auf Powerpoint-Präsentationen eingegangen wird. Als einziges Regelwerk macht es Vorgaben für die Papierqualität, die bei Leichte-Sprache-Texten gewählt werden sollte (2013: 64): Das Papier soll hell sein, damit die dunkle Schrift gut zur Geltung kommt. Es soll matt und nicht glänzend und mindestens 80 g schwer sein, um ein leichteres Blättern zu ermöglichen. Gerade wenn Leser(innen) mit einer Mehrfachbehinderung, z.B. einer motorischen Behinderung der Hand oder einer Sehbehinderung, mitadressiert werden sollen, ist diese Regel ausgesprochen sinnvoll.

Zum Textumfang äußert sich Inclusion Europe: Texte sollen nicht zu lang sein (2009: 12), wobei die Frage, was „zu lang" sei, recht generell damit beantwortet wird, dass ein 100-seitiger Text zu lang sei und lieber in drei Teiltexte getrennt werden solle. Ob damit 33 Seiten als Obergrenze für einen Einzeltext anzusetzen sind, ist aus den Ausführungen nicht zu entnehmen; allerdings beträgt der Umfang der Regelbroschüre 44 Seiten (die Netzwerk-Broschüre ist 123 Seiten lang). Es deutet sich hier ein Problem an, das sich durch die Regelwerke hindurchzieht: Sie bleiben relativ unbestimmt und oberflächlich und sind für die praktische Entscheidungsfindung im Einzelfall oft nicht sehr hilfreich. Grundsätzlich ist der Hinweis, dass Texte in mehrere Teiltexte aufgebrochen werden können, jedoch angemessen, da so dem Dilemma begegnet werden kann, dass der Leichte-Sprache-Text durch das Auflösen von Implikaturen länger wird als der Ausgangstext, was für eine Leserschaft mit eingeschränkter Textrezeptionsfähigkeit unter Umständen wenig hilfreich ist. Die Ausgliederung von Informationen in andere, separate Texte stellt hier eine mögliche

Strategie dar, wie man trotzdem eine Informationsverringerung in der Übersetzung verhindern kann. Eine Entscheidungsgrundlage dafür, wie mit Textkürzungen umgegangen werden kann, bieten handlungstheoretische Übersetzungsansätze, die wir in Kap. 6.8 vorstellen.

Bezüglich der Schriftarten konvergieren Inclusion Europe (2009: 14) und Netzwerk Leichte Sprache (2013: 52) hinsichtlich der Forderung, es sollten keine Serifenschriften verwendet werden, da diese schlecht lesbar seien (die in Kap. 2.1.2 zitierten Plain-English-Richtlinien empfehlen dagegen Serifenschriften; zu Schriftarten mit und ohne Serifen s. Kap. 7.1.3). Die BITV 2.0 spricht lediglich davon, dass „klare Schriftarten mit deutlichem Kontrast" (Regel 9) verwendet werden sollten, wobei nicht ersichtlich wird, ob sich dies auf die Type als solche oder eher auf den Schriftschnitt bezieht. Inclusion Europe und das Netzwerk Leichte Sprache lassen nur eine Schriftart pro Dokument zu, die BITV 2.0 dagegen zwei Schriftarten. Inclusion Europe möchte die Texte auf eine Schriftfarbe reduziert sehen, das Netzwerk Leichte Sprache lässt zwei Schriftfarben zu, wobei beide dunkel zu sein haben. Allerdings verwendet Inclusion Europe selbst bereits in der Regelbroschüre mehrere Schriftarten in unterschiedlichen Farben und das Netzwerk Leichte Sprache setzt die Regeln in leuchtendem Orange, so dass auch hier wieder eine Inkonsistenz zwischen Regel und eigener Praxis zu konstatieren ist.

Alle drei Regelwerke weisen eine Minimalkonvergenz dahingehend auf, dass Hervorhebungen gemacht werden sollen. In der Gestaltung dieser Minimalregel weichen die Regelwerke dann jedoch wieder voneinander ab: Inclusion Europe und Netzwerk Leichte Sprache nennen Rahmen und Fettung zur Hervorhebung wichtiger Informationen und verbieten Kursiva; Inclusion Europe verbietet Unterstreichungen ganz (2009: 15), das Netzwerk eher tendenziell; strenger sieht man hier Versalien (2013: 63) und Sperrdruck.

Bezüglich des Zeilenlayouts besteht dahingehend Konvergenz der Regelwerke, dass jeder Satz auf einer neuen Zeile erscheinen solle und Wörter am Zeilenende nicht zu trennen seien. Inclusion Europe (2009: 17) fügt die Regel hinzu, dass Satzgefüge zwischen Haupt- und Nebensatz zu trennen seien:

Trennen Sie den Satz dort, wo man beim lauten Lesen eine Pause macht.

Schreiben Sie: So wie dieser Satz geteilt ist,
ist er leicht lesbar.

Schreiben Sie nicht: So wie dieser Satz geteilt
ist, ist er nicht leicht lesbar.

Diese Regel widerspricht dem von Inclusion Europe und Netzwerk Leichte Sprache übereinstimmend formulierten Grundsatz, wonach Sätze nur eine Aussage enthalten dürfen; ein Satzgefüge enthält per definitionem mindestens zwei. Diese Regel kann folglich verworfen werden. Das Netzwerk Leichte Sprache hält eine vergleichbare Regel vor (BMAS 2013: 59):

Schreiben Sie alle Wörter in eine Zeile, die vom Sinn her zusammen gehören.

Schlecht: Wir sagen: Leichte
Sprache ist für alle gut.

Gut: Wir sagen:
Leichte Sprache ist für alle gut.

Als Beispiel werden hier also zwei einzelne Einzelsätze („Wir sagen" und „Leichte Sprache ist für alle gut") angeführt, die gemäß der Hauptregel „Jeder Satz auf eine eigene Zeile" ohnehin auf zwei Zeilen angeordnet werden müssten; das Beispiel ist also zur Illustration des Gemeinten untauglich.

Das Netzwerk Leichte Sprache fügt überdies noch die Regel hinzu, dass ein eineinhalbfacher Zeilenabstand zu wählen sei. Dass ein größerer Zeilenabstand die Perzipierbarkeit von Texten erhöht, ist in der Tat durch die Forschung belegt worden (s. Kap. 4.2.1).

Hinsichtlich des Seitenlayouts konvergieren die Regelwerke lediglich in der Forderung nach linksbündiger Absatzausrichtung. Inclusion Europe (2009: 19) und Netzwerk Leichte Sprache (BMAS 2013: 55) untersagen explizit Blocksatz, Inclusion Europe (2009: 18) und BITV 2.0 (2011: Regel 7) möchten Aufzählungen als Listen realisiert sehen, Netzwerk Leichte Sprache und BITV 2.0 fordern sinnstützende Absätze und Zwischenüberschriften (BMAS 2013: 61, BITV 2.0 2011: Regel 7) und machen Vorschriften bezüglich der Gestaltung von Adressen (BMAS 2013: 62, BITV 2.0 2011: Regel 12). Hinzu kommt eine Reihe von Regeln, die jeweils nur in einem Regelwerk realisiert sind: Inclusion Europe (2013: 12) fordert eine Seitengestaltung nach der Maßgabe leichter Kopierbarkeit, wobei die Formate A4 oder A5 zu bevorzugen seien, „nicht zu viel Text auf eine Seite" (2013: 19) zu setzen sei (wobei der Frage, was „zu viel" Text auf einer Seite ist, nicht nachgegangen wird). Zwischen den Absätzen sollen Abstände eingefügt werden, die Seitenränder sollen groß genug sein, die Seiten nummeriert und Einrückungen vermieden werden (ebd.). Das Netzwerk Leichte Sprache lässt als einziges der Regelwerke zentrierte Überschriften zu (BMAS 2013: 55), einzelne Zeilen sollen nicht auf eine neue Seite gesetzt werden (BMAS 2013: 60). Die BITV 2.0 hält keine zusätzlichen Regeln in diesem Bereich vor.

Bei den Visualisierungsstrategien weichen die Regelwerke deutlich voneinander ab: Das Netzwerk Leichte Sprache formuliert als Anspruch an die Bilder, dass sie „zum Text passen" und außerdem helfen sollen „Texte zu verstehen" (BMAS 2013: 67). Das angebotene Beispiel gibt keinen Aufschluss darüber, wie diese Regel angelegt ist:

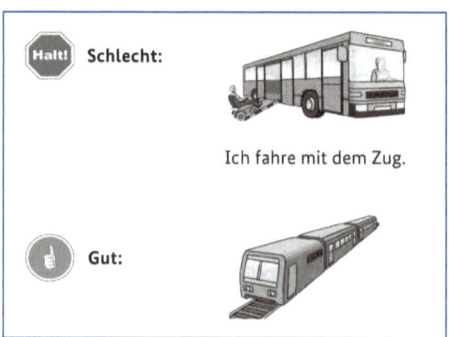

Abbildung 1: Verwendung von Bildern, BMAS (2013: 67)

Die Abbildung eines Busses zur Visualisierung von *Ich fahre mit dem Zug* wäre in der Tat sachlich unangemessen. Was aber heißt „zueinander passen" über den Fall der Vermeidung totaler begrifflicher Inkongruenz hinaus? Dies wird nicht ausgeführt. Darüber hinaus favorisiert das Netzwerk Leichte Sprache jedoch die Verwendung eines bestimmten, von der Lebenshilfe Bremen veröffentlichten Bildersatzes, der für die Illustration von Leichte-Sprache-Texten eingesetzt werden soll. Dabei wird der Ansatz verfolgt, Bilder könnten wie Vokabeln gelernt und die entsprechenden Konzepte dann jeweils abgerufen werden. Es handelt sich hierbei um einen interessanten Ansatz, der jedoch einer empirischen Prüfung bedürfte; denkbar wäre auch der Fall, dass Texte besser memoriert werden können, wenn für sie eine jeweils passende Bildsprache entwickelt wird, anstatt dieselben Bilder immer und immer rekurrieren zu lassen. Aktuell werden mit diesem Bildersatz in Leichte-Sprache-Texten nicht unbedingt zentrale oder schwere Konzepte visualisiert, sondern diejenigen, zu denen es überhaupt Bilder im genannten Archiv gibt. Das liegt u. a. daran, dass der Umfang der Bremer Bildersammlung nicht ausreicht, um unterschiedliche Lebensbereiche und komplexere Zusammenhänge abzudecken; für das gegebene Beispiel ist zudem anzunehmen, dass Personen, die *Bus* bzw. *Zug* nicht verstehend lesen können, insgesamt nicht in der Lage sind, sinnentnehmend zu lesen. Anzusprechen wäre also darüber hinaus, welche Konzepte überhaupt bildlich repräsentiert werden sollten, um die Verständlichkeit von Texten zu erhöhen, und welche Funktionen die Bilder in Leichte-Sprache-Texten haben können (s. dazu Kap. 7.4).

Neben der Regel, wonach Bilder zum Text passen müssen, formuliert das Netzwerk Leichte Sprache noch die Forderung, Bilder müssten auch nach dem Kopieren erkennbar bleiben (BMAS 2013: 63).

Inclusion Europe (2009: 18) lässt – genau wie die BITV 2.0 (2011: Regel 13) – auch Tabellen zur Visualisierung zu. Darüber hinaus spricht sich Inclusion Europe (2009: 21) als einziges der Regelwerke für Diagramme, „Symbole" und Fotos als visuelle Ressourcen aus, wobei die unterschiedlichen Ressourcen möglichst nicht gemischt werden sollen – eine aus der Perspektive einer ansprechenden grafischen Gestaltung nachvollziehbare, aus der Perspektive der Textverständlichkeit jedoch nicht funktionale Forderung. Nur das Regelwerk von Inclusion Europe spricht auch die Tatsache an, dass Bilder altersangemessen sein müssen:

> Verwenden Sie immer Bilder, die für die Leser passen.
> Verwenden Sie zum Beispiel niemals Bilder für Kinder, wenn Sie für Erwachsene schreiben. (Inclusion Europe 2009: 21)

Auch dies ist eine Regel, die in der gegenwärtigen textuellen Praxis Leichter Sprache häufig nicht adäquat umgesetzt wird, u. a. mit Blick auf den bereits angesprochenen Bremer Bildersatz.

Inclusion Europe (2009: 12) und Netzwerk Leichte Sprache (BMAS 2013: 69) verbannen explizit Bilder aus dem Hintergrund; in der Tat würde die Leserlichkeit hierdurch eingeschränkt. In den BITV 2.0 ist geregelt, dass der Hintergrund „hell und einfarbig" (Regel 10) zu sein hat.

3.4.2 Schriftzeichen

Den Umgang mit Zahlen regeln sowohl Inclusion Europe als auch das Netzwerk Leichte Sprache, während die BITV 2.0 hierzu keine Vorschriften enthält. Inclusion Europe und Netzwerk Leichte Sprache reglementieren grundsätzlich das Vorkommen von Zahlen- und Mengenangaben in den Texten, indem sie Prozentzahlen und hohe Zahlen aus den Texten zugunsten von Temporaladverbien wie „viel" oder „wenig" eliminiert sehen möchten (BMAS 2013: 36, Inclusion Europe 2009: 10). Das Netzwerk Leichte Sprache dehnt diese Regel auf ein Verbot „alter Jahreszahlen" (2013: 35) aus. Diese Eingriffe betreffen nicht die Perzipierbarkeit (s. Kap. 4.2.1), sondern die konzeptuelle Ebene: Nicht schwierige Darstellungsweisen, sondern komplizierte Weltverhältnisse selbst sollen aus den

Texten entfernt werden. Das kann zwar Teil eines Übersetzungsauftrags sein, lässt sich jedoch nicht als Regel generalisieren. Grundsätzlich werden Regeln und Strategien benötigt, wie alle Arten von Inhalten in Leichte Sprache zu bringen sind; ihre Anwendung auf der Ebene des Einzeltexts ist dann von der geplanten Zielsituation abhängig (s. Kap. 6.8).

Die Schreibung von Zahlen im engeren Sinne wird allein in den Netzwerkregeln (BMAS 2013: 37 ff.) behandelt. Dort werden arabische vor römischen Ziffern und Zifferschreibung vor Zahlwortschreibung favorisiert. Diese Regel bereitet, wenn unterschiedslos angewandt, bei der „Eins" Probleme, die jedoch systematisierbar sind (s. Kap. 7.2.2.1). Dies unterbleibt jedoch; vielmehr wird auf die Prüfgruppen verwiesen (BMAS 2013: 38). Auch für Datumsangaben, Uhrzeiten und sonstige Zeitangaben wird keine Regel entworfen, sondern wiederum auf die Prüfgruppe verwiesen (BMAS 2013: 39–41). Das ist allerdings unbefriedigend: Wenn hier tatsächlich eine Regulierungsnotwendigkeit besteht (und nur dann rechtfertigt sich die Übernahme in das Regelwerk), dann sollte auch eine explizite Regelsetzung erfolgen und nicht für jeden Einzeltext auf die jeweilige Intuition einer Vielzahl unterschiedlicher Prüfgruppen verwiesen werden. Es ist absehbar, dass diese Prüfgruppen unterschiedliche Einzelentscheidungen treffen und so gerade nicht zu einer Regulierung des Bereichs beitragen.

Zu den Interpunktionszeichen finden sich bei Inclusion Europe und beim Netzwerk Leichte Sprache Formulierungen, wobei das Netzwerk Leichte Sprache Interpunktionszeichen und Sonderzeichen miteinander mischt.

Die Ausführungen von Inclusion Europe zu den Interpunktionszeichen sind recht unspezifisch: Dort ist lediglich die Rede davon, man solle „zu viele Satz-Zeichen" (Inclusion Europe 2009: 16) vermeiden. Auf welche Satzzeichen man sich damit bezieht – die Strategie, alle Aussagen in Einzelsätze umzuformen, generiert immerhin eine erkleckliche Zahl von Punkten, jedoch scheint dies nicht gemeint zu sein – und wie dieses Ziel zu erreichen ist, wird nicht ausgeführt. Mit großer Wahrscheinlichkeit ist hier das Komma gemeint, dessen gehäuftes Vorkommen in einem Text auf Satzgefüge schließen lässt. Formuliert man diese Satzgefüge jedoch in Einzelsätze um, wie es die Regelwerke ohnehin vorsehen, so bleibt die absolute Zahl von Satzzeichen gleich, da an die Stelle eines Kommas ein Punkt tritt. Bisweilen werden in Leichte-Sprache-Texten die Kommas einfach weggelassen. So erscheinen in einer Übersetzung von Informationen zum Hildesheimer Stadtjubiläum in Leichte Sprache Texte mit ausgesprochen wenig Kommas. In der Tat weisen solche Texte nicht „zu viele" Satzzeichen auf, sondern zu wenige (zu den Interpunktionszeichen in Leichter Sprache s. Kap. 7.2.4):

> Die Trommeln auf denen sie spielen heißen Cajons.
> Das sind Trommeln die aussehen wie ein Holzkasten auf dem man sitzen kann.
> (Quelle: Hildesheim2015.de; http://www.hildesheim2015.de/sites/default/files/content/Leichte-Sprache/Trommeln%20ist%20Welt%20Enfassung%20ohne%20Bilder.docx; geprüft am 30.10.2015)

Bezüglich der Sonderzeichen äußern sich dagegen alle Regelwerke, die Übereinstimmung ist allerdings nicht sehr ausgeprägt; Inclusion Europe beschränkt die Verwendung von Sonderzeichen auf unspezifische, exemplifizierende Weise:

Vermeiden Sie wenn möglich Sonder-Zeichen wie:
\, &, <, § oder #
(Inclusion Europe 2009: 16)

Das Netzwerk Leichte Sprache verbietet ganz konkret einige Sonderzeichen (und Interpunktionszeichen):

Vermeiden Sie Sonder-Zeichen.
Wenn Sie ein Sonder-Zeichen benutzen müssen:
Dann erklären Sie das Zeichen.

Beispiel

Schlecht: „ " Anführungs-Striche
% Prozent
… Punkt Punkt Punkt
; Strich-Punkt
& Und
( ) Klammern
§ Paragraf
(BMAS 2013: 43)

Allerdings verwendet das Netzwerk Leichte Sprache in der Regelbroschüre selbst an mehreren Stellen Klammern (BMAS 2013: 7, 9, 11, 13, 109). Noch häufiger finden sich in der Netzwerk-Broschüre Anführungszeichen, und zwar sowohl zum Ausweis von direkter Rede wie von Metasprache:

3 Regelwerke

Direkte Rede:

Wenn es möglich ist: Vermeiden Sie Verneinungen.
Sagen Sie zum Beispiel:
„Bleiben Sie bis zum Ende vom Treffen."
und nicht:
„Sie sollen nicht vor dem Ende des Treffens gehen."
(BMAS 2013: 105)

Ausweis von Metasprache:

Hier können Sie Beispiel-Bilder aus dem
Bereich „Freizeit, Urlaub, Sport" sehen. (BMAS 2013: 69)

Sie können das Bild „Halt! Leichte Sprache"
für die roten Karten verwenden. (BMAS 2013: 84)

Sprechen Sie die Menschen mit „Sie" an. (BMAS 2013: 102)

Das idiosynkratische Verbot von Anführungszeichen in den Netzwerkregeln führt sich damit selbst ad absurdum.

Die BITV 2.0 (2011: Regel 6) verbietet ohne weitere Begründung die ganze Kategorie der Sonderzeichen und unter den Interpunktionszeichen die Klammern.

Insgesamt findet sich für den Bereich der visuellen und medialen Gestaltung von Leichte-Sprache-Texten eine große Vielfalt an Regeln, die nur teilweise bzw. tendenziell konvergieren. Die visuelle Wahrnehmbarkeit ist die Voraussetzung für das Leseverstehen, so dass es durchaus sinnvoll erscheint, Vorgaben für diesen Bereich zu machen. Allerdings geht nur Inclusion Europe darauf ein, dass Texte für manche Zielgruppen möglicherweise gar nicht in lesbarer Form, sondern als Audiotexte zugänglich gemacht werden sollten; angesichts der großen Zahl von Personen ohne Lesefähigkeit, die auf Leichte-Sprache-Angebote angewiesen sind, ergibt sich hier zweifellos ein Bearbeitungsbedarf, sofern man diese Gruppe als primäre Adressaten einstuft (zu den unterschiedlichen Rezeptionsweisen von Leichte-Sprache-Texten s. Kap. 6.9).

3.4.3 Morphologie

Im Bereich der Morphologie konvergieren die Regelwerke in drei Forderungen: dass kurze (morphologisch einfache) Wörter zu bevorzugen, lange Komposita mit Bindestrichen zu trennen und Leichte-Sprache-Texte von Abkürzungen freizuhalten seien, wobei bei Inclusion Europe und beim Netzwerk Leichte Sprache deutlich wird, dass hier auch Kurzwörter vom Typ LKW oder EU mitgemeint sind; bei der BITV 2.0 ist der Begriffsumfang wegen der fehlenden Exemplifizierung nicht abschließend zu klären.

Kurze und morphologisch einfache Wörter sind leichter zu lesen und zu verarbeiten als lange und morphologisch komplexe; das hat die Verständlichkeitsforschung hinreichend belegt (s. Kap. 4.2.2). Alle wichtigen Lesbarkeitsindizes enthalten in der einen oder anderen Form das Kriterium der Buchstaben- respektive Silbenzahl von Wörtern (zu den Lesbarkeitsindizes s. 2.1.1). Es handelt sich hier folglich um ein zentrales Kriterium von Leichter Sprache, das auch von allen Regelwerken erkannt wurde. Alle drei Regelwerke setzen sich auch mit dem Fall auseinander, dass sich lange Wörter dennoch nicht immer vermeiden lassen, z. B. wenn sie zentral für den Textgegenstand sind. Die Regelwerke konvergieren in diesem Falle auch in dem Punkt, dass insbesondere lange Komposita durch Bindestriche zu trennen sind (BMAS 2013: 26, Inclusion Europe 2009: 23, BITV 2.0 2011: 4). Dass dadurch Falschschreibungen entstehen, wird in keinem der Regelwerke thematisiert. Falsche Orthografie in Leichte-Sprache-Texten kann jedoch aus unterschiedlichen Gründen nicht hingenommen werden (vgl. Maaß 2015: 88 ff.). In der textuellen Praxis setzt sich darum seit einiger Zeit der von den Autorinnen dieses Bandes vorgeschlagene Mediopunkt (·) durch (ebd. und Kap. 8.2.3).

Das Verbot von Abkürzungen findet sich ebenfalls in allen drei Regelwerken (BMAS 2013: 27, Inclusion Europe 2009: 10, BITV 2.0 2011: Regel 1), auch wenn es zu generisch formuliert ist; nur Inclusion Europe unterscheidet zwischen Abkürzungen im engeren Sinne und Kurzwörtern (für detailliertere Ausführungen hierzu s. Kap. 8.2).

Über diese Regeln hinaus besteht Konvergenz zwischen den Regelwerken des Netzwerks Leichte Sprache und der BITV 2.0 im Verbot des Konjunktivs (BMAS 2013: 31, BITV 2.0 2011: Regel 1) und des Genitivs (BMAS 2013: 30, BITV 2.0: Regel 1). Der Genitiv sei durch eine Konstruktion mit *von* zu paraphrasieren (*das Haus des Lehrers* → *das Haus von dem Lehrer,* BMAS 2013: 30), was als Strategie jedoch zu kurz greift (s. Kap. 8.1.1). Gleichwohl finden sich im Regelwerk des Netzwerks Leichte Sprache Genitivkonstruktionen:

3 Regelwerke

> Im Behinderten-Gleichstellungs-Gesetz steht,
> dass auch das Internet **des Bundes** barriere-frei sein soll.
> (BMAS 2013: 7, unsere Hervorhebung)

Inclusion Europe äußert sich in dieser Hinsicht nicht, verbietet aber seinerseits das Präteritum (2009: 23). Alle drei Verbote sind aus unterschiedlichen Gründen sinnvoll. Über die vom Netzwerk Leichte Sprache vorgeschlagene Paraphrasierung des Genitivs *(das Haus von dem Lehrer)* hinaus enthalten die Regelwerke keinerlei Hinweise auf alternative Möglichkeiten zum Ausdruck von Sachverhalten, die im Ausgangstext die Verwendung von Genitiv, Konjunktiv oder Präteritum erfordern (zum Genitiv s. Kap. 8.1.1, zum Konjunktiv s. Kap. 8.1.2 und Kap. 11.3, zum Präteritum s. Kap. 8.1.2).

Zum Gendern von Personenbezeichnungen beziehen sowohl Inclusion Europe als auch Netzwerk Leichte Sprache Stellung, nicht jedoch die BITV 2.0. Allerdings bieten sie abweichende Lösungen an: So führt das Netzwerk Leichte Sprache mit Verweis auf die leichtere Lesbarkeit aus: „Schreiben Sie immer zuerst die männliche Form" („Leser und Leserinnen", BMAS 2013: 48), während laut Inclusion Europe zunächst die weibliche, dann die männliche Form verwendet werden soll („Lehrerinnen und Lehrer", Inclusion Europe 2009: 23). Inclusion Europe schränkt aber ein:

> Texte werden dadurch länger.
> Verwenden Sie deshalb wenn möglich eine neutrale Form.
>
> Beispiel:
> Schreiben Sie statt „Arbeitsassistentinnen und Arbeitsassistenten":
> Arbeits-Assistenz. (Inclusion Europe 2013: 23)

Dieses Beispiel zeigt das Dilemma gut: Die Form *Arbeits-Assistenz* ist vom Genus her weiblich, mit Blick auf die Kategorie „Gender" dagegen neutral. Allerdings ist die Verwendung einer neutralen Form häufig eine Strategie, mit der die Benennung des Handlungsträgers vermieden wird und die damit keine optimale Handlungsorientierung erzielt. Umgekehrt führt eine Reihung mit *und* zwangsläufig zu mehreren Aussagen im Satz, so dass wir hier widersprechende Regeln vorliegen haben.

Alle drei Regelwerke konvergieren in der Regel, wonach Passiv-Konstruktionen zu vermeiden seien (BMAS 2009: 29, Inclusion Europe 2013: 11, BITV 2.0 2011: Regel 1). Strategien, wie mit Passiv-Konstruktionen im Ausgangstext umgegangen werden kann, finden sich im vorliegenden Buch unter 8.1.2.

3.4.4 Lexik

Die Zahl der Regeln zur Lexik Leichter Sprache ist recht klein. Die Regelwerke konvergieren hier in ihrem Umgang mit Fremdwörtern: Diese sind zu vermeiden bzw., wenn das nicht möglich ist, zu erläutern (BMAS 2013: 24, Inclusion Europe 2009: 9, 10, 15, BITV 2.0 2011: Regel 4). Die BITV fügt noch ein Verbot von Abstrakta hinzu (BITV 2.0 2011: Regel 4), während das Netzwerk Leichte Sprache zum Verzicht auf Fachwörter rät (BMAS 2013: 23). Darüber hinaus ist in allen Regelwerken festgehalten, es sollten „einfache" (BMAS 2013: 22), „leicht verständliche" bzw. „keine schwierigen Wörter" (Inclusion Europe 2009: 10, 15) bzw. „gebräuchliche Wörter und Redewendungen" (BITV 2.0 2011: Regel 4) verwendet werden. Das Lexikon der Leichten Sprache wird darüber hinaus als konkret („Wörter, die etwas genau beschreiben", angeführtes Beispiel: *Bus und Bahn* statt *öffentlicher Nahverkehr*, BMAS 2013: 23), „gebräuchlich" (BITV 2.0 2011: Regel 4) bzw. „(allgemein) bekannt" (Inclusion Europe 2009: 10, BMAS 2013: 24) beschrieben (s. dazu Kap. 9).

Außerdem haben Inclusion Europe (2009: 10) und das Netzwerk Leichte Sprache (BMAS 2013: 33) ein mehr oder minder strenges Metaphernverbot in ihre Regeln aufgenommen – beim Netzwerk Leichte Sprache sogar ausgeweitet auf Redewendungen und bildliche Sprache im Allgemeinen. Ein so weitgehend formuliertes Verbot ist nicht realisierbar, aber die Intuition, dass Metaphern eine Verständnishürde darstellen, ist korrekt (s. Kap. 11.3.4).

3.4.5 Syntax

Der Bereich der Syntax ist in den drei Regelwerken fast gar nicht reguliert. Nur eine der 80 Regeln von Inclusion Europe bezieht sich auf die Syntax. Bei der BITV 2.0 sind es zwei, beim Netzwerk Leichte Sprache immerhin fünf. Gemein haben die drei Regelwerke eine einzige, sehr generelle Regel: Die Sätze sollen kurz sein (BMAS 2013: 33, Inclusion Europe 2009: 11, 17, BITV 2.0 2011: Regel 5). Die Regeln im Netzwerk Leichte Sprache und in der BITV 2.0 konvergieren darüber hinaus in der Forderung nach einer Regulierung der Satzgliedstellung, allerdings in einer Form, die für Übersetzerinnen und Übersetzer kaum Orientierung bietet: Die BITV fordern eine „klare Satzgliederung" (2011: Regel 5), während das Netzwerk Leichte Sprache dazu auffordert, „einen einfachen Satz-Bau" (BMAS 2013: 45) zu benutzen. Das angefügte Beispiel („Schlecht: *Zusammen fahren wir in den Urlaub.* Gut: *Wir fahren zusammen in den Urlaub.*", ebd.) lässt erahnen, dass es um die Vermeidung von Inversionen geht. Diese treten allerdings im Zusammenhang mit Rahmenwechseln auf und sind eine wichtige Strategie auf Textebene (s. Kap. 10.3.2 und Kap. 12.4).

Das Netzwerk Leichte Sprache favorisiert darüber hinaus den Verbal- vor dem Nominalstil („Benutzen Sie Verben. Verben sind Tu-Wörter. Vermeiden Sie Haupt-Wörter", BMAS 2013: 28). In der Tat weisen komplexe Nominalphrasen häufig eine hohe semantische Verdichtung und Abstraktheit auf und sind oft weniger klar mit Bezug auf den Handlungsträger. Sie treten gehäuft in fachsprachlichen Texten auf und gehören der konzeptionellen Schriftlichkeit zu. In Leichter Sprache sollten sie aufgelöst werden, wobei sich jedoch häufig das Problem ergibt, dass sich komplexe Nominalphrasen leichter in Nebensatzkonstruktionen als in Einzelsätze auflösen lassen (Maaß 2015: 102 f.; zur Auflösung von Nebensatzkonstruktionen in Einzelsätze s. Kap. 10.1 und 10.2). Außerdem erlaubt das Netzwerk Leichte Sprache die Verwendung von *oder, wenn, weil, und, aber* am Satzanfang (BMAS 2013: 46). Damit sind mit großer Wahrscheinlichkeit nicht Verwendungen wie die folgende gemeint, die von der Regel in der jetzigen Formulierung jedoch ebenfalls gedeckt wären:

Weil ihr Sohn beim Toben einen Zahn verlor, verklagte eine Mutter eine Schülerin aus seiner Klasse.

Es ist vielmehr davon auszugehen, dass das Netzwerk mit dieser Regel die Verwendung der genannten Konnektoren in Hauptsätzen legitimieren möchte:

Eine Mutter hat eine Schülerin aus der Klasse von ihrem Sohn verklagt. *Weil ihr Sohn beim Toben einen Zahn verloren hat.

Diese Verwendung widerspricht den Regeln der deutschen Syntax (s. dazu Kap. 10.1.).

Die letzte der Syntaxregeln ist wiederum eine idiosynkratische Regel des Netzwerks Leichte Sprache, das Fragen im Fließtext, nicht aber in Überschriften verbietet. Auch diese Regel wird in der Regelbroschüre selbst gebrochen (z. B. BMAS 2013: 16, 44, 48, 51, 67 usw.); sie ist auch aus anderen Gründen nicht funktional (s. dazu Kap. 10.1.2).

Insgesamt wird für den Bereich der Syntax quer durch die Regelwerke keine ausreichende und funktionierende Basis für Leichte Sprache gelegt.

3.4.6 Semantik

Mit Blick auf die Semantik formulieren die Regelwerke insgesamt nur zwei Regeln: Gemeinsam ist ihnen die Regel, wonach Negation zu vermeiden sei (BMAS 2013: 32, Inclusion Europe 2009: 11, BITV 2.0 2011: Regel 1).

Diese Regel ist zwar in der Tendenz korrekt: Negation stellt für Personen mit eingeschränkter Lesefähigkeit eine Herausforderung dar; allerdings bedarf die Regel einer Differenzierung, denn eine funktionierende Sprache ohne Negation ist nicht denkbar (s. dazu Kap. 11.3.3).

Inclusion Europe (2009: 17) und Netzwerk Leichte Sprache (BMAS 2013: 44) fügen die Aussage hinzu, dass nur eine Aussage pro Satz gestattet sei. Diese Regel geht über die reine Vermeidung von Nebensätzen noch deutlich hinaus und ist im Wortsinn kaum umsetzbar, weil sie über die Vermeidung von Nebensätzen und von Aufzählungen aller Art auch den Verzicht auf adjektivische Attribute nach sich zöge. Die Intention hinter der Regel ist jedoch erkennbar: Es geht um komplexitätsreduzierte Aussagen bzw. Sätze.

3.4.7 Text

Auf Textebene stellen die Regelwerke insgesamt deutlich mehr Regeln zur Verfügung als auf Wort- und Satzebene, allerdings ist die Konvergenz zwischen den Regelwerken nicht sehr ausgeprägt. Bei Inclusion Europe wird die Textebene ausführlich bearbeitet, immerhin sind in diesem Regelwerk 18 von 80 Regeln auf Textebene angesiedelt, womit die Textebene in diesem Regelwerk die am meisten bearbeitete sprachliche Ebene ist; nur zur visuellen und medialen Gestaltung formuliert Inclusion Europe noch mehr Regeln. Bei den Netzwerk-Regeln sind neun Regeln auf Textebene zu verorten, bei der BITV 2.0 sind es vier. Diese vier Regeln finden sich auch in den beiden anderen Regelwerken. Sie besagen:

- dass Nomen über den Text hinweg konsistent verwendet werden, also keine synonymische Wiederaufnahme erfolgen solle,
- dass der Text durch das Einfügen von Zwischenüberschriften zu gliedern sei,
- dass relevante Informationen an den Anfang zu setzen seien und
- dass direkte Ansprache der Leser(innen) erwünscht sei.

Über diese vier Regeln hinaus konvergieren Inclusion Europe (2009: 15) und Netzwerk Leichte Sprache (BMAS 2013: 23) darin, dass Glossare erwünscht sind. Allerdings sind Glossare auf Textebene nicht unproblematisch – die Plain-English-Vorschriften raten explizit von ihrem Einsatz ab (s. oben Kap. 2.1.2 und unsere Auseinandersetzung mit Glossaren in Kap. 12.3.4.3). Auch werden in den genannten Regelwerken keine Hinweise zu deren Gestaltung und Sortierung gemacht. Es ist fraglich, ob bei den primären Adressat(inn)en wirklich vorausgesetzt werden kann, dass sie erfolgreich mit einer alphabetisch geordneten Liste arbeiten können.

Ebenfalls in beiden Regelwerken wird darauf verwiesen, dass thematisch Zusammengehörendes auch zusammen stehen sollte (BMAS 2013: 50, Inclusion Europe 2009: 11). Das Netzwerk Leichte Sprache verbindet diese Regel mit einem Verbot von Textverweisen (BMAS 2013: 50), das sich darauf bezieht, dass alles Zusammengehörende zusammenstehen und folglich nicht wieder aufgenommen werden müsse. Diese Regel greift in erheblichem Umfang in die Textstruktur ein. In Kap. 12.1 zeigen wir die Konsequenzen der Anwendung dieser Regel auf; in Kap. 12.4.3 arbeiten wir einen Vorschlag für Textverweise in Leichter Sprache aus, die ein zentrales Instrument zur Stabilisierung der Textebene sind. Das Netzwerk Leichte Sprache gestattet verändernde Eingriffe wie Erläuterungen oder Exemplifizierungen (BMAS 2013: 51), Auslassungen seien nach Maßgabe der Prüfgruppe einzufügen (ebd.). Auch Inclusion Europe formuliert ein ähnliches Gebot: „Geben Sie den Menschen nicht mehr Informationen als nötig. Schreiben Sie nur die wichtigen Informationen in den Text" (Inclusion Europe 2009: 17), allerdings ohne Verweis auf eine Prüfgruppe. In der Tat sind Auslassungen häufig geboten, weil der Text durch Erklärungen und Exemplifizierungen länger wird als der Ausgangstext; Art und Umfang festzulegen ist Teil der Übersetzungsstrategie. Auslassungen werden also vom Übersetzer / von der Übersetzerin in Zusammenarbeit mit dem Auftraggeber / der Auftraggeberin getroffen (s. Kap. 6.8).

Inclusion Europe (2009: 15) formuliert zusätzlich Warnhinweise für die pronominale Wiederaufnahme: Diese sei problematisch und man müsse „vorsichtig" sein. Fußnoten werden verboten (Inclusion Europe 2009: 16). Es wird eine Redundanzregel formuliert: Information dürfe wiederaufgenommen werden (Inclusion Europe: 2009: 11), wobei diese Regel nicht mit dem Verbot von Textverweisen im Regelwerk des Netzwerks Leichte Sprache harmoniert. Die thematische Entfaltung solle logisch sein, ihr solle leicht zu folgen sein (Inclusion Europe 2009: 11); Zwischenüberschriften sollten nicht zu viele Ebenen haben (Inclusion Europe 2009: 18) und Kongruenz solle nicht nur auf nominaler Ebene (Inclusion Europe 2009: 10), sondern auch auf Ebene der Bilder bestehen (Inclusion Europe 2009: 23). Relevante Information solle gekennzeichnet werden, indem man sie an den Textanfang setze oder sie durch Fettung oder Rahmung hervorhebe (Inclusion Europe 2009: 17). Implizites solle aufgelöst und an die Textoberfläche gebracht werden; dabei wird das Problem des fehlenden Vorwissens explizit benannt: „Die Menschen, die Ihre Informationen brauchen, wissen vielleicht noch nicht viel über das Thema. Erklären Sie genau, um was es bei Ihren Informationen geht. Erklären Sie auch alle schwierigen Wörter, die mit diesem Thema zu tun haben." (Inclusion Europe 2009: 9) Auch das Mittel der Adressierung wird von Inclusion Europe benannt: Handlungsträger sollen explizit im Text erscheinen: „Es muss klar sein:

für wen ist die Information und worum geht es" (Inclusion Europe 2009: 17) und erwachsene Adressaten müssen als solche angesprochen werden: „Verwenden Sie zum Beispiel keine Kinder-Sprache, wenn die Informationen für Erwachsene sind" (Inclusion Europe 2009: 9). Diese Regeln sind von großer Bedeutung für die Erstellung adäquater und funktionierender Texte.

Was allen Regelwerken fehlt, sind Regeln zur Sicherung der Kohärenz oder auch Regeln zum Umgang mit unterschiedlichen Textsorten (zur Problematik der Textsorten in Leichter Sprache s. Kap. 12.2).

3.5 Prüfen

Sowohl Inclusion Europe (2009: 9) als auch das Netzwerk Leichte Sprache (BMAS 2013: 21, 72) formulieren in sehr bestimmter Form die Regel, dass jeder Leichte-Sprache-Text von einer Prüfgruppe von Zielsprachenleser(inne)n geprüft werden müsse.

In ihrem Text „Leichte und einfache Sprache" vom 6. 5. 2014 schreiben Astrid Felguth und Christiane Völz vom Netzwerk Leichte Sprache nach einer kurzen Auflistung gängiger Regeln Leichter Sprache:

> Und die wichtigste Regel ist:
> Lassen Sie den Text immer prüfen.
> Prüfer und Prüferinnen sind Menschen mit Lern-Schwierigkeiten.
> Nur sie können wirklich sagen:
> Diesen Text kann ich gut verstehen.
> (http://www.lebenshilfe.de > Wörterbuch > „Leichte Sprache"; geprüft am 30. 10. 2015)

Die Formulierung, dass eine Prüfung durch die Zielgruppe die wichtigste der Regeln sei, zeigt deutlich den politischen Hintergrund. Für einen Text, der den Regeln eines funktionierenden Regelwerks entspricht, kann die Tatsache der Prüfung durch eine kleine Gruppe beliebiger Adressat(inn)en für die reine Textverständlichkeit jedoch nicht konstitutiv sein. Die BITV 2.0 enthält keine Regel zur Zielgruppenprüfung (zur Thematik der Zielgruppenprüfung s. Kap. 5.5).

3.6 Kritische Würdigung

Inclusion Europe und das Netzwerk Leichte Sprache haben mit der Erstellung der Regelwerke Neuland beschritten. Sie haben, aus der Praxis heraus und unter Einbeziehung eines Teils der Zielgruppe, eine Kommunikationsform entwickelt, die das Potenzial hat, sprachliche Barrieren abzusenken. Dass Leichte Sprache in den letzten Jahren eine so rasante Entwicklung genommen hat, dass sie heute vielen in Deutschland bekannt ist, dass sie vor allem einen rechtlichen Status gewonnen hat – all das verdankt sich vornehmlich diesen Akteuren. Sie haben das Thema Leichte Sprache auf die politische Agenda gesetzt, sie haben Lobby-Arbeit geleistet und dabei auch sehr viel für die öffentliche Wahrnehmung ihrer primären Adressatengruppe, Personen mit geistiger Behinderung, geleistet.

Sie haben sich an die Schaffung von Textwelten gemacht und dabei konsequent die Zielgruppe mit eingebunden. Es ist ihnen gelungen, eine Legalisierung und Offizialisierung der Leichten Sprache in Form einer Erwähnung in der Barrierefreie-Informationstechnik-Verordnung (BITV 2.0) von 2011 zu erreichen, deren Anlage 2 hier als drittes Regelwerk untersucht wurde.

Wie Kap. 4 zeigt, weist ein Teil der in den erwähnten Regelwerken formulierten Regeln eine auffällige Konvergenz mit den Erkenntnissen der Verständlichkeitsforschung auf. Das bestätigt, dass wir mit der Leichten Sprache einen validen Ansatz vorliegen haben, den es nun weiterzuentwickeln gilt.

In sprach- und übersetzungswissenschaftlicher Hinsicht weisen die Regeln, wie hier angedeutet wurde, noch erhebliche Defizite auf. Die Regelwerke zeigen nur oberflächliche Konvergenzen, sie regulieren einige Felder wie die visuelle und mediale Gestaltung sehr kleinteilig (und dabei auch noch voneinander abweichend), während die eigentlichen Sprachregeln auf allen Ebenen des Sprachsystems zu kurz kommen.

Manche Regeln sind in ihrem Allvertretungsanspruch nicht angemessen (man denke an die radikale Prüfgruppenforderung und die Engführung auf die Gruppe der Personen mit geistiger Behinderung, s. Kap. 4), viele Regeln sind zu generisch formuliert (Ersetzung des Genitivs durch eine *von*-Konstruktion, Vermeidung von Negation und Metaphern etc.), ein großer Teil der Regeln ist schlicht zu oberflächlich und widersprüchlich. Für manche Ebenen werden sehr konkrete Vorgaben gemacht, die aber dadurch, dass sie je nach Regelwerk schwanken, beliebig wirken. Eine Begründungsstruktur ist nicht angelegt.

Keines der Regelwerke bearbeitet die Frage des Transfers standardsprachlicher Strukturen in Leichte Sprache, keines bietet einen ausreichenden Handlungsansatz für die Übersetzung in Leichte Sprache, auch wenn alle drei Regelwerke eigentlich darauf angelegt sind, die Schaffung barrierefreier Texte zu befördern.

Allen Regelwerken fehlt darüber hinaus eine Metaebene: Welcher Art sind die Vorgaben, welche Art von Problem bearbeiten sie? Worauf begründet sich die Annahme, dass die jeweilige Regel sich positiv auf das Problem auswirkt? Muss eine Regel bereits als verworfen gelten, wenn sie nur tendenziell gilt? Wenn sich also herausstellt, dass problemlos zwei Schriftarten verwendet werden können – haben sich dann Inclusion Europe und Netzwerk Leichte Sprache geirrt und BITV 2.0 hatte recht? Oder muss vielmehr nach einer Essenz der Regel gesucht werden, die darin bestehen könnte, dass tendenziell möglichst wenige Schriftarten verwendet werden sollten?

Eine Klarstellung des tatsächlichen Status der aktuellen Regeln wäre aber nötig, um einen Diskurs über diese Regeln anzustoßen, der letztlich die Voraussetzung dafür ist, dass sich Leichte Sprache langfristig und textsortenübergreifend etablieren und zu einem potenten Instrument barrierefreier Kommunikation entwickeln kann. Nicht jeder Leichte-Sprache-Text kann einzeln auf Verständlichkeit geprüft werden. Vielmehr bedarf es einer wissenschaftlich fundierten Basis für eine Erstellung und Prüfung von Texten, die der Leichten Sprache zu Konsistenz und den Leichte-Sprache-Texten zu dauerhafter und objektiv messbarer Qualität verhilft.

Nach der Offizialisierung und Legalisierung steht nun also die Professionalisierung und Akademisierung der Leichten Sprache an.

3.7 Regeltabelle

Das vorliegende Kapitel abschließend stellen wir die Regelstruktur der besprochenen Regelwerke in einer Synopse gegenüber. Bei Inclusion Europe und Netzwerk Leichte Sprache geben wir jeweils die Seite an, bei BITV 2.0 die Nummer der jeweiligen Regel.

Bedeutung der Hervorhebungen:
- *Kursiv:* idiosynkratische Regel
- **Fett:** die Regel findet sich in allen drei Regelwerken
- <u>Einfach unterstrichen:</u> die Regel findet sich bei Inclusion Europe und beim Netzwerk Leichte Sprache
- <u><u>Doppelt unterstrichen:</u></u> die Regel findet sich beim Netzwerk Leichte Sprache und in der BITV 2.0
- Recte ohne Unterstreichung: die Regel findet sich bei Inclusion Europe und in der BITV 2.0

3 Regelwerke

Bereich	Gegenstand der Regel	Netzwerk Leichte Sprache	Inclusion Europe	BITV 2.0
Mediale und visuelle Gestaltung	Medialität der Texte		• 4 Arten von Informationen: Print, elektronisch, Audio, Video (7)	
	Format		• Übersichtlich und kopierfähig, z. B. DIN A4 oder DIN A5 (12)	
	Papierqualität	• Dunkle Schrift, helles Papier (64) • Mind. 80-g-Papier (65) • Mattes Papier (66)		
	Textumfang		• Nicht zu lang (12), • Ggf. Aufteilung in mehrere Hefte (12)	
	Schriftart, Schriftschnitt	• <u>Keine Serifenschriften (52)</u> • <u>Nur eine Schriftart (52)</u> • **Mind. 14 pt Schriftgröße (53)** • Keine Versalien (63) • Keine Kursiva (63) • Kein Sperrdruck (63) • Fettung (63) • Andere, ebenfalls dunkle Farbe zur Hervorhebung (63) • Möglichst wenig Unterstreichung (63) • <u>Rahmung (63)</u> • *Hinterlegen mit heller Farbe (63)*	• Keine Serifenschriften, sondern z. B. Arial und Tahoma (14) • Abstand zwischen den Schriftzeichen nicht zu groß und nicht zu klein (14) • Schriftschnitt kräftig (14) • Keine Kursiva • Keine Schriftschattierung (14) • Keine Unterstreichungen (15) • Nicht ganze Wörter in Majuskeln (14) • **Größe: Mind. Arial 14 (14)** • Nur 1 Schriftart (15) • Nur 1 Schriftfarbe (15) • <u>Einrahmen (17)</u>	• Klare Schriftarten (9) • *Deutlicher Kontrast (9)* • **Schriftgröße mindestens 1.2 em (120 Prozent) (9)** • Wichtige Informationen und Überschriften hervorheben (9) • Maximal zwei verschiedene Schriftarten (9)

Regeltabelle

Bereich	Gegenstand der Regel	Netzwerk Leichte Sprache	Inclusion Europe	BITV 2.0
	Zeilenlayout	• Jeder Satz auf eine neue Zeile (57) • Keine Worttrennung am Zeilenende (58) • Trennung von Satzgefügen an der Fuge (widerspricht Regel „nur 1 Aussage pro Satz") (59) • Eineinhalbzeiliger Abstand (54)	• Jeder Satz auf eine neue Zeile (16) • Keine Worttrennung am Zeilenende (16) • Trennung von Sätzen dort, „wo man beim lauten Lesen eine Pause macht", als Beispiel wird ein Satzgefüge angebracht (widerspricht Regel „nur 1 Aussage pro Satz") (17)	• Jeder Satz auf neuer Zeile (10) • Keine Worttrennung am Zeilenende (1)
	Seitenlayout	• Linksbündig (55) • Kein Blocksatz (55) • Überschrift zentriert (55) • Nicht einzelne Zeilen auf neue Seite (60) • Viele Absätze • Adressen wie auf einem Brief schreiben (62)	• Keine Spalten (19) • **Linksbündig** (19) • Kein Blocksatz (19) • Nicht zu viel Text pro Seite (19) • Abstand zwischen Absätzen (19) • Keine Einrückungen (19) • Seitenränder groß genug (19) • Seitennummerierung (19) • Listen erwünscht, aber nicht zu lang (18)	• Aufzählungen als Listen (7) • Absätze • **Linksbündig** (10) • Anschriften nicht als Fließtext (12)
	Visualisierung	• Bilder müssen zum Text passen (67) • Erkennbar auch nach Kopieren (68)	• Grafiken (18) • Tabellen (18) • Text mit LS-Logo kennzeichnen (19) • Fotos, Zeichnungen, Symbole verwenden (20) • Nur 1 Bildressource pro Dokument, z. B. nur Fotos (21) • Bilder müssen zum Leser passen (21) • Bilder müssen passen (21) • Fotos: nicht verwirrend (21) • Zentrale Konzepte visualisieren (22)	• *Aussagekräftige Bilder und Symbole* (11) • Tabellen übersichtlich gestalten (13)

3 Regelwerke

Bereich	Gegenstand der Regel	Netzwerk Leichte Sprache	Inclusion Europe	BITV 2.0
	Hintergrund	Keine Bilder als Hintergrund (69)	Keine Bilder oder Muster als Hintergrund (12); Bei dunklem Hintergrund ausreichender Kontrast (12)	Hell (10); Einfarbig (10)
Schriftzeichen	Interpunktionszeichen	Verbot von „ " ; :	„Vermeiden Sie zu viele Satz-Zeichen" (16); Kein Komma (17), (18)	Keine Klammern (6)
	Sonderzeichen	Verbot von % & §	Verbot z. B. von \, &, <, §, # (16)	Keine Sonderzeichen (6)
	Umgang mit Zahlen und Ziffern	Keine römischen Zahlen (34); Keine alten Jahreszahlen (35); Keine hohen Zahlen und Prozentzahlen (36); Zahlen als Ziffern (37); Für die 1 Verweis an Prüfgruppe (38); Datumsangaben gemäß Prüfgruppe (39); Uhrzeiten gemäß Prüfgruppe (40); Weitere Zeitangaben gemäß Prüfgruppe (41); Telefonnummern mit Leerzeichen (42)	Möglichst keine Prozentzahlen und hohen Zahlen, besser: „wenig" oder „viel" (10); „Seien Sie vorsichtig mit Zahlen wie „7tes Treffen". Das kann schwer verständlich sein." (23)	
Morphologie	Lange Komposita	Kurze Wörter (26); Bindestriche (26)	Keine langen Komposita (23); Trennung langer Komposita mit Bindestrichen (23)	Kurze Wörter (4); Zusammengesetzte Wörter mit Bindestrich trennen (4)

Regeltabelle

Bereich	Gegenstand der Regel	Netzwerk Leichte Sprache	Inclusion Europe	BITV 2.0
	Präteritum		• *Nicht verwenden (23)*	
	Konjunktiv	• Kein Konjunktiv (31)		• Kein Konjunktiv (1)
	Gendern von Personenbezeichnungen	• *Erst männlich, dann weiblich (48)*	• *Erst weiblich, dann männlich (23)* • *Lieber neutrale Form (23)*	
	Genitiv	• Kein Genitiv (30)		• Kein Genitiv (1)
	Umgang mit Abkürzungen	• Eingeschränktes Verbot von Abkürzungen (27)	• Siglenwörter (10) und schriftbasierte Abkürzungen (16) vermeiden oder erklären	• Keine Abkürzungen (1)
	Passiv	• Passiv vermeiden („Benutzen Sie aktive Wörter") (29)	• Passiv möglichst vermeiden (11)	• Passiv vermeiden (1)
Lexik	Wortwahl	• „Einfache Wörter" (22) • *Konkret („die etwas genau beschreiben") (23)* • Bekannt (24)	• „Leicht verständliche Wörter", „keine schwierigen Wörter" (10, 15) • „Allgemein bekannt" (10)	• Gebräuchliche Wörter und Redewendungen (4)
	Umgang mit „schwierigen Wörtern"	• *Keine Fachwörter (24)* • Keine Fremdwörter (24) • Ggf. erklären (24)	• Fremdwörter nur, wenn bekannt („Computer", 10) • Erklären (9, 10, 15) • *Verwenden Sie Beispiele (10)*	• *Abstracta und Fremdwörter vermeiden oder erläutern (4)*
	Umgang mit Metaphern	• Vermeiden Sie Rede-Wendungen und bildliche Sprache. (33)	• Keine Metaphern (10)	
Syntax	Umfang der Sätze	• Kurze Sätze (44)	• Kurze Sätze (11), (17)	• Kurz (5)
	Nominalstil	• *Verbalstil statt Nominalstil (28)*		
	Fokusstrukturen/ Inversion	• Inversion nicht erwünscht („*Zusammen fahren wir in den Urlaub*") (45)		• Klare Satzgliederung (5)
	Konnektoren	• *Am Satzanfang erlaubt: oder, wenn, weil, und, aber (46)*		

3 Regelwerke

Bereich	Gegenstand der Regel	Netzwerk Leichte Sprache	Inclusion Europe	BITV 2.0
Semantik	Fragen	• *Fragen im Text vermeiden, in Überschrift erlaubt* (49)		
	Negation	• „Benutzen Sie positive Sprache. Vermeiden Sie negative Sprache." (32)	• „Wenn möglich: Vermeiden Sie Verneinungen." (11)	• Verneinung vermeiden (1)
	Propositionen pro Satz	• *Nur eine Aussage pro Satz* (44)	• Nur ein Gedanke pro Satz (17)	
Text	Klare Benennung von Textthema und Textfunktion		• *Erklären Sie genau, um was es bei Ihren Informationen geht.* (9) „Geben Sie dem Leser immer alle Informationen, die er braucht. Es muss klar sein: für wen ist die Information und worum geht es." (17)	
	Beschränkung der Information		• *Geben Sie den Menschen nicht mehr Informationen als nötig. Schreiben Sie nur die wichtigen Informationen in den Text.* (17)	
	Konsistenz in der Bezeichnung	• „Benutzen Sie immer die gleichen Wörter für die gleichen Dinge." (25)	• „Im ganzen Text dasselbe Wort für dieselbe Sache" (10) • Kongruenz auf Ebene der Bilder (22)	• „Begriffe sind durchgängig in gleicher Weise zu verwenden" (3)
	Pronominale Wiederaufnahme		• Mahnung zur Vorsicht • Besser nominale Wiederaufnahme (15)	

Regeltabelle

Bereich	Gegenstand der Regel	Netzwerk Leichte Sprache	Inclusion Europe	BITV 2.0

	Thematische Entfaltung	• <u>Zusammengehörendes zusammen schreiben (50)</u>
		• *Keine Textverweise*
		• *Verändernde Eingriffe wie Erläuterungen, Exemplifizierungen erlaubt (51)*
		• **Reihenfolge der Informationen ändern**
		• *Auslassungen nach Maßgabe der Prüfgruppe (51)*
			• <u>Textaufbau logisch, leicht zu folgen (11)</u>
			• **Relevante Information kennzeichnen**
			  – *An Textanfang stellen*
			  – *Fett setzen*
			  – *Einrahmen (17)*
				• **Wichtige Inhalte voranstellen (8)**

	Redundanz		• *Wichtige Informationen und Erklärungen wiederholen (11)*	
	Fußnoten		• *Explizites Verbot (16)*	
	Glossare	• „Sie können am Ende vom Text ein Wörter-Buch machen." (23)	• *Bei längeren Texten „am Ende eine Liste mit wichtigen Wörtern machen" (15)*	
	Zwischenüberschriften	• **Explizit erwünscht (61)**	• „Fassen Sie alle Informationen zu demselben Thema unter einer Überschrift zusammen." (11) • „Schreiben Sie leicht verständliche Überschriften." (17)	• **Explizit erwünscht (7)**
	Adressierung	• **Direkte Ansprache (47)** • <u>Siezen (48)</u>	• „Keine Kinder-Sprache, wenn die Informationen für Erwachsene sind" (9) • **Sprechen Sie die Leserinnen und Leser direkt an." (11)** • <u>Siezen (11)</u>	• **Persönliche Ansprache (2)**

3 Regelwerke

Bereich	Gegenstand der Regel	Netzwerk Leichte Sprache	Inclusion Europe	BITV 2.0
Prüfen	Prüfen durch Menschen mit Lernschwierigkeiten	• „Das Prüfen machen Menschen mit Lern-Schwierigkeiten. Nur sie können sagen, ob ein Text leicht genug ist." (21) • „Lassen Sie den Text immer prüfen." (72)	• „Beziehen Sie immer Menschen mit Lernschwierigkeiten ein, wenn Sie Informationen schreiben." (9)	

4 Verstehen und Verständlichkeit

Mit dem Konzept der Leichten Sprache verknüpft ist das Ziel, Inhalte in besonders verständlicher Form zugänglich zu machen. So heißt das Regelwerk von Inclusion Europe „Informationen für alle. Europäische Regeln, wie man Informationen leicht lesbar und leicht verständlich macht". Weiter ist dann von verständlichen Informationen (Inclusion Europe 2009: 8 und öfter), verständlichen Geschichten und Gedichten (ebd.: 8), leicht oder schwer verständlichen Wörtern (ebd.: 9) und Zahlen (ebd.: 10), verständlichen Überschriften, Grafiken und Tabellen (ebd.: 18), verständlichen Bildern (ebd.: 22), Internetseiten oder CD-ROMs (ebd.: 24) etc. die Rede. Auf der anderen Seite ist von „Verstehen" die Rede: „Diese Regeln wurden geschrieben, damit Menschen mit Lernschwierigkeiten Informationen leicht verstehen können." (Ebd.: 5)

Angesprochen sind demnach zwei Parameter der Textrezeption: Der Begriff des Verstehens bezieht sich auf den Leser/die Leserin und deren Rezeptionsaktivitäten; der Begriff der Verständlichkeit bezieht sich auf Texte, die einem Verstehen mehr oder weniger zugänglich sind. Beide Parameter werden wir im folgenden Kapitel in den Blick nehmen. Dabei sind jeweils zwei Dimensionen zu unterscheiden: Denn die Textrezeption umfasst (a) die Perzeption/die Perzipierbarkeit der Textoberfläche und (b) das Verstehen/die Verständlichkeit von Inhalten, die in einem Text angeboten werden:

	Textoberfläche	Inhalt
Leser	Perzeption	Verstehen
Text	Perzipierbarkeit	Verständlichkeit

Tabelle 1: Struktur des Gegenstandsfeldes

Wir werden uns im Folgenden mit diesen vier Teildimensionen der Rezeption befassen. Für eine wissenschaftliche Fundierung beziehen wir uns auf die Verstehens- und Verständlichkeitsforschung, die eine reiche Tradition aufweist. Zu beachten ist dabei jedoch stets, dass diese überwiegend an Standard-Rezipient(inn)en orientiert ist. Mögliche Überträge auf die Leichte Sprache werden jeweils gesondert herausgearbeitet.

4 Verstehen und Verständlichkeit

4.1 Perzeption und Verstehen

Der Gesamtverstehensprozess kann als mehrstufiger Prozess aus Perzeption, Informationsverarbeitung (Verstehen im engeren Sinne) und Behalten beschrieben werden.

Die Perzeption betrifft die materielle Seite; es geht um die visuellen bzw. auditiven Aktivitäten bei der Wahrnehmung, Aufnahme und Auswertung der schriftlichen Oberfläche bzw. des Lautstroms (Kap. 4.1.1). Eine erfolgreiche Perzeption ist die Voraussetzung für alle weiteren Verarbeitungserfordernisse.

Bei der Informationsverarbeitung muss unterschieden werden zwischen Wort-, Satz- und Textverstehen. Dabei ist das Wortverstehen eine Voraussetzung für das Satzverstehen und das Satzverstehen Voraussetzung für das Textverstehen (Richter/Christmann 2002), wobei auch Top-down-Prozesse, also etwa das Wissen über Textsorten, spezifische Texterwartungen oder der Einbezug des Vorwissens den Verstehensprozess unterstützen (Kap. 4.1.2).

Für den Gesamtprozess des Lesens steht eine begrenzte Kapazität zur Verfügung: „Je mehr von der beschränkten Kapazität durch die Verarbeitung des Textes auf hierarchieniedrigen Stufen in Anspruch genommen wird, umso weniger Kapazität bleibt für die Verarbeitung auf höheren Stufen" (Iluk 2009: 49). Darüber hinaus „konkurrieren", wie Iluk (2009: 50) es formuliert, „Verarbeitungs- und Speicherungsprozesse um eine begrenzte Ressource", so dass „Probleme auf niedrigeren Verarbeitungsstufen […] die Behaltensleistung" vermindern.

4.1.1 Perzeption

Perzeptionsprozesse unterscheiden sich danach, ob Informationen auditiv oder visuell wahrgenommen werden. Die Leseforschung hat nachgewiesen, dass geübte Standardleser deutlich schneller lesen können, als sie hören. Bei der auditiven Wahrnehmung von Texten liegt die optimale Verarbeitungsrate bei 150 bis 300 Wörtern (Kercher 2013: 85, dort auch weitere Literatur), wobei geübte Hörer, etwa blinde Menschen, eine deutlich höhere Wortfrequenz verstehend perzipieren können. Beim Leseverstehen liegt die optimale Verarbeitungsrate bei durchschnittlichen Lesern zwischen 250 und 400 Wörtern pro Minute.

Dabei ist Lesen kein linearer Prozess, vielmehr bewegt sich das Auge in Sprüngen (Sakkaden) und Fixpunkten (Fixationen) über den Text; während der Sakkaden ist das Auge „blind" (sakkadische Suppression), während der Fixation werden Informationen aufgenommen.

Die Sakkaden werden in Leserichtung ausgeführt (Vorwärtssakkaden) und haben eine durchschnittliche Länge von 7 bis 8 Buchstaben. Bei Leseproblemen werden Sakkaden gegen die Leserichtung (Rückwärtssakkaden) erforderlich: Die Leser(innen) lesen eine Passage neu, um Verstehensprobleme, die beim ersten Lesedurchgang entstanden sind, zu beheben; dies ist bei geübten Leser(inne)n etwa bei Polysemie auf der Wortebene (Fischer 2011: 112), bei überlangen Zeilen (ebd.) oder propositionsreichen Sätzen (Kintsch/Keenan 1973) zu beobachten.

Die folgende Tabelle zeigt die Auswertung von Lesestudien in Abhängigkeit von der Textsorte bzw. vom Thema des Lesetextes bei kompetenten Leser(inne)n (Fixationsdauer in Millisekunden):

Thema	Fixationsdauer	Sakkadenlänge	Regressionen (%)	Wörter pro Minute
Einfache Prosa	202	9,2	3	365
Zeitungsartikel	209	8,3	6	321
Geschichte	222	8,3	4	313
Psychologie	216	8,1	11	308
Englische Literatur	220	7,9	10	305
Ökonomie	233	7,0	11	268
Mathematik	254	7,3	18	243
Physik	261	6,9	17	238
Biologie	264	6,8	18	233
Durchschnitt	231	7,8	11	288

Tabelle 2: Das Lesen verschiedener Textsorten (Rayner/Pollatsek 1989: 118)

Je komplexer also eine Leseanforderung wird, desto kürzer die Vorwärtssakkaden, desto länger die Fixation und desto mehr Regressionen werden erforderlich und desto weniger Wörter pro Minute werden gelesen. Bei Leser(inne)n von Texten in Leichter Sprache ist damit zu rechnen, dass sich dieser Trend (kurze Vorwärtssakkaden, lange Fixationsdauern, mehr Regressionen, weniger Wörter pro Minute) fortsetzt.

Ein Unterschied zwischen durchschnittlichen Leser(inne)n und Leser(inne)n von Leichter Sprache besteht aber nicht nur quantitativ: Von geübten Leser(inne)n ist bekannt, dass Inhaltswörter häufiger fixiert werden als Funktionswörter (zu dieser Unterscheidung Kap. 9); Funktionswörter kommen in Texten naturgemäß häufiger vor als Inhaltswörter und haben damit, wie Kercher (2013: 73) es formuliert, „generell ein höheres Aktivierungsniveau". Bei den Inhaltswörtern werden solche, deren grafische Gestalt bekannt ist und die aus dem Kontext vorhersehbar sind, kürzer fixiert als in ihrer grafischen Gestalt unbekannte oder nicht erwartete Wörter (Kercher 2013: 73).

Beides, die Verkürzung der Fixationszeit und das Überspringen von Funktionswörtern, ist mithin an eine ausgebaute Leseerfahrung (Bekanntheit, Erwartbarkeit) und eine ausgebaute Sprachpraxis (höheres Aktivierungsniveau) gebunden; und beides kann bei Leser(inne)n von Leichte-Sprache-Texten nicht vorausgesetzt werden.

Fehlt die Nutzung der Aktivierung von Bekanntheit/Erwartbarkeit und die Möglichkeit einer selektiven Sakkadierung (Überspringen von Funktionswörtern), hat dies dramatische Auswirkungen auf die Informationsentnahme: Ungeübte Leser entziffern in linearer Abfolge einzelne Wörter, bevor sie sie syntaktisch integrieren und im Textzusammenhang semantisch interpretieren können. Weil der Verstehensprozess, wie bereits ausgeführt, insgesamt nur begrenzte Ressourcen zur Verfügung hat, wird ein Großteil dieser Ressourcen bereits mit dem Perzeptionsprozess belegt; für die Weiterverarbeitung des Gelesenen und für das Behalten stehen dann ggf. nicht mehr ausreichend Ressourcen zur Verfügung.

Bereits hier ist zu sehen, dass die begrenzten Perzeptionsleistungen von primären Leser(inne)n von Leichte-Sprache-Texten zu ganz erheblichen Herausforderungen bei der visuellen Gestaltung der Texte führt; den Sakkadierungs- und Fixationsprozess störende Textgestaltungsprinzipien müssen strikt vermieden werden, solche, die die visuelle Wahrnehmbarkeit erhöhen, sind zwingend zu realisieren (s. Kap. 4.2.1).

4.1.2 Verstehen

Wenn beim Lesen die Informationen mit dem Auge aufgenommen wurden, übernimmt das Arbeitsgedächtnis eine wichtige Rolle beim Verarbeiten dieser Informationen. Es besteht laut Baddeley (2002) aus der phonologischen Schleife (phonological loop), dem visuell-räumlichen Notizblock (visuospatial sketchpad), dem episodischen Puffer (episodic buffer) und der zentralen Exekutive (central executive).

Das Modell der phonologischen Schleife unterstellt, dass Wörter auch beim Lesen innerlich mit ihrer phonologischen Gestalt verknüpft werden. Die phonologische Schleife ist in ihrer Aufnahmefähigkeit sehr begrenzt: sie kann sprachliches Material im Umfang von ca. zwei Sekunden speichern. Der visuell-räumliche Notizblock speichert räumliche und visuelle

Informationen, hat aber ebenfalls eine begrenzte Kapazität. Der episodische Puffer speichert multimodale Informationen (visuelle und phonologische) in Form von Episoden, die einen internen Zusammenhang aufweisen. Dadurch sind Menschen in der Lage, sich sinnvolle Kombinationen von Zeichen leichter zu merken; so können etwa Wörter, die in einem Satzzusammenhang präsentiert werden, leichter behalten werden als nicht zusammengehörende Einzelwörter, auch wenn der Satz über die Zwei-Sekunden-Grenze des phonologischen Speichers hinausgeht. Die zentrale Exekutive hat eine Überwachungs- und Koordinierungsfunktion für den gesamten Prozess.

Die Prozesse zur Speicherung und Verarbeitung von Informationen greifen nun sämtlich auf das Arbeitsgedächtnis und damit auf ein- und dieselbe Ressource zu, wobei sich die Verarbeitungsprozesse bei Überschreitung der Gesamtkapazität verlangsamen (Fischer 2011: 133 unter Rückgriff auf Just/Carpenter 1992) und der Übergang zum Langzeitgedächtnis beeinträchtigt wird.

Für die primären Adressat(inn)en von Leichter Sprache kann davon ausgegangen werden, dass das Arbeitsgedächtnis bei besonders langsamem und einzelwortbezogenem Lesen in hohem Maße beansprucht wird, so dass die Bedeutungsintegration auf Sequenz- oder Satzebene gebremst wird. Nur wenn diese Prozesse überhaupt durchlaufen werden können, ist jedoch ein Textverstehen möglich. Daraus ergibt sich, dass Texte mit komplexer Syntax (seien es nun komplexe Nominalgefüge oder multiple Hypotaxen) von Adressat(inn)en mit Lesebeeinträchtigung möglicherweise gar nicht sinnentnehmend prozessiert werden können. Dies ist jedoch die Voraussetzung für die folgende Stufe, bei der es um das Einordnen und dauerhafte Abspeichern neuer Informationen geht. Leser, die Wörter nicht schnell genug verarbeiten und zu Sätzen (und letztlich Propositionen) integrieren können, sind möglicherweise zwar in der Lage, Einzelwörter oder einzelne Sätze zu entziffern, das sinnentnehmende Lesen von Texten gelingt ihnen wahrscheinlich trotzdem nicht. Auf dieser Modellbildung bauen auch die Alpha-Levels der leo.-Studie auf (s. Kap. 5.2).

Sätze werden beim Textlesen nicht einfach addiert; vielmehr werden Texte zu kohärenten Bedeutungseinheiten zusammengefügt. Dabei hierarchisieren Leser(innen) Informationen, bilden sog. Makropropositionen aus oder ziehen Schlüsse aus dem Gelesenen, die für den weiteren Verstehensprozess orientierend sind.

Insgesamt übernehmen Leser(innen) eine aktive Rolle beim Lesen (Groeben 1982: 8), sie konstruieren den Sinn des Abschnitts bzw. Texts, indem sie die enthaltenen Informationen mit ihrem Vorwissen und ihren Erwartungen abgleichen und Hypothesen über den Fortgang der Themenausformung bilden. Lesen ist also kein reiner Bottom-up-Prozess, verstanden als „sequenzielles Entschlüsseln der Wort-, Satz- und Textbedeutungen aus Schriftinformationen" (Isler/Philipp/Tilemann 2010: 26), sondern auch ein Top-down-Prozess in dem Sinne, dass „das Wissen über Textmuster und die Nutzung des Hintergrundwissens" (ebd.) eine wichtige Rolle spielt.

Die Art der Strukturierung dieses Vorwissens ist in unterschiedlichen Ansätzen beschrieben worden. Fischer (2011: 135 ff.) geht auf Modelle ein, die die mentale Repräsentation des Wissens als Netzwerke, als Schemata oder auch in Form von Propositionen angelegt sehen.

Netzwerkmodell: Nach diesem Modell ist die Informationsablage netzwerkartig organisiert; Gelesenes muss an Bekanntes anknüpfbar sein, damit es dauerhaft abgelegt werden kann. Somit behindert fehlendes Vorwissen die Ablage von Wissen. Wird ein Konzept des Netzwerks aktiviert, so wird das gesamte Netzwerk voraktiviert („Aktivierungsausbreitung") und steht für eine Verknüpfung zur Verfügung (Fischer 2011: 135). Vorwissen erleichtert folglich die Verarbeitung neuer Inhalte (ebd.).

Schemamodell: Schemata (Scripts und Frames, s. hierzu Kap. 11.1) repräsentieren typische Zusammenhänge der Realität (Fischer 2011: 135) in konzeptualisierter Form. Sie sind hierarchisch in über- und untergeordnete Schemata gegliedert und kulturell geprägt. Schemata entstehen „induktiv basierend auf den verschiedenen Einzelerfahrungen eines Individuums" (Fischer 2011: 135, dort auch weitere Literatur). Das „Verstehen und Behalten eines Textes" ist gemäß solcher Ansätze „von den im Gedächtnis des Rezipienten bereits vorhandenen Schemata abhängig" (ebd.), die in das Verstehen der Texte mit eingebracht werden. Wenn für Sachverhalte im Text keine Schemata aktiviert werden können, so heißt das, dass der Rezipient nicht über das relevante Vorwissen verfügt. Er ist damit nicht in der Lage, die für das Verstehen des Textes nötigen Inferenzen zu ziehen.

Verstehen funktioniert nach diesem Ansatz folglich nur auf der Grundlage von bereits bestehenden Schemata, an die die Leser anknüpfen. Das hat Konsequenzen für die Leser(innen) von Leichte-Sprache-Texten, denen solche Schemata für viele, insbesondere textvermittelte Gegenstandsbereiche häufig fehlen.

Propositionales Verarbeitungsmodell: Diese Modelle gehen davon aus, dass die Informationen aus Texten in Form von Propositionen abgelegt werden. Ein Leser / eine Leserin muss in der Lage sein, die inhaltliche Basis eines Textes in eigenen Worten zu reformulieren. Langfristig wird nicht der exakte Wortlaut, sondern die Textbedeutung gespeichert (Fischer 2011: 140 ff., dort auch weitere Literatur). Dafür muss diese aber überhaupt zugänglich sein. Das ist umso leichter möglich, je näher die Formulierungsweise des Textes an den Formulierungsgewohnheiten und -möglichkeiten eines Lesers/einer Leserin liegt. Texte, die sich eines Registers bedienen, über das ein Leser/eine Leserin nicht oder nur passiv verfügt, sind darum nicht leicht zu prozessieren und zu behalten.

Allen drei Ansätzen ist gemeinsam, dass sie die Rolle des Vorwissens für das Verstehen und Behalten von textuellen Informationen betonen; dabei geht es sowohl um das gegenständliche wie auch um das sprachliche Vorwissen. Es liegt nahe, dass die typischen Leichte-Sprache-Leser(innen) hier auf eine weniger solide Basis zurückgreifen können als durchschnittliche Leser(innen).

Hinzu kommen die negativen Erfahrungen, die Personen mit geringer Leseerfahrung über Jahre hinweg mit Texten gemacht haben und die, wie Studien nachgewiesen haben, die „Motivation, Lernfreude und Aufmerksamkeit" (Iluk 2009: 53) senken. Die so entstehenden „negativen Emotionen binden zudem kognitive Kapazitäten, die für die Aufgabenbearbeitung benötigt werden. Bei mehrfach erlebtem Misserfolg und Unbehagen entwickelt sich ein Gefühl der eigenen Unzulänglichkeit und nicht selten Abwehrhaltung, die jedes weitere effiziente Lernen mit Texten unmöglich macht" (ebd.). Diesen Teufelskreis gilt es zu durchbrechen.

4.2 Perzipierbarkeit und Verständlichkeit

In Kap. 4.1 finden sich bereits Hinweise auf konkrete Anforderungen daran, wie Texte beschaffen sein sollten, wenn sie den Rezipienten die Perzeption und das Verstehen erleichtern sollen. In diesem Teil beschreiben wir Eigenschaften perzipierbarer und verständlicher Texte gemäß den Erkenntnissen der Perzipierbarkeits- und Verständlichkeitsforschung und kontrastieren sie mit den Regeln für Leichte Sprache.

4.2.1 Perzipierbarkeit

Die Perzipierbarkeit von Texten bezieht sich auf die Zeichenoberfläche, d.h. auf die gestalterischen Eigenschaften eines Textes, die seine visuelle Perzipierbarkeit beeinflussen. Ein Text ist gut perzipierbar, wenn die Buchstaben- und Wortbilder mit Blick auf ihre typografische Gestaltung eindeutig erkennbar sind (Wendt 2000: 10). Hier geht es um Aspekte wie Schriftart, Schriftgröße, Schriftschnitt oder Laufweite. Die Perzipierbarkeit geht jedoch über die Ebene des Einzelworts hinaus und betrifft das Layout des Gesamtdokuments: Durchschuss (d.h. vertikaler Zeilenabstand), Umfang der Weißflächen, Farbkontrast, Spaltenstruktur, Absatzgestaltung, Zwischenüberschriften, evtl. Randglossen. Und schließlich transzendiert die Perzipierbarkeit auch die verbale und paraverbale Ebene und betrifft die Einbindung von Bildern in das Layout der Seite: Sind sie hinter die Schrift gelegt? Wie sind sie in die Seitengestaltung eingebunden? Alle diese Eigenschaften von Texten können in einer Weise gestaltet sein, die die visuelle Perzipierbarkeit erhöht. Dabei steht die eigentliche syntaktische und semantische Verarbeitung von Texten zunächst nicht im Vordergrund, wenn auch manche der Perzipierbarkeitskategorien eine Verbindung zur Semantik und zur Syntax haben.

Wie oben (Kap. 4.1) ausgeführt, ist die visuelle Perzipierbarkeit eine Voraussetzung für das sinnentnehmende Lesen. Durch die optische Gestaltung von Texten können hier wichtige Voraussetzungen für die nächsthöheren Prozesse geschaffen werden. Wenn also davon ausgegangen wird, dass Leichte-Sprache-Leser(innen) Texte selbständig lesend aufnehmen, ist die Gestaltung der Texte ein wichtiges Thema, da eine unangemessene Gestaltung den Leseprozess bereits an dieser Stelle torpedieren würde.

Menschen mit sensorischen oder kognitiven Behinderungen haben unterschiedlichste Anforderungen an die visuelle Gestaltung von Texten. Insbesondere für den Bereich der Webprogrammierung liegen hier ausdifferenzierte Best-Practice-Regeln in Form der Web Content Accessibility Guidelines 2.0 (WCAG 2.0) vor. Zu nennen ist hier auch das darauf aufbauende umfangreiche Werk von Hellbusch und Probiesch (2011), in dem Gestaltungsrichtlinien für unterschiedliche Arten von Beeinträchtigungen vorgestellt und reflektiert werden. So erfordern die verschiedenen Arten von Sehbehinderung eine Anpassbarkeit des Bildschirmlayouts (z. B. Umkehrbarkeit der Farben von Hintergrund und Schrift, Erhöhung oder Verringerung der Kontraste); eine Farbfehlsichtigkeit kann dazu führen, dass ausschließlich über Farben signalisierte Informationen (z. B. Warnhinweise) nicht wahrgenommen werden können; beim Vorliegen einer Epilepsie können durch Flackern oder schnelle Bildfolgen Anfälle ausgelöst werden usw. Für den Printbereich liegen Best-Practice-Normen in Form der DIN 1450 vor, die in ihrer aktualisierten Fassung von 2013 neben Fragen der leserlichen Beschilderung auch die Leserlichkeit von Texten in Büchern, Zeitungen und Zeitschriften normiert und auch auf die besonderen Anforderungen an Texte eingeht, die aus einer Sehbehinderung resultieren.

Obwohl primäre Leichte-Sprache-Leser(innen) auch eine Mehrfachbehinderung aufweisen können, werden wir auf diese Aspekte nicht näher eingehen, sondern Studien in den Blick nehmen, die Gestaltungseigenschaften beschreiben, die auch für Standardleser(innen) bekanntermaßen die Perzipierbarkeit erhöhen, und sie mit den Gestaltungsvorschriften für Leichte-Sprache-Texte gemäß den Regelwerken vergleichen.

Fischer (2011: 113 ff.) hat Studien zur Perzipierbarkeit zusammengetragen:

- Bosshard (1996: 58) führt aus, dass unangemessen große oder kleine Zeichen- und Wortabstände die Gruppierung der Buchstaben zu Wörtern behindern. Damit konvergieren mehrere Leichte-Sprache-Regeln: Die Regel des Netzwerks Leichte Sprache, wonach Sperrdruck zu vermeiden sei (BMAS 2013: 63); die Regel von Inclusion Europe (2009: 14), wonach der Abstand zwischen den einzelnen Schriftzeichen ausreichend ausgeprägt sein solle; außerdem die in diesen beiden Werken angelegte Regel, wonach Blocksatz zu vermeiden sei (BMAS 2013: 55, Inclusion Europe 2009: 19), weil er unterschiedliche Abstände zwischen den Wörtern generiert, besonders wenn Worttrennungen am Zeilenende ausgeschlossen werden.
- König (2004: 76) spricht sich gegen sinnentstellende Trennungen (*beinhalten* vs. *be-inhalten*, *Künstlerin-stinkt* vs. *Künstler-instinkt*) aus, da diese zu Blickregressionen und letztlich zu einer Verlangsamung des Leseprozesses führen. Die Leichte-Sprache-Regelwerke verbieten Worttrennungen am Zeilenende ganz (BMAS 2013: 58, Inclusion Europe 2009: 16). Das ist vor dem Hintergrund sinnvoll, dass die Wörter eine andere Gestalt aufweisen, wenn sie über zwei Zeilen verteilt gelesen werden müssen, und möglicherweise später im Text nicht wiedererkannt werden. Eine Trennung wäre ohnehin nur bei langen Wörtern sinnvoll. Diese stellen auch schon ohne interne Trennung eine Verständnishürde dar, dieser Aspekt fällt jedoch in den Bereich der Lesbarkeit (s. u.).
- Tinker (1963: 86) weist nach, dass zu lange Zeilen Regressionen verursachen, weil das Arbeitsgedächtnis nicht ausreicht, um sie in Gänze zu erfassen; zu kurze Zeilen führen dagegen zu längeren Fixationspausen, so dass der Textfluss gehemmt wird. Indirekt ist diese Regel in Ausführungen von Inclusion Europe (2009: 19) abgebildet, wonach Texte in Leichter Sprache ausreichend große Seitenränder und nicht zu viel Text pro Seite aufweisen sollten. Insgesamt sind diese Erkenntnisse jedoch nur bedingt auf Leichte-Sprache-Leser(innen) anzuwenden, da der Lesefluss bei ihnen im Allgemeinen ohnehin gehemmt ist und dadurch auch kurze Sätze mit großer Wahrscheinlichkeit nicht vollständig im Arbeitsgedächtnis abgespeichert werden können, was Regressionen provoziert. Zeilenumbrüche werden in den Regelwerken insgesamt als verständnishemmend angesehen, worauf die Regel hindeutet, wonach jeder Satz in einer neuen Zeile zu stehen habe (BMAS 2013: 57, Inclusion Europe 2009: 16, BITV 2.0 2011: Regel 10). Der Lesefluss wird durch diese Regel auf Satz- und Aussagenebene befördert, da die Satz- und (gemäß der Vorgabe „Eine Aussage pro Satz") auch die Propositionsgrenze betont wird. Anderseits wird durch diese Regel die visuelle Textstruktur weitgehend aufgelöst (s. auch Kap. 12):

Leichte-Sprache-Texte weisen keine „Textur" im herkömmlichen Sinne auf. Hier zeigt sich ein Problem, das uns auch an anderen Stellen wieder begegnen wird (z. B. Syntax: Eingriff in die zur Verfügung stehenden Kohäsionsmittel, s. Kap. 10; Lexik: Einfügung von Erläuterungen fachlicher Wörter als additive Strategie, s. Kap. 9.2): Bisweilen ziehen Regeln, die auf Wort- und Satzebene die Verständlichkeit erhöhen, Probleme auf Textebene nach sich. Was Wort- und Satzerkennung leichter macht, macht möglicherweise Textrezeption und Propositionsbildung auf Absatz- und Textebene schwerer (s. dazu umfassender Kap. 12).

- Aus Tinkers (1963) empirischen Studien zur Perzipierbarkeit ergibt sich darüber hinaus, dass Versalien schlechter lesbar sind als Kleinbuchstaben (Tinker 1963: 65), dass sehr große und sehr kleine Schriften zur Verlangsamung des Leseprozesses führen (Tinker 1963: 72), dass ein hinreichend großer Durchschuss die Perzipierbarkeit verbessert (Tinker 1963: 233), dass schwarze Schrift auf weißem Hintergrund leichter lesbar ist als weiße Schrift auf schwarzem Hintergrund (Tinker 1963: 151). Diese Erkenntnisse konvergieren weitgehend mit den Vorgaben der Regelwerke für Leichte Sprache:
Die Regelwerke verlangen, dass eine leicht erhöhte Schriftgröße zu wählen ist (BMAS 2013: 53, Inclusion Europe 2009: 35, BITV 2.0 2011: Regel 9); dies ist auch dem Umstand geschuldet, dass bei einigen der primären Adressat(inn)en (auch) sensorische Schwierigkeiten vorliegen. Der Durchschuss findet sich in den Netzwerk-Regeln in Form eines eineinhalbzeiligen Zeilenabstands berücksichtigt (BMAS 2013: 54), während die anderen Regelwerke hier keine Angaben machen. Dass schwarze Schrift auf weißem Hintergrund leichter lesbar sei als umgekehrt, findet sich in der Netzwerk-Regel, wonach dunkle Schrift auf hellem Papier zu setzen sei (BMAS 2013: 63). Diese Regel ist nicht ohne Weiteres vom Printbereich auf Bildschirmtexte zu übertragen. Einige Behinderungsarten erfordern gerade die umgekehrte Darstellungsweise: helle Schrift auf dunklem Untergrund. Dennoch schreibt die BITV 2.0 (2011: Regel 9 und 10) hellen Hintergrund und kontrastreiche Schrift vor, was auch sicherlich den Präferenzen des größeren Teils der Leserschaft entspricht.
- Über die genannten Studien hinaus referiert Fischer (2011: 114) folgende „allgemeine Annahmen zur Leserlichkeit": „Es wird präsumiert, dass folgende typografische Faktoren die Leserlichkeit eines Textes reduzieren [...]: eine sehr kleine Schriftgröße von z. B. 4 Punkt, eine verschnörkelte, exotische Schriftart, ein unzureichender Farbkontrast wie bei gelber Schrift auf orangefarbigem Grund, eine ungenügende Druckauflösung (Druckqualität), geringe Opazität des Papiers, die den Text der Rückseite durchscheinen lässt." Diese Faktoren finden sich

sämtlich in den Regelwerken berücksichtigt. Das Netzwerk Leichte Sprache (BMAS 2013: 65) geht sogar auf das Kriterium einer angemessenen Papierstärke ein, die ein Durchscheinen von Text auf der Rückseite verhindern soll.

Das folgende Kriterium greift deutlich in die syntaktisch-semantische Verfasstheit von Texten ein. Da es jedoch auf das Zeilenlayout gerichtet ist, gehört es ebenfalls in den Bereich der Perzipierbarkeit:

- Laut Anderson (2007: 457) behindern sinnverzerrende Zeilenumbrüche das Erkennen der Satzbedeutung, vielmehr sei zu einem Zeilenumbruch nach dem Ende einer Phrase zu raten. Diese Erkenntnis ist für unterschiedliche mediale Erscheinungsformen von Text empirisch abgestützt worden, u. a. von Perego (2009) für Untertitel. Dieser Befund spiegelt sich in den Netzwerkregeln wider, die empfehlen, „alle Wörter […], die vom Sinn her zusammen gehören" (BMAS 2013: 59), auf eine Zeile zu schreiben.

Es zeigt sich folglich eine hohe Konvergenz der Vorschriften zur visuellen und medialen Gestaltung, wie sie sich in den Leichte-Sprache-Regelwerken finden, mit den Erkenntnissen der Forschung zur Perzipierbarkeit von Texten; in Kap. 7 werden wir die visuelle Aufbereitung von Texten in Leichter Sprache ausführlich diskutieren.

4.2.2 Verständlichkeit

Bei der Verständlichkeit geht es um die Potenziale der Informationsverarbeitung, die von einem Text ausgehen. Wir unterscheiden hier in Anlehnung an die fachkommunikative Verständlichkeitsforschung zwischen Lesbarkeit und Lesefreundlichkeit (Fischer 2011): Lesbarkeit bezieht sich auf quantifizierbare Eigenschaften eines Textes (etwa die durchschnittliche Wort- oder Satzlänge), während Lesefreundlichkeit qualitative Merkmale eines Texts bezeichnet, die der Verständlichkeit zuträglich sind (z. B. Wortwahl, Strategien der textuellen Entfaltung und Gliederung).

4.2.2.1 Lesbarkeit
Die Lesbarkeitsforschung blickt auf eine circa einhundertjährige Geschichte zurück und ist in ihren Anfängen vor allem US-amerikanischer Prägung (vgl. im Überblick Kercher 2013). Auf der Basis von quantifizierbaren sprachlichen Eigenschaften von Texten wurden unterschiedliche Lesbarkeitsindizes erstellt, die Voraussagen über die Lesbarkeit – und damit auch über die Verständlichkeit – von Texten zu machen versuchen.

4 Verstehen und Verständlichkeit

Grundsätzlich wird davon ausgegangen, dass Texte umso verständlicher sind, je niedriger die durchschnittliche Buchstaben- respektive Silbenzahl pro Wort und die durchschnittliche Wortzahl pro Satz sind. Diese Indizes haben deutliche Grenzen, es gibt diverse Studien (für einen Überblick vgl. Kercher 2013: 101), die belegen, dass frequente Wörter überdurchschnittlich oft auch kurze Wörter sind (und dass lange Wörter, die häufig benutzt werden, eine Tendenz zur Kürzung aufweisen: *Automobil > Auto*). Frequente Wörter haben ein höheres Aktivierungsniveau, sie werden deshalb schneller erkannt. Die genannten Tests prüfen damit bei durchschnittlichen Lesern neben der Wortlänge immer auch das Aktivierungsniveau frequenter Wörter ab. Das macht ihre Übertragbarkeit auf ungeübte Leser problematisch.

Außerdem beschränkt sich die Verständlichkeit von Texten nicht auf ihre Lesbarkeit. So ist die tatsächliche Schwierigkeit von Texten nicht allein von quantitativen, sondern – und zwar in ausgeprägtem Maße – auch von nicht quantifizierbaren qualitativen Kriterien abhängig, wie sie im folgenden Teilkapitel (s. Kap. 4.2.2.2) beschrieben werden. Texte, in denen abstrakte Konzepte in konziser Form versprachlicht werden und die darüber hinaus viele Implikaturen enthalten, sind nicht leicht verständlich, und dies unabhängig davon, wie kurz die Wörter und die Sätze sind.

Welche Werte als lesbarkeitsmindernd anzusehen sind, divergiert zugleich zwischen den Einzelsprachen. Für das Englische gehen Lesbarkeitsindizes von Wörtern mit mehr als 6 Buchstaben aus. Für das Deutsche ist dieser Wert nicht haltbar; selbst einsilbige deutsche Wörter können wegen der graphematischen Spezifik (Mehrgraphen <sch>, <ch>) häufig die Sechsbuchstabengrenze (vgl. *schwach, Strauch*) überschreiten. Manche Indizes, z. B. die auf dem Flesch-Reading-Ease beruhende Amstad-Formel (Amstad 1978), arbeiten darum auf Silbenebene.

Just/Carpenter (1980: 337) wiesen in einer empirischen Studie mit geübten Lesern u. a. nach, dass bei mehrsilbigen Wörtern die Fixationszeit pro Silbe um 52 Millisekunden anstieg. Lange Wörter werden damit deutlich länger fixiert als kürzere. Bereits bei dreisilbigen Wörtern war in der Studie die reine Silbenzahl der Faktor, der die längste Fixationszeit provoziert. An erster Stelle stehen jedoch mit weitem Abstand unbekannte Wörter, die in der Studie einen Faktor von durchschnittlich 802 Millisekunden aufwiesen, womit wiederum ein qualitatives Kriterium in seiner Auswirkung auf das Textverstehen die quantitativen um ein Vielfaches überrundet.

Bei der Auswahl geeigneter Wörter beziehen sich Leichte-Sprache-Regeln sowohl auf die quantitative als auch auf qualitative Kriterien:

- Lange Wörter, insbesondere lange Komposita, sollen möglichst vermieden werden (Konvergenz in allen drei Regelwerken: BMAS 2013: 26, Inclusion Europe 2009: 23, BITV 2.0 2011: Regel 4).
- Lange Wörter sind, wo sie unvermeidlich sind, durch Bindestriche zu trennen (BMAS 2013: 26, Inclusion Europe 2009: 23; BITV 2.0 2011: Regel 4; zu einem grafischen Alternativvorschlag s. Kap. 8.2). Damit wird eine Segmentierungshilfe gegeben und die Zahl der Silben pro Segment verringert. Zwar stellen lange Wörter damit immer noch eine Herausforderung dar, weil das Verhältnis der Lexeme im Kompositum geklärt werden muss (*Schweine-Schnitzel* vs. *Kinder-Schnitzel*) und die langen Wörter auch häufig die unbekannten, fachlichen Lexeme im Text sind, die weitere Erklärungen nach sich ziehen. Dennoch stellen wir die empirisch zu überprüfende These auf, dass die Fixationszeit durch eine Gliederungshilfe gegenüber der Zusammenschreibung verringert werden kann. Der Bindestrich sollte allerdings nur dort zum Einsatz kommen, wo er der Orthografie des Deutschen entspricht. In allen anderen Fällen kann auf den Mediopunkt zurückgegriffen werden (s. Kap. 8.2.2).

Auf Satzebene konvergieren die Indizes dahingehend, dass ca. 15 Wörter pro Satz als lesbar angesetzt werden. Im Hohenheimer Index werden aufgrund empirischer Auswertungen von Textkorpora 16 Buchstaben pro Wort und 20 Wörter pro Satz als Obergrenze angesetzt. Wörter bzw. Sätze, die diese Grenze überschreiten, werden mit einem Punktabzug belegt. Belastbare Werte für Leichte Sprache liegen bislang nicht vor, jedoch kann davon ausgegangen werden, dass schon kürzere Wörter und Sätze als solche mit 16 Buchstaben bzw. 20 Wörtern als Obergrenze anzusetzen sind. Hier besteht in jedem Falle ein Forschungsdesiderat. Allerdings zeichnet sich auch hier wieder ein Überwiegen qualitativer vor quantitativen Kriterien ab: Kintsch/Keenan (1973: 258 ff.) haben nachgewiesen, dass nicht zuvörderst die Zahl der Wörter, sondern die Anzahl der Propositionen eines Satzes Auswirkungen auf das Verständnis hat. Die Probanden bekamen Sätze mit konstant 16 Wörtern, aber jeweils unterschiedlicher Zahl von Propositionen vorgelegt, wobei sich mit jeder zusätzlichen Proposition die Verarbeitungszeit erhöhte und damit die Lesegeschwindigkeit verringerte. Das ist ein Indiz dafür, dass semantische und damit syntaktische Komplexität vor der reinen Länge von Sätzen ein Problem für das Leseverstehen darstellt, was die Aussagekraft rein quantitativer Ansätze nochmals schmälert.

Im ersten Teil dieses Kapitels (Kap. 4.1) haben wir aber gesehen, dass Lesen ein mehrstufiger Prozess ist, der über eine Gesamtressource verfügt. Lange Wörter und lange Sätze resorbieren unverhältnismäßig viel von dieser Ressource, unabhängig davon, wie konkret und arm an Implikaturen ein Gegenstand auch beschrieben sein mag. Insofern hat die isolierte Betrachtung der Lesbarkeit ihre Berechtigung, sofern man sie nicht mechanisch zur Ermittlung der Verständlichkeit von Texten einsetzt.

Bei den Empfehlungen zur Satzstruktur geben die Regelwerke für Leichte Sprache deshalb zurecht auch hier quantitative und qualitative Empfehlungen:

- Lange Sätze sollen vermieden werden (Konvergenz über alle Regelwerke: BMAS 2013: 44, Inclusion Europe 2009: 11, 17, BITV 2.0 2011: Regel 5).
- Pro Satz soll nur eine Aussage formuliert werden (BMAS 2013: 44, Inclusion Europe 2009: 17).

Inzwischen wurden automatisierte Lesbarkeitsindizes durch eigentlich qualitative, aber in gewissem Umfang quantifizierbare Parameter wie Zahl der Abstrakta (ermittelt durch Hinterlegung typischer Suffixe wie *-heit, -ung* etc. und durch Listen) und Fremdwörter (ermittelt durch hinterlegte Listen), Zahl der Nebensätze, Übereinstimmung der Wörter eines Texts mit einem hinterlegten Grundwortschatz etc. aufgewertet. Außerdem kann über einen Abgleich der Zahl der Inhaltswörter mit der Zahl der Funktionswörter die lexikalische Dichte und Diversifikation ermittelt werden, die zusätzlichen Aufschluss über die potentielle Verständlichkeit von Texten gibt. Aus solchen Parametern wird dann ein Quotient ermittelt (z. B. der Hohenheimer Verständlichkeitsindex), der in gewissen Grenzen durchaus eine Orientierung über die Verständlichkeit eines Texts zulässt.

Die quantifizierbaren Parameter (Wort- und Satzlänge, Zahl der Passivkonstruktionen, Abstrakta und Fremdwörter) sind stark textsortenabhängig. Pieper (1979: 50) zeigt auf, dass die mittlere Satzlänge in deutschen Texten je nach Textsorte zwischen 6,01 (Romandialog) und 23,23 (Zeitungstexte: Agenturberichte) Wörtern liegt. Auch Rechtstexte (allgemeine Gesetzestexte) liegen mit 23,04 in ihrer Studie nur knapp unter dem Extremwert. Es ist also davon auszugehen, dass manche Textsorten ungeübten Lesern mit Blick auf ihre Lesbarkeit überdurchschnittlich starke Probleme bereiten. Andererseits liegt es nahe, dass es in Leichter Sprache zu einer Nivellierung der Textsorten kommt (s. Kap. 12), was wiederum nicht ohne Auswirkung auf die Brückenfunktion der Leichten Sprache bleibt (s. Kap. 1.3).

Insgesamt ist jedoch zu konstatieren, dass die Leichte-Sprache-Regeln mit den Kriterien der erweiterten Lesbarkeitsindizes deutlich konvergieren: Kurze Wörter sowie optische Separierung langer Wörter (Komposita), kurze Sätze sowie Begrenzung von Sätzen auf eine Aussage. Darum ist auch ein Abgleich von Leichte-Sprache-Texten mit elaborierten Verständlichkeitstests in der Praxis sehr hilfreich, da sie noch bestehende Schwachstellen eines Texts aufzeigen können (s. Kap. 6.7.2).

4.2.2.2 Lesefreundlichkeit

Semantische und pragmatische Perspektiven auf die Verständlichkeit von Texten subsumiert Fischer (2011) unter dem Begriff der Lesefreundlichkeit. Bekannte qualitative Verständlichkeitsansätze sind u. a. die das Hamburger Verständlichkeitskonzept von Langer/Schulz von Thun/Tausch (1974) und der Ansatz von Groeben (1982) – beide psychologischer Provenienz –, aber auch der fachkommunikationswissenschaftliche Ansatz von Göpferich (2002).

Das Hamburger Verständlichkeitsmodell, das anhand von Lehrbuchtexten für die Schule entwickelt wurde, aber darüber hinaus insbesondere in der Fachkommunikation breite Anwendung fand und findet, propagiert die vier Kriterien (1) „Einfachheit", (2) „Gliederung/Ordnung", (3) „Kürze/Prägnanz" und (4) „anregende Zusätze" als grundlegend für die Verständlichkeit von Texten.

„Einfachheit" umfasst für die Autoren in leicht zirkulärer Begrifflichkeit eine einfache Darstellung, einfache Sätze, geläufige Wörter, das Erklären von Fachbegriffen und das Vermeiden von abstrakten Darstellungsweisen.

„Gliederung/Ordnung" bezeichnet eine übersichtliche, folgerichtige und wohlgereihte Darstellungsweise, bei der gut zwischen Wesentlichem und Unwesentlichem unterschieden und die textuelle Entfaltung nachvollziehbar ist.

„Kürze und Prägnanz" bezeichnet eine knappe und gedrängte, aufs Wesentliche beschränkte Darstellung, in der jedes gesetzte Wort nötig ist.

„Anregende Zusätze" bezeichnet eine interessante und abwechslungsreiche Darstellung.

Diese Eigenschaften wurden in einer empirischen Studie gewichtet, was zu dem Ergebnis führte, dass die Texte in der Studie dann als optimal verständlich empfunden wurden, wenn die Kriterien „Einfachheit" und „Gliederung/Ordnung" in hohem Maße, sowie außerdem die Kriterien „Kürze/Prägnanz" und „anregende Zusätze" in moderatem Maße ausgeprägt waren (Langer / Schulz von Thun / Tausch 1974: 32, vgl. auch Fischer 2011: 121).

Das ebenfalls auf Basis einer umfangreichen empirischen Studie erstellte Modell von Groeben (1982) weist große Ähnlichkeit mit dem Hamburger Verständlichkeitsmodell auf. Auch er unterscheidet vier Dimensionen: (1) „stilistische Einfachheit", (2) „kognitive Strukturierung", (3) „semantische Redundanz" und (4) „konzeptueller Konflikt".

4 Verstehen und Verständlichkeit

Das Kriterium der „stilistischen Einfachheit" umfasst kurze Satzteile mit aktiv-positiven Formulierungen und persönlicher Ansprache sowie einen Verzicht auf Nominalisierungen und auf zu komplexe Satzgefüge; es entspricht weitgehend dem Kriterium „Einfachheit" im Hamburger Verständlichkeitskonzept.

„Kognitive Strukturierung", das Pendant zu „Gliederung/Ordnung" im Hamburger Modell, meint textstrukturierende Leserführung, die Hervorhebung wichtiger Konzepte und das Einfügen von Zusammenfassungen und Beispielen.

„Semantische Redundanz" meint das mehrfache Reformulieren des im Text Dargestellten mit anderen Worten, das Paraphrasieren und Erläutern. Dieses Kriterium steht zumindest teilweise im Gegensatz zum Kriterium der „Kürze/Prägnanz" im Hamburger Modell. Bei Groeben wird auf ausreichende Länge bei redundanter Aufbereitung des Materials gesetzt, während die Hamburger die nötige Kürze der Darstellung hervorheben; jedoch betont auch Groeben, dass Weitschweifigkeit zu vermeiden sei.

Das vierte und letzte Kriterium „konzeptueller Konflikt" schließlich, das den „anregenden Zusätzen" aus dem Hamburger Modell weitgehend entspricht, steht für ein Fesseln der Leserschaft durch neue und überraschende Entwicklungen der Konzepte im Text, wobei ein Text durchaus Fragen aufwerfen und alternative Ansätze präsentieren (kurz: interessant sein) dürfe.

Das Kriterium der „stilistischen Einfachheit" (Groeben 1982) bzw. „Einfachheit" (Langer/Schulz von Thun/Tausch 1974) konvergiert mit einer ganzen Reihe von typischen Leichte-Sprache-Regeln:

- „geläufige" Wörter (BMAS 2013: 24, Inclusion Europe 2009: 10, BITV 2.0 2011: Regel 4),
- Erklären von Fachbegriffen (BMAS 2013: 24; Inclusion Europe 2009: 10,15; BITV 2.0 2011: Regel 4),
- kurze Sätze/Satzteile (BMAS 2013: 44, Inclusion Europe 2009: 11, 16; BITV 2.0: Regel 5),
- Vermeidung von Passivkonstruktionen (BMAS 2013: 29, Inclusion Europe 2009: 11; BITV 2.0 2011: Regel 1),
- persönliche Ansprache an den Leser (BMAS 2013: 4, Inclusion Europe 2009: 11, BITV 2.0 2011: Regel 2),
- Vermeidung von Nominalstil und von komplexen Satzgefügen (Inclusion Europe 2009: 27).

Alle diese Regeln, die sich auf Wort- und Satzebene ansiedeln, können damit als durch die Verständlichkeitsforschung empirisch gedeckt angesehen werden. Dabei fällt auf, dass das Hamburger Verständlichkeitsmodell hier teilweise ebenso vage Formulierungen aufweist wie die Leichte-Sprache-Regelwerke: was für wen in welchem Kontext „geläufige" – respektive „bekannte" (BMAS 2013: 24, Inclusion Europe 2009: 10) oder „gebräuchliche" (BITV 2.0 2011: Regel 4) – Wörter sind, ist kaum überindividuell feststellbar bzw. wird nicht weiter vertieft. Leichte-Sprache-Übersetzer, aber auch technische Redakteure oder Lehrbuchautoren, erhalten durch derart unscharf formulierte Regeln keine solide Handlungsbasis. In Kap. 9 werden wir für eine kriteriengeleitete Auswahl von geeigneten Wörtern für Text in Leichter Sprache plädieren.

Das Kriterium „kognitive Strukturierung" (Groeben 1982) bzw. „Gliederung/Ordnung" (Langer/Schulz von Thun/Tausch 1974) weist dagegen relativ geringe Überschneidungen mit den Regeln Leichter Sprache auf; lediglich Inclusion Europe (2009: 11, 17 f.) formuliert in größerem Umfang Regeln auf Textebene. Sowohl Inclusion Europe (2009: 11) als auch das Netzwerk Leichte Sprache (BMAS 2013: 50) formulieren die Regel, wonach thematisch Zusammengehörendes zu bündeln sei, was einen Teilaspekt einer übersichtlichen und folgerichtigen Gliederung umfasst. Inclusion Europe geht hier noch einen Schritt weiter: „Achten Sie darauf, dass Ihr Textaufbau logisch ist. Man muss dem Text leicht folgen können." (Inclusion Europe 2009: 11). Jedoch geht dieses Kriterium in den Verständlichkeitsansätzen darüber hinaus, etwa wenn von einer textstrukturierenden Leserführung, der sprachlichen Hervorhebung wichtiger Konzepte, einer erkennbaren Unterscheidung von Wesentlichem und Unwesentlichem die Rede ist.

Alle drei untersuchten Regelwerke favorisieren den Einsatz von Zwischenüberschriften im Text (BMAS 2013: 61, Inclusion Europe 2009: 17, BITV 2.0 2011: Regel 7). Das deckt sich u. a. mit Befunden von Iluk (2009: 55) zur wichtigen Rolle von Überschriften für das Textverstehen: Überschriften steuern gemäß Iluk die Textrezeption, denn sie aktivieren beim Rezipienten Schemawissen (s. Kap. 4.1.2). Das aktivierte Schemawissen führt bei den Rezipienten zu konkreten Erwartungen, die dann während der Lektüre abgeglichen werden können, was zu einer aktiveren Auseinandersetzung mit dem Textinhalt führen kann.

Auch das Einfügen von Zusammenfassungen kann für Leichte Sprache hilfreich sein. Die Leserführung ist ein wesentliches Instrument der Ansprache an den Rezipienten. Der Leser wird als Rezipient wahrgenommen und auf der Metaebene adressiert: Was hat er bzw. sie von diesem Text zu erwarten und wo und in welcher Form findet es sich? Dieses Vertextungsinstrument ist in hohem Maße handlungsorientierend und dürfte somit insbesondere für längere Leichte-Sprache-Texte verständnissichernd wirken. Ein empirischer Nachweis steht jedoch, wie so oft im Forschungsfeld der Leichten Sprache, noch aus. Bei der Elaboration von

Leichte-Sprache-Regeln auf Textebene sind die Befunde der Verständlichkeitsforschung, insbesondere mit Blick auf die Lesefreundlichkeit von Texten, in jedem Falle beachtenswert.

Teilweise im Widerspruch mit Leichte-Sprache-Regeln steht Groebens Forderung im Rahmen seiner „Redundanz"-Maxime, wonach wichtige Inhaltselemente mehrfach in nicht identischer Form zu wiederholen seien. Die Leichte-Sprache-Regelwerke fordern dagegen für den nominalen Bereich durchgehend Konsistenz auf Ebene der Bezeichnung – dieselbe Sache soll immer auf dieselbe Weise bezeichnet und synonymische Wiederaufnahmen vermieden werden (BMAS 2013: 24, Inclusion Europe 2009: 10, BITV 2.0 2011: Regel 3). Dieses Prinzip sollte für Leichte-Sprache-Texte dahingehend ausgeweitet werden, dass nicht nur mit Nomen bezeichnete Konzepte, sondern auch Verben oder Aussagenrelationen wie Konditionalität oder Konzessivität auf immer gleiche Weise verbalisiert werden. Andererseits ist Groebens Redundanz-Maxime möglicherweise doch auf Leichte Sprache übertragbar, denn sie umfasst Paraphrasierungen, Erläuterungen und Exemplifizierungen und mithin Strategien, die sich teilweise in den Regelwerken finden. Redundanz ist nach unserer Auffassung ein Grundprinzip Leichter Sprache und barrierefreier Kommunikation insgesamt: Wichtiges wird mehrfach über denselben oder auch über mehrere Codes bezeichnet, damit das Überlesen erschwert und das Behalten erleichtert wird.

Mit Blick auf Leichte-Sprache-Texte ambivalent ist das Kriterium „konzeptueller Konflikt" (Groeben 1982) bzw. „anregende Zusätze" (Langer/Schulz von Thun/Tausch 1974): Leichte-Sprache-Texte lösen meist jede Spannung und Ambivalenz auf und holen die Informationen in möglichst geradliniger Form an die Oberfläche. Damit sind sie häufig in ihrer Darstellungsweise wenig interessant. Das Kriterium „konzeptueller Konflikt" bzw. „anregende Zusätze" hebt hervor, dass Texte interessant sein sollen, dass sie die Leser(innen) an sich binden und ihnen auf diese Weise durch die Lektüre helfen sollen. Es ist herausgearbeitet worden, dass dieses Kriterium nicht für alle Textsorten zutrifft (z. B. nicht für Instruktionstexte vom Typ „Bedienungsanleitung", vgl. Fischer 2011: 124). Für andere Textsorten (z. B. im schulischen Kontext) ist dieses Kriterium jedoch durchaus bedeutungsvoll und es stellt ein Desiderat dar, hier angemessene Strategien für Leichte Sprache zu erarbeiten. In den Regelwerken finden sich dazu aktuell keine Ausführungen.

Einige wichtige Aspekte bleiben in den beiden vorgestellten Verständlichkeitsmodellen unberücksichtigt, etwa die Problematik der Implikaturen bzw. des zu aktivierenden Vorwissens bei den Leser(inne)n. Eine „dysfunktionale Rezeption" von Texten kann jedoch, wie Fischer (2011: 208) in Anlehnung an House (1996) formuliert, unterschiedliche Gründe haben: „eine Fehlperzeption durch Nichtlesen, partielles Lesen und Verlesen", „eine Fehlanalyse auf lexikalischer, semantischer, syntaktischer und textueller Ebene [...] sowie eine pragmatische Fehlinterpretation indirekter Sprechakte oder der Implikatur". Nichtlesen, partielles Lesen und Verlesen können durch (gestörte) Perzipierbarkeit verursacht werden; die lexikalische, semantische, syntaktische oder textuelle Fehlanalyse geht, wenn der reine Perzeptionsakt geglückt ist, auf eine mangelnde Lesbarkeit und Lesefreundlichkeit von Texten zurück.

Indirekte Sprechakte und Welt- oder Sprachwissen voraussetzende Implikaturen sind jedoch ein weiteres, gravierendes Verständlichkeitsproblem von Texten, auf die die Modelle von Groeben und Langer, Schulz von Thun, Tausch nicht eingehen, wobei insbesondere das Hamburger Verständlichkeitsmodell die Verstehensvoraussetzungen der Leser(innen) gänzlich unbeachtet lässt.

Weil Leser(innen) von Texten in Leichter Sprache insgesamt über wenig textuelles und gegenstandsbezogenes Vorwissen verfügen, bedarf es aber gerade hier besonderer Sorgfalt bei der Aufbereitung Leichter-Sprache-Texte:

- Verwendung prototypischer lexikalischer Mittel (s. Kap. 9.2.1), da sie den sprachlichen Möglichkeiten der Leser(innen) am ehesten entsprechen und das interne Reformulieren von Propositionen erleichtern.
- Einfügung von Erläuterungen für Konzepte, von denen angenommen wird, dass sie nicht im Vorwissen angelegt sind und damit nicht aktiviert werden können.
- Verzicht auf indirekte Vertextungsstrategien aller Art, z. B. Ironie, Euphemismen, indirekte Höflichkeit, Implikaturen etc., da sie einen Abgleich mit situational Erwartbarem sowie die Aktivierung umfassenden Vorwissens erfordern.
- Aktive Auflösung von Implikaturen des Ausgangstexts, so dass Grundlagen für eine informationelle Vernetzung gelegt werden.

Bis hierher wurde das Konzept der Verständlichkeit lediglich unter sprachlicher Perspektive in den Blick genommen. Es ist jedoch eine Idealisierung anzunehmen, dass jeder primäre Leichte-Sprache-Rezipient in der Lage wäre, Texte über jede Art von Thema verstehend zu rezipieren. Es gibt eine Reihe von Themen, für die es einer bestimmten kognitiven Ausstattung bedarf, unabhängig davon, wie leicht die sprachliche Umsetzung ist. Die Schwierigkeit des eigentlichen Themas bleibt unabhängig von der konkreten sprachlichen Verfasstheit eines Texts eine Verständnishürde erster Ordnung. Deshalb sind trotz aller Sorgfalt bei der sprachlichen Aufbereitung von Texten in Leichter Sprache einer umfassenden gesellschaftlichen Partizipation der primären Adressat(inn)en Grenzen gesetzt.

4.3 Verstehens- vs. Verständlichkeitsprüfung von Texten in Leichter Sprache

Texte in Leichter Sprache werden vor ihrer Veröffentlichung häufig Prüfungen unterzogen. Die Prüfungen können sich auf Perzeption und Verstehen durch die Adressat(inn)en oder auf Perzipierbarkeit und Verständlichkeit der Texte beziehen. Beide Verfahren werden aktuell praktiziert und es existieren mehrere entsprechende Prüfsiegel.

4.3.1 Prüfung von Perzeption und Verstehen

Mit solchen Prüfungen wird ermittelt, ob ein Text von ausgewählten Vertreter(inn)en der Zielgruppe verstanden wird. Eine kritische Reflexion dieses Verfahrens findet sich in Kap. 5.5.

Die Prüfsiegel von Inclusion Europe und von Capito umfassen eine Verstehensprüfung durch die Adressatenschaft.

Abbildung 1: „Europäisches Logo für Leichtes Lesen" von Inclusion Europe (Quelle: http://easy-to-read.eu/?page_id=46&lang=de; geprüft am 30. 10. 2015)

Abbildung 2: „Gütesiegel für Leicht Lesen" von Capito (Quelle: http://www.atempo.at/de/Ueber-LL; geprüft am 30. 10. 2015)

4.3.2 Prüfung von Perzipierbarkeit und Verständlichkeit

Diese Prüfungen ermitteln, ob ein Text bestimmten sprachlichen und/oder medialen Gestaltungsvorgaben entspricht. Solche Prüfungen können automatisiert erfolgen oder von Korrektor(inn)en durchgeführt werden; sie können auch aus einer Kombination beider Verfahren bestehen.

4.3.2.1 Automatisierte Prüfung

Auf Tools zur Verständlichkeitsprüfung gehen wir in Kap. 6.7.2.4 ein. Diese Tools ermitteln in einem elektronischen Prüfverfahren, ob die eingegebenen Texte bezüglich definierter Parameter Auffälligkeiten enthalten, z. B. Überschreitung einer bestimmten Silbenzahl pro Wort, Wortzahl oder Aussagenzahl pro Satz, Verwendung oder Nichtverwendung von Wortmaterial aus hinterlegten Wortlisten, Präsenz von Passivkonstruktionen etc.

Dabei werden die entsprechenden Stellen im Text kenntlich gemacht und das Problem wird benannt, z. B. Languagetool Leichte Sprache (https://languagetool.org/de/leichte-sprache): „Dieses Wort hat mehr als 13 Buchstaben. Benutzen Sie kurze Wörter." Manche Tools generieren auch einen globalen Punktestand, so dass man ablesen kann, ob sich der geprüfte Text im anvisierten Punktesektor befindet. Die Prüfsoftware TextLab wendet beispielsweise den Hohenheimer Verständlichkeitsindex an, der bis zu 20 Punkte vergibt, wobei die unterschiedlichen Kriterien gewichtet berücksichtigt werden. Texte in Leichter Sprache sollten auf diesem Index 18 Punkte nicht unterschreiten. Die Tools beschränken sich allerdings auf die morphologische und syntaktische Ebene. Verständlichkeit mit Blick auf Semantik, Pragmatik und Text können damit nicht abgeprüft werden, ebenso wenig wie die Adäquatheit der Texte in der Zielsituation.

Ein Prüfsiegel für automatisierte Verständlichkeitsprüfung stellt der Hohenheimer Index zur Verfügung, hier in der Visualisierung von TextLab:

Abbildung 3: Hohenheimer Verständlichkeitsindex in TextLab (Quelle: http://comlab-ulm.de; geprüft am 30. 10. 2015)

4.3.2.2 Prüfung über Korrektor(inn)en

Die Verständlichkeit (und Korrektheit) von Texten kann auch von qualifizierten Personen durchgeführt werden, die dann neben der Regelkonvergenz auf morphologischer und syntaktischer Ebene auch die semantische, die pragmatische und die textuelle Ebene mit in den Blick nehmen und den Text auch dahingehend evaluieren können, ob er für die intendierte Zieltextsituation funktional ist. Eine solche Prüfung ist für die professionelle Übersetzung durch DIN EN-15038, eine europäische Norm für Übersetzungsdienstleister, aus dem Jahr 2006 vorgeschrieben.

Das Hildesheimer Prüfsiegel „Leichte Sprache wissenschaftlich geprüft" ist ein Verständlichkeitssiegel dieser Art.

Abbildung 4: „Leichte Sprache wissenschaftlich geprüft" der Forschungsstelle Leichte Sprache (Quelle: http://www.uni-hildesheim.de/leichtesprache; geprüft am 30. 10. 2015)

4.4 Zusammenfassung

Für einen optimalen Leseprozess müssen die Kompetenzen von Leser(inne)n und Text optimal aufeinander abgestimmt sein. Im vorliegenden Kapitel haben wir auf der Basis der allgemeinen Leseforschung einen Abriss über das Perzipieren / das Verstehen (Leserperspektive) und die Perzipierbarkeit / die Verständlichkeit (Textperspektive) gegeben, die zwei Seiten einer Medaille darstellen. Die Forschungserkenntnisse der Verstehens- und Verständlichkeitsforschung wurden auf die Leichte-Sprache-Regeln abgebildet. Dabei zeigte sich eine hohe Übereinstimmung:

In Kap. 3 hatten wir bereits gesehen, dass eine Vielzahl von Regeln auf die Perzipierbarkeit von Texten in Leichter Sprache abstellt. Mit Blick auf die Leseforschung hat sich gezeigt, dass in Bezug auf das Leseverstehen sinnvoll ist, Perzipierbarkeitsregeln in das System der Leichten Sprache nicht nur mit aufzunehmen, sondern besonders sorgfältig auszuarbeiten; denn die Perzipierbarkeit ist die Voraussetzung für das Verstehen. Optimal visuell aufbereitete Texte entlasten das Arbeitsgedächtnis und machen so den Weg für die inhaltliche Rezeption der Textinhalte frei.

Der Übertrag der Verständlichkeitsstudien, die überwiegend mit durchschnittlichen Leser(inne)n erstellt wurden, auf die primäre Leichte-Sprache-Leserschaft hat sich vor allem im Bereich des Wort- und Satzverstehens als instruktiv erwiesen. Gezeigt werden konnte aber auch, dass die Leichte Sprache auf der Textebene eigene Wege geht; das betrifft vor allem das Erfordernis weitreichender Explikationen von Textinhalten, die deshalb erforderlich sind, weil Welt- und Textwissen der primären Adressat(inn)en von Leichter Sprache weit unterdurchschnittlich ist. Eine Erforschung des Textverstehens unter den Bedingungen der in Leichter Sprache praktisch nivellierten Textualität (s. auch Kap. 12) stellt ein drängendes Forschungsdesiderat dar.

5 Adressat(inn)en von Texten in Leichter Sprache

5.1 Die Heterogenität der Adressatenschaft von Leichte-Sprache-Texten

Die Adressatenschaft von Texten in Leichter Sprache ist in mehrerlei Hinsicht heterogen. Zunächst unterscheiden wir zwischen primären und sekundären Adressaten. **Primäre Adressat(inn)en** sind für alle oder die meisten Textsorten der Schriftlichkeit auf Leichte Sprache angewiesen und haben keinen oder nur sehr eingeschränkten Zugriff auf allgemein- oder fachsprachliche Texte. Die Bereitstellung von Informationen in Leichter Sprache ermöglicht ihnen eine selbstbestimmte und direkte Teilhabe an den Kommunikationsprozessen in allen Bereichen des öffentlichen Lebens.

Als **sekundäre Adressat(inn)en** bezeichnen wir diejenigen Leser(innen), die in ihrer Lesepraxis auf Leichte Sprache stoßen oder die ein Leichte-Sprache-Angebot wahrnehmen, obwohl sie auch Zugriff auf den allgemein- oder fachsprachlichen Ausgangstext haben. Aber auch andere Personenkreise, die eigentlich dem fachlichen Kontext selbst entstammen, kommen mit Leichter Sprache in Berührung. Das ist zum Beispiel dann der Fall, wenn **Expert(inn)en** Texte in Leichter Sprache benutzen, um mit der primären Adressatenschaft zu interagieren.

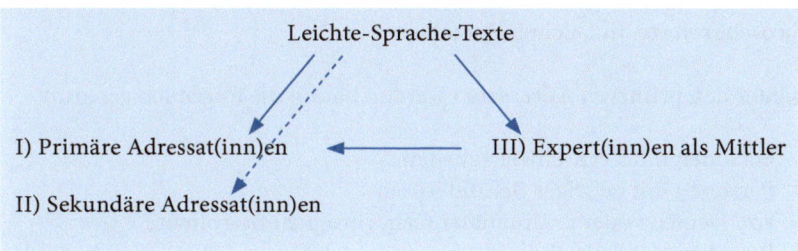

Abbildung 1: Adressatenstruktur

Diese Gruppen weisen zusammengenommen ein erhebliches Spektrum an Eigenschaften und Ausprägungen auf. Die Regeln der Leichten Sprache selbst richten sich an der (in sich ebenfalls heterogenen) primären Adressatenschaft aus. Die mitadressierten oder mitrezipierenden Personenkreise nehmen jedoch Leichte Sprache ebenfalls wahr und prägen Einstellungen gegenüber Leichter Sprache aus. Dass diese nicht ausschließlich positiv sind, haben wir in Kap. 1.2 dargestellt.

Da diese Doppeladressierungen folglich Auswirkungen auf die Textgestalt und die Wahrnehmung der Leichten Sprache haben, besprechen wir in diesem Kapitel in Kürze, wie die sekundären Adressat(inn)en und die Expert(inn)en mit Leichte-Sprache-Texten umgehen. Der Schwerpunkt unserer Darstellung liegt jedoch auf den primären Adressat(inn)en, auf die wir im direkt folgenden Abschnitt eingehen. Sie umfassen mehrere, sehr unterschiedliche und wiederum in sich heterogene Personengruppen. Vor diesem Hintergrund beleuchten und hinterfragen wir in Kap. 5.5 die aktuelle Praxis der Zielgruppenprüfung und stellen eine alternative Möglichkeit für eine adressatensensible Qualitätssicherung zur Diskussion.

5.2 Primäre Adressat(inn)en von Texten in Leichter Sprache

5.2.1 Heterogenität der primären Adressatenschaft von Texten in Leichter Sprache

Einen Anspruch auf Leichte Sprache haben im engeren Sinne Personen mit einer Behinderung, die dergestalt ist, dass sie barrierefrei aufbereitete Information benötigen (s. Kap. 2). Ganz konkret ist dieser Anspruch in der BITV 2.0 für einen umgrenzten Bereich, nämlich Internetpräsenzen von Bundesbehörden, formuliert. Darüber hinaus kann Leichte Sprache im Rahmen des Nachteilsausgleichs für Personen mit Behinderung zum Einsatz kommen. Zunehmend werden auch in anderen Diskursbereichen Texte in Leichter Sprache erstellt. So gibt es inzwischen juristische, administrative und medizinische Fachtexte, Nachrichtentexte, Informationsbroschüren etc. in Leichter Sprache.

Unter den primären Adressaten werden häufig die folgenden genannt:

- Personen mit Lernschwierigkeiten,
- Personen mit geistiger Behinderung,
- von Demenz oder prälingualer Gehörlosigkeit Betroffene,
- Personen mit Aphasie.

Hinzu kommen Personen, deren Lesefähigkeit deutscher schriftsprachlicher Texte ohne Vorliegen einer Behinderung erheblich eingeschränkt ist:

- funktionale Analphabet(inn)en,
- Personen mit geringen Deutschkenntnissen (L2-Lerner[innen]).

Allen diesen Personengruppen ist gemein, dass sie Probleme mit der sprachlichen und/oder referenziellen Komplexität von Texten haben und ihnen somit der Zugriff auf allgemein- und fachsprachliche Texte verwehrt ist.

Der genannte Personenkreis ist allerdings ausgesprochen heterogen und es stellt sich die Frage, wie angesichts dessen überhaupt ein einheitliches Leichte-Sprache-Konzept vertretbar ist. Bislang liegen noch keine systematischen Erkenntnisse über die tatsächliche Ausdifferenzierung der Leichte-Sprache-Leserschaft und über deren Rezeptionsbedürfnisse vor. Es ist anzunehmen, dass die Adressatenschaft sehr unterschiedliche Vorerfahrungen mit Sprache und mit Texten mitbringt und folglich auch unterschiedliche Anforderungen an eine sprachliche Aufbereitung der Texte hat.

L2-Lerner(innen) verfügen zwar über geringe Deutschkenntnisse, bringen jedoch Erfahrungen über die syntaktische und lexikalische Struktur von Sprachen aus ihrer Erstsprache sowie möglicherweise aus weiteren Zweit- oder Fremdsprachen mit und sind häufig mindestens in ihrer L1 verschriftet. Funktionale Analphabet(inn)en sind häufig deutsche Muttersprachler(innen); zwar ist ihr Schriftspracherwerb beeinträchtigt, sie können aber mündlich meist uneingeschränkt kommunizieren. Sie verstehen daher mit großer Wahrscheinlichkeit mehr als nur den Grundwortschatz und haben darüber hinaus Erfahrungen mit syntaktischer Komplexität.

Von Gehörlosen ist dagegen bekannt, dass ihr Wortschatz des Deutschen häufig stark restringiert ist und dass sie große Probleme mit komplexer Syntax haben; sie können nicht als deutsche Muttersprachler(innen) gelten, ihre erste Sprache ist häufig die Deutsche Gebärdensprache (DGS). Die Anforderungen, die sie an Texte haben, decken sich weitgehend mit den in den Regelwerken formulierten Restriktionen.

Geistige Behinderung oder Lernbehinderung haben wiederum so unterschiedliche Ausprägungen, dass es kaum gelingen kann, aus empirischen Studien mit diesen Adressatengruppen ein einheitliches Anforderungsprofil für Leichte-Sprache-Texte abzuleiten.

Unterschiedliche Ausprägungen bilden die Adressatengruppen folglich mit Blick auf die folgenden Kriterien aus:

- Besteht durch die Art der Beeinträchtigung dauerhafter Bedarf an Leichter Sprache oder ist diese eine Durchgangsstation auf dem Weg in Richtung Standard?
- Beherrschen die Adressat(inn)en mündliche Varietäten des Deutschen auf L1-Niveau?
- Beherrschen sie eine Varietät einer nichtdeutschen Einzelsprache auf L1-Niveau?

5 Adressat(inn)en von Texten in Leichter Sprache

- Sind sie in einer nichtdeutschen Einzelsprache auf L1- oder L1-nahem Niveau verschriftet?

Die folgende Tabelle zeigt die Ausprägung dieser Kriterien für die einzelnen Adressatengruppen; darüber hinaus wurde der Versuch einer Quantifizierung unternommen. Nähere Angaben zu den Zahlen finden sich in den nachfolgenden Abschnitten, die den jeweiligen Adressatengruppen gewidmet sind:

	Größe der Gruppe, Schätzung	Dauerhafter Bedarf an Leichter Sprache	Mündliche Varietät des Deutschen auf L1-Niveau	Nichtdeutsche Mündlichkeit auf L1-Niveau	Nichtdeutsche Schriftlichkeit auf L1-Niveau
Lernschwierigkeiten, hier: nur Legasthenie	470 000[1]	–	+	+/–	–
Geistige Behinderung	400 000 – 800 000[2]	+	+	+/–	–
Demenz	1 300 000[3]	+	+	+/–	+/–
Prälinguale Hörschädigung	80 000[4]	+/–	–	+	–
Aphasie	130 000[5] – 240 000[6]	+/–	–	–	–
Funktionaler Analphabetismus bis α3 (s. Kap. 5.2.8)	7 500 000[7]	–	+/–	+/–	+/–
Deutsch als Zweitsprache	> 1 000 000[8]	–	–	+	+/–

Tabelle 1: Hauptgrund für die Einschränkung der Lesefähigkeit und Ausprägung der sprachlichen Kompetenz

---

1 Langenfeld (2006: 7).
2 Bundesvereinigung Lebenshilfe (2001).
3 Schindelmeiser (2008: 127).
4 Deutscher Gehörlosen-Bund (http://www.gehoerlosen-bund.de > Aufgaben und Ziele; geprüft am 30.10.2015).
5 Huber et al. (2006: 25).
6 Bundesverband für die Rehabilitation der Aphasiker (http://www.aphasiker.de; geprüft am 30.10.2015).
7 Grotlüschen/Riekmann (2011a: 2).
8 S. Kap. 5.2.9.

Bei den Werten in der Tabelle handelt es sich um konservative Schätzungen. Eine reine Addition dieser Zahlen ist nicht möglich, weil im Prinzip jede Kombination denkbar ist. Zum Beispiel kann eine prälinguale Hörschädigung in Kombination mit einer Aphasie auftreten oder geistige Behinderung in Kombination mit einer Demenz. Definitorisch sind nur geistige Behinderung und Lernschwierigkeiten voneinander abgegrenzt.

Die Heterogenität der unterschiedlichen Adressatengruppen macht es schwierig, das Leichte-Sprache-Konzept auf eine angemessene empirische Grundlage zu stellen. Im Grunde müssen die aufgestellten Regeln und Vertextungsstrategien in Studien mit allen primären Adressatengruppen überprüft werden, was eine komplexe und langwierige Forschungsaufgabe darstellt, die nicht innerhalb weniger Jahre zu lösen ist.

Wie kann jedoch bis zum Vorliegen konkreter Studien vorgegangen werden? Möglich wäre eine Orientierung an der PIAAC-Studie, die Kompetenzen Erwachsener im internationalen Vergleich untersucht und dabei auch die Lesekompetenz der Probanden evaluiert. PIAAC formuliert seine Kriterien jedoch nicht ausgehend von den Lesekompetenzen, sondern von den Textschwierigkeiten, so dass dieser Ansatz für unsere Zwecke nur bedingt anwendbar erscheint (PIAAC 2013). Wir schlagen darum hier zunächst eine Orientierung an den vom Pisakonsortium definierten Kompetenzstufen vor und gehen davon aus, dass primäre Adressat(inn)en typischerweise der Kompetenzstufe I zuzuordnen sind:

Stufe I: Oberflächliches Verständnis einfacher Texte
Schülerinnen und Schüler, die über Kompetenzstufe I nicht hinauskommen, verfügen lediglich über elementare Lesefähigkeiten. Sie können mit einfachen Texten umgehen, die ihnen in Inhalt und Form vertraut sind. Die zur Bewältigung der Leseaufgabe notwendige Information im Text muss deutlich erkennbar sein, und der Text darf nur wenige konkurrierende Elemente enthalten, die von der relevanten Information ablenken könnten. Es können nur relativ offensichtliche Verbindungen zwischen dem Gelesenen und allgemein bekanntem Alltagswissen hergestellt werden. (PISA. Die Kompetenzstufen: 35)

Im vorangegangenen Kapitel haben wir bereits dargestellt, welche Ansprüche an Lesbarkeit und Lesefreundlichkeit von Texten sich aus solchen Einschränkungen der Lesefähigkeit ergeben. Dies gestattet uns, Schlussfolgerungen für die visuelle, konzeptuelle und sprachliche Gestaltung der Texte zu ziehen, wie wir sie im zweiten Teil des Buchs vorstellen.

Hinzu kommt, dass einzelne Adressatengruppen ausgeprägtere Probleme mit bestimmten sprachlichen Einzelphänomenen haben als andere. Allen primären Adressat(inn)en fällt es tendenziell schwer, pronominale

Anaphern aufzulösen, da dies eine gewisse Aufmerksamkeitsspanne erfordert, die insbesondere bei langsamem Lesen regelmäßig überschritten wird (s. Kap. 4).

Personen, deren Muttersprache nicht das Deutsche ist, haben jedoch darüber hinaus möglicherweise Probleme damit, das grammatische Geschlecht eines Antezedenten zu bestimmen und damit die pronominale Anapher korrekt zuzuordnen. Wir schlagen darum vor, pronominale Anaphern konsequent zu vermeiden (s. Kap. 9 und Kap. 12), um in gebotenem Ausmaß Barrierefreiheit zu ermöglichen. Gleiches gilt für Relativpronomen oder im Allgemeinen für Satzgefüge, die zwar von einem Teil der Adressatenschaft in einem gewissen Maße verstanden werden, nicht jedoch von allen (s. Kap. 10). Unser Vorschlag geht darum in Richtung einer Vermeidung dieser Strukturen und wir zeigen im zweiten Teil des Buchs, dass und wie dies möglich ist.

Auf der anderen Seite haben insbesondere Personen mit geistiger Behinderung, mit einer fortgeschrittenen Demenz oder mit einigen Ausprägungen von Aphasie Probleme, bestimmte komplexe oder abstrakte sprachlich formulierte Gegenstände überhaupt zu verarbeiten. Hier stellt sich ein anderes Problem: Sollen Texte nicht oder in inhaltlich stark verkürzter oder simplifizierter Form übersetzt werden, weil einige Adressatengruppen bzw. Teile von Adressatengruppen hier an ihre Grenzen geraten? Dies wäre ein Verstoß gegen die Vorgaben der UN-Behindertenrechtskonvention, die Zugang von Personen mit Behinderung zu aller Art von Informationen fordert. Hier tut sich ein Dilemma auf und es zeigt sich, dass möglicherweise doch nicht alle Personenkreise in gleicher Weise ohne Hilfe Dritter aus schriftlichen Texten Informationen entnehmen können. Einen Lösungsansatz skizzieren wir in Kap. 5.4.

Hinzu kommt, dass unter den primären Adressat(inn)en von Texten in Leichter Sprache auch solche Personenkreise sind, die Leichte Sprache nur übergangsweise benötigen. Wer Deutsch als Fremdsprache oder Zweitsprache lernt, wird sich, insbesondere wenn er oder sie genügend Texte findet, die sich dem aktuellen Sprachstand anpassen, in der Rezeptionskompetenz dem Standard mehr und mehr annähern können. Leichte Sprache übernimmt hier eine Lernfunktion und eine Brückenfunktion (s. Kap. 1.3.3). Gleiches gilt für Personen mit Lernschwierigkeiten und für Gehörlose, sofern durch ihre persönliche Situation der primäre Spracherwerb nicht zu stark beeinträchtigt war (dazu s.u. Kap. 5.2.6). Auch ein Teil der von Aphasie Betroffenen kann in den Standard zurückkehren. Personen mit Demenz oder geistiger Behinderung sowie der Teil der Aphasiker(innen) und prälingual Gehörlosen mit irreversiblen Störungen bzw. starken Kommunikationseinschränkungen sind dagegen dauerhaft auf Leichte Sprache angewiesen.

Hier zeigt sich, dass eine Stufung von Texten mehrerer unterschiedlicher Schwierigkeitsgrade benötigt wird, die auf den Erkenntnissen der Verstehensforschung beruht. Für Leser(innen), die gemäß der Pisastudie die Kompetenzstufe II erreichen, sollte es auch entsprechende Textangebote geben:

Stufe II: Herstellen einfacher Verknüpfungen
Schülerinnen und Schüler, die Kompetenzstufe II erreichen, sind in der Lage, einfache Verknüpfungen zwischen verschiedenen Teilen eines Textes herzustellen und mit einer begrenzten Anzahl von ablenkenden Informationen umzugehen. Sie verfügen auch über die Fähigkeit, die Bedeutung einzelner Elemente durch simple Schlussfolgerungen zu erschließen. Auf dieser Grundlage kann der Hauptgedanke eines im Hinblick auf Inhalt und Form relativ vertrauten Textes identifiziert und ein breites Verständnis des Textes entwickelt werden. Die gelesenen Informationen können mit Alltagswissen in Beziehung gesetzt und unter Bezugnahme auf persönliche Erfahrungen und Einstellungen beurteilt werden. (PISA. Die Kompetenzstufen 2002: 36)

Die Methode Capito von atempo sieht in Anlehnung an den Gemeinsamen Europäischen Referenzrahmen (GER) eine dreistufige „Leicht-Lesen"-Skala mit aufsteigender Komplexität vor. Auf Niveau A1 werden strukturell gleichförmige Basisinformationen ggf. auch bild-, audio- und videogestützt angeboten, auf Niveau A2 werden neben den Basisinformationen zusätzlich die Zusammenhänge zwischen den Einzelinformationen verbalisiert. Texte auf Niveau B1 stehen standardsprachlichen Texten bereits sehr nahe; sie verzichten allerdings auf Fachterminologie und fachsprachliche Verdichtungen. Terminologisch werden häufig nur die Texte auf Niveau A1 unter *Leichte Sprache* gefasst. Texte auf Niveau A2 und B1 werden demgegenüber unter dem Begriff *Einfache Sprache* geführt.

Die Anlehnung an den GER ist durchaus nicht unproblematisch. Zum einen werden hier ausschließlich Kompetenzstufen von Deutsch-als-Zweitsprache- bzw. Deutsch-als-Fremdsprache-Lerner(inne)n dargestellt, zum anderen ist der Referenzrahmen vor allem in den unteren Kompetenzstufen ausschließlich an der mündlichen Sprachproduktion orientiert, während es bei Leichter Sprache um schriftliche Sprachrezeption geht. Allerdings ist eine weitere Verifizierung mit Blick auf Capito ohnehin nicht möglich, da atempo als Franchise-Unternehmen agiert und seine Regeln nicht offenlegt. Ein Sammelband unter Herausgeberschaft des Unternehmens zu verständlicher Sprache, der für den Herbst 2015 angekündigt ist, lag uns zu Redaktionsschluss des vorliegenden Bandes noch nicht vor. Der Beginn einer wissenschaftlichen Auseinandersetzung mit gestuften Erleichterungssystemen findet sich in Magris/Ross (2015) und Bock (2015). Einen eigenen Vorschlag für die Operationalisierung von Schwierigkeitsstufungen skizzieren wir im letzten Kapitel des Buchs (Kap. 14).

Im nächsten Schritt stellen wir die unterschiedlichen Adressatengruppen von Leichter Sprache vor und skizzieren ihren Bedarf; dabei ist zunächst die Verwendung der Begriffe „Lernschwierigkeiten" und „geistige Behinderung" zu klären.

5.2.2 Zur Terminologie: Lernschwierigkeiten vs. geistige Behinderung

Personen mit Lernschwierigkeiten werden vom Netzwerk Leichte Sprache, das sich seit Jahren im Bereich Leichte Sprache profiliert und auch die aktuelle Regelbroschüre für das Bundesministerium für Arbeit und Soziales verfasst hat (BMAS 2013, s. Kap. 3), als privilegierte Zielgruppe genannt. Damit ist die Forderung verbunden, dass vorrangig Personen mit Lernschwierigkeiten als Korrekturleser(innen) eingesetzt werden (s. o. das Postulat „Das Prüfen machen Menschen mit Lern-Schwierigkeiten. Nur sie können sagen, ob ein Text leicht genug ist." BMAS 2013: 21). Allerdings deckt sich das Konzept „Lernschwierigkeiten", wie es von Organisationen wie dem deutschen Ableger von Inclusion Europe, dem Netzwerk Leichte Sprache oder People First verwendet wird, nicht mit der im wissenschaftlichen Diskurs üblichen Begrifflichkeit. Die Konzepte „Lernschwierigkeiten" und „geistige Behinderung" sind in der Forschung relativ gut abgegrenzt. Bei Lernschwierigkeiten liegt eine in ihrer Person oder in ihrer Situation (familiäres Umfeld, Schule) begründete, umfängliche Beeinträchtigung des schulischen Leistungsvermögens vor, die mit einer leichten Beeinträchtigung der Intelligenz einhergehen kann, aber nicht muss. Personen mit Lernschwierigkeiten weisen einen IQ von mindestens 70 auf. Bei geistiger Behinderung liegt dagegen eine organische Schädigung des Gehirns vor, der IQ liegt unter 70. Nun fällt auf, dass die Vereinigung Inclusion Europe sich in ihrer englischen Variante an „adults with intellectual disabilities" richtet, d.h. im engeren Sinne an geistig Behinderte, während in den deutschen Übersetzungen aller Texte von Inclusion Europe stets von „Menschen mit Lernschwierigkeiten" die Rede ist. Dies ist jedoch kein Übersetzungsfehler, sondern eine politische Entscheidung, die sich z.B. auf der Startseite von Mensch zuerst – Netzwerk People First Deutschland e. V. (http://www.people1.de; geprüft am 30.10.2015) ausgeführt findet:

> Mensch zuerst – Netzwerk People First Deutschland e. V. ist ein Verein von und für Menschen mit Lern-Schwierigkeiten.

Wir wollen nicht „geistig behindert" genannt werden.
Wir sind Menschen mit Lern-Schwierigkeiten.

Die Bezeichnung „Menschen mit Lernschwierigkeiten" ist ein Euphemismus, d. h. die Verwender(innen) haben gerade die Absicht, den genauen Umfang und die Charakteristik der Zielgruppe zu verschleiern, da die Zuschreibung des Zustands „geistig behindert" für ein Individuum oder eine Gruppe eine starke Stigmatisierung darstellt, selbst wenn sie der Sache nach zutrifft. Die Definitionen geistiger Behinderung gehen, analog zu denen der Lernstörung und der Lernbehinderung, häufig von einer „defizitären Sichtweise" aus, d. h. sie definieren den Zustand dieser Personen über ihr Defizit. Fornefeld (2000: 50) weist darauf hin, dass dies insbesondere bei geistiger Behinderung ein Problem ist: „Nennen wir einen Menschen in seinem Geist behindert, werten wir ihn damit zwangsläufig in seinem Personsein ab." Eine befriedigende Lösung für dieses Dilemma ist jedoch noch nicht gefunden; sie kann auch mit großer Wahrscheinlichkeit immer nur temporärer Art sein, da Euphemismen die Tendenz zur Bedeutungsverschlechterung haben: Sie nehmen die negativen Konnotationen der Begriffe, die sie ersetzen, mit der Zeit auf. Pinker nennt dieses Phänomen „euphemism treadmill": „People invent new words for emotionally charged referents, but soon the euphemism becomes tainted by association, and a new word must be found, which soon acquires its own connotations, and so on" (Pinker 2002: 212).

Die Tendenz, Behinderung, insbesondere geistige, mit Euphemismen zu belegen, ist nicht neu und findet sich sprachübergreifend. So wurde der Grad einer geistigen Behinderung früher unterteilt in Debilität (IQ zwischen 50 und 69), Imbezillität (IQ von 20-49) und Idiotie (IQ unter 20). Diese Termini sind heute nicht mehr verwendbar und auch aus der Fachliteratur verschwunden, da sie einen Prozess der semantischen Pejoration durchlaufen haben, d. h. einen Bedeutungswandel hin zu einer erheblich schlechteren Konnotation. In der heutigen Literatur wird eher von leichter, mittelgradiger und schwerer Intelligenzminderung gesprochen (s. u. Kap. 5.2.4) und es ist abzusehen, dass auch diese Termini nicht auf Dauer Bestand haben werden, sondern zukünftig wiederum durch andere ersetzt werden.

In der Fachliteratur ist nach wie vor von „geistiger Behinderung" die Rede; die Gruppe der geistig Behinderten wird von der Gruppe der Personen mit Lernschwierigkeiten abgegrenzt, was nicht zuletzt gute Gründe in Bezug auf die abweichenden Bedürfnissen beider Gruppen hat. Ein Teil der geistig Behinderten hat nun im Bereich der politischen Teilhabe offenkundig ein Interesse daran, diese manifesten Unterschiede gerade zu kaschieren (ob die Gruppe der im eigentlichen Sinne Lernbehinderten diesen Schulterschluss ebenfalls wünscht, sei einmal dahin gestellt). Das ist im politischen Kontext legitim, im wissenschaftlichen Kontext aber nicht angemessen. Wir unterscheiden darum gemäß den Vorgaben aus der Fachliteratur zwischen Lernschwierigkeiten und geistiger Behinderung. Die vom Netzwerk Leichte Sprache für die Zielgruppenkorrektur favorisierten „Experten in eigener Sache" gehören in unserer Terminologie zur Gruppe der geistig Behinderten.

5.2.3 Lernschwierigkeiten

Der Begriff „Lernschwierigkeiten" setzt sich in Deutschland mehr und mehr durch. Er ersetzt den Begriff „Lernbeeinträchtigungen", der als Oberbegriff für die beiden Konzepte der „Lernstörung" und der „Lernbehinderung" fungierte.

Lernstörungen und Lernbehinderungen waren als unterschiedliche Ausprägungsgrade von Lernbeeinträchtigungen konzeptualisiert. Lernstörungen waren so definiert, dass sie bei Schülern mit normalem IQ nur in einem Schulfach und nur während des Zeitraums von maximal einem Schuljahr auftraten; Schüler mit als Lernstörungen klassifizierten Lernbeeinträchtigungen blieben auf der Regelschule.

Von Lernbehinderungen sprach man bei einem IQ zwischen 85 und 70 sowie Problemen, die sich über mehrere Schulfächer und auch über mehrere Schuljahre erstreckten. Beim Zutreffen dieser Kriterien wurden die Schüler aus der Regelschule in die Sonderschule überwiesen.

In der Praxis waren die beiden Ausprägungen weniger gut voneinander zu unterscheiden; auch wurde die Bezeichnung „lernbehindert" von Eltern und Schülern als Stigma empfunden. Mit fortschreitender Inklusion ist eine so klare binäre Teilung nicht mehr zielführend, da die Separierung der Schüler in Regel- vs. Sonderschulen nicht mehr vordergründiges Ziel der Erfassung von Lernschwierigkeiten ist.

Der Begriff „Lernschwierigkeiten" passt sich in das Konzept der Inklusion ein, denn er wendet sich vom Konzept der klar definierbaren Behinderung einer distinkten Gruppe ab: Wenn Zielinski (1996: 369) Lernschwierigkeiten als „Probleme der Informationsaneignung durch ein Individuum" definiert, suggeriert er, dass jedes Individuum in einer gegebenen Situation Lernschwierigkeiten haben kann, wenn eine Diskrepanz zwischen einer Anforderungsschwelle und den vorhandenen bzw. noch zu erwerbenden Fähigkeiten eines Individuums besteht und wenn das Individuum für das Überwinden dieser Diskrepanz externe Hilfen benötigt – seien es individuelle oder förderpädagogische.

Heimlich (2009: 30) legt das folgende Klassifikationsmodell zu Umfang, Schweregrad und Dauer von Lernschwierigkeiten vor:

Primäre Adressat(inn)en von Texten in Leichter Sprache

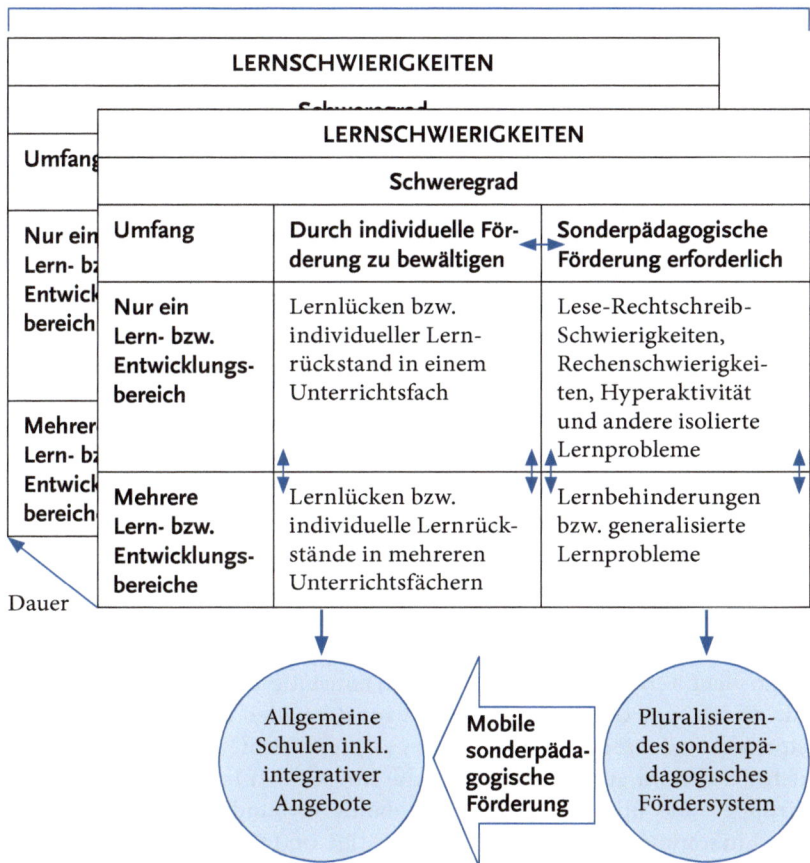

Abbildung 2: Klassifikation der Lernschwierigkeiten (Heimlich 2009: 30)

Lernschwierigkeiten sind von endogenen oder exogenen Bedingungen abhängig. Endogene Bedingungsfaktoren liegen in der Person des Schülers bzw. der Schülerin selbst und sind im engeren oder im weiteren Sinne auf das Lernen als solches bezogen. Direkt im Zusammenhang mit dem Lernen stehen unmittelbar beobachtbare und wahrnehmbare Probleme mit dem Lesen, Schreiben und/oder Rechnen.

Ein spezifischer Typ endogen verursachter Probleme beim Lese-Rechtschreiberwerb wird unter dem Begriff der Legasthenie zusammengefasst. Wegen einer Beeinträchtigung des Arbeitsspeichers und des Langzeitgedächtnisses, zwei zentralen Instrumenten der Sprachverarbeitung, haben Betroffene erhebliche Probleme beim Schriftspracherwerb (häufig sind beide, Lese- und Schreibfähigkeiten, beeinträchtigt), und das auch bei normaler Intelligenz und „trotz normaler familiärer und schulischer Lernanregungen" (Langenfeld 2006: 8). Bei unzureichendem Lernangebot und fehlender Förderung wachsen sich die Leseprobleme aus und zeigen sich nicht allein in einer erhöhten Anzahl von Lesefehlern, sondern hauptsächlich in einem „bedeutsam verringerte[n] Lesetempo" (Langenfeld 2006: 7). Von Texten in Leichter Sprache profitieren von Legasthenie Betroffene darum unmittelbar. Langenfeld (2006: 7) beruft sich auf Angaben des Bundesverbands für Legasthenie und Dyskalkulie, der davon ausgeht, dass ihr Anteil rund 4 % aller Schüler umfasst, was auf eine Gesamtzahl von 470 000 Schülern in Deutschland hinausläuft. Die European Dyslexia Association schätzt, dass 2 % der Bevölkerung sehr schwer, 2 % mittelschwer und 8 % bis 10 % leicht betroffen sind (Langenfeld 2006: 3). Damit läge die Prävalenz der von Legasthenie Betroffenen bei 12–14 %, wobei mit solchen Schätzungen auch wegen des bislang nicht homogen genutzten Begriffs der Legasthenie stets sehr vorsichtig umgegangen werden muss (vgl. hierzu auch Valtin/Voss/Bos 2015).

Exogene Bedingungsfaktoren für Lernschwierigkeiten liegen außerhalb der Kinder oder Jugendlichen mit Lernschwierigkeiten; sie kommen aus deren sozialem Umfeld: Lernschwierigkeiten können, neben einer persönlichen Prädisposition, durch die Familie und auch durch die Schule bzw. das soziale Umfeld der Kinder im engeren und weiteren Sinne mitverursacht werden; Heimlich (2009: 66) konstatiert, dass 90 % der Schüler, die der Gruppe der Lernbehinderten aus dem alten Paradigma der Lernstörungen zuzurechnen sind, aus der „Unterschicht" stammen. „Schicht" definiert er im Anschluss an Hradil (1999: 36 ff.) als gesellschaftliche Gruppe, „die über den Beruf und damit verbundene Statusmerkmale wie Einkommen, Vermögen, Berufsprestige und Qualifikation bestimmt wird". Diese Bedingungsfaktoren führen nicht linear und monofaktoriell zu einer Lernbehinderung, begünstigen negative Entwicklungsverläufe aber, insbesondere dann, wenn auch die Schule keinen Ausgleich schafft.

Häufig liegt eine Kombination endogener und exogener Gründe für Lernschwierigkeiten vor. So kann eine schon vor der Einschulung vorliegende Entwicklungsverzögerung in ausgeprägte Lernschwierigkeiten münden, die die Notwendigkeit einer Förderung nach sich ziehen. Die Gruppe dieser Kinder und Jugendlichen ist durch längerfristige Versagenserlebnisse beeinträchtigt (Heimlich 2009: 42), was häufig dazu führt, dass sie nicht in der Lage sind, ihren Lernprozess angemessen zu gestalten. Hier setzen umfangreiche Förderinstrumente ein, die sich mit der inklusiven Schule auch in der Regelschule ansiedeln werden, während in den vergangenen Jahrzehnten Kinder mit ausgeprägten Lernschwierigkeiten („Lernbehinderung") in Förderschulen aufgenommen und von den Regelschulen separiert wurden.

Texte in Leichter Sprache erleichtern Schüler(inne)n und Erwachsenen mit Lernschwierigkeiten die Partizipation an der Informationsgesellschaft, da sie Informationen in zugänglicher und leicht rezipierbarer Form zur Verfügung stellen und Frustrationserlebnisse beim Lesen von fachlich geprägten Texten vermeiden helfen. Weil keine geistige Behinderung vorliegt, ist zusätzlich zu einer unmittelbaren Partizipationsmöglichkeit längerfristig ein Lernfortschritt zu erwarten, so dass für diese Gruppe auch Texte mit gestuften Schwierigkeitsgraden von Interesse wären, mit denen jeweils spezifische Lernimpulse gesetzt werden können.

5.2.4 Geistige Behinderung

Als geistig behindert bezeichnet man Personen, die durch eine direkte oder indirekte organische Schädigung des Gehirns „in ihren intellektuellen Fähigkeiten (in der Analyse und Synthese von Wahrnehmungen, Erfahrungen, Einsichten und Erkenntnissen) gravierend beeinträchtigt sind, was wiederum Auswirkungen auf ihr Lernen und ihre Lebensgestaltung hat" (Fornefeld 2000: 44). Die geistige Behinderung kann prä-, peri- oder postnatal entstehen und zu sehr unterschiedlichen Behinderungsbildern führen. Seidel (2013: 19) nennt als pränatale Ursachen u. a. genetische Anomalien, vorgeburtliche Infektionen, Alkoholexposition, Krankheiten der Mutter, Entwicklungsstörungen des Gehirns, intrauterine Mangelernährung und Strahleneinwirkungen während der Schwangerschaft. Perinatale Ursachen sind Funktionsstörungen der Plazenta, Präklampsie, Geburtstraumata, metabolische Störungen, Komplikationen bei Frühgeburt, Infektionen und intrazerebrale Blutungen. Unter den postnatalen Ursachen führt er u. a. Infektionen, Traumata, Umweltgifte, Deprivation, Stoffwechselstörungen und Epilepsien an.

Die aus diesen unterschiedlichen Ursachen erwachsenden Störungsbilder haben eine sehr große Bandbreite. Die Vorstellung, eine zuverlässige Angemessenheitsprüfung für einen Text in Leichter Sprache könnte darin bestehen, dass eine kleine Gruppe beliebiger Personen mit geistiger Behinderung diesen Text lesen und beurteilen, ist schon aus diesem Grunde irrig.

In der Literatur wird zwischen leicht, mittel und schwer geistig Behinderten (vgl. u. a. Senckel 2010) bzw. zwischen einer leichten, mittelgradigen und schweren Intelligenzminderung unterschieden. Dabei sind 80 % von leichter, 12 % von mittelgradiger und weniger als 1 % von schwerer geistiger Behinderung betroffen (v. Gontard 2003, Seidel 2013).

Das Diagnostic and Statistical Manual of Mental Disorders (in deutscher Fassung von 1996: DSM-IV, Saß et al. 2001) klassifiziert geistige Behinderung nach den Kriterien auf der folgenden Seite:

- Kriterium A: „eine deutlich unterdurchschnittliche allgemeine intellektuelle Leistungsfähigkeit"
- Kriterium B: „starke Einschränkung der Anpassungsfähigkeit in mindestens zwei der folgenden Bereiche: Kommunikation, eigenständige Versorgung, häusliches Leben, soziale/zwischenmenschliche Fertigkeiten, Nutzung öffentlicher Einrichtungen, Selbstbestimmtheit, [...] Schulleistungen, Arbeit, Freizeit, Gesundheit und Sicherheit."
- Kriterium C: „Beginn der Störung vor dem Alter von 18 Jahren."
(Saß et al. 2001: 73)

Der DSM-IV beschreibt Lernstörungen bei geistiger Behinderung und nennt „Lesestörung (Reading Disorder), Rechenstörung (Mathematics Disorder)" und „Störung des schriftlichen Ausdrucks (Disorder of Written Expression)" (Seidel 2013: 14).

Gemäß den Angaben des Statistischen Bundesamts hatten im Jahre 2011 in Deutschland insgesamt 1,46 Millionen Personen den Schwerbehindertenstatus aufgrund einer zerebralen Störung, einer geistigen und/oder seelischen Behinderung (Statistisches Bundesamt: https://www.destatis.de/DE/ZahlenFakten/GesellschaftStaat/Gesundheit/Behinderte/Tabellen/GeschlechtBehinderung.html [geprüft am 30.10.2015]). Die Bundesvereinigung Lebenshilfe (2001) geht davon aus, dass 0,5–1% der Bevölkerung eine geistige Behinderung aufweist, was auf ca. 400 000 bis 800 000 Personen hinausliefe.

1998 verabschiedete die Kultusministerkonferenz die „Empfehlungen zum Förderschwerpunkt geistige Entwicklung" (Empfehlungen zum Förderschwerpunkt geistige Entwicklung 1998), die nach wie vor in Kraft sind. Grundlegendes Ziel der Beschulung geistig Behinderter solle es demnach sein, Betroffenen den Weg zu einer aktiven Lebensführung und einem Leben in „größtmöglicher Selbständigkeit und Selbstbestimmung" zu ebnen. Zu den Lernzielen gehört auch die „Vermittlung grundlegender Fähigkeiten und Handlungsmöglichkeiten in den Bereichen des Lesens, Schreibens und Rechnens" (Empfehlungen zum Förderschwerpunkt geistige Entwicklung 1998: 7). In vielen Fällen sind diese grundlegenden Lesefähigkeiten jedoch nicht ausreichend für die Informationsentnahme, selbst wenn es sich um Texte in Leichter Sprache handelt: Ein erheblicher Prozentsatz der Personen mit geistiger Behinderung beherrscht das sinnentnehmende Lesen von Texten nicht. Die Geistigbehindertenpädagogik arbeitet mit einem erweiterten Lesebegriff, der auch Formen der Sinnerschließung als „Lesen" bezeichnet, die normalerweise nicht darunter fallen:

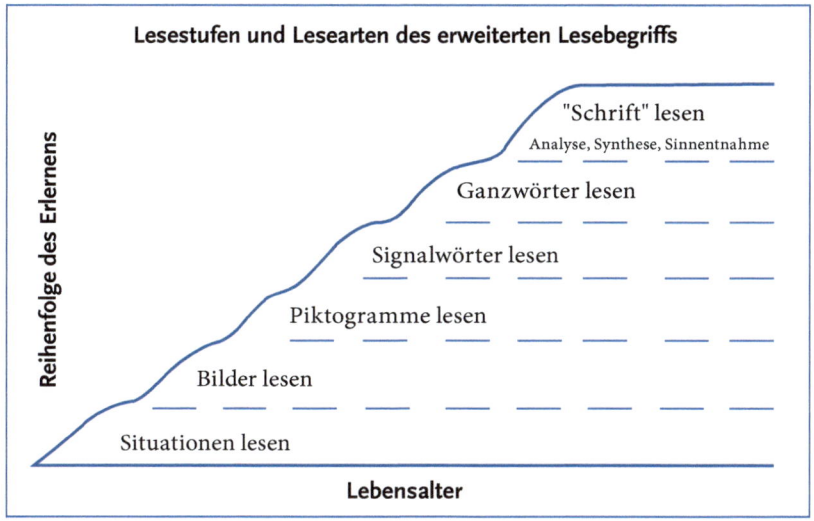

Abbildung 3: Erweiterter Lesebegriff nach Günthner (1999), Tabelle in Ratz (2013)

Der Anteil der Personen mit geistiger Behinderung, der die höchste Stufe erreicht, liegt gemäß unterschiedlichen Studien zwischen 30 und 40 %; die Studie von Ratz (2013) etwa, die 1629 Schüler(innen) im Förderschwerpunkt geistige Entwicklung an bayerischen Schulen erfasst hat, erbringt hier einen Anteil von 32,8 %. Das bedeutet im Umkehrschluss, dass 60 bis 70 % der Personen mit geistiger Behinderung nicht eigenständig und ohne Hilfe Dritter auf schriftliche Informationen zugreifen kann. Von Texten in Leichter Sprache profitieren aber auch diese Personen, denn es gibt auch andere Rezeptionsweisen für Texte in Leichter Sprache (s. Kap. 5.4).

5.2.5 Demenz

Neben Formen der Hirnschädigung, die bereits im Kindesalter vorhanden sind, gibt es auch solche Formen, die erst später im Leben auftreten. Sie werden als erworbene Hirnschädigungen bezeichnet (Seidel 2013: 12). Die am häufigsten vorkommende Form ist die Demenz, eine erworbene Geistesschwäche, die mit dem Verlust mentaler Fähigkeiten einhergeht (Schindelmeiser 2008: 127). Sie tritt meist erst im fortgeschrittenen Alter auf und führt zu „zunehmenden Gedächtnisstörungen", zu „Sprach- und Sprechveränderungen", Orientierungsproblemen und motorischen Funktionsverlusten (Schindelmeiser 2008: 127). Gemäß dem oben bereits zitierten Diagnostic and Statistical Manual of Mental Disorders (DSM-IV, Saß et al. 2001) liegt eine Demenz vor, wenn die folgenden Symptome beobachtet werden (Auflistung zitiert aus Schecker 2003: 278, dort auch weitere Ausführungen zu Natur und Ausprägung der einzelnen Symptome):

1) Gedächtnisstörungen (zunächst das Kurz-, dann das Langzeitgedächtnis [...]);
2) Mindestens eine der folgenden kognitiven Einbußen:
a) Aphasie (Sprachstörungen)
b) Apraxie
c) Agnosie
d) Beeinträchtigungen der Exekutivfunktionen.
3) Die kognitiven Defizite müssen schwer genug sein, um eine Beeinträchtigung des beruflichen oder sozialen Leistungsniveaus zu verursachen, und müssen eine deutliche Verschlechterung gegenüber einem vormals höheren Leistungsniveau darstellen.
4) Die Störungen dürfen nicht nur während eines Delirs auftreten.

Derzeit wird in Deutschland von ca. 1,3 Millionen Demenzkranken ausgegangen, eine Zahl, die sich durch das Ansteigen der durchschnittlichen Lebenserwartung mit großer Wahrscheinlichkeit noch erhöhen wird. In der Gruppe der 80–84-Jährigen sind 13,3 % aller Menschen betroffen, bei den 85–89-Jährigen sind es bereits 23,9 %, bei den über 90-Jährigen sind es 34,6 %. Die Demenzkranken sind mithin eine der großen Gruppen unter den potentiellen Leser(inne)n von Texten in Leichter Sprache (ebd.).

Primäre Demenzen entstehen ohne erkennbare Ursache und sind irreversibel. Die sekundäre Demenz ist demgegenüber eine Folge anderer Hirnerkrankungen oder Hirnverletzungen, wie Schindelmeiser (2008: 128) ausführt, der hier Hirntraumata, Hirntumore, Infektionen, Vergiftungen, Stoffwechselerkrankungen und Herz-Kreislauf-Erkrankungen als mögliche Auslöser benennt. Bei den sekundären Demenzen sind Krankheiten am häufigsten, die die hirnversorgenden Blutgefäße betreffen. Sie führen zu Durchblutungsstörungen, wodurch das Hirngewebe in Mitleidenschaft gezogen wird (Kurz 2013). Einige sekundäre Demenzen sind reversibel, wenn die ursächliche Erkrankung behandelt wird, allerdings betrifft das insgesamt nur 1 % der Demenzfälle (Kurz 2013: 13). Unter den primären Demenzen ist die Alzheimer-Krankheit am häufigsten (60 bis 70 %). Sie hat einen langsamen und schleichenden Verlauf. Der eigentlichen Krankheitsphase geht „ein Zustand geringgradiger, jedoch fortschreitender Leistungseinschränkungen" (Kurz 2013: 9) voraus, der „leichte kognitive Störung" genannt wird. Es wird angenommen, dass dieses Krankheitsstadium zwischen fünf und zehn Jahren dauert und Störungen des Gedächtnisses umfasst, die „vor allem die Speicherung und den Abruf von neuen Informationen" betreffen sowie zu Aufmerksamkeitsbeeinträchtigungen und Störungen der optisch-räumlichen Informationsverarbeitung führen (ebd.). Die Krankheitsphase selbst wird in drei Stadien unterteilt: die leichtgradige, mittelschwere und schwere Demenz, wobei jede dieser Phasen im Schnitt drei Jahre dauert (Kurz 2013: 10). Im frühen Stadium sind bereits die Kognition und das abstrakte Denken beeinträchtigt, auch Wortfindungsstörungen häufen sich (Schindelmeiser 2008: 130). Die Patienten haben Probleme mit der Speicherung und dem Abruf von neuen Informationen, sind jedoch zumindest in eingeschränktem Maße in der Lage, „Urteile zu fällen, vernünftige Abwägungen zu treffen und Probleme zu lösen" (Kurz 2013: 11). Im mittleren Stadium ist das abstrakte Denken stark beeinträchtigt, es treten allgemein Verständnis- und Verständigungsschwierigkeiten, insbesondere auch Lese- und Schreibschwierigkeiten auf (Schindelmeiser 2008: 130). Viele Patienten haben Probleme beim Bilden von Sätzen; sie verarbeiten komplexe Mitteilungen nicht mehr und können daher nur noch ungenügend mit ihrem Umfeld kommunizieren (Kurz 2013: 11). Im Endstadium wird der oder die Betroffene zum Pflegefall.

Insbesondere bei der eigentlichen Krankheitsphase vorausgehenden leichten kognitiven Störungen und bei den leichtgradigen Demenzen, in eingeschränktem Maße auch bei den mittelschweren Demenzen, ist jedoch eine Partizipation der Patienten am Alltag weiterhin möglich. In der Literatur wird immer wieder darauf hingewiesen, dass die Patienten sich aus Verzweiflung über ihren Zustand, der über lange Zeit bewusst wahrgenommen wird, häufig aus geistiger Betätigung zurückziehen. Texte in Leichter Sprache sind hier ein niederschwelliges Angebot, das den Betroffenen ermöglicht, an der Schriftlichkeit zu partizipieren.

Belastbare Befunde zur Rezeption von Leichte-Sprache-Texten durch Demenzkranke in deren Alltag bzw. das Arbeiten mit Texten in Leichter Sprache beispielsweise im Rahmen einer kognitiven Stimulationstherapie liegen bislang noch nicht vor. Es gibt aber einige Studien über die Adressierung von Personen mit und ohne Demenzen in Pflegeheimen, die Aufschluss über eine angemessene Gestaltung von Kommunikation für diesen Personenkreis geben (z. B. diverse einzelne und gemeinsame Studien von Hummert und Ryan, z. B. in Hummert/Ryan 1996). Sachweh (2003) belegt beispielsweise, dass die Kommunikation durch das Pflegepersonal in ihrer diskurslinguistischen Studie durch „gesichtsschonende und verständnissichernde" Strategien geprägt ist. Mögliche „Verständnisschwierigkeiten oder Kommunikationsstörungen" werden häufig nicht erst abgewartet, vielmehr werden sie antizipiert und präventiv aufgegriffen (Sachweh 2003: 159). Dabei bemühten sich die Pfleger(innen) zwar „auf der einen Seite sehr […], den BewohnerInnen höflich und respektvoll zu begegnen, behandeln [...] diese auf der anderen Seite, wenn auch oft in gutmeinender Absicht, wie im Falle des Baby-Talk, gleichermaßen wie Kinder und laufen somit Gefahr, deren Selbstwertgefühl zu untergraben" (ebd.). Für Texte in Leichter Sprache lässt sich hier die Schlussfolgerung ziehen, dass Strategien (z. B. bezüglich der Adressierung) entwickelt werden müssen, die dieser Gefahr aktiv begegnen.

Die Art der sprachlichen Beeinträchtigung bei Demenz hat Schecker in unterschiedlichen Studien untersucht. In Schecker (2003: 283) verweist er u. a. auf die folgenden Auffälligkeiten:

- Wortfindungsstörungen, die bereits in der frühen Phase demenzieller Erkrankungen auftreten und auch in der einschlägigen Fachliteratur beschrieben werden; Schecker verweist in diesem Zusammenhang auf die Studien von Bayles/Kazniak (1987), Dick et al. (1989), Eustache et al. (1990), Fromm et al. (1991) sowie Wallesch/Hundsalz (1994).
- Schwierigkeiten, „eine Kette von zusammenhängenden Ideen und Vorstellungen im Diskurs zu entwickeln oder ihnen zu folgen", d. h. die „Patienten ‚verlieren' gewissermaßen den ‚roten Faden', verlieren die Fähigkeit, eine These argumentativ zu entfalten, sind unfähig, ein ganzheitliches Textverständnis zu entwickeln, oder ‚vergessen' das Dialogthema bzw. wechseln es abrupt".
- Schwierigkeiten im Umgang mit „bildhaften Ausdrücken und indirekter Redeweise", die auch bereits bei leichten Demenzen zu beobachten sind: Die von Demenz Betroffenen „verharren bei der wörtlichen Bedeutung und sind mehr oder weniger unfähig, Humor und Ironie als solche richtig einzuschätzen".
- Perseverationen „von Silben, Wörtern, Satzteilen und ganzen Sätzen", also u. a. die „Wiederholung bereits gestellter Fragen bzw. schon gegebener Antworten" sind höhergradigen Demenzen vorbehalten.
- Gleiches gilt für den Umgang mit syntaktischer Komplexität: Unter anderem geht die noch verarbeitete „Zahl [...] der adverbialen Ergänzungen und der Nebensätze" sowie deren Einbettungstiefe „teilweise massiv" zurück.

Alzheimerpatienten folgen laut Schecker (2003: 285)

den Ausführungen ihrer Kommunikationspartner solange (und das – so weit ersichtlich – ohne größere Probleme), wie sie nicht ihrerseits fortsetzen und/oder vervollständigen müssen, was nur im Rahmen eines ganzheitlichen Verstehens bzw. unter Rückgriff auf den Kontext möglich ist.

Darüber hinaus berichtet Schecker (2003: 286), dass das Aktiv zulasten des Passivs dominiert und hypotaktische Konstruktionen durch unverbundene Konstruktionen verdrängt werden. Es liegt nahe, dass Leichte Sprache mit ihren Explizierungsstrategien und ihrer syntaktischen Beschränkung auf eine reine Einzelsatzstruktur im Aktiv hier zu einem besseren Textverständnis führen kann.

Auch in lexikalischer Hinsicht kann Leichte Sprache für Demenz-Patienten hilfreich sein: Mit Bezug auf die Wortfindungsstörungen führt Schecker (2003: 285) aus, dass die Probanden in Benennexperimenten, wenn es ihnen gelang, „eine mehr oder weniger passende Benennung" zu finden, häufiger einen „deutlich prototypischere[n] Ausdruck" nannten „als die korrekte Benennung (z. B. *Veilchen* statt *Iris* oder *Lilien / Bleistift* statt *Kugelschreiber* [...])." Er folgert:

> Wenn die Aktivierung prototypischer Einträge tatsächlich das Ergebnis einer mehr oder weniger ungerichteten diffusen Aktivierung lexikalischer Netze ist, dann könnte in der Tat so etwas wie der Grad an Prototypikalität bzw. an ‚kognitiver salience' der Grund dafür sein, daß überdurchschnittlich häufig prototypische Einträge aktiviert werden. (Schecker 2003: 285)

Wir schlussfolgern, dass die Orientierung der Leichte-Sprache-Texte an lexikalischen Prototypen (s. Kap. 9.2.1) auch für Demenz-Patienten eine hilfreiche Strategie sein könnte.

Schecker (2003: 289) hat das Ziel, den fortlaufenden Sprachabbau systematisch zu dokumentieren und ihn dann als Diagnoseinstrument einzusetzen: Wenn untersucht werden kann, welche Arten von sprachlichen Strukturen noch verstanden werden, so kann auf dieser Basis möglicherweise der Grad des Fortschreitens einer Demenz besser eingeschätzt werden. Schecker (2003: 289) nennt hier u. a. die folgenden Abfolgen für den Abbau der Verwendung und des Verständnisses von sprachlichen Strukturen:

- Aktiv kann länger verarbeitet werden als Passiv,
- Parataxen länger als Hypotaxen,
- die definite nominale Vollform länger als definite Pronomina,
- nebenordnende ‚reihende' Konjunktionen *(und, dann* oder *und dann)* länger als mehrteilige Ausdrücke *(zum einen – zum anderen, erstens – zweitens – ...).*
- Außerdem werden bestimmte Tempuswechsel in späteren Stufen nicht mehr ausgeführt.
- ‚Renominalisierungen' nach pronominalen Anaphern in einer Anaphernkette bereiten zunehmend Probleme.

Bei allen diesen genannten Parametern ist für Leichte Sprache die zuerst abgebaute Variante kontraindiziert.

Gress-Heister (2003) weist in seiner Studie nach, dass Demenzpatient(inn)en in signifikanter Weise seltener Pronomina verwenden und führt das auf den Abbau sprachverarbeitender Prozesse bei den Betroffenen zurück. Dabei zeichnet sich ab, dass pronominale Anaphern zuerst abgebaut werden, es folgen die sozialen Deiktika (Höflichkeitsformen), gefolgt von den deiktischen Proformen im Allgemeinen. Die definiten Vollformen werden am längsten korrekt verwendet (Gress-Heister 2003: 305). Auch der Verzicht auf pronominale Anaphern, wie er für Leichte Sprache zur Anwendung kommt, wird sich damit verständniserhöhend auswirken. Insgesamt liegt darum der Schluss nahe, dass Leichte Sprache geeignet ist, Personen mit Demenz länger in der Schriftlichkeit zu halten.

5.2.6 Prälinguale Hörschädigung/Gehörlosigkeit

Von einer Einschränkung der Schriftsprachenkompetenz, die auf die Hörbehinderung zurückgeht, sind nur prälingual Hörgeschädigte betroffen. Bei dieser Gruppe ist die Gehörlosigkeit oder an Gehörlosigkeit grenzende Schwerhörigkeit entweder bereits vorgeburtlich angelegt (z. B. durch Vererbung oder eine Erkrankung der Mutter während der Schwangerschaft) oder sie wird in den ersten Lebensjahren, d. h. vor dem Spracherwerb („prälingual") erworben (z. B. durch Erkrankungen wie eine bakterielle Meningitis oder durch einen Unfall). Seit einigen Jahren wird diese Gruppe großenteils mit Implantaten (Cochlea-Implantaten) versorgt, durch die ein erheblicher Teil der Betroffenen in mehr oder weniger ausgeprägtem Maße Hörerfahrungen machen kann, die sich auch positiv auf den Spracherwerb der Lautsprache auswirken. Allerdings ist bekannt, dass das Cochlea-Implantat längst nicht für alle Implantierten den Hörverlust hinreichend kompensiert – empirische Studien belegen, dass ca. 50 % der implantierten Schüler(innen) bereits im Vorschulalter eine sprachliche Entwicklungsstörung zeigen, die ein Risiko für den Schriftspracherwerb darstellt (Hennies 2009: 294). Diese Kinder würden von der Gebärdensprache profitieren, da man sie dann bilingual beschulen und den verminderten sprachlichen Input ausgleichen könnte. Hennies (2009: 296) konstatiert jedoch, dass Cochlea-implantierte Kinder „zunehmend rein lautsprachlich gefördert werden". Die bilinguale Erziehung Hörgeschädigter mit Cochlea-Implantat (Gebärdensprache – Lautsprache) stellt also eher die Ausnahme dar, möglicherweise auch deshalb, weil die Gebärdensprache noch immer mit Vorurteilen zu kämpfen hat.

Die prälingual Gehörlosen, eine Gruppe, die in Deutschland etwa 100 000 Personen umfasst, haben häufig ausgeprägte Schwierigkeiten beim Lesen und Schreiben von Texten, die dazu führen, dass sie nicht oder kaum an der schriftlich geprägten Informationsgesellschaft partizipieren können. Diverse Studien zur Schriftsprachkompetenz hörgeschädigter Schüler(inne)n konnten in den letzten zwanzig Jahren keine Verbesserung feststellen (Hennies 2009: 296). Obwohl nicht geistig behindert und in der Regel voll geschäftsfähig, sind viele Gehörlose darum auf die Informationsvermittlung durch Dritte angewiesen, viele Informationen bleiben ihnen gänzlich verschlossen.

Die Schwierigkeiten prälingual Gehörloser mit der Schriftsprache (sowohl mit Bezug auf das Lesen als auch auf das Schreiben) sind empirisch gut untersucht. In ihrer Metastudie referiert Krammer (2001) Studien aus dem deutsch- und englischsprachigen Raum zur Sprachkompetenz Gehörloser, Hennies (2009) ergänzt den Literaturüberblick für die folgenden Jahre und legt selbst eine umfangreiche Studie zur Schriftsprachenkompetenz Gehörloser vor. Die Forschung belegt durchgehend, dass es einen ausgeprägten „Zusammenhang zwischen Hörstatus und Lesekompetenz gibt" (Hennies 2009: 84), d. h. dass die Kinder umso schlechtere Leseleistungen aufweisen, je schlechter ihr Hörvermögen ist. Dementsprechend weisen gehörlose Kinder gegenüber hörgeminderten Kindern deutlichere Einschränkungen des Sprachverständnisses und des Lesevermögens auf. Krammer (2001: 46) zufolge verfügt ein oral gut gefördertes gehörloses Kind bei der Einschulung über einen aktiven Wortschatz von ca. 250 Wörtern, ca. 500 Wörter werden verstanden. Hörende Kinder beherrschen bei Schuleintritt ca. 3 000 Wörter aktiv und können auf einen passiven Wortschatz von 19 000 Wörtern zurückgreifen. Die hörenden Kinder „erleben sich als kompetente Sprecher und werden auch als solche von ihrer Umwelt bestätigt" (Krammer 2001: 46); gehörlose Kinder werden mit der oralen Methode dagegen stets aufs Neue auf ihr Defizit verwiesen. Mit 16 Jahren hat sich der Wortschatz gehörloser Kinder üblicherweise auf ca. 2 000 Wörtern erweitert; Holzinger/Fellinger (2006) vergleichen dies mit der durchschnittlichen Leistung eines 3- bis 4-jährigen hörenden Kindes. Dabei sind insbesondere Abstrakta und peripherere Lexeme unterrepräsentiert. Hennies (2009: 294) stellt in seiner Studie fest, dass mehr als die Hälfte der untersuchten hörgeschädigten Viertklässler(innen) und ein Großteil der älteren hochgradig hörgeschädigten Schüler(innen) in ihrer Lesekompetenz „unterhalb des basalen Niveaus, das dem Mindeststandard entspricht", liegen. Dies ist für die problemlose Lektüre von Texten nicht ausreichend. Nach Abschluss der Schullaufbahn wird der Wortschatz sogar tendenziell wieder abgebaut, weil die in der Schule erworbene Lesefähigkeit nicht ausreicht, um eine Praxis aufrecht zu erhalten; nur im Bereich Beruf und Hobby ist laut Krammer (2001) eine weitere Elaboration festzustellen.

Da die Sprachvermittlung an Gehörlose noch immer stark auf den Erwerb von Einzelwörtern ausgerichtet ist, bestehen außerdem große Defizite im Bereich Morphologie, Syntax und Text. Die Flexion von Verben und Nomen wird nur ungenügend beherrscht, was zu Interpretationsproblemen bei komplexer Syntax oder pronominalen Wiederaufnahmen führt. Implikaturen können häufig nicht korrekt aufgelöst werden, Metaphern und Synonyme in Texten bereiten prälingual gehörlosen Leser(inne)n große Probleme. Krammer (2001: 14) referiert Studien zur Lesekompetenz Gehörloser, wonach nur 4 % der gehörlosen Schulabgänger ein altersangemessenes Leseniveau erreichen und die übrigen 96 % den funktionalen Analphabeten zuzurechnen seien. In dieser zweiten Gruppe blieben wiederum 40 % hinter dem Niveau durchschnittlicher Grundschulleser zurück, weitere 50 % bezeichnet Krammer als „Nichtleser", das entspräche in der leo.-Studie der Gruppe α1 (s. Kap. 5.2.8). Diese letztgenannte Gruppe müsste auch das Lesen von Texten in Leichter Sprache erst erlernen.

Es ist davon auszugehen, dass insbesondere der Rückbau der schriftsprachlichen Kompetenz bei erwachsenen Gehörlosen dadurch verstärkt wird, dass bislang kaum Texte vorliegen, die im Schwierigkeitsgrad an die Bedürfnisse dieser Gruppe angepasst sind. Auch für den Schriftspracherwerb in der Schule sind nicht genügend Texte in Leichter Sprache vorhanden, etwa wenn Schüler(innen) zu Hause Themen des Unterrichts vor- oder nachbereiten wollen. Außerdem besteht ein Mangel an Texten in Leichter Sprache für die Berufsausbildung; die Vermittlung erfolgt in den einschlägigen berufsbildenden Zentren derzeit überwiegend oral und über praktische Tätigkeiten, einschlägige Texte in Leichter Sprache zur Vermittlung berufstheoretischer Hintergründe fehlen fast ganz.

Es ist nun noch zu klären, warum diese Gruppe derartig ausgeprägte Probleme mit dem Schriftspracherwerb hat, obwohl Schriftsprachen visuelle Systeme sind und der visuelle Kanal bei den meisten Hörgeschädigten nicht beeinträchtigt ist (Ausnahmen bilden die Mehrfachbehinderten, wie z. B. Taubblinde). Gehörlose sind keine Muttersprachler des Deutschen, da sie vom Spracherwerb über das Ohr ausgeschlossen sind, der bei hörenden Kindern in ihren Familien und insgesamt in ihrem sozialen Umfeld (Kindereinrichtungen, Verwandte, Alltagskontakte) durch verbale Zuwendung, aber zusätzlich auch quasi nebenbei geschieht. Die deutsche Schriftsprache ist für Gehörlose darum eine Fremdsprache; sie lernen also nicht das Lesen und Verschriften bekannter Wörter, wie das bei deutschsprachigen Kindern in ihrem Lese- und Schreiblernprozess der Fall ist, sondern sie müssen die gelesenen Wörter neu erlernen. Außerdem weicht die Struktur der Gebärdensprache in vielerlei Hinsicht (Syntax, Aufbau von Frames, anaphorische Strukturen etc.) von derjenigen der deutschen Standardsprache ab, so dass hier auch eine Differenz der beiden Sprachsysteme überbrückt werden muss. Die Gehörlosen sind aber auf den ersten Blick in keiner anderen Situation als Kinder, die mit einer anderen Muttersprache als Deutsch und mit geringen Deutschkenntnissen in das deutsche Schulsystem eintreten. Zwar zeigt unter diesen Kindern auch ein gewisser Anteil Probleme mit dem Erwerb des deutschen Schriftsystems, aber die Probleme der Gehörlosen sind im Schnitt doch deutlich gravierender.

Die Gründe liegen im gesellschaftlichen Umgang mit Gehörlosigkeit. Gehörlose werden nach wie vor vorrangig über ihr Defizit, das Nichthörenkönnen, definiert und es werden große Anstrengungen unternommen, sie in die orale Kultur einzugliedern. Nur 2,3 % der gehörlosen Kinder haben zumindest einen gehörlosen Elternteil (Hennies 2009: 50), d. h. 97,7 % der gehörlosen Kinder werden in hörende Familien hineingeboren. Sehr häufig werden die Eltern zur oralen Erziehung ermutigt. Die Verwendung der Gebärdensprache wird von Seiten der betreuenden Ärzte überwiegend noch immer abgewertet, auch wenn die Gebärdensprache seit 2002 als eigenständige und vollwertige Sprache anerkannt ist. Eine orale Erziehung muss jedoch misslingen, da Gehörlose über den auditiven Kanal keine Informationen aufnehmen und verarbeiten können. Die Verweigerungshaltung, die man bei Ärzten gegenüber der Gebärdensprache noch häufig findet, hat darum dramatische Auswirkungen für den Aufbau der Sprachkompetenz dieser Kinder. Auch stark hörgeschädigte Kinder, die von einer bilingualen Erziehung Lautsprache/Gebärdensprache profitieren würden, durchlaufen eher ausgeprägte orale Rehabilitationen, anstatt dass ihre Familien angemessen in Gebärdensprache geschult und so in die Lage versetzt würden, mit ihren Kindern verbal zu interagieren und ihnen eine konzeptuelle Auseinandersetzung mit Personen, Dingen und Geschehnissen in ihrer Umgebung zu ermöglichen und einen Spracherwerb zu initiieren. Dies führt dazu, dass hier tatsächlich kein Spracherwerb stattfinden kann und dass diese Kinder sprachlich und kommunikativ isoliert sind. Mit der Gebärdensprache kommen viele von ihnen erst in der Schule in Kontakt, wenn sie mit anderen Hörbehinderten in den Pausen interagieren oder wenn sie in den Gehörlosenschulen in Gebärdensprache unterrichtet werden. Die Entwicklungsverzögerung, die durch diese Vernachlässigung der kommunikativen Bedürfnisse und die ausbleibende Nutzung der Potenziale in der frühen Kindheit entsteht, lässt sich auf dem folgenden Bildungsweg nie wieder aufholen. Hinzu kommt, dass ein Großteil des Fachunterrichts selbst in Gehörlosenzentren nicht in Gebärdensprache stattfindet und nur ungenügend verstanden werden kann – nur ca. 30 % der lautlichen Eigenschaften sind über das Mundbild absehbar und insbesondere angesichts der mangelnden Sprachkompetenz oral geförderter gehörloser Kinder können die fehlenden 70 % nicht angemessen kompensiert werden. Für die Arbeit zu Hause stehen nicht genügend Texte in Leichter Sprache mit Bezug auf die Themen des Schulunterrichts oder der Ausbildung zur Verfügung, so dass auch hier keine Leseroutine erworben werden kann. Der Sprachunterricht selbst ist noch häufig primär auf das Erlernen der oralen Sprache ausgelegt, Mustersätze und Wörter werden mit großem zeitlichem Aufwand eingeübt, so dass letztlich Zeit für das Machbare – das Erlernen einer angemessenen Lese- und Schreibfähigkeit – fehlt. Dies alles führt zu einer stark beeinträchtigten Lese- und Schreibkompetenz vieler prälingual Gehörloser, die diese Gruppe zu einer primären Adressatengruppe von Texten in Leichte Sprache machen. Allerdings gibt es durchaus ermutigende Entwicklungen.

Dass prälinguale Hörschädigung bei entsprechenden didaktischen Impulsen nicht zwangsläufig zu einschneidenden Beeinträchtigungen bei der Lese- und Schreibkompetenz führen muss, zeigt sich dort, wo bilingualer Unterricht Deutsch-Gebärdensprache praktiziert wird, wie es in manchen Schulen und Ausbildungszentren, z. B. dem Landesbildungszentrum für Hörgeschädigte Hildesheim, inzwischen praktiziert wird. Kramreiter (2011, 2012) berichtet über ein entsprechendes Projekt und seine positiven Auswirkungen auf die Leseleistung der Schüler(innen). Die Autorin beschreibt ein bilinguales Inklusionsprojekt, bei dem hörende und gehörlose Schulanfänger in derselben Klasse von einer Grundschullehrerin und einer hörenden Gehörlosenlehrerin mit Gebärdenkompetenz sowie – mit geringerem Stundenumfang – einer gehörlosen Gebärdenlehrerin gemeinsam unterrichtet werden. Die gehörlosen Kinder, überwiegend aus gehörlosen Elternhäusern, erzielen in diesem Projekt Lese- und Schreibleistungen, die nicht deutlich hinter denjenigen der hörenden Kinder zurückbleiben. Auch Krausneker (2004: 308) stellt in ihrer Studie über ein bilinguales Schulprojekt in Wien fest, dass sich die Deutschkompetenz der gehörlosen Kinder zwar „aufgrund des vor allem schriftlichen und daher eingeschränkten natürlichen Inputs nach anderen Mustern und in einem anderen Tempo als die Deutschkompetenz hörender Kinder, egal mit welcher Erstsprache" (ebd.) entwickelte, dass der bilinguale Unterricht den gehörlosen Kindern aber insgesamt eine normale Schulbildung ermöglichte. Die altersgemäße Gebärdensprachkompetenz der gehörlosen Kinder war dabei die Grundlage für den Erwerb der deutschen Schriftsprache als Fremdsprache. Die positiven Auswirkungen des bilingualen Unterrichts auf die Lesekompetenz zeigen sich auch in der Studie von Hennies (2009), der den Nachweis erbringt, dass bei bilingual unterrichteten Schüler(inne)n „der Zusammenhang zwischen Lesekompetenz und Hörstatus deutlich geschwächt und in einzelnen Fällen sogar ganz aufgehoben" ist (Hennies 2009: 294). Die Erkenntnisse von Studien zum kindlichen Erst- und Zweitspracherwerb belegen inzwischen auch hinreichend, dass bilinguale Kinder keine Nachteile beim Erwerb einer Zweitsprache haben, sofern beim Erwerb der Erst- wie der Zweitsprache ein qualitativ hoher Input erfolgt.

Der häufig geäußerte Vorbehalt, ein Erwerb der Gebärdensprache könne sich nachteilig auf den Erwerb des Deutschen auswirken, kann also inzwischen als eindeutig widerlegt gelten. Gehörlose Kinder würden vielmehr von einem gut ausgebauten gebärdensprachlichen System auch für den Erwerb der deutschen Schriftsprache profitieren. Die Leselerndidaktik muss für Gehörlose allerdings von der lautlichen Repräsentation losgelöst und primär auf die visuelle Repräsentation der Sprache ausgerichtet werden; denn sie müssen sehen lernen, was sie nicht hören können. Gehörlose Kinder brauchen also didaktische Impulse, die es ihnen gestatten, die in der Orthografie abgelegten lexikalischen und grammatischen Eigenschaften der Sprache zu erkennen und als Lernimpulse zu nutzen. Eine Orientierung an den in der Orthografie abgelegten phonologischen Eigenschaften kann nicht zum Erfolg führen.

Prälingual Gehörlose, bei denen der primäre Spracherwerb – auch wegen fehlgehendem Input beim Erst- und beim Schriftspracherwerb – nicht oder nur sehr eingeschränkt stattgefunden hat, sind in ihrem Textverständnis sehr stark eingeschränkt und die Art der Beeinträchtigung ist relativ homogen. Die Beeinträchtigungen betreffen sowohl die Lexik (es steht nur ein zentraler Grundwortschatz zur Verfügung) als auch Morphologie (Flexion von Verben, Nomen und Pronomen, Probleme beim Entziffern von Komposita), Syntax (Probleme mit Satzgefügen aller Art) und Textverständnis (Probleme beim Auflösen von Implikaturen und sprachlichen Bildern). Diese sprachlichen Phänomene sind sämtlich in den Regeln Leichter Sprache berücksichtigt; Leichte Sprache ist darum für prälingual Gehörlose ein geeignetes Mittel zur Überwindung sprachlicher Barrieren.

5.2.7 Aphasie

Unter den Adressaten für Texte in Leichter Sprache werden bisweilen auch von Aphasie Betroffene genannt. Aphasie ist eine nach vollzogenem Spracherwerb auftretende Sprachstörung, die in der Regel durch eine Verletzung der linken Hirnhälfte, bei Linkshändigkeit der rechten Hirnhälfte, verursacht wird. Dabei ist die sprachliche Leistung beeinträchtigt, während Intelligenz und Gedächtnis intakt bleiben. Die mit Abstand häufigste Ursache für eine Aphasie ist der Schlaganfall: 80 % der Aphasien gehen auf Schlaganfälle zurück (Huber et al. 2006: 8); bei der Hälfte der Betroffenen sind die Schädigungen dauerhaft. Normalerweise sind Sprachproduktion, Verstehen, Schreiben und Lesen betroffen. Die Einschränkungen betreffen die Phonologie, die Morphologie, die Syntax und die Semantik; entsprechend ist auch das Textverstehen erheblich beeinträchtigt (vgl. Tesak 2006: 2 f.). Laut Huber et al. (2006: 25) sind in Deutschland rund 130 000 Menschen von einer chronischen Aphasie betroffen, der Bundesverband für die Rehabilitation der Aphasiker geht sogar von 200 000 chronisch aphasischen Erwachsenen und 40 000 Kindern aus (http://www.aphasiker.de; geprüft am 30. 10. 2015).

Welches Areal im Gehirn der schädlichen Einwirkung ausgesetzt war, hat Auswirkungen auf das Beschwerdebild. Entsprechend tritt Aphasie in unterschiedlichen Formen auf. Über die Klassifizierbarkeit dieser Formen gibt es unterschiedliche Auffassungen. Tesak (2003) geht davon aus, dass jeder Aphasiker ein individuelles Symptommuster aufweist. Die Aachener Schule um Poeck und Huber, der wir hier folgen (für einen Überblick über die Aphasie-Forschung vgl. Un 2002), unterscheidet dagegen verschiedene Aphasiearten (zu dieser Gliederung u. a. Poeck 1987 und Huber, Poeck, Springer 2006):

1) motorische Aphasie oder Broca-Aphasie,
2) sensorische Aphasie oder Wernicke-Aphasie,
3) amnestische Aphasie und
4) globale Aphasie.

Dabei bezeichnen Broca- und Wernicke-Areal die wichtigsten Komponenten des Sprachzentrums im Gehirn.

1) Motorische Aphasie oder Broca-Aphasie
Die motorische Aphasie, bei der das Broca-Areal involviert ist, betrifft den Bereich der grammatischen Strukturen und führt zu Störungen „im artikulatorischen Bewegungsablauf" (Bindel 1993: 3). Die Sprechfähigkeit ist insofern beeinträchtigt, dass der Aphasiker nicht aussprechen kann, „was er als Wort- und Wortfolgevorstellung hat". Es gelingt dem motorischen Aphasiker also nicht, die von ihm intendierten Wörter oder Sätze auszusprechen. Das Sprachverständnis selbst ist noch weitgehend vorhanden, allerdings wird von Problemen bei der Rezeption von Sätzen berichtet, die nicht dem syntaktischen Default entsprechen: Sätze wie *Das Mädchen schlägt ihren Bruder* würden demnach problemlos korrekt interpretiert, während syntaktisch invertierte Fokusstrukturen vom Typ *Ihren Bruder schlägt das Mädchen* Probleme bereiten und häufig falsch interpretiert werden. Bei stärkerer Beeinträchtigung liegen auch Probleme bei der korrekten Interpretation grammatischer Morpheme vor, die sich auf das Verstehen syntaktischer

Strukturen auswirken (s. dazu auch Kap. 9.1.2); Tesak (2006: 21 f.) spricht von der „Schlüsselwortstrategie", mit der Aphasiker versuchen, über die lexikalische Information aus den Schlüsselwörtern im Text den Inhalt von Sätzen oder Texten zu erschließen. Das gelingt jedoch nur, wenn die Syntax dem Default entspricht oder wenn die Beziehung der geäußerten Gegenstände zueinander aus der Semantik der Schlüsselwörter deutlich wird (*Walter, Schnitzel, essen*, Tesak 2006: 22).

2) Sensorische Aphasie oder Wernicke-Aphasie
Die sensorische Aphasie, bei der das Wernicke-Areal involviert ist, betrifft den Bereich des Lexikons. Betroffen ist die akustische Dekodierung, d.h. der Aphasiker kann sprachliche Mitteilungen, die an ihn gerichtet werden, nicht mehr korrekt interpretieren – die Sinnerfassung ist beeinträchtigt: „die Wortbedeutung scheint verloren" (Bindel 1993: 3; s. dazu auch Kap. 9.1.2). Darum können die beeinträchtigten Personen an sie gerichtete Sprachbeiträge nicht oder nur mit großen Schwierigkeiten verstehen; ihre eigenen Sprachbeiträge sind für die jeweiligen Adressaten unverständlich oder weitgehend unverständlich. Adäquate Reaktionen erfolgen teilweise auf Aussagen, die in einen konkreten situationalen Kontext eingebunden sind – Bindel (1993: 15) führt als Beispiel den Satz *Geben Sie mir zwei Mark* an, der in einer konkreten Kaufsituation korrekt interpretiert werden könne, während es dem sensorischen Aphasiker ohne entsprechende situationale Einbindung nicht gelinge, eine Deutung herzustellen.

3) Amnestische Aphasie
Die amnestische Aphasie ist eine „Störung in der Verbindung von Bedeutung zu Bezeichnung" (Bindel 1993: 4): „Der Aphasiker wisse, was er sagen wolle, aber er finde die Worte nicht mehr" (ebd.). Das Lesen ist bei dieser Gruppe in der Regel nicht eingeschränkt, so dass amnestische Aphasiker keine primäre Zielgruppe von Texten in Leichter Sprache sind.

4) Globale Aphasie
Die globale Amnesie schließlich ist die schwerste Form der Aphasie; es liegt eine umfassende sprachliche Störung vor, bei der sowohl das Sprachverstehen als auch das sprachliche Mitteilungsvermögen gestört sind. Globale Aphasiker können also, abgesehen von sprachlichen Automatismen, Sprache nicht verstehen und auch nicht gebrauchen. Bindel (1993: 17) spricht von „umfassende[r]

Dedifferenzierung der sprachlichen Prozesse [...], die zu einer außerordentlichen Regression des geistigen Erlebens führen." Bei diesen Formen können Texte nicht mehr rezipiert werden – auch nicht in Leichter Sprache.

Allen Aphasiearten gemein sind ausgeprägte Schwierigkeiten der Betroffenen, sprachliche Äußerungen ohne Kontextstützung und ohne das Hinzuziehen von Weltwissen angemessen interpretieren zu können (Bindel 1993, Tesak 2006:22). Häufig können Äußerungen nur dann korrekt interpretiert werden, wenn sie unmittelbar in die wahrgenommene Situation eingebunden sind und sich auf die Eigenperspektive des Aphasikers beziehen. „Die Distanzierung gegenüber dem unmittelbar Wahrgenommenen bzw. seine Einbettung in weiterführende gedankliche Verbindungen ist reduziert. Mitteilungen zu abstrakten und räumlich-zeitlich entfernteren Phänomenen und Ereignissen können stark eingeschränkt sein" (Bindel 1993: 26). Das hat besondere Auswirkungen auf das Lesen, denn schriftliche Kommunikation ist stets kontextentbunden. Schon deshalb können beim Textlesen „essentielle Informationselemente unentdeckt" bleiben (Bindel 1993: 29). Zusätzlich können Probleme auf Graphem-, Wort-, Satzebene auftreten, die sich auch auf die Textlesekompetenz auswirken (Tesak 2006: 26).

Wie und ob von Aphasie Betroffene bei der Rehabilitation aber auch bei bleibenden Einschränkungen von Leichte-Sprache-Texten profitieren könnten, wäre gesondert zu untersuchen. In der Tendenz scheint jedoch klar, dass motorischen Aphasiker(inne)n, bei denen das Broca-Areal geschädigt ist, die syntaktische Einfachheit entgegenkommt, während für sensorische Aphasiker(innen), bei denen das Wernicke-Areal beeinträchtigt ist, die Beschränkung auf den Basiswortschatz und die umfangreichen Erläuterungen von Wortbedeutungen hilfreich sein dürfte.

5.2.8 Analphabetismus

Der Begriff des Analphabetismus legt eine Querstruktur über die bislang besprochenen Phänomene. Denn je nach Schweregrad der Beeinträchtigung gehören auch Personen mit Lernschwierigkeiten, Demenzkranke, von Aphasie Betroffene oder prälingual Gehörlose zu den Analphabet(inn)en.

Abgegrenzt werden drei Analphabetismusformen:

- Von **primärem Analphabetismus** spricht man, wenn die Schriftlosigkeit auf fehlenden Schulbesuch zurückzuführen ist. In Deutschland so wie insgesamt in Ländern mit Schulpflicht war der primäre

Analphabetismus bisher ein Randphänomen; betroffen sein können Migrant(inn)en aus Ländern ohne Schulpflicht; inwiefern sich die Anzahl der primären Analphabet(inn)en durch den aktuellen Zuzug von Flüchtlingen erhöht, ist noch nicht absehbar.
- Von **sekundärem Analphabetismus** spricht man beim Verlust bereits aufgebauter Schreib- und Lesefähigkeiten; verursacht sein kann der sekundäre Analphabetismus durch Schlaganfälle (s. Kap. 5.2.7) oder Demenz (s. Kap. 5.2.5).
- Von **funktionalem Analphabetismus** sind Personen betroffen, die trotz Beschulung keine hinreichenden Lese- und Schreibkompetenzen aufgebaut haben, um aktiv und selbständig an der Schriftkultur zu partizipieren. Dazu können auch Personen mit Lernschwierigkeiten oder geistiger Behinderung oder Gehörlose zählen.

Vom Analphabetismus betroffen sind jedoch nicht nur Personen mit spezifischen Beeinträchtigungen:

Im März 2011 erschien die leo.-Studie, in der zum ersten Mal überhaupt die Anzahl der in Deutschland lebenden funktionalen Analphabet(inn)en im erwerbsfähigen Alter (18–64 Jahre) statistisch belastbar erfasst wurde (vgl. Grotlüschen/Riekmann 2011a; 2012). Dabei wurden nur Personen in die Studie einbezogen, die über hinreichende Deutschkenntnisse verfügten, um die Aufgaben verstehen und weitere Fragen beantworten zu können (Grotlüschen/Riekmann 2011b). Es kann daher ausgeschlossen werden, dass Personen mit schweren Sprach- und/oder kognitiven Beeinträchtigungen an der Studie teilgenommen haben.

Die Autorinnen definieren vier alpha-Levels:

1) Personen, die dem Level α1 zugeordnet sind, sind nicht in der Lage, einzelne Wörter zu lesen und zu schreiben. Laut leo gibt es 300 000 Betroffene (0,6 %).

2) Auf Level α2 können einzelne Wörter gelesen und geschrieben werden, nicht aber Sätze. Betroffen sind 2 000 000 Personen (3,9 %).

Die Levels α1 und α2 zusammenfassend sprechen die Autorinnen von funktionalem Analphabetismus im engeren Sinn mit einer Quote von insgesamt 4,5 % der erwachsenen Bevölkerung.

3) Unter Level α3 werden Personen gebündelt, die zwar einzelne Sätze lesen und schreiben können, nicht aber Texte. Das betrifft 10 % der erwachsenen Bevölkerung, also 5 200 000 Personen.

> Insgesamt summiert sich die Zahl der funktionalen Analphabet(inn)en in Deutschland auf 7 500 000 oder 14,5 %.
>
> 4) Hinzu kommen weitere 13 300 000 Personen, rund 26 %, auf Level α4. Sie können zwar Wörter, Sätze und Texte lesen und schreiben, dies aber nur äußerst fehlerhaft. „Die Rechtschreibung, wie sie bis zum Ende der Grundschule unterrichtet wird, wird nicht hinreichend beherrscht. Typische Betroffene vermeiden das Lesen und Schreiben häufig" (Grotlüschen/Riekmann 2011a: 2).

Die Gesamtzahl aller, die Probleme mit dem Lesen und Schreiben haben, summiert sich somit auf 40 % der erwerbsfähigen Erwachsenen, also 20 000 000.

Als ursächlich für die Entstehung und Manifestation des funktionalen Analphabetismus im engeren Sinne wird ein „multifaktorielles Bedingungsgefüge gesellschaftlicher, familiärer, schulischer und individueller Faktoren" angenommen (Hubertus/Nickel 2003: 720). Die meisten Betroffenen stammen aus prekären familiären Konstellationen und weisen bereits frühkindliche Entwicklungsverzögerungen auf.

> In den biografischen Schilderungen der Betroffenen wird deutlich, dass sie in ihrer Herkunftsfamilie starken psychosozialen Belastungen ausgesetzt waren, kein positives Selbstwertgefühl aufbauen und kein ausreichendes Vertrauen in ihre Fähigkeiten entwickeln konnten. Schrift spielte im Elternhaus meist keine oder nur eine untergeordnete Rolle, literale Modelle standen nicht zur Verfügung [...]. Durch negative Schulerfahrungen (Ablehnung und Aussonderung, Angst bei Leistungsdruck, Ausprägen sozial unerwünschter Verhaltensweisen) manifestierte sich die negative Einschätzung der eigenen Person und der eigenen Fähigkeiten. (Ebd.)

Die durch diese Misserfolgsspirale ausgelöste Lernbarriere führt dazu, dass der Schriftgebrauch zunehmend vermieden wird. Überweisungen in die Förderschule oder das Verlassen der Schule ohne Schulabschluss mit anschließender Arbeitslosigkeit und sozialer Isolation sind häufige Folgen.

Die Nachschulung von Analphabet(inn)en und von Personen mit eingeschränkter Lese-/Schreibfähigkeit ist eine zentrale, nationale Aufgabe. Der Bundesverband Alphabetisierung und Grundbildung e. V., der 1984 als „Schreibwerkstatt für neue Leser und Schreiber e. V." gegründet wurde und die aktuell wichtigste Anlaufstelle für Analphabet(inn)en in Deutschland ist, unternimmt in diesem Zusammenhang zahlreiche Anstrengungen. Ein herausragendes Ziel ist es, den Analphabet(inn)en die Möglichkeit zu geben, Lesen als sinnhaft und bereichernd zu erfahren, damit sie einen selbstwirksamen und selbständigen Umgang mit der Schriftkultur aufbauen können. Dabei scheint eine problemisolierende und bedeutungsreduzierte, auf einzelne Leseeinheiten (Einzelbuchstaben, Einzelwörter) konzentrierte Leselernstrategie weniger erfolgreich zu sein als ein auf die reduzierten Lesekompetenzen zugeschnittenes Textangebot. Zentral dabei ist, dass „der Lesestoff von der technischen Seite her einfach strukturiert [ist], d.h. die technischen Anforderungen an die Lesefertigkeit sollten so niedrig wie möglich gehalten sein" (Nickel 2002: 16). Als Kriterien für lesbare Lektüren nennt Nickel u. a.:

- Typografie und Layout: größere Schrifttype als üblich, eindeutige Schrifttype (ohne Serifen), häufige Absätze, kein Blocksatz,
- Sprachstruktur: einfache Wortstruktur, einfache Satzstruktur (Vermeidung von Einschüben, komplizierten Nebensätzen usw.), begrenzte [...] Satzlänge, hohe Redundanz, Verwendung bekannter Begriffe), Motivation (Ich-Zentrierung, bedeutsame Informationen, Gebrauchsorientierung).

Texte in Leichter Sprache bieten sich somit in ganz herausragender Weise für die Nachschulung von funktionalen Analphabet(inn)en an, können aber auch für die große Gruppe derer, die dem Level α4 zugeordnet sind, ein Partizipationsangebot darstellen. Wie Löffler (2015: 22) jedoch auch angemerkt hat, könnte „Leichte Sprache [...] der Kompetenzsteigerung [...] entgegenwirken". Dann nämlich, wenn sie ihre Potenziale nicht ausschöpft und die Leser(innen) durch unnötige Simplifizierungen entwertet. Dadurch sinke, so Löffler, nicht nur die Lesemotivation, vielmehr werde durch standardferne Strukturen auch das Lernpotenzial unterminiert. Die von Löffler so bezeichnete „Gratwanderung", „leicht verständlich, aber nicht simpel zu schreiben" (ebd.), ist eine der größten Herausforderungen für die Produktion von Texten in Leichter Sprache und entscheidet auch über ihren Erfolg.

5.2.9 Deutsch als Zweitsprache (DaZ)

Wenn von **Deutsch als Zweitsprache**, im folgenden DaZ, gesprochen wird, bezieht man sich auf eine Erwerbssituation, in der die Aneignung des Deutschen weitgehend ohne Unterweisung in einer deutschsprachigen Umgebung erfolgt und die Zielsprache Deutsch für die aktive Alltagsbewältigung genutzt wird. Abzugrenzen davon ist das, was mit **Deutsch als Fremdsprache** (DaF) beschrieben wird. DaF-Lerner(innen) eignen sich das Deutsche in einer nicht deutschsprachigen Umgebung, in unterrichtlich gesteuerten Erwerbskonstellationen und ohne einen aktiven Gebrauch im Alltag an. Wir konzentrieren uns hier auf DaZ-Lerner(innen), möchten aber nicht ausschließen, dass Texte in Leichter Sprache auch für den DaF-Unterricht geeignet sein könnten, insbesondere zu Beginn des Deutscherwerbs für den Aufbau eines Basiswortschatzes sowie für die die Entdeckung und Stabilisierung syntaktischer Kernmuster gewinnbringend eingesetzt werden können. Jedoch gilt auch hier, dass das Sprachangebot keine Strukturen enthalten darf, die nicht mit dem Standard in Deckung sind (etwa irreguläre Bindestrichschreibungen, durch den Punkt separierte Nebensätze etc.).

Die Gruppe der DaZ-Lerner(innen) ist äußerst heterogen und kaum systematisch zu erfassen. Häufig läuft der Erwerbsprozess unproblematisch und die Lerner(innen) erreichen ein muttersprachliches oder ein muttersprachennahes Niveau. Schwierigkeiten können auftreten,

- wenn die Lernmotivation gering ist,
- wenn der Gebrauchswert der Zweitsprache auf wenige Situationen reduziert ist,
- wenn der sprachliche Input eingeschränkt ist,
- wenn die Erstsprache nicht hinreichend entwickelt ist
- oder wenn die Hürden zu hoch sind, die vom zielsprachlichen Sprachangebot ausgehen.

Eine entsprechend große Bandbreite ist in Bezug auf die Sprachkenntnisse der Migrant(inn)en mit einer anderen Erstsprache als Deutsch erwartbar, die inzwischen 20 % der hier lebenden Bevölkerung ausmachen. Haug (2008: 5) muss jedoch feststellen: „Die Datenlage im Bereich der Sprachkenntnisse von Migranten ist dadurch gekennzeichnet, dass keine amtlichen Statistiken vorliegen." Und auch außerhalb amtlicher Statistiken wissen wir über den Sprachstand von erwachsenen Migrant(inn)en, die ein wichtiges Zielpublikum für Texte in Leichter Sprache sind, nur wenig.

Die folgende Darstellung konzentriert sich auf die Studie RAM (Repräsentativbefragung ausgewählter Migrantengruppen) von 2006/2007, in der Migrant(inn)en eine Selbsteinschätzung in Bezug auf ihre Sprachkenntnisse abgeben sollten. Wenngleich Selbsteinschätzungen objektive Sprachstandserhebungsverfahren nicht ersetzen können, kann die RAM-Studie Anhaltspunkte in Bezug auf die schriftsprachlichen Partizipationsmöglichkeiten großer Migrantengruppen liefern.

Befragt wurden Personen aus der Türkei, aus Griechenland, aus Italien und aus Polen sowie Personen aus dem ehemaligen Jugoslawien (Bosnien-Herzegowina, Kroatien, Slowenien, Serbien und Montenegro, Kosovo und

Mazedonien) zwischen 14 und 80 Jahren, die mindestens seit 12 Monaten in Deutschland lebten und einen gesicherten Aufenthaltstitel hatten. Insgesamt waren das 2006 rund 3 000 000 Personen (zur Aufschlüsselung nach Nationalitäten Tabelle 2):

Türkei	Ehem. Jugoslawien	Italien	Griechenland	Polen	Gesamt
1 369 819	721 216	451 476	257 527	241 442	3 041 471

Tabelle 2: Migrantengruppen in Deutschland (Daten aus Babka von Gostomski 2008: 10)

Die Teilnehmer wurden u. a. nach ihren Lesefähigkeiten in ihrer zweiten Sprache Deutsch befragt. Tab. 3 zeigt die Ergebnisse (Angaben in Prozent):

	Türkei	Ehem. Jugoslawien	Italien	Griechenland	Polen	Gesamt
Sehr gut	28,5	37,2	40,1	38,9	31,4	33,3
Gut	24,2	30,4	23,7	27,1	33,9	26,6
Mittelmäßig	18,7	19,4	22,1	15,2	18,7	19,1
Schlecht	13,9	7,0	9,0	9,3	10,2	10,9
Sehr schlecht	6,0	3,6	1,9	5,7	2,8	4,5
Gar nicht	8,7	2,4	3,2	4,7	3,0	5,6

Tabelle 3: Lesefähigkeit nach RAM (Daten aus Haug 2008: 24)

Für das Lesen von Texten in Leichter Sprache kämen diejenigen infrage, die angeben, mittelmäßig oder schlecht lesen zu können. Das sind 30 % der Befragten oder 1 000 000 Personen, wobei beachtet werden muss, dass die Gesamtzahl bei der Berücksichtigung der übrigen Nationalitäten und der aktuellen Migrationsbewegungen höher sein dürfte. Bei einem entsprechenden Angebot böte sich nicht nur die Chance einer unmittelbaren gesellschaftlichen Partizipation, sondern auch die Möglichkeit eines Hinzuerwerbs von Deutschkenntnissen und von Lesefähigkeiten.

Ganz besonders intensiv könnten Migrant(inn)en profitieren, die neu nach Deutschland kommen und noch keine oder nur wenig Gelegenheit zum Erwerb des Deutschen hatten; die zahlreichen Behördengänge, die zu absolvieren sind, können durch das Angebot von Texten in Leichter Sprache erheblich entlastet werden.

5.3 Sekundäre Adressat(inn)en

Sekundäre Adressat(inn)en sind diejenigen Personen, die mit einem Leichte-Sprache-Angebot konfrontiert werden, obwohl sie eigentlich Zugriff auf allgemein- und in variablem Ausmaß auch auf fachsprachliche Texte haben. Dieser Kontakt mit dem Leichte-Sprache-Angebot kann unterschiedliche Ausprägungen haben: Die Texte werden lediglich wahrgenommen, z. B. weil sie einer amtlichen Sendung beiliegen oder in der Presse besprochen werden, oder sie werden aktiv genutzt.

5.3.1 Wahrnehmung von Leichte-Sprache-Texten durch sekundäre Adressat(inn)en

Das Spektrum möglicher Reaktionen sekundärer Adressat(inn)en auf Leichte-Sprache-Texte ist breit gefächert:

- Die Texte können als Bereicherung, als Beitrag zu Inklusion und mehr Verständlichkeit in der Verwaltungskommunikation empfunden werden.
- Die Texte können ignoriert werden.
- Die sekundären Adressat(inn)en können sich über Ironisierung oder ähnliche Strategien gegenüber den Texten abgrenzen.
- Die sekundären Adressat(inn)en können Leichte Sprache als Provokation empfinden.

Negative Reaktionen gegenüber Leichte-Sprache-Texten sind nicht selten (s. Kap. 1.2). Eine entsprechende Kommunikation vorausgesetzt, kann Leichte Sprache aber durchaus als positiver Beitrag empfunden werden. Bei der jüngsten Zufriedenheitsbefragung zu behördlichen Dienstleistungen in verschiedenen Lebenssituationen, die das Statistische Bundesamt im Rahmen der Regierungsinitiative „Amtlich einfach – Staat der kurzen Wege" durchführte, ergab sich insgesamt eine hohe Zufriedenheit der Befragten – mit Ausnahme der Verständlichkeit der Verwaltungskommunikation (Pressemitteilung des Statistischen Bundesamts vom 19. August 2015, https://www.destatis.de/DE/PresseService/Presse/Pressekonferenzen/2015/zufriedenheitsbefragung/pm_zufriedenheitsbefragung_PDF.pdf;

geprüft am 30.10.2015). Leichte Sprache kann hier als Instrument zur Implementierung von verständlicher Verwaltungskommunikation eingesetzt werden.

5.3.2 Lektüre von Leichte-Sprache-Texten durch sekundäre Adressat(inn)en

Sekundäre Adressat(inn)en können Texte aus Leichter Sprache aus unterschiedlichen Gründen lesen.

1) Keine standardsprachliche Alternative vorhanden
   Wir haben bereits herausgestellt, dass Leichte-Sprache-Texte stets ein Zusatzangebot darstellen sollten und in keinem Falle allgemein- oder fachsprachliche Texte ersetzen sollten. Weder ist dies der Vielfalt der Sprache, noch der Akzeptanz der Leichten Sprache zuträglich.

2) Zeitersparnis durch leichtere Zugänglichkeit
   Leichte-Sprache-Texte von hoher Qualität ermöglichen auch geübten Leser(inne)n eine schnellere Rezeption, da sie sprachlich einfach sind und eine gut sichtbare textuelle Gliederung und nachvollziehbare thematische Entfaltung aufweisen. Die Rezeption des Leichte-Sprache-Texts erfolgt aus der Position der Stärke heraus; die Lektüre des allgemein- oder fachsprachlichen Ausgangstexts wäre gleichermaßen möglich, man wählt aus Gründen der Bequemlichkeit, Effizienz o. Ä. die leichter zugängliche Variante.

3) Kein bzw. nur stark erschwerter direkter Zugriff auf fachliche Textsorten
   Auch durchschnittliche Leser haben häufig Schwierigkeiten insbesondere mit fachlichen Textsorten, beispielsweise aus dem juristischen, medizinischen oder auch technischen Bereich. So schöpfen etwa administrative Texte das Sprachsystem in einer Weise aus, dass dem Standardleser der Zugang erschwert wird. Diese Texte werden auch häufig nicht situationsangemessen eingesetzt – etwa wenn ungefiltert fachsprachliche Schreiben vom Amt kommen – und überfordern dann einen Großteil der Adressatenschaft. Hier bietet Leichte Sprache einen Ausgleich, der auch über die primäre Adressatenschaft hinaus gern genutzt wird.
   Fachliche Texte, mit denen Leser(innen) im privaten Alltag konfrontiert werden, haben teilweise eine existenzielle Bedeutung, etwa wenn es um das Verständnis einer medizinischen Diagnose

oder eines Vertrags geht. Verständlichkeit ist dann besonders wichtig und Leichte-Sprache-Texte werden gern wahrgenommen.

4) Nähe zu einer primären Adressatengruppe
Die Gruppe der Personen, die nach der leo.-Studie dem Level α4 zugeordnet sind, ist mit ca. 13 300 000 ausgesprochen groß (Grotlüschen/Riekmann 2011a: 2, s. o. Kap. 5.2.8). Diese Personen haben zwar prinzipiell die Fähigkeit, einfache Texte sinnentnehmend zu lesen; mit schwierigeren allgemeinsprachlichen und insbesondere mit fachsprachlichen Texten sind sie jedoch überfordert. Diese große Gruppe gehört nicht zu den primären Adressat(inn)en, ist aber ebenfalls auf Leichte-Sprache-Texte angewiesen.

5.3.3 Umgang mit sekundären Adressat(inn)en von Leichte-Sprache-Texten

Wie schon erwähnt, sollten Texte in Leichter Sprache an sekundäre Adressat(inn)en niemals ohne die standardsprachliche Alternative gerichtet werden, d.h. sie dürfen nicht den Standardtext ersetzen. Die Leichte-Sprache-Texte sollten, solange Leichte Sprache nicht vollständig etabliert ist, nicht ohne Erläuterung stehen, sondern nach Möglichkeit eine kurze Anmoderation erhalten. Eine derartige Einordnung findet sich z. B. in den Patientenaufklärungsbroschüren der Firma Klarigo (2015a):

> Liebe Leserin,
> Lieber Leser,
> dieser Text ist für Sie vielleicht sehr leicht.
> Dieser Text ist nämlich in Leichter Sprache geschrieben.
> So soll der Text besonders barrierefrei sein.
>> Das bedeutet:
>> Sehr viele Menschen sollen den Text verstehen können.

Eine derartige Metakommunikation kann idealerweise zur ausgewogeneren Wahrnehmung des Textes beitragen und die Akzeptanz für barrierefreie Kommunikation erhöhen.

Wir sehen in diesem Zusammenhang aber auch die Anforderung, ein nach Leichtigkeit gestuftes Angebot vorzuhalten, so dass für die Leser(innen), die hier als sekundäre Adressat(inn)en angesprochen sind, maximale Partizipationsmöglichkeiten gewährleistet sind. Ansätze für systematisch gestufte Erleichterungssysteme entwickeln wir in Kap. 14.

5.4 Indirekte Adressierung der primären Adressatenschaft

Ein Teil der primären Adressat(inn)en kann auf schriftliche Leichte-Sprache-Texte nicht zugreifen. Das kann an der medialen Gegebenheitsweise liegen, wenn z. B. eine Sehbehinderung vorliegt oder die Lesefähigkeit nicht ausreicht. Zur barrierefreien Aufbereitung kann dann gehören, dass der Text zusätzlich in einer auditiv rezipierbaren Form vorgehalten wird (s. Kap. 6). Es handelt sich dabei jedoch noch um direkte Adressierung.

Ein Teil der Adressatenschaft kann aber möglicherweise auf Leichte-Sprache-Texte nicht zugreifen, weil der Text, obwohl er den Regeln Leichter Sprache entspricht, konzeptuell noch immer zu schwierig ist. Nicht alle Adressatengruppen können alle Arten von Textgegenständen verstehen. Insbesondere bei geistiger Behinderung, fortgeschrittener Demenz oder Aphasie sind deutliche Grenzen gegeben. Die Leichte-Sprache-Texte können aber auch diesen Teilen der primären Adressatenschaft zugutekommen, wenn sie im instruierenden Umgang mit der Zielgruppe eingesetzt werden. Die Leichte-Sprache-Texte stellen dann eine Aufbereitung des Kommunikationsgegenstands dar, die Expert(inn)en in der konkreten Kommunikationssituation einsetzen können. Diese müssen dann den Gegenstand nicht ad hoc auf ein verständlicheres Niveau herunterbrechen, sondern haben Textbausteine zur Hand, mit deren Hilfe sie in die Kommunikation eintreten können. Expert(inn)en können Sachbearbeiter(innen) im Amt sein, medizinisches Personal bis hin zu Ärzt(inn)en, die die Textangebote etwa im Aufklärungsgespräch im Vorfeld eines Eingriffs nutzen, aber auch Betreuer(innen) von Behindertenwerkstätten, die das Textangebot nutzen können, wenn etwa ein Arbeitsvertrag unterschrieben oder ein zukünftiges Tätigkeitsfeld ausgewählt werden soll. Diese Verwendungsweisen haben auch Auswirkungen auf den Text in sprachlicher Hinsicht und bis hin zu seiner materiellen Gestaltung (s. Kap. 6).

5.5 Adressatenzuschnitt – Möglichkeiten der Qualitätssicherung

Die Frage, ob ein Leichte-Sprache-Text tatsächlich den Anforderungen an die Rezeption insbesondere der primären Adressaten und Adressatinnen genügt, wird in den Regelwerken von Inclusion Europe und dem Netzwerk Leichte Sprache auf der Basis von Zielgruppenprüfungen entschieden.

In den Netzwerkregeln (BMAS 2013: 72) findet sich der folgende Hinweis:

> Lassen Sie den Text immer prüfen.
> Ist der Text für Menschen mit Lern-Schwierigkeiten?
> Dann lassen Sie den Text von diesen Menschen prüfen.
> Menschen mit Lern-Schwierigkeiten sind Fach-Leute.
> Das sind die Prüfer und Prüferinnen für Leichte Sprache.
> Nur sie können Ihnen wirklich sagen:
> Das kann ich gut verstehen.
> Verstehen die Prüfer und Prüferinnen den Text?
> Dann ist der Text gut.
> Verstehen die Prüfer und Prüferinnen etwas nicht?
> Dann ist der Text nicht gut.
> Dann müssen Sie den Text noch mal ändern.

Inclusion Europe (2009: 9) schreibt:

> Beziehen Sie immer Menschen mit Lernschwierigkeiten ein,
> wenn Sie Informationen schreiben.
> Sie können zum Beispiel mit entscheiden,
> - um welches Thema es geht
> - oder was man über das Thema sagen muss
> - und wo die Information zur Verfügung stehen soll.
> Menschen mit Lernschwierigkeiten können auch überprüfen,
> ob der Text leicht zu verstehen ist.

Mit diesen Prüfungen werden mindestens zwei Zwecke verfolgt: Zum einen soll sichergestellt werden, dass die Leichte-Sprache-Texte von den primären Adressat(inn)en tatsächlich verstanden werden (Qualitätssicherung); zum anderen geht es um soziale Integration (Partizipation): In der Vergangenheit wurden immer wieder Entscheidungen, die das Leben von Personen mit Behinderungen betrafen, ohne deren Beteiligung getroffen. Im Rahmen der Empowerment-Bewegung wurde die Einbeziehung von Personen mit Behinderung in allen Lebensbereichen, die sie betreffen, verstärkt (s. Kap. 2); hierzu gehört auch die aktive Einbeziehung bei der Herstellung von Texten in Leichter Sprache.

Wir beschäftigen uns hier nur mit dem ersten Zweck, der Qualitätssicherung. Die Frage nach der Rolle der sozialen Partizipation von primären Adressat(inn)en bei der Erstellung und der Publikation von Leichte-Sprache-Texten wäre gesondert zu diskutieren; sie kann im Rahmen des vorliegenden Bandes schon deshalb nicht weiterverfolgt werden, weil eine auch nur annähernd tragfähige soziologische Analyse wegen der großen

Heterogenität der Adressat(inn)en auf dem aktuellen Stand der Erkenntnisse aussichtslos ist. Ein Aspekt scheint uns jedoch hier erwähnenswert: Die in der aktuellen Praxis üblichen einseitigen Prüfungen durch Leser(innen), die häufig zu einer einzelnen Adressatengruppe gehören und eher zufällig gewählt sind, bergen die Gefahr einer Vereinseitigung und könnten sogar exkludierend wirken, weil sie einen großen Kreis der primären Adressat(inn)en ausschließen.

Bei der Qualitätssicherung stellt sich eine analoge Problematik: Wegen der erheblichen Heterogenität der primären Adressatenschaft müsste der Prüfvorgang von einer Vielzahl verschiedener Leser(innen) unternommen werden; und die Frage, ob von Einzelleser(inne)n verschiedener Gruppen geprüfte Texte die allgemeine Verständlichkeit eines Textes garantieren, wäre wegen der zufälligen Auswahl der Prüfer(innen) auch damit noch nicht beantwortet.

Wir konstatieren ein weiteres Problem in der aktuellen Praxis der Zielgruppenprüfung: Häufig werden die Texte vorgelesen, wobei nur ein Teil der Prüfer(innen) über eine Lesefähigkeit verfügt. Auch für die lesenden Prüfer(innen) ist die Textrezeption in der Prüfsituation offenbar häufig schwerpunktmäßig auditiv:

Fliedner-Stiftung Potsdam:
Um zu prüfen, ob die Sprache tatsächlich leicht ist, werden die Texte Abschnitt für Abschnitt einer Prüfgruppe von Menschen mit Lernschwierigkeiten vorgelesen – ist irgendetwas unklar, halten sie eine rote Karte hoch. Dann wird nach einer besseren Formulierung gesucht. (Bericht in den Potsdamer Neuesten Nachrichten vom 15.05.2012, http://www.pnn.de/potsdam/648080; geprüft am 30.10.2015)

Lebenshilfe Detmold:
Die achtköpfige Gruppe besteht aus Menschen mit geistiger Behinderung, mit Lernschwierigkeiten, mit psychischen Störungen oder Sehbehinderungen. Die Texte werden dabei reihum vorgelesen. Wer etwas nicht versteht, zeigt die Rote Karte "Halt, Leichte Sprache!". (Bericht in „Lippe online" vom 28.2.2015: http://www.lippe-aktuell.de/content/artikel.php?a=283502; geprüft am 30.10.2015)

Leichte Sprache soll dazu beitragen, dass Information barrierefrei und damit „grundsätzlich ohne fremde Hilfe" rezipiert werden kann. Das ist jedoch auf diese Weise nicht validierbar, denn ein schriftlich vorliegender Text wird auf auditive Informationsentnahme in einer Vorlesesituation geprüft. Beim Vorlesen werden dem Text durch die stimmliche Gestaltung paraverbale Informationen in erheblichem Ausmaß hinzugefügt.

Die Mitglieder der Prüfgruppe haben die Möglichkeit, die rote Karte zu heben, sobald sie etwas nicht verstanden haben, woraufhin dann direkt erklärend und textverbessernd eingegriffen wird. Die Rezeption erfolgt in der geschilderten Situation satzweise. Ob der Text in seiner Ganzheit verständlich ist, kann so nicht verifiziert werden: Einerseits wird das Verstehen auf Textebene durch die Unterbrechungen und die Fokussierung auf die Einzelwort- und Satzebene erschwert. Andererseits wird durch gemeinsames Arbeiten am Text durch Personen mit und ohne Behinderung lokal künstlich Verstehen erzeugt, wo der Text in seiner Entfaltung solches nicht hervorbringen würde.

Die Zielgruppenprüfung ist darum in der aktuell praktizierten Form für die Qualitätssicherung von Leichte-Sprache-Übersetzungen ungeeignet.

Dank der breiten sprachwissenschaftlichen und sprachsoziologischen Forschungslage sowie aufbereiteten Erfahrungen aus der Praxis kann sich eine adressatensensible Qualitätssicherung jedoch zu weiten Teilen auf wissenschaftliche Erkenntnisse stützen; dabei kristallisieren sich folgende Punkte heraus:

- Die Frage danach, was einfach und damit leicht zu verstehen ist, ist ein über Einzelsprecher hinaus robustes Konstrukt; das zeigt sich vor allem an der hohen strukturellen Konvergenz zwischen der natürlichen Reduktionsvarietät Xenolekt und Leichter Sprache (s. Kap. 1.1.1).
- Quer zu den konkreten Ausprägungen von sprachlichen und/oder kognitiven Einschränkungen der primären Adressat(inn)en sind immer wieder dieselben Phänomene von diesen Einschränkungen betroffen (z. B. Passiv, Konjunktiv, Pronomina, syntaktische Komplexität [Satzgefüge, Nominalstrukturen]); ihre Vermeidung ist in den Regelwerken zur Leichten Sprache fest verankert.
- Die in PISA empirisch auf breiter Basis ermittelte Kompetenzstufe I (s. Kap. 5.2.1) deckt sich in beeindruckender Weise mit den Anforderungen an die Textverständlichkeit, wie sie in den Leichte-Sprache-Regeln formuliert sind.
- Die Reduktionsvorschläge aus der Alphabetisierungsforschung (s. Kap. 5.2.8), die auf der Basis einer langen praktischen Tradition entwickelt wurden, weisen – bis hinein in die typografische Gestaltung – eine hohe Übereinstimmung mit den Regeln der Leichten Sprache auf. Dasselbe gilt für die als reduzierte Varietäten entwickelten Plain-Language-Systeme wie Plain English, Selkokieli (leichtes Finnisch) oder Lättlast (leichtes Schwedisch).
- Die bisherigen Erkenntnisse zu sprachlichen Auf- und Abbauszenarien belegen eindrucksvoll, dass die für Leichte Sprache lizenzierten Strukturen genau diejenigen sind, die im Erwerb früh aufgebaut und

bei Sprachverlust spät eingebüßt werden (z. B. Aktiv > Passiv; Indikativ > Konjunktiv; SPO > Wortstellungsvarianz; prototypische > periphere lexikalische Mittel); diese Strukturen können mithin als psycholinguistisch basal und damit als leichter zu verarbeiten gelten.
- In der Verständlichkeitsforschung wurden sowohl für die Perzipierbarkeit als auch für die Verständlichkeit Parameter für die Erleichterung der Sinnentnahme identifiziert, die den Konstruktionsregeln von Leichter Sprache nahekommen (s. Kap. 4).
- Schließlich liegen sprachtheoretische und sprachpsychologische Erkenntnisse über die Verarbeitungskomplexität von sprachlichen Einheiten/Konstruktionen vor (s. Großkap. II), die die Kernregeln der Leichten Sprache bestätigen.
- Zuletzt finden wir in der Grammatik und dort in der Untersuchung morphologischer Markiertheitsverhältnisse Hinweise auf Fragen der leichten Verarbeitbarkeit (Kap. 8.1); die Verarbeitungswahrscheinlichkeit sinkt mit dem Anwachsen morphologischer Komplexität, woraus sich unmittelbar die Präferenz von analytischen gegenüber synthetischen Formen in Leichter Sprache ableiten lässt.

Wir sind demnach in der glücklichen Lage, auf der Basis von theoretisch und empirisch gedeckten Erkenntnissen generalisierungsfähige Aussagen darüber machen zu können, wann ein Text Verständlichkeits- und damit Verstehenskriterien genügt.

Gleichwohl bleiben im Detail viele Fragen offen, die wir in den jeweiligen Kapiteln einzeln ansprechen werden. Es geht um Abwägungen in Bezug auf alternative Konstruktionen, die nicht auf der Grundlage allgemeiner Verstehens- und Verständlichkeitskriterien entschieden werden können, weil die jeweils zur Diskussion stehenden Strukturen Vor- und Nachteile zugleich aufweisen. Aber auch Fragen, die die Potenziale von Leichter Sprache beim Auf- und Ausbau der Lesefähigkeit von primären Adressat(inn)en betreffen, bei denen eine Weiterentwicklung wahrscheinlich ist, müssen empirisch in Angriff genommen werden, ebenso wie die Frage, welche Leser(innen) Leichte-Sprache-Texte in welcher Weise als Brückentexte wahrnehmen und was zu beachten ist, um diese Nutzungsmöglichkeit zu optimieren. Erste entsprechende Forschungsbemühungen zeichnen sich inzwischen ab; es sei an dieser Stelle exemplarisch auf das Projekt LeiSA (Leichte Sprache im Arbeitsleben, http://research.uni-leipzig.de/leisa/de [geprüft am 30. 10. 2015]) verwiesen, das u. a. eine empirische Überprüfung einzelner Regeln ins Auge fasst.

In so angelegten Regelprüfungen, die es erlauben würden, die Qualität von Texten in Leichter Sprache zu steigern und zu sichern, würden die primären Adressat(inn)en nicht sporadisch, sondern systematisch einbezogen. Damit wäre auch die soziale Partizipation der primären Adressat(innen)en, deren Mitwirkung für eine weitere Professionalisierung der Textarbeit unabdingbar ist, auf systematische Weise gegeben.

5.6 Zusammenfassung

Die große Heterogenität der Zielgruppen für Texte in Leichter Sprache erlaubt es nicht, generalisierte Leserperspektiven festzuschreiben. Die Frage, welche Gestalt Texte in Leichter Sprache idealerweise haben sollten, ist deshalb nicht leicht zu beantworten. Wir haben eine Orientierung an den PISA-Lesekompetenzstufen vorgeschlagen, wobei Leichte Sprache mit Kompetenzstufe I korrelieren würde. Um die maximale Reichweite herzustellen, liegt es nahe, die Texte an Adressaten mit besonders stark eingeschränktem Sprachverständnis auszurichten, weshalb sich beispielsweise die Gehörlosen als Referenzgruppe anbieten. Einschränkungen des konzeptuellen Verstehens, die zu einer drastischen Informationsbeschränkung der Texte führen müssten, können dagegen nicht vollumfänglich aufgefangen werden; bei manchen Textgegenständen sind darum auch Leichte-Sprache-Texte, die sich nicht an eine einzelne primäre Adressatengruppe richten, für einen Teil der Leserschaft zu schwer. Diese Zielgruppen können aber über mündliche Interaktionen mit Expert(inn)en erreicht werden, wobei den Expert(inn)en dann die Leichte-Sprache-Texte als Kommunikationshilfe zur Verfügung stehen.

Berührt von der Heterogenität der Adressaten ist auch die Frage der Einzeltextkontrolle durch vereinzelte Zielleser(innen), die vor allem zu Beginn der Entwicklung von Texten in Leichter Sprache eine wichtige Funktion hatte. Durch die Weiterentwicklung, insbesondere aber durch eine wissenschaftsgestützte Beschreibung der Leichten Sprache und durch weitere empirische Forschung, wird es jedoch zunehmend besser gelingen, generalisierungsfähige Strukturen auszuweisen bzw. abgesicherte Alternativen in Zusammenarbeit mit den primären und den indirekten Adressaten von Leichte-Sprache-Texten anzubieten.

Im nächsten Kapitel gehen wir darauf ein, wie Übersetzen in Leichte Sprache in übersetzungswissenschaftlicher Perspektive beschrieben werden kann. Der Adressatenbezug ist auch hier von zentraler Bedeutung.

6 Übersetzen in Leichte Sprache

6.1 Einführung

In diesem Buch wird Leichte Sprache als regulierte Varietät der deutschen Standardsprache beschrieben. Dabei werden verschiedentlich bestimmte Formen von Entsprechung zwischen standardsprachlichen Formulierungen, Sätzen oder Texten mit Zielstrukturen in Leichter Sprache angeführt. Leichte Sprache wird so greifbar „in Abweichung" vom Standard: Dreikasussystem statt Vierkasussystem, kein Präteritum oder Futur, kein Konjunktiv, keine Satzgefüge. Das vorliegende Buch schreibt sich damit in die Tradition einer kontrastiven Linguistik ein, die einen Vergleich zweier Sprachen bzw. Varietäten auf allen Ebenen des Sprachsystems anstrebt, so dass eine der Sprachen bzw. Varietäten auf diese Weise Kontur gewinnt.

Auf der Ebene des Einzeltexts kann das Erstellen von Leichte-Sprache-Texten als Übersetzung beschrieben werden, sofern ein wie auch immer gearteter Ausgangstext vorliegt und mithin ein Transfer in Leichte Sprache stattgefunden hat:

> A source text exists or has existed at some point in time. A transfer has taken place and the target text has been derived from the source text (resulting in a new product in another language, genre or medium), i. e. some kind of relevant similarity exists between the source and the target texts. This relationship can take many forms and by no means rests on the concept of equivalence, but rather on the *skopos* of the target text. (Zethsen 2009: 799 f.)

Das Erstellen von Leichte-Sprache-Texten auf der Grundlage von allgemeinsprachlichen oder fachsprachlichen Ausgangstexten kann darum auch aus dem Blickwinkel der Übersetzungswissenschaft betrachtet werden, was einen ganz anderen als den bisher im Band eingenommenen Blickwinkel eröffnet. Die Ausführungen im Großkapitel II lassen sich aus übersetzungswissenschaftlicher Perspektive als Handlungsempfehlungen lesen:

- Was ist zu beachten, wenn der Ausgangstext einen Genitiv aufweist?
- Wie kann man mit unterschiedlichen Arten von Satzgefügen verfahren?
- Was tun mit Sonderzeichen und Zahlen?

Es wird damit eine Art Äquivalenzbeziehung zwischen bestimmten Strukturen im Standarddeutschen und in Leichter Sprache postuliert, die sich auf den Einzeltext übertragen ließe, deren Status jedoch aus übersetzungswissenschaftlicher Perspektive genauer zu beschreiben ist. Hinzu kommen weitere übersetzungswissenschaftliche Fragestellungen, wie z. B. die folgenden:

- Lässt sich die Zugehörigkeit des Transfers in Leichte Sprache zum Feld der übersetzerischen Handlungen theoretisch in angemessener Weise begründen, obwohl kein Sprachwechsel stattfindet?
- Was ist der Ertrag unterschiedlicher übersetzungswissenschaftlicher Ansätze für das Übersetzen in Leichte Sprache?
- Welche übersetzerischen Hilfsmittel stehen für Leichte Sprache zur Verfügung bzw. noch nicht zur Verfügung?
- Welchen Einfluss haben Konstituenten des Übersetzungsprozesses wie Auftraggeber, Adressatenschaft oder Zielsituation in sprachlicher und medialer Hinsicht auf den Zieltext?

Wir verorten den Transfer in Leichte Sprache nachfolgend zunächst im Feld der Übersetzungsdimensionen und danach in der barrierefreien Kommunikation. Es folgen einige Ausführungen zur besonderen Ausprägung des Common Ground zwischen Ausgangstextautor(inn)en und Zieltextadressat(inn)en, bevor wir in aller Kürze auf die unterschiedlichen Arten von Übersetzungsansätzen eingehen, die sich in den vergangenen Jahrzehnten ausgeprägt haben. Insbesondere äquivalenzbezogene und handlungstheoretische Ansätze erscheinen uns für das Übersetzen in Leichte Sprache relevant. Wir gehen aus der Perspektive dieser beiden Typen von Ansätzen auf unterschiedliche Aspekte des Übersetzens in Leichte Sprache ein und benennen eine Reihe von Forschungsdesideraten.

6.2 Intralinguale Übersetzung im Feld der Übersetzungsdimensionen

Beim Transfer von fachlicher Varietät bzw. Standardsprache in Leichte Sprache wird keine Sprachgrenze, sondern eine Varietätengrenze innerhalb einer Einzelsprache überschritten. Übersetzen in Leichte Sprache ist folglich intralinguales Übersetzen. Dieser Terminus geht auf Roman Jakobson (1959) zurück, der in seinem bekannten und viel zitierten Aufsatz *On linguistic aspects of translation* drei Arten der Übersetzung unterscheidet:

1) Intralingual translation or *rewording* is an interpretation of verbal signs by means of other signs of the same language.

2) Interlingual translation or *translation proper* is an interpretation of verbal signs by means of some other language.

3) Intersemiotic translation or *transmutation* is an interpretation of verbal signs by means of signs of nonverbal sign systems.
(Jakobson 1959: 233)

Siever (2010: 224) verweist auf die Inkongruenz zwischen „*intra*lingual" einerseits und „*inter*lingual" bzw. „*inter***semiotisch**" andererseits und schlägt eine Erweiterung von Jakobsons Systematik vor: er geht davon aus, dass Übersetzen bezüglich der Dimensionen „Zeichensystem", „Sprache", „Kultur" und „Zeit" klassifiziert werden kann und dann jeweils auf ein Element der Dimension („intra-*") oder übergreifend auf mehrere Elemente der Dimension („extra-*") bezogen ist: „Intrasemiotisches Übersetzen" bezieht sich auf einen einzelnen Code in der Dimension „Zeichensystem", während „intersemiotisches Übersetzen" mehrere Codes umspannt. Wir folgen Siever mit Blick auf die drei ersten Dimensionen: Zeichensystem, Sprache und Kultur. Die Dimension „Zeit" ist in unseren Augen dagegen auf einer anderen Ebene (nämlich der des sprachlichen Diasystems) angesiedelt. Mithin ergibt sich die folgende Einteilung:

Zeichensystem	Sprache	Kultur
Intersemiotisch	Interlingual	Interkulturell
Intrasemiotisch	Intralingual	Intrakulturell

Tabelle 1: Dimensionen der Übersetzung modifiziert nach Siever (2010: 224)

Dimension „Zeichensystem": Übersetzungen können folglich die Grenze eines Zeichencodes überschreiten („intersemiotisch") oder auch nicht („intrasemiotisch"). Ein Beispiel für intersemiotisches Übersetzen wäre die Audiodeskription, bei der visuelle, bildliche Abläufe in gesprochene Sprache transformiert werden, um Filme für Personen mit Sehbeeinträchtigung rezipierbar zu machen. Intrasemiotisch wäre eine Übersetzung, die rein verbale Informationen wiederum in verbale Informationen umsetzt.

Dimension „Kultur": Für die Dimension „Kultur" beruft sich Siever (2010: 212 f.) auf Vermeer (1990), der zwischen Para-, Dia- und Idiokultur unterscheidet. Die Parakultur ist die Kultur einer Gesamtgesellschaft, die Diakultur die Kultur einer bestimmten sozialen Gruppe (Klasse, Schicht usw.), während die Idiokultur die „Menge aller Konventionen und Normen und deren Resultate" ist, „die das Verhalten genau einer Person bestimmen" (Vermeer 1990, 59). Die Gruppe der Gehörlosen hat eine eigene Kultur und Sprache (in Deutschland die Deutsche Gebärdensprache) ausgebildet. Sie bildet innerhalb der Gesamtgesellschaft eine Diakultur. Wenn Rechtstexte für prälingual gehörlose Personen in Leichter Sprache aufbereitet werden, so bewegen wir uns im selben Rechtssystem, in derselben Parakultur. Übersetzen in Leichte Sprache wäre in diesem Kontext intrakulturell.

Dimension „Sprache": Interlingual ist eine Übersetzung, die die Grenze einer Einzelsprache überschreitet. Intralingual eine Übersetzung, die sich innerhalb des Diasystems einer Einzelsprache bewegt. Das sprachliche Diasystem umfasst nach Coseriu (1988) die Variablen „diachronisch", „diatopisch", „diastratisch" und „diaphasisch", Koch/Oesterreicher (1990) fügen die Dimension „diamesisch" bzw. „diamedial" hinzu, wobei Varietäten in mehr als einer Variable vom Standard abweichen können. Um das Beispiel der Rechtstext-Übersetzung für eine prälingual gehörlose Adressatenschaft wieder aufzugreifen: Intralingual wäre diese Übersetzung, wenn sie in Leichte Sprache erfolgt. Interlingual dagegen, wenn der deutsche standardsprachliche Text in Gebärdensprache umgesetzt wird. Das Übersetzen in Leichte Sprache aus der deutschen Standardsprache ist also intralinguales Übersetzen.

Wie Jakobson mit seiner Qualifizierung der interlingualen Übersetzung als „translation proper", also „eigentlicher Übersetzung" bereits nahelegt, wird der Transfer zwischen unterschiedlichen Einzelsprachen traditionell als zentraler Gegenstand der Übersetzungswissenschaft angesehen. Der tatsächlichen Bedeutung der intralingualen Übersetzung ist damit nicht Rechnung getragen, wie bereits Baker (1998: xvii) in ihrer *Encyclopedia of Translation* herausstellt: „[…] intralingual translation is not such a minor issue as the existing literature on translation might suggest." In den vergangenen Jahren hat sich die Übersetzungswissenschaft aber zunehmend auch zu anderen Formen als der interlingualen Übersetzung hin geöffnet, so auch zur intralingualen Übersetzung. Mehrere Arbeiten wenden sich der Übersetzung zwischen Varietäten zu, die zu unterschiedlichen *diachronischen* Zuständen derselben Sprache gehören (z. B. Maronitis 2008 oder die Studien in Bermann/Porter 2014, Teil 3: Intralingual Translation and Questions of History). Andere Arbeiten fokussieren eher *diatopische* Varianz, etwa wenn es um den Transfer zwischen US-amerikanischem und britischem Englisch geht (vgl. z. B. Pillière 2010). Simonnæs (2009) untersucht die *diastratische* Varianz zwischen fachsprachlichen und allgemeinsprachlichen Diskursen im Rahmen des Konzepts der intralingualen Übersetzung. Insbesondere die intralinguale Untertitelung für Hörgeschädigte – in Form vorgefertigter oder live erstellter Untertitel – hat, nicht zuletzt wegen der stark gewachsenen Zahl an entsprechend aufbereiteten Sendungen, das Interesse in den vergangenen Jahren zunehmend auf sich gezogen (vgl. stellvertretend die Studien in Díaz Cintas/Orero/Remael 2007) und mithin *diamediales* intralinguales Übersetzen zum Gegenstand der Forschung gemacht.

Übersetzen in Leichte Sprache gehört üblicherweise in den Bereich des *diastratischen* intralingualen Übersetzens. Aber auch ein anderssprachiger Ausgangstext kann in Leichte Sprache übertragen werden; in diesem Fall haben wir es mit interlingualer Übersetzung zu tun. Ein Beispiel ist das Regelwerk von Inclusion Europe, das ein englischsprachiges Original aufweist und in leichte Varietäten mehrerer europäischer Standardsprachen übersetzt wurde. In Kap. 2.1 haben wir über die Situation in Finnland berichtet, wo regelmäßig Texte aus leichtem Finnisch in leichtes Schwedisch übersetzt werden. In Deutschland wird Übersetzen in Leichte Sprache aktuell jedoch in der überwiegenden Mehrzahl der Fälle als *intralinguale* Übersetzung realisiert. Wenn gemäß den Regelwerken Visualisierungsstrategien angewendet werden, die im Ausgangstext nicht vorhanden sind, wird Übersetzen in Leichte Sprache zudem eine intersemiotische Perspektive erhalten. Außerdem ist es in der Regel intrakulturell.

Übersetzen in Leichte Sprache ist also im Regelfall …

- intralingual mit einer diastratischen Ausrichtung, sofern der Ausgangstext der deutschen Standardsprache zugehört.
- intersemiotisch, sofern der Zieltext visuell gemäß den Regelwerken aufbereitet wird.
- intrakulturell, weil Ausgangs- und primäre Zieltextleser derselben Parakultur angehören, wenn auch häufig unterschiedlichen diakulturellen Gruppen.

6.3 Barrierefreie Kommunikation und Übersetzen in Leichte Sprache

Übersetzen in Leichte Sprache ist Teil der Herstellung von barrierefreier Kommunikation. Gleiches gilt für andere Formen der intralingualen Übersetzung wie Audiodeskription, intralinguale Untertitelung oder Schriftdolmetschen. Intralinguale Untertitel können in einem Übersetzungsprozess mit Vorlauf zu ihrer Ausstrahlung produziert oder in einem Dolmetschprozess live erstellt werden. Manche Übersetzungstheorien schließen Dolmetschprozesse aus dem Übersetzungsbegriff aus. Im Bereich der audiovisuellen Übersetzung ist das nicht sinnvoll, denn es würde zu einer kategorialen Trennung von vorab erstellten und live produzierten Untertiteln führen. Auch bei der Theaterübertitelung käme es zu einer Zweiteilung: Das Erstellen der Übertitel müsste als Übersetzung gelten, das konkrete Projizieren in einer Theater- oder Opernvorstellung ist jedoch ein Dolmetschprozess (vgl. Griesel 2007: 67).

Alle diese Formen haben in jüngster Zeit einen erheblichen Aufschwung genommen, wobei sich aktuell Berufsbilder herausbilden und entsprechende Qualifikationen auch in akademische Curricula integriert werden. Die barrierefreie Kommunikation hat, über die übersetzungswissenschaftliche Ausrichtung hinaus, auch eine informationswissenschaftliche Perspektive, wenn es um mediale Eigenschaften der Texte geht, die die Zugänglichkeit ermöglichen oder erschweren. Es sei an dieser Stelle exemplarisch auf Hellbusch/Probiesch (2011) verwiesen, die die Aufbereitung barrierefreier Websites zum Thema machen. Dieser Aspekt wird im vorliegenden Buch jedoch nicht weiter verfolgt.

Auch das Übersetzen in Leichte Sprache hat in den vergangenen Jahren im Zuge der Inklusionsbewegung einen großen Schub erlebt. Es hat sich zunehmend ein Übersetzungsmarkt für Leichte Sprache herausgebildet, der von vielen kleinen Büros für Leichte Sprache getragen wird. Die Lage ist für die Übersetzer(innen) nicht einfach, da die Standards für das Übersetzen in Leichte Sprache und die zur Verfügung stehenden Ressourcen mit denen der interlingualen Übersetzung aktuell nicht Schritt halten. Die Leichte-Sprache-Übersetzer(innen) sind nicht in die bestehenden Berufsgemeinschaften wie den Bundesverband der Dolmetscher und Übersetzer (BDÜ) oder die Assoziierten Dolmetscher und Übersetzer in Norddeutschland (ADÜ Nord) eingegliedert und können folglich auch deren Portale zur Auftragsgewinnung (z. B. http://suche.bdue.de, http://leanverein.de; geprüft am 30.10.2015) nicht nutzen. Entsprechend gibt es auch keine Standards für Zeilenpreise oder Üblichkeiten bei der Auftragsabwicklung; der Markt wird von den Handelnden gleichsam intuitiv erschlossen. Auf die aus jahrzehntelanger Praxis und Theoretisierung erwachsene Expertise des interlingualen Übersetzens (übliche Abläufe werden z. B. in Risku 2009 geschildert) wird, wie unsere Erfahrungen im Umgang mit den Übersetzer(inne)n zeigen, derzeit kaum bis nicht zugegriffen. Übersetzerische Hilfsmittel für Leichte Sprache liegen nicht vor: Es existieren

- keine praktikablen Wörterbücher,
- keine einsatzfähigen Translation Memories,

- keine frei zugänglichen oder käuflich erwerbbaren Terminologiedatenbanken (dazu s. u. Kap. 6.7.2.2).

Insgesamt besteht ein ausgeprägtes Defizit bei den fachlichen Textsorten: Noch liegen kaum fachliche Texte in Leichter Sprache vor. Gerade hier besteht jedoch das Desiderat für die Leserschaft, deren Partizipation an allen Gesellschaftsbereichen nur durch Übersetzen auch fachlicher Texte gewährleistet werden kann.

Das Übersetzen in Leichte Sprache bedarf insgesamt einer Professionalisierung und Akademisierung, damit es den Anforderungen insbesondere an die Fachübersetzung gerecht werden kann. Von Seiten der Übersetzungswissenschaft ist eine eingehende Beschäftigung mit dem Übersetzen in Leichte Sprache ein aktuelles und drängendes Desiderat.

6.4 Zum Common Ground zwischen Ausgangstextautor(inn)en und Zieltextadressat(inn)en

Texte in Leichter Sprache, auch fachlichen Inhalts, richten sich an Personen, denen nicht nur fachliche, sondern auch allgemeinsprachliche Texte nicht zugänglich sind, und zwar aus zwei Gründen: Erstens, weil sie Probleme mit dem sinnentnehmenden Lesen standardsprachlicher Texte haben. Und zweitens, weil für sie daraus eine so geringe Lesepraxis resultiert, dass sie mit üblicherweise bekannten Texten und Textsorten keine Intertextualitätrelation herstellen können. Ihr Wissen über schriftlich vermittelte Diskurse ist in der Tendenz insgesamt so begrenzt, dass sie viele Implikaturen und Präsuppositionen im Text nicht auflösen können oder dass sie üblicherweise an schriftliche Diskurse gebundenes Vokabular, das über lexikalisch basale, prototypische Ausdrücke hinausgeht (s. Kap. 9.2.1), nicht verstehen.

Wenn bei den Adressat(inn)en das Vorwissen über den besprochenen Gegenstand in extremer Weise fehlt, dann ist das Verständnis gefährdet. Der Text muss dann Wissensvoraussetzungen explizit in den Text einführen, damit die darauf aufstufenden argumentativen oder informativen Schritte überhaupt verständlich werden.

Ein zentraler Begriff ist hier derjenige des Common Ground (vgl. hier grundlegend Clark 1996). Der Common Ground ist der gemeinsame Wissensbestand zwischen zwei Kommunikationspartnern mit Bezug auf den Gegenstand eines Texts, Clark (1996: 93): „the sum of mutual, common or joint knowledge, beliefs and suppositions". Es ist häufig der Fall, dass beim interlingualen Übersetzen der Common Ground zwischen Textproduzent(in) und Adressat(in) des Ausgangstexts größer ist als zwischen Textproduzent(in) und Adressat(in) des Zieltexts, weil der Zieltext den Bereich der kulturellen Gemeinschaft und damit eines Teils der gemeinsamen Wissensbestände über den Textgegenstand verlässt. Der Übersetzer/die Übersetzerin schaltet sich dann als Experte/Expertin dazwischen und gleicht diesen Unterschied im Zieltext aus. Ebenso agieren Leichte-Sprache-Übersetzer(innen), so dass wir hier eine Parallele zum interlingualen Übersetzen festhalten können. Im Falle des Leichte-Sprache-Übersetzens ist der Common Ground zwischen Ausgangstextautor(inn)en und primären Zieltextadressat(inn)en, wie bereits ausgeführt, besonders klein. Das Übertragen von Texten in Leichte Sprache ist also intralinguales Übersetzen, und zwar mit der Besonderheit, dass der Common Ground zwischen den Produzent(inn)en des Ausgangstexts und den Adressat(inn)en des Zieltexts sehr klein ist.

6.5 Übersetzungswissenschaftliche Ansätze

Die Übersetzungswissenschaft hat in den vergangenen Jahrzehnten unterschiedliche übersetzungstheoretische Ansätze hervorgebracht, zumeist orientiert an der interlingualen intrasemiotischen Übersetzung (also dem Übersetzen rein verbaler Texte zwischen unterschiedlichen Einzelsprachen). In seiner Studie über die Entwicklung der Übersetzungswissenschaft zu einer eigenständigen Disziplin, deren Schwerpunkt ebenfalls auf der interlingualen Übersetzung liegt, unterscheidet Siever (2010) fünf Paradigmen, denen er jeweils verschiedene Ansätze zurechnet, und zwar nach der zeitlichen Abfolge ihrer Entstehung:

- ein linguistisches Paradigma, innerhalb dessen vor allem die äquivalenzorientierten Ansätze prägend wurden,
- ein verstehenstheoretisches Paradigma, zu dem er hermeneutische und dekonstruktivistische Ansätze zählt,
- ein handlungstheoretisches Paradigma, zu dem die skopostheoretischen und funktionalistischen Ansätze mit ihren kognitions-, kultur- und handlungstheoretischen Erweiterungen gehören (nicht zu verwechseln ist dabei der linguistische Begriff „Skopus", verstanden als semantische Reichweite eines sprachlichen Operators, mit dem übersetzungswissenschaftlichen Begriff „Skopos", verstanden als Zweck einer Übersetzung in der Zieltextsituation),
- ein systemisch-kultursemiotisches Paradigma, das bestimmte Ansätze der literarischen Übersetzung umfasst,
- und schließlich ein semiotisch-interpretationstheoretisches Paradigma, das er mit seinem eigenen Ansatz zu begründen sucht und das auf einem weiten, dynamischen Textbegriff sowie einem weiten Begriff der Interpretation fußt, zu der auch die Übersetzung gehört.

Nachdem das linguistische Paradigma in der Übersetzungswissenschaft und der universitären Übersetzungsausbildung über Jahrzehnte dominant war, kann aktuell das handlungstheoretische Paradigma als führend angesehen werden.

Beide Paradigmen haben eine Fülle von Erkenntnissen hervorgebracht, die auch für das Übersetzen in Leichte Sprache bedeutsam sind. Die Kernbegriffe der beiden Paradigmen – Äquivalenz und Funktion – sind für jede Übersetzungstheorie relevant. Dabei betonen äquivalenzbezogene Ansätze die Relation zum Ausgangstext, während funktionalistische Ansätze das Funktionieren der Übersetzung in der Zielsituation fokussieren. Je spezifischer die Bedürfnisse der Adressatenschaft in der Zielsituation, desto wichtiger ist ein funktionalistischer Blick auf die Leistung des Zieltexts in der gegebenen Situation und umso stärker tritt möglicherweise eine Äquivalenzrelation zwischen Ausgangs- und Zieltext hinter der Funktion des Zieltexts zurück. Es gibt daneben auch Kontexte, die maximale Äquivalenz zwischen Ausgangs- und Zieltext erfordern, beispielsweise Leichte-Sprache-Texte für den inklusiven Unterricht, die bis hin zur Struktur der Oberfläche an den Ausgangstext angebunden bleiben sollten, um eine parallele Verwendung in derselben Unterrichtssituation zu ermöglichen. Hier wäre dann die von uns in Kapitel 1 eingeführte Brückenfunktion Leichter Sprache in ausgeprägter Weise realisiert. Auch übersetzungsbezogene Lexikografie und Terminografie erfordert die Modellierung einer Äquivalenzrelation zwischen Ausgangs- und Zieltext. Darum wird nachfolgend auf beide Typen von Ansätzen bzw., mit Sievers Terminologie, auf Ansätze aus dem linguistischen und aus dem handlungstheoretischen Paradigma eingegangen.

6.6 Äquivalenzbezogene Übersetzungsansätze und Übersetzen in Leichte Sprache

Ein Vorläufer äquivalenztheoretischer Ansätze, der auch eine Verbindung zur kontrastiven Linguistik darstellt, ist die *Stylistique comparé* in der Tradition von Vinay/Darbelnet (1958). Die Autoren haben u. a. unterschiedliche Übersetzungsverfahren beschrieben, die von verschiedenen Ansätzen der Übersetzungswissenschaft aufgegriffen worden sind: *Emprunt* (Direktentlehnung), *calque* (Lehnübersetzung), *traduction littérale* (wortgetreue Übersetzung), *transposition* (Wortartwechsel) sowie *modulation*, *équivalence* und *adaptation*. Die drei letzteren werden von Stolze (2011: 73) als inhaltliche Perspektivenverschiebung beschrieben. Der Äquivalenzbegriff selbst ist, wenn auch unter anderen Vorzeichen als bei Vinay und Darbelnet, einer der zentralen Begriffe der modernen Übersetzungswissenschaft.

6 Übersetzen in Leichte Sprache

Äquivalenzbezogene Ansätze wie der von Albrecht (1987 und öfter) oder Koller (1990 und öfter) arbeiten meist mit einem prototypisch verfassten Übersetzungsbegriff, in dessen Zentrum eine wohldefinierte Äquivalenzbeziehung zwischen Ausgangstext (AT) und Zieltext (ZT) steht. Koller (2011) zitiert in der aktualisierten Fassung seiner *Einführung in die Übersetzungswissenschaft* (die Erstausgabe stammt von 1979) Thome (1990: 2) mit dem Diktum, wonach sich „keine ernstzunehmende Übersetzungstheorie welcher Ausprägung auch immer der zentralen Frage nach der zwischen einem Text und seiner Übersetzung bestehenden Relation entziehen" könne (Koller 2011: 229).

Unter anderem Siever (2010: 78 ff.) stellt die Frage, ob diese Relation tatsächlich mit dem Äquivalenz-Begriff zu bezeichnen wäre, da sich viele Übersetzungstheorien auf den logischen Äquivalenzbegriff berufen, der ein hohes Maß an Entsprechung voraussetzt – nämlich bilaterale Implikation ($p \leftrightarrow q$), die beim Übersetzen aber nicht erreichbar ist: Eine Rückübersetzung führt nicht zum Ausgangstext zurück, sondern ergibt einen neuen Text. Koller nimmt darum auch von der Möglichkeit der Rückübersetzung Abstand. Siever (2010: 82) gibt zu bedenken, dass man damit den Äquivalenzbegriff nicht mehr sinnvoll anwenden könne und schlägt vor, statt der Äquivalenz die einfache Implikation ($p \rightarrow q$) „als Basis für die Übersetzungsrelation" zu setzen (Siever 2010: 81). Dieser Vorschlag hat sich aber bislang nicht durchgesetzt, es wird nach wie vor mit dem Äquivalenzbegriff im Sinne einer einfachen Entsprechungsrelation zwischen Einheiten in Ausgangs- und Zieltext gearbeitet. Wir benutzen den Äquivalenzbegriff hier in diesem letzteren Sinne, also als einfache ($p \rightarrow q$) und nicht als bilaterale Entsprechungsrelation.

Äquivalenzzentrierte Ansätze weisen häufig einen engen Übersetzungsbegriff auf. Nur Übersetzungen, die sich eng an den Ausgangstext anlehnen, die also „bestimmten Äquivalenzanforderungen normativer Art genügen" (Siever 2010: 62), werden als Übersetzungen anerkannt. So grenzt Schreiber (1993; 1999: 269) Übersetzungen von anderen Formen der Texttransformation ab, etwa Bearbeitungen, Interlinearversionen, Paraphrasen oder Nachdichtungen. Übersetzen in Leichte Sprache würde im Rahmen dieses Ansatzes nicht als Übersetzen angesehen. Koller (2011: 79) schließt dann auch folgerichtig intralinguales Übersetzen insgesamt explizit aus dem Gegenstandsbereich der Übersetzungswissenschaft aus; Übersetzen ist für ihn nur dann gegeben, wenn ein Sprachenwechsel und ein hohes Maß an Äquivalenz zwischen Ausgangs- und Zieltext vorliegen. Wir folgen Koller hier nicht, sondern sehen auf der Basis des oben eingeführten weiten Übersetzungsbegriffs intralinguales Übersetzen als Gegenstandsbereich der Übersetzungswissenschaft an. Das intralinguale Übersetzen wird je nach Ansatz einem anderen Textmodifikationsverfahren zugeordnet. Koller (2011: 80) bezeichnet z. B. intralinguales diastratisches Übersetzen als „einen klaren Fall innersprachlichen Umformulierens".

Äquivalenzbasierte Ansätze gehen, auch wenn sie sich zunächst auf den logischen Äquivalenzbegriff beziehen, üblicherweise von verschiedenen möglichen Arten von Äquivalenz aus. Bereits Nida (1964) unterscheidet formale und dynamische Äquivalenz. Formale Äquivalenz besteht, wenn die Anbindung des Ausgangs- an den Zieltext auf unterschiedlichen Ebenen (Satzebene, Textstruktur, Register etc.) als eng beschrieben werden kann. Dynamische Äquivalenz setzt dagegen eher auf einen „natürlich" wirkenden Zieltext, der in der Zielsprache nicht als Übersetzung wahrgenommen wird, dessen Anbindung an den Ausgangstext aber dennoch intakt ist. Bei Salevsky (2002, 301 f.) findet sich eine hilfreiche Zusammenstellung, in welche Terminologie die nachfolgende Literatur diese beiden unterschiedlichen Übersetzungstypen gefasst hat. Koller (2011: 219) unterscheidet verschiedene Ausprägungsformen der Äquivalenz, die er jeweils unterschiedlichen Bezugsrahmen zuordnet:

- die denotative Äquivalenz, die sich auf den „außersprachlichen Sachverhalt" bezieht,
- die pragmatische Äquivalenz, die die Verstehensvoraussetzungen des Empfängers in den Mittelpunkt rückt,
- die konnotative Äquivalenz, die sich auf die „Art der Verbalisierung" bezieht,
- die textnormative Äquivalenz, die sich auf typische Gebrauchsnormen und „textgattungsspezifische Merkmale" bezieht,
- schließlich die formal-ästhetische Äquivalenz, die eine besonders ausgeprägte Orientierung auf die besonderen ästhetischen, formalen und individualistischen Merkmale des Ausgangstexts hat.

Hieraus ergibt sich ein Spielraum für sehr unterschiedliche Realisationsformen von Übersetzungen bzw. Übersetzungsentscheidungen. Die Gemeinsamkeit der äquivalenzbezogenen Ansätze ist jedoch insgesamt die Fokussierung auf den Ausgangstext. Er steht im Zentrum der Aufmerksamkeit, er ist Ausgangspunkt der in diesen Ansätzen zentralen Forschungsfrage, inwiefern seine spezifischen Eigenschaften auf den unterschiedlichen Ebenen in einem Zieltext umgesetzt werden können. Koller (2011) spricht von einer „doppelten Bindung" der Übersetzung: Sie sei einerseits an den Ausgangstext gebunden, andererseits an die kommunikativen Bedingungen auf der Seite des Empfängers.

Die Frage nach der Art der Entsprechung von Ausgangs- und Zieltext ist von großer Bedeutung für das Übersetzen und die Übersetzungswissenschaft: Ohne die Betrachtung von Entsprechungsrelationen ist keine

6 Übersetzen in Leichte Sprache

Didaktisierung typischer Übersetzungsschwierigkeiten möglich, kann keine systematische Terminologiearbeit oder Lexikografie betrieben, können keine Translation Memories (s. u. Kap. 6.7.2.3) aufgesetzt werden, denn schließlich müssen die Einheiten identifiziert werden, die in den beiden Sprachen oder Varietäten Entsprechungen füreinander darstellen. Nur wenn im Ausgangs- und Zieltext einander entsprechende Einheiten auf Wort-, Sequenz- oder Satzebene identifiziert werden können, ist es möglich, Terminologiearbeit zu leisten und Ressourcen für computergestütztes Übersetzen zu entwickeln.

Auch wenn Koller intralinguales Übersetzen aus seinem Ansatz ausschließt, eignen sich seine Äquivalenzdimensionen sehr gut, um die Spezifik des Übersetzens in Leichte Sprache zu beschreiben. Insbesondere die denotative und die pragmatische Äquivalenz eröffnen für die Leichte-Sprache-Übersetzung eine bedenkenswerte Perspektive, während die Konzepte der konnotativen, textnormativen und formal-ästhetischem Äquivalenz wohl eher in ihren Anwendbarkeitsgrenzen reflektiert werden können.

Das Konzept der denotativen Äquivalenz gestattet es, die unterschiedlichen Strategien für die Verbalisierung der gleichen außersprachlichen Referenten in den Blick zu nehmen: Der Zieltext bildet üblicherweise denselben Weltausschnitt ab wie der Ausgangstext. Es geht also z. B. auch im Zieltext um die Symptome einer Erkrankung, die der Patient an sich erkennen kann und mit Hilfe einer Patienteninformationsbroschüre einordnen soll. Diese Symptome müssen, und das gilt für den Ausgangs- wie für den Zieltext, korrekt beschrieben werden. Die Symptom-Beschreibungen im Text haben eine ganz konkrete weltliche Entsprechung, und zwar gleichermaßen für den Ausgangs- wie für den Zieltext.

Im Übersetzungsvergleich ergibt sich dann für Ausgangstext und Zieltext eine denotative Äquivalenz, die im Text konkret aufgefunden und ggf. einer weiteren Verarbeitung (etwa in einer Terminologiedatenbank oder einem Translation Memory) zugeführt werden kann. Der nachfolgende Satz entstammt einer Patienteninformationsbroschüre über die Krankheit PAH (pulmonal-arterielle Hypertonie) des Klarigo-Verlags (2015b):

(1) Wenn Sie bei sich eine signifikante Gewichtsabnahme oder -zunahme beobachten, informieren Sie Ihren Arzt.

Diesem Satz entsprechen vier Sätze im Zieltext in Leichter Sprache:

(2) Beobachten Sie Ihren Körper ganz genau.
Wiegen Sie jetzt viel weniger?
Oder viel mehr?
Dann sprechen Sie mit Ihrem Arzt.

Hier besteht ganz offensichtlich denotative Äquivalenz: Es wird ein Szenario beschrieben, das in eine konkrete Handlungsaufforderung mündet, und zwar gleichermaßen im Ausgangs- wie im Zieltext.

Dabei ist dem Übersetzen in Leichte Sprache eigen, dass Termini des Ausgangstexts meist keine 1:1-Entsprechung in der Zielvarietät haben, sondern dass einem Terminus des Ausgangstexts im Zieltext beispielsweise eine Paraphrase mit Exemplifizierung entspricht, wobei der Terminus im Zieltext auch wiederholt werden kann. Dem System der Leichten Sprache bleibt er jedoch fremd, wie man u. a. an seiner Aufbereitung mit dem Mediopunkt erkennt, die eine Leseunterstützung darstellt (zum Mediopunkt s. Kap. 8.2). Das folgende Beispiel entstammt der Ausfüllhilfe eines Formulars. Der Terminus „Aufenthaltsbestimmung" aus dem Ausgangstext wird im Zieltext wieder aufgegriffen und erläutert:

(3)   Aufenthalts·bestimmung bedeutet:
      Der Betreuer darf entscheiden:
      Wo wohnt der Betroffene.
      (BT 100a Ausfüllhilfe zum Formular „Anregung zur Einrichtung einer Betreuung" [2.15])

Der Terminus „Aufenthaltsbestimmung" ist auch im Zieltext enthalten, damit sich die Adressat(inn)en des Zieltexts in der Situation zurechtfinden: Sie müssen ein Formular ausfüllen, in dem dieser Terminus enthalten ist. Die Ausfüllhilfe greift folglich den Terminus auf und erläutert ihn. Der beschriebene Gegenstand und die auszuführende Handlung sind für Ausgangstext- und Zieltextadressat(inn)en identisch.

> Pragmatische Äquivalenz herstellen heißt, die Übersetzung auf die Leser in der ZS [Zielsprache – U.B./C.M.] „einzustellen" (Koller 2011: 251).

Auch äquivalenzzentrierte Ansätze berücksichtigen also durchaus abweichende Rezeptionsbedingungen für Ausgangstext und Zieltext. Koller (2011: 215) fährt fort:

> Aufgabe der Übersetzungswissenschaft ist es, die für bestimmte Sprachenpaare und Texte hinsichtlich bestimmter Empfängergruppen geltenden kommunikativen Bedingungen zu analysieren und die Prinzipien und Verfahren zur Herstellung pragmatischer Äquivalenz zu erarbeiten.

Die Anforderung an die Leichte-Sprache-Übersetzer(innen) ist damit gut beschrieben. Allerdings lenkt Koller hier den Blick hauptsächlich auf kommentierende Verfahren und sieht die Grenze zur eigenständigen Textproduktion schnell überschritten, wenn die Texteingriffe tiefer werden. Es besteht dabei eine Inkongruenz zwischen Kollers relativ offenen Äquivalenzdimensionen einerseits und der rigiden Vorstellung von Äquivalenz auf allen Textebenen, die Grundlage für Kollers Übersetzungsbegriff ist. Handlungsorientierte, funktionale oder semiotische Übersetzungsansätze strukturieren ihren Gegenstand dagegen gänzlich anders und werden mit Blick auf die pragmatische Äquivalenz dem Übersetzen in Leichte Sprache eher gerecht.

Konnotative Äquivalenz herzustellen ist als Teil eines Übersetzungsauftrags in Leichte Sprache nicht grundsätzlich ausgeschlossen. Angesichts der begrenzten lexikalischen Mittel und der Notwendigkeit, Implizites zu explizieren, ist konnotative Äquivalenz zwischen einem Ausgangstext und einem Zieltext in Leichter Sprache jedoch nur in äußerst begrenztem Maße herstellbar. Denkbar ist es, Konnotationen zu erläutern, jedoch werden damit Konnotationen eher denotativ wiedergegeben, d. h. es wird über Konnotationen im Ausgangstext informiert. Das folgende Beispiel entstammt einem Zeitungsbericht des „Wochenblatts" vom 14.05.2014, in dem über den Prozess gegen einen Mediziner berichtet wird, der einer Patientin während eines Eingriffs ohne deren Einwilligung zusätzlich einen Leberfleck entfernt hatte. Der Prozess endete mit einer Geldstrafe für den Mediziner. Der Artikel zitiert die Richterin, die sich bei der Verkündung des Urteils an den angeklagten Arzt wendet:

(4) „Die Patientenautonomie steht über allem", machte ihm die Richterin klar. „Doch Sie haben als ‚Gott in Weiß' entschieden", rügte ihn die Richterin.

Gemäß seiner Denotation ist *Gott in Weiß* einfach ein Synonym für den Begriff *Arzt*. Die Konnotation ist bei *Gott in Weiß* bzw. *Halbgott in Weiß* jedoch eine andere: damit wird ein Arzt bezeichnet, der einen großen Wissensvorsprung gegenüber dem Patienten hat und auch komplizierte Krankheitsfälle überraschend kurieren kann. Darüber hinaus existiert jedoch auch die Lesart, dass der *(Halb-)Gott in Weiß* den Patienten nicht als Partner auf Augenhöhe, sondern als Gegenstand der Ausübung seiner ärztlichen Kunst ansieht und unangemessen und selbstherrlich über dessen Informations- und Kommunikationsbedürfnis hinweggeht. Ein Arzt also, der sich anmaßt, besser als der Patient selbst zu verstehen, was dessen Bedürfnisse sind und was das angemessene Handeln in einer bestimmten Situation ist. Dies ist die Lesart im eben zitierten Beispiel. Wenn die

Ausdrucksweise *Gott in Weiß* den Zieltextadressat(inn)en nicht bekannt ist, wird es schwer fallen, konnotative Äquivalenz herzustellen. Denkbar wäre, die wörtliche Rede in einer Erläuterung aufzulösen.

(5) Der Patient darf immer bestimmen.
Der Arzt muss die Patienten fragen:
Will der Patient die Operation machen?
Nur dann darf der Arzt den Patienten operieren.

Die leicht ironische Zuschreibung an den Arzt – die Konnotation von *Gott in Weiß* – ist damit aus dem Text herausübersetzt. Wenn die wörtliche Rede übernommen werden soll und die Rede vom *Gott in Weiß* als zentral erachtet wird, dann wird man diese Metapher im Text erklären müssen. Damit sind die Konnotationen im Text aber ebenfalls expliziert und mithin auf die Ebene der Denotation geholt:

(6) Die Richterin hat gesagt:
„Die Patienten dürfen immer selbst bestimmen.
Der Arzt hat hier aber als ‚Gott in Weiß' entschieden."
Das heißt „Gott in Weiß":
Manchmal spricht ein Arzt **nicht** genug mit dem Patienten.
Der Arzt denkt dann:
Ich bin Arzt.
Ich weiß es besser.
Der Patient weiß **nicht** genug.
Ich darf entscheiden.
Dann nennt man den Arzt vielleicht: „Gott in Weiß".
„Gott in Weiß" ist **nicht** freundlich gemeint.

Denkbar ist, dass im Fall eines erneuten Auftretens von *Gott in Weiß* in diesem oder einem anderen Text die Konnotation dann verstanden wird und aufgelöst werden kann (zur Lernfunktion Leichter Sprache s. Kap. 1.3; zu Metaphern in Leichter Sprache s. Kap. 11.3; zur Verwendung von Anführungszeichen in Leichter Sprache s. Kap. 7.2.4). Es wird hier deutlich, dass die Auflösung von Konnotationen ein aufwendiges Verfahren ist, das den Text erheblich verlängert. Dieses Mittel ist darum nur dann angezeigt, wenn es sich um zentrale Aussagen eines Texts handelt.

Textnormative Äquivalenz bezieht sich auf etablierte Textsorten, Textmuster oder Gattungen, die, sofern ein schriftlicher Ausgangstext vorliegt, üblicherweise der Schriftlichkeit zugehören. Ihre Kenntnis oder gar Beherrschung ergibt sich aus der passiven oder aktiven Teilhabe an der allgemein- oder fachsprachlichen Schriftpraxis, die für die primäre Leichte-

Sprache-Adressatenschaft jedoch nicht oder kaum besteht. Textnormative Äquivalenz zwischen Ausgangs- und Zieltext wird sich in Leichter Sprache daher kaum herstellen lassen. Denkbar ist jedoch, dass Vertreter einer bestimmten Textsorte möglichst ausgangstextnah übersetzt werden, um eine Einführung in Textmuster in einer Unterweisungssituation (z. B. im inklusiven Unterricht) zu ermöglichen. So können Leichte-Sprache-Texte zum Erlernen von Textmustern herangezogen werden, so dass zumindest Teile der Adressatenschaft ihr Textsortenwissen erweitern können. Dabei verstehen wir mit Fix (2008: 71) Textsorten als „Klasse von Texten […], die einem gemeinsamen Textmuster folgen". Textmuster wiederum bezeichnet die Art und Weise, wie Lese- und Schreibkundige „die sehr komplexen Text- und Stilvorgaben" der Schriftlichkeit verinnerlicht haben, wobei Muster Handlungsorientierungen geben und Ermessensspielräume für ihre konkrete Ausschöpfung eröffnen (Fix 2008: 67).

Die formal-ästhetische Äquivalenz ist vor allem für die literarische Übersetzung relevant. Hier liegen bislang noch keine Erfahrungen mit Übersetzungen in deutsche Leichte Sprache vor. Anders sieht die Situation für leichtes Finnisch aus, in dem auch unterschiedliche literarische Genres von Belletristik bis hin zu Lyrik realisiert sind und auch Literatur für unterschiedliche Altersgruppen (auch Kinderliteratur) vorliegt. Kulkki-Nieminen/Leskelä (2015) stellen Literatur in leichtem Finnisch vor und analysieren ihre Möglichkeiten und Grenzen. Die Herstellung von formal-ästhetischer Äquivalenz zum Ausgangstext ist jedoch insgesamt angesichts der Restriktionen, denen Leichte Sprache unterworfen ist, eine große Herausforderung, die nur bedingt umsetzbar erscheint (s. auch unsere Ausführungen in Kap. 13).

6.7 Übersetzungsregeln und Hilfsmittel

6.7.1 Übersetzungsregeln

Äquivalenzbezogene Ansätze sind für die Übersetzungsdidaktik und für die übersetzerische Arbeit an der Einzelsequenz besonders hilfreich, denn sie eröffnen einen konkreten Blick auf typische Entsprechungsrelationen zwischen Ausgangs- und Zielsprache bzw. -varietät. Insofern können die kontrastiv-linguistischen Systematisierungen, die der vorliegende Band insbesondere im Großkapitel II vornimmt, aus äquivalenzbezogener Sicht als Orientierungen für konkrete Übersetzungshandlungen gelesen werden. Somit eröffnet der vorliegende Band eine Perspektive für die Übersetzungsdidaktik bzw. kann als Nachschlagewerk für Übersetzer(innen) genutzt werden, die auf spezifische Transferprobleme stoßen.

6.7.2 Übersetzerische Hilfsmittel

Die Professionalisierung des Übersetzens in Leichte Sprache ist nicht zuletzt auch an einen systematischen Ausbau im Bereich der übersetzerischen Hilfsmittel gebunden. Dabei sind zwei Richtungen denkbar: Zum einen kann auf Hilfsmittel gesetzt werden, die nicht für Leichte Sprache entwickelt wurden, aber ggf. an die Anforderungen des Übersetzens in Leichte Sprache angepasst werden können. Zum anderen können neue Hilfsmittel speziell für Leichte Sprache entwickelt werden. Wir erörtern nachfolgend in Kürze die Lage mit Blick auf gedruckte und elektronische Wörterbücher, Terminologiemanagementsysteme, Translation-Memory-Systeme und Tools zur Verständlichkeitsprüfung. Gemeinsam ist allen Hilfsmitteln, dass sie aus übersetzungswissenschaftlicher Sicht an der Annahme von Äquivalenz ausgerichtet sind. Sie setzen die Möglichkeit systematischer und kodifizierbarer Entsprechung auf der Ebene unterschiedlich großer Sequenzen – vom Einzelwort bis zur Satzebene – voraus. Für die folgenden Ausführungen vgl. auch Maaß (2015) und Maaß/Rink/Zehrer (2014).

6.7.2.1 Wörterbücher
Wörterbücher für Leichte Sprache
Wörterbücher als Nachschlagewerke können in elektronischer und/oder gedruckter Form vorliegen und sich u. a. auf die Textrezeption, auf die Textproduktion, auf die Übersetzung und auf die Fachsprachenarbeit ausrichten (Kühn 1989, Engelberg/Lemnitzer 2009). Die aktuell existierenden Wörterbücher für Leichte Sprache gehören zum ersteren Typ; sie sind aus der Praxis heraus entstanden und adressieren die Leser(innen) von Leichte-Sprache-Texten, denen Erläuterungen und Exemplifizierungen zu Begriffen angeboten werden, die von den Autoren als der Zielgruppe unbekannt eingestuft werden. Zu nennen ist hier z. B. das Wörterbuch Leichte Sprache der Bundesvereinigung Lebenshilfe e. V., das online zugänglich ist und über ca. 300 Einträge hauptsächlich aus dem Alltag und dem Themenfeld Inklusion verfügt (Stand Oktober 2015). In gedruckter Form liegt *Das neue Wörterbuch für Leichte Sprache* vom Netzwerk People First Deutschland e. V. vor, das über 400 Einträge verfügt. Es liegt nahe, dass beide Werke schon vom Umfang her keine ausreichende Ressource für das Übersetzen darstellen, sie sind in ihrer Verfasstheit aber auch nicht als solche intendiert. Das umfangreichste entsprechende Projekt ist mit aktuell ca. 2 000 Einträgen das Wiki Hurraki, das Einträge zu verschiedenen Bereichen des Alltags enthält und auch eine Reihe fachlicher Termini unterschiedlicher Provenienz mit einschließt (z. B. „Kofferwort", „Zwei-Faktor-Authentifizierung", „Zugänglichmachungsverordnung" etc.). Hier

gibt es, bedingt durch die Natur des Projekts als Wiki ohne Zugangsbeschränkung, allerdings keine wirksame Steuerung und Qualitätskontrolle, so dass die Auswahl der Lemmata willkürlich und die Qualität der Einträge sehr heterogen ist (s. Kap. 9.2.1.2).

Aus Sicht der Übersetzungswissenschaft sind Wörterbücher mit einer Fokussierung auf die anderen genannten Nutzungsformen vonnöten; insbesondere Fachwörterbücher, die Musteräquivalente für fachliche Termini enthalten, sind ein aktuelles Desiderat, das unter Zugrundelegung des Forschungsstands der Lexikografie bearbeitet werden sollte.

Inhaltsparadigmatische Wörterbücher des Deutschen
Leichte Sprache ist eine Varietät des Deutschen, deren Lexikon sich u. a. durch hohe Gebrauchsfrequenz, große diskursive Reichweite, Medienneutralität, denotative Präzision, konnotative und stilistische Neutralität sowie morphologische und graphematische Einfachheit auszeichnet (s. Kap. 9.2). Kompetente Leichte-Sprache-Übersetzer(innen) können hier zumindest tendenziell Abstufungen erkennen und Zuordnungen vornehmen. Darum stellen Wörterbücher, die Angaben zu den semantischen Beziehungen von Lexemen machen und die Engelberg/Lemnitzer (2009: 36) darum als „inhaltsparadigmatische Wörterbücher" bezeichnen, wichtige Hilfsmittel für das Übersetzen dar. Hierzu zählen u. a. Thesauri oder Synonymen- und Antonymenwörterbücher des Deutschen wie z. B. der Wahrig (2006), der Duden (2011) oder der Dornseiff (2004). Darüber hinaus kann auf Online-Portale wie http://wortschatz.uni-leipzig.de/ oder https://www.openthesaurus.de/ (geprüft am 30.10.2015) zurückgegriffen werden. Diese existierenden Wörterbücher und Datenbanken können also dafür eingesetzt werden, fachlichen oder aus anderen Gründen peripheren Wortschatz durch solche Lexeme zu ersetzen, die sich stärker im Zentrum des Wort- und Begriffsfelds ansiedeln und zumindest in gewissem Umfang eine Äquivalenz zum ausgangssprachlich verwendeten Lexem aufweisen.

6.7.2.2 Terminologiemangementsysteme

Elektronische Terminologiemanagementsysteme gehören seit einigen Jahrzehnten zum Standard insbesondere in der interlingualen Fachübersetzung. Übersetzer(innen) können hier innerhalb ihrer Projekte eigene Terminologiearbeit leisten und gefundene Äquivalente nebst Statusinformationen einpflegen. Darüber hinaus kann Terminologie erworben oder vom Auftraggeber gestellt und in die Systeme eingepflegt werden. Erscheint im Ausgangstext ein Terminus, der in der Datenbank enthalten ist, so wird er den Übersetzer(inne)n angezeigt und kann in den Zieltext übernommen werden. Die Ziele sind sowohl Zeitökonomie als auch eine höhere Termkonsistenz beim Übersetzen. Dieses Vorgehen ist auch auf Leichte Sprache anwendbar. Dabei sind die am Markt etablierten Systeme grundsätzlich nutzbar, auch wenn es diesen aktuell an der Möglichkeit mangelt, die Übersetzungsoption „Deutsch – Leichte Sprache" einzustellen. Eine Schwierigkeit ergibt sich hier dadurch, dass einem Terminus im Ausgangstext in den meisten Fällen kein einzelnes Lexem in der Zielvarietät entspricht: Insbesondere bei fachlichen Lexemen ist der Fall typischer, dass hier eine Paraphrase, Erläuterung oder Exemplifizierung erscheint, die sich nicht nahtlos in die Struktur des Zieltexts einpasst, sondern den Textfluss unterbricht. Die Auswirkungen solcher Verfahren auf die Textebene erläutern wir in Kap. 12, an dieser Stelle scheinen aber bereits die Grenzen der Äquivalenz zwischen Ausgangs- und Zieltext auf, auf die wir weiter unten noch genauer eingehen.

In der interlingualen Übersetzung existieren darüber hinaus inzwischen ausgereifte Verfahren der maschinellen Term-Extraktion; sie setzen jedoch eine ausgeprägte Äquivalenzbeziehung zwischen Ausgangs- und Zieltext voraus, so dass untersucht werden müsste, ob und inwiefern derartige Verfahren, wie sie etwa Zehrer (2014b) und Heid/Gojun (2012) für die interlinguale Fachübersetzung beschreiben, auf Leichte-Sprache-Texte angewendet werden können.

6.7.2.3 Translation-Memory-Systeme

Translation-Memory-Systeme haben sich in der interlingualen Übersetzung inzwischen fest etabliert und sind auch von der übersetzungswissenschaftlichen Forschung untersucht worden, siehe z. B. Massion (2005), der die gängigen Modelle vorstellt, und Risku (2009), die die Auswirkungen auf den Übersetzungsprozess untersucht. Translation Memories funktionieren auf der Satzebene, wobei bereits übersetzte Paare von Ausgangs- und Zieltexten in das System übertragen und in aliniierter, also satzweise verknüpfter Form abgespeichert werden. Enthält ein neuer Ausgangstext einen Satz mit einer hohen Übereinstimmung, so zeigt das System die Übersetzungslösung aus dem vorangegangenen Projekt an, die dann, sofern sie passt, in den Zieltext übernommen werden kann. Der Grad an Übereinstimmung zwischen den Strukturen des bereits übersetzten Texts und des aktuell vorliegenden Ausgangstexts, der sogenannte Matchwert, kann individuell eingestellt werden, so dass z. B. auch dann Lösungen angezeigt werden, wenn die Übereinstimmung geringer als 100 % ist und etwa nur bei 70 % liegt.

Die gängigen Systeme können auch für die Übersetzung in Leichte Sprache verwendet werden, wobei die Aufzählung auf der folgenden Seite zeigt, dass es einige Besonderheiten gegenüber der interlingualen Übersetzung gibt:

- Der Matchwert: Bei Leichter Sprache kann auch ein Textbaustein mit einem Matchwert von unter 70 % hilfreich sein, da auch ein nur mäßig passender Textbaustein die Suche nach einer geeigneten Leichte-Sprache-Lösung erleichtern kann, während bei einer interlingualen Übersetzung eine Bearbeitung wenig übereinstimmender Textbausteine oft mehr Aufwand mit sich bringt als eine Neuübersetzung (Maaß/Rink/Zehrer 2014: 78). Wird ein neues System angeschafft, so sollte auf eines zurückgegriffen werden, das eine Absenkung des Matchwerts unter die für die interlinguale Übersetzung als kritische Grenze angesehene 70 %-Marke erlaubt (Maaß/Rink/Zehrer 2014: 78; Maaß 2015: 162).
- Die Entsprechungsrelationen: Ein Problem stellt die Aufbereitung des Materials für den Übersetzungsspeicher dar. Da häufig beim Übersetzen in Leichte Sprache keine satzweise Entsprechung zwischen Ausgangs- und Zieltext vorliegt, sondern bisweilen Informationen nicht übernommen werden (= 1 : 0-Entsprechung) und bisweilen Erläuterungen hinzugefügt werden (= 1 : viele-Entsprechung) sowie Informationen häufig auch innerhalb des Texts verschoben werden, stößt die automatisierte Erkennung von Entsprechungen schnell an ihre Grenzen und es muss von Hand nachbearbeitet werden (Maaß/Rink/Zehrer 2014: 79).
- Die Relation von Aufwand und Nutzen: Die Erstellung von Translation-Memory-Systemen ist, insbesondere wenn sie nicht automatisiert erfolgen kann, sehr zeitintensiv und nur dann sinnvoll, wenn absehbar ist, dass mehrfach ähnliche Ausgangstexte zu bearbeiten sind.

Vor allem letzteres stellt aktuell einen begrenzenden Faktor für den Einsatz von Translation-Memory-Systemen dar. Beim interlingualen Übersetzen hat in den letzten Jahrzehnten eine erhebliche Spezialisierung stattgefunden, so dass Übersetzer(innen) ihre Aufträge in bestimmten Branchen und mit bestimmten Kunden wahrnehmen und entsprechend oft ähnliche Ausgangstexte übersetzen. Beim Übersetzen in Leichte Sprache ist eine derartige Ausdifferenzierung aktuell noch nicht zu beobachten. Es gibt derzeit unseres Wissens kein Übersetzungsbüro, das sich auf Leichte-Sprache-Übersetzungen in einem konkreten fachlichen Sektor spezialisieren und ausreichend Aufträge in diesem Bereich generieren könnte. Darum ist das Anlegen von Translation-Memory-Systemen durch einzelne Übersetzungsbüros mit großer Wahrscheinlichkeit aktuell keine Aufgabe, die sich für diese Unternehmen mittelfristig rentiert.

Anders sieht es für die Auftraggeber aus: Wenn große Auftraggeber wie etwa Ministerien oder Unternehmen aus dem industriellen Sektor Translation-Memory-Systeme für Texte aus ihren jeweiligen Gegenstandsbereichen herstellen oder in Auftrag geben, dann kann dies durchaus mittelfristig zu einer größeren Homogenität der Texte und insgesamt zur Stabilisierung der Qualität beitragen. Insofern eröffnen sich hier zukünftige Handlungsoptionen im Bereich der computerunterstützten Übersetzung mit Leichter Sprache als Zielvarietät, die zu einer weiteren Annäherung an das interlinguale Übersetzen führen und auf der für diesen Bereich erarbeiteten Expertise aufbauen.

6.7.2.4 Tools zur Verständlichkeitsprüfung

Elektronische Tools zur Prüfung bestimmter sprachlicher Parameter sind ein ausgesprochen hilfreiches Instrument für die intralinguale Übersetzung. Hierfür kommen zwei Arten von Tools in Frage:

Zum einen werden bereits jetzt Tools aus dem Bereich Verständlichkeitsprüfung eingesetzt, die üblicherweise auf den in den Kap. 2.1 und 4.3 vorgestellten Lesbarkeitsindizes aufbauen. Eine aktuelle Variante ist z. B. die Software TexLab der Firma ComLab (http://comlab-ulm.de; geprüft am 30.10.2015 > TextLab), die unterschiedliche Lesbarkeitsindizes mit weiteren Verständlichkeitsparametern (Zahl der Passiva, Informationshaltigkeit der Sätze etc.) verbindet. Das Tool verfügt inzwischen auch über ein Benchmark für die Prüfung von Leichte-Sprache-Texten und macht per On-Mouse-over-Box Verbesserungsvorschläge, so dass es sich gut für die Überarbeitung und auch für die Evaluierung von Zieltexten in Leichter Sprache eignet. Weniger differenziert, aber ebenfalls auf Leichte Sprache ausgerichtet ist „Language Tool" (https://languagetool.org/de/leichte-sprache; geprüft am 30.10.2015), das wie TextLab über ein Eingabefenster im Browser funktioniert und keine eigene Software-Installation erfordert (zum Einsatz dieser Tools in der Qualitätsprüfung der Leichte-Sprache-Übersetzung s. Kap. 4.3.2.1).

Die zweite Option sind Kontrollwerkzeuge aus dem Feld der Technischen Redaktion, die fortlaufend die Eingabe der Redakteurinnen/Redakteure prüfen und Verstöße gegen voreingestellte Richtlinien während des Schreibprozesses rückmelden. Solche Tools führen auch morphologische und syntaktische Analysen des eingegebenen Materials durch, so dass differenziertere Informationen über die Texte gewonnen werden können als über die Lesbarkeitsindizes. Für die Technische Redaktion sind hier acrolinx (http://www.acrolinx.com/software/techcomm; geprüft am 30.10.2015) und CLAT (http://www.iai-sb.de/iai/index.php/en/CLAT-Qualitaetspruefung-in-der-Technischen-Redaktion.html; geprüft am 30.10.2015) führend, die auch die oben besprochene Möglichkeit der systematischen Terminologiearbeit mit umfassen. In Kap. 1.1.4 haben wir Leichte Sprache als regulierte Varietät des Deutschen definiert; auch in der Technischen Redaktion finden sich regulierte Varietäten verschiedener Einzelsprachen (z. B. ASD Simplified Technical English), deren Regelsysteme erhebliche Überschneidungen mit Leichter Sprache aufweisen. Die Anwendung von Redaktionssystemen, die für regulierte Varietäten der technischen Redaktion optimiert wurden, sind eine hervorragende Option für Leichte Sprache, wobei es nun gilt, Anpassungen für das Übersetzen in Leichte Sprache vorzunehmen. Diesen Weg geht aktuell das Team um Hansen-Schirra (2015), das in Kooperation mit den CLAT-Herstellern eine Optimierung von CLAT für das Übersetzen in Leichte Sprache vornimmt. Dabei werden sowohl im terminologischen als auch im syntaktischen Bereich elektronisch abprüfbare Vorgaben für das Übersetzen in Leichte Sprache erarbeitet, die zu einer höheren Regelkonformität und damit einer potenziell besseren Verständlichkeit der Zieltexte führen.

6.8 Handlungstheoretische Übersetzungsansätze und Übersetzen in Leichte Sprache

Für äquivalenzbezogene Übersetzungsansätze ist die Anbindung des Zieltexts an den Ausgangstext ein zentrales Kriterium dafür, ob ein Text als Übersetzung eines anderen Texts angesehen werden kann oder nicht. In der Praxis greifen Übersetzer(innen) aber häufig in starkem Maße in die Ausgangstexte ein, die Frage der „Treue" zum Ausgangstext ist häufig nicht handlungsleitend. Auch Leichte-Sprache-Texte weisen häufig ausgeprägte Unterschiede zum Ausgangstext auf, so dass sich schlussfolgern lässt, dass es jenseits von Äquivalenz weitere zentrale Kriterien für Übersetzungsentscheidungen gibt. Solche Kriterien werden von handlungstheoretischen Ansätzen beschrieben.

Betrachten wir zunächst ein Beispiel, das illustriert, welcher Art die Eingriffe sein können. Das Beispiel auf der folgenden Seite enthält Ausgangs- und Zieltextfragment aus dem rechtlich-administrativen Bereich; es geht um das Einfordern von Nachteilsausgleichen für Personen mit einer Behinderung, hier ganz konkret um die Möglichkeit, vorzeitig Altersrente zu erhalten. Die Informationen werden vom Niedersächsischen Landesamt für Soziales, Jugend und Familie (Landessozialamt) als juristischer Fachtext in einem fachlich geprägten Deutsch und als Information über diesen Fachtext in Leichter Sprache bereitgestellt:

(7)

Die festgestellte Eigenschaft als schwerbehinderter Mensch berechtigt – sofern weitere Voraussetzungen (z. B. Erreichen einer bestimmten Altersgrenze, Erreichen einer bestimmten Anzahl von Beitragsmonaten) erfüllt sind – zum vorzeitigen Erhalt der Altersrente. Auskünfte erteilen die Träger der gesetzlichen Rentenversicherung und die Versicherungsämter.	Als schwer-behinderter Mensch können Sie früher Rente bekommen. Dafür gibt es bestimmte Regeln. Sie bekommen mehr Informationen bei der Deutschen Renten-versicherung. Oder Sie fragen beim Versicherungs-amt von Ihrer Stadt. Oder beim Versicherungs-amt von Ihrem Land-kreis. Oder beim Versicherungs-amt von Ihrer Gemeinde.

Nachteilsausgleich, Niedersächsisches Landesamt für Soziales, Jugend und Familie (Quelle: http://www.soziales.niedersachsen.de/startseite/behinderte_menschen/nachteilsausgleiche/115346.html; geprüft am 30.10.2015)

Ausgangstext (40 Wörter, 354 Zeichen) und Zieltext (41 Wörter, 315 Zeichen) sind in etwa gleich lang. Interessant ist aber die Auswahl der Informationen, die die Übersetzer(innen) getroffen haben. Im Ausgangstext enthält der erste Satz einen doppelten Einschub: einen mit Gedankenstrichen in den Hauptsatz eingefügten Nebensatz, der nochmals durch eine Klammer mit einer Aufzählung von Beispielen unterbrochen wird. Im Zieltext wurde der eingeschobene Teilsatz in einen eigenen Hauptsatz umgeformt. Die Aufzählung in Klammern wurde dagegen weggelassen. Sie enthielt Beispiele für die im eingeschobenen Nebensatz eingeführten *weiteren Voraussetzungen*. Allerdings gibt der Ausgangstext an dieser Stelle keine vollständige oder verlässliche Liste, so dass die Information für die Zieltextadressat(inn)en keine letztgültige Klarheit darüber bringt, ob sie selbst diese Voraussetzungen erfüllen. Außerdem würden die eingefügten Beispiele notwendigerweise weitere Erläuterungen nach sich ziehen, denn sowohl *Altersgrenze* als auch *Beitragsmonat* sind Konzepte, die nicht unkommentiert in den Zieltext in Leichter Sprache hätten übernommen werden können. Die Übersetzer(innen) haben also beschlossen, diesen Teil des Ausgangstexts ersatzlos zu streichen.

Dafür elaborieren sie im direkt anschließenden Textabschnitt: Im Ausgangstext ist lediglich die Rede davon, dass Informationen bei den *Träger(n) der gesetzlichen Rentenversicherung* oder den Versicherungsämtern eingeholt werden können. Der Zieltext wird hier konkreter: Er gibt Auskunft dazu, welche Anlaufstellen den Zieltextadressat(inn)en zur Verfügung stehen. Diese Auskunft ist handlungsorientierend, denn die Rezipient(inn)en können dem Text direkt entnehmen, wohin sie sich wenden sollen, um weitere Informationen zu erhalten. Gibt man *Versicherungsamt* oder *Versicherungsämter* in eine Suchmaschine ein, so gelangt man zunächst zum gleichnamigen Wikipedia-Eintrag, der ebenfalls sehr fachlich verfasst und damit Personen mit Leseeinschränkung eher nicht zugänglich ist. Gibt man dagegen *Versicherungsamt* + die eigene Stadt (z. B. *Versicherungsamt Hildesheim*) ein, so ist der erste Treffer die konkrete Anlaufstelle samt E-Mail-Adresse und Telefonnummer und Öffnungszeiten.

Für handlungstheoretische Ansätze stehen folglich der Zweck des Ausgangstextes und sein Funktionieren in der Zieltextsituation im Vordergrund. Risku bringt diesen Unterschied auf den Punkt:

> Nicht das bloße Vorhandensein eines zu übersetzenden Textes ist die Rechtfertigung für übersetzerisches Handeln. Nicht die Frage danach, wie dies oder jenes in einer anderen Sprache ausgedrückt wird, muss am Beginn des Translationsprozesses stehen. Die Suche nach Entsprechungen von Wörtern und Sätzen greift zu kurz. Der Translator muss zuerst das Worum [sic] und Wozu erkunden. Welchem Zweck soll die Übersetzung dienen? Was will der Bedarfsträger bei wem erwirken? (Risku 2009: 40)

Die Übersetzer(innen) (in diesen Ansätzen meist als „Translatoren" bezeichnet) stehen im Mittelpunkt dieser Ansätze und werden als bewusst Handelnde konzipiert, die, häufig in Zusammenarbeit mit weiteren Expert(inn)en, einen für die Adressat(inn)en angemessenen Zieltext erstellen, dessen Anbindung an den Ausgangstext sehr unterschiedlicher Art sein kann. Dabei wird der Textbegriff in vielen dieser Ansätze als dynamisch aufgefasst: Texte haben keinen festen „Sinn", sondern die Übersetzer(innen) erarbeiten sich eine Lesart des Ausgangstexts, die (eine) Grundlage für die Erstellung des Zieltexts ist. Auch die Funktion ist keine textimmanente Größe, sondern sie wird einem Text in der Zielsituation zugewiesen. Äquivalenz ist in dieser Perspektive eine Illusion, denn es gibt keine feste Basis, kein *tertium comparationis*, das für einen verlässlichen Abgleich von Ausgangs- und Zieltext herangezogen werden könnte. Die Bedeutung des Ausgangstexts wird in diesen Ansätzen relativiert: Um einen funktionierenden Zieltext erstellen zu können, ziehen die Übersetzer(innen) häufig weitere Quellen hinzu und wählen aus den Informationen unterschiedlicher Provenienz aus. Damit wird insgesamt die Rolle der Übersetzer(innen) aufgewertet, denen im Übersetzungsprozess größere Freiheit, aber auch größere Verantwortung zukommt.

Zentral ist nicht der Begriff der Äquivalenz, sondern der Adäquatheit, verstanden als Übereinstimmung mit dem Übersetzungszweck (Siever 2010: 148). Adäquatheit ist „die Relation zwischen Ziel- und Ausgangstext bei konsequenter Beachtung eines Zwecks (Skopos), den man mit dem Translationsprozeß verfolgt" (Reiß/Vermeer 1984: 139). Der Grad der Übereinstimmung mit dem Ausgangstext wird in diesen Ansätzen nicht als ausschlaggebend für die Qualität einer Übersetzung angesehen (Siever 2010: 158).

Auch die Zieltextadressat(inn)en geraten hier stärker in den Blick; bereits Hönig und Kußmaul (1982) betonen, dass das Vorwissen der Adressatenschaft bzw. deren Einschätzung durch die Übersetzer(innen) zentral für die Übersetzungsentscheidungen ist. Der systematische Blick auf die Zieltextadressat(inn)en ist für die intralinguale Übersetzung insbesondere im Bereich der barrierefreien Kommunikation von großer Bedeutung, denn der Anlass für eine intralinguale Übersetzung ist zumeist gerade die Annahme, dass die Zieltextadressat(inn)en besondere Bedürfnisse haben, die es ihnen verwehren, direkt auf den Ausgangstext zuzugreifen. Im Falle der Leichten Sprache genügt das Vorwissen der Zieltextadressatenschaft mit Blick auf Sprach-, Intertextualitäts- und Gegenstandswissen nicht, um sich den fach- oder allgemeinsprachlichen Ausgangstext erschließen zu können. Handlungstheoretische Ansätze lenken also den Blick von den Texten selbst auf die Konstellation ihrer Erstellung und Rezeption sowie auf die beteiligten Akteure.

Das Zieltextfragment aus Beispiel 7 (Seite 203) enthält ebenfalls Informationen, die im Ausgangstext fehlen. Die Übersetzer(innen) haben sie nach Konsultation mit den Fachleuten beim Landessozialamt hinzugefügt, um eine bessere Handlungsorientierung für die Adressatenschaft zu ermöglichen.

Sie haben hier folglich gemäß den Vorgaben einer handlungstheoretischen Übersetzungswissenschaft als Experten mit anderen Experten interagiert. Ausschlaggebend für die Entscheidung, den Ausgangstext nicht als alleinige Quelle für die Übersetzung zu berücksichtigen, war eine Analyse der intendierten Zieltextsituation: Das Landessozialamt gibt auf der entsprechenden Internetseite eine Übersicht über die gesetzlich verankerten Nachteilsausgleiche gemäß dem 9. Buch des Sozialgesetzbuchs. Die Fassung in Leichter Sprache richtet sich dabei an die Menschen mit Behinderung selbst, die in die Lage versetzt werden sollen, eigenständig einen Überblick über das Leistungsspektrum staatlicher Zuwendungen zu gewinnen und im nächsten Schritt in Kontakt mit den jeweilig zuständigen Stellen zu treten. Diese Intention haben die Übersetzer(innen) umgesetzt und einen Zieltext produziert, der in der Zieltextsituation funktional ist.

Ausgangs- und Zieltext können sich hinsichtlich ihres Status erheblich voneinander unterscheiden. So haben Übersetzungen von Gesetzestexten in Leichte Sprache etwa normalerweise nicht den Status von Rechtstexten: Sie sind nicht rechtsgültig und können keine Setzungen von Rechtsgegenständen ausführen. Textgrundlage für das Einklagen von Rechten zu sein ist damit nicht Teil des regulären Funktionsspektrums der Übersetzungen von Rechtstexten in Leichte Sprache. Vielmehr sind diese Texte dazu da, denjenigen Personen überhaupt Einblick in den Gegenstand zu verschaffen, die sonst keinen Zugang dazu hätten, weil der Ausgangstext in seiner Fachlichkeit für sie unverständlich ist. Es dominiert also die Informations- und Orientierungsfunktion. Das tatsächliche Einklagen von Rechten vor Gericht ist eine Domäne der Experten-Experten-Kommunikation, die nicht auf ihre fachliche Textgrundlage verzichten kann bzw. verzichtet.

Die Übersetzung eines Rechtstexts in Leichte Sprache ist also selbst kein Rechtstext, sondern lediglich eine Information über einen Rechtstext. Diese Formulierung entspricht recht genau der Konzeption der Skopostheorie, einem der einflussreichsten handlungstheoretischen Ansätze der Übersetzungswissenschaft, die den Zweck („Skopos") des Zieltexts als bestimmende Variable im Übersetzungsprozess setzt. Nach diesem Ansatz ist eine Übersetzung (bzw. in der Diktion dieses Ansatzes: ein Translat) ein „Informationsangebot in einer Zielkultur und -sprache über ein Informationsangebot in einer Ausgangskultur und -sprache" (Reiß/ Vermeer 1984: 119). Dabei geht Vermeer mit seiner Skopostheorie, wie der überwiegende Teil der Übersetzungstheorie, von der interlingualen, interkulturellen Übersetzung als Normalfall aus. Übersetzen in Leichte Sprache ist in der Regel intralingual und intrakulturell (s. o.). Wie hier gezeigt werden soll, ist jedoch die Diktion des „Informationsangebots über ein Informationsangebot" auch auf das Übersetzen in Leichte Sprache übertragbar. Die Möglichkeit von Funktionsveränderungen oder -verschiebungen beim Zieltext im Vergleich zum Ausgangstext wird in dem Rahmen der Skopostheorie als regulär und normal angenommen.

Das trifft auf alle Arten von Übersetzungen zu – und mithin auf interlinguale wie auf intralinguale. So sind Übersetzungen von Zeugnissen selbst keine Zeugnisse, sie bleiben eben Zeugnis*übersetzungen*. Sie sind normalerweise losgelöst vom Ausgangstext nicht gültig, sondern nur im Verbund mit diesem. Dabei ist die Zeugnisübersetzung dem Ausgangstext meist in formaler Hinsicht ausgesprochen ähnlich: es wird derselbe Sachverhalt denotiert, die Art der Verbalisierung ist sehr ähnlich, auch die typischen Gebrauchsnormen und die formale Gestaltung der Textoberfläche für die Textsorte werden eingehalten. In Funktion und Status unterscheiden sich Ausgangs- und Zieltext dann aber erheblich. Die Entscheidung über die Funktionalität des Zieltexts und die zu wählende

Form sind also auf unterschiedlichen Ebenen angesiedelt: Selbst eine einschneidende Funktionsverschiebung vom Ausgangs- zum Zieltext führt nicht notwendig zu starken Texteingriffen. Bei handlungstheoretischen Ansätzen ist die Frage nach der Funktionalität des Zieltexts damit insgesamt höher priorisiert als eine etwaige Bindung an den Ausgangstext. Eine solche Bindung kann zwar Teil der Zieltextfunktion sein, dies wird jedoch nicht als der prototypische Fall angesehen.

Die Skopostheorie und die auf sie folgenden funktionalistischen Theorien bedeuteten einen Paradigmenwechsel in der Übersetzungswissenschaft. Siever (2010: 152 f.) spricht von einer „Entthronung des Ausgangstexts"; da „nicht sämtliche Elemente des Informationsangebots im Zieltext verwirklicht werden können", sei es letztlich der Übersetzer, der entscheide, was er in welcher Form in seine Übersetzung integriere. Vor allem Holz-Mänttäris (1984) Ansatz des translatorischen Handelns war hier für die Übersetzungswissenschaft prägend. Sie konzeptualisiert Übersetzen als Expertenhandeln (1984: 86) in einem gesamtgesellschaftlichen Kontext. Risku (1998, 2009), die auf Holz-Mänttäris Ansatz aufbaut, sieht in diesem Sinne Übersetzen als Teilhandlung in einem Handlungsgefüge an, die der Übersetzer als Experte in ihrer Korrelation zu anderen Teilhandlungen erfasst. Dabei interagieren Personen in unterschiedlichen Rollen miteinander; für uns von Interesse ist neben dem Übersetzer auch der Bedarfsträger, d.h. die Person bzw. der Personenkreis, der einen bestimmten Text einsetzen möchte. Holz-Mänttäri (1984, 1993) unterscheidet außerdem den Zieltextrezipienten vom Zieltextapplikator; letzterer arbeitet mit dem Zieltext, die enthaltenen Informationen richten sich aber nicht direkt an ihn. In diesem Sinne haben wir in Kap. 5 zwischen unterschiedlichen Adressierungsformen von Leichte-Sprache-Texten unterschieden: direkte Adressierung der primären Adressatenschaft (Zieltextrezipienten) vs. indirekte Adressierung über Expert(inn)en für eine Verwendung der Texte in mündlicher Interaktion mit der Zielgruppe (Zieltextapplikator).

Die Übersetzer(innen) müssen dabei jeweils für sich die Frage beantworten, welchem Zweck die Übersetzung dienen soll und was der Auftraggeber bei wem erreichen will (Risku 2009: 40 f.). Die „konstruktiv zu gestaltende Gesamtsituation" (Risku 2009: 37) muss dabei stets im Blick bleiben, auch wenn der Übersetzer nur einen Teil der verbalen Anteile zu dieser Situation beiträgt. Risku sieht die Übersetzer als „Experten für die Zielkultur", denen eine beratende Funktion zukommt:

> Sie analysieren, ob die Bestellung des Kunden überhaupt sinnvoll ist. Wird die Form des Ausgangstextes auch der Funktion der Zielsituation in der Zielkultur gerecht oder muss diese verändert werden? (Risku 2009: 40 f.)

Der Übersetzer/die Übersetzerin als Kenner(in) der Zielgruppe und Experte/Expertin für ihre kommunikativen Bedürfnisse entscheidet also im Zusammenwirken mit dem Auftraggeber, wie der Zieltext aussehen muss, damit er für die intendierte Situation funktional ist.

Die handlungstheoretischen Ansätze sind, wie alle sonstigen hier besprochenen Übersetzungstheorien, sämtlich für die interlinguale Übersetzung konzipiert. Sie lassen sich jedoch auch auf das Übersetzen in Leichte Sprache übertragen. Die Auftraggeber verlassen sich auch hier meist gern auf das Urteil der Leichte-Sprache-Übersetzer(innen), wie ein Text konzipiert werden muss, damit er situationsadäquat ist, auch wenn das größere Texteingriffe erfordert. Für Leichte-Sprache-Übersetzer(innen), die Kontakt mit Prüfgruppen haben, etwa die Leichte-Sprache-Büros der Lebenshilfe, ist der Anspruch, Experten für die Zielkultur zu sein, essentieller Teil der Kommunikation mit dem Kunden. Durch den nachweislich direkten Kontakt mit einem Teil der Zieladressatenschaft in den Werkstätten der Einrichtung verbürgen die Übersetzer(innen) ihren Expertenstatus. Allerdings garantiert der Kontakt mit der Zieladressatenschaft als solcher noch keine Übersetzungsqualität (s. Kap. 5).

Texte sind komplex und polyfunktional und die Übersetzer(innen) müssen hier Priorisierungen vornehmen und dabei die komplexe Zieltextsituation im Auge behalten. Siever (2010: 163) spricht von einer „Interpretationsleistung des Übersetzers". Darüber hinaus ist Übersetzen natürlich auch immer sprachliches Transferhandeln, und dieses setzt eine Expertise voraus, die eher durch übersetzungswissenschaftliche und übersetzungspraktische Instruktion gewährleistet ist als allein durch einen direkten Kontakt mit der Zielgruppe. Letztlich gehören all diese Aspekte aber zusammen: Die Beschreibung der Zielgruppen muss Teil einer akademischen Leichte-Sprache-Ausbildung sein, parallel zur interlingualen Übersetzung, wo dies dem Standard entspricht. Gleichzeitig trägt eine Vermittlung übersetzerischer und übersetzungswissenschaftlicher Grundlagen dazu bei, dass die Übersetzer(innen) ihre Rolle als Experten auch angemessen wahrnehmen können.

In Leichte-Sprache-Texten wird Implizites aufgelöst und an die sprachliche Oberfläche geholt, um fehlende Verstehensvoraussetzungen sprachlicher, sachlicher und intertextueller Art bei den Zieltextadressat(innen)en zu kompensieren. Würde man möglichst viele Implikaturen und Präsuppositionen im Ausgangstext auflösen, so würde das, je nachdem, wie fachlich oder auch wie informationsdicht ein Ausgangstext ist, aber dazu führen, dass die Zieltexte erheblich länger wären als die Ausgangstexte. Nun sind primäre Leichte-Sprache-Adressat(inn)en *per definitionem* leseschwach. Die Entscheidung, diesen Personen einen deutlich längeren Text vorzulegen als den Ausgangstext, will daher gut reflektiert sein. Für manche Situationen, etwa im rechtlichen oder schulischen Kontext, kann das die richtige Lösung sein.

Häufig werden die Übersetzer(innen) jedoch gemäß den Vorgaben der Skopostheorie aus dem Informationsangebot des Ausgangstexts auswählen, damit der Text lesbar und damit funktional bleibt. Sie werden auch meist feststellen, dass der Ausgangstext bestimmte Informationen, die für die Zieltextadressatenschaft eigentlich von Bedeutung wären, *nicht* enthält. Handlungstheoretische Ansätze tragen diesem Umstand Rechnung und relativieren die Bedeutung des Ausgangstexts, so Risku:

> Der Translator bzw. die Translatorin bewertet, wie relevant das gelieferte Ausgangsmaterial ist. Welche Funktion haben die einzelnen Elemente des Ausgangstextes? Wie sieht seine innere Struktur aus? Die Rolle des Ausgangstextes wird dabei neu gewichtet. Manchmal ist er nur unverbindliches Informationsmaterial als einer unter vielen anderen recherchierten Texten, manchmal bekommen Text, Autor oder Entstehungssituation höchste Verbindlichkeit, möglicherweise bei einer literarischen Übersetzung oder bei einer Urkundenübersetzung. (Risku 2009: 40)

Vor der Übersetzung steht die Analyse der Zieltextsituation, wobei es u. a. darum geht, festzustellen, ob die Textsorte des Ausgangstexts überhaupt übertragbar ist. Nach Risku (2009: 41) stellt sich bei einer Übersetzung folglich die Frage, ob es die Textsorte, zu der der Ausgangstext gehört, in der Zielkultur überhaupt gibt, und, wenn das nicht der Fall ist, welche Wirkung sie haben könnte, „wenn sie dort neu eingeführt wird". Riskus Ansatz richtet sich an der interlingualen und interkulturellen Übersetzung aus. Unterschiedliche Kulturen sind u. a. durch die Ausbildung je eigener Textsortentraditionen gekennzeichnet, so dass sich die von Risku skizzierte Fragestellung ergibt.

Übersetzen in Leichte Sprache ist in der Regel intralingual und intrakulturell. Die primären Adressat(inn)en gehören jedoch einer anderen Diakultur an, hier ganz konkret sozialen Gruppen, die nicht zuletzt auch in ihren Textsortengewohnheiten Besonderheiten aufweisen. Beim Übersetzen in Leichte Sprache werden also zumindest diakulturelle Grenzen überschritten, was Auswirkungen auf die Konzeptualisierung der Textsorten durch die Adressat(inn)en haben kann. Zunächst gibt es mit Blick auf den Textgegenstand Grenzen des Sagbaren. Nicht jede Adressatengruppe kann jede Art von Gegenstand überhaupt verstehen, unabhängig davon, wie leicht die Sprache ist, in der sie ausgedrückt wird. Eine Darstellung des Erbrechts wird ein Mindestmaß an mathematischem Vorstellungsvermögen erfordern – wer mit Bruchzahlen und Kreisdiagrammen nicht umgehen kann, wird einer Darstellung der Erbanteile nicht folgen können. Aber auch die Vertrautheit mit Textsorten der Schriftlichkeit ist hier von Belang. Die Gehörlosen beispielsweise haben eine Gemeinschaft mit einer eigenen Sprache – der Gebärdensprache – entwickelt, in der das Gehör keine Rolle spielt. Diese (Dia-)Kultur ist manuell geprägt, d. h. über die Verwendung der Gebärdensprache als manuellem System. Vertreter dieser (Dia-)Kultur haben häufig erhebliche Schwierigkeiten beim Zugriff auf die standardsprachliche Schriftlichkeit (s. Kap. 5.2.6). Fehlende Lesepraxis führt dann zu mangelnder Intertextualitätserfahrung, d.h. diese Adressat(inn)en haben ein geringeres Vorwissen mit Blick auf Textsorten und typische Verbalisierungsstrategien der Schriftlichkeit. Textsorten sind konventionalisiert; die Rezipient(inn)en greifen auf ihr Intertextualitätswissen zu, wenn sie Exemplaren einer Textsorte gegenüberstehen, und gleichen ihre Erwartungen mit dem ab, was ihnen der konkrete Einzeltext bietet. Fehlt dieses Intertextualitätswissen, so sind das Erkennen intertextueller Verweise und das Aufrufen von Intertextualitätswissen im Verstehensprozess behindert. Wie bereits ausgeführt, sind bestimmte Textsorten, etwa Rechtstexte, in Leichter Sprache nicht problemlos und ohne Funktionsverschiebung abbildbar. Vertreter von Textsorten, deren Funktionalität in starkem Maße auf Implikaturen und Präsuppositionen aufbaut – etwa Werbetexte oder die Textsorten der Scherzkommunikation –, erfordern eine tiefe Auseinandersetzung des Übersetzers/der Übersetzerin mit seinem/ihrem Gegenstand, wenn sie in Leichte Sprache übertragen werden sollen. Hier stellt sich in der Tat die Frage, ob die Textsorten des Ausgangstexts in der Ziel(dia)kultur bekannt sind bzw. welche Teile ihrer Funktionalität übertragbar sind. Ohnehin wird durch die Regelvorgaben Leichter Sprache die Textsortenspezifik weitgehend nivelliert, was wiederum Auswirkungen auf die Textebene Leichter Sprache hat (s. Kap. 12). Die Auseinandersetzung mit dieser Frage stellt ein Forschungsdesiderat dar, das für die einzelnen Textsorten und Zielgruppen zu bearbeiten ist.

Der Zieltext wird, wie wir gezeigt haben, in einer konkreten Zieltextsituation rezipiert, deren Verfasstheit Auswirkungen auf seine Gestalt hat. Das müssen die Übersetzer(innen) stets im Blick haben, auch wenn sie mit dem Zieltext nur einen Teil der verbalen Anteile zu dieser Gesamtsituation beitragen.

Risku nennt handlungstheoretische Übersetzungsansätze folgerichtig „Situated Translation". Hierauf baut der Ansatz von Zehrer (2014a) auf, die in ihrer Studie Wissenskommunikation in situierter, multimodaler Kommunikation beschreibt. Dabei steht nicht allein der Zieltext, sondern die Zielsituation als Ganze im Fokus, was den Blick auf mögliche Rezeptionsweisen des Zieltexts eröffnet.

6.9 Rezeptionsweisen von Informationen in Leichter Sprache und deren Auswirkungen auf die Zieltexte

Im rechtlichen Kontext (s. Kap. 2.2) wird Leichte Sprache als ein Instrument der Teilhabe konzeptualisiert, die in der Regel eigenständig und ohne Hilfe Dritter erfolgen soll. Das ist mit Blick auf mögliche Rezeptionssituationen aber eine Engführung, denn damit werden Zieltextrezipient(inn)en als aktiv selbst Lesende entworfen, die sich eigenverantwortlich mit einem Gegenstand auseinandersetzten. In den Kapiteln 4 und 5 haben wir jedoch herausgearbeitet, dass ein Teil der primären Leichte-Sprache-Adressatenschaft nicht in der Lage ist, schriftliche Texte – gleich welcher Form – eigenständig zu rezipieren, weil die Lesefähigkeit dieser Gruppe dafür nicht genügt. Die Tatsache, dass nicht lesende Personen in Prüfgruppen zum Zuge kommen (s. Kap. 5.5), zeigt, dass auch eine nicht lesende Adressatenschaft in Betracht gezogen wird, wenn sie Teil der Zielgruppe ist (z. B. Personen mit geistiger Behinderung).

Bei der Besprechung der Leichte-Sprache-Regelwerke haben wir gesehen, dass in allen Praxisregelwerken großes Gewicht auf die visuelle Gestaltung der Texte gelegt wird: Drucktype und Schriftschnitt, Absatzgestaltung, Visualisierung mit Bildern etc. Wenn man die Texte für die eigenständige Lektüre aufbereitet, so sind diese Vorgaben durchaus sinnvoll.

Es wird in der aktuellen Regulierungs- und Übersetzungspraxis jedoch bislang kaum reflektiert, welche Auswirkungen die Tatsache, dass die Leichte-Sprache-Texte de facto nicht ausschließlich und teilweise nicht einmal vorrangig der Rezeption durch eigenständige Lektüre dienen, auf die zu übersetzenden Texte haben muss. Damit stellt sich die drängende Frage, wie die Zieltextsituationen aussehen, in denen Leser(innen) und auch Nichtleser(innen) Texte in Leichter Sprache tatsächlich rezipieren bzw. in welchen Zieltextsituationen die Leichte-Sprache-Texte in der Praxis wirklich zum Einsatz kommen. Die Antwort auf diese Frage hat Auswirkungen auf die Gestaltung der Texte.

Denkbar sind folgende Rezeptionsweisen von Leichte-Sprache-Texten:
- Eigenständig lesend
- Eigenständig hörend (mit oder ohne Mitlesen)
- In einer mündlichen Interaktionssituation mit anderen Personen

Jeder dieser Fälle hat andere Auswirkungen auf die Gestaltung des Zieltexts. Daneben sind weitere Ausdifferenzierungen denkbar, die ebenfalls unterschiedliche situationsspezifische Kodierungen gemäß dem Bedarf der Adressatenschaft erfordern.

Die Übersetzer(innen) müssen darüber Aufschluss gewinnen, welche Adressat(inn)en auf welche Weise erreicht werden sollen. Viele Leichte-Sprache-Texte richten sich an eine heterogene Adressatenschaft und umfassen unterschiedliche Rezeptionszwecke, so dass die Frage nach der genauen Rezeptionsweise in einer konkreten Situation mehrere vorstellbare Antworten hat. In Konsequenz kann entweder ein einziger Zieltext entstehen, der wiederum eine einzige oder mehrere unterschiedliche mediale Ressourcen verwendet, oder es können mehrere Zieltexte erforderlich sein, die sich an die jeweilige Rezeptionssituation anpassen.

6.9.1 Rezeption durch eigenständige Lektüre

Dieser Fall wird häufig als Normalfall der Rezeption von Leichte-Sprache-Texten angesehen. Die Texte treten den Rezipient(inn)en in gedruckter Form, beispielsweise als Broschüre oder Flyer, oder als Hypertext entgegen. Typografie, Layout und Bebilderung müssen entsprechend angepasst werden. Art und Umfang der gegebenen Informationen werden an der konkreten Funktion des Zieltexts und an der anvisierten Adressatenschaft ausgerichtet.

Als Beispiel sei ein Informationstext über den Geburtsvorgang mit populärwissenschaftlicher Prägung angeführt, den Wilkes (2015) in Leichte Sprache übersetzt hat, wobei sie ihre Übersetzungsentscheidungen ausführlich reflektiert. Hier zunächst ein Ausschnitt aus dem Ausgangstext:

(8)   **2. Stadium – Austreibungsphase:** Wenn der Muttermund annähernd oder vollständig eröffnet ist (acht bis zehn cm), beginnt die Austreibungsphase. Es kommt zu einer durchschnittlichen Frequenz von sechs bis sieben Wehen in 15 Minuten. Sie fühlen den Druck des Köpfchens zwischen Ihren Beinen. Hören Sie auf Ihren Körper und pressen Sie, wenn Sie ein Verlangen danach spüren. Mit jedem Pressen bewegt sich das Baby ein Stückchen weiter im Becken voran. Sobald die Hebamme das Köpfchen des Babys sehen kann, wird sie Sie bitten, nicht mehr zu pressen, sondern während der nächsten zwei oder drei Wehen zu hecheln. Dies sorgt für eine sanfte und langsame Geburt. Ist das Kind schließlich vollständig ausgetreten, wird es in der Regel auf Bauch oder Brust der Mutter gelegt, um z. B. ein erstes Stillen zu ermöglichen. (Wilkes 2015: 70 f.)

Der fachlich geprüfte Ausgangstext wurde zunächst als Informationsbroschüre umgesetzt, primäre Adressat(inn)en des Zieltexts sind Personen mit einer prälingualen Hörschädigung. Für diese Gruppe liegen bislang kaum Informationsmaterialien zu alltäglichen Themen vor, obwohl Gehörlose im Allgemeinen voll geschäftsfähig sind und nicht zuletzt darum dringend Informationen zu den unterschiedlichsten Lebensbereichen benötigen. Die Informationsbroschüre ist für das eigenständige Lesen konzipiert. Die visuelle und sprachliche Gestaltung orientiert sich am Bedarf der Zieltextadressatenschaft:

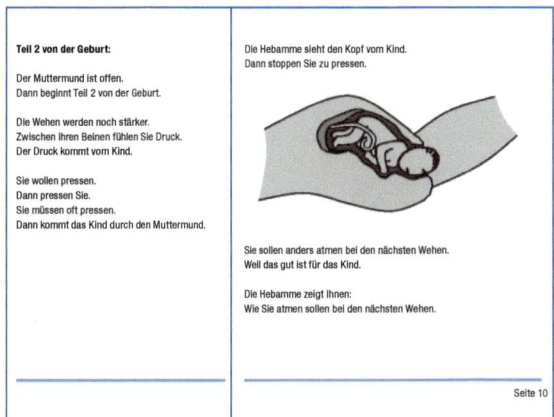

Abbildung 1: Informationsbroschüre Geburt (Wilkes 2015: 82)

6.9.2 Rezeption durch auditive Perzeption

Auch das folgende Beispiel ist zunächst einmal für die Informationsentnahme durch eigenständiges Lesen aufbereitet. Es ist der Homepage des NDR entnommen, der anlässlich des Alphabetisierungstags am 30. April 2015 ausführlich in Leichter Sprache berichtete. Hier ein Ausschnitt aus dem Ausgangstext:

THEMENTAG ALPHABETISIERUNG

Wenn Erwachsene lesen lernen

In Deutschland können etwa 7,5 Millionen Erwachsene keine einfachen Texte lesen oder schreiben. Damit zählen 14,5 Prozent der Erwerbsfähigen zu den funktionalen Analphabeten. Aber warum gibt es so viele erwachsene Analphabeten? Wie finden sie sich im Alltag zurecht? Diesen Fragen widmete sich der NDR am Thementag Alphabetisierung - mit Sendungen, Reportagen, Gesprächen und Mitmachaktionen im Fernsehen, im Radio und Online.

Der Zieltext in Leichter Sprache wechselt die Perspektive und berichtet nicht nur aus der Außensicht über eine bestimmte Gruppe, sondern adressiert diese Gruppe direkt. Er richtet sich neben Personen mit einer Behinderung auch ganz explizit an funktionale Analphabet(inn)en:

Abbildung 2: NDR, Informationen zum Thementag Alphabetisierung (Quelle: http://www.ndr.de/alphabetisierung/Erwachsene-lernen-lesen,leichtesprache288.html; geprüft am 30.10.2015)

Personen mit einer eingeschränkten Lesekompetenz, die gemäß der leo.-Studie den Niveaustufen α3 und α4 entspricht (s. Kap. 5.2.8), sollten mit den Leichte-Sprache-Texten auf der NDR-Homepage ein an ihre Lesefähigkeit angepasstes Lektüreangebot erhalten. Darüber hinaus informiert der Text im weiteren Verlauf aber über die Möglichkeiten, als ausgeschulter Erwachsener das Lesen überhaupt erst zu erlernen. Damit adressiert der Text auch nicht lesende Personen im engeren Sinne, die den α-Levels 1 und 2 zugerechnet werden können, eine Gruppe in der Größenordnung von immerhin über vier Prozent der erwerbsfähigen Bevölkerung (s. Kap. 5.2.8). Folglich wurde das Textangebot auch in einer Audiofassung produziert und zugänglich gemacht. Dabei wurde die Leichte-Sprache-Fassung von einem professionellen Sprecher eingesprochen. Denkbar ist hier sowohl eine rein auditive Rezeption, als auch ein Mitlesen des gehörten Texts für Adressat(inn)en höherer Lesekompetenzstufen. Hier liegt also ein multimodaler Zieltext vor, der über mehrere Sinneskanäle rezipiert werden kann, wobei die Rezipient(inn)en selbst auswählen können, ob sie auditiv oder visuell rezipieren oder beide Angebote kombinieren. Die Lernfunktion Leichter Sprache (s. Kap. 1.3.2) tritt hier deutlich hervor.

Ein ähnliches Beispiel, dieses Mal aus dem Printbereich, ist das folgende:

 Sie arbeiten in einer Küche.
Das ist meistens ein großer Raum.

 Jn der Küche kann es heiß sein.

Abbildung 3: TeilhabeGestaltungsSytems (TGS) des Lebenshilfewerks Mölln-Hagenow gGmbH

Es handelt sich hier um das TeilhabeGestaltungsSytems (TGS) des Lebenshilfewerks Mölln-Hagenow gGmbH, das von Susanne Jackstell und Nils Wöbke entwickelt wurde. Es handelt sich um ein Material zur Berufswahl, geschrieben in Leichter Sprache, in dem Personen mit geistiger Behinderung ein für sie passendes Ausbildungsprofil erschließen sollen. Der Text liegt in gedruckter Form vor und ist, über den verbalen Bereich hinaus, visuell mit Fotos aufbereitet. Ausgangstext sind die Berufsinformationstexte der Bundesagentur für Arbeit (vgl. die Berufsbeschreibung „Koch/ Köchin" der Bundesagentur für Arbeit 2015). Neben dem gedruckten Text sind QR-Codes abgebildet, mit denen über ein Smartphone auf der Homepage der Einrichtung Sound-Dateien abgerufen werden können. Der Text kann also ebenfalls auditiv rezipiert werden, mit dem Smartphone als Ausgabegerät. Die Rezipient(inn)en können ihre Rezeptionsart – lesend, hörend oder mitlesend – selbst wählen.

Herausforderungen bei der Aufbereitung der Audiotexte entstehen, wenn der visuell zu perzipierende Text Bilder in Zeige-, Situierungs- oder Konstruktionsfunktion enthält (s. Kap. 7.4.3). Diese Bilder müssen, sofern der Text zur rein auditiven Rezeption geeignet sein soll, mit in verbale Informationen übersetzt werden, so dass in diesem Falle eine intersemiotische Übersetzung von ikonischen und indexikalischen in symbolische Zeichenressourcen vorliegt.

6.9.3 Rezeption in einer mündlichen Interaktionssituation mit anderen Personen

Der Text aus Abbildung 3 (s. Seite 215) wird jedoch in der Praxis nicht allein für die eigenständige Rezeption eingesetzt, sondern er wird darüber hinaus auch wieder in der Interaktion von Expert(inn)en unterschiedlicher Berufe mit der Zielgruppe verwendet. Mit dem Text in der Hand werden Gespräche geführt, die letztlich zu einer Berufswahl führen sollen. Der Text ist so aufbereitet, dass er auch diese Interaktionsform mit abdeckt.

Unterschiedliche geplante Rezeptionssituationen können dazu führen, dass aus einem Ausgangstext verschiedene Zieltexte entstehen. So hat Wilkes (2015) neben der Informationsbroschüre zum Geburtsverlauf noch einen anderen Zieltext produziert, der für eine andere Rezeptionssituation optimiert wurde: Ein Kartensystem, das gehörlose Frauen mit eingeschränkter Lesefähigkeit in den Kreißsaal mitbringen können. Eine Geburtssituation mit Klinikpersonal, das der Gebärdensprache nicht mächtig ist, und in der damit keine erfolgreiche Kommunikation gewährleistet ist, stellt für alle Beteiligten eine Belastung und auch potenziell eine Gefahr für Mutter und Kind dar. Das Kartensystem stellt hier die verbalen Anteile für die Interaktionssituation.

Das hat Auswirkungen auf die Textgestalt: Die Informationsbroschüre kann wiederholt und im eigenen Tempo rezipiert werden, was die Verständlichkeit erhöht (Wilkes 2015: 44). Das Kartensystem wird in der Geburtssituation unter ganz anderen Bedingungen eingesetzt. Wahrscheinlich hält die Gebärende die Karten nicht selbst, sondern sie werden ihr von Arzt/Ärztin oder Geburtshelfer(in) gezeigt. Damit entscheiden diese Personen, in welcher Weise und Geschwindigkeit die Karten gezeigt werden. Wilkes verweist darauf, dass die Inhalte in der Extremsituation einer Geburt „tendenziell langsamer" (ebd.) aufgenommen werden als sonst und dass das medizinische Personal das Zeigen der konkreten Karten an den tatsächlichen Verlauf der Geburt anpassen wird, d. h. auf eine außertextuelle Ressource zurückgreift. Sie schlussfolgert:

> Für die Übersetzung bedeuten die höhere Flüchtigkeit sowie die fremdbestimmte Verarbeitungsrate, dass der Text noch simpler und übersichtlicher gestaltet werden muss als im Ratgeber. Gegebenenfalls müssen bestimmte Inhalte auch ausgelassen oder gekürzt werden. (Wilkes 2015: 44)

Während die Informationsbroschüre zur Vorbereitung auf eine zukünftige Situation rezipiert wird, dient das Kartensystem der Stützung einer Situation und wird in einer Face-to-face-Interaktion eingesetzt. Entsprechend unterschiedlich ist die Gestalt der beiden Zieltexte:

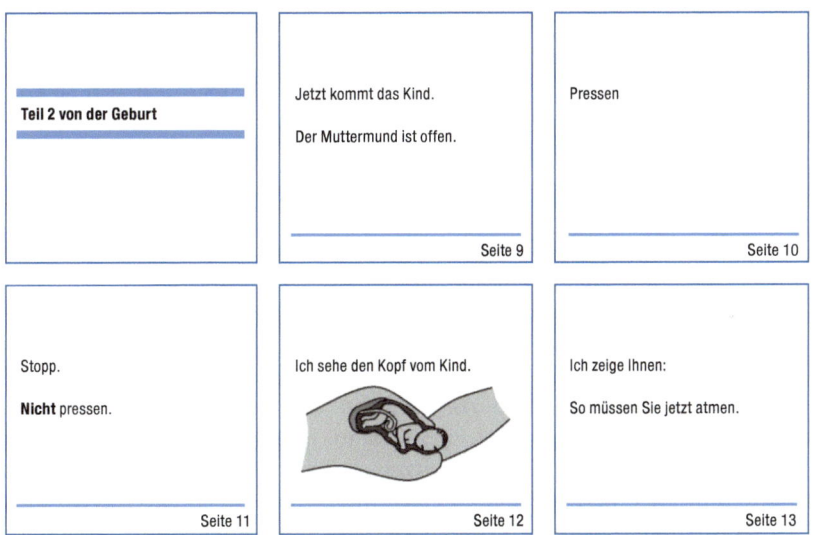

Abbildung 4: Informationsbroschüre Geburt – Kartensystem (Wilkes 2015: 100 ff.)

Werden Leichte-Sprache-Texte in situierter Kommunikation eingesetzt, so sind sie häufig Teil einer Unterweisungs- oder Beratungssituation. Von den Texten in Leichter Sprache profitieren dann nicht allein die Personen mit einer Einschränkung der Lesefähigkeit, sondern auch die Expert(inn)en (vgl. z. B. Zehrer 2014a, ten Tije / Kole 1994 unter Rückgriff auf soziologische Theorien der Organisation), die mit Personen mit geringer Lesefähigkeit in Austausch treten. Auf Holz-Mänttäris (1984: 111) Unterscheidung zwischen Zieltextapplikator und Zieltextrezipient hatten wir bereits verwiesen; die Zieltextapplikatoren würden den Text dann z. B. als Schulungsmaterial einsetzen, während die Zieltextrezipienten die eigentliche Adressatenschaft des Zieltexts sind. Die Leichte-Sprache-Texte sind in diesen Fällen ein Service-Angebot für den konkreten Austausch: Die Expert(inn)en können den Text dazu benutzen, das Wissens- und Kompetenzgefälle, das in der aktuellen Situation besteht und die Kommunikation erschwert, zu kompensieren. Beispielsweise kann sich ein Arzt / eine Ärztin, der/die eine OP-Aufklärung durchführt, für seine/ihre Ausführungen in situierter Kommunikation auf einen Leichte-Sprache-Text stützen. Zusätzlich kann er/sie beispielsweise Modelle des betreffenden Körperteils, Zeichnungen, die er/sie mit eigenen Zusätzen (z. B. Pfeilen o. ä.) versieht, sowie eigene Wortbeiträge einsetzen, um den Patienten bzw. die Patientin kommunikativ zu erreichen. Der Leichte-Sprache-Text ist dann nur ein Baustein unter mehreren in der Wissenskommunikation. Wenn der Patient/die Patientin mit adäquaten Mitteln angesprochen wird, erhöht sich die Wahrscheinlichkeit, dass er/sie Zweck und Aussichten der Untersuchung oder des geplanten Eingriffs versteht und sich so eine Vertrauensbasis zwischen Arzt/Ärztin und Patient(in) ausbilden kann, die auch einen Raum für informierte Entscheidungen des Patienten / der Patientin eröffnet.

6.10 Zusammenfassung

Äquivalenzzentrierte und funktionalistische Ansätze tragen in jeweils spezifischer Weise dazu bei, das Übersetzen in Leichte Sprache konzeptuell zu fassen.

Äquivalenzzentrierte Ansätze eröffnen einen Zugriff auf das Paradigma: Mit diesen Ansätzen kann man typische Realisationsformen von der Einzelwort- bis hin zur Satzebene beschreiben, da eine greifbare und damit auch beschreibbare Beziehung zwischen Sequenzen typischer Ausgangs- und Zieltexte postuliert wird. Dieser Blickwinkel ist für die Übersetzungstheorie unverzichtbar: Wird verneint, dass zwischen Ausgangs- und Zieltext systematisch Äquivalenz bestehen kann, so kann auf sprachlicher Ebene keine Regularität des Übersetzens angenommen werden. Man agiert also im Rahmen des Äquivalenzkonzepts,

- wenn man konkrete Übersetzungslösungen formuliert: „Wie gehe ich bei der Übersetzung in Leichte Sprache mit Konditionalsätzen um?" „Was kann ich tun, wenn Negationen oder Genitive auftreten?" Hier bewegt sich auch das vorliegende Buch im Rahmen eines Äquivalenzansatzes. Mit seiner kontrastiv-linguistischen Perspektive eröffnet das Großkapitel II eine Perspektive auf mögliche Standardlösungen der

Übersetzung, auf typische Entsprechungen zwischen Ausgangs- und Zieltext.
- wenn man übersetzerische Hilfsmittel entwickelt: Terminologiedatenbanken, Wörterbücher oder Translation Memories erfordern einen Äquivalenzbegriff, denn sie postulieren die Möglichkeit wiederverwendbarer Musterlösungen jenseits des Einzeltexts.
- wenn man die Brückenfunktion ernst nimmt, denn sie erfordert Äquivalenz auf der Ebene der Textoberfläche.

Wir haben aber auch herausgearbeitet, dass Äquivalenzansätze allein für die Anforderungen der Praxis, für die Gestaltung konkreter Einzeltexte, zu eng gefasst sind, da sie kaum auf das tatsächliche übersetzerische Tagesgeschäft ausgerichtet sind. Übersetzen findet nicht allein auf der Ebene der Einzelsequenz statt; übersetzt werden Texte, die sich an bestimmte Zielgruppen richten und in einer spezifischen Zielsituation funktionieren müssen. Handlungstheoretische Ansätze tragen der Tatsache Rechnung, dass Übersetzer(innen) *in praxi* insbesondere auf der Textoberfläche häufig keine Äquivalenz mit dem Ausgangstext herstellen, dass in der Übersetzungspraxis die tatsächliche Anbindung an den Ausgangstext also häufig schwach ist. Die Zieltexte sind vielmehr Ergebnis eines Aushandlungsprozesses mit dem Auftraggeber. In ihre Erstellung fließen unterschiedliche Wissensressourcen ein – vom Gespräch mit dem Auftraggeber über Hintergrundtexte bis hin zu Gesprächen mit Expert(inn)en unterschiedlicher Disziplinen. Diese Vorgehensweisen der Übersetzer(innen) lassen sich ebenfalls klassifizieren: Handlungstheoretische Ansätze wie derjenige von Holz-Mänttäri (1984) oder Risku (2009) stellen dar, an welchen situationalen Parametern sich Übersetzer(innen) orientieren, welche Art von Wissensbeständen in die Übersetzung einfließen können und welche Art von Auswirkung das auf den Zieltext hat. Das Übersetzen in Leichte Sprache weist hier eine hohe Konvergenz mit dem interlingualen Übersetzen auf.

Das Übersetzen in Leichte Sprache baut also letztlich auf beiden Arten von Ansätzen auf: auf äquivalenzorientierten Ansätzen, die es erlauben, typische Vorgehensweisen des Übersetzens in Leichte Sprache zu beschreiben und systematische Materialerhebungen für die Hilfsmittel durchzuführen, und auf handlungsorientierten Ansätzen, die Übersetzer(innen) in die Lage versetzen, adäquate und funktionierende Zieltexte zu erstellen, selbst wenn sie dafür gegen manches Prinzip äquivalenzorientierter Ansätze verstoßen.

Beide Ansätze helfen uns in der Zusammenschau abzuwägen zwischen den Erfordernissen der Brücken- und der Partizipationsfunktion Leichter Sprache auf der einen und den Erfordernissen der Zielsituation auf der anderen Seite. Die Brückenfunktion sieht eine strukturelle Äquivalenz von Ausgangs- und Zieltext vor, während die Partizipationsfunktion eine möglichst vollständige Informationswiedergabe fordert, ebenfalls ein Aspekt, der in äquivivalenzbezogenen Ansätzen eine große Rolle spielt. Die Zielsituation erfordert jedoch einen Zieltext, der einen funktionalen Kommunikationsbaustein darstellt; dieser Aspekt wird in handlungstheoretischen Übersetzungsansätzen systematisch bearbeitet.

II Struktur Leichter Sprache

7 Das Zeichensystem: Form – Inventar – räumliche Ordnung

In Kap. 3 haben wir gesehen, dass in allen Regelwerken etwa die Hälfte aller gegebenen Regeln auf die visuelle Gestaltung von Texten in Leichter Sprache bezogen ist. Angesprochen sind etwa Schriftarten, die typografische Gestaltung oder der Einsatz von Bildmaterial und damit die Art und die Ordnung der Zeichen, die in Leichter Sprache gebraucht werden.

Der Hintergrund dieser intensiven Beschäftigung mit der grafischen Oberfläche leitet sich direkt aus den Erfordernissen an die Perzipierbarkeit Leichter Sprache ab, die vor allem bei primären Adressat(inn)en mit Einschränkungen der Sehfähigkeit nicht umstandslos gegeben ist. Aber auch bei sonstigen Leseproblemen kann die typografische Textaufbereitung als Lesehilfe genutzt werden (vgl. dazu Reißig 2015 und Reißig/Bernasconi 2015). Auch wir gehen der Frage nach dem Zeichensystem für Leichte Sprache deshalb ausführlich nach.

Für eine Systematisierung des Gesamtfeldes ist es sinnvoll, einen wenigstens rudimentären Zeichenbegriff zur Verfügung zu haben. Wir setzen an drei semiotischen Unterscheidungen an:

Die erste Unterscheidung betrifft die Frage, welchen Beitrag ein Zeichen für die Herstellung von Bedeutung leistet: Wir unterscheiden zwischen **bedeutungsunterscheidenden** und **bedeutungstragenden** Zeichen. Bedeutungstragend sind Zeichen mit inhärenter Semantik: Werden sie aufgerufen, wird die entsprechende Bedeutung, die sie tragen, aktiviert; die kleinsten bedeutungstragenden Einheiten sind Morpheme (s. Kap. 8), aber auch Wörter und Sätze tragen Bedeutung und gehören hierher. Bedeutungsunterscheidende Zeichen tragen selbst keine Bedeutung, mit ihrer An- bzw. Abwesenheit werden aber Bedeutungsunterschiede erzeugt; der Buchstabe <s> etwa bedeutet für sich allein genommen nichts; bei <raus> vs. <rau> ist er aber dasjenige Element, das die Bedeutungen zwischen *raus* und *rau* unterscheidet. Wir werden sehen, dass gerade die bedeutungsunterscheidenden Zeichen eine große Schnittmenge zwischen Standardsprache und Leichter Sprache bilden. Jedoch sind auch Abweichungen zu verzeichnen. Das Inventar der bedeutungsunterscheidenden Schriftzeichen in Leichter Sprache, das in den Regelwerken nur partiell und lückenhaft bearbeitet wird, ist Gegenstand von Kap. 7.2. Der äußeren Form der Schriftzeichen, die in den Regelwerken einer starken, aber gleichwohl weitgehend unsystematischen Regulierung unterworfen ist, gehen wir in Kap. 7.1 nach.

Die zweite Unterscheidung setzt daran an, wie Zeichen Bedeutungsdomänen aufbauen: Es geht um den Unterschied zwischen **verbalen**, **paraverbalen** und **nonverbalen Zeichen**. Als sprachliche Zeichen gelten alle, bei denen ein Schrift- oder Lautbild mit einer Bedeutung assoziiert sind. Nonverbale Zeichen sind solche, bei denen die Bedeutung nicht mit sprachlichen Mitteln hergestellt wird; verschiedene Fingerzeige etwa (☝ = aufpassen) oder spezifische mimische Ausdrucksformen sind sprachbegleitende nonverbale Zeichen der Mündlichkeit; typische nonverbale Zeichen der Schriftlichkeit sind Bilder, Karten oder Grafiken. In Kap. 7.4 werden wir den Einsatz nonverbaler Zeichen in Leichter Sprache diskutieren. Paraverbal werden sprachbegleitende Zeichen genannt, die mit dem Zeichenkörper des sprachlichen Zeichens verbunden sind, in der mündlichen Sprache etwa die Lautstärke oder Pausierungen, in der geschriebenen Sprache z. B. die Form oder die typografische Ordnung von Schriftzeichen, mit der eine eigene Bedeutungsdimension ins Spiel kommt, etwa die Signalisierung eines Themenwechsels, die durch einen Absatz erzeugt wird. Aber auch hypertextuelle Strukturen gehören zum parasprachlichen Inventar. In Kap. 7.3 werden wir zeigen, dass standardsprachliche Texte und Leichte-Sprache-Texte mit verschiedenen parasprachlichen Instrumenten arbeiten und welche Konsequenzen daraus für die Übersetzungspraxis abzuleiten sind.

Die dritte Unterscheidung, die wir ansetzen, betrifft verschiedene Typen bedeutungstragender Zeichen; hier stützen wir uns auf Peirce, der – in Abhängigkeit von der Relation zwischen dem Zeichenkörper und dem Zeicheninhalt – zwischen **Ikon**, **Symbol** und **Index** unterscheidet: Bei ikonischen Zeichen besteht eine Ähnlichkeitsbeziehung zwischen dem Zeichenkörper und dem Zeicheninhalt (z. B. ✂, ☎); bei indexikalischen Zeichen liegt eine Hinweisbeziehung vor; der Zeichenkörper verweist auf einen Zeicheninhalt (Rauch verweist auf Feuer). Bei Symbolen schließlich ist die Zuordnung vom Zeichenkörper zum Zeicheninhalt arbiträr; sie stützt sich auf Konventionen. Die wichtigsten Symbole sind sprachliche Zeichen. Wir werden sehen, dass alle drei Zeichentypen in standardsprachlichen und in Leichte-Sprache-Texten vorkommen; in diesem Kapitel zeigen wir, welche Funktion sie jeweils übernehmen und welche Probleme mit ihrer Rezeption jeweils verknüpft sind.

7.1 Die Form der Schriftzeichen

Um die Lesbarkeit von Texten in Leichter Sprache auf der Ebene der Buchstabenformen zu erleichtern, empfiehlt das Netzwerk Leichte Sprache (BMAS 2013: 51) folgendes:

Benutzen Sie einfache Schriften.
Die Schrift muss gerade sein.

Schlecht: Times New Roman
Arial kursiv
Courier New
Zapfino

Gut: Arial
Lucida Sans Unicode
Tahoma
Verdana
Century Gothic

Weitere Ausführungen beziehen sich auf mögliche Hervorhebungsarten (BMAS 2013: 62):

Heben Sie wichtige Dinge hervor.
Beispiel:

Schlecht:
- NUR GROSSE BUCHSTABEN.
- *Kursive oder schräg gestellte Schrift.*
- G r ö ß e r e r   Z e i c h e n - A b s t a n d .

Gut:
- Setzen Sie Aufzählungs-Punkte.
- Machen Sie **Wörter fett**.
- Nehmen Sie eine andere dunkle Schrift-Farbe.
- Hinterlegen Sie den Text mit einer hellen Farbe.
  Aber man soll die Schrift trotzdem gut lesen können.
  Auch nach dem Kopieren.
- Machen Sie um einen Satz einen Rahmen.
- Unterstreichen Sie so wenig wie möglich.

7 Das Zeichensystem: Form – Inventar – räumliche Ordnung

Die Konvergenz zwischen den Netzwerkregeln und den Regeln von Inclusion Europe ist hier ausgesprochen groß: Inclusion Europe (2009: 13 ff.) gibt an, die Schrift solle „klar und leicht lesbar" sein; vermieden werden sollen Serifenschriften, zu kleine oder zu große Zeichenabstände zwischen den Buchstaben, zu dünne Schriften, Kursive, durchgängige Großbuchstaben, mehrfarbig gesetzte Texte und Unterstreichungen.

In den beiden Regelwerken sind verschiedene Eigenschaften von Schriften vereint, die im Folgenden aufgegriffen und systematisiert werden. Wir unterscheiden (von den Regelwerken nicht explizit genannte) Schrifttypen (Kap. 7.1.1) und Schriftgruppen (Kap. 7.1.2) sowie Schriftarten (Kap. 7.1.3) und Schriftauszeichnungen (Kap. 7.1.4).

7.1.1 Schrifttypen

Bei den Schrifttypen müssen verbundene und unverbundene Schriften unterschieden werden:

verbundene Schrift
unverbundene Schrift

Verbundene Schriften sind schreibunterstützend. Mit ihnen lernen Schreibnovizen größere, über Einzelbuchstaben hinausweisende graphomotorische Bewegungsausführungen und damit die komotorische Realisierung größerer sprachlicher Einheiten (Silben, Morpheme, Wörter). Dafür stehen eigene, sogenannte Ausgangsschriften zur Verfügung. In Deutschland werden wahlweise die *Schulausgangsschrift*, die *Vereinfachte Ausgangsschrift* oder die *Lateinische Ausgangsschrift* verwendet. Zu unterscheiden von den Schulausgangsschriften sind diverse Zierschriften für die elektronische Textverarbeitung, etwa *Edwardian Script ITC*, oder aber solche, die einen verbundenen Duktus simulieren, ohne tatsächlich verbunden zu sein, etwa *Vivaldi*.

Leseunterstützend sind verbundene oder verbundene Schriften imitierende Schriften nicht. Die Buchstaben sind nur schwer isoliert wahrnehmbar, die Buchstabengrenzen durch die Ligaturen oder Zierelemente häufig nicht klar erkennbar. Darüber hinaus begegnet man verbundenen Schriften auch in standardsprachlichen Texten eher selten, weshalb sie in Leichter Sprache nicht vorgesehen sind. Aber sie kommen vor; und dies gerade in besonders alltagsnahen Kommunikationsereignissen; Leseschwierigkeiten von Leser(inne)n, die Texte in Leichter Sprache benötigen, können hier nicht ausgeschlossen werden; ein entsprechender QR-Code könnte hier leicht Abhilfe schaffen:

Die Form der Schriftzeichen

a. *Salatteller „Italienische Art"   7,30 €*
Mit Kochschinken und Käse
Feldsalat, Speck und Croutons   6,20 €
(nur im Herbst und Winter)

b. *Einladung zur Hochzeit*

Abbildung 1: Verbundene Schriften im Alltag – links (a): Auszug aus einer Speisekarte

7.1.2 Schriftgruppen

Die unverbundenen Schriften werden gemäß DIN 16518 in verschiedene Gruppen sortiert. Die für uns wichtigste Unterscheidung ist die zwischen der Großgruppe der Antiqua- und der Großgruppe der gebrochenen Schriften.

Antiquaschriften
gebrochene Schriften

Gebrochene Schriften sind weithin unüblich und werden lediglich als Zierschriften verwendet. In Leichter Sprache sind sie nicht vorgesehen. Aber auch sie finden wir im Alltag, und zwar ausgerechnet dort, wo es um elementare Orientierungsfunktionen geht; auch hier muss bei Leser(inne)n mit geringer Lesekompetenz mit Dekodierproblemen gerechnet werden:

a.

b.

Abbildung 2: Frakturschrift im Alltag

7.1.3 Schriftarten

Bei den unverbundenen Antiquaschriften werden zwei große Gruppen unterschieden: Serifenschriften und serifenlose Schriften.

Serifenschrift
serifenlose Schrift

Serifen sind feine Zierabschlüsse an Buchstaben, die quer zur Grundrichtung des Buchstabenelements verlaufen, mit dem der Buchstabe abschließt.

Abbildung 3: Serifen

Serifenschriften und serifenlose Schriften bieten verschiedene Vor- und Nachteile für den Leser:
   Weil die Mehrheit der Buchstaben entweder mit einer Rundung oder mit einer Vertikalen auf der Grundlinie abschließt, an die dann eine horizontale Serife appliziert wird, unterstützen Serifenschriften die Zeilenführung. Die Buchstabenfolgen wirken optisch wie mit einem zarten Band auf der Grundlinie verknüpft; serifenlose Schriften bieten hier keine optische Hilfe:

Zeilenführung
keine Zeilenführung

Weil in serifenlosen Schriften alle Buchstabenelemente funktional für die Identifizierung des Buchstabenwertes sind, unterstützen sie das Erkennen von Einzelbuchstaben jedoch besser als Serifenschriften. Serifenlose Schriften werden deshalb auch in der Erstlesedidaktik verwendet, wo es wesentlich darauf ankommt, dass die Lerner(innen) sich zunächst mit den Grundmustern der Buchstaben vertraut machen.
   Bei fortschreitender Lesekompetenz gelingt es Lerner(inne)n dann zunehmend besser, funktional notwendige Elemente von weiteren Elementen zu unterscheiden und dann auch die unterstützende Funktion der Serifen zu nutzen.
   Allgemein kann formuliert werden: Je geringer die Lesekompetenz, desto besser stützen serifenlose Schriften den Leseprozess; bei höherer Lesekompetenz entfalten Serifenschriften ihre lesestützende Funktion. Inclusion Europe, das für Leichte Sprache serifenlose Schriften empfiehlt

(Inclusion Europe 2009: 13), steuert demnach also eine Leserschaft mit geringer Lesekompetenz an.

Eine besondere Aufmerksamkeit verdienen im Zusammenhang mit verschiedenen Realisierungsformen außerdem die Buchstaben <a> und <g>:

---

typografische Formen: a g
nichttypografische Formen: ɑ ɡ

Erstschriften verwenden ausschließlich die nichttypografischen Formen, obwohl die Mehrheit der gedruckten Texte, die die Lesenovizen außerhalb der Schule sehen, die typografische Form aufweisen. Ausschlaggebend für die Entscheidung, im Erstunterricht die nichttypografischen Formen zu wählen, ist, dass Kinder die Buchstaben nicht nur lesen, sondern auch schreiben lernen müssen; und für die handschriftliche Realisierung sind die nichttypografischen Formen führend.

Weil die Hauptnutzungsfunktion von Texten in Leichter Sprache jedoch die Rezeption, nicht die Produktion ist, kann hier auf die nichttypografische Realisierung verzichtet werden. Einige der von den Netzwerkregeln empfohlenen Schriftarten (s. o.) weisen die typografischen a- und g-Realisierungen auf.

Sobald für Nutzer(innen) neben dem Lesen auch das Schreiben relevant wird, muss diese Entscheidung überdacht werden. Ebenso wäre dann auch zu klären, inwieweit die verbundenen Schriften als graphomotorische Stützsysteme zu den unverbundenen Schriften hinzutreten sollten.

Eine Frage, die zu diskutieren wäre, ist, ob sich die Schreiber(innen) Leichter Sprache ggf. auf einen einheitlichen Schriftfont verständigen sollten. In den Empfehlungen des Netzwerks werden verschiedene serifenlose Fonts als gleich gut klassifiziert. Eine empirische Überprüfung könnte zeigen, ob es einen oder einige wenige verwandte Schriftfonts gibt, die für die Leser(innen) von Texten in Leichter Sprache besonders gut geeignet sind.

Bezieht man die typografische/nichttypografische g-/a-Form mit ein und verständigt man sich auf gerade, unverbundene, serifenlose Antiquaschriften, kämen z. B. infrage:

Century Gothic
ITC Avant Garde Gothic
Tw Cen MT

7.1.4 Schriftauszeichnung

Unabhängig davon, welche Schriftart gewählt wird, kann jedes Schriftzeichen von weiteren, paraverbalen Merkmalen überlagert werden. Die wichtigsten Überlagerungsformen der Standardsprache sind **fett**, *kursiv* und <u>unterstrichen</u> (zum Begriff der Überlagerung vgl. Günther 1988; in der Typografie wird der Begriff des Schriftschnitts verwendet). Überlagerungen werden für Hervorhebungen unterschiedlicher Art gebraucht, die auch durch variierende Zeichenabstände (schmal, gesperrt), mit Rahmungen, Hinterlegungen oder verschiedenen Farbgebungen erzeugt werden können.

Favorisiert von den Netzwerkregeln und von den Regeln von Inclusion Europe sind Fettung und (mit Einschränkung) Rahmungen und Unterstreichungen.

In Leichter Sprache werden demnach Auszeichnungsarten, bei denen die Buchstabenformen erhalten bleiben, favorisiert. Die Kursivierung, durch die sich auch die Buchstabenformen ändern, ist nicht vorgesehen.

Für welche Funktionen welche der erlaubten Überlagerungen (fett, gerahmt, mit Einschränkungen unterstrichen) ggf. auch welche weiteren Überlagerungsformen genutzt werden oder genutzt werden sollten, ist bislang nicht abschließend geklärt.

Aus Praxisbeispielen lassen sich aber bestimmte Tendenzen ablesen, z. B. für den Gebrauch von Fettdruck:

Achtung!
Beim privat-schriftlichen Testament
muss ein Ehe-partner **den ganzen Text selbst schreiben.**
Und **beide Ehe-partner** müssen das Testament **unterschreiben.**
Beide Ehe-partner sollen den **Ort** in das Testament schreiben.
Und **beide Ehe-partner** sollen auch das **Datum** in das Testament schreiben.
Das ist sehr wichtig.

Quelle: ‚vererben – erben' (Niedersächsisches Justizministerium 2014: 31)

Unterstreichung:

Die Ausbildung ist in einer Maß·schneiderei.
Die Maß·schneiderei gehört zum Landes·bildungs·zentrum.

In der Maß·schneiderei gibt es moderne Näh·maschinen.
Und es gibt <u>Bügel·maschinen</u>.

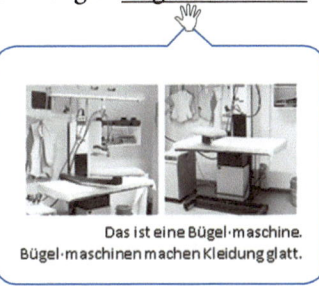

Abbildung 4: Beispiel Bildinformation (Quelle: http://www.lbzh-hi.de/massschneider.ls.html © Christian Thomas)

Und es gibt ein Grafis-Schnitt·programm.
Das Grafis-Schnitt·programm ist ein Computer·programm.
Mit dem Computer·programm machen Sie Schnitt·muster.

Die Fettung, also die Markierung *im* Wort, wird vorzugsweise für innertextuelle Funktionen genutzt; sie dient der Markierung von Ausdrücken, die der Verstehenssicherung bzw. der Akzentuierung der besonderen Relevanz von Informationen dienen.

Die Unterstreichung bzw. Einrahmung, also die Markierung *am* Wort, wird vorzugsweise für textexterne Funktionen genutzt; sie verweist aus dem Text heraus. Es geht um Hinweise darauf, dass das Verstehen bestimmter Ausdrücke durch eine Bildinformation oder durch eine weiter erklärende Information außerhalb des Textes unterstützt wird.

7.2 Das Inventar der Schriftzeichen

Die Zeichen des Deutschen Schriftsystems sind Buchstaben, Ziffern, Sonderzeichen, Interpunktionszeichen und Leerzeichen.

Buchstaben: a K j b T o
Ziffern: 0 9 5 1
Sonderzeichen: % § &
Interpunktionszeichen: , ; ? - „"
Leerzeichen: kleines Leerzeichen (Wortzwischenraum), großes Leerzeichen (Absatz)

7 Das Zeichensystem: Form – Inventar – räumliche Ordnung

Für eine genauere Beschreibung bedienen wir uns eines Merkmalbündels (Bredel 2011):

	Buchstaben	Ziffern	Sonderzeichen	IP-Zeichen	Leerzeichen
darstellbar	+	+	+	+	–
verbalisierbar	+	+	+	–	–
kombinierbar	+	+	–	–	–
zweielementig	+	–	–	–	–

Tabelle 1: Klassifikation der Schriftzeichen

Mit dem Merkmal [darstellbar] ist die Eigenschaft angesprochen, dass ein Zeichen auch ohne Kontext sichtbar gemacht werden kann. Das trifft auf alle Zeichentypen bis auf die Leerzeichen zu: Sie benötigen eine Umgebung, um als Leerzeichen gelesen werden zu können.

Das Merkmal [verbalisierbar] bezieht sich auf die Zeichenqualität: Verbalisierbare Zeichen werden beim (lauten) Lesen mit Lautgesten verbunden, nicht verbalisierbare nicht. Funktional deutet dies darauf hin, dass verbalisierbare Zeichen für etwas außerhalb der Schrift stehen. Nicht-verbalisierbare Zeichen hingegen dienen der schriftinternen Strukturierung.

Das Merkmal [kombinierbar] bezieht sich auf das Verhalten der Zeichen zueinander: Buchstaben und Ziffern lassen sich zu größeren Einheiten kombinieren. Buchstabenfolgen sind dann nicht mehr einfach eine Reihe von Buchstaben, sondern Silben oder Wörter. Ziffernfolgen sind nicht einfach eine Reihe von Ziffern, sondern Zahlen.

Das Merkmal [zweielementig] schließlich bezieht sich auf den Umstand, dass nur Buchstaben zwei verschiedene Ausprägungen haben: einen Klein- und einen Großbuchstaben. Kleine und große Zahlen, kleine oder große Sonderzeichen oder Interpunktionszeichen gibt es nicht.

Die Buchstaben sind zweifelsfrei nicht nur die häufigsten, sondern zugleich die merkmalreichsten Zeichen des Inventars; sie sind in Hinsicht auf alle Merkmale positiv spezifiziert. Sie übernehmen die zentrale Funktion, Wörter zu kodieren. Auch Zahlen lassen sich mit Buchstabenfolgen ausdrücken: Man bezieht sich dann nicht mehr auf ihren numerischen Wert, sondern auf das mit ihnen verknüpfte Zahlwort. Umgekehrt lassen sich Wörter, die keine Zahlwörter sind, nicht mit Ziffern(folgen) ausdrücken.

7.2.1 Buchstaben

Das Buchstabeninventar des Deutschen wird in Leichter Sprache vollständig und in derselben Weise wie in der Standardsprache gebraucht. Das gilt auch für die Umlautbuchstaben <ü>, <ä>, <ö> und für den Buchstaben <ß>, womit gewisse Probleme verbunden sein können: Die deutsche und österreichische Orthografie sind die einzigen, in denen <ß> verwendet wird; in der schweizerischen Orthografie kommt <ß> nicht vor. Die Rezeption von Texten in Leichter Sprache aus der Schweiz in Deutschland oder umgekehrt die Rezeption von Texten in Leichter Sprache aus Deutschland in der Schweiz könnte daher problematisch sein.

Umlautgrafien werden von manchen elektronischen Systemen nicht unterstützt. Deshalb stehen neben den Umlautbuchstaben kombinatorische Ersatzformen <ae> <ue> und <oe> zur Verfügung. Werden diese Ersatzformen in Ausgangstexten gebraucht, müssen sie in die deutsche Normalform, also <ä>, <ü>, <ö> gebracht werden.

In Fremdwörtern kommen zeitweise Buchstabenformen vor, die es im Deutschen nicht gibt. Das betrifft eigene Buchstabenformen (z. B. <Œ> in <Œuvre>), aber auch Markierungen an Buchstaben, also diakritische Zeichen (z. B. <é> in <Bouclé>). Weil Fremdwörter in Texten in Leichter Sprache aber in aller Regel in Kernwörter oder in kernwortnahe Strukturen übersetzt werden (Kap. 9.2.1), dürfte es hier kaum zu nennenswerten Schwierigkeiten kommen.

Das ist anders bei Eigennamen, die weder übersetzt werden können noch in ihrer Schriftstruktur verfälscht werden dürfen (z. B. arab. <Aşık>, frz. <Inès>, isländ. <Guðmundur>). Wenn den Leser(inne)n in diesen Fällen keine Informationen über die fremden Buchstaben bzw. fremden Buchstabenmarkierungen vorliegen, müssen sie, wie häufig auch Leser(innen) standardsprachlicher Texte, wortbildtheoretisch vorgehen, d. h., das Bild des Eigennamens für die Wiederauffindbarkeit bzw. die erneute Identifizierung als Ganzheit speichern (zur Übersetzbarkeit von Eigennamen vgl. Nübling et al. 2012: 42 ff. sowie Kap. 9.2.1.3).

7.2.2 Ziffern und Zahlen

Für die Ziffernschreibung stehen in der Standardsprache zwei Kernsysteme zur Verfügung: Das indisch-arabische und das römische. Im römischen System werden Buchstaben für die Abbildung von Ziffern bzw. Zahlen umgewidmet; das große I steht für die 1, das große V für die 5, das große L für die 50 etc. Römische Zahlzeichen sind „zählend" bzw. „rechnend": Sie bilden durch Voranstellung und Nachstellung von einzelnen Zeichenelementen die arithmetische Struktur der gemeinten Zahl ab.

IX = 10 − 1 = 9
VII = 5 + 2 = 7

Die arithmetische Basis bildet eine Kombination aus quinärem und dezimalem System: Markiert werden Fünfer- und Zehnerschritte. Über ein Zeichen für die Zahl Null verfügt das römische System nicht.

Indisch-arabische Ziffern sind eigene, von Buchstabenformen unterschiedene Zeichen. Die arithmetische Basis bildet das Dezimalsystem. Die Null ist vorhanden. Eine Ziffernfolge wird nicht zählend oder rechnend, sondern positionell, also relativ zum Stellenwertsystem ausgewertet.

345 = 3 Hunderter, 4 Zehner, 5 Einer

Leichte Sprache verwendet ausschließlich das indisch-arabische Ziffernsystem. Es ist nicht nur das verbreitetste, sondern auch zugleich das, auf dem die hier gängige, am Dezimalsystem orientierte Arithmetik beruht. In den Netzwerkregeln (BMAS 2013: 34) wird die Wahl des indisch-arabischen Ziffernsystems auf die Frequenz zurückgeführt:

> Schreiben Sie Zahlen so, wie die meisten Menschen sie kennen.
> Beispiel
> Schlecht: römische Zahlen,
> zum Beispiel: IX
> Gut: arabische Zahlen,
> zum Beispiel: 9

Wie die Ausführungen zum römischen im Vergleich mit dem indisch-arabischen System aber auch deutlich gemacht haben dürften, ist diese Form der Zahldarstellung weder natürlich noch trivial. Leichte Sprache ist also darauf angewiesen, dass die Leser(innen) ein auf dem Dezimalsystem beruhendes Zahlenverständnis ausgebildet haben und dessen Kodierung kennen.

7.2.2.1 Zahlen und Zahlwörter (Numeralia)

Unabhängig davon, welches Ziffernsystem gewählt wird, stellt sich die Frage, wann bei der Wiedergabe von Zahlen die Ziffern- und wann die Wortschreibweise gewählt wird oder werden soll. Wie Zimmermann (2015) herausgearbeitet hat, ist dies auch für Schüler(innen) ein Feld der aktiven Auseinandersetzung. Hier ein Beispiel aus Klasse 7:

Das Inventar der Schriftzeichen

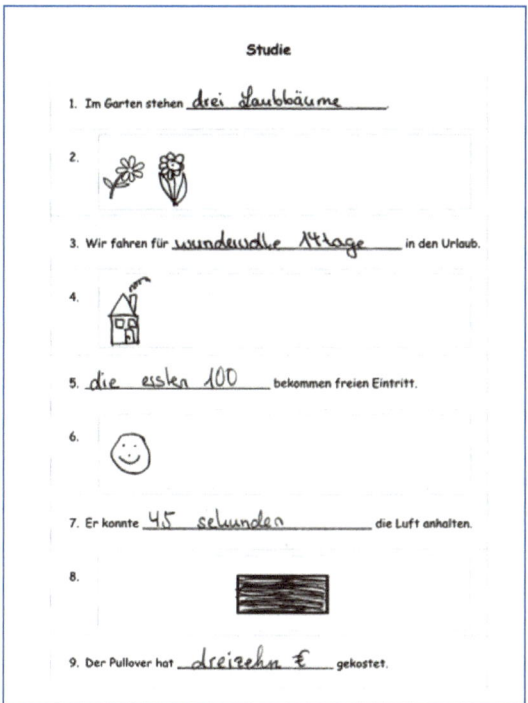

Abbildung 5: Zahlen- und Ziffernschreibweise bei Lerner(inne)n (Zimmermann 2015: 90)

Sieht man sich das Feld der Zahlen und Numeralia als Ganzes an, verkompliziert sich das Bild. Zunächst muss zwischen Kardinal- und Ordinalzahlen unterschieden werden. Kardinalzahlen sind Mengenbegriffe *(drei/3 Kinder)*, Ordinalzahlen Ordnungsbegriffe *(das dritte/3. Kind)*. Wiese (1996) verwendet für die Ordinalzahlen den Begriff der Nummerierung und unterscheidet zwischen nominaler und ordinaler Nummerierung: Bei der ordinalen Nummerierung hat die Zahl ordnungsstiftende Funktion; sie bezeichnet das x-te Element in einer Reihe *(das dritte Kind)*. Die nominale Nummerierung hat identifizierende Funktion; sie belegt ein beliebiges Element aus einer Menge mit einer beliebigen Zahl (z. B. *der Fußballspieler mit der Nummer 3)*.

In der Standardsprache wird die nominale Nummerierung in der Regel mit Ziffern ausgedrückt, bei den Kardinalzahlen und der ordinalen Nummerierung stellt sich das Bild differenzierter dar. Im Wahrig (2006: 73) findet sich die folgende Unterscheidung; zu weiteren Differenzierungen vgl. Duden (2009: 384 f.):

Kardinalzahlen	Ordinalzahlen
• einfaches Kardinalzahlwort *(drei Jungen)* • Verteilungszahlwort *(je drei Jungen aus jeder Gruppe)* • Vervielfältigungszahlwort *(doppelt, dreifach)* • Wiederholungszahlwort *(einmal, zehn Mal)* • Gattungszahlwort *(zweierlei, dreierlei)*	• einfaches Ordinalzahlwort *(der dritte Mann)* • Bruchzahlwort *(Viertel)* • Aufzählungswort *(erstens, zweitens)*

Tabelle 2: Kardinal- und Ordinalzahlwörter

Kardinalzahldarstellung in Leichter Sprache

Die Netzwerkregeln empfehlen für Kardinalzahlen global die Ziffern- vor der Wortschreibweise (BMAS 2013: 36):

> Wie sollen Sie Zahlen schreiben?
> Meistens sind Ziffern leichter als Worte.
> Beispiel:
> Schlecht: fünf Frauen
> Gut: 5 Frauen

Jedoch lassen sich nicht alle Kardinalzahlwörter gleichermaßen gut in Ziffernschreibweise bringen; das Beispiel aus den Netzwerkregeln *(fünf Frauen → 5 Frauen)* stellt den wahrscheinlich einfachsten Fall dar; das einfache Kardinalzahlwort kann (ab der Zahl 2) in allen Umgebungen mit einer Kardinalzahl kodiert werden.

Bei den Verteilungszahlwörtern ist darauf zu achten, dass der Ausdruck *je* aufgelöst wird:

(1) je drei Jungen
     → 3 Jungen aus jeder Gruppe

Bei der Übertragung von Vervielfältigungszahlwörtern in Ziffernschreibweise bleibt ein Wortrest zurück, der mit dem Bindestrich von der Zahl separiert werden muss:

(2) dreifach
     → 3-fach

Gattungszahlwörter verweisen auf Sorten- oder Artverschiedenheiten. In Leichter Sprache muss diese Implikation an die Oberfläche gebracht werden:

(3) dreierlei Lachs
→ 3 verschiedene Sorten Lachs

Kardinalzahlwörter/Kardinalzahlen in der Standardsprache und in Leichter Sprache im Überblick:

	Standardsprache	Leichte Sprache
einfaches Kardinalzahlwort	*drei Jungen*	*3 Jungen*
Verteilungszahlwort	*je drei Jungen*	*3 Jungen aus jeder Gruppe*
Vervielfältigungszahlwort	*dreifach*	*3-fach*
Wiederholungszahlwort	*drei Mal*	*3 Mal*
Gattungszahlwort	*dreierlei*	*3 Sorten X*

Tabelle 3: Kardinalzahldarstellung in Leichter Sprache

Ordinalzahldarstellung in Leichter Sprache
Für die Ordinalzahldarstellung geben die Netzwerkregeln (BMAS 2013: 38) an:

Bei manchen Zahlen: Wenn Sie keine eigene Prüf-Gruppe haben, dann fragen Sie bitte die Prüf-Gruppen vom Netzwerk Leichte Sprache.

Zum Beispiel:
Erstens oder 1.
Ein oder 1.

Eine dritte mögliche Schreibweise von Ordinalzahlen (3te) wird von Inclusion Europe (2009: 23) aufgerufen; ihre Verwendung in Leichter Sprache wird zugleich kritisch eingeschätzt:

> Seien Sie vorsichtig mit Zahlen wie ‚7tes Treffen'.
> Das kann schwer verständlich sein.

Um eine über Einzelprüfungen hinaus tragfähige Entscheidung herausarbeiten zu können, setzen wir bei der Aufzählungsfunktion an. Sie wird in Leichter Sprache durch eine typografische Absetzung unterstützt (4); die Wortschreibweise (5) wäre hier nicht funktional:

(4) 1. xxx
     2. xxx
     3. xxx

(5) Erstens: xxx
     Zweitens: xxx
     Drittens: xxx

Auf dieser Basis könnte auch die Schreibung einfacher Ordinalzahlen neu eingeschätzt werden: die Ziffernschreibweise würde den Ordinalzahlbereich kohärent repräsentieren und sollte deshalb vor der Wortschreibweise präferiert werden. Empirische Studien müssten zeigen, ob diese Entscheidung tatsächlich tragfähig ist.

Bei Bruchzahlwörtern wird die Entscheidung, ob die Ziffernschreibweise oder die Wortschreibweise verwendet werden sollte, von einer anderen Frage überlagert: Das Konzept der Bruchzahl selbst ist erläuterungsbedürftig. Je nach Relevanz der Bruchzahlangabe im Text kann das Verständnis durch eine zusätzliche grafische Darstellung abgesichert:

(6)   Stendal – Nahezu ein Viertel der Grundschulen im Landkreis soll es ab dem neuen Schuljahr nicht mehr geben.
      (http://www.az-online.de; abgerufen am 30.10.2015)

(6') In Landkreis von Stendal gibt es zu viele Schulen.
      Deshalb müssen im neuen Schuljahr einige Schulen schließen.
      Wahrscheinlich gibt es ein Viertel von den Schulen
      im neuen Schuljahr nicht mehr.

Das Inventar der Schriftzeichen

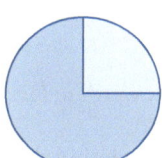

Der ganze Kreis zeigt:
So viele Schulen gibt es jetzt im Landkreis Stendal.

Das dunkelblaue Stück zeigt:
So viele Schulen gibt es im neuen Schuljahr noch im Landkreis Stendal.

Das hellblaue Stück zeigt:
So viele Schulen schließen im neuen Schuljahr im Landkreis Stendal.

Ordinalzahlwörter/Ordinalzahlen in der Standardsprache und in Leichter Sprache im Überblick:

	Standardsprache	**Leichte Sprache**
Aufzählungszahlwort	*erstens, zweitens, drittens*	*1. 2. 3.* – mit typografischer Absetzung
einfaches Ordinalzahlwort	*der dritte Mann*	*der 3. Mann* / ggf. *der dritte Mann*
Bruchzahlwort	*ein Drittel*	*ein Drittel* (mit bildlicher Unterstützung)

Tabelle 4: Ordinalzahldarstellung in Leichter Sprache

Spezielle Fälle – die Eins und die Null

Die Eins
Ob *ein* oder *1* geschrieben werden soll, muss unter Berücksichtigung funktionaler und formaler Fragen verschieden beantwortet werden. Wir unterscheiden zunächst den Artikel *ein* von dem Pronomen *einer* (zu dieser Unterscheidung vgl. Eisenberg 2006; s. auch Kap. 9.2.2 in diesem Band).

(1) Artikel: Ein Mann kommt mit.
    Pronomen: Einer kommt mit.

Beim Artikel *ein* ist die Übersetzung in Ziffernschreibweise im Prinzip möglich *(1 Mann kommt mit)*, beim Pronomen *einer* nicht *(*1 kommt mit)*.
Allerdings sind nicht alle Artikelvorkommen in gleicher Weise für die Ziffernschreibweise geeignet:

(2) Akkusativ: Ich habe einen Mann gesehen.
Dativ: Ich habe einem Mann geholfen.
Genitiv: Ich habe eines Mannes gedacht.

Die Genitivform muss an dieser Stelle nicht weiter bearbeitet werden: Hier greift vor einer Entscheidung das Genitivverbot (Kap. 8.1.1.2).

Bei der Ziffernschreibweise von den akkusativischen und dativischen Formen des Artikels *ein* werden wichtige grammatische Funktionen verdeckt:

(3) ?Ich habe 1 Mann gesehen.
?Ich habe an 1 Mann gedacht.
?Ich habe 1 Mann geholfen.

Die Ziffernschreibweise ist also nur dort ohne Informations- und Grammatikalitätsverlust austauschbar, wo die Flexionsform des Artikels *ein* ist (Nominativ Maskulinum, Nominativ und Akkusativ Neutrum).

In der Praxis finden wir jedoch andere Darstellungspräferenzen, die auch konzeptionelle Fragen berühren; in der Broschüre zum Erbrecht findet man folgende Strukturen (kritische Stelle kursiv):

(4) Otto ist mit Helga verheiratet.
Otto und Helga haben 4 Kinder.
Die Eltern von Otto leben noch.
Otto hat *1 Bruder*: Heinz.
Otto stirbt. (Niedersächsisches Justizministerium 2014: 10)

(5) Helga ist mit Otto verheiratet.
Helga und Otto haben **keine** Kinder.
Der Vater von Helga ist schon tot.
Aber Helga hat noch *eine Mutter*: Ella.
Helga stirbt. (Niedersächsisches Justizministerium 2014: 12)

Strukturell sind beide Konstruktionen gleich gut bzw. gleich schlecht für die Ziffernschreibweise geeignet (s. o.). Funktional aber scheint eine Tendenz zu bestehen, bei potenzieller Zählbarkeit (man kann mehr als einen Bruder haben) die Ziffer, bei deren Fehlen (in der Regel hat man eine Mutter) die Wortschreibweise zu verwenden. Ob diese Unterscheidung systematisch gemacht werden sollte, müsste geprüft werden.

Die Null
Eine besondere Herausforderung stellt die Darstellung des Ausdrucks *Null* dar. Unproblematisch ist die Zifferschreibweise nur dort, wo der Mengen- bzw. Ordnungsbegriff angesprochen ist *(0 Grad, 0 Fehler)*. Der Ausdruck *null* wird allerdings in weiteren Funktionen und Kontexten verwendet:

Null als Negationsausdruck:
Null kann für *kein/nicht* einspringen *(er hat null Geld, er hat heute Nacht null geschlafen)* und markiert dann eine kommunikativ intensivierte Negation (i. S. v. *überhaupt kein/nicht*).

Eine Übersetzung in Zifferschreibweise ist ausgeschlossen *(*Er hat 0 Geld; *er hat 0 geschlafen)*. Soll *null* in eine Negationsstruktur gebracht werden, muss die Intensivierung explizit verbalisiert werden (6').

(6) Nokia soll den Chef feuern: „Er hat null Erfahrung."
     (http://www.deraktionaer.de; geprüft am 30.10.2015)
(6') Viele meinen:
     Der Chef von Nokia hat überhaupt **keine** Erfahrung.
     Deshalb soll Nokia den Chef entlassen.

Metaphorische Verwendung von *null*:
In Phrasen wie *null und nichtig* oder *Max ist eine Null* wird *null* metaphorisch gebraucht. Auch hier ist eine Negation intendiert *(ungültig, Max kann/taugt nichts)*. Die Zifferschreibweise ist ausgeschlossen *(*0 und nichtig, *Max ist eine 0)*.

(7) Der Vertrag ist null und nichtig.
(7') In dem Vertrag sind viele Fehler.
     Deshalb gilt der Vertrag **nicht**.

(8) Max ist eine Null.
(8') Max macht **nichts**.
     Max kann **nichts**.
     Deshalb sagen die Leute:
     Max ist eine Null.

Null als Präfixoid:
Als Präfixoid ist *null* der Erstbestandteil eines komplexen Wortes wie in *Nulltarif* oder *Nullwachstum*. Auch hier ist die Zifferschreibweise ausgeschlossen *(*0-Tarif, *0-Wachstum)*.

(9) Nulltarif
(9') Das Angebot kostet **nichts**.

(10) Nullwachstum
(10') Die Menschen haben nicht mehr verkauft als im letzten Jahr.
Die Menschen haben nicht mehr gekauft als im letzten Jahr.
Deshalb ist die Wirtschaft **nicht** gewachsen.
Das Fachwort dafür ist Null·wachstum.

7.2.2.2 Zahlen und Zahlkonzepte

Neben der Frage, ob Zahlen in Ziffern- oder in Wortschreibweise notiert werden sollen, schlagen die Netzwerkregeln (BMAS 2013: 36) eine konzeptionelle Entlastung in folgenden Fällen vor (konvergent dazu Inclusion Europe 2009: 12):

Vermeiden Sie hohe Zahlen und Prozent-Zahlen.
Benutzen Sie Vergleiche oder ungenaue Angaben.
Beispiel
Schlecht: 14.795 Menschen
Gut: viele Menschen
Wenn es genauer sein soll, schreiben Sie dazu:
fast 15-Tausend Menschen.

Beispiel
Schlecht: 14 %
Gut: einige oder wenige

In Bezug auf die Ausbildung von Größenvorstellungen, die ein Text transportiert, sicherlich angemessen ist der Vorschlag, große Mengenangaben in Näherungswerte umzuwandeln.

Je nach Ausgangs- und Zieltextstruktur kann eine genaue Größenangabe aber durchaus von Relevanz sein, etwa bei Preisangaben. In solchen Fällen kann auf die Angabe des genauen Zahlwertes nicht verzichtet werden.

Auch bei Prozentzahlen kann es durchaus auch für die Zielsituation wichtig sein, den genauen Prozentwert zu kennen. In diesem Fall bietet es sich an, die angegebenen Zahlenverhältnisse zu veranschaulichen oder ein Beispiel zu geben:

(1) Bei einer gesunden, ausgewogenen Ernährung sollten
- 50–60 Prozent der Tageskalorienmenge aus Kohlenhydraten,
- 15–20 Prozent aus Eiweiß und
- 25–30 Prozent aus Fett stammen.
(http://www.gesundheit.de; geprüft am 30.10.2015)

(1') Sie wollen gesund essen?
Dann müssen Sie auf 3 Sachen in Ihrem Essen achten:

1. Kohlen·hydrate
Kohlen·hydrate sind zum Beispiel in Reis.
Oder in Nudeln.
Oder in Kartoffeln.
Oder in Brot.
2. Eiweiß
Eiweiß ist zum Beispiel in Eiern.
Oder in Fisch.
3. Fett
Fett ist zum Beispiel in Öl.
Oder in Butter.

Wie sollen Sie die 3 Sachen verteilen?

Essen Sie 50–60 Prozent Kohlen·hydrate.
Essen Sie 15–20 Prozent Eiweiß.
Essen Sie 25–30 Prozent Fett.

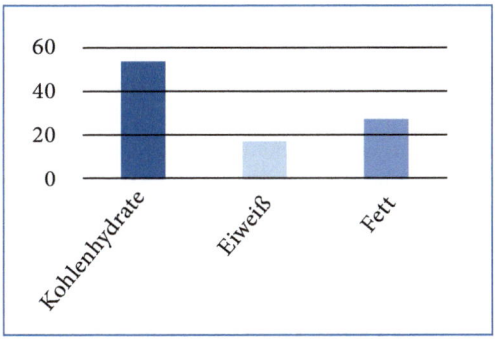

Abbildung 6: Diagramm als Verstehenshilfe

Hier wurde ein Säulendiagramm verwendet, das mit anderen Diagrammtypen (z. B. Kreisdiagramm, Balkendiagramm) konkurriert. Welcher Diagrammtyp am leichtesten zu interpretieren ist, ist bislang allerdings unbekannt (zur Verstehensunterstützung von Diagrammen s. auch Kapitel 7.4).

Kommazahlen
Ein spezielles Problem stellt sich bei Kommazahlen, die in den Regelwerken nicht aufgeführt werden. Wo sie gebraucht werden, sind sie für das Textverständnis in der Regel zentral, können also nicht ohne gravierenden Informationsverlust weggelassen oder in eine allgemeine Formulierung (sehr viele, sehr wenige etc.) gebracht werden. Für eine Erleichterung des Textverstehens sollte jedoch, ähnlich wie bei den Prozentzahlen, die von dem Zahlausdruck ausgehende Implikation expliziert werden (dazu s. Kap. 7.2.2.3, Bsp. Körpertemperatur).

7.2.2.3 Zahlen in Maßangaben
Um konzeptuelle Erläuterungen geht es auch bei Maßangaben; die wichtigsten sind:

- Zeiträume *(Sekunden, Minuten ...)*
- Strecken *(Millimeter, Zentimeter ...)*
- Flächen *(m^2, km^2 ...;* für m^2 auch *qm*, bei Papier auch DIN-Angaben)
- Volumina *(cm^3, m^3*; auch *Milliliter, Liter ...)*
- Gewichte *(Gramm, Tonne ...)*
- Temperaturen *(°C)*.

Darüber hinaus kommen kombinatorische Maßangaben vor (z. B. Strecke pro Zeit *km/h*).

Wir beschränken uns bei unserer Darstellung auf in Deutschland übliche und im Alltag wichtige Maßeinheiten, lassen also Knoten, Fuß, Yard, Fahrenheit etc. unberücksichtigt.

Die folgenden Übersetzungsvorschläge beziehen sich auf Zielsituationen, in denen eine maximale Informationserhaltung angestrebt ist. Sie berücksichtigen zum einen die Wiedergabe der Maßeinheit selbst, zum anderen die Darstellung von konzeptionellen Vorstellungen über die genannten Größen.

Als eine generelle Strategie wird hier vorgeschlagen, Vergleichsgrößen aufzurufen, die aus dem Alltag vertraut sind; damit lehnen wir uns an die generelle Regel von Inclusion Europe (2009: 10) an:

Verwenden Sie Beispiele, um Dinge zu erklären. Die Beispiele soll jeder aus dem Alltag kennen.

Angaben zu **Zeiträumen** werden standardsprachlich häufig in abgekürzter Form angegeben *(34 ms, 12 Min)*. Für Texte in Leichter Sprache bietet sich die Vollform an *(34 Millisekunden, 12 Minuten)*. Eine unvertraute Zeitangabe wie Millisekunde kann wie folgt erläutert werden:

(1) Eine Milli·sekunde ist ein sehr kurzer Moment.
     Ein Blinzeln mit den Augen dauert 100 Milli·sekunden.

Auch **Streckenangaben** erscheinen in der Standardsprache häufig in abgekürzter Form *(5 m, 54 km)*; und auch hier sollte in Leichter Sprache die Vollform genutzt werden *(5 Meter, 54 Kilometer)*. Für die Ausbildung von Größenvorstellungen bieten sich hier in besonderer Weise bildliche Unterstützungssysteme an.

(2) 2000 Kilometer ohne Nachladen: Diese Firma verspricht das
     Elektroauto-Wunder.
     (http://www.focus.de; abgerufen am 30.10.2015)

(2') Elektro·autos fahren mit Strom.
      Deshalb haben Elektro·autos eine Batterie.
      Mit einer vollen Batterie kann
      ein Elektro·auto normal 400 Kilo·meter
      fahren.
      Die Firma Neutrino Inc. will
      eine neue Batterie für Elektro·autos bauen.
      Mit der neuen Batterie soll
      das Elektro·auto 2000 Kilo·meter fahren.
      Mit der neuen Batterie kommt
      das Elektro·auto 2 Mal durch Deutsch·land.

Abbildung 7: Karte als Verstehenshilfe

Bei **Flächenangaben** stellt sich ein Problem noch anderer Art: Die Maßangaben selbst sind mit der hochgestellten Ziffer *(cm^2)* in sich komplex; ob die Vollform *Quadrat·zenti·meter* hier eine adäquate Lösung sein kann, müsste geprüft werden. Ähnliches ergibt sich im Übrigen bei den Volumina (s. u.). Als Vergleichsgröße zur Ausbildung der Größenvorstellung selbst dient auch hier ein aus dem Alltag gut zugängliches Konzept:

(3) „Adenauer bot Ford ein 170 000 m² großes Grundstück an, wo noch heute der Ford Fiesta vom Band läuft." (Raap 2012: 20)

(3') Wir sind im Jahr 1929.
Konrad Adenauer ist der Bürgermeister von Köln.
Die Firma Ford will eine Fabrik bauen.
Konrad Adenauer gibt der Firma Ford ein Grund·stück in Köln.
Das Grund·stück ist 170 000 m² groß.
  170 000 m² ist so groß wie 16 Fußball·felder.
Die Firma Ford baut auf dem Grundstück eine Fabrik.
In der Fabrik macht die Firma Ford Autos.
Die Fabrik gibt es bis heute.
Heute macht die Firma Ford in dieser Fabrik
ein Auto mit dem Namen Ford Fiesta.

Zu beachten ist auch das Vorkommen alter Flächenmaßeinheiten, *Ar (100 m²), Hektar (10 000 m², von: Hekto-Ar, also 1000 x 100 m²)*. Insbesondere journalistische Texte schreiben eher von *Hektar* als von *Quadratmetern*.

(4) „Weltweiter GV-Anbau [gemeint ist Anbau von gentechnisch veränderten Pflanzen, U.B, C.M.] steigt auf 181 Millionen Hektar" (http://www.agrar.heute vom 30.01.2015).

(4') Große Firmen verändern Pflanzen.
Die Pflanzen sollen besser wachsen.
Und die Pflanzen sollen mehr Früchte haben.
Länder auf der ganzen Welt haben diese neuen Pflanzen.
Die Länder bauen die neuen Pflanzen auf großen Flächen an.
Wir rechnen alle Flächen mit den neuen Pflanzen
auf der ganzen Welt zusammen:
Die neuen Pflanzen wachsen auf 181 Millionen Hektar.
  181 Millionen Hektar ist so groß wie 5 Mal Deutschland.

Bei den Angaben zu **Volumina** ergeben sich durch die hochgestellte Ziffer *(cm³, m³)* ähnliche Probleme wie bei den Flächenangaben. Auch hier ist fraglich, ob die Vollform *(Kubik·meter, Kubik·zenti·meter)* zur leichteren Verständlichkeit beiträgt. Die Vergleichsgröße spielt auch hier wieder eine zentrale Rolle:

(5) „Das Turmreservoir fasst 200 m³ Wasser und wird mit 5 m³ pro Minute aus dem Bodenreservoir gespeist." (aus einer Reiseempfehlung zur Solothurner Waldwanderung; https://www.so.ch/)

(5') In der Gemeinde Etziken in der Schweiz steht ein Turm.
Der Turm ist ein Speicher für Wasser.
In den Turm passen 200 m³ Wasser.
200 m³ Wasser sind so viel wie 7 volle Tank·last·wagen.
In jeder Minute kommen 5 m³ Wasser aus dem Boden in den Turm.
5 m³ Wasser sind so viel wie 35 volle Bade·wannen.

Alternativ dazu können m³-Angaben auch umgerechnet und mit dem vertrauteren Begriff Liter angegeben werden. Damit erhöhen sich allerdings die Zahlenwerte um das 1000-fache.

Auch bei der Angabe von **Gewichten** *(mg, g, kg etc.)* bieten sich die Vollformen an *(Milli·gramm, Gramm, Kilo·gramm etc.)*. Mögliche Vergleichsgrößen könnten sein: Für Gramm: das Gewicht eines 5-Cent-Stücks *(5 Gramm)*, das Gewicht einer Tafel Schokolade *(100 Gramm)*, für Kilogramm: das durchschnittliche Gewicht eines erwachsenen Menschen *(65–75 kg)*.

Auch hier gibt es, wie bei den Flächenmaßen, eine ältere Bezeichnung: Pfund, die in 500 Gramm übersetzt werden muss.

Bei **Temperaturangaben** wird, weil es keine verschiedenen Maßeinteilungen gibt, die Angabe der Einheit *(°C, Grad Celsius)* häufig weggelassen.

In Texten bzw. in Abbildungen in Leichter Sprache bietet es sich aber an, Temperaturangaben stets mit der Angabe der Einheit zu notieren, wobei das Gradzeichen *(°)* aufgelöst werden und stattdessen *Grad* verwendet werden sollte. Die Angabe *Celsius* kann, weil es sich um den Standard handelt und es (in Deutschland) dazu keine Alternativen gibt, entfallen.

Eine besondere Rolle im Alltag spielen Temperaturangaben beim Fiebermessen; hier zeigt sich auch, warum es unerlässlich ist, in Leichte-Sprache-Texten auch Kommazahlen zu verwenden (s. o.), die hier sogar besonders exakt ausgewertet werden müssen:

(6)

35 °C	Untertemperatur
36,3 bis 37,4 °C	Normaltemperatur (afebril)
37,5 bis 38,0 °C	erhöhte Temperatur (subfebril)
38,1 bis 38,5 °C	leichtes Fieber (febril)

(Quelle: http://de.wikipedia.org/wiki/Körpertemperatur; abgerufen am 30.10. 2015)

7 Das Zeichensystem: Form – Inventar – räumliche Ordnung

(6')

35 °C	Die Temperatur ist zu niedrig. Sie haben Unter·temperatur
36,3 bis 37,4 °C	Die Temperatur ist normal.
37,5 bis 38,0 °C	Die Temperatur ist höher als normal. Aber Sie haben **kein** Fieber.
38,1 bis 38,5 °C	Die Temperatur ist etwas zu hoch. Sie haben leichtes Fieber.

Im Gegensatz zu den bislang genannten Maßen stellen die Vergleichsobjekte bei Temperaturen keine einfache Analogie dar, sondern sind mit einer Deutung verbunden. Die Erläuterung *Sie haben leichtes Fieber* macht ja nicht die Temperatur als solche anschaulich, sondern interpretiert sie. Das gilt für die Bearbeitung von Temperaturangaben in Leichter Sprache generell:

(7)   Hitzewelle in Europa
      Im Südosten Englands wurden nach Angaben des Wetterdienstes Met Office für Mittwoch Rekordtemperaturen von bis zu 39 Grad Celsius im Schatten erwartet.
      (http://www.tagesspiegel.de vom 18.07.2006; abgerufen am 30.10.2015)

(7') Ein Wetter·dienst sagt uns:
      Wie wird das Wetter?
      Der Wetter·dienst von England heißt Met Office.
      Met Office hat gesagt:
      Im Süden von England soll es am Mittwoch
      39 Grad im Schatten geben.
      Das ist sehr heiß.
      Eine gute Temperatur ist 25 Grad im Schatten.

Bei den **Zeitangaben** müssen mindestens **Jahreszahlen**, **Uhrzeiten** und **Datumsangaben** unterschieden werden:

Für Jahreszahlen gibt das Netzwerk folgende Regel (BMAS 2013: 34 f.):

Vermeiden Sie alte Jahres-Zahlen
Beispiel
Schlecht: 1867
Gut: Vor langer Zeit.
Oder: vor mehr als 100 Jahren.

Mit diesen Empfehlungen wird allerdings erheblich in die Informationsstruktur der Texte eingegriffen, weshalb Alternativen erwogen werden sollten.

Insbesondere bei der Angabe von historischen Daten kann die Unterdrückung der Jahresangaben das historische Verständnis erschweren. Der Übersetzungsvorschlag *Vor langer Zeit* ist zusätzlich ein Fiktionssignal, suggeriert also eine Textsorte, bei der es nicht um zeitlich situierte Fakten geht, sondern um die Situierung einer Narration in einem fiktionalen Raum. Insbesondere aber fehlt den Leser(inne)n mit der Angabe *vor langer Zeit* die Einordnungsmöglichkeit des Gelesenen. Durch solche Angaben wird es auch bei einer mehrfachen Lektüre historischer Texte nicht gelingen, sich sukzessive ein Bild von historischen Abläufen zu erarbeiten.

Eine Möglichkeit, die Verstehensschwierigkeiten mit Jahreszahlen zu bearbeiten, wäre die Hinzufügung eines Zeitstrahls, der die zeitlichen Relationen veranschaulicht.

(8) Nachdem Franz Joseph bereits seit 1848 Österreich regierte, wurde er nach dem Zusammenschluss von Österreich und Ungarn am 8. Juni 1867 in Budapest zum Kaiser von Österreich-Ungarn gekrönt.

(8') Franz Joseph war seit 1848 der Kaiser von Österreich.
1867 haben sich Österreich und Ungarn vereinigt.
Franz Joseph war ab dann der Kaiser von Österreich-Ungarn.
Am 8. Juni 1867 hat Franz Joseph die Kaiser-krone bekommen.

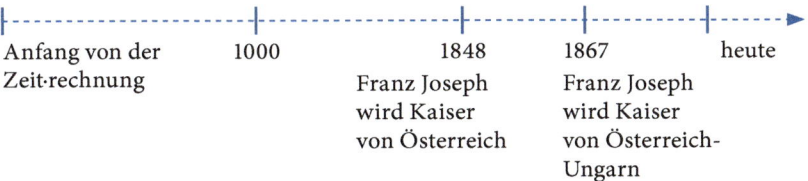

Abbildung 8: Zeitstrahl als Verstehenshilfe

Bei der Angabe von **Uhrzeiten** begegnen uns im Alltag verschiedene Formate; die Regel ist die Ziffernschreibweise, die in unterschiedlichen Formen vorkommt:

(9)   a. 18.25 Uhr
      b. 18:25 Uhr
      c. 18 Uhr 25 Minuten

Die Netzwerkregeln geben hier keine Empfehlung, sondern verweisen auf Prüfgruppen (BMAS 2013: 40). Die maximale Explikation ist sicherlich die ausgeschriebene Form (c). Eventuell könnte zur Verstehenssicherung eine bildliche Unterstützung (Ziffernblatt) hinzukommen.

Auch bei der konkreten Ausbuchstabierung von **Datumsangaben** verweist das Netzwerk auf Prüfgruppen. Hier stehen sich mindestens die folgenden Formate gegenüber:

(10) a. 30. 4. 2015
      b. 30. April 2015
      c. 30. 4. 15
      d. 30. April 15

Auch hier scheint die Vollform (b) geeignet zu sein. Ein der Uhrzeit analoges, visuelles Stützungssystem steht bei Monatsangaben jedoch nicht in derselben Weise zur Verfügung.

Fazit
Bei Maßangaben, so hat sich gezeigt, ist neben der Frage, wie die entsprechende Angabe in Leichter Sprache selbst versprachlicht wird (Abkürzung, Vollform), die Veranschaulichung der jeweils zugrundeliegenden Konzepte bzw. die Verdeutlichung von Größenvorstellungen relevant. Der Rückgriff auf alltagsnahe Vorstellungsbilder scheint hier ein probates Mittel zu sein. Im Folgenden listen wir mögliche Vergleichsgrößen auf:

	Vergleichsgröße	Darstellungsform
Zeiträume	• Alltagsverhalten (z. B. Lidschlag, durchschnittliche Gehgeschwindigkeit) • durchschnittliche Lebensdauer	verbaler Vergleich „ist … wie"
Jahreszahlen	–	Zeitstrahl
Uhrzeiten	–	Ziffernblatt
Datumsangaben	–	–
Strecken	• Körpermaße (z. B. Finger [Breite/Länge], Fuß, Unterarm, Körpergröße) • geografische Angaben	verbaler Vergleich bildliche Darstellung
Flächen	• Handfläche • Papier • geografische Angaben	verbaler Vergleich bildliche Darstellung
Volumina	• kleiner Löffel • großer Löffel • Glas • Flasche • Badewanne • Tanklaster	verbaler Vergleich
Gewicht	• 5-Cent-Stück • Tafel Schokolade • durchschnittliches Körpergewicht	verbaler Vergleich
Temperatur	• Jahreszeiten	verbaler Vergleich zusätzliche Interpretation (angenehm/unangenehm; gesund/krank etc.)

Tabelle 5: Zahlkonzepte und Vergleichsgrößen

7.2.3 Sonderzeichen

Bei Inclusion Europe werden Sonder- und Interpunktionszeichen getrennt verhandelt. Zu den Sonderzeichen heißt es (Inclusion Europe 2009: 16):

> Vermeiden Sie wenn möglich Sonder-Zeichen wie:
> \, &, <, § oder #

Die Netzwerkregeln fassen Interpunktions- und Sonderzeichen unter der Bezeichnung Sonder-Zeichen in einer Regel zusammen (BMAS 2013: 42).

> Vermeiden Sie Sonder-Zeichen.
> Wenn Sie ein Sonder-Zeichen benutzen müssen:
> Dann erklären Sie das Zeichen.
> Beispiel
>
> Schlecht: „ " Anführungs-Striche
> % Prozent
> ... Punkt Punkt Punkt
> ; Strich-Punkt
> & Und
> ( ) Klammern
> § Paragraf
>
> Gut: Ein Paragraf ist ein Teil in einem Gesetz.
> Das Zeichen für Paragraf ist: §.
> Jeder Paragraf hat eine Nummer.
> Sie können auch das Wort und das Zeichen schreiben.
> Zum Beispiel: Paragraf § 1

Legt man die Schriftzeichenklassifikation unter Kap. 7.2, Tab. 1 zugrunde, gehören die Anführungszeichen, die Auslassungspunkte, das Semikolon und die Klammern zu den Interpunktionszeichen. Sie werden deshalb im Folgeabschnitt (Kap. 7.2.4) besprochen.

Demgegenüber sind %, § und & Sonderzeichen im oben definierten Sinn. Hinzu treten weitere; etwa die in Inclusion Europe genannten, das at-Zeichen <@>, das Zeichen für Copyright <©>, das für registrierte Marken <®> oder Zeichen für Währungen <$> <€> <£>.

Grundsätzlich handelt es sich bei den Sonderzeichen um eine offene Klasse; je nach den kommunikativen Bedürfnissen der Schriftgemeinschaft kommen neue Zeichen hinzu oder alte werden nicht mehr genutzt. Es kann sogar zur Etablierung ganz neuer Klassen kommen. Eine solche Klasse stellen die Emoticons dar <☺>, die einen Übergang zur Piktografie darstellen.

Zur Übersetzung von Sonderzeichen
Wegen der grundsätzlichen Offenheit der Zeichenklasse der Sonderzeichen kann hier keine erschöpfende Bearbeitung erfolgen. Wir behandeln einige Sonderzeichen exemplarisch und arbeiten an ihnen wichtige Merkmale und daraus ableitbare Strategien für die Darstellungsanforderungen in Leichter Sprache heraus. Im Einzelnen besprochen werden <&>, <%>, <§>, <€> und <@>.

Das sogenannte kaufmännische Und, <&>, kann in allen Umgebungen, in denen es steht, mit *und* wiedergegeben werden, sofern Koordination überhaupt zugelassen ist (s. Kap. 10.2); erhalten werden sollte es bei Eigennamen (*C&A* vs. **C und A*; zur Schonung des Namenkörpers s. Kap. 9.2.1.3).

Auch das Zeichen für Euro <€> kann verbal mit *Euro* wiedergegeben werden. Weil es in Alltagstexten aber häufig vorkommt und im Alltagshandeln eine große Rolle spielt oder spielen kann, ist es auch denkbar, es in einer konkreten Übersetzung beizubehalten und es zu erklären. Dabei reicht eine einfache Begriffsklärung: *Das Zeichen € bedeutet Euro*.

Das Paragrafenzeichen <§> ist fachtextgebunden; je nach Zielsituation des Leichte-Sprache-Textes kann es sinnvoll sein, es beizubehalten und es beim ersten Auftreten zu erläutern, wie es die Netzwerkregeln (s. o.) vorschlagen.
  Dabei reicht jedoch eine einfache Begriffsklärung nicht aus. Die Netzwerkregeln zeigen, dass hier zusätzlich der Begriff Paragraf selbst erklärt wird und werden muss. Daneben kann es ggf. auch nützlich sein, die fachsprachliche Pluralform von <§>, die durch Reduplikation erzeugt wird: <§§>, zu erläutern.

Auch beim Prozentzeichen <%> ist eine einfache Übersetzung in den Ausdruck *Prozent* noch nicht geeignet, gegebenenfalls auftretende Verstehensprobleme zu lösen; auch hier geht es um das mit dem Begriff Prozent verknüpfte Konzept (pro Hundert). An anderer Stelle in den Netzwerkregeln wird geraten, Prozentzahlen ganz zu vermeiden und den angegebenen Wert mit einer ungefähren Angabe zu ersetzen (Beispiel aus den Netzwerkregeln: Schlecht: 14 %, Gut: einige oder wenige). Nun kann es für die Zielsituation aber wichtig sein, genaue Prozentanteile zu kennen. In diesem Fall ist es sinnvoll, die Information mit einer Visualisierung anzureichern (s. Kap. 7.2.2.2)

Einen noch einmal vollständig anderen Fall stellt das @-Zeichen dar. Als fester Bestandteil von E-Mail-Adressen ist es nicht nur unverzichtbar, sondern auch unübersetzbar. Für eine Verständnissicherung kann eine Erläuterung nachgetragen werden *(Das Zeichen @ sagt Ihnen: Das ist eine E-Mail-Adresse. Mit einer E-Mail-Adresse können Sie anderen Menschen mit dem Computer einen Brief schicken.)*

Ein globaler Verzicht auf Sonderzeichen in Leichter Sprache ist demnach nicht sinnvoll.

Im konkreten Übersetzungsprozess könnten die folgenden Fragen die Entscheidungsfindung unterstützen:

> Kann ein Sonderzeichen überhaupt übersetzt werden?
>
> Wenn ja: Welche handlungspraktische Relevanz hat es im Alltag?
> Welche (fach-)kommunikative Relevanz hat es im Ausgangs-, welche im Zieltext?
> Muss ggf. das mit einem Sonderzeichen verknüpfte Konzept erläutert werden?
> Muss ein mit einem Sonderzeichen verknüpftes Konzept ggf. mit einem Beispiel erläutert oder mit einer Abbildung veranschaulicht werden?

Eine weitere große Gruppe von Sonderzeichen sind fachspezifische Zeichen:

Mathematik: <∞>, <Π> <+>, <=> etc.; Physik: Ω, lx, A etc.; Chemie: H_2O, CO_2 etc.

Insbesondere bei der Übersetzung von Lehrwerken im Rahmen der inklusiven Beschulung muss auf die Übertragung dieser Zeichen besondere Sorgfalt verwendet werden, um die Anschlusskommunikation über die Unterrichtsinhalte für alle Lerner(innen) möglich zu machen. Wie diese Zeichen im Einzelnen in Leichter Sprache präsentiert und erläutert werden können, muss in jeweiligen Fachdidaktiken beraten werden. Hilfreich könnten hier ggf. auch Listen mit erprobten Übersetzungen/Erläuterungen sein, die für Fachlehrer im Internet verfügbar gemacht werden sollten.

7.2.4 Interpunktionszeichen

Im Gegensatz zu den Sonderzeichen handelt es sich bei den Interpunktionszeichen um eine geschlossene Klasse, die seit Ende des 18. Jahrhunderts weitgehend stabil ist. Sie sind deshalb viel weitgehender konventionalisiert und systematisiert, als es bei den Sonderzeichen der Fall ist.

Zu den Interpunktionszeichen der Standardsprache zählen < . , ; : ! ? „" ( ) - – … '>. Es lassen sich drei Zeichengruppen unterscheiden:

1. Syntaktische Zeichen < . , ; : >; sie besorgen die syntaktische Gliederung von Sätzen und Texten.
2. Kommunikative Zeichen < ! ? „" ( ) >; mit ihnen werden sprachliche Äußerungen kommunikativ situiert.
3. Defektzeichen < - – … '>; sie zeigen Unvollständigkeiten und Abbrüche an.

In den Netzwerkregeln gibt es keine eigene Regel zum Inventar der Interpunktionszeichen; sie werden zusammen mit den Sonderzeichen behandelt (s. o.). Inclusion Europe verbietet das Komma („Machen Sie keinen Beistrich oder ein Komma." Inclusion Europe 2009: 17) und verweist in einer weiteren Regel gobal auf die Vermeidung zu vieler Interpunktionszeichen (ebd.: 16):

Vermeiden Sie zu viele Satz-Zeichen.

Schreiben Sie zum Beispiel nicht:
„Gestern habe ich meinem Sohn – der Michael heißt –
ein grün/gelbes Fahrrad gekauft (ein Neues!)."
Schreiben Sie:
"Mein Sohn heißt Michael.
Gestern habe ich ihm ein neues Fahrrad gekauft.
Das neue Fahrrad ist grün und gelb."

Das Beispiel lässt offen, ob eine vermehrte Nutzung von Interpunktionszeichen innerhalb einer Konstruktion oder nur eine vermehrte Nutzung von Interpunktionszeichen insgesamt vermieden werden soll. Ebenso bleibt (bis auf das Komma) unterspezifiziert, welche Interpunktionszeichen überhaupt verwendet werden sollten.

Die Netzwerkregeln sprechen im Abschnitt über Sonderzeichen Verbote für die Anführungszeichen, die Klammern, die Auslassungspunkte und das Semikolon aus.

Daneben treten implizite Verbote; davon sprechen wir, wenn Zeichen deshalb aus dem Inventar ausgeschlossen werden, weil die Konstruktionen, in denen sie verwendet werden, in Leichter Sprache nicht vorkommen. So kann das Gebot, in jedem Satz nur eine Aussage zu machen (BMAS 2013: 44) als Nebensatz- und damit als Kommaverbot interpretiert werden (s. Kap. 10.1).

In der Leichte-Sprache-Praxis lässt sich nun erkennen, dass auch weitere, in den Regelwerken nicht genannte Zeichen nicht oder kaum Verwendung finden (etwa der Gedankenstrich), und andere, die in den Regeln nicht genannt werden, recht regelmäßig zum Einsatz kommen (z.B. das Ausrufezeichen oder der Doppelpunkt).

Wegen der Uneindeutigkeit der Regellage und der sozialen Praxis werden den folgenden Teilkapiteln zu den Zeichengruppen jeweils entsprechende Tabellen vorangestellt und entsprechend kategorisiert: 0 = nicht klar geregelt/unklare Praxis, + explizit erlaubt/genutzt, – explizit verboten/ungenutzt, K = wegen des entsprechenden Konstruktionsverbots implizit verboten.

7.2.4.1 Die syntaktischen Zeichen

	Punkt	Doppelpunkt	Komma	Semikolon
Netzwerk	0	0	K	–
Inclusion Europe	0	0	–	0
Praxis	+	+	+	–

Tabelle 6: Syntaktische Zeichen in Leichter Sprache

Bei den syntaktischen Zeichen wird in der Praxis regelmäßig vom Punkt und vom Doppelpunkt Gebrauch gemacht. Ihnen ist gemeinsam, dass sie einen syntaktischen Abschluss und das heißt zugleich syntaktisch autonome Konstruktionen markieren. Der Punkt markiert zugleich einen semantischen Abschluss: Die Beziehung zwischen dem Folgesatz und dem Vorgängersatz muss ggf. unter Hinzuziehung weiterer sprachlicher Mittel (Kap. 10.1.4) auf Textebene hergestellt werden.

Gegenüber dem Punkt öffnet der Doppelpunkt eine semantische Leerstelle, die von der Folgekonstruktion gefüllt wird; er stiftet so auch ohne den expliziten Einsatz weiterer sprachlicher Mittel Kohärenz-/Kohäsionsbeziehungen zwischen zwei Propositionen.

Im folgenden Beispiel aus BMAS (2013: 43) wird er für die Auflösung eines indirekten Fragesatzes genutzt.

Schlecht: Wenn Sie mir sagen,
was Sie wünschen,
kann ich Ihnen helfen.

Gut: Ich kann Ihnen helfen.
Bitte sagen Sie mir:
Was wünschen Sie?

Wegen seiner Eigenschaft, semantische Relationen zwischen Vorgänger- und Folgekonstruktion auszudrücken, kann der Doppelpunkt also in manchen Fällen einspringen, um Bedeutungsbeziehungen auszudrücken, die ansonsten wegen des Nebensatzverbots unausgedrückt bleiben müssten.

Gut geeignet sind Doppelpunktkonstruktionen bei allen Formen der Rede- oder Denkimporte sowie bei der Wiedergabe von Konditionalität (s. Kap. 10.1).

Das Fehlen des Kommas in Leichter Sprache ist, wie oben bereits angedeutet, konstruktionsbedingt: Die Kerndomäne des Kommas, die Markierung von Nebensätzen, entfällt auf der Basis des Nebensatzverbots. Ist das Komma, wie in Inclusion Europe vorgesehen, vollständig verboten, entfallen zugleich asyndetische Koordinationen *(Max, Franz, Barbara, Kerstin ...)* und Herausstellungsstrukturen *(den Heinz, den habe ich noch nie gemocht)*, die zwei weiteren Anwendungsdomänen des standardsprachlichen Kommas (dazu Primus 1993). Das explizite Semikolonverbot zieht das Verbot komplexerer Koordinationsstrukturen nach sich.

Wie eine Syntax insgesamt aussieht, die ohne syntaktische Komplexität auskommen muss, zeigen wir in Kap. 10.

7.2.4.2 Die kommunikativen Zeichen

	Fragezeichen	Ausrufezeichen	Klammer	Anführungszeichen
Netzwerk	0	0	–	–
Inclusion Europe	0	0	0	0
Praxis	+	+	+	+

Tabelle 7: Kommunikative Zeichen in Leichter Sprache

7 Das Zeichensystem: Form – Inventar – räumliche Ordnung

Intern teilt sich die Zeichengruppe der kommunikativen Zeichen in zwei Untergruppen: Frage- und Ausrufezeichen auf der einen und Klammern und Anführungszeichen auf der anderen Seite.

Frage- und Ausrufezeichen schreiben Verfassern und Lesern mentale Zustände zu: Das Fragezeichen dient dazu, den Verfasser als Nicht-Wissenden zu kennzeichnen und den Leser als Wissenden zu konzipieren (= Wissensumkehrung). Das Ausrufezeichen dient dazu, den Leser von einem Handlungsplan abzubringen und ihn auf eine vom Verfasser gewünschte Handlung einzustellen *(Komm endlich!)* (= Handlungsumlenkung) oder ihn von einem bestimmten, sicher geglaubten Wissen abzubringen und auf ein neues, vom Verfasser eingebrachtes Wissen einzustellen *(Leichte Sprache ist wichtig!,* Netzwerk Leichte Sprache, BMAS 2013: 13; das Ausrufezeichen soll Leser überzeugen, die zuvor der Ansicht waren, Leichte Sprache sei nicht wichtig) (= Wissensumlenkung).

Anführungszeichen und Klammern legen in ihrem Kernbereich Interaktionsrollen fest: Die Anführungszeichen markieren die Nichtidentität zwischen Schreiber und Verfasser. Im konventionellen Gebrauch (Klockow 1980) steht in Anführungszeichen die Rede eines anderen *(„Komm schon!", sagte er)* oder ein Sprachzitat *(„und" hat drei Buchstaben)*; die angeführten Äußerungen werden nicht gebraucht, sondern erwähnt. In ihrem modalisierenden Gebrauch (ebd.) steht in Anführungszeichen ein Ausdruck, den der Schreiber anders als üblich gebraucht, der also mit seinem sonstigen Sprachgebrauch nicht in Deckung ist *(die „Luft" auf dem Mond)*.

Die Klammer weist umgekehrt den Verfasser *als* Verfasser aus: In Klammern meldet er sich persönlich zu Wort und gibt dem Leser Verstehenshilfen in Bezug auf das im Trägertext Gesagte; in Klammern befinden sich Verfasser und Leser in einer Entre-nous-Situation: *Er engagiert sich gemeinsam mit Theodor Heuss (ja: dem Theodor Heuss) in der Zeitschrift „März"* (= Kommentierungsklammer) (Beispiel aus: Illies 2012: 65). In Klammern können außerdem Alternativkonstruktionen stehen (= Konstruktionsklammer). Dabei kann es sich um reine Strukturalternativen, wie *sieb(en)tens,* oder um Informationsalternativen handeln, wie *(Wenige) Helfer kamen zum Unfallort.*

In Leichter Sprache sind, folgt man den Netzwerkregeln, nur das Frage- und das Ausrufezeichen nicht verboten, wohl aber die Anführungszeichen und die Klammern. Damit wird es möglich, die Wissensverteilung zwischen Verfassern und Lesern in Leichte-Sprache-Texten zu markieren, für die Markierung von Interaktionsrollen stünde kein eigenes Inventar zur Verfügung.

Frage- und Ausrufezeichen in Leichter Sprache
Weil Fragen obligatorisch Antworten nach sich ziehen, kann das Fragezeichen ähnlich wie der Doppelpunkt dafür genutzt werden, semantische Relationen zwischen zwei Sätzen zum Ausdruck zu bringen; besonders gut ist dafür die semantische Relation der Konditionalität geeignet, weil der Wahrheitswert des Bedingungssatzes in der Schwebe ist (s. auch Kap. 10.1.2):

(1) Wenn Karl das Geld gestohlen hat, muss er es zurückbringen.

(1') Karl hat das Geld gestohlen?
 Dann muss Karl das Geld zurückbringen.

Zum Einsatz kommt das Fragezeichen außerdem, zusammen mit dem Doppelpunkt, bei der Auflösung von indirekten Fragesätzen, wie es das Beispiel aus den Netzwerkregeln (s. o.) demonstriert:

(2) Wenn Sie mir sagen, was Sie wünschen, kann ich Ihnen helfen.

(2') Ich kann Ihnen helfen.
 Bitte sagen Sie mir:
 Was wünschen Sie?

Das Ausrufezeichen ist für die Herstellung von semantischen Relationen ungeeignet. Insgesamt ist kaum zu sehen, ob es in seiner Funktion als Wissensumlenkung überhaupt angebracht und von Lesern von Leichte-Sprache-Texten deutbar ist.
 Auch ob und wann es als Zeichen der Handlungsumlenkung ins Spiel kommen sollte, ist bislang ungeklärt. Rink (2014: 48) meint, dass „[i]m Zuge der Forderung der Eindeutigkeit […] wohl ein Ausrufezeichen als optische Verstärkung von Handlungsanweisungen die [gegenüber der Markierung von Handlungsanweisungen mit dem Punkt, U.B., C.M.] sinnvollere Wahl [wäre]", dies „jedoch von den Adressaten beurteilt werden [müsste]." Ausgehend von der standardsprachlichen Funktion des Ausrufezeichens, nur diejenigen Handlungsanweisungen zu markieren, bei denen der Verfasser davon ausgehen muss, dass der Leser einen gegen diese Anweisung gerichteten Handlungsplan verfolgt, wäre mit der globalen Kennzeichnung von Handlungsanweisungen mit dem Ausrufezeichen jedoch eine Funktionsänderung verbunden.
 Auch die von Wagner/Schlenker-Schulte (2006: 4) gegebene Empfehlung, das Frage- und Ausrufezeichen mittels Leerzeichen von dem letzten Element im Satz zu trennen, um besser wahrgenommen werden zu

können, ist kritisch zu sehen. Frage- und Ausrufezeichen gehören zu den sogenannten Klitika, d. h., sie haben adjazenten Kontakt mit dem Vorgängerelement (meist ein Buchstabe) (vgl. Bredel 2008). Eine Abrückung widerspräche den graphotaktischen Regularitäten des Schriftsystems.

Anführungszeichen und Klammern in Leichter Sprache
Das Verwendungsverbot von Anführungszeichen und von Klammern, wie es in den Netzwerkregeln ausgesprochen ist, kann zu erheblichen Problemen führen:

Die Frage, wer spricht, bzw. generell die Frage danach, ob eine Äußerung vom Verfasser nur erwähnt oder ob sie von ihm gebraucht ist, ist für das Verstehen eines Textes von herausragender Bedeutung. Es geht um die Einordnung des Gesagten im Diskursraum.

Fehlen die Anführungszeichen, werden Eigen- und Fremdanteile sowie der wichtige Unterschied zwischen erwähnt und gebraucht nivelliert. Ohne diese Äußerungseigenschaften auf andere Weise auszudrücken, wird das Verstehen sogar gegenüber dem Ausgangstext erschwert.

Eine Ersatzstrategie für die Verwendung von Anführungszeichen könnte bei Redeimporten die Einrückung sein. Dies würde die Struktur von Trägertext und Import anschaulich machen; wir verwenden hier ein Beispiel aus den Netzwerkregeln, die gegen das ausdrückliche Verbot von Anführungszeichen hier auf diese Markierung zugreifen (BMAS 2013: 103):

(3)   Zum Beispiel:
      Ein Kind macht etwas kaputt.
      Ein Erwachsener sagt dann:
      „Das hast du aber gut gemacht!"
      Der Erwachsene meint aber wirklich,
      dass das Kind das **nicht** gut gemacht hat.

Alternative ohne Anführungszeichen / mit Einrückung:

(3')   Zum Beispiel:
      Ein Kind macht etwas kaputt.
      Ein Erwachsener sagt dann:
          Das hast du aber gut gemacht!
      Der Erwachsene meint aber wirklich,
      dass das Kind das **nicht** gut gemacht hat.

Nicht möglich sind Einrückungen bei Anführungszeichen, die die reine Erwähnung anzeigen; auch hier ein Beispiel aus den Netzwerkregeln (BMAS 2013: 69):

(4) Hier können Sie Beispiel-Bilder aus dem
Bereich „Freizeit, Urlaub, Sport" sehen.

Alternativ zu den Anführungszeichen wäre hier das Fetten (4') möglich, aber eben keine Einrückung:

(4') Hier können Sie Beispiel-Bilder aus dem
Bereich **Freizeit**, **Urlaub**, **Sport** sehen.

Noch einmal anders stellt sich das Problem bei der Übersetzung von Ausdrücken mit modalisierenden Anführungszeichen dar. Weil die uneigentliche Verwendung von sprachlichen Ausdrücken in Leichte-Sprache-Texten verbal expliziert werden muss, entfällt hier das Erfordernis, Anführungszeichen zu setzen:

(5) Die beiden Bankräuber wären fast davongekommen. Die Polizei hatte keine Beweise für ihre Täterschaft. Aber einer der beiden hat „gesungen".

(5') Zwei Männer sind in eine Bank eingebrochen.
Aber die Polizei konnte das **nicht** beweisen.
Einer von den Männern hat der Polizei alles verraten.
Jetzt weiß auch die Polizei:
Diese Männer sind in die Bank eingebrochen.

Für eine einheitliche semiotische Praxis wäre es aus unserer Sicht sinnvoll, die Anführungszeichen in das Zeicheninventar der Leichten Sprache in ihrem konventionellen Gebrauch aufzunehmen. Sie markieren dann einerseits Redeimporte, andererseits Passagen, die nicht gebraucht, sondern nur erwähnt sind (*der Bereich „Freizeit, Urlaub, Sport"*).

Die Einrückung als typografische Markierung wäre dann für weitere Zwecke (z. B. für das Einspielen von Hintergrundinformationen) frei.

Das Klammerverbot, das die Netzwerkregeln aufstellen und zugleich unterlaufen (BMAS 2013: 7, 9, 11, 13 und 109), ist für die Konstruktion von Texten in Leichter Sprache ganz besonders problematisch. Denn wegen der nur geringen Weltkenntnis der primären Leichte-Sprache-Leserschaft sind Texte in Leichter Sprache mehr noch als Texte der Standardsprache

7 Das Zeichensystem: Form – Inventar – räumliche Ordnung

auf verstehenssichernde Erläuterungen, Kommentierungen angewiesen (s. dazu Kap. 9.2.1.2 und Kap. 12.4.3). Die Kommentierungsklammer ist dafür das Zeichen par excellence. Sie sollte deshalb in Leichter Sprache verfügbar sein. Um sie verstehen zu lernen, kann vor einem Text, der von Klammern Gebrauch macht, ein entsprechender Hinweis stehen:

> Manche Informationen stehen in Klammern.
> Klammern sehen so aus: ( )
> Die Informationen in Klammern sind zusätzliche Informationen.
> Diese zusätzlichen Informationen helfen Ihnen beim Lesen.
> Aber **nicht** alle Menschen brauchen diese zusätzlichen Informationen.
> Sie brauchen die zusätzlichen Informationen **nicht**?
> Dann müssen Sie diese zusätzlichen Informationen nicht lesen.
> Sie können den Text ohne diese zusätzlichen Informationen verstehen.

Anders ist es mit der Konstruktionsklammer: Fälle, in denen es um Strukturalternativen geht *(sieb[en]tens)*, können wahrscheinlich in vielen Fällen unübersetzt bleiben. Bei Informationsalternativen (6) muss, wenn es für die Zielsituation relevant ist, die Klammerstruktur und die in ihr enthaltene Implikatur aufgelöst werden (6').

(6)   (Wenige) Helfer kamen zum Unfallort.

(6') Es hat einen Unfall gegeben.
      Einige Menschen sind gekommen.
      Die Menschen wollten helfen.
      Aber es waren leider nicht viele Menschen.

7.2.4.3 Defektzeichen – Markierung von Inkohärenz/Unvollständigkeit

	Bindestrich	Divis Ergänzungsstrich	Trennstrich	Apostroph	Auslassungspunkte	Gedankenstrich
Netzwerk	+	–	K	0	–	0
Inclusion Europe	+	–	K	0	0	0
Praxis	+	–	K	–	–	–

Tabelle 8: Defektzeichen in Leichter Sprache

Die Zeichen, die Inkohärenz und Unvollständigkeit anzeigen, sind – bis auf das Divis in seiner Funktion als Bindestrich (dazu s. u. 7.2.4.4 sowie ausführlich Kap. 8.2) – in Texten in Leichter Sprache zu Recht nicht vorgesehen: Denn die Leichte Sprache verlangt maximale Explikation von Form und Inhalt.

Eine andere Frage ist, wie Textpassagen übersetzt werden, die Defektzeichen enthalten. Wir gehen der Reihe nach vor:

Bei den Auslassungspunkten können mit Meibauer (2007) zwei wichtige Funktionen unterschieden werden: Die Andeutungsfunktion liegt vor, wenn das, was mit den Auslassungspunkten markiert ist, zu weiterführenden Interpretationen anregt *(Markus hat gestern eine Flasche Wein getrunken ...)*. Die Auslassungsfunktion liegt vor, wenn das, was mit den Auslassungspunkten angezeigt ist, wörtlich rekonstruiert werden soll *(Du fauler S...)*.

Es sind jeweils verschiedene Übersetzungsstrategien erforderlich. Bei der Andeutungsfunktion muss der Übersetzer in Abhängigkeit von der Textintention, in dem die Auslassungsstruktur auftritt, eine entsprechende Interpretation ausarbeiten, die an die Stelle der Auslassungspunkte gesetzt wird.

(1)   Markus hat gestern eine Flasche Wein getrunken ...

(1')   Markus hat gestern eine Flasche Wein getrunken.
       Aber du weißt ja:
       Markus darf keinen Wein trinken.
       Markus darf überhaupt keinen Alkohol trinken.

Bei der Auslassungsfunktion sollte der ausgelassene Wort-/Satz-/Textrest restituiert werden *(Du fauler Sack)*; ggf. muss die Implikation, die im Verschweigen der Vollform steckt, zusätzlich verbalisiert werden.

Der Gedankenstrich ist ein Mittel zur Markierung von unerwarteten Wechseln. Er kommt satzintern *(Karl hat das Geld – gestohlen; die Schwestern sitzen – draußen ist es bitterkalt – in der Stube)* und satzextern vor *(Was, ich? – Ja, du.)*. Der satzexterne Gedankenstrich substituiert einen Absatz. Er lässt sich in Leichter Sprache deshalb durch einen Zeilenwechsel leicht ersetzen. Anders liegen die Fälle beim satzinternen Gedankenstrich.

Der Gedankenstrich zur Markierung von Parenthesen *(die Schwestern sitzen – draußen ist es bitterkalt – in der Stube)* muss in Leichter Sprache durch eine Konstruktions- und damit Informationsverschiebung aufgelöst werden; dabei ist es nicht ganz trivial, welche Informationsabfolge gewählt wird; der parenthetische Einschub kann vor (2'a) oder nach (2'b) der Trägerstruktur erscheinen; die Informationsgewichtung ist entsprechend verschoben:

(2)   Die Schwestern sitzen – draußen ist es bitterkalt – in der Stube.

(2') a. Die Schwestern sitzen im Zimmer. Draußen ist es sehr kalt.
      b. Draußen ist es sehr kalt. Die Schwestern sitzen im Zimmer.

Der einfache satzinterne Gedankenstrich markiert, dass die Folgeinformation überraschend ist. Soll dieser Effekt in Leichte Sprache übersetzt werden, muss er verbalisiert werden

(3)   Karl hat das Geld – gestohlen.

(3') Karl hat das Geld gestohlen.
      Darüber sind alle überrascht.

Der Apostroph markiert, dass eine wortgrammatische Information nicht durch Buchstaben ausgedrückt ist oder ausgedrückt werden kann, wie *die heil'gen Hallen* (ausgelassener Buchstabe), *Ines' Geburtstag* (Genitiv), *Grimm'sche Märchen* (Morphemgrenze). Nicht in allen Fällen ist dieser Defekt mit der Einsetzung eines Buchstabens zu beheben (möglich: *heiligen*, aber nicht **Ineses/?Inesens Geburtstag* oder **Grimmische Märchen*). Es müssen entsprechende Ersatzformen gefunden werden, bei denen die dem zu übersetzenden Ausdruck zugrundeliegende Struktur explizit wird *(Der Geburtstag von Ines, Die Märchen von den Brüdern Grimm)*.

Das Divis <-> kommt in der Standardsprache in drei Funktionen vor: als Trennstrich (Baga-[Zeilenwechsel]telle), als Ergänzungsbindestrich *(an- und abschalten)* und als Bindestrich *(See-Elefant)*. Der Trennstrich ist in Leichter Sprache wegen des Verbots der Worttrennung am Zeilenende nicht lizensiert: „Trennen Sie keine Wörter am Ende einer Zeile" (BMAS 2013: 58), „Trennen Sie Wörter am Ende der Zeile nicht." (Inclusion Europe 2009: 16).

Der Ergänzungsbindestrich ist zwar in keinem bekannten Regelwerk angesprochen, eine Auflösung dieser Konstruktionen muss aber schon wegen des Koordinationsverbots (s. Kap. 10.2) erfolgen (Bsp. aus http://www.besch-gmbh.de; vom 30.10.2015):

(4)   Sie können Ihre Heizung bequem per Telefon an- und abschalten.

(4') Sie können Ihre Heizung mit dem Telefon anschalten.
      Und Sie können Ihre Heizung mit dem Telefon abschalten.

Der Bindestrich ist dort sinnvoll, wo er mit seiner Funktion korrespondiert, die er auch in der Standardsprache übernimmt, insbesondere bei der Komposition inkompatibler Wortbestandteile *(3/4-Takt, Ex-Freundin)*. Nicht geeignet ist er aber für die globale Markierung wortinterner Komplexität, wie es die Netzwerkregeln, die Regeln Inclusion Europe und die BITV-Regeln vorsehen. Hier sollte der Mediopunkt verwendet werden *(Haus·tür* statt *Haus-Tür)* (s. Kap. 8.2.3).

7.2.4.4 Das Inventar der Interpunktionszeichen – Standardsprache und Leichte Sprache im Vergleich

Abschließend soll hier eine Übersicht über ein mögliches Inventar der Interpunktionszeichen in Leichter Sprache gegeben werden, das es erlaubt, die basalen Sprachfunktionen auf Wort-, Satz- und Textebene auszudrücken.

		Standardsprache	Leichte Sprache
Syntaktische Zeichen	.	syntaktischer und semantischer Abschluss	+
	:	syntaktischer Abschluss, semantischer Anschluss	+
	,	Satzgrenze, Koordination, Herausstellung	–
	;	komplexe Koordination	–
Kommunikative Zeichen	!	Handlungsumsteuerung	+
	!	Wissensumsteuerung	+
	?	Wissensumkehrung	+
	„"	konventionell	+
	„"	modalisierend	–
	( )	kommentierend	+
	( )	konstruktionell	–
Defektzeichen	'	nicht mit Buchstaben ausgedrückte Kategorie	–
	...	Andeutungsfunktion	–
	...	Auslassungsfunktion	–

–	satzintern	–
–	satzextern	–
-	Bindestrich	+
-	Ergänzungsbindestrich	–
-	Trennstrich	–
·	–	Mediopunkt zur Worttrennung

Tabelle 9: Interpunktionszeichen in der Standardsprache und in Leichter Sprache

7.3 Typografie – die räumliche Ordnung der Schriftzeichen

Wie in Kap. 3 dargestellt, befasst sich in allen Regelwerken für Leichte Sprache ein großer Teil der Regeln mit der räumlichen Anordnung der Schriftzeichen. Damit gewinnen parasprachliche Mittel in Leichter Sprache gegenüber der Standardsprache an Gewicht. Um die Rolle der Typografie für das Lesen zu ermitteln, werden wir hier zunächst einen kurzen Abriss über ihre Funktion in standardsprachlichen Texten geben, bevor wir auf die Leichte-Sprache-Regeln eingehen.

7.3.1 Die typografischen Formate der Standardsprache

Das Medium der gesprochenen Sprache ist die Zeit, das Medium der geschriebenen Sprache der Raum. Dieser Unterschied hat Konsequenzen: In der gesprochenen Sprache werden Pausen, Rhythmus, Takt und Geschwindigkeit für die Strukturierung von Äußerungen genutzt, in der geschriebenen Sprache ist es die räumliche Anordnung grafischer Zeichen.

Im Verlauf der Schriftgeschichte haben sich räumliche Anordnungsmuster zu festen Textsortenmustern verdichtet, so dass ein kompetenter Leser auf der Basis der **typografischen Makrostruktur** Erwartungen in Bezug auf den Textinhalt ausbilden kann (vgl. hierzu auch Reißig/Bernasconi 2015). In Büchern etwa verweist die Spaltenschreibweise auf einen Lexikonartikel, bei einer spaltenübergreifenden Zeilenführung ist ein Sachtext oder ein fiktionaler Text erwartbar (vgl. umfassend Wehde 2000). Neben diesen textsortenspezifischen Orientierungen können mit der typografischen Makrostruktur weitere Informationsstrukturierungen vorgenommen werden: Durch Überschriften und Zwischenüberschriften wird dem Leser eine Vorausdeutung ermöglicht. Die Implementierung von Bildern oder Grafiken dient der konzentrierten Darstellung von Textinhalten bzw. der Verdeutlichung schwieriger Konzepte über ein anderes – ikonisches – Zeichensystem (s. Kap. 7.4).

Die Orientierung an der typografischen Makrostruktur eines Textes ist aber nicht nur für die leserseitige Vororientierung, sondern auch für den Leseprozess selbst von Bedeutung. In einer Untersuchung des Lesens von Brailleschrifttexten konnte ermittelt werden, dass Leser(innen), die eine Hand für das Abtasten der makrostrukturellen Form, die andere für das Abtasten der einzelnen Wörter/Sätze verwenden, etwa 30 % schneller lesen als Leser(innen), die die makrostrukturelle Form außer Acht lassen und nur die Wörter/Sätze abtasten (Bertelson/Mousty/D'Alimonte 1985).

Von der typografischen Makrostruktur ist die **typografische Mikrostruktur** zu unterscheiden, die sich auf die Nutzung der kleinsten typografischen Einheit, die Zeile, bezieht. Hier unterscheiden wir zwei verschiedene Modi (Bredel 2008; Reißig 2015):

Bei Texten, die im **Textmodus** verfasst sind, werden die Zeilen vollständig ausgefüllt. Syntaktische und räumliche Struktur sind jeweils autonom; das Zeilenende fällt meist nicht, und wenn, dann nur zufällig mit einem Satzende zusammen, weshalb der Punkt hier ein unverzichtbares grafisches Markierungsmittel ist. Ein erzwungener Zeilenabbruch, ein Absatz, zeigt keinen syntaktischen, sondern einen thematischen Neustart an. Die sprachliche Struktur von textmodalen Texten ist in der Regel satzförmig: Die Syntax ist vollständig ausgebaut.

Bei Texten, bei denen die räumliche Ordnung formale Strukturierungsfunktion übernimmt, spricht man vom **Listenmodus**. Eine typische Liste nutzt den Zeilenabbruch für Aufzählungen, bei einer Tabelle muss der Inhalt einer Zelle als Kombination aus Zeile und Spalte gelesen werden, für das Verstehen von Formularen müssen Zeilen, Spalten und eigene geometrische Konfigurationen ausgewertet werden. Weil die räumliche Ordnung die Strukturierung übernimmt, ist die Syntax in listenmodalen Texten häufig reduziert. Verbformen stehen bevorzugt im Infinitiv, Substantive werden artikellos gebraucht, in Listen wird das letzte Aufzählungsglied nicht, wie im Textmodus, mit *und* angeschlossen *(To-do-Liste: einkaufen, aufräumen, mit Hund spazieren gehen, Rose kaufen …)* (vgl. umfassend Reißig 2015).

Weil das Erfassen text- und listenmodaler Texte sowohl in räumlicher als auch in sprachlicher Hinsicht unterschiedliche Anforderungen an Leser(innen) stellt, hat auch die PISA-Studie zwischen dem Lesen kontinuierlicher, also textmodaler, und diskontinuierlicher, also listenmodaler

Texte unterschieden. Kompetente Leser sind in der Lage, die für die jeweiligen Textmodi erforderlichen Lesestrategien zu nutzen.

Lesenovizen und Leser(innen) mit spezifischen Einschränkungen haben häufig Schwierigkeiten die historisch ausdifferenzierten Funktionen makro- und mikrostruktureller typografischer Eigenschaften von Texten und die damit verknüpfte sprachliche Varianz wahrzunehmen und auszuwerten.

Gleichwohl nutzen sie die räumliche Anordnung von Wörtern und Sätzen zur Orientierung. Von Lesenovizen etwa ist bekannt, dass sie beim Lesen den Finger hinzunehmen, um eine Textstelle manuell zu fixieren, die im Fokus ihres aktuellen Leseprozesses steht. Bei besonders schwierigen Textpassagen ist diese Form der manuellen Unterstützung auch bei kompetenten Leser(inne)n zu beobachten. Darüber hinaus ist bekannt, dass eine optimale visuelle Aufbereitung von Texten sowohl das Leseverstehen als auch die Lesegeschwindigkeit steigert (Auberlen 1989).

7.3.2 Das typografische Basisformat von Texten in Leichter Sprache

Der vielleicht wichtigste Unterschied zwischen der Typografie der Standardsprache und der Typografie Leichter Sprache ist die Reduktion der standardsprachlichen Vielfalt zugunsten eines typografischen Basisformats, das für alle Leichte-Sprache-Texte verwendet wird. Eine typografisch erzeugte Funktionsunterscheidung nach Textsorten oder -funktionen ist demnach in Leichter Sprache nicht möglich. Gleichwohl nimmt die typografische Gestaltung von Texten in Leichter Sprache einen großen Stellenwert ein (s. Kap. 3); dies betrifft nicht lediglich Anpassungen an die eingeschränkte Perzeptionsfähigkeit eines Teils der primären Adressat(inn)en (z. B. Schriftgröße, Farbkontrast, Verzicht auf Hintergrundbilder etc.); vielmehr wird, wie wir zeigen werden, die typografische Struktur für die sprachliche Gliederung funktionalisiert, was ein uniformes Basisformat erzwingt.

7.3.2.1 Typografische und syntaktische Struktur

Ein Teil der Leichte-Sprache-Regeln (hier orientiert an den Netzwerkregeln, BMAS 2013) organisiert die Mikrostruktur, also die Strukturierung von Zeilen. Einige davon beziehen sich auf die reine Textoberfläche. Beispiele dafür geben wir unter (1) wieder. Ein anderer Teil, unter (2) notiert und ebenfalls aus den Netzwerkregeln, bezieht grammatische Phänomene mit ein; nur mit diesen werden wir uns im Folgenden befassen.

(1) Lassen Sie genug Abstand zwischen den Zeilen. (BMAS 2013: 54 ff.)
Schreiben Sie immer links-bündig.
Schreiben Sie nicht Blocksatz.
Schreiben Sie nicht rechts-bündig.
Schreiben Sie nicht zentriert.
Ausnahme: Die Überschrift darf vielleicht in der Mitte stehen.

(2) Schreiben Sie jeden neuen Satz in eine neue Zeile. (Ebd.: 57)
Trennen Sie keine Wörter am Ende einer Zeile. (Ebd.: 58)
Schreiben Sie alle Wörter in eine Zeile, die vom Sinn her zusammen gehören. (Ebd.: 59)
Lassen Sie den Satz zusammen.
Manchmal ist die Seite voll.
Der Satz ist aber noch nicht zu Ende.
Schreiben Sie den ganzen Satz auf die nächste Seite.
Noch besser: Lassen Sie den Absatz zusammen. (Ebd.: 60)

Mit den Regeln unter (2) wird die Zeile als grammatisch relevante Strukturierungseinheit profiliert: Der Satz soll nicht nur eine syntaktische, sondern zugleich eine typografische Einheit sein. Bei einem Zeilenumbruch sollen Wörter und Sinneinheiten zusammengehalten werden.

Wie oben gezeigt wurde, ist die Nutzung der Zeile für die sprachliche Strukturierung ein charakteristisches Merkmal des Listenmodus (s. o.). Im Gegensatz zu standardsprachlichen Listen sind Texte in Leichter Sprache jedoch syntaktisch ausgebaut und sie verwenden den satzschließenden Punkt.

Damit bilden Texte in Leichter Sprache in Bezug auf ihre typografische Ordnung einen Hybrid aus Text- und Listenmodus: Die sprachliche Struktur und die grafische Markierung sind am Textmodus orientiert (ausgebaute Syntax, Punkt), die typografische Struktur ist listenmodal (Strukturierungsfunktion der Zeile).

Mit der Doppelmarkierung (Zeilensprung und Punkt zur Begrenzung syntaktischer Einheiten) erhalten Leichte-Sprache-Texte darüber hinaus eine gewisse Redundanz, die aus mindestens zwei Gründen geboten ist: Zum einen zielen redundante Informationen auf unterschiedliche Wahrnehmungs- und Verarbeitungspräferenzen verschiedener Adressat(inn)en (s. Kap. 5). Zum anderen zielen sie auf die der Leichten Sprache inhärente Lernfunktion (Kap. 1.3.2): Leser(innen), die Texte in Leichter Sprache als Initiation ihres Leselernprozesses nutzen, erhalten mit der Doppelmarkierung zugleich die visuelle Lesehilfe (typografische Gliederung), die sie auf ihrem aktuellen Lernstand unterstützt, und die orthografische Zielstruktur (Punkt), die sie bei progredientem Lernverlauf für das Lesen von typografisch textmodal strukturierten Texten benötigen.

7.3.2.2 Typografische und thematische Struktur

Auch die typografische Markostruktur wird in Leichter Sprache als Interpretationsstütze genutzt: Sowohl in den Netzwerkregeln (BMAS 2013: 61) als auch in denen der BITV 2.0 (2011) sowie auch bei Inclusion Europe (2009: 11) findet sich die Aufforderung, die thematische Gliederung des Texts typografisch auszuweisen und u.a. Zwischenüberschriften einzufügen.

> Machen Sie viele Absätze und Überschriften. (BMAS)
> Inhalte sind durch Absätze und Überschriften logisch zu strukturieren. (BITV 2.0)
> Fassen Sie alle Informationen zu demselben Thema unter einer Überschrift zusammen. (Inclusion Europe)

Hier geht es nicht mehr, wie bei der Mikrostruktur, um die grammatische Strukturierung von Sätzen, sondern um die thematische Gliederung von Texten:

Mit Absatzmarkierungen wird thematisch Zusammengehörendes auch optisch zusammengehalten; mit der Verwendung von Zwischenüberschriften wird die thematische Progression eines Textes sichtbar gemacht. Der Leser kann auf dieser Grundlage Annahmen bezüglich der zu erwartenden Inhalte entwickeln und diese Annahmen während des Leseprozesses mit dem Gelesenen abgleichen. Die Zwischenüberschriften tragen darum auch zum besseren Verständnis der einzelnen Aussagen und zu ihrer Verknüpfung bei. In Kap. 12.4.1 werden wir sehen, dass dieses Gliederungsprinzip ein wesentliches Verfahren zur Kompensation der ansonsten nur schwach ausgeprägten Kohärenz von Leichte-Sprache-Texten ist.

7.3.2.3 Linearität und Hyperstruktur

Wegen des häufig stark eingeschränkten Sprach- und Weltwissens der primären Adressat(inn)en enthalten Texte in Leichter Sprache Erläuterungen und zusätzliche Informationen, die im Ausgangstext implizit bleiben (s. hierzu auch Kap. 9.2.1.2).

Das führt in ein Dilemma, das auch die typografische Struktur betrifft: Einerseits sind die Erläuterungen nötig, um für die Zielleser die erforderliche situationale Einbindung herzustellen, mangelndes Vorwissen zu kompensieren und damit die Voraussetzungen für ein Verstehen des

Textes zu schaffen. Andererseits unterbrechen die Einschübe die Entfaltung des Textthemas. Somit mindern sie die Kohärenz der textuellen Oberfläche und verschieben die Aufmerksamkeit des Lesers auf die metakommunikative Ebene. Das durch Erläuterungen verbesserte Wortverständnis steht damit einem guten Verständnis des Textzusammenhangs entgegen. Standardsprachliche Texte lösen das Problem des Einspielens zusätzlicher, die Kohärenz gefährdender Informationen häufig mit Fußnoten, die in Leichter Sprache aber nicht lizenziert sind:

> Verwenden Sie niemals Fußnoten.
> Fußnoten erklären etwas am Ende der Seite.
> Erklären Sie Sachen gleich im Text.
> (Inclusion Europe 2009: 16)

Eine Möglichkeit der Hierarchisierung von Informationen könnte, wenn sie erlaubt wäre, von der Klammer geleistet werden (s. Kap. 7.2.4.2). Eine andere Möglichkeit ist die Einrückung der erklärenden/erläuternden Passagen. Durch diese typografische Lösung wird kenntlich gemacht, wie groß der Umfang der metakommunikativen Äußerung ist und an welcher Stelle der Text wieder zur Entfaltung des Textthemas zurückkehrt (s. auch Kap. 12.4.1).

Eine weitere Bearbeitungsstrategie, insbesondere zur Klärung von Fachtermini, ist das Anlegen von Glossaren (s. Kap. 9), wobei die Glossareinträge entweder global am Ende des Textes oder im Spaltenlayout neben dem jeweils fraglichen Ausdruck platziert werden können. Darüber hinaus sind Infoboxen oder – in elektronisch aufbereiteten Informationen – Links oder On-Mouse-over-Boxen denkbar.

All diese Verfahren haben mehr oder weniger große Vor- bzw. Nachteile: Die eingerückte Erklärung ermöglicht einen direkten Zugang zu den gegebenen Informationen, die an der typografischen Oberfläche erzeugte Inkohärenz kann jedoch nicht vollständig kompensiert werden. Alle anderen Mittel sind aus dem Text ausgelagert, sind also besser geeignet, die Textkohärenz zu sichern. On-Mouse-over-Boxen, Infoboxen und Links können jedoch wegen der erforderlich werdenden visuellen Umorientierungen vor allem für sehbehinderte Leser(innen) problematisch sein; ein Glossar am Textende setzt voraus, dass die Nutzer(innen) über die alphabetische Suchstrategie verfügen; die Spaltenschreibweise könnte wegen des Split-Attention-Effekts (s. Kap. 7.4.1.4) eine Verstehenshürde erzeugen. Hier sind in Zukunft ganz erhebliche Forschungsanstrengungen zu unternehmen, um optimale Lösungen, ggf. auch verschiedene Lösungen für verschiedene Adressat(inn)en, anbieten zu können.

7.3.3 Zusammenfassung

Während die typografische Ordnung in der Standardsprache für die Ausdifferenzierung von Textsorten und Textfunktionen genutzt werden kann, ist sie in Leichter Sprache funktional für die grammatische Strukturierung (Mikrostruktur) und die thematische Gliederung (Makrostruktur). Daraus resultiert ein uniformes typografisches Basisformat. Die erforderliche Anreicherung von Leichte-Sprache-Texten mit metasprachlichen Kommentaren macht darüber hinaus Informationsimplantate erforderlich; in welchem typografischen Format diese angeboten werden sollten oder ob ggf. die Klammer als Auszeichnungspraxis dienen könnte, ist eine bislang offene Frage, die sich nur empirisch beantworten lässt. Tabelle 10 stellt die Verhältnisse im Überblick dar:

Funktion	Typografisches Mittel
Grammatische Strukturierung	Zeile
Informationsstrukturierung	Absatz (Zwischen-)Überschrift
Metasprachliche Kommentierung	• Einrückung • Glossar (Textende/Spalten) • Link bzw. On-Mouse-over-Box, Infobox • ggf. Klammern

Tabelle 10: Typografische Mittel der Leichten Sprache

7.4 Multikodalität und Bildlichkeit

Texte in Leichter Sprache sollen gemäß den Regelwerken mit nonverbalen Mitteln unterstützt werden.

In Inclusion Europe (2009: 21) heißt es dazu:

> Viele Menschen können einen Text schwer lesen.
> Dann können Bilder helfen.
> Bilder können erklären, um was es in dem Text geht.

Ganz analog formulieren die Netzwerkregeln (BMAS 2013: 66):

> Benutzen Sie Bilder.
> Bilder helfen Texte zu verstehen.
> Die Bilder müssen zum Text passen.

Unseres Wissens liegen bislang keine Studien über die Verwendung von Bildern in Texten in Leichter Sprache vor (zur Aufbereitung von Bildern unter didaktischer Perspektive vgl. aber exemplarisch Wrobel 2007). Insbesondere stellen empirische Studien, die den Blick auf die unterschiedlichen Adressatengruppen richten, ein Desiderat dar.

Aus der allgemeinen Wahrnehmungspsychologie ist jedoch bekannt, dass Informationen dann besonders gut aufgenommen, verarbeitet und gespeichert werden können, wenn sie multikodal und multimodal aufbereitet sind, d. h. wenn mehrere Zeichenressourcen zum Einsatz kommen (Multikodalität) und möglicherweise auch mehrere Wahrnehmungskanäle (z. B. visuell und auditiv) angesprochen werden (Multimodalität). Den Erfordernissen der multimodalen Aufbereitung, insbesondere den Anforderungen, die an Hörversionen von Texten in Leichter Sprache gestellt werden, können wir in diesem Band nicht nachgehen. Wir konzentrieren uns auf den Problembereich der Multikodalität.

Bilder können dabei helfen, Vorwissen zu aktivieren und Textgegenstände zu exemplifizieren. Sie rufen bei Rezipienten weltwissensbasierte mentale Modelle (s. Kap. 11.3) auf, die mit den verbalen Informationen abgeglichen werden können (Schnotz 2014). Da Bilder auch von schwachen Lesern holistisch erfasst werden, können sie dazu beitragen, polyseme Wörter schneller zu vereindeutigen, deren Lesart sonst erst über den Kotext erschlossen werden müsste. Darüber hinaus sprechen sie die Leser auf emotionaler Ebene an und liefern Konnotationen zu den Denotaten der verbalen Textanteile.

Auf der anderen Seite ist aus der *Cognitive Load Theory* (Sweller / Merriënboer van / Paas 1998) bekannt, dass nicht alle Formen der Multikodalität gleich gut geeignet sind, das Leseverstehen zu stützen: Weil dem Arbeitsgedächtnis nur eine begrenzte Verarbeitungskapazität zur Verfügung steht, kann es bei einer Überzahl an Informationen zu einer kognitiven Überlastung *(cognitive overload)* kommen, was den Verarbeitungsprozess erschwert. Dabei wird zwischen einer intrinsischen und einer extrinsischen kognitiven Belastung unterschieden: Die intrinsische kognitive Belastung resultiert aus fehlendem bzw. geringem Vorwissen, die extrinsische aus der Komplexität/Vielfalt des zu verarbeitenden Materials.

Um einen optimalen Verstehenseffekt zu erzielen, darf weder die intrinsische noch die extrinsische kognitive Belastung zu hoch sein, wobei zugleich gilt, dass intrinsische und extrinsische kognitive Belastung korrelieren: Je geringer das Vorwissen, desto eher kann gegebene Informationsvielfalt zum kognitiven Overload führen.

Damit haben wir es mit einer widersprüchlichen Ausgangslage zu tun: Einerseits erleichtern bildgestützte Darstellungspraktiken das Verstehen von Texten insbesondere dort, wo die Adressaten über nur geringe Lesefähigkeiten und über geringes Vorwissen verfügen; andererseits ist es genau das geringe Vorwissen, das die Gefahr birgt, dass die Vielfalt von dargebotenen Informationen zur kognitiven Überlastung führt.

Bei der multikodalen Gestaltung von Texten in Leichter Sprache ist deshalb äußerste Sorgfalt auf die Auswahl und die Ordnung von textbegleitenden Bildern zu legen, Bild- und Textinformation also optimal aufeinander abzustimmen. Sweller (2005) zufolge müssen Bilder kohärent *(coherence principle)* sein (Kap. 7.4.1.1, Kap. 7.4.1.2 und Kap. 7.4.1.3) sowie mit geringem Aufwand erreicht und dem entsprechenden Textinhalt eindeutig zugeordnet werden können *(spacial contiguity principle)* (Kap. 7.4.1.4).

Nicht alle Bilder tragen in derselben Weise zum Textverstehen bei. Wir unterscheiden mit Ballstaedt (2012) deshalb unterschiedliche Bildtypen, die wir in Bezug auf ihr leseunterstützendes Potenzial differenzieren (Kap. 7.4.2).

Zuletzt werden die Funktionen angesprochen, die Bilder für das Textverstehen übernehmen können. Mit Weidenmann (2002) unterscheiden wir mit Zeigen, Situieren und Konstruieren Bildfunktionen, die mit jeweils verschiedenen Anforderungen an die Verarbeitung verknüpft sind (Kap. 7.4.3).

Unsere Ausführungen zu Multikodalität und Bildlichkeit abschließend werden wir uns mit einem bislang in der Leichte-Sprache-Diskussion nicht thematisierten Zusammenhang befassen: Es geht um die Bearbeitung von in der Standardsprache verwendeten Bildern, die in Leichter Sprache in Textform gebracht werden müssen, um verstanden zu werden (Kap. 7.4.4).

7.4.1 Text-Bild-Relationen

7.4.1.1 Passung

Die Netzwerkregeln geben an, die Bilder müssten zum Text passen (s. o.). Passende Bilder sollen hier konvergent genannt werden. Wir unterscheiden zwischen verschiedenen Graden von **Konvergenz**: Die stärkste Konvergenzbeziehung liegt vor, wenn Text und Bild redundant sind.

Abbildung 9: Redundanz als Mehrbelastung

In der Cognitive Load Theory (s. o.) wird Redundanz als Bildprinzip abgelehnt, geht es hier doch um eine reine Duplikation von Inhalten: Das Arbeitsgedächtnis werde also lediglich medial mehrbelastet, ohne dass diese Mehrbelastung zu einem inhaltlichen Mehrwert führe.

Redundante Bildinformationen können jedoch Verstehenshilfen insbesondere dort leisten, wo davon ausgegangen werden muss, dass den Leser(inne)n ein sprachlicher Ausdruck unbekannt ist.

Abbildung 10: Redundanz als Verstehenshilfe
(Quelle: Picture alliance/Franco Banfi/WaterFrame)

In Texten in Leichter Sprache wird dieser Fall häufiger auftreten als in der Standardsprache. Die Text-Bild-Relation kann in diesem Fall dazu führen, dass ein dem Leser unbekannter Begriff konzeptionell erschlossen wird. Voraussetzung dafür ist, dass die gegebene Bildinformation zu derselben Interpretation führt wie die Textinformation; die Bilder selbst müssen daher spezifisch genug sein und dürfen nicht mehr, weniger oder andere Informationen enthalten als die vom Text intendierten.

Soll etwa das generelle Konzept *Hund* bildlich dargestellt werden, liegt eine schematische Abbildung mit einem zentralen Vertreter des Begriffsfeldes *Hund* (s. Kap. 9.2.1) wie oben in Abb. 9 nahe. Ungeeignet wären demnach die folgenden Illustrationen zum Begriff *Hund*:

a.

b.

Abbildung 11: Periphere Vertreter eines Begriffsfeldes
(Quelle: Adobe Stock / © NotionPic)

Als konvergent können auch Bilder gelten, die gegenüber dem Text eine Informationserweiterung oder Informationsreduktion enthalten, ohne den Textinhalt dadurch zu torpedieren. Eine Informationserweiterung liegt z. B. mit der Visualisierung der Zeit durch einen Zeitstrahl vor, der verwendet werden kann, um etwa historische Ereignisse einzuordnen (s. Kap. 7.2.2.2). Die Information, die vom Bild ausgeht, ist konvergent zum Textinhalt, liefert aber weitere, über den Textinhalt hinausgehende Informationen, die für eine Einbettung in einen größeren Zusammenhang genutzt werden kann.

Eine Informationsreduktion liegt z. B. dann vor, wenn Endzustände von Handlungen visualisiert werden:

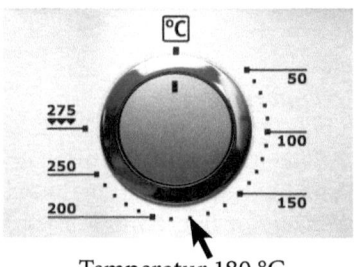

Den Backofen anschalten

Temperatur 180 °C

Abbildung 12: Informationsreduktion
(Quelle: Adobe Stock / © Albert Nowicki)

Divergenz liegt vor, wenn Text- und Bildinterpretation zu Informationen führen, die nicht erkennbar aufeinander bezogen, uneindeutig oder sogar widersprüchlich sind.

Grundsätzlich divergent und deshalb für Texte in Leichter Sprache ungeeignet sind Bilder mit rein dekorativer Funktion; sie ziehen die Aufmerksamkeit von den Textinhalten ab und haben daher einen leseerschwerenden Effekt. Ein Beispiel liefert die Wahlbroschüre zur Landtagswahl in Bayern (2013: 1):

Abbildung 13: Dekorative Bildfunktion
(Quelle: https://www.bayern.landtag.de/fileadmin/scripts/get_file/
wahlbroschuere_2013_web.pdf)

Divergent sind auch Bilder mit uneindeutiger oder schwer interpretierbarer Bildaussage. Die folgende Abbildung aus der Bildersammlung für Leichte Sprache von Reinhild Kassing (http://leichtesprachebilder.de) soll das Konzept „Intimsphäre verletzen" abbilden. Gezeigt ist ein Mann, der eine Frau duscht; die Körperhaltung der Frau soll Scham zeigen. Es ist fraglich, ob diese Form der Bebilderung tatsächlich zu einer erkennbaren Darstellung des gemeinten Konzepts führt oder ob nicht ganz andere Assoziationen damit verknüpft werden (z. B. Hilfe beim Duschen; frieren etc.).

Abbildung 14: Uneindeutige Bildaussagen
(Quelle: http://leichtesprachebilder.de © Reinhild Kassing)

Ebenfalls als divergent sind Bilder einzustufen, bei denen die intendierte Information nur scheinbar bildlich dargestellt ist, das Gemeinte aber in Textform erscheint (Abb. 15) oder durch Symbole abgebildet ist, die ihrerseits keine direkte Zugänglichkeit erlauben (Abb. 16).

Das folgende Bild aus demselben Set von Leichte-Sprache-Bildern soll für „Volks-Hoch-Schule" stehen; abgebildet ist ein Gebäude, das selbst keine Bedeutung kodiert; dass es sich um eine Volkshochschule handeln soll, muss durch die Abkürzung „VhS" erschlossen werden:

Abbildung 15: Text als Bild
(Quelle: http://leichtesprachebilder.de © Reinhild Kassing)

Symbolischer Bildgebrauch liegt mit folgender Abbildung vor, die für den Begriff „Recht" stehen soll. Weder das Paragrafenzeichen noch die Waage können das Konzept oder den Begriff „Recht" zugänglich machen.

Abbildung 16: Bildsymbole
(Quelle: http://leichtesprachebilder.de © Reinhild Kassing)

7.4.1.2 Bezugsgrößen

Unter Kap. 7.4.1.1 wurden sehr verschiedene – abstrakter werdende Darstellungsanforderungen skizziert. **Gegenständliches** lässt sich in scheinbar einfacher Weise durch eine Zeichnung oder eine Fotografie bebildern, die redundant zu dem im Text genannten sprachlichen Ausdruck ist. Dabei müssen jedoch bestimmte Anforderungen an die Bebilderung gestellt werden, damit der im Text intendierte Gebrauch des entsprechenden Ausdrucks konvergent konzeptualisiert werden kann.

Auch bei **Personen** kann es sinnvoll sein, eine Identifizierung mit Bildern/Fotografien zu unterstützten. Dies gilt z. B. für bekannte Persönlichkeiten, deren piktorale Präsenz im gesellschaftlichen Raum ohnehin groß ist; die Wahlbroschüre zur Bayerischen Landtagswahl (2013: 3) macht von diesem Mittel Gebrauch, ohne dass hier jedoch eine klare Zuordnung zwischen Namen und Personen gegeben würde:

Einfach wählen gehen!

Abbildung 17: Personenbilder
(Quelle: Wahlbroschüre zur Bayerischen Landtagswahl 2013 © Bayerische Staatsregierung, Beauftragter für die Belange von Menschen mit Behinderung; © Bayerische Staatskanzlei; © Bildarchiv Bayerischer Landtag, Foto Ralf Poss)

Fotos von Ansprechpersonen in Ämtern können helfen, Anonymität abzubauen und damit auch Vorbehalte oder Ängste gegenüber Ämtern bzw. Amtspersonen. Schließlich könnten Abbildungen von Figuren aus narrativen Texten zur Vorstellungsbildung beitragen.

Eine besondere Form von Personenbildern in Leichte-Sprache-Texten ist die Einführung von Leitfiguren (Abb. 18 aus der Wahlbroschüre zur Landtagswahl in Bayern 2013: 1):

Abbildung 18: Leitfiguren in Leichter Sprache

Leitfiguren tragen auf inhaltlicher Ebene nichts zur Textverständlichkeit bei, d. h., sie visualisieren nicht Personen, die auch im Text aufgerufen sind, sondern führen eine Art von kohärenzstiftendem Quasierzähler ein.

Bekannt sind Leitfiguren aus didaktischen Kontexten, insbesondere aus Fibeln; sie treten dort u. a. als Helfer, als Fragende oder als Aufgabensteller auf. Damit wird der Tatsache Rechnung getragen, dass Kinder bei der Einschulung den Sprung von der Mündlichkeit, die durch konkrete Kommunikationssituationen mit konkreten Kommunikationspartnern gekennzeichnet ist, in die kommunikativ abstrakte Schriftlichkeit meistern müssen. Die Leitfigur kompensiert die kommunikative Leere der Schriftlichkeit (Abb. 19).

Abbildung 19: Leitfiguren in der Didaktik (Cornelsen Verlag)

Ob das Motiv der Leitfigur auch für Leichte-Sprache-Texte verwendet werden sollte, ist offen. Die Funktion der Kohärenzsicherung sowie die Möglichkeit der direkten Adressierung sprechen für ein solches Verfahren; die damit unweigerlich verbundene Verkindlichung der Adressat(inn)en spricht dagegen.

Ganz andere Darstellungsanforderungen sind mit der Abbildung von **Handlungen** oder **Vorgängen** verbunden; hier müssen dynamische Prozesse in statische Repräsentationsformen gebracht werden. Möglich sind hier Abbildungen von Anfangszuständen, Abbildungen von Endzuständen (s. o.) oder die Visualisierung der Dynamik durch weitere Zeichen. Alle drei Möglichkeiten werden in Leichte-Sprache-Texten genutzt (aus dem Kochrezept von oben):

Anfangszustand:

 Die Äpfel schälen

Abbildung 20: Abbildung von Handlungen – Anfangszustand
(Quelle: Adobe Stock / © Kyselova Inna, Adobe Stock / © Edu Oliveros)

Visualisierung der Dynamik:

 Alles mit dem Kochlöffel verrühren

Abbildung 21: Abbildung von Handlungen – Dynamik
(Quelle: Adobe Stock / © Bernd Schmidt)

Eine besondere Form der Darstellung von Dynamik liegt mit der folgenden Abbildung für „Wechselgeld" vor:

Abbildung 22: Abbildung komplexer Begriffe
(Quelle: http://leichtesprachebilder.de © Reinhild Kassing)

Kodiert ist hier nicht die Handlung des Austauschens von Geld, sondern ein Begriff, in dem eine Handlungskette von Geben und Nehmen abgebunden ist.

Eine komplexe Herausforderung stellt die bildliche Darstellung von **Konzepten** dar, die in der Standardsprache häufig durch Abstrakta wiedergegeben werden, die also keine gegenständliche Entsprechung haben. „Recht" (s. o.) ist ein Beispiel dafür, bei dem der Versuch der bildlichen Darstellung selbst Abstraktionen enthält. Das gilt insgesamt: Je abstrakter eine Bedeutung, desto abstrakter wird auch ihre bildliche Repräsentation (s. hierzu auch Kap. 7.4.2).

Der komplexeste Typ bildlicher Darstellung ist die Visualisierung einer **Argumentation**. Hier werden entsprechend komplexe Bildtypen (z. B. Organogramme, Flowcharts ...) gebraucht, die ihrerseits nicht sprachfrei sind (s. u. Kap. 7.4.2.2).

7.4.1.3 Bezugsarten

Eine dritte wichtige Frage ist die nach der Art der Bezugnahme der Bilder auf den Text. Die einfachste Bezugnahme ist die **Duplikation**; hier wird eine Information aus dem Text auf der Bildebene verdoppelt (s. o.). Bei der **Expansion** enthält die Bildbedeutung über den Text hinausweisende Informationen. Der Zeitstrahl für die Einordnung historischer Ereignisse (s. Kap. 7.2.2.2) ist hierfür ein gutes Beispiel. Bei einer **Exemplifikation** gibt das Bild ein Beispiel für die Information aus dem Text. Hierzu gehören etwa Bilder, die Menschen mit bestimmten Gefühlsregungen zeigen und die eingesetzt werden, um ein Gefühl (exemplarisch) darzustellen (s. Abb. 23, das den Ausdruck „Ekel" exemplifiziert):

Abbildung 23: Exemplifizierende Abbildung – „Ekel"
(Quelle: http://leichtesprachebilder.de © Reinhild Kassing)

Um den Gesamtbegriff „Ekel" allerdings bildlich darzustellen, müsste zusätzlich das Objekt abgebildet werden, vor dem sich die Person ekelt.

Multikodalität und Bildlichkeit

Abbildung 24: Vervollständigte exemplifizierende Abbildung – „Ekel vor etwas"

Bei der **Explikation** dient die Abbildung der Erläuterung von im Text ausgedrückten Informationen:

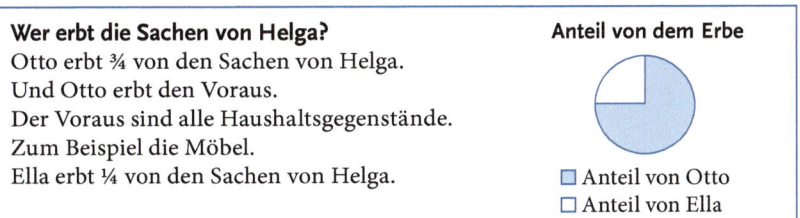

Abbildung 25: Explizierende Abbildung (Niedersächsisches Justizministerium 2014: 12)

Das Kreisdiagramm enthält keine Informationen, die nicht bereits im Text gegeben wären. Im Gegensatz zur Textinformation expliziert es aber die dort zwar aufgerufenen, aber implizit bleibenden Verhältnisse; ¾ und ¼ als zwei unterschiedlich große Teile eines Ganzen *(Sachen von Helga)*; das Kreisdiagramm zeigt, in welcher Relation die jeweiligen Anteile zueinander stehen.

Bei der **Kondensation** schließlich werden mehrere Textinhalte – ähnlich wie in einer Zusammenfassung – visualisiert; hierzu dienen etwa tabellarische Übersichten oder Schemazeichnungen wie die folgende:

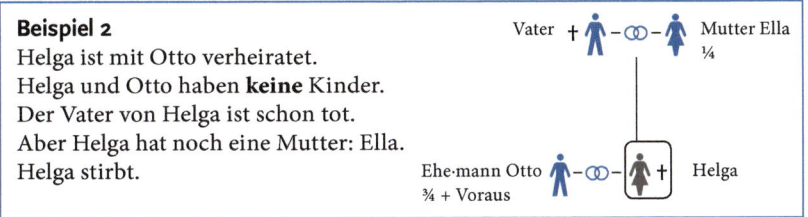

Abbildung 26: Kondensierende Abbildung (Niedersächsisches Justizministerium 2014: 12)

7.4.1.4 Die Anordnung von Text und Bild – der „Split-Attention-Effekt"

Im Rahmen der Cognitive Load Theory wurde herausgearbeitet, dass der verstehensunterstützende Effekt von Bildern auch davon abhängt, wie groß die räumliche Entfernung zwischen Text- und Bildinformation ist; bei geringer Entfernung (integriertes Format) können Text- und Bildinformation simultan verarbeitet werden; bei großer Entfernung (separiertes Format) tritt der „Split-Attention-Effekt" auf; die Aufmerksamkeit des Lesers muss zwischen Bild- und Textinformation aufgespalten werden, was zu einer erhöhten Belastung des Arbeitsgedächtnisses und damit zum Absinken der kognitiven Kapazitäten für den Verstehensprozess führt. Zusammen mit der Frage der typografischen Regionen (Mazarakis 2009), in der Text und Bild platziert sind, ergibt sich eine vierfache Möglichkeit der Bildanordnung in Texten:

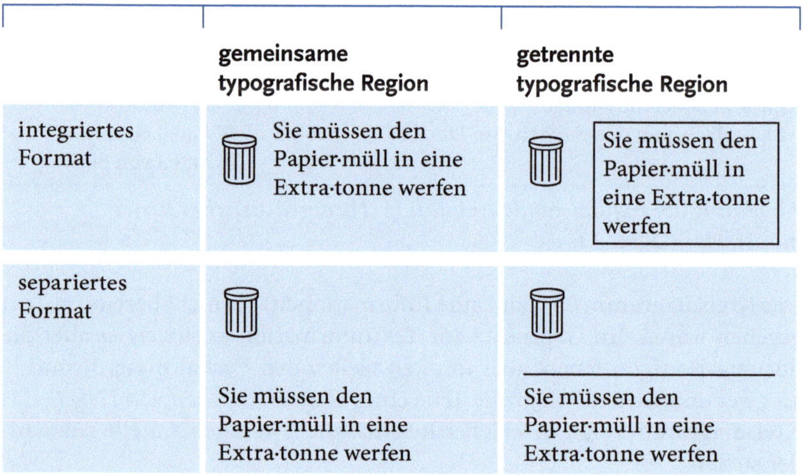

	gemeinsame typografische Region	getrennte typografische Region
integriertes Format	🗑 Sie müssen den Papier·müll in eine Extra·tonne werfen	🗑 Sie müssen den Papier·müll in eine Extra·tonne werfen
separiertes Format	🗑 Sie müssen den Papier·müll in eine Extra·tonne werfen	🗑 Sie müssen den Papier·müll in eine Extra·tonne werfen

Abbildung 27: Die Anordnung von Text und Bild

Eine Verknüpfung von Text und Bild kann jedoch auch durch optische Zusatzinformation erfolgen; etwa durch das Labelling bzw. das Colour Coding, bei dem Zugehörigkeiten zwischen Bild und Text durch grafische bzw. farbliche Kennzeichnungen markiert werden, oder durch eigene grafische Verbindungen:

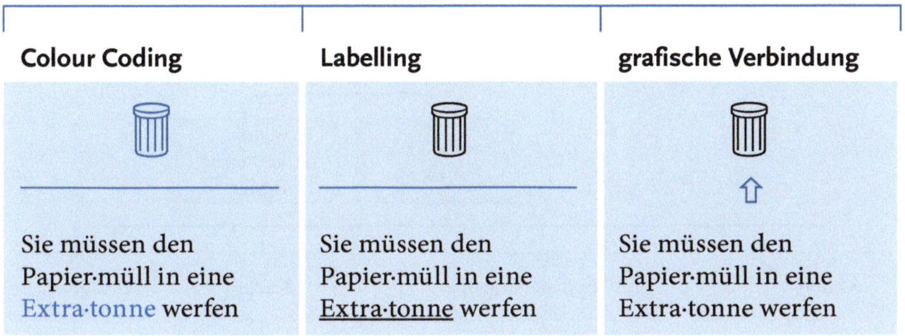

Colour Coding	Labelling	grafische Verbindung
🗑	🗑	🗑 ⇧
Sie müssen den Papier·müll in eine Extra·tonne werfen	Sie müssen den Papier·müll in eine <u>Extra·tonne</u> werfen	Sie müssen den Papier·müll in eine Extra·tonne werfen

Abbildung 28: Verfahren zur Verknüpfung von Text- und Bildinformationen

Diese Kennzeichnungspraktiken scheinen die Probleme des „Split-Attention-Effekt" zu mildern; sie haben ähnlich positive Auswirkungen für das Verstehen wie das integrierte Format (im Überblick Schlag 2011, Mazarakis 2009).

Wie eine Studie von Kalyuga et al. (2003) jedoch zeigt, verkehrt sich das Verhältnis von Unterstützungsmaßnahmen und Lese-/Lerneffekten bei ansteigendem Vorwissen *(Expertise Reversal Effect)*: Leser(innen) mit geringem Vorwissen profitieren von den optischen Orientierungshilfen, bei Leser(inne)n mit größerem Vorwissen dagegen sinkt die Bereitschaft der aktiven Auseinandersetzung mit den Textinhalten bei zu starker Führung; sie neigen dann dazu, ihr Wissen bzw. ihr Textverständnis zu überschätzen, worunter auch das Leseverstehen leidet.

Weil die Adressatenschaft von Leichte-Sprache-Texten in der Regel über wenig Vorwissen verfügt, ist zu erwarten, dass die Leser(innen) vom integrierten Format bzw. den entsprechenden optischen Orientierungshilfen profitieren. Es ist aber nicht auszuschließen, dass auch bei schwachen Leser(inne)n bei zu großer Textführung die Bereitschaft zur Auseinandersetzung mit dem Text sinkt bzw. dass sie ihr Textverstehen überschätzen.

7.4.2 Bildtypen

In manchen Ansätzen wird binär zwischen Abbildern, die eine vordergründige ikonische Ähnlichkeit mit ihrem Gegenstand aufweisen, und analytischen Bildern unterschieden, deren Ikonizität sich eher auf eine Ähnlichkeit mit im Text dargestellten Prozessen und Ereignissen bezieht. Ballstaedt (2012: 19) differenziert das Feld weiter aus und unterscheidet die Bildtypen auf der folgenden Seite:

7 Das Zeichensystem: Form – Inventar – räumliche Ordnung

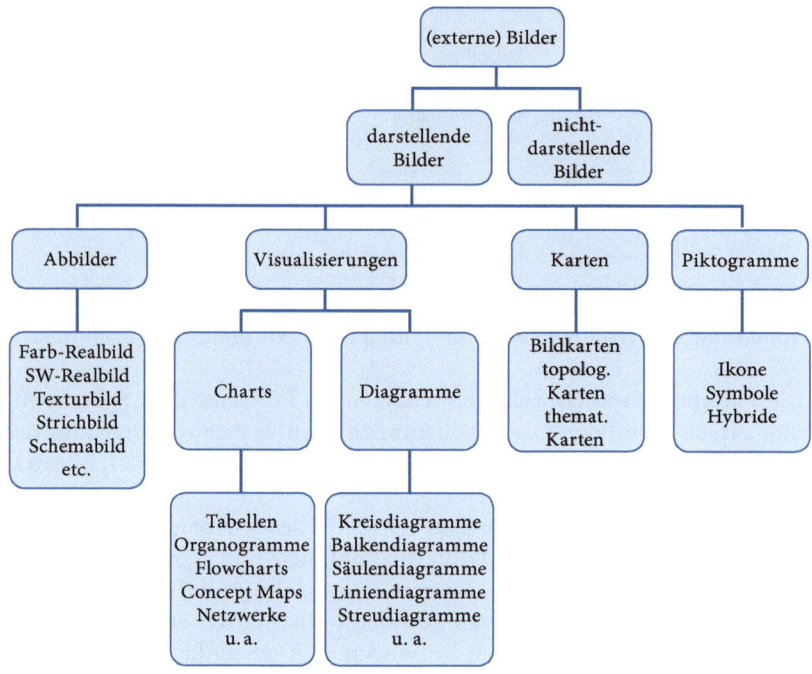

Abbildung 29: Bildtypen nach Ballstaedt (2012)

Nichtdarstellende Bilder wie Ornamente oder abstrakte Bilder sind rein dekorativ und damit divergent (s. o.); darum gehen wir nicht weiter auf sie ein.

Bei den darstellenden Bildern unterscheidet Ballstaedt (2012) Abbilder, Visualisierungen, Karten und Piktogramme.

7.4.2.1 Abbilder

Abbilder weisen eine ausgeprägte Ikonizität auf. Sie sind „Realitätsersatz für Gegenstände, Lebewesen oder Szenen und vermitteln Wissen über visuelle Merkmale (Form, Farbe, Textur) und räumliche Anordnungen. Derartiges visuelles Wissen ist sprachlich nur umständlich und oft nicht eindeutig kommunizierbar" (Ballstaedt 2005). Ballstaedt (ebd.) verweist darauf, dass das kognitive Prozessieren von Abbildern oft unterschätzt wird, da die Rezipienten verstehen müssen, was abgebildet ist und was die Funktion des Abgebildeten für den Text ist. Da Abbilder unterschiedliche Funktionen haben können, ist dieser Aspekt nicht trivial. Das Umgehen mit Abbildern muss, ebenso wie mit anderen Formen der Bildlichkeit, über eine eigene Rezeptionspraxis oder durch Instruktion erlernt werden.

Levie und Lentz (1982) verweisen darauf, dass Abbilder insbesondere bei schwacher Lesefähigkeit auch kompensatorisch verwendet werden. Vom Bild wird dann auf den verbal vermittelten Inhalt zurückgeschlossen. Da die primäre Leichte-Sprache-Adressatenschaft leseschwach ist, dürfte dieses Vorgehen bei diesem Personenkreis eine wichtige Ressource für das Textverstehen darstellen. Umso zentraler ist es, dass die Abbilder konvergent sind (s. Kap. 7.4.1.1) und die intendierten Bezugsgrößen (s. Kap. 7.4.1.2) und die intendierte Bezugsart (s. Kap. 7.4.1.3) deutlich akzentuieren.

Viele Leichte-Sprache-Texte werden derzeit mit dem eigens erstellten Bildersatz der Lebenshilfe Bremen bebildert, die auf einer CD erworben werden kann. Die CD umfasst einige Hundert farbige Zeichnungen, die zur visuellen Stützung von Texten eingesetzt werden können. Hält man sich an die Regel von Inclusion Europe, wonach nur eine Bildressource verwendet werden sollte („Wenn möglich: Verwenden Sie immer die gleiche Art von Bildern im ganzen Dokument" Inclusion Europe 2009: 21), dann wären andere Optionen wie etwa Fotos für diese Texte ausgeschlossen. Das zur Verfügung stehende Inventar an Bildern wäre dann sehr eingeschränkt. Für eine das Textverstehen stützende Funktion würden jedoch differenziertere Ressourcen benötigt.

Mit der intendierten Bildvorgabe scheint eine andere Funktion verknüpft zu sein: Die Bilder werden als Indizes für das Vorliegen eines Textes in Leichter Sprache genutzt. Der einzelne Text und seine spezifischen Inhalte treten dahinter zurück; stattdessen wird eine Gemeinsamkeit mit anderen Leichte-Sprache-Texten aufgerufen und mithin die Intertextualität unterstrichen.

Das folgende Abbild entstammt dem erwähnten Bildersatz; es wurde bislang in einer Vielzahl von Broschüren (u. a. im Regelwerk des Netzwerks Leichte Sprache) als Index für das Vorliegen eines Textes in Leichter Sprache verwendet. Der Informationsgehalt ist überschaubar, der Wiedererkennungswert unbestreitbar:

Abbildung 30: Abbildung in indexikalischer Funktion (BMAS 2013: 19)

7.4.2.2 Visualisierungen

Ein Großteil der Bilder in Leichte-Sprache-Texten sind Abbilder, doch finden sich auch Visualisierungen. Visualisierungen unterteilt Ballstaedt in Charts und Diagramme, wobei Charts qualitative und Diagramme quantitative begriffliche Zusammenhänge veranschaulichen (Ballstaedt 2005). Diese begrifflichen Zusammenhänge werden auf eine räumliche Anordnung übertragen, in der die komplexen Beziehungen dargestellt werden können, was das Verstehen und Memorieren erleichtert.

Aber auch das Verstehen von Charts und Diagrammen ist nicht einfach, denn es setzt voraus, „dass räumliche Anordnungen in konzeptuelle Zusammenhänge übersetzt werden können (z. B. Ursache-Wirkung oder Überordnung-Unterordnung)", so Ballstaedt (2005), der dennoch davon ausgeht, „dass ein Chart einfacher zu verstehen ist als ein informationsadäquater Text", da beim Lesen die begrifflichen Zusammenhänge zunächst „durch eine syntaktische Analyse ermittelt werden" müssten, während sie sich „beim Anschauen eines Charts […] direkt ablesen" ließen und „sozusagen ins Auge" sprängen (ebd.).

Es ist fraglich, inwiefern diese Aussage auf die unterschiedlichen Adressatenkreise von Leichte-Sprache-Texten übertragbar ist. Es liegt auch nahe, dass die unterschiedlichen Typen von Charts (Tabellen, Organogramme, Flowcharts, Concept Maps) unterschiedlich gut verstanden werden. Inclusion Europe (2009: 18) spricht das Potential von Visualisierungen an und geht auch darauf ein, dass Visualisierungen einer verbalen Einbettung bedürfen:

> Grafiken und Tabellen können sehr schwer verständlich sein.
> Aber sie können manchmal Dinge besser erklären als Text.
> Wenn Sie Grafiken oder Tabellen verwenden:
> Sie müssen einfach sein.
> Und erklären Sie gut, was die Grafiken und Tabellen bedeuten.

Im folgenden Beispiel ist der Wahlprozess in Form eines Flowcharts (und unter Hinzufügung von anderen bildlichen Ressourcen wie Abbildern und einer Karte sowie einer Leitfigur, s. o.) dargestellt. Insgesamt handelt es sich um ein komplexes ikonisches Zeichen. Das Flowchart visualisiert den im Text dargestellten Prozess aber treffend:

Multikodalität und Bildlichkeit

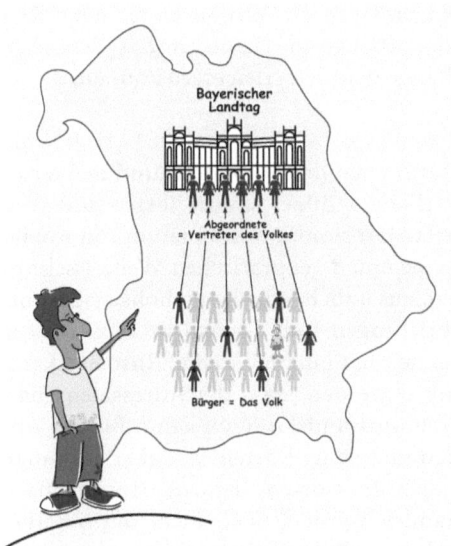

*Abbildung 31: Flowchart als Verstehenshilfe
(Wahlbroschüre zur Landtagswahl in Bayern 2013: 4)*

Diagramme stellen quantitative Relationen dar. Sie sind „grafische Konventionalisierungen, die gelernt werden müssen", so Ballstaedt (2005), der darauf verweist, dass unterschiedliche Untersuchungen wiederholt belegt haben, „dass die Informationsentnahme selbst aus einfachen Diagrammen von vielen Personen nicht beherrscht wird" (vgl. hierzu auch PIAAC 2013). Diese Aussage kann für die Leichte-Sprache-Leserschaft mit großer Wahrscheinlichkeit in mehr oder weniger ausgeprägter Weise auf alle Formen der Visualisierung übertragen werden, eine empirische Prüfung steht jedoch aus.

In einer ganzen Reihe von Leichte-Sprache-Texten werden Kreisdiagramme eingesetzt. Ihr Verständnis setzt zwar eine entsprechende Instruktion der Rezipienten voraus. Solche Kreisdiagramme sind dann aber, insbesondere in fachlichen Kontexten, eine leistungsfähige Bildressource. Sie finden sich u. a. in der Broschüre ‚vererben – erben' (Niedersächsisches Justizministerium 2014) in Leichter Sprache (vgl. Abb. 25 in Kap. 7.4.1.3). Dieselbe Broschüre enthält darüber hinaus einen Chart in Form einer Concept Map (vgl. Abb. 26 in Kap. 7.4.1.3). In beiden Beispielen sind die Visualisierungen eine zusätzliche, stützende Ressource, im Text werden die entsprechenden Sachverhalte verbal ausgeführt.

Während Kreisdiagramme in Leichte-Sprache-Texten relativ häufig anzutreffen sind, hält sich die Zahl der sonstigen Visualisierungen (insbesondere der Charts) noch in engen Grenzen. Wir vermuten aber, dass Charts, die konzeptuelle Zusammenhänge visualisieren, das Verstehen vor allem fachlicher Zusammenhänge deutlich erleichtern können.

7.4.2.3 Karten

Karten sind gemäß Ballstaedt (2012) nach den Abbildern und den Visualisierungen der dritte Typ darstellender Bilder, die in Texten auftreten können. Ballstaedt (2005) charakterisiert sie als „Kombination von Abbild und Visualisierung", insofern als sie einen geografischen Weltausschnitt aus der Vogelperspektive abbilden, zusätzlich jedoch symbolisierte Informationen enthalten, etwa Beschriftungen und Legenden. „Das ‚Lesen' von Karten erfordert [...] eine eigene Map Literacy" (ebd.). Insofern kann auch hier nicht davon ausgegangen werden, dass die Adressatenschaft von Leichte-Sprache-Texten Karten umstandslos lesen kann. Bislang finden sich in Leichte-Sprache-Texten nur wenig Karten, was aber auch dem Umstand geschuldet sein mag, dass Textsorten, in denen topografisch darstellbare Gegenstände abgehandelt werden, noch nicht in größerem Umfang in Leichter Sprache vorliegen. Das Beispiel aus der Wahlbroschüre weiter oben benutzt den topografischen Umriss des Freistaats Bayern als Rahmen für ein Flowchart; in Kap. 7.2.2.3 haben wir den Vorschlag gemacht, Karten auch als Orientierung für die Exemplifizierung von Streckenangaben zu nutzen; ob diese Ressource genutzt werden kann, hängt in hohem Maß von der Map Literacy der Adressat(inn)en ab.

7.4.2.4 Piktogramme

Den vierten Bildlichkeitstyp bilden nach Ballstaedt (2012) die Piktogramme. Dabei unterscheidet er ikonische, symbolische und hybride Piktogramme. Piktogramme stellen „eine Übergangsform vom Bild zur Schrift dar" (Ballstaedt 2005). Sie sollen möglichst sprachfrei und kulturübergreifend „eine einfache Botschaft übermitteln, die eine Handlung auslöst oder unterdrückt" (ebd.). Das gelingt, wenn das Piktogramm mentale Räume aktiviert, die mit bestimmten typischen Handlungen verbunden sind, die die Rezipient(inn)en auf ihr eigenes Handeln beziehen können. Piktogramme können schematisch reduzierte Abbilder sein, die mithin eine ikonische Ähnlichkeit mit ihren Gegenständen aufweisen. Sie können aber auch arbiträr und konventionell und insofern symbolisch sein; sie müssen dann innerhalb einer Kulturgemeinschaft erlernt werden (ebd.).

Piktogramme werden in Leichte-Sprache-Texten kaum systematisch eingesetzt. Allerdings bewegen sich die eingesetzten Bilder häufig zwischen Schemabild und Piktogramm im engeren Sinn, wie im folgenden Beispiel aus der Broschüre des Netzwerks Leichte Sprache:

Multikodalität und Bildlichkeit

**Machen Sie Schilder,
wo etwas zu finden ist.**

Machen Sie die Schilder auch mit Bildern.
Zum Beispiel
WC,
Vortragsräume,
Kaffee-Raum,
Speise-Saal,
Anmeldung...

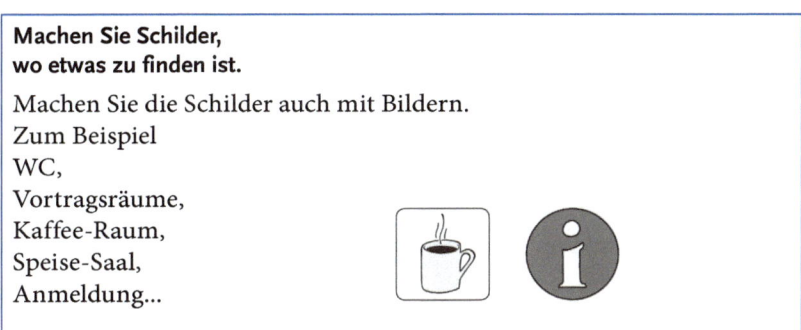

Abbildung 32: Piktogramm (BMAS 2013: 91)

Ein solcher Fall ist auch im folgenden Beispiel aus der Wahlbroschüre des Bayerischen Landtags gegeben:

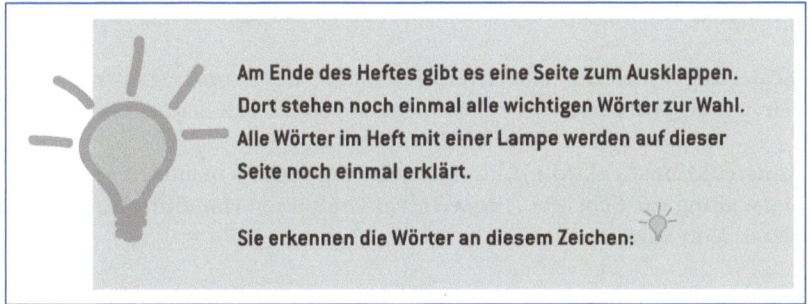

*Abbildung 33: Piktogramm und Metapher
(Wahlbroschüre zur Landtagswahl in Bayern 2013: 2)*

Die stilisierten Glühlampen werden im gesamten Text zur Aufmerksamkeitslenkung eingesetzt; der Einsatz des Bilds einer Glühlampe für „Erleuchten/Erhellen" von Zusammenhängen ist metaphorisch und einzelsprachlich gebunden. Schemabilder bzw. Piktogramme von Glühlampen werden konventionell für diesen Zweck eingesetzt und sind schrifterfahrenen Rezipienten mit größter Wahrscheinlichkeit bekannt; ob dies die Schlussfolgerung zulässt, dass auch die Leichte-Sprache-Leserschaft mit dieser Ressource umzugehen weiß, ist fraglich, denn die Verwendung dieses Abbilds ist nicht ikonisch, sondern symbolisch und mithin arbiträr und konventionell. Auch die Autoren der Broschüre sind nicht davon ausgegangen, dass sich das Piktogramm/Schemabild problemlos erklärt, denn es wird eine verbale Erläuterung gegeben, dass die Glühlampe durch den ganzen Text hindurch in dieser Funktion erscheint.

7.4.3 Bildfunktionen

Bei Informations- und Instruktionstexten, die einen großen Teil der Leichte-Sprache-Texte ausmachen, unterscheidet Weidenmann (1991) die Ersatzfunktion, die Fokusfunktion, die Konstruktionsfunktion, die Aktivierungsfunktion und die Verwandlung. 2002 unterscheidet er die Zeigefunktion, die Ersatz-, Fokus- und Konstruktionsfunktion bündelt, die Situierungsfunktion und die Konstruktionsfunktion; konzeptionell entsteht – unter Verzicht auf die Verwandlungsfunktion – die folgende Ordnung:

Zeigefunktion: Aktivieren/Erzeugen einer Objektvorstellung
Darstellung eines Objekts/Gegenstandes
- **Ersatzfunktion:** Aufbau einer Vorstellung von unbekannten Objekten
- **Fokusfunktion:** Aufmerksamkeitssteuerung auf aktuell relevante Aspekte von Objekten
- **Aktivierungsfunktion:** Präsentmachen eines bekannten Objekts

Situierungsfunktion: Aktivieren/Erzeugen eines Frames/Scripts
Darstellung von Szenarien zur Situierung von Objekten/Konzepten

Konstruktionsfunktion: Aktivieren/Erzeugen eines mentalen Modells
Darstellung von Schritten/Phasen einer komplexen Handlung/eines komplexen Vorgangs

Wie Weidenmann auch gezeigt hat, hängen die Anforderungen an die Bildgestaltung wesentlich von der intendierten Funktion ab: Der größte Detailreichtum ist bei der Ersatzfunktion geboten; hier muss ein zuvor vollständig unbekanntes Objekt vertraut gemacht werden. Eine schematische Abbildung des Rotlippen-Fledermaus-Fisches (s. Abb. 10) wäre kaum geeignet, eine adäquate Vorstellung zu generieren:

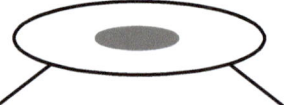

Abbildung 34: Schematische Abbildung unbekannter Objekte

Weniger detailreich muss eine Abbildung mit Aktivierungsfunktion sein; sie ruft ein im Vorwissen vorhandenes Objekt auf und kann deshalb schematischer sein als eine Abbildung mit Ersatzfunktion.

Die Relation zwischen Vorwissen und Detailreichtum gestaltet sich in Bezug auf die intendierten Funktionen in Anlehnung an Weidenmann (1994b: 36) wie folgt:

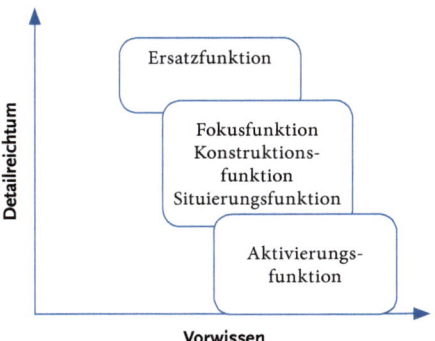

Abbildung 35: Die Relation zwischen Vorwissen und Detailreichtum

7.4.3.1 Zeigefunktion

Wenn die Zeigefunktion verständnisrelevant sein soll, muss sie relativ konkret auf der Ebene der Bezeichnung von einzelnen Textgegenständen angebunden sein (s. Kap. 7.4.1.1).

In der Wahlbroschüre zur Landtagswahl in Bayern (2013: 10) wird eine Wahlbenachrichtigungskarte abgebildet und mit Erläuterungen versehen. Der Stimmzettel wird hier ikonisch als „Bild eines Stimmzettels" dargestellt und hat damit einen großen Wiedererkennungswert:

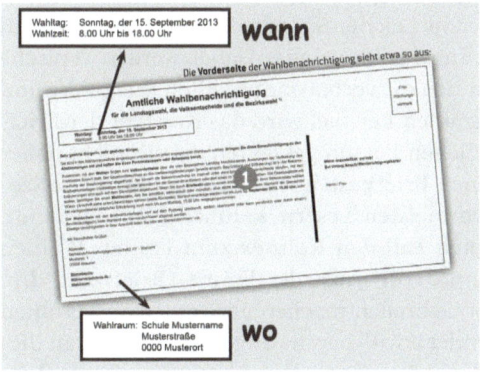

Abbildung 36: Abbildung in Zeigefunktion
(Quelle: http://www.bpb.de/politik/wahlen/europawahl-2014/180116/waehlen-ist-einfacheine-anleitung-in-leichter-sprache; abgerufen am 30.10.2015)

Die Abbildung der Karte übernimmt Ersatzfunktion. Die in Extrakästen, mit Pfeilen herausgehobenen Hinweise sind ein typischer Fall für die Fokussierungsfunktion: es werden bestimmte Merkmale des Gesamtgegenstandes optisch salient gemacht.

Einen typischen Fall von Aktivierungsfunktion bietet das oben gezeigte Beispiel aus dem Kochrezept in Leichter Sprache (Kap. 7.4.1.2): Apfel und Apfelschäler sind den Adressaten vertraut; sie werden im gegebenen Kontext aktiviert, um auf den nächsten Handlungsschritt zu verweisen.

Alle drei Formen des Zeigens dürften für Leichte-Sprache-Texte hochfunktional sein: Bei geringem Vorwissen spielen die Ersatz- und die Fokusfunktion eine besondere Rolle, bei geringer Lesekompetenz dürfte der Aktivierungsfunktion eine Schlüsselstellung zukommen. Bei den Adressat(inn)en von Leichter Sprache dürfte häufig beides (geringes Vorwissen, geringe Lesekompetenz) zusammen auftreten.

7.4.3.2 Situierungsfunktion

Ein Abbild erfüllt die Situierungsfunktion, „wenn es dem Betrachter hilft, Detailinformationen in einen ‚Rahmen', beispielsweise in einen typischen Situationsrahmen, einzubetten. Solche Abbilder aktivieren Scripts und Szenarios, so dass der Betrachter eine Handlung nachvollziehen kann. Diese Scripts und Szenarios sind zwar kulturspezifisch, aber sie sind mit individuellen Erfahrungen angereichert. Weidenmann (2002) führt die emotionalen Wirkungen, die Abbilder häufig haben, u. a. auf diese Tatsache zurück. Abbilder mit Situierungsfunktion stellen somit „einen kognitiven Rahmen" (ebd.) zur Verfügung, der dann durch weitere Informationen z. B. aus dem Text angereichert werden kann.

Ein großer Teil der Abbilder in Leichte-Sprache-Texten füllt in einem gewissen Umfang die Situierungsfunktion aus. Dabei werden typische Szenarien dargestellt, in denen sich die verbal dargestellten Ereignisse und Handlungen situieren. Im folgenden Beispiel wird das Konzept der Briefwahl in das Abbild einer weiblichen Person gekleidet, die ein nicht näher erkennbares Papierstück in einen Briefkasten wirft. Das aufgerufene Szenario „Brief einwerfen" ist den meisten Lesern wahrscheinlich bekannt. Fraglich ist, ob sie im konkreten Fall den Konnex zum Frame „Wählen gehen" herstellen können, denn dafür muss der Frame „Briefwahl, d.h. von seinem aktiven Wahlrecht Gebrauch machen über einen ausgefüllten Wahlzettel, der per Post versendet wird" bereits angelegt sein. Genau dieser Aspekt des Szenarios (und damit eigentlich der konzeptuell schwierigere Teil) wird im Text verbal und nicht bildlich vermittelt.

Multikodalität und Bildlichkeit

Wie Sie mit Briefwahl wählen können

Hier erfahren Sie,
wie Sie mit Briefwahl wählen können. Weiter...

*Abbildung 37: Abbildung in Situierungsfunktion
(Quelle: http://www.bpb.de/politik/wahlen/europawahl-2014/180116/
waehlen-ist-einfacheine-anleitung-in-leichter-sprache © Matthias
Herrndorf/SoVD Jugend; abgerufen am 30.10.2015)*

7.4.3.3 Konstruktionsfunktion

Die Konstruktionsfunktion schließlich kann bei Abbildern eingesetzt werden, um „komplexere Realitätsausschnitte" (Weidenmann 2002) verständlich zu machen. Sie fußen z. B. auf Metaphern und ermöglichen es so, sich ein adäquates mentales Modell zu „konstruieren", indem sie sowohl über die Elemente als auch über das Zusammenspiel dieser Elemente visuell informieren. Im folgenden Beispiel aus einem Leichte-Sprache-Text von der Seite des Deutschen Bundestags ist versucht worden, Abbilder mit Konstruktionsfunktion einzubinden. Die Arbeit der Ausschüsse ist ein „Puzzleteil" im Gesetzgebungsverfahren. Allerdings muss man den verbalen Anteil des Texts bereits verstanden haben, wenn man diese Metapher auflösen will. Das Bild hilft also nicht, ein mentales Modell anzulegen:

Der Vorschlag für ein Gesetz wird im Bundes-Tag vorgelesen.
Dann redet erst mal nur eine kleine Gruppe
über den Vorschlag.

7 Das Zeichensystem: Form – Inventar – räumliche Ordnung

> Diese Gruppe nennt man: Aus-schuss.
> Die Abgeordneten in dieser Gruppe
> kennen sich mit dem Vorschlag besonders gut aus.
> Die Gruppe sagt dann dem Bundes-Tag,
> ob sie den Vorschlag für das
> Gesetz gut finden
> oder nicht.

Abbildung 38: Abbildung in Konstruktionsfunktion
(Quelle: http://www.bundestag.de/leichte_sprache/was_macht_der_bundestag/gesetzgebung; abgerufen am 30.10.2015 © DBT; Grafik: Bernd Kissel)

7.4.4 Multikodalität in der Standardsprache

Bisher stand die Visualisierung von textuell gegebenen Inhalten im Zentrum. Umgekehrt aber begegnen wir in der Standardumgebung auch Bildern, bei denen nicht davon ausgegangen werden kann, dass sie von allen verstanden werden. Deshalb kann es auch erforderlich sein, Bilder sprachlich zu erklären, was wir hier nur andeuten. Eine alltägliche Herausforderung ergibt sich z. B. beim Lesen von Etiketten in Kleidungsstücken.

Abbildung 39: Ikonische Zeichen der Alltagsumgebung

Auch die Displays von Haushaltsgeräten dürften ohne verbale Zusatzinformation nicht immer zu verstehen sein:

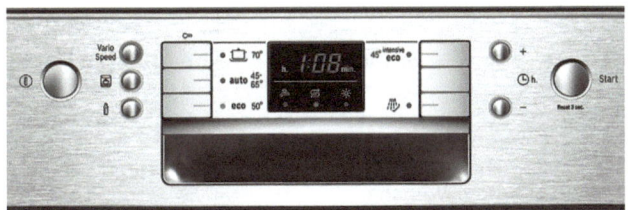

Abbildung 40: Symbolische Zeichen der Alltagsumgebung

In diesen Fällen sollten QR-Codes mit entsprechenden verbalen Informationen zur Verfügung stehen; hier ein Beispiel:

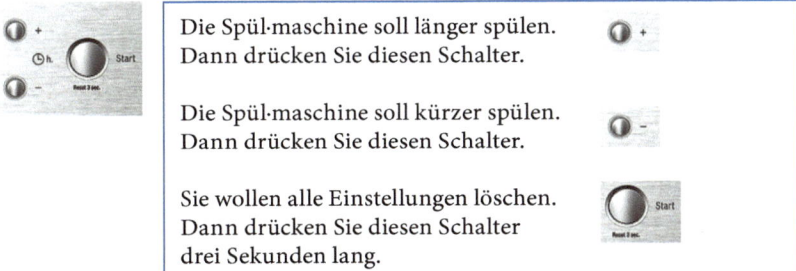

Abbildung 41: Erklärungen symbolischer Zeichen der Alltagsumgebung

7.4.5 Zusammenfassung

Multikodale Aufbereitungen von Informationen gehören zum festen Bestandteil von Texten in Leichter Sprache. Weil die Multikodalität aber auch ein Risiko für das erfolgreiche Verstehen sein kann (vgl. die Cognitive Load Theory, Kap. 7.4), ist besondere Sorgfalt auf die Auswahl und die Platzierung von Bildmaterial zu legen.

Die wichtigste Voraussetzung für die Auswahl von Bildern ist die Konvergenz (s. Kap. 7.4.1.1).

Für eine gezielte Auswahl von konvergenten Bildern muss die Funktion der Darstellung (Kap. 7.4.3), die Bezugsgröße (Kap. 7.4.1.2) und die Bezugsart (Kap. 7.4.1.3) festgelegt werden, die in der folgenden Tabelle kombinatorisch angeordnet sind, wobei die Abstraktion von links oben (konkret: Person/Duplikation/Zeigen) nach rechts unten (Argumentation/Kondensation/Konstruieren) ansteigt; entsprechend abstrakter werden auch die Bildtypen (Kap. 7.4.2): Für die Kombination Person/ Duplikation/Zeigen eignet sich das Abbild am besten, für die Kombination Argumentation/Kondensation/Konstruktion ist es die Visualisierung.

Funktion: Zeigen Situieren Konstruieren

Art \ Größe	Person	Gegen-ständliches	Handlung/ Vorgang	Konzept	Argumentation
Duplikation	+	+	–	–	–
Exemplifikation	+	+	+	+	–
Explikation	–	+	+	+	–
Expansion	–	–	–	+	–
Kondensation	–	–	+	+	+

Tabelle 11: Die Relation von Bildfunktionen, Bezugsgrößen und Bezugsarten

Vor der konkreten Auswahl von Bildmaterial bietet es sich also an, sich die folgenden Fragen zu beantworten:

(a) Bildfunktion: Welche Funktion soll die Darstellung haben?
(b) Bezugsgröße und -art: Welche Textinformation(en) sollen wie dargestellt werden, um (a) optimal zu erreichen?

Von hier aus kann dann der Bildtyp bestimmt werden:

(c) Bildtyp: Welches Darstellungsmittel (Abbilder, Visualisierungen, Karten, Piktogramme nach Ballstaedt 2012) ist in welcher Detailausprägung für die optimale Realisierung von (a) und (b) geeignet?

Was die konkrete Platzierung der Darstellung betrifft, sollte zur Vermeidung des „Split-Attention-Effekts" (s. Kap. 7.4.1.4) eine integrierte Abbildung in gemeinsamer typografischer Region bzw. eine Vereindeutigung der Verknüpfung (z. B. Colour Coding, Labelling, s. o.) angestrebt werden.

8 Morphologie

Die Morphologie befasst sich mit der Struktur von Wörtern bzw. Wortformen. Grundlegend ist die Unterscheidung zwischen **Flexionsmorphologie** und **Wortbildungsmorphologie**: Die Flexionsmorphologie beschreibt die Bildung von Wortformen (z. B. die Bildung des Genitivs bei Substantiven *des Glück(e)s* oder die Bildung des Präteritums bei Verben *glückte*); die Wortbildungsmorphologie beschreibt die Bildung von Wörtern, also wie etwa durch Präfigierung *(Un-glück)* oder Suffigierung *(glück-lich)* oder durch Zusammensetzungen *(Glücks-ritter)* neue lexikalische Einträge entstehen.

Je komplexer Wortformen und Wörter sind, desto aufwendiger und störungsanfälliger ist ihre Verarbeitung beim Lesen. Leichte Sprache sieht deshalb ein reduziertes Wortformeninventar (Kap. 8.1) sowie optische Lesehilfen für das Erfassen komplexer Wörter (Kap. 8.2) vor.

8.1 Flexionsmorphologie

Das Deutsche unterscheidet zwei Flexionsmuster, die **Deklination** und die **Konjugation**.

Die Deklination betrifft nominale Ausdrücke, also Substantive, Adjektive, Artikel und Pronomen. Unterschieden werden drei Kategorienklassen: Kasus (Nominativ, Genitiv, Dativ, Akkusativ), Numerus (Singular, Plural) und Genus (Maskulinum, Femininum, Neutrum). Personalpronomina deklinieren zusätzlich nach Person (1., 2., 3. Person), Adjektive nach Komparation (Positiv, Komparativ, Superlativ).

Die Konjugation betrifft Verben. Unterschieden werden fünf Kategorienklassen: Person (1., 2., 3. Person), Numerus (Singular, Plural), Tempus (vorläufig: Präsens, Präsens Perfekt, Präteritum, Präteritum Perfekt, Futur und Futur Perfekt; s. aber 8.1.2.3), Modus (Indikativ, Konjunktiv) und Genus Verbi (Aktiv, Passiv).

Bei der Kodierung der genannten Kategorien macht das Deutsche nicht nur von morphologischen Mitteln Gebrauch, sondern greift auch auf Hilfsverbkonstruktionen zurück. Wir unterscheiden auf dieser Grundlage **synthetische** und **analytische Formen**.

Analytische Formen sind solche, bei denen lexikalische und grammatische Informationen auf verschiedene Ausdrücke (Hilfsverben und Vollverben) verteilt sind *(hat gespielt, wird gekommen sein, hat zu gehorchen)*. Bei synthetischen Formen sind lexikalische und syntaktische Informationen in einem Ausdruck verschmolzen *(spielte, lacht, spräche)*.

Die Frage, welche Formen leichter zu verarbeiten sind, ist nicht ohne zu beantworten: Analytische Formen haben den Vorteil einer transparenten Funktionsteilung, aber den Nachteil, dass die zu einer Kategorie gehörenden Formen nicht immer zusammenstehen *(Das Flugzeug **ist** gestern gegen Nachmittag in Boston **gelandet**)*. Bei synthetischen Formen kann sich die intransparente Fusion von lexikalischen und grammatischen Informationen negativ auf das Verstehen auswirken; der Vorteil synthetischer Formen besteht darin, dass konstruktionsunabhängig alle relevanten Informationen simultan erfasst werden können.

Weil der Vorteil der klaren Funktionsteilung schwerer wiegt als der Nachteil der Reihenfolgeeffekte, werden in Leichter Sprache, wenn eine Wahl besteht, grundsätzlich analytische vor synthetischen Formen bevorzugt. Wie das Dilemma der nicht zusammenstehenden Wortformen, das daraus entsteht, gelöst werden kann, werden wir in Kap. 10.3 bearbeiten.

Bei der Auswahl von Formen für Texte in Leichter Sprache ist neben der Unterscheidung zwischen analytischen und synthetischen Formen eine weitere Besonderheit des Flexionssystems von Bedeutung: Die oben genannten grammatischen Kategorien haben im Gesamtsystem unterschiedliches Gewicht. Allgemein kann für jede Kategorienklasse eine **Markiertheitshierarchie** bestimmt werden. Dabei kann ganz allgemein angenommen werden: Je markierter ein Ausdruck ist, desto schwieriger ist er zu verarbeiten.

Für Leichte Sprache kann daraus eine generelle Strategie abgeleitet werden: Wenn zwei oder mehr Formen zur Auswahl stehen, wird diejenige gewählt, die die schwächste Markiertheit aufweist.

Wichtige Kriterien für die Ermittlung von Markiertheitshierarchien sind 1) die morphologische Komplexität (wie hoch ist der Kodieraufwand für eine Kategorie?), 2) die Frequenz (wie häufig tritt eine Kategorie auf?), 3) der Erwerb (ab wann können Lerner[innen] auf eine Kategorie zugreifen?) und 4) die Reichweite (in wie vielen Kontexten kann eine Kategorie stehen?). Am Beispiel der Kasus ergibt sich folgendes Bild:

Markiertheit am Beispiel der Kasus

1. Morphologische Komplexität (Singularformen)
Der Nominativ weist keinen eigenen morphologischen Marker auf.
Der Akkusativ trägt einen *n*-Marker bei schwachen Maskulina *(den Löwe-n)*.
Der Dativ trägt einen *n*-Marker bei schwachen Maskulina *(dem Löwe-n);* starke Maskulina und Neutra können einen *e*-Marker tragen *(dem Wald-e, dem Kind-e)*.

Der Genitiv weist einen *[e]s*-Marker bei starken und gemischten Maskulina und Neutra auf *(des Zwerg-es, des Ende-s)*.
Markiertheitshierarchie: Nominativ < Akkusativ < Dativ/Genitiv

2. Textfrequenz

Weil alle Sätze mit nominalem Subjekt eine Nominativform fordern, ist der Nominativ klar die frequenteste Form, gefolgt vom Akkusativ. Die dritthäufigste Form ist der Dativ, am seltensten findet man in Texten den Genitiv.
Markiertheitshierarchie: Nominativ < Akkusativ < Dativ < Genitiv

3. Erwerbsfolge

Die ersten von Kindern gebrauchten nominalen Formen sind morphologisch unmarkiert und kommen so der Nominativform am nächsten. In einem zweiten Schritt erwerben Kinder den Akkusativ, es folgt der Dativ. Der Genitiv wird vor Schuleintritt häufig gar nicht aktiv gebraucht (Wegener 1995).
Markiertheitshierarchie: Nominativ < Akkusativ < Dativ < Genitiv

4. Reichweite

Akkusativ, Dativ und Genitiv benötigen eine syntaktische Umgebung; sie treten auf, wenn sie von anderen Kategorien (Verben, Adjektiven, Substantiven oder Präpositionen) gefordert werden oder sie erscheinen als sogenannte freie Kasus im Satz. Der Nominativ erscheint demgegenüber nicht nur in Sätzen, sondern auch als Nennform in Wörterbüchern, in Listen und insgesamt in Kontexten, in denen ein Substantiv ohne besondere Kasusforderung steht.
Markiertheitshierarchie: Nominativ < Akkusativ/Dativ/Genitiv

Überall steht der Nominativ an der Spitze der Hierarchie: Er ist der unmarkierteste Kasus, von dem auch angenommen werden kann, dass seine Verarbeitung vergleichsweise einfach ist. Der Genitiv steht überall am Hierarchieende. Er ist der markierteste Kasus und es ist davon auszugehen, dass er derjenige ist, der am wenigsten gut verarbeitet werden kann. Hinzu kommt, dass es sich um einen typischen Kasus der Schriftlichkeit handelt; bei Leser(inne)n mit wenig Leseerfahrung ist deshalb erwartbar, dass der Genitiv kaum aktiv verfügbar ist. In Leichter Sprache ist er nicht lizenziert:

> **BITV 2.0 (2011):**
> Abkürzungen, Silbentrennung am Zeilenende, Verneinungen sowie Konjunktiv-, Passiv- und Genitiv-Konstruktionen sind zu vermeiden.

> Netzwerk Leichte Sprache (BMAS 2013: 30)
> Vermeiden Sie den Genitiv.
> Den Genitiv erkennt man oft an dem Wort: **des**.
> Benutzen Sie lieber die Wörter: **von, von dem** oder **vom**.
> **Beispiel**
> **Schlecht:** Das Haus des Lehrers.
>   Des Lehrers Haus.
> **Gut:**   Das Haus von dem Lehrer.
>   Das Haus vom Lehrer.

8.1.1 Nominale Flexion – Leichte Sprache als Drei-Kasus-System

Durch den Wegfall des Genitivs entsteht aus dem ausgangssprachlichen Vier-Kasus-System ein zielsprachliches Drei-Kasus-System. Die Aufgaben, die der Genitiv im Ausgangssystem hat, müssen teilweise von den verbleibenden Kasus, teilweise von anderen Konstruktionen übernommen werden. Zur Beschreibung der neu entstehenden Systematik ist es daher erforderlich, die gesamte Kategorienklasse in den Blick zu nehmen:

Die Kasus des Deutschen haben unterschiedliche Basisfunktionen. Der Nominativ ist der Subjektkasus *(das Kind spielt)*, der Akkusativ der prototypische Objektkasus *(sie sieht das Kind)*, der Dativ ist der Normalkasus für Präpositionen *(mit dem Kind)*, die Hauptdomäne des Genitivs ist das Attribut *(das Kleid des Kindes)*. Allerdings sind Akkusativ, Dativ und Genitiv nicht auf die genannten Funktionen festgelegt. So können der Akkusativ und der Genitiv auch von einer Präposition gefordert werden *(Er legt den Ball vor **das Kind**, um **des Kindes** willen)* und Dativ und Genitiv kommen als Objektkasus vor *(er misstraut **dem Kind**, sie erfreuen sich **des Kindes**)*, wobei Dativobjekte häufiger sind als Genitivobjekte (einen Überblick gibt Dürscheid 1999). Die Attributsfunktion kann von Akkusativ und Dativ nur dann übernommen werden, wenn sie präpositional eingeleitet sind *(das Kleid **von dem Kind**, das Kleid **für das Kind**)*; umgangssprachliche Fälle von Dativattributen *(**dem Kind** sein Ball)* schließen wir hier aus der Analyse aus.

Der Nominativ kann weder Objekt- noch Präpositional- noch Attributskasus sein. Die alte Unterscheidung zwischen casus rectus (Nominativ) und casus obliqui (alle anderen) geht auf diese Funktionsasymmetrie zurück.

8.1.1.1 Nominativ, Akkusativ und Dativ in Leichter Sprache

Aus dieser Analyse kann bereits eine erste Ableitung in Bezug auf die Kasusverwendung in Leichter Sprache gemacht werden: Nominativ und Akkusativ sind als Kasus für Satzglieder (Subjekt, Objekt) unverzichtbar. Es sind zugleich hierarchiehohe Kasus, die von Kindern und von Lernern des Deutschen als Zweitsprache früh gelernt werden.

Ein Problem tritt jedoch bei der morphologischen Markierung auf: Als hierarchiehöchster Kasus ist der Nominativ morphologisch unmarkiert (s. o.), beim Akkusativ weisen nur schwache Maskulina im Singular Formverschiedenheit auf (s. o.). Und auch die Artikelformen, an denen der Kasus häufig sichtbar gemacht wird, unterscheiden Nominativ und Akkusativ nur in singularischen Maskulinformen *(der Mann/den Mann)*; Feminina und Neutra machen diesen Unterschied nicht *(die Frau/die Frau), (das Kind/das Kind)*. Im Plural gibt es bei den Artikelformen über alle Genera hinweg keinen Formunterschied *(die Kinder/Männer/Frauen)*.

Ob ein Ausdruck Subjekt oder Objekt ist, muss deshalb bei singularischen Feminina und Neutra sowie bei Pluralformen über die Wortstellung entschieden werden. Im Normalfall gilt: Subjekt vor Objekt *(die Frau küsst das Kind, das Kind küsst die Frau)*. Nur bei den Maskulina ist es möglich, die nicht bevorzugte Objekt-Subjekt-Abfolge formal zu markieren *(den Mann küsst die Frau)*.

Aus Studien zum Satzverstehen ist bekannt, dass Rezipienten insgesamt das Subjekt-vor-Objekt-Muster präferieren. Man spricht auch von der *Agent-first*-Strategie. Vor allem während des frühen Spracherwerbs kann beobachtet werden, dass Kinder das erstplatzierte Element selbst dann für das Subjekt halten, wenn die Akkusativform markiert ist; *den Mann küsst die Frau* interpretieren viele so, dass der Mann die Frau küsst. Ein zweites Orientierungskriterium ist die semantische Plausibilität: Bei *den Dieb verfolgt der Polizist* erkennen die Kinder den Objektstatus von *den Dieb* leichter als bei *den Polizisten verfolgt der Dieb*. Auch aus Studien zum Leseverstehen Gehörloser sind derartige Probleme bekannt, vgl. z. B. Krammer (2001: 39).

Für die Leichte Sprache folgt daraus die strikte Beachtung der SO-Abfolge, selbst dann, wenn aus Gründen der thematischen Progression die OS-Abfolge geboten scheint (zur Wortfolge ausführlich Kap. 10.3).

8 Morphologie

Ausgangstext:
Stellen Sie alle Geräte aus.
Den Drucker bringen Sie in den Stand-by-Modus.

Zieltext:
Bringen Sie den Drucker in den Stand-by-Modus.
Stellen Sie alle anderen Geräte aus.

Wegen der Orientierung an der semantischen Plausibilität werden in Leichter Sprache darüber hinaus dort, wo es möglich ist, prototypische Subjekte gewählt, also solche, bei denen das Subjekt zugleich das Agens (der kontrolliert Handelnde) ist, was sich insbesondere auf die Wahl des Genus Verbi auswirkt (dazu ausführlich Kap. 8.1.2.1).

Der Dativ ist als prominenter Kasus für Präpositionalgruppen und als Kasus für das indirekte Objekt im System des Deutschen unverzichtbar. Im Spracherwerb wird er als dritter Kasus noch vor dem Genitiv erworben, der auch wegen seiner ausgeprägten Nähe zur konzeptionellen Schriftlichkeit von manchen Kindern bis zur Grundschulzeit gar nicht gelernt wird. Für Leichte Sprache ist der Dativ besonders wichtig: Er füllt viele derjenigen Lücken, die die Vermeidung des Genitivs hinterlässt (*das Haus **des Lehrers** → das Haus von **dem Lehrer**,* s. o.).

8.1.1.2 Der Genitiv und seine Ersatzkonstruktionen

Mit dem Vorschlag, den Genitiv in eine *von* + Dativ-Phrase zu transformieren, bezieht sich das Netzwerk Leichte Sprache auf Genitivattribute. Tatsächlich ist dies die Kerndomäne des Genitivs. Daneben kommt er aber, wie bereits angesprochen, auch als Präpositionalkasus, als Objektkasus und als freier und als adjektivisch regierter Kasus vor.

Genitivattribut
    das Handy der Kanzlerin
    Karolas Gartenhaus
    eine Schar Kinder
Präpositionaler Genitiv
    Trotz des schlechten Wetters arbeitet der Maurer weiter.
    Dank ihres guten Zeugnisses hat Vera die Stelle bekommen.
    Während des Unterrichts ist die Handynutzung verboten.
Genitivobjekt
    Die Gemeinde gedenkt der Toten.
    Putin rühmt sich seiner Stärke.
    Marianne erinnert sich der guten Tage.

Freier Genitiv
    Eines Tages wird Vera ihren Abschluss haben.
    Meines Erachtens gebührt den jungen Leuten Respekt.
    Bester Laune betrat er das Lokal.
Adjektivisch regierter Genitiv
    Der Minister ist sich seiner Sache sicher.
    Alle Politiker sind sich der Probleme bewusst.
    Wir sind des Wartens müde.

Wie gezeigt werden kann, sind hier je spezifische Transformationsstrategien erforderlich; und auch das Genitivattribut lässt sich häufig nicht umstandslos in eine *von*-Phrase bringen. Wir nähern uns der vertiefenden Darstellung so, dass wir die möglichen Funktionen des Genitivs im Deutschen analysieren und auf dieser Basis ermitteln, welche Ersatzformen jeweils möglich sind.

Pronominale Genitivformen *(die neue Mitarbeiterin,* **deren** *Bewerbung vielversprechend war ..., Ben hat seinen Onkel und* **dessen** *Bruder besucht)* behandeln wir nicht eigens (zu den Relativsätzen s. Kap. 10.1.1, zu den Pronomen s. Kap. 9.2.2.3). Auch die adjektivisch regierten Genitive werden wegen ihrer geringen Frequenz hier nicht behandelt: Von allen verwendeten Genitivfunktionen, die Schätzle (2013: 52) in Uwe Timms „Die Entdeckung der Currywurst" ausgezählt und kategorisiert hat, fielen 90,5 % auf das Genitivattribut, 4,3 % waren präpositionale Genitive, 2,6 % waren freie Genitive und 0,29 % Genitivobjekte. Ein adjektivisch regierter Genitiv kam gar nicht vor.

Der Genitiv in Attributskonstruktionen
Genitivische Attributskonstruktionen (1) sollen, wie es die Regelwerke vorsehen, in Leichter Sprache in *von*-Phrasen mit Dativ gebracht werden (1').

(1)   das Handy der Kanzlerin
       Karolas Gartenhaus

(1')   das Handy von der Kanzlerin
       das Gartenhaus von Karola

Semantisch wird mit *von* zugrundeliegend eine Relation zwischen einem Ausgangspunkt und einen Zielpunkt mit Perspektivierung auf den Ausgangspunkt ausgedrückt *(er kommt vom Bauernhof)*; damit werden Ausgangs- und Zielpunkt einander so zugeordnet, dass mit *von* auch generalisierte Herkunftsrelationen ausgedrückt werden können *(der Gutsherr vom Bauernhof)*, die dann allgemein auf Besitzrelationen *(der Bauernhof von dem Gutsherren)* oder Teil-von-Relationen *(eine Vielzahl von Bauernhöfen; er hat von dem Brot gegessen* im Ggs. zu *er hat das Brot gegessen)* übertragbar ist. Die Präposition *von* kommt dem Genitiv in seiner Kernbedeutung, Zugehörigkeits- bzw. Teil-von-Relationen auszudrücken, damit am nächsten. Es wird sich aber zeigen, dass diese einfache Relation nicht immer besteht und deshalb die Transformation des Genitivs in eine *von*-Phrase nicht immer gelingt:

Der vielleicht typischste Fall von Genitivattributen ist das Attribut mit einem Genitivus possessivus, bei dem der Genitiv eine Besitzrelation kodiert *(das Handy der Kanzlerin)* und der ohne Bedeutungsverlust in eine *von*-Phrase transformiert werden kann *(das Handy von der Kanzlerin)*.

Die *von*-Phrase kann ebenfalls recht gut für den Genitivus partitivus, also dort, wo der Genitiv eine Teil-Ganzes-Relation ausdrückt, einspringen *(eine Gruppe aufgeregter Kinder; eine Gruppe von aufgeregten Kindern)*, aber nicht immer *(ein Fass guten Weines; *ein Fass von gutem Wein)*.

Auch der Genitivus auctoris, also der Genitiv, der sich auf die Herkunft, den Urheber oder die Ursache von etwas bezieht, ist der *von*-Phrase zugänglich *(das Werk Goethes* → *das Werk von Goethe)*, jedoch nicht überall *(ein Mann des Volkes* → *?ein Mann von dem Volk,* besser: *der Mann aus dem Volk)*.

Probleme können beim Genitivus definitivus auftreten, bei dem eine Definitionsrelation zwischen Attribut und Bezugsausdruck besteht *(die Tugend der Pünktlichkeit; *die Tugend von der Pünktlichkeit)*.

Auch der Genitivus qualitatis, der Eigenschaftsgenitiv, lässt die *von*-Phrase nur bedingt zu: Während die Transformation von *ein Mann mittleren Alters* in *ein Mann von mittlerem Alter* noch einigermaßen akzeptabel ist, wird die Transformation von *BahnCard zweiter Klasse* in **BahnCard von der zweiten Klasse* unverständlich; hier muss die *für*-Phrase verwendet werden *(BahnCard für die zweite Klasse)*.

Probleme bereitet der Genitivus hebraicus, bei dem der Genitiv eine Art von Steigerung/Intensivierung anzeigt. In *die Besten der Besten* lässt sich das Genitivattribut noch in eine *von*-Phrase bringen *(die Besten von den Besten)*, in das *Buch der Bücher* aber nicht *(*das Buch von den Büchern)*. Hier reicht es nicht, *von* durch eine andere, passendere Präposition auszutauschen; vielmehr muss die Steigerung/Intensivierung selbst verbalisiert werden: *das wichtigste Buch von allen Büchern*.

Ambiguitäten
Nicht in allen Fällen ist bei isolierter Betrachtung klar, welche semantische Relation zwischen dem Genitivattribut und dem Bezugsausdruck besteht:

(2) das Problem der jungen Generation
 Lesart 1: Die junge Generation **hat** ein Problem. (definitivus)
 Lesart 2: Die junge Generation **ist** ein Problem. (auctoris)

Ausgelöst durch die Kernsemantik von *von* (s. o.) hat die einfache Transformation in eine *von*-Phrase *(das Problem von der jungen Generation)* eine Drift zu Lesart 1, das Problem „gehört" dann der jungen Generation, sie „hat" es. In diesen Fällen ist der Kontext in die Übersetzungsentscheidung einzubeziehen und gegebenenfalls die gemeinte semantische Relation herauszuarbeiten.

(3) Beispiel für Lesart 1: Das Problem der jungen Generation liegt in der ressourcenverschwendenden Lebensweise ihrer Vorfahren.
 → Die junge Generation hat ein Problem:
 Die Vorfahren von der jungen Generation verbrauchen zu viel.
 Für die junge Generation bleibt zu wenig übrig.

(4) Beispiel für Lesart 2: Das Problem der jungen Generation liegt in ihrer fehlenden Anpassungsfähigkeit.
 → Die junge Generation macht Probleme:
 Die junge Generation trifft eigene Entscheidungen.
 Die junge Generation passt sich **nicht** an.

Bei der Transformation von Genitivkonstruktionen in eine *von*-Phrase kann nun auch der umgekehrte Effekt entstehen: Die Zielstruktur weist Ambiguitäten auf, die in der Ausgangsstruktur nicht gegeben sind:

(5) Das Buch des kleinen Häwelmann → Der kleine Häwelmann besitzt ein Buch.
 Das Buch von dem kleinen Häwelmann → Der kleine Häwelmann besitzt ein Buch **oder** das Buch handelt von dem kleinen Häwelmann.

8 Morphologie

In diesen Fällen empfiehlt es sich, die Genitivstruktur in Satzform zu bringen *(der kleine Häwelmann hat ein Buch)*.

Hier ist nun aber zugleich eine weitere Besonderheit zu beachten; die Netzwerkregeln (s. o.) stellen den Übersetzer/die Übersetzerin vor die Wahl, *das Haus des Lehrers* mit *das Haus von dem Lehrer* oder mit *das Haus vom Lehrer* zu übersetzen. Der Unterschied besteht darin, ob der Artikel mit der Präposition verschmilzt *(vom)*, wie es im Maskulinum und im Neutrum formal möglich ist, oder nicht *(von dem)* (zu diesen Fällen umfassend Nübling 1992); was wie eine unterschiedslose Alternative wirkt, kann Lesartkonsequenzen nach sich ziehen:

(6)   Das Buch des kleinen Häwelmann   → Der kleine Häwelmann besitzt ein Buch.
     Das Buch vom kleinen Häwelmann   → Das Buch handelt von dem kleinen Häwelmann.

Die Übersetzung mit *vom* selegiert hier also eine Lesart, die die Genitivkonstruktion selbst nicht hergibt. Es muss von Fall zu Fall geprüft werden, ob die *vom*-Phrase zu angemessenen Ergebnissen führt, wie es etwa in (7') der Fall ist.

(7)   Mein Onkel erzählt die Geschichte des kleinen Häwelmann gern.

(7') Mein Onkel erzählt die Geschichte vom kleinen Häwelmann gern.

Mehrfachattribuierungen
Jedes Genitivattribut kann seinerseits attribuiert werden; es entstehen Konstruktionen folgenden Typs:

(8)   Die Besonderheiten der Tipps und Tricks des Experten
     Ein Großteil der Probleme der jungen Generation unseres Landes

Werden alle Genitive in Folge in die *von*-Phrase gebracht, ergeben sich schwer verständliche Konstruktionen:

(8') Die Besonderheiten von den Tipps und Tricks von dem Experten
     Der Großteil von den Problemen von der jungen Generation von unserem Land

Es empfiehlt sich daher eine Auflösung in Einzelaussagen, wobei die am tiefsten eingebettete Struktur am Anfang der Reihe steht:

(8") Die Tipps und Tricks kommen von dem Experten.
Das macht die Tipps und Tricks besonders: ...
Die junge Generation von unserem Land hat Probleme.
Viele von den Problemen ...

Attribute mit deverbalen Substantiven
Noch einmal anders liegt das Problem bei Attributskonstruktionen, deren Bezugswort ein deverbales Substantiv ist, also ein Substantiv, das aus einem Verb abgeleitet ist; auch hier sind Mehrfachattribuierungen zulässig, die nicht in einfacher Weise mit *von*-Phrasen aufgelöst werden können:

(9) Susannes Beurteilung dieses Falles

Eine Übersetzung in *die Beurteilung von Susanne von diesem Fall* ist zwar nicht ungrammatisch, erschwert aber auch hier das Verständnis, statt es zu erleichtern.
   In Fällen wie diesem greift vor dem Genitivverbot das Gebot zur Verb- vor Substantivverwendung (BMAS 2013: 27):

Verwenden Sie Verben
Verben sind Tu-Wörter.
Vermeiden Sie Haupt-Wörter.
Beispiel
Schlecht: Morgen ist die Wahl zum Heim-Beirat.
Gut: Morgen wählen wir den Heim-Beirat.

Eine adäquate Übersetzung von (9) wäre auf dieser Basis (9'):

(9') Susanne beurteilt diesen Fall.

Damit würden auch Probleme gelöst werden können, die entstehen, wenn eine genitivische Attributskonstruktion zwischen dem Genitivus subjectivus und dem Genitivus objectivus unentschieden ist, die in Ausgangstexten immerhin 40 % aller Genitivattribute ausmachen (Chmieliauskaitė 2007).

In (10) kann der Zeuge der Beobachter oder der Beobachtete sein.

(10) Die Beobachtung des Zeugen hilft der Polizei.

Bei einer Transformation in Leichte Sprache muss diese Ambiguität aufgelöst werden.

(10') Der Zeuge hat etwas beobachtet. (Genitivus subjectivus)
Das hilft der Polizei.
Die Polizei hat den Zeugen beobachtet. (Genitivus objectivus)
Das hilft der Polizei.

Hier ist nun auch zu sehen, dass die in den Regelwerken nebeneinander geführten Regeln aufeinander bezogen sind. Sie müssten deshalb in eine Hierarchie gebracht werden.

Feste Wendungen
Einige Genitivattribute sind in feste Wendungen eingebunden. Beispiele dafür sind etwa *die Lage der Nation, der Kanzler der Einheit, das Land des Lächelns, wes Geistes Kind*. Sie lassen sich nicht in eine *von*-Phrase bringen *(*die Lage von der Nation, *der Kanzler von der Einheit, *das Land von dem Lächeln, *das Kind von dem Geist von jemandem)* und sollten als Ganze erhalten bleiben, sofern sie für die Aussage des Textes zentral sind. Gegebenenfalls muss die gesamte Wendung dann eigens erklärt werden.

Strategien zur Transformation von Genitivattributen:
- Einfache Genitivattribute werden, wenn möglich, in eine Präpositionalphrase transformiert. Neben *von* + Dativ können auch andere Präpositionen (z. B. *für, aus*) passend sein.
- Bei Genitivattributen mit ambiger Bedeutung *(das Problem der jungen Generation)* muss gegebenenfalls die gemeinte Lesart expliziert werden.
- Ergeben sich Lesartunterschiede zwischen der genitivischen Ausgangskonstruktion und der präpositionalen Zielkonstruktion *(das Buch vom kleinen Häwelmann)*, muss eine Alternativkonstruktion gewählt werden.
- Bei Mehrfachattribuierungen empfiehlt sich eine Auflösung in Einzelaussagen.
- Genitivattribute mit einem deverbalen Substantiv als Bezugswort *(Beurteilung, Beobachtung, Wahl)* werden in Satzstrukturen aufgelöst; das Genitivattribut der Ausgangsstruktur ist dann Subjekt (Nominativ) oder Objekt (Akkusativ/Dativ) des entsprechenden Verbs.
- Feste Wendungen *(der Kanzler der Einheit, die Lage der Nation)* bleiben erhalten und werden gegebenenfalls erklärt.

Der Genitiv als Präpositionalkasus
In den Fällen unter (11) ist der Genitiv Präpositionalkasus.

(11) Trotz des schlechten Wetters arbeitet der Maurer weiter.
Dank ihres guten Zeugnisses hat Vera die Stelle bekommen.
Während des Unterrichts ist die Handynutzung verboten.

Die Präpositionen, die einen Genitiv verlangen, sind solche der sogenannten neueren Schicht. Man sieht ihnen ihre Abkunft aus anderen Wortarten häufig noch an *(trotz – Trotz/trotzen; dank – danken; während – währen)*. Gegenüber den Präpositionen der älteren Schicht wie *auf, über, vor, in, hinter*, die überwiegend lokale Kernbedeutungen aufweisen (dazu Eisenberg 2006), weisen die neu hinzugekommenen eine komplexere Semantik auf. Sie sind etwa konzessiv *(trotz)*, temporal *(während)* oder kausal *(dank)*.

Mit einer einfachen Ersetzung des Genitivs durch den Dativ *(trotz dem schlechten Wetter, dank ihrem guten Zeugnis* etc.) wird zwar das Genitivverbot eingehalten; wegen der semantischen Komplexität der Präposition bleibt die Komplexität der Gesamtkonstruktion jedoch ähnlich hoch wie bei den Genitivkonstruktionen des Ausgangstextes.

Es empfiehlt sich daher die Auflösung solcher präpositionalen Konstruktionen (11'); das semantische Verhältnis wird, falls erforderlich, adverbial *(trotzdem, deshalb* etc.) ausgedrückt. Mit dieser Strategie kann auch das Problem umgangen werden, dass einige der genitivfordernden Präpositionen weder den Dativ noch sonst einen anderen Kasus als den Genitiv lizenzieren *(*um dem lieben Frieden Willen, *zeit seinem Leben, *südlich dem Berg)*; zu den Präpositionen in Leichter Sprache s. Kap. 9.2.2.1.

(11') Das Wetter ist schlecht.
Der Maurer arbeitet (trotzdem) weiter.

Vera hat ein gutes Zeugnis.
Vera hat (deshalb) die Stelle bekommen.

Die Schüler dürfen das Handy im Unterricht **nicht** benutzen.

Der Genitiv als Objektskasus
Die wenigen Verben, die den Genitiv verlangen, gehören der älteren Sprachschicht an und gelten meist als stilistisch höherwertig (etwa: *rühmen, erfreuen, ermangeln, besinnen, gedenken, bezichtigen*). Ihr Gebrauch ist qualitativ und quantitativ eingeschränkt. In einer Auszählung konnte Mater (1971) ermitteln, dass von 17 500 Verben gerade einmal 40 ein Genitivobjekt lizenzieren gegenüber 9 700, die ein Akkusativobjekt fordern. Eichinger (2013) spricht für das Genitivobjekt insgesamt von einem „Randfall des Systems".

Treten Genitivobjekte auf (12), gibt es nicht nur in Leichter Sprache, sondern auch in der Standardsprache die Präferenz für eine präpositionale Struktur oder einen einfachen Dativersatz (12'):

(12) Die Gemeinde gedenkt der Toten.
Putin rühmt sich seiner Stärke.
Marianne erinnert sich der guten Tage.

(12') Die Gemeinde gedenkt den Toten.
Putin rühmt sich für seine Stärke.
Marianne erinnert sich an die guten Tage.

Wegen der nur geringen Frequenz der genitivfordernden Verben und ihrer komplexen internen Semantik wird es aber häufig auch nötig, die Konstruktion insgesamt anzupassen. So wird ein Verb wie *bezichtigen* eher vermieden und durch *beschuldigen* oder *jmd. die Schuld geben* ersetzt, *ermangeln* wird zu *fehlen*, *bedürfen* zu *brauchen*. Auch hier greift vor der Regel zum Genitivverbot eine weitere Regel (BMAS 2013: 22):

Benutzen Sie einfache Wörter.
Beispiel
Schlecht: genehmigen
Gut: erlauben

Zur Kategorie der Einfachheit von Wörtern s. Kap. 9.

Der freie Genitiv
Der freie Genitiv, der weder von einem Verb noch von einer Präposition gefordert ist, tritt als Adverbial (13) oder als Prädikativ (14) auf (dazu Pittner 2009).

(13) Eines Tages wird Vera ihren Abschluss haben.
  Meines Erachtens verdienen die jungen Leute Respekt.

(14) Bester Laune betrat Peter das Lokal. (freies Prädikativ)
  Der Rat ist anderer Meinung als das Präsidium. (Subjektsprädikativ/Prädikatsnomen)

Bei der Übersetzung ist darauf zu achten, dass diese Funktionen jeweils ausgedrückt bleiben. Eine Übersetzung der hier gegebenen Beispiele könnte wie folgt aussehen:

(13') Irgendwann hat Vera ihren Abschluss. (Ersetzung durch ein Adverb)
  Meiner Meinung nach verdienen die jungen Leute Respekt. (Ersetzung durch *nach* + Dativ)

(14') Mit sehr guter Laune hat Peter das Lokal betreten. (Ersetzung durch *mit* + Dativ)
  Der Rat hat eine andere Meinung als das Präsidium. (neue Satzkonstruktion)

8.1.1.3 Fazit
Mit der Reduktion der Leichten Sprache auf ein Dreikasussystem ist nicht nur ein einfacher Ersatz des Genitivs durch die *von*-Phrase mit Dativ verbunden; zugleich wird eine intensive Arbeit an einzelnen Ausgangskonstruktionen erforderlich:

Für den zentralen und häufigsten Fall, das Genitivattribut, haben wir auf der Basis relevanter Fallunterscheidungen jeweils spezifische Transformationsregeln herausgearbeitet. In vielen Fällen konnte eine präpositionale Ersatzkonstruktion gefunden werden; ein Automatismus ergibt sich aber nicht (vgl. die Strategien zur Transformation von Genitivattributen, S. 308).

Im Fall des Genitivs als Präpositionalkasus und als Objektkasus konnte gezeigt werden, dass bei der Transformation in Leichte Sprache ein Ein-

8 Morphologie

griff in die Gesamtkonstruktion erforderlich wird. Für freie Genitive muss im Einzelfall geprüft werden, ob ein Eingriff in die Satzstruktur nötig ist oder ob ein Alternativausdruck bzw. eine Alternativkonstruktion zur Verfügung steht.

Allen Fällen ist gemeinsam, dass der Ersatz des Genitivs eine Degrammatikalisierung zur Folge hat: Grammatische Funktionen, die in der Standardsprache mit einer Form (dem Genitiv) ausgedrückt werden, werden in Leichter Sprache lexikalisch oder durch eine Konstruktion ausgedrückt. Dass der Genitiv auch in der Standardsprache auf dem Rückzug ist, ist unter dem Schlagwort des Genitivschwundes vielfach bemerkt worden (Donhauser 1998; Fleischer/Schallert 2011).

Der Abbau geschieht jedoch nicht global. Am labilsten ist der Genitiv als Präpositional- und als Objektkasus. Dort kommt er auch in der Standardsprache nur noch selten vor. Stabiler ist er als freier Kasus, insbesondere dort, wo er feste Muster wie *eines Tages* bildet. Am stabilsten ist der Genitiv in seiner Kerndomäne: als Attributskasus erlaubt er es, nominale Ausdrücke mit Informationen anzureichern bzw. ihre Bedeutung zu modifizieren. Eine Entwicklung der deutschen Schriftsprache zu einem Drei-Kasus-System ist deshalb nicht erwartbar. Die Herausforderung der Transformation in Leichte Sprache besteht darin, die grammatische Attributsstruktur unter Erhalt der semantischen Komplexität zu dekomponieren.

8.1.2 Verbale Flexion

Bei der verbalen Flexionsmorphologie (Konjugation) werden fünf Kategorienklassen unterschieden: Person (1., 2., 3. Person), Numerus (Singular, Plural), Tempus (Präsens, Präsens Perfekt, Präteritum, Präteritum Perfekt, Futur und Futur Perfekt), Modus (Indikativ, Konjunktiv) und Genus Verbi (Aktiv, Passiv).

Obwohl in Leichter Sprache zur Vermeidung komplexer Nominalgefüge ein Verbgebot gilt („Benutzen Sie Verben", BMAS 2013: 28), sind nicht alle Verbformen erlaubt.

Nur Person und Numerus sind uneingeschränkt nutzbar. Als Genus Verbi ist nur das Aktiv erlaubt, als Modus nur der Indikativ und bei den Tempusformen Präsens und Perfekt.

8.1.2.1 Genus Verbi – Aktiv und Passiv

Bereits in den vorangegangenen Ausführungen wurde die Frage nach der Wahl des Genus Verbi (Aktiv oder Passiv) in Leichter Sprache berührt. Inclusion Europe (2009: 11) schreibt:

Verwenden sie wenn möglich aktive Formen.
Vermeiden Sie wenn möglich passive Formen.
Schreiben Sie zum Beispiel:
„Peter hat die Besprechung abgesagt."
und nicht:
„Die Besprechung wurde abgesagt."

Analog formuliert das Netzwerk Leichte Sprache (BMAS 2013: 29):

Benutzen Sie aktive Wörter.
Beispiel
Schlecht: Morgen wird der Heim-Beirat gewählt.
Gut: Morgen wählen wir den Heim-Beirat.

Hier ist jedoch zunächst eine Korrektur angebracht und nötig: Aktive Wörter gibt es nicht. Die Konstruktionen stehen im Aktiv. Heißen müsste es also: Verwenden Sie Aktivkonstruktionen.

Was aber macht Passivkonstruktionen „schwer"? Zu nennen sind hier mindestens zwei Eigenschaften: Zum einen weist das Passiv gegenüber dem morphologisch einfachen Aktiv eine zweiteilige Struktur auf. Um Passivsätze zu bilden, ist ein Hilfsverb erforderlich (im Beispiel *wird*); wegen der Klammerstruktur des Deutschen (s. Kap. 10.3) steht das Vollverb (im Beispiel: *gewählt*) und damit die Information, die für das Gesamtverständnis gebraucht wird, am Satzende.

Das zweite, was Passivkonstruktionen gegenüber Aktivkonstruktionen schwer macht, ist ihre Semantik: In Sätzen gibt es verschiedene Ereignisbeteiligte, denen vom Verb eine semantische Rolle zugewiesen wird. Die wichtigsten semantischen Rollen sind Agens, Patiens und Rezipiens.

Als Agens wird derjenige Ereignisbeteiligte bezeichnet, der das Ereignis intentional kontrolliert oder verursacht. Vom Patiens spricht man bei Ereignisbeteiligten, die von dem im Prädikat kodierten Verb betroffen sind. Als Rezipiens gilt im prototypischen Fall der Empfänger oder Nutznießer eines Ereignisses. Im Satz *Karla schenkt ihrem Freund ein Bild* ist *Karla* Agens, *ein Bild* Patiens und *ihrem Freund* Rezipiens.

8 Morphologie

Die semantischen Rollen werden grammatisch verschieden kodiert. Im Deutschen gilt das Agens-Subjekt-Prinzip:

> Agens-Subjekt-Prinzip: Wenn ein kontrollfähiges Agens der vom Prädikat bezeichneten Situation vorliegt, so wird dieses im Aktivsatz als Nominativsubjekt realisiert. (Primus 2012: 20)

Die Rolle des Patiens wird prototypischerweise als Akkusativobjekt realisiert. Es gilt das Patiens-Objekt-Prinzip:

> Patiens-Objekt-Prinzip: Wenn ein kontrollfähiges Agens und ein physisch affiziertes und verändertes Patiens der vom Prädikat bezeichneten Situation vorliegen, dann wird das Patiens im Aktivsatz als Objekt (bevorzugt als Akkusativobjekt) realisiert (Primus 2012: 34)

Der Rezipiens wird bevorzugt als Dativobjekt realisiert.

In Passivsätzen ist die Zuordnung zwischen semantischen Rollen und grammatischer Realisierung umgeordnet. Im Vorgangspassiv (1) und im Zustandspassiv (2) ist das Patiens als Subjekt realisiert, im Rezipientenpassiv der Rezipiens (3).

(1) Der Heimbeirat wird gewählt.
(2) Der Heimbeirat ist gewählt.
(3) Der Chemieprofessor bekam den Nobelpreis verliehen.

Gemeinsam ist den genannten Passivkonstruktionen, dass mit ihnen die Kodierung des Agens unterdrückt werden kann. Ins Zentrum der Perspektive rücken Patiens bzw. Rezipiens.

Damit ist nicht nur der für Aktivsätze prototypische Konnex zwischen der semantischen Rolle Agens und der grammatischen Funktion (Subjekt) aufgehoben (siehe Agens-Subjekt-Prinzip). Darüber hinaus wird die Ereignisdarstellung abstrakter als in Aktivsätzen, weil das Ereignis unter Absehung dessen, der es verursacht oder kontrolliert, rekonstruiert werden muss. Das Agens muss mitinterpretiert werden, auch wenn es nicht an der Oberfläche erscheint.

Dafür, dass Passivkonstruktionen insgesamt schwieriger zu verarbeiten sind, spricht auch ihr relativ später Erwerb. Kinder bevorzugen bis in die Schulzeit hinein die Agent-first-Strategie (s. o.). Besonders beeindruckend sind die Ergebnisse einer frühen Studie, die Grimm (1975) durchgeführt hat: Sie legte Kindern zwischen drei und acht Jahren verschiedene Passivkonstruktionen vor:

(4)   reversible Passivkonstruktionen:
        Hanno wird von Clara geküsst, Clara wird von Hanno geküsst.
(5)   weniger reversible Passivkonstruktionen
        Das Baby wird von der Mutter gepflegt. ?Die Mutter wird von dem Baby gepflegt.
(6)   irreversible Passivkonstruktionen:
        Der Boden wird von Hanno geküsst. *Hanno wird von dem Boden geküsst.

Die jüngsten Kinder wendeten überall die Agent-first-Strategie an. Erst bei den Fünfjährigen begann die semantische Plausibilität eine Rolle zu spielen; sie wiesen die irreversiblen Passivkonstruktionen zurück. Am längsten wurde die Agent-first-Strategie bei reversiblen Passivkonstruktionen verwendet. Nur die ältesten Kinder konnten auf die syntaktische Kodierung zurückzugreifen und waren in der Lage, auch semantisch anomale Sätze korrekt zu interpretieren. Analoge Befunde liegen für die Sprachrezeption von Gehörlosen vor (vgl. im Überblick Krammer 2001).

Es gibt also insgesamt starke Evidenz dafür, dass es richtig ist, Passivkonstruktionen in Leichter Sprache zu vermeiden. In vielen Fällen ist dies möglich, nicht aber dann, wenn das Agens nicht bekannt ist:

In Kap. 1.1.3 hatten wir mit dem Ausgangstext vom Turmbau zu Babel einen Text analysiert, bei dem Passivkonstruktionen ohne Nennung des Agens auftreten. Hier kann der Übersetzer auf externe Quellen zurückgreifen.

Etwas anderes ist es, wenn das Agens zwar konzeptionell vorhanden, aber weder genannt noch bekannt ist. Das ist systematisch beim sogenannten unpersönlichen Passiv so (7), kann aber auch in Fällen vorkommen, in denen kein hinreichendes Wissen zur Verfügung steht (8).

(7)   Heute Abend wird getanzt.
(8)   Gestern wurden im Stadtkrankenhaus Dokumente entwendet, die Aufklärung über den Ärztepfusch hätten geben können.

Für eine Umsetzung in Leichte Sprache muss hier konstruktionell eingegriffen werden:

(7')   Wir tanzen heute Abend.
(8')   Im Stadt·kranken·haus waren gestern Diebe.
        Die Diebe haben Papiere gestohlen.

> Die Papiere waren wichtig.
> Die Papiere zeigen vielleicht:
> Die Ärzte haben Fehler gemacht.
> Die Papiere fehlen nun.

Noch problematischer wird es, wenn es um passivähnliche Konstruktionen geht, bei denen auch konzeptionell kein Agens vorliegt:

> (9) Die Tür hat sich geöffnet.
> Das neue Auto fährt sich gut.
> Damit ist uns nicht geholfen.
> Die Aufgabe ist lösbar.

Bei der Übersetzung in Leichte Sprache ist man auf den Kontext angewiesen, aus dem eine mögliche Agensstruktur rekonstruiert werden kann. Manchmal ist das aber nicht möglich. Es müssen andere Paraphrasemöglichkeiten gesucht werden. Wir zeigen das an einem Ausgangstext, in dem *Die Aufgabe ist lösbar* zu übersetzen ist (http://www.tessloff.com/shop/livebook/Fit_Das_kann_ich_4_Klasse_Textaufgaben/downloads/seite_6.pdf; geprüft am 30. 10. 2015):

Ausgangstext:

> Die Lösbarkeit prüfen
> Manchmal lassen sich Textaufgaben nicht lösen. Entweder passt die Frage nicht zur Aufgabe oder es fehlen die Zahlen, um die Aufgabe ausrechnen zu können.
> Du brauchst mindestens zwei Zahlenangaben für jede lösbare Aufgabe.
> Lies die Aufgaben aufmerksam durch. Kreuze dann an, ob du sie entweder lösen kannst, ob dir Zahlen fehlen oder ob die Frage falsch gestellt ist.
> Im Flughafen Norderstadt können in 1 h 8 Maschinen mit Passagieren abgefertigt werden.
>
> Wie viele Passagiere können in 1 h abgefertigt werden?
>
> ☐ Die Aufgabe ist lösbar. ☐ Es fehlen Zahlen. ☐ Die Frage ist falsch.

Übersetzung in Leichte Sprache:

Lies die Aufgabe durch.

Im Flug·hafen Norder·stadt fliegen in 1 Stunde 8 Flug·zeuge mit Passagieren ab.
Frage: Wie viele Passagiere können in einer Stunde abfliegen?

Entscheide:

Ist die Aufgabe richtig gestellt?
Und: Sind alle Zahlen da?
Dann mache hier ein Kreuz: ☐

Fehlen in der Aufgabe Zahlen?
Dann mache hier ein Kreuz: ☐

Ist die Aufgabe falsch gestellt?
Dann mache hier ein Kreuz: ☐

8.1.2.2 Modus – Indikativ und Konjunktiv

Indikativ und Konjunktiv teilen die Welt in real/vorhanden und gedacht/konstruiert. Mit der Wahl des Indikativs bezieht man eine Aussage auf außersprachliche Gegebenheiten; die indikativische Aussage wird in Relation zu diesen Gegebenheiten ausgewertet. Deshalb kann eine Aussage im Indikativ auf ihren Wahrheitswert hin überprüft werden, was nichts anderes bedeutet, als sie mit der Wirklichkeit zu vergleichen und zu prüfen, ob sie mit dieser in Deckung ist. Deshalb kann auch der Hörer einfachen, nicht weiter modalisierten Aussagen im Indikativ einen Wahrheitswert zuweisen und eine Aussage auf dieser Grundlage akzeptieren oder zurückweisen (1).

Mit der Wahl des Konjunktivs entzieht ein Sprecher dem Hörer die Möglichkeit einer Wahrheitswertprüfung. Die konjunktivische Aussage kann nicht in einfacher Weise auf die Wirklichkeit bezogen werden. Es gibt dann kein Vergleichsobjekt, auf das man sich vernünftig beziehen könnte (2).

(1) Das Buch ist rot. (Ja, das stimmt.) Das Buch war rot. (Nein, das stimmt nicht.)
(2) x sei eine Primzahl. (*Nein, das stimmt nicht.) Da wären wir. (*Ja, das stimmt.)

Die konzeptionelle Auswertung einer Konstruktion, der kein Wahrheitswert zugewiesen werden kann, ist komplexer als die Auswertung einer Aussage mit Bezug zur gegebenen Welt.

In BITV 2.0 (2011) und in den Netzwerkregeln wird daher zu Recht empfohlen, den Konjunktiv zu vermeiden (BMAS 2013: 31):

Vermeiden Sie den Konjunktiv.
Den Konjunktiv erkennt man an diesen Wörtern:
hätte, könnte, müsste, sollte, wäre, würde.
Beispiel
Schlecht: Morgen könnte es regnen.
Gut: Morgen regnet es vielleicht.

Die gegebenen Beispielwörter *(hätte, könnte ...)* decken jedoch nur einen kleinen Teil der Konjunktive ab. So fehlen Formen des Konjunktivs Präsens. Zusätzlich sind drei der sechs Ausdrücke Modalverben, die bereits im Indikativ eine modale Bedeutung haben (s. Kap. 11.3.2).

Die vorgeschlagene Transformationsstrategie, die Verwendung von Satzadverbialen, mit denen die Geltung einer Äußerung eingeschränkt wird, führt in einigen Fällen zum Erfolg (3), nicht aber in allen (4).

(3) Morgen könnte es regnen.
LS: **Morgen regnet es vielleicht.**

(4) Ich hätte gern eine Tasse Kaffee.
LS: *Ich möchte vielleicht eine Tasse Kaffee.

Paul behauptet, er hätte gestern die Zeitung gelesen.
LS: *Paul behauptet: Ich habe gestern vielleicht die Zeitung gelesen.

Eine schematische Lösung kann es also nicht geben. Um das Problem zu systematisieren, sehen wir uns das gesamte Konjunktivparadigma genauer an. Zunächst muss zwischen dem Konjunktiv Präsens und dem Konjunktiv Präteritum unterschieden werden. Die Systematik zeigt, dass der Indikativ die morphologisch unmarkierte Form ist. Er verfügt nicht über einen eigenen morphologischen Marker, während alle Konjunktivformen einen *e*-Marker aufweisen (Bredel/Lohnstein 2003):

	Konjunktiv	Indikativ
Präsens	er spreche er lache	er spricht er lacht
Präteritum	er spräche er lachte	er sprach er lachte

Hinzu kommt die sogenannte *würde*-Form *(er würde lachen)*, die häufig dann gewählt wird, wenn es zwischen dem Konjunktiv und Indikativ Präteritum einen Formzusammenfall gibt, wie es im Präteritum von schwachen Verben systematisch der Fall ist.

Beide, Konjunktiv Präsens und Konjunktiv Präteritum, können analytische Perfektformen bilden:

	Konjunktiv	Indikativ
Präsens Perfekt (Perfekt)	er habe gesprochen er habe gelacht	er hat gesprochen er hat gelacht
Präteritum Perfekt (Plusquamperfekt)	er hätte gesprochen er hätte gelacht	er hatte gesprochen er hatte gelacht

Wir diskutieren hier nur die prominentesten Fälle und beginnen mit typischen Domänen der präteritalen Konjunktive (Irrealis, Potenzialis und Höflichkeit) und skizzieren dann typische Domänen der präsentischen Konjunktive (Optativ, Jussiv). Zuletzt bearbeiten wir eine Domäne, in der beide Konjunktive stehen können und die die häufigste Umgebung des Konjunktivs überhaupt ist, die indirekte Rede.

Der präteritale Konjunktiv – Irrealis und Potenzialis
Vom Konjunktivus Potenzialis spricht man, wenn in einer Aussage zum Ausdruck gebracht wird, dass eine Handlung oder ein Sachverhalt unter bestimmten Bedingungen erreichbar ist (5). Beim Irrealis wird die Erfüllung der Bedingung in die Vergangenheit gebracht; die Erreichbarkeit der Handlung bzw. des Sachverhalts ist nicht mehr gegeben (6).

(5)   Wenn Robert sein Abitur bestehen würde, bekäme er eine Lehrstelle.

(6)   Wenn Robert sein Abitur bestanden hätte, hätte er eine Lehrstelle bekommen.

Bei der Transformation in Leichte Sprache sind verschiedene Strategien erforderlich. Beim Potenzialis kann die Erfüllensbedingung durch eine Modalverbkonstruktion ausgedrückt werden; die zu erreichende Handlung / der zu erreichende Sachverhalt kann als Folge der Erfüllensbedingung mit *dann* angeschlossen werden (5').

Beim Irrealis ist das nicht möglich. Hier muss auf die Präsupposition zurückgegriffen werden, die die Konjunktivform enthält: Wer Aussagen im Konjunktiv Präteritum macht, unterstellt (präsupponiert), dass das Ausgedrückte nicht zutrifft. Der Satz *wenn Robert sein Abitur bestanden hätte* präsupponiert, dass Robert sein Abitur nicht bestanden hat. Diese Präsupposition kann bei der Transformation in Leichte Sprache genutzt werden. Die Verwendung der Negation (BMAS 2013: 32 sowie Kap. 11.3.3) ist dann nicht vermeidbar (6').

(5')   Robert muss sein Abitur bestehen.
Dann bekommt Robert eine Lehr·stelle.

(6')   Robert hat sein Abitur **nicht** bestanden.
Robert hat deshalb **keine** Lehr·stelle bekommen.

Wie sich diese, hier vom Formparadigma aus gezeigten Konzepte in eine übergreifende Modellierung von mentalen Räumen (Fauconnier 1997) einbetten, zeigen wir in Kapitel 11.3.

Der präteritale Konjunktiv – Höflichkeit
Eine wichtige Domäne des präteritalen Konjunktivs ist die Markierung von Höflichkeit. Typische Beispiele sind unter den folgenden Beispielen (7) und (8) gelistet.

(7)   Könnten Sie mir das Salz reichen?

(8)   Ich hätte gern eine Tasse Kaffee.

Die Reduktion der Höflichkeit bei Wegfall des Konjunktivs *(Können Sie mir das Salz reichen?)* kann durch die Einfügung von *bitte* kompensiert werden (7').

Anders gelagert ist der zweite Fall, bei dem die gesamte Konstruktion durch die Ersetzung des Konjunktivs durch den Indikativ uninterpretierbar wird *(*Ich hatte gern eine Tasse Kaffee)*. Die Transformationsstrategie muss hier darin bestehen, die Illokution, also die Handlungscharakteristik der Aufforderung mit einer Modalverbkonstruktion zum Ausdruck zu bringen (8'); die Höflichkeit wird auch hier mit *bitte* verstärkt.

(7') Können Sie mir bitte das Salz reichen? Oder: Geben Sie mir bitte das Salz?

(8') Ich möchte bitte eine Tasse Kaffee.

Sprechhandlungen wie Bitten und Aufforderungen, mit denen der Sprecher in das Handlungssystem des Hörers eingreift, wirken umso höflicher, je indirekter sie formuliert sind (Brown/Levinson 1987). Wir haben es hier also mit einem Dilemma zu tun: Weil Indirektheit in Leichter Sprache nicht lizenziert ist, führen die Zielstrukturen nahezu zwangsläufig zu einem Verlust an Höflichkeit.

Der präsentische Konjunktiv – Jussiv und Optativ
Mit Jussiv und Optativ werden Verwendungsfälle des Konjunktiv Präsens bezeichnet, mit denen das Eintreten von Zukünftigem verbal vorweggenommen wird. Beim Jussiv ist der Hörer in das Eintreten des Zukünftigen als Akteur involviert, ohne dass er direkt angesprochen ist (9), beim Optativ ist der Akteur unspezifisch (10).

(9) Man nehme zwei Eier und ein Pfund Mehl.
Wer nicht einverstanden ist, melde sich.

(10) Hoch lebe der Jubilar!
Dein Reich komme, dein Wille geschehe.
Es werde Licht.
x sei eine Primzahl.

Der Jussiv kann durch direkte Adressierung in eine indikativische Konstruktion transformiert werden (9').

(9') Sie nehmen zwei Eier.
Sie nehmen ein Pfund Mehl.

Sie sind nicht einverstanden?
Dann melden Sie sich.

Beim Optativ ist eine *sollen*-Paraphrase möglich (10).

(10') Der Jubilar soll hoch·leben.
Dein Reich soll kommen, dein Wille soll geschehen.
Es soll Licht werden.
x soll eine Prim·zahl sein.

Der Konjunktiv in der indirekten Rede

Die indirekte Rede kann als die konjunktivische Domäne par excellence gelten, wobei Statistiken darauf hindeuten, dass der Konjunktiv Präsens dem Konjunktiv Präteritum überlegen ist. Wie Strecker (2009) ermittelt hat, stehen in schriftlichen Texten über 60% aller *dass*-Sätze, die einen indirekten Redezug kodieren, im Konjunktiv Präsens, aber nur 7,5% im Konjunktiv Präteritum. Die restlichen gut 32% stehen im Indikativ. In Leichter Sprache könnte nun der Indikativ gewählt werden (11c). Weil aber Nebensatzeinbettungen nicht erlaubt sind (Kap. 10.1), werden indirekte Redezüge in direkte Redezüge transformiert (11'); die Frage nach der Wahl des Verbmodus erübrigt sich dann.

(11) a. Rainer sagte, dass der Fußballspieler eine Rote Karte bekommen habe.
b. Rainer sagte, dass der Fußballspieler eine Rote Karte bekommen hätte.
c. Rainer sagte, dass der Fußballspieler eine Rote Karte bekommen hat.

(11') Rainer hat gesagt:
Der Fuß·ball·spieler hat eine Rote Karte bekommen.

Nun wird in der Literatur häufig die Ansicht vertreten, dass der Gebrauch des Konjunktivs gegenüber dem Indikativ in solchen Fällen ein Distanzmarker ist: Demnach bezweifle ein Sprecher, der einen direkten Redezug im Konjunktiv äußert, dass der in diesem Redezug ausgedrückte Sachverhalt tatsächlich wahr ist.

In Leichter Sprache kann dies durch ein entsprechendes sprechaktbegleitendes Verb (*behaupten* statt *sagen*) zum Ausdruck gebracht werden; die Distanz zu dem im direkten Redezug Ausgedrückten wird weiter durch die deiktische Verweisung mit *das* erhöht (12').

(12') Rainer hat das behauptet:
Der Fuß·ball·spieler hat eine Rote Karte bekommen.

Ein weiteres Problem bei der Übersetzung von Redewiedergaben tritt an ganz anderer Stelle und ganz unabhängig vom Verbmodus auf. Ein Beispiel gibt (13):

(13) Peter behauptete, er sei krank.

Die Leichte Sprache vermeidet die anaphorische Pronominalisierung. Referierende Ausdrücke (hier *Peter*) werden nicht durch Pronomen substituiert, sondern durch einfache Rekurrenz wiederaufgenommen (s. Kap. 9.2.2.3 und Kap. 12.3.4.2).

Bei indirekten Redezügen sowie insgesamt bei Konstruktionen, in denen ein Referent sowohl im Haupt- als auch im Nebensatz genannt ist, kann das Pronominalisierungsverbot jedoch zu Lesartstörungen führen (13'):

(13') Peter hat behauptet:
       *Peter ist krank.

Auch eine Reduktion wie in (13") verbietet sich, weil damit der Unterschied zwischen der Behauptung, krank zu sein, und dem Kranksein selbst nivelliert wird.

(13") *Peter ist krank.

Hier könnten die Satzadverbien, die in den Netzwerkregeln als Modusmarker genannt sind, gegebenenfalls Abhilfe schaffen (13'").

(13'") Peter ist vielleicht krank.
        Peter ist angeblich krank.

8.1.2.3 Tempus

Traditionell werden für das Deutsche sechs Tempora angesetzt (hier dargestellt am Beispiel von Indikativformen):

Präsens	*spielt*
Präsens Perfekt	*hat gespielt*
Präteritum	*spielte*
Präteritum Perfekt	*hatte gespielt*
Futur	*wird spielen*
Futur Perfekt	*wird gespielt haben*

Eine erste Systematisierung erhält man, wenn man einfache (synthetische) und zusammengesetzte (analytische) Tempora unterscheidet. Es stehen dann Präsens und Präteritum als einfache Formen allen anderen, zusammengesetzten Konstruktionen gegenüber. Diese Unterscheidung ist jedoch nicht nur morphologisch gut begründet: Wie frühe Arbeiten zur Bedeutung der Tempora zeigen (Hamburger 1957, Weinrich 1964), nehmen Präsens und Präteritum auch semantisch eine Schlüsselstellung ein; die zusammengesetzten Tempora sind – formal und funktional – von ihnen abgeleitet. Beide, Form und Semantik, sind für die Leichte Sprache von Interesse.

Zur Ermittlung der formalen Schlüsselstellung von Präsens und Präteritum ist es erforderlich, zwischen finiten und infiniten Formen zu unterscheiden: Finite Formen (fin) tragen die Person-Numerus-Markierung, infinite (inf) nicht.

Präsens	$spielt_{fin}$
Präteritum	$spielte_{fin}$
Präsens Perfekt	$hat_{fin}\ gespielt_{inf}$
Präteritum Perfekt	$hatte_{fin}\ gespielt_{inf}$
Futur	$wird_{fin}\ spielen_{inf}$
Futur Perfekt	$wird_{fin}\ gespielt_{inf}\ haben_{inf}$

Die finiten Formen stehen entweder im Präsens oder im Präteritum. Präsentische Finita weisen das Präsens selbst, das Perfekt und die Futurformen auf, präteritale das Präteritum und das Präteritum Perfekt.

Die präsentischen Finita sind daran erkennbar, dass sie keinen eigenen morphologischen Präsensmarker aufweisen; das Präsens ist morphologisch unmarkiert (s. o.). Die präteritalen Finita weisen einen *t*-Marker auf *(spielte, hatte gespielt),* bei starken Verben wird das Präteritum durch Stammformänderung angezeigt *(kam, schlief).* Das Präteritum ist damit morphologisch markiert.

Ordnet man das Feld der Tempora nun nach ihren Finitheitsmarkern, entstehen zwei Tempusgruppen: eine präsentische (ohne *t*-Markierung) und eine präteritale (mit *t*-Markierung bzw. Stammformwechsel).

Tempusgruppe I (präsentisch)	Tempusgruppe II (präterital)
Präsens, Präsens Perfekt Futur, Futur Perfekt	Präteritum, Präteritum Perfekt

Eben diese Gruppierung ist auch bei Weinrich (1964) leitend, ohne dass dort eine formale Ableitung erfolgt. Vielmehr steht bei Weinrich die semantische Verwandtschaft der Gruppenmitglieder im Zentrum:

Tempora der Tempusgruppe I nennt Weinrich die Tempora der besprochenen Welt, Tempora der Tempusgruppe II Tempora der erzählten Welt.

Was ist damit gemeint? Aussagen mit Tempusformen der besprochenen Welt können im Prinzip im Wahrnehmungsraum ausgewertet werden – sie beziehen sich auf das Hier und Jetzt. Tempusformen der erzählten Welt konstruieren demgegenüber einen sekundären Vorstellungsraum, innerhalb dessen die entsprechenden Aussagen ausgewertet werden. Deshalb ist es möglich, eine Einladung mit *ich habe gerade gegessen* auszuschlagen, nicht aber mit **ich aß gerade*.

Käte Hamburger (1957) hat das Präteritum (und das Präteritum Perfekt) auf dem Hintergrund dieser Lesartunterschiede als Romantempus par excellence bezeichnet: Im Roman, so Hamburger, wird eine zweite, nicht mit dem Wahrnehmungsraum identische Welt konstruiert. Die Ereignisse des Romans werden in einer mit dem Präteritum hergestellten Vorstellungswelt ausgewertet, nicht im Wahrnehmungsraum des Lesers.

Auf der Basis der hier nur skizzierten formalen und semantischen Unterschiede zwischen den Tempusgruppen lässt sich eine erste Konsequenz für Texte in Leichter Sprache ableiten: Markierte Formen sind schwerer zu verarbeiten als unmarkierte (s. o.) und die Auswertung von Aussagen in einem konstruierten Vorstellungsraum ist schwerer als eine Auswertung von Aussagen im Hier-und-Jetzt. Deshalb verzichtet die Leichte Sprache auf die Formen der Tempusgruppe II.

In Kap. 11.3 werden wir zeigen, wie es gelingen kann, die mentalen Räume, die in der Standardsprache mit dem Präteritum eröffnet werden, in Leichter Sprache zu etablieren, auszustatten und zu verknüpfen.

Aber auch die verbliebenen Formen der Tempusgruppe I sind nicht alle in derselben Weise für Texte in Leichter Sprache geeignet. Als morphologisch unmarkierte Form ist das Präsens, das in der Tempusgruppe I das Zentrum bildet, die Form mit den geringsten Verstehensbarrieren. Zugleich ist es aber auch die Tempusform mit der größten semantischen Reichweite. Vennemann (1987), später dann auch Zeller (1994), hat das Präsens deshalb sogar als „Atemporalis" bezeichnet.

So kann das Präsens auch für die Verbalisierung von Vergangenem genutzt werden, wenn eine entsprechende Rahmensetzung vorangeht (historisches Präsens). Zusätzlich ist das Präsens geeignet, Zukünftiges auszudrücken. Das Präsens muss sogar genommen werden, wenn das künftige Ereignis sicher eintritt (1). Futurkonstruktionen eines Ausgangstextes, die Zukünftiges kodieren, werden in Leichter Sprache also stets ins Präsens gebracht. Die zeitliche Situierung wird durch Adverbiale gesichert.

8 Morphologie

(1) Morgen habe ich Geburtstag.
?Morgen werde ich Geburtstag haben.

Die seltene Verwendung des Futur Perfekt zum Ausdruck der Vergangenheit der Zukunft (2) kann in Leichter Sprache durch eine Paraphrase aufgelöst werden (2').

(2) Am nächsten Mittwoch um diese Zeit wird Karl seine Prüfungen beendet haben.

(2') Am nächsten Mittwoch ist die letzte Prüfung von Karl.
Karl hat dann alle Prüfungen gemacht.

Häufiger als in temporaler Bedeutung wird das Futur verwendet, um eine Vermutung auszudrücken (3). Die modale Bedeutung wird mithilfe eines modalen Satzadverbs in Leichte Sprache transformiert (3') (s. auch Kap. 11.3.2.1).

(3) Wo ist Karl?
Futur: Er **wird** zu Hause **sein**.
Futur Perfekt: Er **wird** schon gut nach Hause **gekommen sein**.

(3') Futur-Übersetzung: Karl ist **bestimmt** zu Hause.
Futur-Perfekt-Übersetzung: Karl ist **bestimmt** gut nach Hause gekommen.

8.1.3 Zusammenfassung

Leichte Sprache weist ein gegenüber der Ausgangssprache reduziertes flexionsmorphologisches System auf; vermieden werden jeweils die markiertesten Kategorien innerhalb der Flexionsklassen:

unmarkiert → markiert

nominal	Nominativ		Akkusativ	Dativ	~~Genitiv~~	
verbal	Präsens Aktiv Indikativ	Präs. Perf.	~~Futur~~	~~Präteritum~~	~~Prät. Perf.~~ ~~Passiv~~ ~~Konjunktiv~~	~~Futur Perf.~~

Im nominalen Bereich haben wir es mit einem **Drei-Kasus-System** (Nominativ, Akkusativ, Dativ) zu tun. Mit dem Verzicht auf den markiertesten Kasus Genitiv verknüpft ist der Verzicht auf komplexe nominale Konstruktionen, wie sie für die konzeptionelle Schriftlichkeit typisch sind. Damit nähert sich Leichte Sprache strukturell an die konzeptionelle Mündlichkeit an, die ebenfalls durch einen weitgehenden Verzicht auf komplexe Nominalkonstruktionen gekennzeichnet ist.

Im verbalen Bereich liegt ein **Zwei-Tempus-System** (Präsens, Präsens Perfekt), ein **Ein-Modus-System** (Indikativ) und ein **Ein-Genus-Verbi-System** (Aktiv) vor. Und auch hier ist eine Nähe der Leichten Sprache zur konzeptionellen Mündlichkeit erkennbar: Aussagen im Präsens und Perfekt verweisen auf den unmittelbaren Wahrnehmungsraum, das Hier- und-Jetzt des Lesers; Tempusformen, die ferne Referenzräume öffnen, werden vermieden. Aussagen im Indikativ lassen einen Abgleich mit der gegebenen Wirklichkeit zu, auf die grammatisch markierte Eröffnung von hypothetischen Räumen wird verzichtet. Mit dem Aktiv wird eine agensnahe, handlungsorientierte Ereignisdarstellung gewählt.

Bei der Arbeit an möglichen Kompensationen der fehlenden Kategorien hat sich gezeigt, dass die mechanische Ersetzung einer markierten Kategorie durch eine unmarkierte oder eine weniger stark markierte, also etwa die Ersetzung des Genitivs durch eine *von*-Phrase mit Dativ nicht zu angemessenen Lösungen führt. Vielmehr müssen jeweils eigene Strategien gefunden werden, um die flexionsmorphologisch gebundene Semantik so zu dekomponieren, dass die Bedeutung, die sie in der Ausgangskonstruktion haben, erhalten bleibt. Dafür mussten teilweise Wortarten umgesetzt *(Beurteilung → beurteilen)* oder lexikalische Ausdrücke ausgetauscht werden *(ermangeln → fehlen)*, teilweise mussten Adverbien hinzugefügt werden *(er wird kommen → er kommt bestimmt)*, teilweise mussten Nominalphrasen zu präpositionalen Phrasen umgebaut werden *(das Handy der Kanzlerin → das Handy von der Kanzlerin)*, teilweise war eine *sollen*-Paraphrase verlangt *(Er lebe hoch → Er soll hochleben)* und manchmal musste die gesamte Satzstruktur geändert werden *(Wenn Robert sein Abitur bestehen würde, würde er eine Lehrstelle bekommen → Robert muss sein Abitur bestehen. Dann bekommt Robert eine Lehr·stelle.)*.

In allen Fällen war eine intensive Auseinandersetzung nicht nur mit der morphologischen Struktur, sondern mit der jeweils aktualisierten Funktion der entsprechenden Formen erforderlich. In Kap. 11.3 wird die konzeptionelle Konfiguration, die sich aus dem Verzicht der markierten verbalen Kategorien ergibt, auf das Modell des Basisraums (Fauconnier 1997) abgebildet. Dort werden wir auch zeigen, welche Kompensationsmöglichkeiten in Leichter Sprache für die Eröffnung ferner und/oder hypothetischer Verweisräume zur Verfügung stehen.

8 Morphologie

Keine Reduktion erfahren in Leichter Sprache das Genus (Maskulinum, Femininum, Neutrum) sowie die Kategorienklassen Person (1., 2., 3.) und Numerus (Singular, Plural); dies jedoch aus unterschiedlichen Gründen:

Die Kategorienklasse Genus ist an das Lexikon gebunden; Substantive sind im Deutschen lexikalisch genusbestimmt, also entweder Maskulina, Feminina oder Neutra. Das Genus ist also konstitutiv an Substantivität gebunden und daher irreduzibel; die Interpretation von Genuskategorien wird in Leichter Sprache dennoch entlastet: Durch den Verzicht auf pronominale Verweisungen (Kap. 9.2.2.3 und Kap. 12.3.4.2), bei der die Genuszugehörigkeit mit ausgewertet werden muss, wird die Relevanz des Genus beim Lesen weitgehend neutralisiert.

Die Kategorienklassen Person und Numerus sind unverzichtbar für die Herstellung der Subjekt-Prädikat-Kongruenz *(ich gehe, wir gehen, du gehst)*; sie bleiben im System der Leichten Sprache deshalb vollständig erhalten.

8.2 Wortbildung

Die Wortbildungsmorphologie beschreibt die Bildung von Wörtern. Die Basis für die Wortbildung sind Stämme, die im einfachsten Fall Simplizia bilden, das sind Wortformen mit einem und nur einem lexikalischen Stamm und ggf. Flexions- oder Wortartmorphemen (1).

(1) Baum   (Stamm: baum)
     Ecke   (Stamm: eck)
     gelacht   (Stamm: lach)
     Kindern   (Stamm: kind)

Hinzu kommen Erweiterungs- und Reduktionsmuster. Die prominentesten Erweiterungsmuster im Deutschen sind die Komposition und die Derivation. Bei der Komposition (2) werden zwei oder mehr Stämme miteinander kombiniert, bei der Derivation tritt ein sogenanntes Derivations- oder Ableitungsmorphem an den Stamm (3).

(2) Hefeteig
     Fachbetrieb
     Brillenetui
     Bügelmaschine

(3) **be**streiten
     Leit**ung**
     aufstehen
     Gesund**heit**

Bei den Reduktionsmustern können Kurzwörter (4) und Abkürzungen (5) unterschieden werden:

(4) LKW
     OECD
     GroKo
     Trabi

(5) bzw.
     usw.
     u. a.
     vgl.

Ein drittes Wortbildungsmuster ist die Konversion, bei der ein Ausdruck ohne das Hinzutreten eines weiteren Stammes oder eines Derivationsmorphems die Wortklasse wechselt:

(6) laufen → das Laufen, der Lauf
     essen → das Essen
     reißen → der Riss
     Salz → salzen
     Hammer → hämmern
     sauber → säubern

Dieser Fall wird in den Regelwerken nicht behandelt. Es scheint sich aber anzubieten, jeweils auf die Basisform zuzugreifen, von der die Konversion ausgeht, wobei dies nicht für Fälle gilt, in denen die konvertierte Form lexikalisiert ist und den Prototypen eines Wortfeldes darstellt (vgl. *Essen*).

In Bezug auf die Erweiterungsmuster konvergieren alle Regelwerke in Bezug auf die Behandlung der Komposita (hier am Beispiel der BITV 2.0-Regeln 2011):

4. [...] Zusammengesetzte Substantive sind durch Bindestrich zu trennen.

Zu schreiben wäre also wie unter (2'):

(2') Hefe-Teig
      Fach-Betrieb
      Brillen-Etui
      Bügel-Maschine

Darüber hinaus werden auch konvergente Hinweise zu Reduktionsmustern gegeben, wobei nicht zwischen verschiedenen Reduktionstypen unterschieden wird (hier am Beispiel der Netzwerkregeln, BMAS 2013: 27):

Verzichten Sie auf Abkürzungen.
Beispiel
Schlecht: d. h.
Gut: das heißt
Es gibt aber Ausnahmen.
Manche Abkürzungen sind sehr bekannt.
Zum Beispiel:
- WC
- LKW
- Dr.
- ICE

Fragen Sie Ihre Prüfer und Prüferinnen.

Wir werden uns im Folgenden ausführlicher mit der Transformation von Substantivkomposita in Leichte Sprache und mit der Rolle des Bindestrichs in der deutschen Orthografie beschäftigen.

Gezeigt werden soll, dass der schlichte Vorschlag, substantivische Kompositionsglieder mit dem Bindestrich zu separieren, weder in Bezug auf die Behandlung von Kompositionen noch in Bezug auf die orthografische Repräsentation zu adäquaten Zielstrukturen führt, weshalb wir hier Alternativvorschläge ausarbeiten.

Weitere kompositionelle Strukturen, also die Zusammensetzung von Wörtern anderer Wortklassen sowie Fragen des Umgangs mit Derivationen bleiben hier unberücksichtigt.

Auch mit den Reduktionsmustern werden wir uns nicht weiterführend befassen. Hier müsste über eine Einzelfallprüfung hinaus festgestellt werden, welche Reduktionsformen als bekannt gelten und deshalb in ihrer Reduktionsform Bestand haben können und welche in die Vollform gebracht werden sollten. Dazu wäre eine Korpusanalyse erforderlich, die die Frequenz von Reduktionsformen ermittelt. Methodisch müsste dann die Anzahl der Vollformen mit der Anzahl der Reduktionsformen verglichen werden. Vermutlich spräche das Verhältnis zwischen *Kripo* und *Kriminalpolizei* für die Reduktionsform, das Verhältnis zwischen *Bepo* und *Bereitschaftspolizei* für die Vollform. Für eine Entscheidung, welche Formen als Reduktionsformen übernommen werden können, wäre jedoch ein weiteres Kriterium zu berücksichtigen: Der Gebrauch von Reduktionsformen ist immer auch textsortenabhängig. Die empirische Überprüfung der Häufigkeiten müsste also textsortensensitiv vorgenommen werden. Reduktionsformen, die in übersetzungssensitiven Texten (z. B. Gebrauchsanweisungen, Rechtstexte, Lehrwerke) häufig auftreten, wären vorrangig in den Blick zu nehmen.

Zuletzt sollte bei der Entscheidung über die Wahl der Voll- oder Reduktionsform aber auch eine Rolle spielen, wie stark die Brückenfunktion zwischen Ausgangs- und Zieltext profiliert werden soll. Bei einem Ausgangstext mit wiederkehrenden Reduktionsformen kann es sich deshalb anbieten, die Kurzform bei ihrem ersten Auftreten zu erklären und sie – zur Erhöhung der Vergleichbarkeit mit dem Ausgangstext – im fortlaufenden Text analog zum Zieltext zu verwenden.

8.2.1 Erweiterungsmuster – Komposition substantivischer Stämme

Das Deutsche ist in Bezug auf die Komposition außerordentlich produktiv. Unterschieden werden können lexikalisierte Kompositionen (7), Neologismen (8) und Ad-hoc-Bildungen (9). Lexikalisierte Kompositionen gehören fest zum Ausdrucksinventar; sie stehen im Wörterbuch, als Neologismen werden solche Wortbildungen beschrieben, die auf dem Weg zur Lexikalisierung sind, Ad-hoc-Bildungen sind auf einige wenige Kontexte beschränkt (dazu weiterführend Peschel 2002), eine Lexikalisierung ist unwahrscheinlich.

(7)   Rettungswagen
      Terminkalender
      Milchstraße

(8)   Raumpflegerin
      Neidsteuer
      Gesundheitskasse

(9)   Aromapunkt
      Schlaglochsoli
      Problembär

Formal ist den verschiedenen Kompositionen nicht anzusehen, um welchen Typ es sich handelt. Für die Übersetzung in Leichte Sprache ist diese Frage jedoch relevant: Von den lexikalisierten Kompositionen ist am ehesten anzunehmen, dass sie im mentalen Lexikon der Leser(innen) vorliegen. Aber gerade bei ihnen kann die Bedeutung der Einzelbestandteile so weit verblasst sein, dass ihre Dekomposition zu Irritationen führt (vgl. auch Kuhlmann 2013: 85ff). Das gilt ganz besonders für metaphorische Ausdrücke wie *Milchstraße*. Hier genügt eine Dekomposition in *Milch-*

Straße nicht nur nicht, vielmehr werden durch die Freilegung der Bausteine *Milch* und *Straße* erhebliche Fehlinterpretationen riskiert. Der Ausdruck muss erklärt werden.

(10)   Rekordentdeckung im All: In unserer Galaxie, der Milchstraße, haben Astronomen den ältesten Stern aufgespürt. Sein Gehalt an Eisen verriet den galaktischen Methusalem.
(SPIEGEL online, 10.02.2014, http://www.spiegel.de/wissenschaft/weltall/galaxie-milchstrasse-forscher-entdecken-aeltesten-stern-a-952469.html; geprüft am 30.10.2015)

(10')   Die Milch·straße ist eine Galaxie im Welt·all.
Das heißt:
    In der Milch·straße sind viele Sterne.
    Und viele Planeten.
    Und viel Staub.
    Deshalb können wir die Milch·straße
    am Himmel sehen.
Die Milch·straße sieht weiß aus.
Und die Milch·straße ist wie ein Band.
Deshalb ist ihr Name Milchstraße.
Die Sternen·forscher haben in der Milch·straße
einen sehr alten Stern gefunden.
Der Stern hat sehr viel Eisen.
Viel Eisen zeigt:
    Ein Stern ist alt.
Deshalb wissen die Sternen·forscher jetzt:
    Der Stern ist der älteste Stern in der Milch·straße.

Abbildung 1: Milchstraße
(Quelle: Adobe Stock / © Nuamfolio)

Wortbildung

Immer klärungsbedürftig sind Ad-hoc-Bildungen; sie weisen eine nur geringe Frequenz auf und sind in der Regel fest in spezifische Kontexte eingebunden. Gegenüber den lexikalisierten Einträgen wird also stets eine kontextsensitive Erläuterung erforderlich. Für den Ausdruck *Problembär* könnte eine solche Erläuterung wie folgt aussehen:

(11)   In Deutschland sind **keine** Bären.
        Aber im Jahr 2006 war in Bayern ein Bär.
        Der Bär hat im Wald **kein** Fressen gefunden.
        Deshalb hat der Bär Schafe gefressen.
        Und der Bär hat Hühner gefressen.
        Aber die Bauern brauchen ihre Schafe.
        Und die Bauern brauchen ihre Hühner.
        Der Bär macht also Probleme.
        Der Minister·präsident von Bayern hat deshalb für den Bären
        ein neues Wort erfunden:
                Problembär.
        Das ist ein sehr komisches Wort.
        Viele Menschen haben über das Wort gelacht.
        Und die Menschen haben
        über den Minister·präsidenten von Bayern gelacht.

Betrachtet man den formalen Aufbau von Substantivkompositionen, können auch wortbildungsintern Erweiterungs- und Reduktionsformen unterschieden werden. Bei Erweiterungsformen tritt ein Fugenelement hinzu (12), bei Reduktionsformen ist das Erstglied der Komposition um sein Wortartenmorphem gekürzt und erscheint als reiner Stamm (13).

(12)   Tag-**e**-dieb
        Tag-**es**-karte
        Geburtstag-**s**-kuchen
        Brille-**n**-etui
        Herz-**ens**-sache
        Kind-**er**-geburtstag
        Burg-**en**-land

(13)   **Reb**sorte
        Sachverständiger
        Erdball
        Augapfel

Eine Separation mit dem Bindestrich erzeugt in diesen Fällen teilweise schwer interpretierbare oder sogar uninterpretierbare Wortreste *(Herzens* in *Herzens-Sache, Sach* und [aus anderen Gründen:] *Verständiger* in *Sach-Verständiger)* bzw. Wortbausteine, die eine nicht zielsprachenadäquate Interpretation auslösen, etwa die nicht intendierte Pluralsart bei *Tage-Dieb.* In einigen Fällen wird die in Leichter Sprache nicht lizenzierte Genitivform erzeugt *(Tages-Karte, Geburtstags-Kuchen).* Ein weiteres, wichtiges Argument gegen die Bindestrichschreibung wird von Löffler (2015:22) im Zusammenhang mit der Bewertung Leichter Sprache als Material für die Alphabetisierung von funktionalen Analphabet(inn)en eingebracht, für die die Lernfunktion von besonderer Bedeutung ist: „Damit wiederkehrende Wörter gespeichert werden, müssen sie immer in (annähernd) derselben Form auftauchen. Schreibungen wie ‚Arbeits-Gruppe', ‚Fach-Wörter' oder ‚Fremd-Wörter' irritieren mehr als sie helfen."

8.2.2 Der Bindestrich im Deutschen

Der Bindestrich hat im Deutschen eine fest umrissene Funktion (vgl. zur folgenden Darstellung auch Bredel 2011): Mit ihm werden einzelne lexikalische Bestandteile eines komplexen Ausdrucks optisch separiert. Beim Lesen von Bindestrichstrukturen wird zunächst jeder einzelne Ausdruck verarbeitet; erst in einem zweiten Schritt werden die Einzelausdrücke zu einem komplexen Ausdruck zusammengesetzt.

Diese Dekomposition des Leseprozesses macht sich bis in die Augenbewegungen hinein bemerkbar: Legt man Leser(inne)n den zusammengesetzten Ausdruck *blau-grün* vor, landet das Auge bevorzugt vor dem Bindestrich; es wird also zunächst der Erstbestandteil fixiert und verarbeitet. Beim Lesen des Ausdrucks *blaugrün* landet das Auge manchmal auf dem Erstbestandteil, manchmal nicht (Pfeiffer 2002, dargestellt in Geilfuß-Wolfgang 2007). Das Wort wird als ganzes erfasst und verarbeitet.

Die Orthografie trägt diesem Zusammenhang Rechnung: Bei zusammengesetzten Substantiven wird der Zweitbestandteil großgeschrieben und so als Einzelausdruck innerhalb der Komposition sichtbar gemacht.

Folgt man den orthografischen Regeln des Deutschen, ist es nicht in allen Fällen sinnvoll und erlaubt, Wörter, die aus mehr als einem Baustein bestehen, durch den Bindestrich zu separieren und damit einen dekomponierenden Leseprozess zu erzwingen. Vielmehr müssen bestimmte Bedingungen vorliegen. Sie können in der Beschaffenheit der Teilausdrücke liegen (1) oder in der Art ihrer Verknüpfung (2).

(1)   ¾-Takt
      Goethe-Haus
      GEZ-Gebühr
      i-Punkt
      3-Tonner
      pH-Wert
      Hartz-IV-Regelsatz

(2)   Mach-mich-nicht-an-Blick
      Rote-Karten-Flut
      Mutter-und-Kind-Kliniken
      das In-Kraft-Treten des Gesetzes
      Haus-zu-Haus-Geschäft

Die Fälle unter (1) weisen eine vollständig reguläre Wortbildungsstruktur auf. Was sie bindestrichsensitiv macht, ist die Inkompatibilität der Einzelbestandteile. Es handelt sich um Zusammensetzungen, bei denen einander fremde Wortbausteine kombiniert werden.

Bei den Fällen unter (2) sind die Wortbausteine homogen, die Wortbildungsstruktur selbst weist jedoch Irregularitäten auf: Die Bausteine werden syntaktisch, also wie in Sätzen verknüpft, ohne dass das Ergebnis dieser Verknüpfung bereits ein Satz ist.

In beiden Fällen ist der Bindestrich alternativlos. Empfohlen wird er in drei weiteren Fällen (3), (4) und (5):

(3)   Hawaii-Insel
      See-Elefant

(4)   Druckerzeugnis
      Druck-Erzeugnis
      Drucker-Zeugnis

(5)   Arbeiterwohlfahrtversicherungsunternehmen
      Arbeiterwohlfahrt-Versicherungsunternehmen

In den Fällen unter (3) führt eine bindestrichlose Schreibung zum Zusammentreffen von drei gleichen Vokalbuchstaben in Folge *(Hawaiiinsel, Seeelefant)*, was das Auffinden der Morphemgrenze erschwert. Auch in Fällen unter (4) ist die Morphemgrenze nicht zweifelsfrei zu identifizieren: Ohne den Bindestrich ist der Ausdruck *Druckerzeugnis* ambig. Die Fälle wie der unter (5) weisen eine besonders große Dichte auf. Der Bindestrich verdeutlicht die Wortkomposition.

8 Morphologie

Dieser letzte Fall scheint auch für die Netzwerkregeln für Leichte Sprache, die die Bindestrichschreibung bei komplexen Wörtern empfiehlt, leitend zu sein (BMAS 2013: 26).

> **Trennen Sie lange Wörter mit einem Binde-Strich.**
> **Dann kann man die Wörter besser lesen.**
> **Schlecht:** Bundesgleichstellungsgesetz
> **Gut:** Bundes-Gleichstellungs-Gesetz

Hier wird jedoch zugleich ein Problem sichtbar, das bislang undiskutiert geblieben ist: Wortbildungsstrukturen verzweigen binär. Das bedeutet, dass ein Ausdruck, der aus mehr als zwei Bestandteilen besteht, nicht einfach linear strukturiert ist und alle Bestandteile gleichberechtigt sind. Es handelt sich vielmehr um hierarchische Strukturen, bei denen jeweils eine Komposition aus zwei Bausteinen die Grundlage für die nächste bildet. Im vorliegenden Beispiel bildet *Gleichstellungsgesetz* die Basis für den Gesamtausdruck *Bundesgleichstellungsgesetz*; eine *Bundesgleichstellung* gibt es nicht:

Bundes gleichstellung s gesetz

Abbildung 2: Mehrgliedrige Komposita

Durch die gleichförmige Separierung mit dem Bindestrich geht diese wichtige Information für den Leser verloren (vgl. zu diesem Zusammenhang auch Kuhlmann 2013: 85 ff.). Wir werden im folgenden Abschnitt einen Vorschlag machen, wie dieses Problem in Leichter Sprache bearbeitet werden kann.

8.2.3 Komplexe Wortstrukturen in Leichter Sprache

Die Analyse der Funktion von Komposita und die Analyse der Funktion des Bindestrichs in der deutschen Orthografie haben gezeigt, dass eine schematische Separierung von Wortbestandteilen mit dem Bindestrich in komplexen Wörtern erhebliche Probleme mit sich bringt. Dies betrifft mindestens die folgenden Aspekte:

- Der Bindestrich erzwingt eine Dekomposition des Leseprozesses: Die Bestandteile eines Wortes werden einzeln verarbeitet, erst im

Anschluss daran erfolgt ihre Verknüpfung. Diese Dekomposition ist nicht in allen Fällen sinnvoll, weil Leser(innen) damit zu Fehlinterpretationen verleitet werden (vgl. *Milch-Straße*) oder mit Ausdrücken arbeiten müssen, die schwer interpretierbar sind (vgl. *Aug-Apfel*).

- Die durch den Bindestrich erzwungene Großschreibung der Wortbausteine führt zusätzlich dazu, dass uninterpretierbare Bestandteile erzeugt werden (vgl. *Sach-Verständiger*)
- Die deutsche Orthografie sieht den Bindestrich nur in bestimmten und bestimmbaren Fällen vor. Mit der willkürlichen Bindestrichsetzung an Wortfugen entfernen sich Ausgangs- und Zielsprache voneinander. Dies ist vor allem im Zusammenhang mit der Lern- und der Brückenfunktion von Leichter Sprache (s. Kap. 1.3.2 und 1.3.3) problematisch.
- Die interne hierarchische Struktur von mehrgliedrigen Komposita wird durch die schematische Separierung der Wortbausteine durch den Bindestrich nivelliert.
- Der Unterschied zu Wörtern, die auch in der Ausgangssprache (aus guten Gründen) mit Bindestrich geschrieben werden, geht verloren.

Gleichwohl gilt, dass die Visualisierung von morphologischen Einheiten die Erfassung komplexer Wortstrukturen erleichtert. Ein probates Mittel könnte der Medio·punkt sein. Er zeigt die Wortfuge an, ohne den Wortkörper vollständig zu zerstören. Damit wird es möglich, eine Lesehilfe zu geben, ohne die wortgrammatische Struktur des Ausgangsausdrucks zu manipulieren (1).

(1) Aug·apfel
     Milch·straße
     Tage·dieb
     Reb·sorte
     Sach·verständiger

Für mehrgliedrige Komposita bietet der Medio·punkt die Möglichkeit, die interne hierarchische Struktur von komplexen Ausdrücken in Zusammenarbeit mit dem Bindestrich deutlich zu machen. Ein Ausdruck wie *Bundesgleichstellungsgesetz* würde dann wie folgt in Leichte Sprache gebracht werden können: *Bundes-Gleichstellungs·gesetz*, wobei die Freilegung der Genitivform *(Bundes)* auch hier problematisch bleibt. Ein Ausdruck wie *Arbeiterwohlfahrt-Versicherungsunternehmen* würde nicht wie in (2a), sondern wie in (2b) umgesetzt:

(2) a. *Arbeiter-Wohlfahrt-Versicherungs-Unternehmen
     b. Arbeiter·wohlfahrt-Versicherungs·unternehmen

Ausdrücke, die bereits in der Ausgangssprache aus guten Gründen einen Bindestrich aufweisen *(BMX-Fahrrad, Hartz-IV-Regelsatz, Haus-zu-Haus-Geschäft)*, können dann so erhalten bleiben. Die meisten von ihnen werden wahrscheinlich erklärt werden müssen.

Empirisch wäre jedoch zu prüfen, ob insbesondere bei intransparenten Wortkompositionen (etwa *Frühstück, Wellensittich*), die in der Ausgangssprache keinen Bindestrich erlauben, ganz auf eine Separierung verzichtet werden sollte. Denn „Leichte Sprache ist ein Konzept, dass Menschen das V e r s t e h e n von Texten erleichtern will. Das leichtere L e s e n von Wörtern aber muss nicht zwangsläufig auch ein besseres Verständnis der Wörter zur Folge haben." (Kuhlmann 2013: 86; Hervorhebungen im Original)

8.2.4 Zusammenfassung

Im Kapitel zur Wortbildung haben wir uns nach der Darstellung des Gegenstandsbereichs (Reduktions- und Erweiterungsformen) auf die Erweiterungsformen und dort die Komposita, also die Kombination von zwei oder mehr Stämmen konzentriert, für die in allen Regelwerken die Bindestrichschreibung vorgeschlagen wird. Der durch die Zerlegung in Einzelbausteine gewonnenen Leseerleichterung, so haben wir argumentiert, stehen aber zugleich Nachteile gegenüber (etwa Freistellung uninterpretierbarer Wortreste, orthografisch irreguläre Schreibungen, Verfremdung konventioneller Wortgestalten, fehlende Differenzierungsmöglichkeit von wortinternen Hierarchien). Als Alternative haben wir deshalb die Verwendung des Mediopunktes vorgeschlagen, mit dem eine sanfte optische Markierung morphologischer Fugen möglich ist. Der Vorteil, die Grenzen der Wortbausteine sichtbar zu machen, bleibt mit diesem Instrument erhalten, die genannten Nachteile sind minimiert oder aufgehoben.

9 Lexik

Wenn wir von Wörtern sprechen, kann damit Verschiedenes gemeint sein. In der Linguistik wird mindestens zwischen lexikalischen und syntaktischen Wörtern unterschieden. Syntaktische Wörter bzw. Wortformen sind flexionsmorphologisch an den Kontext angepasste, konkrete Ausprägungen von lexikalischen Wörtern. Der Begriff lexikalisches Wort bzw. Lexem ist ein Mengenbegriff: Er beschreibt die Menge der syntaktischen Wörter mit gleichem Stamm, gleicher Wortart und gleicher Bedeutung. Ein Beispiel soll zeigen, was gemeint ist:

Bei *Bäume, Baumes, Baum* handelt es sich um drei verschiedene syntaktische Wörter. Sie haben denselben Stamm (BAUM), dieselbe Bedeutung (Pflanze mit Stamm und Blättern oder Nadeln) und gehören derselben Wortart (Substantiv) an; sie sind also Ausprägungen desselben lexikalischen Wortes (*Baum*^{LW}).

In den meisten Fällen weisen syntaktische Wörter eines Lexems auch phonologische bzw. graphematische Ähnlichkeiten untereinander auf und sind so als Ausprägungen desselben Lexems erkennbar. In einigen wenigen, jedoch im Gebrauch hochfrequenten Fällen gilt das aber nicht (z. B. *sein, war, sind, ist, bist*). Wir sprechen von Suppletivformen. Hier ist sprachliches Wissen erforderlich, das es erlaubt, diese Formen als Ausprägungen desselben Lexems zu identifizieren. Wegen ihrer hohen Gebrauchssequenz ist zwar anzunehmen, dass auch Adressaten von Texten in Leichter Sprache diese Identifizierung vornehmen können, eine empirische Prüfung, auch in Fällen von Formänderungen etwa bei starken Verben *(gehen – ging – bin gegangen)*, steht jedoch aus. Diesem Zusammenhang können wir jedoch an dieser Stelle nicht nachgehen. Wir konzentrieren uns auf die lexikalischen Eigenschaften von Wörtern. Fragen zu syntaktischen Ausprägungen von Lexemen (z. B. Tempusformen bei Verben oder Kasusformen bei Substantiven) wurden in Kap. 8.1 behandelt.

Wenn wir im Folgenden also von dem Begriff Wort Gebrauch machen, sind immer Lexeme gemeint. Konkret geht es um die Frage der kriterialen Auswahl von Lexemen für Texte in Leichter Sprache. In den Netzwerkregeln (BMAS 2013: 22) heißt es dazu:

Benutzen Sie einfache Wörter.
Beispiel
Schlecht: genehmigen
Gut: erlauben

9 Lexik

Inclusion Europe (2009: 10) stellt folgende Regel auf:

Verwenden Sie leicht verständliche Wörter,
die allgemein bekannt sind.

Eine Antwort auf die Frage, was „einfache Wörter" (BMAS) bzw. „leicht verständliche Wörter" (Inclusion Europe) sind, ist nicht leicht zu geben; das Kriterium von Inclusion Europe, „allgemein bekannt" zu sein, bleibt ohne eine weitere Spezifizierung auf die Intuition verwiesen. Eine mögliche Spezifizierung erhält man, wenn man die Entscheidung der Netzwerkregeln gegen *genehmigen* und für *erlauben* interpretiert als eine Entscheidung für die Alltags- und gegen die Fachsprache; und die Annahme, dass alltagssprachliche Wörter bekannter sind als fachsprachliche, ist intuitiv plausibel. Aus diesem Unterschied ergeben sich auch unterschiedliche Gebrauchsfrequenzen: Für *erlaubt* erhält man bei einer Internetabfrage 58 Mio. Einträge, für *genehmigt* 10 Mio. Alltagssprachliche Nähe und (damit verknüpft) hohe Gebrauchsfrequenz könnten somit zwei mögliche Spezifizierungen des Kriteriums „allgemein bekannt" sein, wobei bei Adressaten von Leichter Sprache ja genau angenommen werden muss, dass ihnen das, was „allgemein bekannt" ist, nicht in derselben Weise geläufig ist.

Hinzu kommt aber ein weiterer Punkt: *erlauben* und *genehmigen* haben teilweise verschiedene Kontexte ausgebildet *(sie erlaubten/*genehmigten ihren Kindern, bis zehn zu bleiben; der Antrag wurde genehmigt/*erlaubt)* und in manchen Fällen erzeugen *genehmigen* und *erlauben* im selben Kontext verschiedene Interpretationen *(Was erlaubt ist, muss nicht richtig sein* vs. *Was genehmigt ist, muss nicht richtig sein)*, so dass eine rein an solchen Kriterien orientierte Übersetzungsentscheidung auch dann nicht umstandslos möglich wäre, wenn man von einer allgemeinen Bekanntheit ausgehen könnte. Abgesehen davon wird in der tatsächlichen Übersetzungspraxis für *genehmigen* häufig *dürfen* gewählt, was gegenüber *erlauben* eine direkte Adressierung des Lesers gestattet (BMAS 2013: 46); wir haben es mit einem typischen Fall von Regelüberlagerung zu tun.

Um eine Antwort auf die Frage näherzukommen, welche Kriterien für die Auswahl von Lexemen für Texte in Leichter Sprache geeignet sind oder leitend sein sollten, werden wir im Folgenden die Architektur des Wortschatzes skizzieren und wichtige Aspekte der mentalen Verarbeitung von Wörtern beschreiben. Daraus können Orientierungen für die Lexemauswahl für Texte in Leichter Sprache gewonnen werden; zugleich werden wir zeigen, dass es Lexeme gibt, die nur auf den ersten Blick einfach sind, bei einer genaueren Rekonstruktion aber gerade diejenigen sein könnten, an denen das Verstehen scheitern kann.

9.1 Der Wortschatz des Deutschen

9.1.1 Quantitäten

Je nach Zählung (z. B. Einbeziehen des Fachwortschatzes; Berücksichtigung von Neologismen etc.) besteht der deutsche Wortschatz aus 300 000 bis 500 000 Lexemen.

Kein Sprecher jedoch kennt sie alle. Für die Ermittlung der Anzahl von Lexemen im mentalen Lexikon von kompetenten, erwachsenen Sprechern ist es üblich, den passiven von einem aktiven Wortschatz zu unterscheiden: Aktiv verwenden kompetente Sprecher im Alltag zwischen 10 000 und 15 000 Wörter, können aber über weit mehr Wörter auch für spezifische Kontexte (z. B. Fachwörter) verfügen. Der passive Wortschatz ist insgesamt größer: verstehen können kompetente Sprecher bis zu ca. 100 000 Lexeme (vgl. dazu weiterführend Aitchison 1997).

Bei den Adressaten von Texten in Leichter Sprache dürfte sowohl der aktive als auch der passive Wortschatz, auf den es hier wesentlich ankommt, erheblich kleiner sein. Die wenigen empirischen Studien zeigen jedoch zugleich andere Muster:

So verfügen prälingual gehörlose Schulabgänger(innen) über durchschnittlich 2 000 Lexeme (Krammer 2001: 31); und weil es bei prälingualer Gehörlosigkeit nicht gelingen kann, den passiven Wortschatz durch beiläufige Rezeption auf- und auszubauen, unterscheiden sich der aktive und der passive Wortschatz dieser Sprechergruppe nur unwesentlich.

Weil das (aktive und passive) Verfügen über lexikalische Wörter zudem in hohem Maß von den sprachlichen Erfahrungen und den bisherigen Möglichkeiten der aktiven und passiven sprachlichen Partizipation an gesellschaftlichen Diskursen jeder einzelnen Person abhängt, wären rein quantitative Feststellungen für eine kriteriengeleitete Auswahl von Lexemen für Texte in Leichter Sprache aber schon deshalb kaum brauchbar.

Eine andere Möglichkeit, sich der lexikalischen Auswahl quantitativ anzunähern, ist die Konsultation von Frequenzwörterbüchern, mit dem Ziel, eine Art von Grundwortschatz herauszufiltern, von dem angenommen werden kann, dass er die Basis für die kommunikative Verständigung und deshalb auch die Basis der Wortschatzkenntnisse bei geringem Wortschatzumfang bildet. Wortfrequenzprojekte haben gezeigt, dass eine geringe Zahl von unterschiedlichen Wörtern einen großen Prozentsatz der in Texten verwendeten Lexeme abdecken; allerdings stechen auf den vorderen Frequenzrängen vor allem die Funktionswörter (s. Kap. 9.1.2) heraus. Tschirner (2005) führt aus, dass die 2 000 häufigsten Wörter zu einer Textabdeckung von 90 % bei standarddeutschen Texten kommen. Für eine Abdeckung von 95 % werden dagegen schon 4 000 Wörter benötigt. Es ist jedoch fraglich, welche Frequenzlisten hier zugrunde gelegt werden müssten; Listen, die auf schriftlichen Texten beruhen, geben die Wortbeherrschung von schwachen Lesern bzw. von Nichtlesern nicht unbedingt zuverlässig an. Beckers (2014) hat zudem gezeigt, dass die tatsächliche Überschneidung der großen Frequenzlisten des Deutschen bezüglich der häufigsten 2000 Wörter jenseits des Funktionswortschatzes nicht sehr groß ist. Vielmehr hängt die tatsächliche Ausprägung der Listen in starkem Maße von der Textauswahl für das Korpus ab. Ob ein Wort verstanden wird, liegt nicht in erster Linie an seiner Platzierung in den existierenden Frequenzlisten, sondern an seiner Zentralität für den Lebensbereich des Rezipienten / der Rezipientin.

Um Kriterien für eine optimale Wortauswahl für Leichte Sprache zu gewinnen, sind Häufigkeitsfeststellungen deshalb nur sehr bedingt hilfreich. Benötigt wird eine qualitative Differenzierung des Wortschatzes.

9.1.2 Qualitäten – Inhaltswörter und Funktionswörter

In der Sprachwissenschaft ist es üblich, den gesamten Wortschatz in zwei große Klassen zu teilen: Inhaltswörter und Funktionswörter.

Im Kernbereich der Inhaltswörter stehen Substantive, Adjektive und (die meisten) Verben; ihre Hauptfunktion ist die Kodierung von außersprachlicher Bedeutung.

Zu den Funktionswörtern zählen Präpositionen, Konjunktionen, Artikel und Pronomen; ihre Hauptfunktion ist die Kodierung syntaktischer Verhältnisse. Bei den Adverbien finden wir uneindeutige Zuordnungen; normalerweise werden sie den Inhaltswörtern zugerechnet. Weil für uns aber ihre Funktionen bei der Strukturierung von Texten von besonderem Interesse sind, behandeln wir sie unter den Funktionswörtern.

Die Klasse der Inhaltswörter ist weitgehend offen und damit sprachwandelintensiv: Täglich kommen in einer Sprache neue Inhaltswörter hinzu oder sie verschwinden. Zudem sind Inhaltswörter wortbildungsfreudig; sie bilden mit anderen Inhaltswörtern zusammen neue Lexeme; manche der Zusammensetzungen sind lexikalisiert *(Frühstück)*, manche gelten als Neologismen *(Raumpfleger)*, manche davon sind Ad-hoc-Bildungen *(Problembär)* (zu den Zusammensetzungen und ihrer Kodierung in Leichter Sprache s. Kap. 8.2).

Gerade dieses Potenzial macht Inhaltswörter auch zur präferierten Zielkategorie für bewusste Manipulationen (etwa in literarischen Texten). Im Spracherwerb treten Inhaltswörter recht früh auf und dienen dort der Kategorisierung und Differenzierung der umgebenden Wirklichkeit; Lücken im Inhaltswortschatz können häufig durch Alternativausdrücke kompensiert werden; ein völliges Fehlen eines Inhaltswortschatzes (s. u., zum Beispiel beim Vorliegen einer Wernicke-Aphasie) jedoch verhindert die Verständigung.

Die Funktionswörter bilden eine geschlossene Klasse; sie sind gegenüber den Inhaltswörtern sprachwandel- und wortbildungsresistent, bilden nur selten die Zielkategorie für bewusste Manipulationen und kommen im Erwerbsprozess später hinzu. Funktionswörter sind für den Aufbau einer stabilen Syntax unverzichtbar. Selbst vereinzelte Lücken im Funktionswortschatz haben deshalb gravierendere Folgen für die sprachliche Kompetenz als vereinzelte Lücken im Inhaltswortschatz.

Darüber, wie Wörter im Kopf gespeichert sind, gibt es bislang keine abschließende Auskunft. Eine relativ stabile Erkenntnis liegt aber – seit den Untersuchungen zur Aphasie durch Paul Broca (1824–1880) und Carl Wernicke (1848–1905) – in Bezug auf die Verschiedenheit der mentalen Verarbeitung von Funktions- und Inhaltswörtern vor. Bei der sogenannten Broca-Aphasie sind die Funktionswörter so wie insgesamt die syntaktischen Funktionseinheiten, also auch die Flexive, in Mitleidenschaft gezogen. Das Sprechbild von Brocapatienten zeigt typischerweise eine syntaktisch nur schwach verknüpfte Folge von Inhaltswörtern in ihrer Grundform (s. auch Kap. 5.2.7; Beispiel aus: Leuninger 1989: 31, leicht geglättete Darstellung; U = Untersucher, Arzt; P = Patient):

U: Ja. Wie hat das denn mit Ihrer Krankheit angefangen?
P: Skifahren, Österreich ... Abfahrt ... und ... und ... peng ... kaputt.
U: Haben Sie einen Skiunfall gehabt?
P: Ja, Ski ... un ... fall ... nicht ... aber .... Ski ... Gehirn- ... b-, bl- b ... Gehirn- ... Gehirn ... blu ...tung.
U: Was ist dann mit Ihnen passiert?
P: Ja ... kaputt ... gelähmt.
U: Wo sind Sie hingekommen?
P: Ja ... Ös...terreich ... Sanka ... nunterfahrn, und ... liegen ... vier Tage liegen ... ja ... liegen ... ja ... vier Tag ...

Bei der Wernicke-Aphasie (s. auch Kap. 5.2.7) ist die Syntax weitgehender als bei der Broca-Aphasie intakt, es fehlen aber die Inhaltswörter (Beispiel aus Lutz 1992: 46; angepasste Darstellung):

U: Ja, haben Sie da auch einen Garten? Da, wo Sie wohnen?
P: Ja, gäh äh ka ur ein geomer, ein teomer von annern te eh
U: Ja
P: Nech, also, mein schön kerger küksil im Sommer, jetzt um diese Zeit ...
U: Ja ...
P: Gehabt un so auch heute den bron denn ein ein für äh na et den oder oder für mich denn für – Gott, wie schwer ist das denn!

9 Lexik

U: Ich kann Sie immer noch nicht gut verstehen, leider! Ich möchte so gern, aber da kommen immer andere Wörter ...
P: Ich weiß, aber aber ein mies da hab ich denn manches manches manches so gelies gehakkert ja, ach ja, sach ich da stehn für halle sarge was ich wusste ...

Unentschieden ist, wie genau die Funktions- und Inhaltswörter während der Sprachverarbeitung aktiviert werden. Grob kann zwischen zwei Theoriefamilien unterschieden werden: Serielle Ansätze gehen davon aus, dass Wörter bzw. Wortinformationen als diskrete Einheiten abgespeichert sind und bei Bedarf nacheinander abgerufen werden. Konnexionistische Ansätze gehen davon aus, dass im Prozess der Sprachproduktion bzw. -rezeption bestimmte neuronale Verbindungen (Konnexionen) aufgebaut werden, die zu einem lexikalischen Eintrag verknüpft werden.

Unabhängig von diesem Unterschied gilt aber als ausgemacht, dass zu einem lexikalischen Eintrag nicht nur seine Bedeutung gehört, sondern dass weitere Merkmale bestimmend sind: die phonologische Form, die graphematische Form, die morphologische Form (etwa Flexionsmuster [z. B. stark oder schwach flektiert]), die Syntax (Gebrauch eines lexikalischen Ausdrucks im syntaktischen Kontext), die Pragmatik (typische Diskurs- oder Textvorkommen). Erst wenn alle Merkmale optimal zusammenspielen, können lexikalische Ausdrücke in der Sprachproduktion sicher aufgerufen und in der Sprachrezeption sicher verarbeitet werden.

Bei den Adressaten von Texten in Leichter Sprache können auf allen Ebenen bzw. in Bezug auf alle Merkmale spezifische Einschränkungen erwartet werden; wir werden im Folgenden herausarbeiten, auf der Basis welcher Kriterien eine maximal sinnvolle Auswahl von Inhaltswörtern für Leichte Sprache getroffen werden kann, und dies auch dann, wenn nicht die lexikalische Kompetenz jedes potenziellen Lesers bekannt ist.

Um Funktionswörter angemessen verarbeiten zu können, müssen vor allem die syntaktischen Muster, die sie strukturieren, aktiviert werden. Dabei kann das korrekte Muster häufig erst durch die gemeinsame Auswertung von Funktionswort und Kontext angewählt werden: *Denn* kann Konjunktion *(denn sie wissen nicht, was sie tun)* oder Partikel sein *(was hat er denn?)*, *wann* fragesatz- oder nebensatzeinleitend, *an* kann als lokale Präposition gebraucht werden *(das Bild hängt an der Wand)* oder semantisch leer sein *(er hängt an seiner Mutter)*.

Verarbeitungsschwierigkeiten beim Lesen von Funktionswörtern können damit zusammenhängen, dass die damit verknüpften syntaktischen Muster nicht oder nicht vollständig aktiviert werden können; Funke (1987) hat dies an der Unterscheidung von *dass* und *das* in konjunktionalen Nebensätzen und Relativsätzen gezeigt. Verstehensprobleme können aber auch damit zu tun haben, dass das zu einem Kontext nicht passende syntaktische Muster aufgerufen wird (z. B. die lokale Lesart von *an* in *er hängt an seiner Mutter*).

Die Regelwerke zur Leichten Sprache machen neben dem weitgehenden Konjunktions- und Subjunktionsverbot (s. Kap. 10) und der Beschränkung des Pronomengebrauchs (s. Kap. 9.2.2.3) keine weiteren Aussagen über Funktionswörter. Es gilt aber für die Rezeption im Prinzip dasselbe wie für die Produktion: Die ausbleibende Auswertung bzw. die Fehlinterpretation von Funktionswörtern kann weit gravierendere Auswirkungen auf das Gesamtverstehen haben als die ausbleibende Auswertung bzw. die Fehlinterpretation einzelner Inhaltswörter.

Wir gehen den potenziellen Verstehenshürden bei der Auswertung von Funktionswörtern deshalb in einem eigenen Kapitel nach (s. Kap. 9.2.2). Insgesamt könnte es sich lohnen, bei konkreten Verstehensprüfungen von entstandenen Textprodukten in Leichter Sprache ein besonderes Augenmerk auf die Sicherheit bei der Verarbeitung von Funktionswörtern zu legen.

9.2 Inhalts- und Funktionswörter in Leichter Sprache

9.2.1 Inhaltswörter in Leichter Sprache

Bereits oben haben wir eine der Netzwerkregeln zur Lexemauswahl in Leichter Sprache genannt („Benutzen Sie einfache Wörter") und darauf verwiesen, dass das Kriterium der Einfachheit seinerseits zu spezifizieren ist. Dies gelingt am besten mit der Prototypentheorie: In ihrem Kern besagt die Prototypentheorie, dass bei Ausdrücken eines Bedeutungsfeldes einer der Ausdrücke im Begriffszentrum steht und sich alle anderen mehr oder weniger weit von ihm weg in die Peripherie bewegen. Das immer wieder aufgerufene Beispiel ist das Bedeutungsfeld Vogel. Im Begriffszentrum steht, zumindest im europäischen Sprachraum, der Spatz oder die Amsel, etwas weiter vom Begriffszentrum weg bewegt sich der Wellensittich oder der Papagei, ganz außen finden wir den Pinguin, der – weil er nicht fliegen kann und auch sonst nicht wie ein typischer Vogel aussieht – von vielen Sprechern gar nicht als Vogel identifiziert wird. Bei Sitzgelegenheiten wird der Stuhl das Zentrum bilden, der Melkschemel rückt in die Peripherie; bei Obst bildet der Apfel das Begriffszentrum, die Erdbeere und die Kirsche sind noch zentrumsnah, in der Peripherie befinden sich etwa die Papaya oder die Wassermelone. Meist sind die jeweiligen Prototypen kulturell fest verankert und bilden zugleich häufig den Ausgangspunkt für Phraseologismen *(der Spatz in der Hand ...; in den sauren Apfel beißen; zwischen allen Stühlen sitzen)*.

9 Lexik

Bei Ausdrücken, die ein Wortfeld konstituieren, können wir Ähnliches feststellen; auch bei ihnen gibt es zentralere und weniger zentrale Kandidaten. Häufig ist einer der Prototyp.

Für das Wortfeld, das Wörter, die den Übergang vom Leben zum Tod bezeichnen, enthält, gibt das Woxikon die folgenden Synonyme an: *ableben, abscheiden, einschlafen, einschlummern, enden, entschlafen, entschlummern, gehen von, heimgehen, hinsterben, hinüberschlummern, jemanden verlassen, umkommen, verlöschen, sterben* (http://synonyme.woxikon.de/synonyme/sterben.php; geprüft am 30.10.2015). In Wahrheit gibt es noch eine Menge mehr (z. B. *versterben, abkratzen, (da)hinscheiden, in die ewigen Jagdgründe eingehen*), darauf kommt es hier aber nicht an; es geht vielmehr darum, welche Kriterien dazu beitragen können, den oder die Prototypen zu ermitteln.

Im vorliegenden Fall ist der Prototyp zweifelsfrei der Ausdruck *sterben*: Er kommt am häufigsten von allen genannten Synonymen vor; und die meisten Vorkommen der Synonyme können mit *sterben* substituiert werden, *sterben* hat also die größte diskursive Reichweite und ist zusätzlich medienneutral, also gleichermaßen in der Mündlichkeit und in der Schriftlichkeit verankert – im Ggs. zu *abkratzen* (tendenziell mündlich), *entschlafen* (tendenziell schriftlich). *Sterben* ist denotativ spezifisch genug (gegenüber *enden*), aber nicht zu spezifisch (vgl. dagegen *umkommen*, mit dem eine bestimmte Todesart angesprochen ist), und weist keine erkennbaren Konnotationen auf (gegenüber *heimgehen*, mit dem eine spezifische Todesideologie verknüpft ist). Außerdem ist *sterben* frei von Metaphorik (im Ggs. zu *einschlafen*), stilistisch neutral (im Ggs. zu *abkratzen*) und morphologisch, phonologisch und graphematisch einfach (etwa gegenüber *entschlummern* oder *verlöschen*).

Sterben wird gegenüber den anderen Ausdrücken früher gelernt und bei sukzessivem Sprachverlust im Alter später verlernt (Albert et al. 1988; Moberg et al. 2000); denn gegenüber den angegebenen Alternativen ist die mentale Repräsentation reich (serieller Ansatz) bzw. die Bahnungen besonders stark ausgeprägt (Konnexionismus).

All diese Eigenschaften weisen *sterben* als Prototypen und damit als präferierten Ausdruck für die Leichte Sprache aus. Die einzige Eigenschaft, die *sterben* ungeeignet machen könnte, ist sein Flexionsverhalten; es handelt sich um ein starkes Verb, also ein Verb mit Stammvokalwechsel *(sterben, stirbt, starb, gestorben)*.

Wir haben es hier mit einer spezifischen Asymmetrie zu tun (lexikalische Einfachheit; morphologische Irregularität), die auf ein grundsätzliches Problem verweist: Je tiefer (und länger) ein Ausdruck im Wortschatz verankert ist, desto eher finden wir morphologische Irregularitäten. Sogenannte starke Verben sind ausschließlich historisch alte Verben; sie sind

hochfrequent und beziehen sich in der Regel auf basale Alltagshandlungen/
-vorgänge *(schlafen, essen, trinken, liegen, sitzen, sehen, sterben ...).* Sie alle
aber bilden den jeweiligen Prototypen des dazugehörenden Wortfeldes.
Vollständig bzw. fast vollständig irregulär verhalten sich die Allzweckverben *sein* und *haben*.

Die hier gegebenen Kriterien können nicht nur für den Ausdruck *sterben*, sondern auch für die Auswahl anderer Wörter für Leichte Sprache dienen; sie seien hier deshalb noch einmal zusammengestellt:

> hohe Gebrauchsfrequenz
> große diskursive Reichweite
> Medienneutralität
> denotative Präzision
> konnotative Neutralität
> stilistische Neutralität
> keine Metaphorik
> morphologische, graphematische und phonologische
> Einfachheit (teilw. morphologische Irregularität)
> früher Erwerbszeitpunkt
> später Verlust

Je mehr dieser Eigenschaften ein Lexem gegenüber anderen möglichen Lexemen aufweist, desto geeigneter ist es für die Verwendung in Leichter Sprache. Zwar ist bei Weitem nicht bei allen Ausdrücken die Entscheidung so klar zu treffen wie bei *sterben*. Und in manchen, begründeten Kontexten kann es sogar geboten sein, einen denotativ präziseren Ausdruck zu wählen (vgl. oben *erlauben/genehmigen*). Die gegebene Kriterienliste kann aber als Orientierungsraster dienen, wenn zwei oder mehr Lexeme zur Auswahl stehen.

Nicht angesprochen haben wir feste Wendungen wie *ins Gras beißen* und die große Klasse der Funktionsverbgefüge (*zu Tode kommen, ums Leben kommen* etc.), die ebenfalls zum Inhaltswortschatz gezählt werden. Sie widersprechen jedoch praktisch allen oben genannten Kriterien der Einfachheit und sind deshalb in Leichter Sprache nicht lizenziert.

9.2.1.1 Fremdwörter

Neben dem allgemeinen Gebot, „einfache Wörter" zu verwenden (s. o.), sprechen die Netzwerkregeln zusätzlich ein spezifisches Verbot aus, das sich auf Fremd- und Fachwörter bezieht, die in Opposition zu „bekannten Wörtern" gebracht werden (BMAS 2013: 24; ein weitgehendes Verbot von Fremdwörtern gilt auch bei Inclusion Europe (2009: 10) und bei BITV 2.0. [Regel 4]):

> Benutzen Sie bekannte Wörter. Verzichten Sie auf Fach-Wörter und Fremd-Wörter.

In der Linguistik wird nicht subjektiv zwischen fremd und bekannt unterschieden, sondern objektiv zwischen fremd und eigen bzw. nativ; als ausschlaggebendes Kriterium gilt die Herkunft: Native Wörter gehören seit je her zum Wortschatz einer Sprache; sie werden deshalb auch Erbwörter genannt; Fremdwörter sind aus anderen Sprachen migriert.

Die Grenze ist jedoch nicht leicht zu ziehen: Ist *Fenster* ein Fremdwort, weil es vom lateinischen *fenestra* kommt? Anders gefragt: Wie lange muss ein Wort schon in einer Sprache verwendet werden und wie weit muss und darf man in der historischen Rekonstruktionskette zurückgehen, um ein Wort als Fremdwort zu charakterisieren?

In der modernen Linguistik wird auf der Basis solcher Probleme der diachrone, auf die Herkunft bezogene Fremdwortbegriff durch einen synchronen, auf die Gegenwartssprache bezogenen Fremdwortbegriff ergänzt (Eisenberg 2011; Fuhrhop 2011): Als fremd gilt ein Lexem unter synchroner Perspektive dann, wenn es strukturell von der kanonischen Wortstruktur einer Sprache, hier des Deutschen, abweicht. *Fenster* wäre dann kein Fremdwort; denn es verfügt über alle Eigenschaften eines regulären Erbwortes; es sieht aus und verhält sich wie ein Wort, das seit jeher im deutschen Wortschatz vorhanden ist. Weil seine Abkunft aus dem Lateinischen aber rekonstruierbar ist, kann es als Lehnwort charakterisiert werden, also als Wort, das diachron fremd, synchron aber an die Nehmersprache Deutsch angepasst ist. Erbwörter bilden zusammen mit den Lehnwörtern die Gruppe der Kernwörter. Zuletzt können Wörter vorkommen, die weder aus einer anderen Sprache kommen noch den Strukturen des Deutschen entsprechen; sie werden als Pseudofremdwörter bezeichnet. Insgesamt ergibt sich die folgende Übersicht (vgl. hierzu bereits Heller 1980):

diachron fremd	synchron fremd	Beispiel	Klasse	
+	+	*Theorie*	Fremdwort	
−	+	*Handy*	Pseudofremdwort	
+	−	*Fenster*	Lehnwort	} Kernwort
−	−	*Feder*	Erbwort	

Synchrone Fremdheit kann auf mehreren Ebenen bestehen: Die augenfälligste ist die phonologische bzw. die graphematische Fremdheit, im vorliegenden Beispiel *Theorie* ist es die Dreisilbigkeit, die Letztbetonung oder das postkonsonantische h *(Th)*. Fremdheit kann aber auch auf morphologischer Ebene vorliegen. Das gilt sowohl für die Flexionsmorphologie als auch für die Wortbildungsmorphologie:

Flexionsmorphologisch fallen fremde Substantive häufig durch nicht native Pluralbildung auf *(Praktikum/Praktika, Terminus/Termini)* bis hin zu einem tiefen Eingriff in den Wortkörper *(Globus/Globen, Kaktus/Kakteen)*. Die korrekte Interpretation der Pluralformen kann deshalb erschwert sein. In Texten in Leichter Sprache wird ggf. eine Erläuterung der grammatischen Form nötig (z. B. *Praktika ist die Mehrzahl von Praktikum*).

Wortbildungsmorphologisch verknüpfen sich fremde Stämme bevorzugt mit fremden Derivationsmorphemen; die Substantivierung des fremden Ausdrucks *real* heißt *Realität* (nicht **Realheit*). Demgegenüber wird die Substantivierung des Erbworts *wirklich* mit dem nativen Derivationssuffix *-keit* gebildet (*Wirklichkeit*, nicht **Wirklichität*). Im Spracherwerb können wir beobachten, dass Kinder eher dazu neigen, native Derivationsmorpheme mit fremden Stämmen zu verknüpfen *(Realheit)*, während das Umgekehrte, die Verknüpfung von fremden Derivationsmorphemen mit nativen Stämmen *(Wirklichität)* praktisch nicht beobachtet werden kann. Insgesamt ist davon auszugehen, dass native Wortstrukturen von Muttersprachlern besser und leichter verarbeitet werden können als fremde Wortstrukturen; dies auch deshalb, weil Kernwörter und ihre Wortbildungsmuster regulär auftreten, während fremde Wortbildungsmuster von der Zuweisung der Herkunft des Stammes abhängig sind (vgl. *Realität* in *Realitätsschock*, aber *Reality* in *Realityshow*). Die große Regelmäßigkeit der nativen gegenüber der fremden Wortbildung trägt auch dazu bei, dass L2-Sprecher des Deutschen sie rascher erwerben und sicherer nutzen können.

Das bedeutet noch nicht, dass alle Wörter mit nativer Struktur, also Kernwörter, in allen Kontexten und von allen Leser(inne)n besser verstanden werden können als Fremdwörter; hier spielen auch die oben genannten Prototypizitätseigenschaften sowie die individuelle Erfahrung der Leser(innen) eine Rolle. Bei der Entscheidung über die Verwendung von Lexemen in Leichter Sprache sollte die Regelmäßigkeit von Flexions- und Wortbildungsstrukturen jedoch als wichtiger Indikator einbezogen werden, der vor allen dann greifen sollte, wenn die Lexemkompetenz der Adressatengruppe nicht hinreichend spezifiziert werden kann.

9.2.1.2 Fachwörter

Eine andere Frage ist mit dem Status eines Lexems als Fachwort berührt; hier sind Kern- und Fremdwörter gleichermaßen möglich *(Genehmigung, Lizenz)*. Die Frage nach potenziellen Verstehensproblemen von Fachwörtern stellt sich deshalb auf etwas andere Weise als die Frage nach Verstehensproblemen von Fremdwörtern: Unterschieden werden kann grob zwischen fachspezifischen Lexemen, also solchen, die nur in der entsprechenden Fachsprache verwendet werden (z. B. *Photosynthese* in der Biologie) und fachgeprägten Lexemen, also solchen, die auch im Alltag vorkommen, die aber in der Fachsprache mit eigenen Bedeutungen belegt sind (z. B. *Kopf* und *Fuß* in der Linguistik).

Weil es sich bei fachgeprägten Lexemen um Wortverwendungen handelt, die ihre spezifische Semantik erst in dem entsprechenden Fachkontext erhalten, müssen diese Ausdrücke in Leichter Sprache stets erläutert werden. Dies ist insbesondere dann erforderlich, wenn sie an der Oberfläche auf den ersten Blick leicht und deshalb in einfacher Weise zugänglich sind, wenn sie also – wie *Kopf* oder *Fuß* – basale Alltagskonzepte aufrufen und damit zu einer alltagssprachlichen Interpretation herausfordern, die zu Missverständnissen führt.

Beim Lesen von fachspezifischen Lexemen sind Missverständnisse nicht in derselben Weise erwartbar; weil sie Leser(inne)n von Texten in Leichter Sprache aber häufig unbekannt sein dürften, erfordern auch sie in der Regel eine Erklärung.

In den Netzwerkregeln (BMAS 2013: 24; Hervorhebungen im Original) wird folgende Erklärungsstrategie empfohlen:

Erklären Sie schwere Wörter.
Kündigen Sie schwere Wörter an.
Sie können am Ende vom Text ein Wörter-Buch machen.
Gut: Herr Meier hatte einen schweren Unfall.
Jetzt lernt er einen anderen Beruf.
Das schwere Wort dafür ist:
berufliche Rehabilitation.

Erste Verständlichkeitsprüfungen mit Gehörlosen haben jedoch gezeigt, dass diese Form der nachgetragenen Erklärung eigene Verstehensschwierigkeiten erzeugen kann; problematisch ist vor allem, die Bezugsgröße von *dafür* sicher zu identifizieren. Eine Alternative könnte deshalb in der vorgezogenen Erwähnung liegen, also einer tatsächlichen Ankündigung des „schweren Wortes", wie es in den Netzwerkregeln ja auch in der Regelerläuterung steht:

Herr Meier ist in der **beruflichen Rehabilitation**.
Das bedeutet:
Herr Meier lernt einen neuen Beruf.
Herr Meier hatte nämlich einen schweren Unfall.
Deshalb kann Herr Meier seinen alten Beruf **nicht** mehr machen.

Durch den Fettdruck ist die Bezugsgröße des Demonstrativpronomens *das* (s. auch Kap. 9.2.2.3) hier eindeutig ausgewiesen. Begriff und Erklärung folgen dem erwarteten Nacheinander (Begriff → Erklärung); die typografische Absetzung weist die eingerückte Information als Ganze der Erklärung zu.

Als zusätzliches Angebot wird in den Netzwerkregeln (BMAS 2013: 14) das Anlegen eines Wörterbuchs vorgeschlagen:

Sie können am Ende vom Text ein Wörter-Buch machen.

Bei der konkreten Umsetzung dieses Vorschlags stellen sich dann sowohl strukturelle als auch konzeptionelle Fragen, wobei die konzeptionellen Fragen mindestens zweigeteilt sind: Zum einen geht es darum, wie die Begriffserklärungen angelegt werden sollen, zum anderen darum, welche Informationskomponenten überhaupt eine Rolle spielen sollten.

Um hier einer Klärung näher zu kommen, analysieren wir ausschnitthaft Einträge aus Hurraki, einer Mitmachplattform, in der jeder Einträge hinterlegen kann, die auch wegen fehlender Ressourcen nicht systematisch überprüft werden (zur Wörterbuchsituation für Leichte Sprache s. auch Kap. 6.7.2). Eine gründliche Analyse der dort bislang erfolgten Wortschatzarbeit soll neben der Herausarbeitung grundsätzlicher Anforderungen an Wörterbücher für Leichte Sprache auch Stärken und Schwächen von Hurraki aufdecken und so zu einer Professionalisierung beitragen.

<u>Zur Struktur:</u> Strukturell müssen bei der Erstellung eines Wörterbuchs für Leichte Sprache Fragen wie die folgenden diskutiert werden: Wie sollen die Einträge sortiert sein (z.B. alphabetisch, chronologisch, sachlogisch)? (Wie) sollen die Einträge im Text markiert werden? Soll es für jeden Absatz oder zu jedem Text ein eigenes Glossar geben? Sollten Textgruppen zusammengefasst werden? Oder sollte es ein textübergreifendes (elektronisches) Wörterbuch (nach dem Muster von Hurraki) geben, auf das die Leser(innen) jederzeit Zugriff haben? Solche Fragen empirisch zu klären ist eines der drängenden Desiderate der Leichte-Sprache-Forschung.

Zur Anlage der Begriffsklärung: Das oben aufgeführte Beispiel zur beruflichen Rehabilitation zielt deutlich auf eine Erklärung, die in einen konkreten Kontext (den Unfall von Herrn Meier) eingebettet ist. Der Begriff *berufliche Rehabilitation* muss in einem Glossar jedoch dekontextualisiert und fallneutral erklärt werden.

Im Wörterbuch Hurraki findet sich dafür unter dem Link *Rehabilitation* folgende Lösung (http://www.hurraki.de/wiki/Rehabilitation; geprüft am 30.10.2015):

Rehabilitation meint:
Etwas wieder so machen, wie es vorher war.

Genaue Erklärung:
Rehabilitation kann Wiedereingliederung heißen.
zum Beispiel:
Herr Müller war lange krank.
Jetzt will Herr Müller wieder arbeiten gehen.
Herr Müller wird bei seiner Arbeitsstelle wieder eingegliedert.
Das heißt, das ist eine berufliche Rehabilitation.

Es gibt auch eine medizinische Rehabilitation.
Zum Beispiel:
Frau Maier hatte einen Autounfall und wurde schwer verletzt.
Nach dem Krankenhaus soll Frau Maier Krankengymnastik machen.
Damit sie wieder so laufen kann wie früher.
Frau Maier macht also Reha.

Strukturell liegt zwar kein Leichte-Sprache-Text vor: Nebensatz *(wie es vorher war)*, verdeckter Nebensatz *(Damit sie ...)*, keine Lesehilfe bei langen Wörtern, Fachsprache *(eingliedern, medizinisch, Krankengymnastik, Wiedereingliederung)*, satzinterne Koordination *(... und wurde schwer verletzt)*, Passiv *(wird eingegliedert)*, pronominale Wiederaufnahme *(Damit sie wieder ...)*, Verwendung des Kurzworts *Reha* und damit auch Nichteinhalten des Gebots der identischen Rekurrenz. Hier interessiert aber die vorgeschlagene Erklärungsstrategie für das Lexem *Rehabilitation*, sich komplexen Begriffen mit episodischen Beispielen anzunähern; diese Strategie trifft sich auch mit einem allgemeinen Ratschlag der Netzwerkregeln („Sie dürfen Beispiele schreiben" (BMAS 2013: 50). Noch klarer formuliert es Inclusion Europe (2009: 10): „Verwenden Sie Beispiele, um Dinge zu erklären. Die Beispiele soll jeder aus dem Alltag kennen." In Kap. 7.2.2.3 haben wir die Strategie, mit alltagsnahen Vergleichskonzepten zu arbeiten, für die Gewinnung von Konzept- bzw. Größenvorstellungen bei Maßangaben bereits exemplarisch behandelt; und weiter unten wird es um die Rolle von Eigennamen für die Beispielstruktur gehen.

Die Antwort auf die Frage, in welcher Relation die Begriffsdefinition und das gegebene Beispiel zueinander stehen, ist jedoch nicht in einfacher Weise gegeben. Im vorliegenden Fall (Hurraki) ist die Begriffsdefinition sehr allgemein und könnte sich noch sehr unspezifisch auf alle möglichen den Ausgangszustand wieder herstellenden Veränderungsprozesse beziehen, etwa auch auf Reparaturen oder auf Reinigungen. Wer nicht bis zu den Beispielen liest, hat demnach ein unvollständiges und vor allem ein zu weites Konzept von *Rehabilitation*.

Deshalb sollte erwogen werden, eine umfassendere Begriffsdefinition voranzustellen; das Beispiel hätte dann tatsächlich konkretisierende Funktion und wäre selbst nicht Teil der Definition:

Rehabilitation bedeutet:
Ein Mensch ist krank geworden.
Oder ein Mensch hatte einen Unfall.
Der Mensch kann jetzt **nicht** mehr alles machen.
Aber der Mensch will wieder alles machen.
Dafür bekommt der Mensch Hilfe.
    Zum Beispiel: Frau Müller hatte einen Unfall.
    Jetzt kann Frau Müller **nicht** mehr so gut laufen.
    Frau Müller will wieder so laufen wie früher.
    Deshalb übt Frau Müller das Laufen.
    Die Ärzte helfen ihr dabei.

Berufliche Rehabilitation bedeutet:
Ein Mensch ist krank geworden.
Oder ein Mensch hatte einen Unfall.
Der Mensch kann jetzt seine Arbeit **nicht** mehr machen.
Aber der Mensch will wieder arbeiten.
Dafür bekommt der Mensch Hilfe.
    Zum Beispiel: Frau Müller hatte einen Unfall.
    Jetzt kann Frau Müller ihre Arbeit **nicht** mehr machen.
    Deshalb lernt Frau Müller einen neuen Beruf.
    Der Staat hilft Frau Müller dabei.

<u>Zu den Informationskomponenten:</u> Der Eintrag zu *Rehabilitation* in Hurraki enthält neben der oben zitierten Definition noch eine weitere Informationskomponente, die mit „Gleiche Wörter" überschrieben ist. Angeführt werden *Reha*, *Rehabilitierung* und *Wiederherstellung*. Unabhängig davon, ob diese Begriffe tatsächlich als Synonyme zu *Rehabilitation* auf-

gefasst werden können, stellt sich die Frage, welche Funktion die Synonymenliste haben könnte: Für eine Orientierung innerhalb eines Textes dürfte sie wegen des Gebots der vollständigen Rekurrenz („Verwenden Sie im ganzen Text dasselbe Wort für dieselbe Sache", Inclusion Europe 2009: 10; „Benutzen Sie immer die gleichen Wörter für die gleichen Dinge", analog dazu BMAS 2013: 24) keine Rolle spielen (s. auch Kap. 9.2.2.3 und 12.3.4.2). Hilfreich könnten Synonyme dann sein, wenn das Lexikon textübergreifend genutzt wird; dafür wäre freilich eine Verweisstruktur innerhalb des Lexikons erforderlich, die auf den jeweiligen Haupteintrag verweist; eine solche Verweisstruktur liegt aber bislang noch nicht vor.

In einigen anderen Einträgen in Hurraki finden sich metasprachliche Informationen; so etwa im Eintrag *Reparationen* unter der Überschrift Wort·art:

> Das Wort Reparation ist ein Substantiv. Das Wort kommt aus dem lateinischen Wort: reparare. Es heißt auf Deutsch: wieder·herstellen. (http://www.hurraki.de/wiki/Reparationen; geprüft am 30.10.2015)

Wir kümmern uns für den Augenblick nicht darum, ob diese Angaben tatsächlich in Leichter Sprache verfasst sind. Es geht uns vielmehr um die Funktion der linguistischen Erklärungen. Nur eine davon passt zur Überschrift Wort·art („Das Wort Reparation ist ein Substantiv"); gerade aber diese Information dürfte kaum geeignet sein, das Verständnis des Wortes *Reparationen* aufzuhellen. Die weiteren, herkunftsbezogenen Erklärungen sind wortartenunabhängig; sie sind jedoch viel eher geeignet, ein weiterführendes Verständnis des Begriffs *Reparationen* zu ermöglichen, weil sie etwas über die Bedeutung aussagen.

Was, soweit wir sehen, in Hurraki durchgängig fehlt, sind Angaben zu verschiedenen Formen, in denen ein Ausdruck auftritt (syntaktische Wörter, z. B. Singular- und Pluralformen). Dies könnte auch deshalb von besonderem Interesse sein, weil dem Leser / der Leserin sprachliche Ausdrücke in Texten nicht immer in ihrer Grundform begegnen.

Was außerdem fehlt, sind Angaben zur typischen Verwendung von Ausdrücken. Aus verschiedenen Studien wissen wir, dass das Verstehen von Worterklärungen, aber auch das Einprägen von Wörtern durch das Hinzufügen von typischen Kontexten wirksam gestützt werden kann (vgl. z. B. Kersten 2010); professionelle Wörterbücher stellen deshalb korpusgestützte Kontexte zur Verfügung.

Eine intensive Arbeit an einem Lexikon für Leichte Sprache sowie die empirische Prüfung, welche Informationen wie präsentiert werden sollen, damit sie genutzt werden können, ist eine Aufgabe, der sich die Leichte-Sprache-Forschung in den nächsten Jahren verstärkt zuwenden muss.

Dabei könnte ein Rückgriff auf die professionelle Lexikografie (Engelberg/Lemnitzer 2009) wertvolle Hinweise geben.

9.2.1.3 Eigennamen

Eine eigene Frage ist die nach der Verwendung von Eigennamen in Leichter Sprache. Für den überwiegenden Teil der Eigennamen gilt, dass sie unübersetzbar sind (Nübling et al. 2012: 42 ff.) und deshalb in der Regel in Zieltexte übernommen werden.

Jedoch gilt es auch hier, verschiedene konzeptionelle und formale Fragen zu klären: Welche Konzepte sind mit Eigennamen verbunden und wie können diese Konzepte in Leichter Sprache repräsentiert werden? In welcher Form und in welchen Kontexten kommen Eigennamen vor und welche Formen und Kontexte stehen in Leichter Sprache für die Verwendung von Eigennamen zur Verfügung?

Der wesentliche Unterschied zwischen Eigennamen (*Schweden, Abraham, Merkur* etc.) und Appellativa (*Haus, Fisch, Stahl* etc.) besteht in der Art ihrer Bezugnahme auf die außersprachliche Welt: Mit Eigennamen werden nicht Gegenstände oder Sachverhalte klassifiziert, sondern Individuen identifiziert. Sie sind semantisch leer: Die Identifizierung eines Individuums mit einem Eigennamen erfolgt nicht durch die Charakterisierung von Eigenschaften des Individuums, sondern durch Etikettierung.

Nübling et al. (2012:32) stellen den semiotischen Unterschied zwischen Eigennamen und Appellativa unter Rekurs auf Debus wie folgt dar (die gestrichelten Linien zeigen inaktive Verbindungen, die durchgezogenen aktivierte):

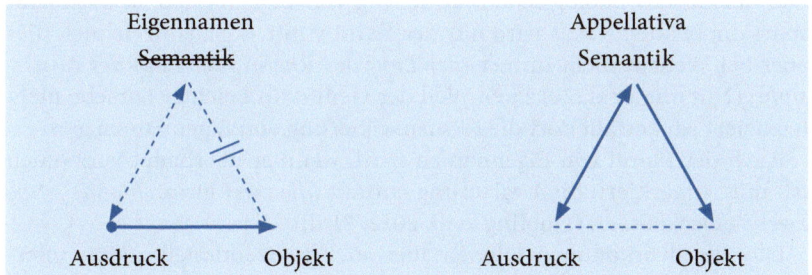

Abbildung 1: Eigennamen und Appellativa nach Nübling et al. (2012: 32)

Wer einen Eigennamen nicht kennt, kann ihn nicht unter Rückgriff auf ein semantisches Konzept erschließen oder kompensatorisch auf einen anderen Ausdruck desselben Begriffsnetzes zurückgreifen. Und beim Aufrufen eines bekannten Individuum-Namen-Paares kann nicht auf ein Begriffsnetz oder auf eine vollständige oder partielle Eigenschaftscharakterisierung zugegriffen werden. Der Name, also die Zuordnung zwischen Ausdruck und Objekt, fällt einem Sprecher ein – oder nicht. Diese Eigenschaften machen Eigennamen besonders anfällig für das Vergessen, weshalb auch Abbauprozesse im Alter eben mit dem Verlust von Individuum-Namen-Paaren beginnen.

Die semantische Leere erlaubt es nicht, Eigennamen in Leichte-Sprache-Texten zu erklären. Wenn ein besonders komplexer Eigenname auftaucht, ist es aber möglich, darauf zu verweisen, dass es sich bei diesem Ausdruck um einen Eigennamen handelt; dies kann sinnvoll sein, um zu vermeiden, dass die Leser(innen) einen Dekodierprozess anstrengen, der ins Leere läuft. Bei historischen Personen *(Goethe, Adenauer)* kann zusätzlich eine biografische oder historische Spezifizierung erfolgen.

Eigennamen weisen aber auch strukturelle Besonderheiten auf, die sie von Appellativa unterscheiden; Nübling et al. (2012: 64) sprechen zusammenfassend von einer „onymischen Sondergrammatik", die „der Abgrenzung der Eigennamen von den Appellativa, aber auch der Schonung ihres Namenkörpers" diene. Die Abgrenzung ist nötig, um den Dekodierprozess zu blockieren, die Schonung des Namenkörpers deshalb, weil Eigennamen „wie ein Bild oder ein Idiogramm visuell bzw. auditiv abgespeichert [...] und in jedem Kontext sofort wiedererkennbar" (a.a.O.: 69) sein müssen.

Die für unseren Zusammenhang wichtigen Struktureigenschaften werden im Folgenden auf der Basis von Nübling et al. (2012) dargestellt und auf die Struktur der Leichten Sprache bezogen.

Die Morphologie von Eigennamen
Die flexionsmorphologische Markierung von Eigennamen ist insgesamt sparsam; bei den Kasus wird nur der Genitiv mit -s gekennzeichnet; dies aber bei Weitem nicht immer *(der Lauf des Rheins, der Lauf des Mississippi)* (Nübling et al. 2012:69). Weil der Genitiv in Leichter Sprache nicht lizenziert ist, entfällt dort die Kasusmarkierung von Eigennamen ganz.

Auch der Plural von Eigennamen wird, wenn er überhaupt vorhanden ist, mit -s markiert; die Umlautung entfällt *(die zwei Deutschlands / *die zwei Deutschländer)* (Nübling et al. 2012: 71 ff.).

Die Pluralvorkommen müssen aber auch konzeptionell anders interpretiert werden als die Pluralformen von Gattungsnamen (Nübling et al. 2012: 73): So bedeutet *die drei Bücher* drei Gegenstände, die wir mit *Buch* klassifizieren, die also eine gewisse Ähnlichkeit miteinander haben; die Referenten von *die drei Katjas* weisen keine Ähnlichkeit miteinander auf; sie tragen zufällig denselben Namen. Und *die Müllers* sind nicht einfach zwei oder mehr Leute mit dem Namen Müller; der Plural *die Müllers* bezeichnet vielmehr die Mitglieder einer Familie namens *Müller*, definiert also eine Beziehung zwischen den aufgerufenen Individuen. In Leichter

Sprache sollten diese komplexen Pluralkonzepte in appellative Pluralkonzepte bzw. in Ausdrücke überführt werden, die das jeweils aufgerufene Konzept explizieren: *drei Mädchen mit dem Namen Katja, die Familie Müller, die DDR und die Bundesrepublik – die 2 Länder.*

Auch wortbildungsmorphologisch sind Eigennamen gegenüber Appellativa reduziert (Nübling et al. 2012: 76 ff.): Zwar können sie in Kompositionen auftreten *(Goethe-Haus, Kohl-Biografie)*; ihr Ableitungsverhalten ist jedoch stark eingeschränkt: Wir finden einige eigennamenspezifische Suffixe wie *-i (Hansi, Susi)*, das mittlerweile auf die Appellative übergegangen ist *(Navi, Sponti)*, das adjektivbildende *-(i)sch (Freud'scher Versprecher, Marx'sches Gesamtwerk, chinesisch, kanadisch)* oder *-ese (Chinese, Senegalese)* und *-ianer* für Bewohnerbezeichnungen *(Ecuadorianer, Kolumbianer)*, wobei *-ianer* auch für eine spezifische Form der Anhängerschaft *(Freudianer, Hegelianer, Wagnerianer)* genutzt wird.

Von den Appellativsuffixen sind das *-er*-Suffix für Ortsnamen *(Mainzer Fastnacht, Bremer Bürgermeister)* und *-chen* als Diminutiv *(Karlchen, Paulchen)* produktiv. Ansonsten finden wir bei den Eigennamen kaum produktive Ableitungsmuster (Nübling et al. 2012: 78).

Für Leichte Sprache dürfte die *-er* und die *-chen*-Ableitung, die auch bei Appellativa vorkommt, unproblematisch sein.

Die *-i*-Ableitung ist dann, wenn sie für Appellativa gebraucht wird, mit einem Kürzungsprozess verknüpft; gemäß Netzwerkregeln sind Kurzwörter in Leichter Sprache zu vermeiden (s. Kap. 8.2).

Die *-ese* und die *-(i)sch*-Ableitung sind nicht zwingend wortkörpererhaltend *(China – Chinese, chinesisch)*; teilweise kommen Fugenelemente vor *(Kongo – Kongolese, kongolesisch)* es könnte deshalb von Vorteil sein, in Leichter Sprache eine Paraphrase zu nutzen: *Chinese – ein Mensch aus China; chinesische Bürger – die Bürger von China.*

Jedoch ist bei den *-(i)sch*-Ableitungen die *von*-Phrase nicht überall umstandslos möglich: Bei manchen Konstruktionen muss für die Realisierung der *von*-Paraphrase Information hinzugefügt werden *(Grimm'sche Märchen – die Märchen von den Brüdern Grimm)*, bei manchen scheitert sie ganz: *Der Freud'sche Versprecher* ist nicht der Versprecher von Freud, sondern ein Versprecher, der auf der Basis des Konzepts von Freud interpretiert wird. Solche Fälle benötigen daher wie auch die *-ianer*-Derivation für Anhängerschaften eine eigene syntaktische Auflösung (z. B. *Wagnerianer – mag Wagner, ist Fachmann für die Musik von Wagner*).

Die Syntax von Eigennamen

Das vielleicht auffälligste Merkmal von Eigennamen ist der von Appellativen abweichende Gebrauch von Artikeln (vgl. Nübling et al. 2012: 79 ff.):

Appellativa unterscheiden zwischen definitem und indefinitem Artikel *(das Boot / ein Boot)*. Bei einer bestimmten Klasse kommt der Nullartikel hinzu *(das Brot / ein Brot / Brot)*.

Viele Eigennamen werden artikellos gebraucht *(Karla, Indien, Unna)*; einen definiten Artikel erhalten sie nur dann, wenn sie attribuiert sind *(die kluge Karla, das Indien der Moderne)*. Eine zweite große Klasse bilden Eigennamen mit Artikel *(der Rhein, die Türkei, die Eifel)*, wobei der Artikel fest zum Eigennamen dazugehört; es kann weder der indefinite noch der Nullartikel stehen *(*Das ist ein Rhein, *das ist Rhein)*.

Wenn normalerweise artikellose Eigennamen mit Artikel bzw. mit Demonstrativa stehen, geschieht dies mit einer bestimmten kommunikativen Funktion; so kann etwa ein benennender Gebrauch intendiert sein *(Vorhin hat ein Peter angerufen)* oder ein metaphorischer *(Er ist eben ein Einstein)* oder der Artikel signalisiert/unterstreicht eine negative Haltung des Sprechers zum Eigennamenreferenten *(Dieser Peter geht mir auf die Nerven)* (zu diesen und weiteren kommunikativen Funktionen des Artikelgebrauchs bei Eigennamen ausführlich Nübling et al. 2012: 80f). Diese Funktionen müssen in Leichter Sprache expliziert werden (etwa: *Vorhin hat ein Mann angerufen. Der Mann heißt Peter.*).

Die Graphematik von Eigennamen
Auch graphematisch weisen Eigennamen Besonderheiten auf; an ihnen lässt sich die Tendenz zur Abgrenzung von den Appellativa und zur Schonung des Namenkörpers (s.o.) besonders gut beobachten. Nübling et al. (2012: 85 ff.) machen auf die folgenden Sondergrafien aufmerksam:

Zur Abgrenzung von den Appellativa weicht die Schreibung lexikalisch interpretierbarer Eigennamen häufig von der Standardorthografie ab (*Weisbrodt* statt *Weißbrot*, *Schönfeldt* statt *Schönfeld*). Die morphologische Transparenz von Eigennamen wird oft aufgegeben (*Nilson* statt *Nilsson*, also der Sohn von Nils), graphotaktische Gesetzmäßigkeiten können ignoriert werden *(Gsell, Mross, Wolff)* und auch die Graphem-Phonem-Korrespondenz kann überschrieben werden *(Voigt, Soest)*. All diese Abweichungen helfen kompetenten Leser(inne)n, Eigennamen als Eigennamen zu identifizieren. Ob diese Markierungen auch Leser(innen) mit nur wenig Orthografiekenntnissen unterstützen, ist bislang nicht erforscht.

Zur Schonung des Namenkörpers werden bei morphologisch komplexen Strukturen der dort seit 1996 erlaubte Apostroph oder der Bindestrich verwendet *(Vera's Blumenladen; Goethe-Haus)*.

Der Apostrophgebrauch ist in Leichter Sprache nicht lizenziert. Damit entfällt auch die Möglichkeit der Eigennamenschonung in den entsprechenden Konstruktionen. Weil der Apostroph in der Standardsprache aber ohnehin nur beim Genitiv-*s* und bei der -*sch*-Derivation vorkommt, die ihrerseits in Leichter Sprache nicht vorkommen, entfällt das Erfordernis solcher Markierungen.

Etwas anderes ist der Bindestrichgebrauch bei Eigennamenkompositionen: Er sollte auch in Leichter Sprache überall dort gesetzt werden, wo er in der Standardorthografie gesetzt wird; für alle anderen Kompositionen steht der Mediopunkt zur Verfügung (s. Kap. 8.2).

Exkurs: Die Funktion von Eigennamen in Fachtexten
In juristischen Texten, aber auch in Verwaltungstexten, in denen es um Handlungen von Individuen geht, werden diese begrifflich, mit Hilfe von Appellativen repräsentiert, die die entsprechende Handlungs- bzw. soziale Rolle bezeichnen (*der Täter, die Beklagte, die Ehefrau, der Leistungsempfänger* etc.). Diese Bezeichnungen bleiben für Leser(innen) häufig abstrakt. In Textpassagen, in denen ein juristischer oder ein verwaltungsbezogener Zusammenhang exemplarisch erläutert wird, findet man für die Rollenbezeichnungen deshalb häufiger Eigennamen. Mit dieser Transformation wird es möglich, abstrakte Fallstrukturen in bekannte Alltagskonstellationen einzubetten; die Fallstruktur selbst gewinnt episodisch-narrativen Charakter; die Protagonisten können wegen der Qualität von Eigennamen, Individuen zu identifizieren, auch über längere Textpassagen eindeutig zugeordnet werden. Zusätzlich erlaubt die Wahl von Eigennamen eine Personifizierung und generiert damit ein empathisches Interesse.

Diese Eigenschaften machen Eigennamen für die Erläuterung komplexer Sachverhalte für Leichte Sprache in besonderer Weise brauchbar. Die Übersetzung in Leichte Sprache macht von diesem Mittel Gebrauch:

Ausgangstext (Niedersächsisches Justizministerium 2013: 6):

Ein Ehemann hinterlässt seine Frau und
vier Kinder. Auch seine Eltern und sein
Bruder leben noch.

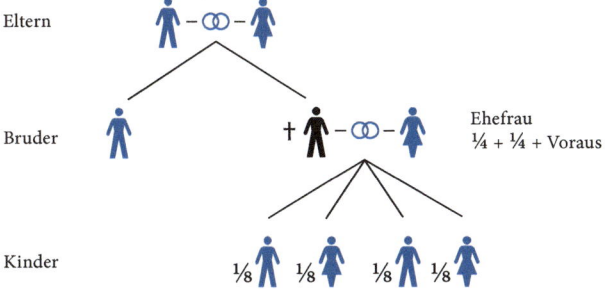

Abbildung 2: Abbildung ohne Eigennamen

Zieltext (Niedersächsisches Justizministerium 2014: 10):

Otto ist mit Helga verheiratet.
Otto und Helga haben 4 Kinder.
Die Eltern von Otto leben noch.
Otto hat 1 Bruder: Heinz.
Otto stirbt.

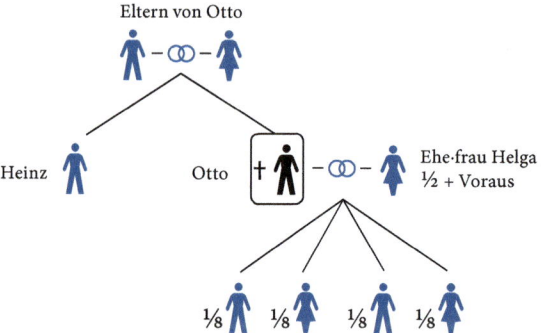

Abbildung 3: Abbildung mit Eigennamen

9.2.2 Funktionswörter in Leichter Sprache

Funktionswörter sind weitgehend textsortenunabhängig; und auch eine Unterscheidung in fremd / nicht fremd ist für Funktionswörter nicht relevant. Sie stehen als (historisch alte, sprachwandelresistente) Gesamtmenge sowohl für die Strukturierung von Alltags- oder Gebrauchstexten als auch für die Strukturierung von Fachtexten zur Verfügung.

Insgesamt sind Funktionswörter frequenter als Inhaltswörter: Zählt man Hilfs- und Modalverben zu den Funktionswörtern, befindet sich unter den 50 Wörtern, die am häufigsten gebraucht werden, kein einziges Inhaltswort (http://www.duden.de/tags/dudenkorpus; geprüft am 30.10.2015) (die ersten 10: *der/die/das, in, und, sein, ein, zu, von, haben, werden, mit*). Außerdem machen „die 100 häufigsten Wörter [...] fast die Hälfte aller Wörter in den Texten des Dudenkorpus aus" (http://www.duden.de/sprachwissen/sprachratgeber/die-haeufigsten-woerter-in-deutschsprachigen-texten; geprüft am 30.10.2015). Formal handelt es sich bei den Funktionswörtern überwiegend um kurze Wörter, die in genau einer Ausprägung vorkommen.

All diese Eigenschaften tragen zur leichteren Verständlichkeit von Funktionswörtern bei. Andererseits verlangt ihre Wahrnehmung gerade wegen ihrer Kürze und wegen ihrer unauffälligen Form besondere Aufmerksamkeit. Darüber hinaus kann eine funktionale Fehlinterpretation das Textverstehen erheblich erschweren.

Gegenüber den Angaben zur Verwendung von Inhaltswörtern sind die Regelwerke in Bezug auf die Verwendung von Funktionswörtern dennoch weitgehend neutral. Wir gehen hier im Einzelnen auf Präpositionen, Artikel und Pronomen ein (zu den Subjunktionen und Konjunktionen s. Kap. 10).

9.2.2.1 Präpositionen

Präpositionen stellen in ihrer Grundbedeutung eine Relation zwischen zwei Bezugsgrößen her (vgl. umfassend Grießhaber 1999):

(1)   … die Vereinbarung   **mit**   dem Bauherren.
        {Bezugsgröße 1}   {Bezugsgröße 2}

Der Kasus des Ausdrucks, der die Bezugsgröße 2 kodiert (hier: *dem Bauherren*), wird von der Präposition (hier *mit*) festgelegt; infrage kommen Akkusativ, Dativ und Genitiv. Die meisten Präpositionen lassen nur einen Kasus zu. Einige sind Wechselpräpositionen, die zwei Kasus zulassen (Abbildung 4 nach Eisenberg 2006):

Präposition

GEN	DAT	AKK	GEN/DAT	AKK/DAT
kraft	aus	für	trotz	in
seitens	bei	durch	wegen	neben
infolge	zu	bis	statt	hinter
zugunsten	von	gegen	dank	vor
aufgrund	mit	ohne	längs	über

Abbildung 4: Kasusanforderungen von Präpositionen

Der Gebrauch der Präpositionen ist den Regelwerken zur Leichten Sprache nicht explizit eingeschränkt. Präpositionen, die den Genitiv regieren, sind jedoch wegen des Genitivverbots nicht lizenziert. Die Wechselpräpositionen, die den Genitiv oder den Dativ erlauben, sind überwiegend solche, bei denen sowohl die semantische Relation (etwa *trotz* = Konzessivität, *wegen* = Kausalität, *statt* = Adversativität) als auch häufig das Bezugsobjekt 2 eine hohe interne Komplexität aufweisen. Sie sind der konzeptionellen Schriftlichkeit zuzurechnen und treten überwiegend in fachsprachlichen Texten auf; in Leichter Sprache werden sie deshalb praktisch nicht verwendet.

(2) Können sich die Erben **trotz der Vermittlung durch eine Notarin bzw. einen Notar** nicht einigen, dann bleibt nur noch der zivilrechtliche Klageweg. (BMJV 2015: 37, Hervorhebung U.B., C.M.)

(2') Die Erben können sich **nicht** einigen?
Dann sollten die Erben einen Notar fragen.
Der Notar kann den Erben auch **nicht** helfen?
Dann müssen die Erben vor Gericht klagen.

Semantische Heterogenität
Gebraucht werden in Leichter Sprache dativ- und akkusativfordernde Präpositionen sowie die entsprechenden, den Dativ und den Akkusativ lizenzierenden Wechselpräpositionen. Im konkreten Gebrauch muss bei ihnen jedoch ein Unterschied zwischen verschiedenen semantischen Konzepten gemacht werden, die sie kontextspezifisch entfalten.

Der einfachste und basalste Gebrauch der dativ-/akkusativfordernden Präpositionen ist die Kodierung von räumlichen Relationen (hier notiert unter Aussparung des Bezugsobjekts 1):

(3) **auf** dem/den Tisch, **an** der/die Wand, **vor** dem/das Fenster, **unter** der/die Decke

Dieselben Präpositionen können jedoch auch für die Kodierung zeitlicher Relationen verwendet werden:

(4) **auf** die Minute, **an** einem schönen Sommertag, **vor** vier Stunden, **unter** drei Minuten

Gebraucht werden können diese und andere Präpositionen auch für den Ausdruck abstrakter Relationen:

(5) **auf** jeden Fall, **an** deiner Stelle, **vor** allem, **unter** uns

Semantisch neutralisiert sind Präpositionen dann, wenn sie von einem Verb gefordert werden (Präpositionalobjekt):

(6) warten **auf**, hängen **an**, warnen **vor**, leiden **unter**

Noch einmal anders müssen Partikeln von Partikelverben interpretiert werden, die an der Oberfläche mit Präpositionen identisch sind:

(7) baut **auf**, zieht **an**, stellt **vor**, ordnet **unter**

Unseres Wissens liegen bislang keine fundierten Kenntnisse darüber vor, ob die starke Kontextabhängigkeit der Bedeutung von Präpositionen bzw. von präpositionsähnlichen Formen (vgl. [7]) bei Leser(inne)n mit geringen Lesefähigkeiten zu Verarbeitungsproblemen führen, etwa derart, dass die konkrete, lokale oder zeitliche Interpretation bevorzugt wird und abstraktere Konzepte deshalb fehlinterpretiert werden und diese Konstruktionen deshalb schwer oder gar nicht zu verstehen sind. Vorstellbar ist eine von (3) zu (7) abnehmende Verstehenswahrscheinlichkeit. Hier besteht dringender Forschungsbedarf.

Es scheint aber sinnvoll zu sein, vorsorglich insbesondere semantisch abstrakte Präpositionsverwendungen weitgehend zu vermeiden, was jedoch nur dann möglich ist, wenn der entsprechende Ausdruck wie etwa *warten auf* selbst nicht den Prototypen bildet (s. Kap. 9.2.1).

Eine Auflösung präpositionaler Strukturen ist immer dort erforderlich, wo sie in kompakten Nominalkonstruktionen stehen (8):

(8) a. der Einsatz der Bevölkerung für Flüchtlinge
b. der Rücktritt Müllers vom Amt des Vorsitzenden
c. die Verteilung der Flüchtlinge durch die Bundesregierung

(8') a. Die Menschen in Deutsch·land setzen sich für Flüchtlinge ein.
b. Herr Müller war der Chef von X.
Jetzt ist Herr Müller zurück·getreten.
Das heißt:
Herr Müller ist jetzt **nicht** mehr der Chef von X.
c. Die Bundes·regierung verteilt die Flüchtlinge.

9 Lexik

Syntaktische Ambiguität
Eine weitere Verarbeitungshürde könnte die syntaktische Auswertung von präpositionalen Gruppen sein:

(9) Max will seine Freundin in Bremen besuchen.
Lesart 1: Max will seine Freundin besuchen, die sich gerade in Bremen aufhält / die in Bremen wohnt.
Lesart 2: Max will eine seiner Freundinnen besuchen, und zwar die, die in Bremen wohnt.

In (9) handelt es sich um den Unterschied zwischen einer adverbialen Bestimmung (Lesart 1) und einem Attribut (Lesart 2). Mit der adverbialen Bestimmung wird die Freundin lokalisiert, mit dem Attribut wird sie identifiziert. Dieser Unterschied muss in Leichter Sprache herausgearbeitet werden.

(9') Lesart 1:
Max will seine Freundin besuchen.
Seine Freundin ist gerade in Bremen. / Seine Freundin wohnt in Bremen.

Lesart 2:
Max will eine Freundin besuchen.
Die(se) Freundin von Max wohnt in Bremen.

Lesartprobleme könnten auch entstehen, wenn nicht klar ist, ob eine Präpositionalgruppe als Objekt (10 a) oder als adverbiale Bestimmung (10 b) verwendet wird:

(10) a. Max wartet auf die Post.
b. Max wartet auf der Parkbank.

In diesen Fällen ist es sinnvoll, die Lokalangabe *(auf der Parkbank)* und das Objekt des Wartens in zwei Teilsätze zu dekomponieren (10 b', mit X für das Objekt des Wartens):

(10 b') Max sitzt auf der Parkbank.
Dort wartet Max auf X.

9.2.2.2 Artikel

Über die Verwendung von Artikeln macht kein Regelwerk Aussagen. Sie werden in Texten in Leichter Sprache standardnah gebraucht. Allerdings ist ihre korrekte Interpretation nicht überall trivial, weshalb wir hier einen basalen Einblick in das Artikelsystem des Deutschen und seine Funktionsweise geben.

Den Gegenstandsbereich bilden Artikel im engeren Sinne, wie sie von Eisenberg (2006) definiert werden: Er spricht von Artikeln in Abgrenzung von Pronomen als Ausdrücken, die ausschließlich pränominal (und nicht pronominal) gebraucht werden; in dieser Definition ist *mein* ein Artikel, *meiner* ein Pronomen *(das ist mein Mantel – das ist meiner)*. Unterschieden wird weiter zwischen definitem und indefinitem Artikel.

(1)   definit: *der/die/das, mein/dein/sein*
        indefinit: Sg.: *ein/eine, kein/keine*

Bekanntheit/Vorerwähntheit
Die wichtigste Leistung von Artikeln ist die Determination: Aus einer Menge möglicher Referenten wird eine Teilmenge ausgewählt (*Mantel* = Ausdruck, der auf alle Mäntel zutrifft; *mein Mantel* = ein bestimmter Mantel; *ein Mantel* = nur ein Objekt aus der Gesamtmenge).

Ob definit oder indefinit determiniert wird, hängt hauptsächlich davon ab, ob das Referenzobjekt im Diskurs bereits eingeführt und damit vorerwähnt ist oder nicht.

(2)   Es war einmal ein Mann.
        *Es war einmal der Mann.

        Es war einmal ein Mann. Der Mann hatte drei Söhne.
        *Es war einmal ein Mann. Ein Mann hatte drei Söhne.

Dabei kommen bei der Vorerwähnung auch losere Formen semantischer Relationen infrage (vgl. dazu auch Consten 2004):

Scripts/Frames: Wenn im Vorgängerdiskurs bestimmte Scripts/Frames aufgerufen werden, gelten die Requisiten, die zu diesem Script/Frame gehören, als vorerwähnt (3).

(3)   Die Schüler(innen) waren ratlos; **die/*eine Tafel** war mit Formeln übersät. Aber **der/*ein Lehrer** gab keine Hinweise.

Hier wird mit der Nennung von Schüler(inne)n der Frame *Schule* aufgerufen; Tafel und Lehrer gelten damit als vorerwähnt und werden definit determiniert.

<u>Anker</u>: Von den im Vorgängerdiskurs aufgerufenen Konzepten können Teil-von-Relationen herausgegriffen werden; auch sie gelten dann als bekannt. Die Interpretation erfolgt indirekt über einen Ankerausdruck (hier: *Insekten; Stahlstreifen*); zur Illustration wählen wir ein Beispiel aus dem Physiklehrwerk von Dorn/Bader (1993: 348; Hervorhebungen U.B., C.M.):

(4)   Insekten erkennt man an ihrem Summen; es verstummt, wenn sie sich niedersetzen. Wird das Summen von einer Schwingbewegung – etwa **der Flügel** – verursacht (Bild 1)? Lassen wir anstelle der Flügel einen elastischen Stahlstreifen schwingen!
Versuch 1: a) Wir spannen den Stahlstreifen in einen Schraubstock ein. Das **freie Ende** biegen wir zur Seite und lassen es los. Es vibriert, bewegt sich also schnell hin und her. Eine solche Bewegung nennt man eine Schwingung.

Mit dem definiten Artikel werden demnach nicht nur einzelne Referenten als bekannt/vorerwähnt gekennzeichnet, sondern ganze Konzepte. Die definite Weiterführung stützt die aufgerufenen Konzepte und wirkt stabilisierend auf die thematische Struktur von Texten.

Sind den Leser(inne)n von Leichter Sprache diese Konzepte nicht bekannt oder sind sie nur lückenhaft ausgebildet, müssen sie erläutert werden, was auch Folgen für die interne Textkohärenz hat.

Eine Übertragung von (4) in Leichte Sprache, in der die indirekten Bezugnahmen auf die Ankerausdrücke aufgelöst und explizit gemacht sind, könnte wie folgt aussehen:

(4')   **Manche Insekten summen**
Bienen bewegen im Flug ihre Flügel sehr schnell.
Die Flügel von den Bienen machen einen Ton.
Den Ton nennt man: Summen.
Bienen summen.

Versuch 1: Der Stahl·streifen schwingt
a) Ein Stahl·streifen ist ein dünnes und langes Stück Metall.
Mache den Stahl·streifen im Schraub·stock fest.
Fass den Stahl·streifen oben an.
Biege dann den Stahl·streifen zur Seite.
Lass dann den Stahl·streifen los.

Der Stahl·streifen bewegt sich hin und her.
Die Bewegung heißt Schwingung.
Eine schnelle Schwingung heißt Vibration.
Der Stahl·streifen macht eine Vibration.

Die Spezifik des Referenzobjekts
Der indefinite Artikel kann gebraucht werden, um unspezifische Bezüge im Sinne von „irgend ein" vorzunehmen:

(5) Klara will einen Italiener heiraten.
 Lesart 1: Klara kennt ihren zukünftigen Mann. Er ist Italiener.
 Lesart 2: Klara kennt ihren zukünftigen Mann nicht. Aber sie wünscht sich einen Italiener.

Bei Lesart 1 kann das Referenzobjekt *(Italiener)* als Textreferent weitergeführt werden, bei Lesart 2 nicht:

(5') Klara will einen Italiener heiraten. Er hat ein schönes Haus in Genua.
 *Klara will (irgend) einen Italiener heiraten. Er hat ein schönes Haus in Genua.

Aussagen über den fiktiven Italiener müssen modalisiert werden:

(6) Klara will irgend einen Italiener heiraten. Er soll ein schönes Haus in Genua haben.

Dieser Unterschied muss auch in Texten in Leichter Sprache berücksichtigt werden:

(7) Unspezifische Lesart:
 Sie wollen sich ein Hörgerät kaufen.
 Das sollten Sie beachten:
  Das Hörgerät soll/muss klein sein.
  Das Hörgerät soll/muss leicht sein.
  …

 Spezifische Lesart:
 Sie haben sich ein Hörgerät gekauft.
 Sie wollen wissen:
  Ist mein Hörgerät gut?
 Dann beantworten Sie diese Fragen:

9 Lexik

> Ist mein Hörgerät klein?
> Ist mein Hörgerät leicht?
> ...
>
> Sie haben alle Fragen mit Ja beantwortet?
> Dann ist Ihr Hörgerät sehr gut.

Generische Referenzobjekte
Von generischer Referenz spricht man, wenn mit einem Ausdruck nicht ein oder mehrere Exemplare, sondern die gesamte Gattung aufgerufen ist (weiterführend dazu Chur 1993):

(8)   Das Dreieck ist eine geometrische Form.
      Der Fuchs ist ein Säugetier.

Die generische Lesart kann in den meisten Fällen auch mit artikellosen Pluralformen ausgedrückt werden.

(9)   Dreiecke sind geometrische Formen.
      Füchse sind Säugetiere.

Diese Eigenschaft sollte in Leichter Sprache ausgenutzt werden: Soll die generische Lesart aufgerufen werden, sollte der artikellose Plural gewählt werden, um eine Fehlinterpretation des definiten Artikels zu vermeiden.
   Einen speziellen Fall bilden Stoffnamen *(Öl, Milch, Wasser, Wein)*. Die meisten von ihnen bilden keinen Plural. Sie können aber bereits im Singular artikellos verwendet werden und so die generische Lesart aktivieren (10 a). Bilden sie aber einen Plural, ist dieser häufig sogar spezifischer als der Singular (meist Sortenplural); hier stellt sich in Bezug auf die generische Lesart deshalb der umgekehrte Effekt ein: Pluralformen wie in (10 b) müssen nicht generisch gelesen werden. Und auch bei der artikelhaltigen Form (10 c) ist die generische Lesart schwerer zu erreichen als bei der artikellosen, in (10 d) ist sie ausgeschlossen:

(10) a. Wein ist ein Grundnahrungsmittel.
      b. *$_{[generische\ Lesart]}$ Weine sind Grundnahrungsmittel.
      c. ?$_{[generische\ Lesart]}$ Der Wein ist ein Grundnahrungsmittel.
      d. *$_{[generische\ Lesart]}$ Ein Wein ist ein Grundnahrungsmittel.

Zur Erzeugung der generischen Lesart in Leichter Sprache scheint sich insgesamt die artikellose Form anzubieten; bei Gattungsnamen der artikellose Plural, bei Stoffnamen der artikellose Singular.

9.2.2.3 Pronomen

Die Klasse der Pronomen wird in der Sprachwissenschaft nicht einheitlich erfasst; Schwierigkeiten bereitet vor allem die Abgrenzung zwischen Pronomen und Artikeln. Wir folgen hier wie bereits bei der Bestimmung der Artikel Eisenberg (2006), der als Pronomen alle nominalen Verweiswörter bestimmt, die an der Stelle eines Nomens bzw. einer Nominalgruppe (pronominal) stehen können; im Gegensatz zum ausschließlich pränominal gebrauchten Artikel.

Auch bei der Bildung von Unterklassen stehen sich in der sprachwissenschaftlichen Literatur verschiedene Klassifikationssysteme gegenüber. Wir beschränken unsere Darstellung auf die weitgehend unstrittigen Klassen der Personalpronomen und der Demonstrativpronomen, die – wie gezeigt wird – für die Leichte Sprache aus verschiedenen Gründen von besonderer Relevanz sind: Personalpronomen deshalb, weil sie vermieden werden sollen, Demonstrativpronomen deshalb, weil sie besonders intensiv genutzt werden.

Personalpronomen
Inclusion Europe (2009: 15) formuliert die für die Leichte Sprache wohl weitreichendste Regel:

> Seien Sie vorsichtig, wenn Sie Pronomen verwenden.
> Pronomen sind Wörter wie „ich", „du", „sie", „er" oder „es".
> Man verwendet sie statt einer Person oder einer Sache.
> Achten Sie darauf, dass immer eindeutig klar ist,
> wer oder was gemeint ist.
> Wenn das nicht klar ist,
> verwenden Sie das eigentliche Wort.

Die erst- und zweitpersonigen, deiktischen Pronomen wie *ich, du, wir, ihr* oder die Höflichkeitsform *Sie* stellen normalerweise keine Schwierigkeit dar, wenn der deiktische Bezug in der Verwendungssituation nachvollzogen werden kann. Überdies sind sie meist irreduzibel. Deiktisches *Sie* zur höflichen Adressierung bereitet allenfalls dann Probleme, wenn es im Text alternierend mit dem anaphorischen Gebrauch von *sie* verwendet wird.

Um die Konsequenzen der Vermeidung drittpersoniger Personalpronomen *(er, sie, es)* für die Textstruktur einschätzen zu können (s. hierzu auch Kap. 12.3.4.2), setzen wir bei ihrer Hauptfunktion, der Wiederaufnahme von Textreferenten an.

Dabei folgen wir der üblichen Begrifflichkeit und bezeichnen den Ausdruck, der aufgenommen wird, als Antezedens, der wiederaufnehmende Ausdruck heißt Anapher. Zur besseren Kenntlichkeit werden beide in eckigen Klammern notiert und mit einem Index versehen, der die jeweiligen Bezugsgrößen anzeigt (1).

(1) [Kleopatra]$_i$ wusste, wann [sie]$_i$ verloren hatte.
      ⇧   ⇧
      Antezedens   Anapher

In Anlehnung an Ariel (1990) lassen sich vier Anapherntypen unterscheiden (Beispiele aus Schroeder 2006: 35):

a. 0-Anapher: [Caesar]$_i$ kam, [ ]$_i$ sah und [ ]$_i$ siegte.
b. Pronominale Anapher: Dadurch, dass [Caesar]$_i$ den Rubikon überquerte, provozierte [**er**]$_i$ Rom.
c. Explizite NP-Anapher: Alle, die [Caesar]$_i$ kannten, fürchteten [**den Senator**]$_i$. (NP = Nominalphrase)
d. Identische Rekurrenz: Gib [Caesar]$_i$, was [**Caesar**]$_i$ gehört!

Die Wahl des Anapherntyps steuert den inneren Textzusammenhang (s. auch Kap. 12.2.2.1): Die 0-Anaphern und die pronominalen Anaphern stellen sicher, dass ein einmal eingeführter Textreferent weiter thematisch ist, und tragen so zur Kohärenzbildung von Texten bei. NP-Anaphern indizieren häufig einen Themenwechsel.

Die identische Rekurrenz kann weder das eine noch das andere leisten. In standardsprachlichen Texten wird sie deshalb nur selten verwendet, in Leichter Sprache wird sie präferiert (BMAS 2013: 25):

Benutzen Sie immer die gleichen Wörter für die gleichen Dinge.
Zum Beispiel:
Sie schreiben über ein Medikament.
Benutzen Sie immer ein Wort.
Zum Beispiel: **Tablette**.
Wechseln Sie nicht zwischen **Tablette** und **Pille**.

Warum Leichte Sprache den für die Herstellung von Textkohärenz am wenigsten geeigneten Anapherntyp auswählt, zeigt ein Blick in die Sprachverarbeitung.

Bei der Auswertung der identischen Rekurrenz ist nicht notwendig eine Reorientierung auf die Vorgängerkonstruktion gefordert; der entsprechende Ausdruck kann lokal, zusammen mit seinem Auftreten immer wieder neu und in derselben Weise ausgewertet werden. Eben wegen der fehlenden Verweisung kann mit der identischen Rekurrenz auch keine satzübergreifende Textkohärenz hergestellt werden.

Bei der expliziten NP-Anapher wird eine konzeptionelle Verknüpfung zwischen Vorgänger- und Nachfolgekonstruktion geleistet. Um für beide Ausdrücke, den Antezendenten (Caesar) und die Anapher (Senator) Referenzidentität feststellen zu können, muss konzeptionelles Wissen aktiviert werden: Wer nicht weiß, dass Caesar Senator war, wird die Sequenz *Alle, die Caesar kannten, fürchteten den Senator* nicht in der intendierten Lesart interpretieren können.

Die 0-Anapher stellt besondere Anforderungen an das syntaktische Wissen: Hier muss die syntaktische Struktur der Vorgängerstruktur im Arbeitsgedächtnis aktiv gehalten und an den entsprechenden Positionen mit dem gemeinten Antezedenten komplettiert werden.

Bei der pronominalen Anapher schließlich muss der Bezugsausdruck aus der Vorgängerkonstruktion identifiziert und mit dem pronominalen Ausdruck verrechnet werden. Für eine eindeutige Auflösung der pronominalen Anapher ist beides, syntaktisches und konzeptionelles Wissen erforderlich; aus der umfangreichen Literatur zur Anaphernauflösung greifen wir zur Verdeutlichung hier nur einige Beispiele heraus; einen Überblick gibt Schroeder (2006), an den die folgende Darstellung lose angelehnt ist.

Syntaktisches Wissen:
Morphosyntaktische Merkmale: Genus- und Numerus-Informationen:

(2) Genus: a. Weil [Sabine]$_i$ und [Gregor]$_j$ zu spät waren, ermahnte [er]$_j$ [sie]$_i$.
Numerus: b. Weil [Sabine und Gregor]$_i$ zu spät waren und [Otto]$_j$ schon wieder warten musste, wollte [er]$_j$ [sie]$_i$ gar nicht mehr empfangen. (*er* kann nicht mit *Gregor* assoziiert sein)

Restriktionen für Personal- und Reflexivpronomen:

(3) [Rita]$_i$ bemerkte, dass [Hanna]$_j$ gegen [sie]$_i$ war. (*sie* kann nur mit *Rita* assoziiert sein)
[Rita]$_i$ bemerkte, dass [Hanna]$_j$ gegen [sich]$_j$ war. (*sich* kann nur mit *Hanna* assoziiert sein)

Satzgliedfunktion des Antezedenten (Subjektpräferenz; Bsp. aus Musan/Noack 2015: 114):

(4)   [Der Student]$_i$ traf [seinen Professor]$_j$. [Er]$_i$ wollte [ihm]$_j$ ausweichen.

Einbettungstiefe des Antezedenten:

(5)   Satzeinbettung:
        [Maria]$_i$ sagt, dass [sie]$_i$ Eis mag.
        *[Sie]$_i$ sagt, dass [Maria]$_i$ Eis mag.

(6)   Einbettung eines potenziellen Antezedenten in eine Nominalgruppe:
        [Marie]$_i$ ist heute [Nannas]$_j$ Gast. *[Sie]$_j$ hat extra einen Tisch im Plaza reserviert.

<u>Konzeptionelles Wissen:</u>
Präferenz für die Wahl animierter Ausdrücke:

(7)   [Die neue Jacke]$_i$ von [Marie]$_j$ hat schon einen Fleck. Und das, obwohl [sie]$_j$ immer so gut aufgepasst hat.

Nicht animierte Referenten können insgesamt weniger gut aufgegriffen werden als animierte:

(8)   [Der Markplatz]$_i$ und die [Schuhstraße]$_j$ werden umgebaut. *[Er]$_i$ erhält neues Kopfsteinpflaster, [sie]$_j$ einen neuen Straßenbelag. [Max]$_i$ und [Klara]$_j$ wurden entführt. [Er]$_i$ trug eine rote Hose, [sie]$_j$ einen blauen Pullover.

Role Mapping (Rollenträgern werden bestimmte Merkmale zugeschrieben; Beispiel aus Schroeder 2006):

(9)   [Peter]$_i$ ermordete [Hans]$_j$, weil [er]$_j$ zuviel wusste. (*Hans* ist präferiertes Bezugsobjekt von *er*)

IC-Effekt (IC = implizite Kausalität; bestimmte Verben scheinen unterschiedliche kausale Erklärungsmuster zu implizieren. Ein Referent trägt die kausale Rolle; vgl. dazu ausführlich Schroeder 2006.)

(10) [Hans]$_i$ kontaktierte [Peter]$_j$, weil [er]$_j$... (Subjekt trägt die kausale Rolle)
[Hans]$_i$ kritisierte [Peter]$_j$, weil [er]$_i$ ... (Objekt trägt die kausale Rolle)

Kompetente Leser verarbeiten Sätze wie unter (11 a) langsamer und weniger sicher als Sätze unter (11 b) (Beispiel aus Schroeder 2006):

(11) a. Peter betreute Hans, weil er keine Verwandten mehr hatte. (IC-kongruent)
b. Peter betreute Hans, weil er der einzige Verwandte war. (IC-inkongruent)

Hinzu kommen Kontextinformationen: Textreferenten, die im Zentrum der Aufmerksamkeit stehen, werden bei der Anaphernauflösung vor Hintergrundreferenten präferiert. So kann zum Beispiel in einem Satz wie in (2; siehe Seite 371) in einem gegebenen Kontext das Pronomen *er* auch extern gesättigt werden:

(2') Der [Lehrer]$_i$ wollte wie immer pünktlich beginnen. Weil [Sabine und Gregor]$_j$ zu spät waren, ermahnte [er]$_i$ [sie]$_j$.

Die wenigen Beispiele mögen genügen, um zu zeigen, wie voraussetzungsreich die Auflösung von pronominalen Anaphern ist; dass sie insbesondere Leser(inne)n mit eingeschränkten grammatischen Kompetenzen und nur geringem konzeptionellem Wissen Probleme bereiten kann, kann vor diesem Hintergrund nicht mehr überraschen.

Problematisch bleibt aber, dass mit der Wahl der Leichten Sprache von identischer Referenz ein Anapherntyp präferiert wird, der die Textkohärenz auflöst. Wir werden diesen Punkt in Kap. 14 erneut aufgreifen, um zu zeigen, dass eine Lockerung der Anaphernvermeidung einer der wichtigsten Schritte zur sprachlichen Anreicherung für die Konzeption von „Einfacher Sprache", einer weniger streng geregelten Erleichterungsvarietät, ist.

Es wäre darüber hinaus zu prüfen, ob auch in Texten in Leichter Sprache pronominale Anaphern behutsam eingesetzt werden könnten, vor allem dann, wenn eine eindeutige Auflösung möglich ist; es wäre empirisch zu prüfen, ob der Vorteil der pronominalen Anapher, Textkohärenz herzustellen, gegenüber dem Nachteil, den das Erfordernis der Anaphernauflösung mit sich bringt, überwiegt. (12) aus einem NDR-Projekt für Leichte Sprache gibt auf der folgenden Seite ein Beispiel:

(12)

Ausgangstext	Übersetzung ohne pronominale Anapher	Übersetzung mit behutsamer pronominaler Anapher
Ex-HSV-Spieler Marcell Jansen beendet im Alter von 29 Jahren seine Profifußballerkarriere.	Marcell Jansen beendet seine Fußball-karriere. Marcell Jansen ist erst 29 Jahre alt. Marcell Jansen war viele Jahre lang Fußball-Profi. Das heißt: Der Beruf von Marcell Jansen war Fußball spielen. Marcell Jansen war ein sehr erfolgreicher Fußball-Profi. Marcell Jansen hat für den Hamburger Sport-verein gespielt. Die Abkürzung ist: HSV.	Marcell Jansen beendet seine Fußball-karriere. Er ist erst 29 Jahre alt. Marcell Jansen war viele Jahre lang Fußball-Profi. Das heißt: Sein Beruf war Fußball spielen. Marcell Jansen war ein sehr erfolgreicher Fußball-Profi. Er hat für den Hamburger Sport-verein gespielt. Die Abkürzung ist: HSV.

Ein so differenziertes Verfahren birgt jedoch die Gefahr der übermäßigen Pronominalisierung, die vermutlich größere Verstehenshürden erzeugt als der vollständige Verzicht auf anaphorische Pronomen.

Demonstrativpronomen
Auch Demonstrativpronomen werden in der Standardsprache für Wiederaufnahmen genutzt:

(1) Es ist Frühling – auf Sylt und anderswo. **Diese** Tatsache ist nicht zu überhören. Welche Vögel genau liefern den Soundtrack zur Jahreszeit? (Brunsbütteler Rundschau Online, 20.03.2014)

Wie das Beispiel zeigt, wird mit *diese Tatsache* jedoch nicht lediglich ein einzelner Textreferent, sondern ein Sachverhalt *(es ist Frühling)* aufgegriffen. Solche Verweisarten werden komplexbildende Verweise oder einfach nur Komplexbildungen genannt. Mit ihnen werden vorangegangene oder folgende Textteile zu Referenten zusammengefasst.

Mit *diese* eingeleitete komplexbildende Verweisungen enthalten in der Standardsprache jedoch häufig abstrakte Nomen mit unspezifischer Semantik *(Tatsache, Konzept, Bedingung* usw.), die in Leichter Sprache nicht zur Verfügung stehen. Daher werden Komplexbildungen in Leichter Sprache überwiegend mit *das* ausgeführt. Der damit erzeugte Wechsel auf die metakommunikative Ebene, der Komplexbildungen zu einem wichtigen Instrument der Leserführung macht (s. dazu umfassend Kap. 12.4.3), wird typografisch durch die Einrückung angezeigt (Kap. 7.3.2.3).

(1')   Es ist Frühling.
      Es ist Frühling in Sylt.
      Und es ist Frühling in ganz Deutschland.
            Das können wir hören:
            Die Vögel singen.
      Wir wollen wissen:
            Welche Vögel singen im Frühling?

9.2.2.4 Adverbien

Die Klasse der Adverbien wird in der grammatischen Fachliteratur sehr verschieden gefasst (vgl. die Beiträge in Schmöe 2002). Wir gehen hier auf lokale Adverbien *(hier, dort, da)* und auf temporale Adverbien *(heute, nachher, gestern)* ein; außerdem thematisieren wir die Funktionsweise von Satzadverbien; sie sind in Leichter Sprache deshalb wichtig, weil mit einer Teilklasse von ihnen das Fehlen bestimmter grammatischer Konstruktionen der Standardsprache kompensiert werden kann (s. u.). Zuletzt geht es um Präpositionaladverbien, die ebenso wie Demonstrativpronomen für Komplexbildungen (s. o.) genutzt werden.

Lokale und temporale Adverbien

Die Hauptfunktion von lokalen und temporalen Adverbien ist die der räumlichen bzw. zeitlichen Situierung von Sachverhalten. Diese Situierung gilt jedoch nicht nur für einen einzelnen Sachverhalt, sondern bildet im Text einen Rahmen, der so lange aktiv bleibt, bis mit weiteren sprachlichen Mitteln ein Wechsel angezeigt wird (zur Rolle der Adverbien als Spacebuilder s. auch Kap. 11.3).

Bei räumlich und zeitlich situierenden Adverbien ist es deshalb nicht möglich, ein bedeutungsidentisches Adverb in Satzverkettungen zu wiederholen:

(1)   *Gestern waren wir im Zoo, gestern haben wir etwas gegessen, gestern waren wir im Kino.

Das bedeutet, dass bei komplexeren Szenarien auch in Leichter Sprache die adverbiale Situierung nur ein Mal aufgerufen werden kann. Die Subsumtion unter einen gemeinsamen zeitlichen oder lokalen Rahmen muss mit anderen Mitteln gesichert werden:

(2) Gestern waren wir im Zoo.
     Dann haben wir etwas gegessen.
     Dann waren wir im Kino.

Wird ein Adverb wiederholt, löst dies eine bedeutungsändernde Interpretation aus:

(3) Hier ist ein Kreis, hier ist ein Dreieck, hier ist ein Viereck.

(3) besagt, dass die geometrischen Formen sich im Sichtfeld von Sprecher und Hörer, nicht aber an derselben Position befinden. Wir sprechen von der distributiven Lesart. Nicht distributiv ist die Lesart von (4); *hier* gibt eine gemeinsame Position für die geometrischen Formen an; sie befinden sich im selben Raum.

(4) Hier sind ein Kreis, ein Dreieck und ein Viereck.

Szenario (3) – distributiv   Szenario (4) – nicht distributiv

hier$_1$ hier$_2$ hier$_3$ hier

Diese Szenarien unterscheiden sich auch in Bezug auf den kommunikativen Zweck: Eingebettet etwa in den Mathematikunterricht deutet (3) darauf hin, dass es im Folgenden um den Unterschied zwischen den gezeigten Formen geht, Szenario (4) verweist auf eine globale Beschäftigung mit ihnen.

Weil die satzinterne Koordination, mit der Szenario (4) erzeugt wird, in Leichter Sprache nicht lizenziert ist (Kap. 10.2), muss Szenario (4) wie in (4') ausgedrückt werden. Für Szenario (3) ist (3') eine geeignete Ersatzkonstruktion:

(3') Hier siehst Du ein Dreieck.   (4') Hier siehst Du drei Formen:
      Hier siehst Du einen Kreis.   1. ein Dreieck.
      Hier siehst Du ein Viereck.   2. einen Kreis.
                                                3. ein Viereck.

Satzadverbien
Anders verhalten sich Satzadverbien, mit denen ein Sachverhalt nicht situiert, sondern modifiziert wird (s. auch Kap. 11.3.2.1); die Klassenzugehörigkeit zu den Satzadverbien erkennt man daran, dass mit ihnen alternativ zu Ja oder Nein auf einen Entscheidungsfragesatz geantwortet werden kann *(Ist Annas neues Auto rot? Vielleicht, wahrscheinlich, vermutlich, sicherlich, leider ...)* (Hetland 1992).

Mit Satzadverbien wird im Gegensatz zu lokalen und temporalen Adverbien nicht notwendig ein Rahmen gesetzt. Deshalb können sie auch ohne Bedeutungsverschiebungen wiederholt werden. (5) und (6) dürften nahezu bedeutungsgleich sein:

(5)   Vielleicht ist das ein Dreieck, das ein Kreis, das ein Viereck.

(6)   Vielleicht ist das ein Dreieck.
      Vielleicht ist das ein Kreis.
      Vielleicht ist das ein Viereck.

Problematisch werden könnten jedoch Fälle, in denen das Satzadverb als Rahmen interpretiert werden muss, weil die verbalisierten Sachverhalte voneinander abhängen:

(7)   Vielleicht gehen wir heute in den Zoo. Und dann gehen wir noch essen und dann ins Kino.

Wird die Interpretation des Satzadverbs hier nicht mitgeführt, könnten die *dann*-Anschlüsse als faktische Aussagen gelesen werden. Satzadverbien sollten also in solchen Fällen in jedem Satz wiederholt werden:

(8)   Vielleicht gehen wir heute in den Zoo.
      Und dann gehen wir vielleicht essen.
      Und dann gehen wir vielleicht ins Kino.

In Bezug auf ihre konkrete Modifikationsfunktion teilen sich die Satzadverbien in solche, die die Aussage, die sie modifizieren, als wahr voraussetzen *(leider, überraschenderweise, unglücklicherweise)*, und solche, die dies nicht tun *(vielleicht, vermutlich, wahrscheinlich)* (Lang 1979).

Die erste Gruppe wird gebraucht, um Evaluationen auszuführen, die zweite, um die Eintretenswahrscheinlickeit eines Sachverhalts zu spezifizieren; manche Satzadverbien leisten beides *(hoffentlich)*.

Die zweite Gruppe spielt in Leichter Sprache eine herausragende Rolle. Sie wird gebraucht, um das Fehlen von grammatischen Konstruktionen zu kompensieren, die anzeigen, dass der Wahrheitswert einer Aussage nicht festliegt; das ist etwa bei Konditionalen der Fall, aber auch beim Konjunktiv (s. Kap. 8.1.2.2, 10.1.2 und 11.3.2). Hier hat sich *vielleicht* als geeignetes Mittel erwiesen, das im Gegensatz zu *vermutlich, wahrscheinlich* und *hoffentlich* der neutralste Kandidat für Wahrscheinlichkeitszuweisungen ist (zu *vielleicht* umfassend Ehrich 2010).

In Fällen abgestufter Wahrscheinlichkeit wird jedoch eine Differenzierung erforderlich:

(9) Sie sind öfter nervös?
Sie können **nicht** mehr so gut schlafen wie früher?
Sie können sich **nicht** mehr so gut konzentrieren wie früher?
Sie können **nicht** mehr so viel arbeiten wie früher?
Sie sind manchmal sehr gut gelaunt?
Und dann sind Sie plötzlich sehr schlecht gelaunt?

Sie haben alle Fragen mit Ja beantwortet:
Dann haben Sie vermutlich Krankheit X.

Oder Sie haben 3 oder 4 Fragen mit Ja beantwortet:
Dann haben Sie vielleicht Krankheit X.

Oder Sie haben weniger als 3 Fragen mit Ja beantwortet:
Dann haben Sie wahrscheinlich **nicht** die Krankheit X.

Die Satzadverbien der ersten Gruppe sind nahezu alle morphologisch komplex *(glücklicherweise, bemerkenswerterweise)* und deshalb für die Leichte Sprache ungeeignet; die von ihnen ausgehende Sachverhaltsbewertung muss in Satzform gebracht werden.

(10) Glücklicherweise war das Haus bei dem Brand menschenleer.

(10') Ein Haus hat gebrannt.
Aber in dem Haus war **niemand**.
Das war ein großes Glück.

Präpositionaladverbien
Präpositionaladverbien sind aus *da/wo/hier* und einer Präposition zusammengesetzte Ausdrücke:

(11)   da-mit, -für, -bei
       wo-mit, -für, -bei
       hier-mit, -für, -bei

Bei *da-* und *wo-* wird bei der Zusammensetzung mit vokalisch anlautenden Präpositionen zur Vermeidung des Zusammentreffens von zwei Vollvokalen ein *r* eingefügt:

(12)   da-r-an
       wo-r-über

In der Bezeichnung Präpositionaladverb verweist der erste Teil (Präpositional-) auf die morphologische Struktur, der zweite Teil (-adverb) auf die wichtigste syntaktische Funktion des Gesamtausdrucks.

Eine Alternativbezeichnung ist Pronominaladverb; damit wird hervorgehoben, dass diese Ausdrücke – wie andere Pronomen – etwas aus dem Umgebungstext aufgreifen; wie das Demonstrativum *das* (s. o.) greifen die Präpositional- oder Pronominaladverbien aber nicht einzelne Textreferenten, sondern Sachverhalte auf (13), sind also komplexbildend:

(13)   Jan konnte nichts dafür, dass seine Mannschaft verloren hat.

Weil Satzgefüge in Leichter Sprache nicht erlaubt sind, können Präpositionaladverbien jedoch syntaktisch nicht wie in (13) genutzt werden; eine adäquate Wiedergabe von (13) in Leichter Sprache sähe wie in (13') aus:

(13') Die Mannschaft von Jan hat verloren.
       Jan kann **nichts** dafür. / Jan ist **nicht** schuld daran.

Präpositionaladverbien, insbesondere solche mit *da-*, werden in Leichter Sprache vor allem als textdeiktische Verweise gebraucht (Maaß 2010). Sie beziehen sich dann nicht auf den Sachverhalt selbst, sondern auf eine Aussage oder eine Aussagekette in einem Argumentationsgefüge; dies sowohl rückverweisend (14) als auch vorverweisend (15) (Hervorhebungen U.B., C.M.):

(14)   Rückverweis (BMAS 2013: 50):
       Vermeiden Sie Verweise.
       Verweisen Sie nicht auf andere Stellen im Text.
       Verweisen Sie nicht auf andere Texte.
       Das schwere Wort **dafür** heißt: Quer-Verweis.

(15) Vorverweis (BMAS 2013: 86):
Dafür verwenden Teilnehmer und Teilnehmerinnen die rote Karte:

- Wenn sie etwas nicht verstehen.
- Wenn der Redner oder die Rednerin zu schnell ist.
- Manche verwenden die rote Karte auch, wenn sie eine Frage haben.

In (14) werden mit *dafür* zwei Aussagen aufgegriffen, in (15) sind es drei. Dennoch ist anzunehmen, dass (15) leichter zu verstehen ist als (14). Und dies aus zwei Gründen: Zum einen sind die aufzunehmenden Aussagen in (15) mit Aufzählungszeichen markiert; damit wird ihre Zusammengehörigkeit unter eine gemeinsame Einordnungsinstanz (GEI) (s. Kap. 10.2) markiert. Zum anderen wird der Leser noch vor dem Eintreffen von Ausdrücken, die aufgegriffen werden, auf den Verweisvorgang orientiert.

In (14) dagegen muss beim Lesen von *dafür* nachträglich nach den aufzugreifenden Aussagen gesucht werden; wie weit der Leser zurückgehen muss, ist optisch nicht markiert.

Wir werden diesen Zusammenhang in Kap. 12.4.3 erneut aufgreifen und zeigen, dass und warum die Verweisung mit Präpositionaladverbien ebenso wie mit dem Demonstrativum *das* trotz möglicherweise entstehender Schwierigkeiten bei ihrer Rezeption ein unverzichtbares Mittel der Kohärenzherstellung von Texten in Leichter Sprache darstellen.

9.3 Zusammenfassung

In diesem Kapitel haben wir uns mit dem Wortschatz der Leichten Sprache befasst. Den Ausgangspunkt bildete die Zweiteilung in Inhalts- und Funktionswörter (Kap. 9.1.2).

Bei den Inhaltswörtern haben wir auf der Basis der Prototypentheorie ein Verfahren zur Diskussion gestellt, mit dem die Auswahl geeigneter Lexeme für Leichte Sprache gelingen kann. Vorgeschlagen wurde eine kriteriengeleitete Ermittlung des Begriffszentrums von konkurrierenden Ausdrücken eines Wortfeldes (Kap. 9.2.1).

Dieses Verfahren zeigt auch, warum Kernwörter Fremdwörtern fast immer überlegen sind, die oft nicht nur – wie es die Regelwerke feststellen – weniger bekannt sind, sondern sich auch in vielen Dimensionen in die periphere Position im Wortfeld bewegen (Kap. 9.2.1.1).

Bei Fachwörtern (Kap. 9.2.1.2) haben wir zwischen fachspezifischen und fachgeprägten Lexemen unterschieden und gezeigt, dass vor allem die fachgeprägten Lexeme Verstehenshürden darstellen können, weil sie – in anderer Bedeutung – auch in der Alltagssprache auftreten. Weil aber

Fachwörter insgesamt besonders erklärungsintensiv sind, haben wir an dieser Stelle zugleich die Anforderungen an Worterklärungen in Leichte-Sprache-Texten skizziert.

Eine eigene Domäne stellen Eigennamen dar (Kap. 9.2.1.3); sie stellen für die Leichte Sprache sowohl Hürden als auch eine Chance dar.

Die Hürden sind formal: Wer versucht, Eigennamen zu dekodieren, ihnen also Sinn zuzuschreiben, läuft ins Leere. Es kann deshalb sinnvoll sein, einen Eigennamen *als* Eigennamen zu kennzeichnen. Darüber hinaus kann die „onymische Sondergrammatik" (Nübling et al. 2012) dazu führen, dass grammatische Formen von Eigennamen nicht angemessen interpretiert werden können; hier bieten sich entsprechende Ersatzkonstruktionen an.

Die Chance ist funktional: Sie besteht darin, dass Eigennamen strategisch zur Personifizierung abstrakter Rollenträger genutzt werden können; abstrakte Szenarien können dann alltagsnah und beispielhaft dargestellt werden.

Bei den Funktionswörtern (Kap. 9.2.2) stand folgende Vermutung am Anfang: Durch ihre hohe Frequenz und ihre Kürze begünstigen sie zwar die Verständlichkeit, sie können aber ebenso leicht übersehen werden. Darüber hinaus kann eine unvollständige oder fehlerhafte Interpretation der Funktionswörter zu ganz erheblichen Verstehenshürden führen.

Bei Präpositionen (Kap. 9.2.2.1) betrifft dies die außerordentliche semantische Heterogenität, aber auch die Verschiedenheit der syntaktischen Funktion präpositionaler Gruppen.

Bei den Artikeln (Kap. 9.2.2.2) haben wir gesehen, dass sie das Diskursuniversum in bekannt und neu sortieren; dabei gilt auch als bekannt, was durch einen Frame oder einen Ankerausdruck eingeführt ist; wenn die Kenntnis dieser Frames und Ankerausdrücke bei den Leser(inne)n nicht vorausgesetzt werden kann, muss in Leichter Sprache eine Explikation erfolgen. Auch zur Herausarbeitung besonderer Lesarten von Artikeln, insbesondere der unspezifischen und der generischen, können teilweise eigene Konstruktionen erforderlich werden.

Bei den Adverbien (Kap. 9.2.2.4) haben wir lokale und temporale Adverbien als rahmensetzende Elemente profiliert und zwischen distributiven und nicht distributiven Lesarten unterschieden, die jeweils verschiedene Übersetzungsanforderungen stellen.

Die Satzadverbien sind in Leichter Sprache deshalb von großer Bedeutung, weil sie die Modalisierung von Aussagen übernehmen können, die in der Standardsprache durch Konditionalität oder den Konjunktiv geleistet wird. Weil viele von ihnen aber morphologisch überkomplex sind, muss die Modalisierung häufig mit weiteren Mitteln hergestellt werden.

9 Lexik

Eine zentrale Domäne von Funktionswörtern ist die Sicherstellung von Textkohärenz. Das gilt in besonderem Maß für die Artikel (Kap. 9.2.2.2), für die Pronomen (Kap. 9.2.2.3) und für die Präpositionaladverbien (Kap. 9.2.2.4). Das Fehlen der Personalpronomen in Leichter Sprache stellt den gravierendsten Eingriff in das Sprach- und Textsystem überhaupt dar. Wie die Herstellung von Textkohärenz mit Demonstrativpronomen und Präpositionaladverbien wenigstens teilweise kompensiert werden kann, haben wir skizziert; dieser Zusammenhang wird in Kapitel 12.4.3 weiter systematisiert. Ausgespart haben wir in diesem Kapitel die Behandlung von Subjunktionen und Konjunktionen; sie werden in Kapitel 10.1.2 besprochen.

10 Syntax

> Ein durchschnittlicher Satz in einer deutschen Tageszeitung ist ein erhabenes und imposantes Kuriosum; er nimmt etwa eine Viertelspalte ein; [...] er behandelt vierzehn oder fünfzehn verschiedene Themen, jedes umhegt von seiner eigenen Parenthese, hier und da versehen mit ein paar Sondereinschüben, die ihrerseits drei oder vier der kleineren umschließen, so dass Gehege innerhalb der Gehege entstehen; schließlich werden sämtliche Über- und Untereinschübe zwischen zwei riesige Königsparenthesen gepfercht, von denen die eine in der ersten Zeile des majestätischen Satzes platziert wird und die andere in der Mitte des letzten – *danach kommt das* VERB, und man erfährt zum ersten Mal, wovon dieser Mensch überhaupt redet. (Twain 1880 [2010]: 15 f., Hervorhebungen im Original)

Die Schwierigkeiten, die Mark Twain mit dem Deutschen hat, beschränken sich nicht auf die Syntax. Hier aber sind es vor allem zwei Eigenschaften, die Twain zu schaffen machen: Einbettungsstrukturen und Wortstellungsmuster. U. a. mit diesen Phänomenen werden wir uns im Folgenden befassen.

In Kap. 10.1 besprechen wir syntaktische Einbettungen und hier Satzgefüge. Zu zeigen wird sein, wie und warum Satzgefüge in Leichter Sprache in autonome Sätze aufgelöst werden müssen und wie die Verknüpfungsinformation aus den Satzgefügen der Ausgangsstruktur überführt werden kann. Gezeigt wird, dass hier die Satzadverbiale mit *d*-Element als mögliche Alternative zu Subjunktionen anbieten.

Kap. 10.2 befasst sich mit Satzreihen bzw. übergreifend mit koordinativen Strukturen und möglichen Ersatzkonstruktionen.

In Kap. 10.3 wird die Wortstellung im Deutschen thematisiert. Hier geht es vor allem um die für das Verstehen optimale Wortfolge, um die Besetzung der Erstposition in Sätzen sowie um mögliche Verstehenshürden, die sich aus der für das Deutsche typischen Klammerstruktur ergeben können.

10.1 Satzgefüge – Subordination

Eine zentrale Regel, die sich in allen Regelwerken für Leichte Sprache findet, betrifft die Verwendung von „kurzen Sätzen". Die Netzwerkregeln (BMAS 2013: 44), analog dazu Inclusion Europe (2009: 16), formulieren diese Anforderung wie folgt:

10 Syntax

> **Schreiben Sie kurze Sätze.**
> **Machen Sie in jedem Satz nur eine Aussage.**
>
> Trennen Sie lange Sätze.
> Schreiben Sie viele kurze Sätze.
>
> **Beispiel**
> **Gut:**   Ich kann Ihnen helfen.
>   Bitte sagen Sie mir:
>   Was wünschen Sie?
>
> **Schlecht:** Wenn Sie mir sagen, was Sie wünschen, kann ich Ihnen helfen.

Angesprochen ist nicht einfach die „Kürze", sondern die Konstruktionseigenschaft von Sätzen. Gemeint ist, dass Satzgefüge in Leichter Sprache in autonome Einzelsätze aufgelöst werden.

Satzgefüge sind Konstruktionen, die mehrere Teilsätze enthalten, von denen einer allen anderen übergeordnet ist. Der übergeordnete Satz ist der Haupt- oder Matrixsatz, die untergeordneten Sätze sind Nebensätze.

Dabei sind die Nebensätze dem Hauptsatz nicht gleichwertig untergeordnet. Im vorliegenden Fall ist der Nebensatz *was Sie wünschen* dem Nebensatz *Wenn Sie mir sagen* untergeordnet. Die Einbettungsstruktur sieht in sehr vereinfachter Form wie folgt aus (1):

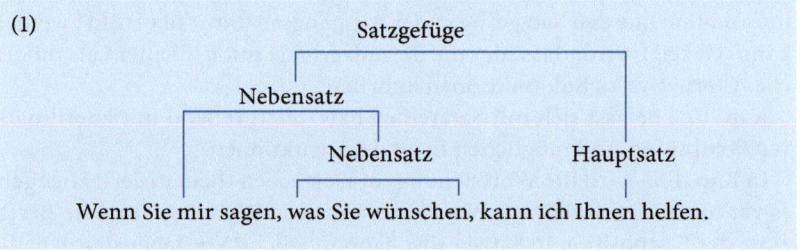

Diese Struktur macht die potenziellen Verstehensprobleme von Satzgefügen augenfällig: Eingebettete Sätze können nicht direkt ausgewertet werden, sondern erhalten ihre Bedeutung erst auf der Basis des Satzes, auf den sie sich beziehen. Je tiefer die Einbettungsstrukturen, desto mehr Zwischenschritte muss der Rezipient für die Auswertung der Gesamtkonstruktion unternehmen. Die Vermeidung von Satzgefügen in Leichter Sprache ist deshalb gut begründet. Um so mehr überrascht die folgende Netzwerkregel (BMAS 2013: 46):

Am Anfang vom Satz dürfen auch diese Wörter stehen:
- Oder
- Wenn
- Weil
- Und
- Aber

Zum Beispiel:
Bitte rufen Sie mich an.
Oder schreiben Sie mir.

Während *oder*, *und*, *aber* als koordinierende Konjunktionen hauptsatzeinleitend sein können (s. Kap. 10.2.3) und deshalb typisch für Satzreihen sind, sind *wenn* und *weil* nebensatzeinleitend; ihre Verwendung führt – außer in elliptischen Randkonstruktionen – zwangsläufig zu Satzgefügen.

Dass *wenn* und *weil* in dieser Liste auftreten, obwohl in demselben Regelwerk Nebensätze verboten sind, ist aber kein Versehen: In vielen Übersetzungen findet man Konstruktionen mit *wenn* und *weil*, die mit einem Punkt begrenzt sind. Sie werden damit qua Interpunktion so behandelt, als seien sie einfache Sätze (Beispiel aus: ‚vererben – erben', Niedersächsisches Justizministerium 2014: 18):

(2)   Frieda erbt **nichts**.
      Weil Frieda und Otto geschieden sind.

Diese Übersetzungsstrategie ist jedoch alles andere als unkompliziert: Denn Teilsätze von Satzgefügen werden nicht einfach dadurch unabhängig voneinander, dass man sie mit dem Punkt unabhängig macht. Lasch (2013) spricht von „(verdeckter) Komplexität": „Eine allein durch die Interpunktion realisierte Ausgliederung […] sorgt nicht für eine Komplexitätsreduktion".

In bestimmten Fällen kann das Leseverstehen durch die mit der Interpunktion vorgetäuschte Unabhängigkeit der Teilsätze sogar erschwert sein:
Der Punkt instruiert den Leser, die syntaktische Sprachverarbeitung abzuschließen, den Gesamtsatz semantisch auszuwerten und das darin enthaltene Wissen zu speichern (Bredel 2011). Zur semantischen Auswertung gehört auch die Zuweisung eines Wahrheitswerts. So halten wir es nach dem Lesen des Satzes <*Peter verrät Nora.*> für wahr, dass Peter Nora verrät, nach dem Lesen des Satzes <*Peter verrät Nora nicht.*> halten wir für wahr, dass Peter Nora nicht verrät. Eine Konstruktion wie <*Peter verrät Nora. Nicht.*> ist deshalb nicht auswertbar. Ähnlich schwierig ist die Auswertung von mit einem Punkt getrennten *wenn-dann*-Konstruktionen.

Denn isolierten *wenn*-Sätzen kann überhaupt kein Wahrheitswert zugewiesen werden, und der Wahrheitswert des *dann*-Anschlusses ist von dem probeweise Für-wahr-Halten des *wenn*-Satzes abhängig. In der Konstruktion <*Peter verrät Nora, wenn er Vorteile davon hat.*> ist eben nicht gewiss, ob Peter Nora verrät – alles hängt von den möglichen Vorteilen ab, die er sich davon verspricht (dazu auch Kap. 10.1.2). Deshalb ist <*Peter verrät Nora. Wenn er Vorteile davon hat.*> mindestens irreführend, in jedem Fall aber ungrammatisch und sollte schon deshalb ebenso wenig lizenziert sein wie ein syntaktisch autonomer *weil*-Anschluss.

Wenn wir uns im Folgenden mit dem Problem der Reduktion von komplexen Satzstrukturen bei der Übersetzung in Leichte Sprache befassen, gehen wir von der Kernregel aus, dass „in jedem Satz nur eine Aussage" (s. o.) stehen darf, und beachten zusätzlich den Grundsatz, dass Leichte Sprache keine Strukturen enthalten darf, die in der Ausgangssprache nicht lizenziert sind.

Für die Annäherung an syntaktische Komplexität ist eine erste wichtige Unterscheidung die zwischen Satzgefügen ohne und Satzgefügen mit unterordnenden Konjunktionen wie *wenn, weil, als, bevor* etc., im folgenden Subjunktionen.

Satzgefüge ohne Subjunktionen sind Relativsätze und indirekte Fragesätze. Weil indirekte Fragesätze in Kap. 10.1.3 angesprochen werden, befassen wir uns zunächst nur mit den Relativsätzen genauer.

Bei den Satzgefügen mit Subjunktion unterscheiden wir adverbiale Nebensätze (z. B. Temporalsätze, Kausalsätze, Konzessivsätze) und Ergänzungssätze (*dass-/ob*-Sätze).

Bei den adverbialen Nebensätzen, bei denen die Subjunktion eine eigene Semantik aufweist (z. B. Temporalität, Kausalität, Konzessivität), muss untersucht werden, wie diese Semantik auch ohne Subjunktion ausgedrückt werden kann.

Bei den Ergänzungssätzen, zu denen auch die indirekten Fragesätze gehören, sind die Subjunktionen semantisch leer *(dass, ob)*. Bei ihrer Übersetzung geht es weniger um semantische, sondern stärker um Strukturfragen. Insgesamt nicht behandelt werden im vorliegenden Band Infinitivsätze *(Brutus kam, um zu töten; Brutus versprach, Cäsar zu töten)*, die häufig analog zu Adverbialsätzen und Ergänzungssätzen behandelt werden können. Auch eine genauere Analyse und Rekonstruktion weiterer, auch komplexer werdender Satzstrukturen ist weiteren Untersuchungen vorbehalten.

Satzgefüge – Subordination

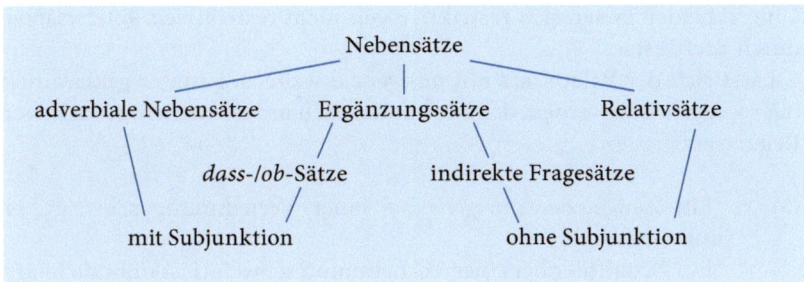

10.1.1 Relativsätze

Relativsätze sind Nebensätze und deshalb in Leichter Sprache nicht lizenziert. Für die Herausarbeitung der Übersetzungspotenziale konzentrieren wir uns zunächst auf diejenigen Fälle, in denen das Relativpronomen auf einen nominalen Ausdruck im übergeordneten Satz bezogen ist *(Ein Zeuge, der bei einer Vernehmung schweigt, ist unbrauchbar)*; in einem zweiten Schritt werden Satzrelativsätze angesprochen, also Relativsätze, die sich auf Sätze beziehen *(Der Zeuge schwieg, was für ihn von großem Nutzen war)*. Zuletzt geht es um freie Relativsätze, bei denen der Relativsatz an die Stelle eines Bezugsnominals tritt *(Der Zeuge hilft, wem er kann)* (umfassend zu Relativsätzen Lehmann 1984, Laux 2001; Holler 2013a, 2013b; zu freien Relativsätzen Pittner 1995).

Bei Relativsätzen mit Bezugsnomen werden restriktive und nicht restriktive Relativsätze unterschieden. Restriktive Relativsätze schränken die Menge der Elemente, die das Bezugsnomen bezeichnet, ein; in Beispiel (1) schränkt der Relativsatz die Menge aller Zeugen auf diejenigen ein, die bei einer Vernehmung schweigen. Damit wird der Bezug des allgemeinen Ausdrucks *Zeuge* für den Rezipienten identifizierbar gemacht. Bei nicht restriktiven Relativsätzen ist der Referent des Bezugsnomens dem Rezipienten schon bekannt; es findet keine Mengenreduktion statt; für Beispiel (2) nehmen wir den Fall an, dass der gemeinte Zeuge durch *(der einzige und des Mordfalls)* bereits identifiziert ist; der Relativsatz fügt dann weitere Informationen hinzu.

(1) Restriktiver Relativsatz:
Ein Zeuge, der bei einer Vernehmung schweigt, ist unbrauchbar.

(2) Nicht restriktiver Relativsatz:
Der einzige Zeuge des Mordfalls, der bei der Vernehmung schwieg, konnte nichts zur Aufklärung beitragen.

Unterscheiden lassen sich restriktive von nicht restriktiven Relativsätzen durch drei Tests:

Lässt sich der Relativsatz mit *übrigens* erweitern, kann er geklammert oder weggelassen werden, denn es handelt sich um einen nicht restriktiven Relativsatz:

(3) *Ein Zeuge, der übrigens bei einer Vernehmung schweigt, ist unbrauchbar.
*Ein Zeuge (der bei einer Vernehmung schweigt) ist unbrauchbar.
*Ein Zeuge, ~~der bei einer Vernehmung schweigt~~, ist unbrauchbar.

(4) Der einzige Zeuge des Mordfalls, der übrigens bei der Vernehmung schwieg, konnte nichts zur Aufklärung beitragen.
Der einzige Zeuge des Mordfalls (der bei der Vernehmung schwieg) konnte nichts zur Aufklärung beitragen.
Der einzige Zeuge des Mordfalls, ~~der bei der Vernehmung schwieg~~, konnte nichts zur Aufklärung beitragen.

Bei der Übertragung in Leichte Sprache müssen für restriktive und nicht restriktive Relativsätze verschiedene Strategien angewendet werden. Weil die restriktiven Relativsätze einen Referenten überhaupt erst identifizierbar machen, steht die Information aus dem Relativsatz *vor* der Information aus dem Trägersatz, obwohl Relativsätze in Ausgangstexten stets nachgestellt sind. Bei nicht restriktiven Relativsätzen ist die Reihenfolge beliebig, wenn nicht andere Textbedingungen eine bestimmte Reihenfolge erzwingen.

(1') Manche Zeugen sagen bei einer Gerichts-verhandlung **nichts**.
Diese Zeugen helfen dem Gericht **nicht**.
Das Gericht kann diese Zeugen **nicht** gebrauchen.

(2') Bei dem Mord war nur ein Zeuge.
Der Zeuge hat in der Gerichts-verhandlung **nichts** gesagt.
Deshalb hat der Zeuge dem Gericht **nicht** geholfen.

In einigen Fällen benötigt man über die Satzebene hinausgehende Kontextinformationen, um zu entscheiden, ob ein Relativsatz restriktiv oder nicht restriktiv ist.

(5) Ausgangssatz: Die Ehe, aus der ein Sohn hervorgegangen ist, wurde geschieden.

(6) Kontext für eine restriktive Lesart:
Karl war zwei Mal verheiratet. Die Ehe, aus der ein Sohn hervorgegangen ist, wurde geschieden.

(7) Kontext für eine nicht restriktive Lesart:
Karl war neun Jahre lang verheiratet. Die Ehe, aus der ein Sohn hervorgegangen ist, wurde geschieden.

Dieser Unterschied führt zu verschiedenen Übertragungsresultaten:

(6') Karl war zwei Mal verheiratet.
Mit einer Frau hat Karl einen Sohn.
Von dieser Frau ist Karl geschieden.

(7') Karl war neun Jahre lang verheiratet.
Karl und seine Frau haben einen Sohn bekommen.
Jetzt sind Karl und seine Frau geschieden.

Bei Satzrelativsätzen bezieht sich der Relativsatz nicht auf einen nominalen Ausdruck, sondern auf einen Satz (8). Und auch die Leseart von Satzrelativsätzen unterscheidet sich von den Relativsätzen mit Bezugsnomen: Satzrelativsätze können nicht restriktiv sein; ebenso wenig charakterisieren sie den Sachverhalt, auf den sie sich beziehen, genauer. Vielmehr kommentieren sie die im Bezugssatz gegebene Information (Zifonun et al. 1997: 897).

(8) Der Zeuge schwieg, was große Vorteile für ihn hatte.

Übersetzt werden können Satzrelativsätze mit Hilfe der komplexbildenden Anadeixis *(das)*: die Reihenfolge der Ausgangsstruktur (Bezugssatz > Relativsatz) muss dabei erhalten bleiben:

(9) Der Zeuge hat **nichts** gesagt.
Das war gut für den Zeugen.

Freie Relativsätze stehen an der Stelle eines Bezugsnominals (10). Sie „drücken meist eine indefinite oder generalisierende Referenz aus, deren generalisierender Charakter durch Zusätze wie *auch immer* und *sonst noch* verstärkt werden kann und mit anderen sprachlichen Mitteln kaum gleichwertig zu erreichen ist." (Pittner 1995: 199)

(10) Der Zeuge hilft, wem (auch immer) er kann.

Pittners Beschreibung der Semantik freier Relativsätze verweist auf ein manifestes Übertragungsproblem: Indefinite, also unbestimmte, und generalisierte Bezüge sind nicht nur schwer zu verarbeiten, sondern ohne weitere Informationen auch schwer zu konkretisieren. Deshalb muss bei einer Übertragung von freien Relativsätzen in Leichte Sprache tiefer in die Textstruktur eingegriffen werden als bei den bislang besprochenen Relativsatzkonstruktionen.

Dass es sich bei freien Relativsätzen nicht um eine Randkonstruktion handelt, zeigt der folgende Text aus der Online-Zeitschrift *Ploppers Wörld*, in dem ein eingebetteter und ein uneingebetteter freier Relativsatz vorkommen (hier jeweils fett):

> Der Superbowl steht am Wochenende an, und wir erwarten einen Teaser zu *Captain America*, sowie einen zu *X-Men: First Class*. Bis dahin müssen wir uns gedulden, und halt nehmen, **was uns die Nerdnewslandschaft so bietet**. Wie zum Beispiel die News, dass Henry Cavill Superman spielt. Ganz geil war ja auch Christian Bales Reaktion auf die Ankündigung des No-Names als Mann aus Stahl. Der Batman-Darsteller guckte bei der Erwähnung Cavilles etwas schräg aus der Wäsche, und antwortete dem Interviewer dann: „Gut gemacht, **wen auch immer sie gerade erwähnt haben**." Grossartig, wie immer. (Quelle: http://plopper.wordpress.com; geprüft am 30. 10. 2015, Hervorhebungen der freien Relativsätze durch die Verfasserinnen, U.B., C.M.; Tippfehler im Original)

Mögliche Übersetzung bis zur Relativsatzkonstruktion *was uns die Nerdnewslandschaft so bietet* in Leichte Sprache (unter Missachtung der Erklärung des Begriffs *Superbowl*):

> Am Wochen·ende ist der Super·bowl.
> Und bald kommen neue Filme in die Kinos.
> Die Filme heißen:
> - Captain America
> - X-Men: First Class
>
> Alle warten auf die Vor·schau.
> Aber die Vor·schau ist noch **nicht** da.
> Deshalb müssen die Menschen Geduld haben.
> Die Menschen müssen mit Informationen über andere Filme zufrieden sein.
> Zum Beispiel [...]

10.1.2 Adverbiale Nebensätze

Bei adverbialen Nebensätzen sind die Teilsätze semantisch aufeinander bezogen. Die wichtigsten semantischen Beziehungen sind zusammen mit den ihnen entsprechenden typischen Subjunktionen in Tab. 1 aufgelistet; einen vollständigen Überblick auch über weitere konnektive Mittel geben Pasch/Brauße/Breindl/Waßner 2003; für einen raschen Überblick vgl. Duden (2009: 1048):

Semantik	typische Subjunktionen
konditional	*wenn, falls*
kausal	*weil, da*
temporal	*als, während, bevor, nachdem*
adversativ	*während, wohingegen*
konzessiv	*obwohl, obgleich*
final	*damit*

Tabelle 1: Typische Subjunktionen für adverbiale Nebensätze

Wie aus der Textverständlichkeitsforschung bekannt ist, wirkt sich die explizite semantische Verknüpfung zwischen Teilsätzen leseerleichternd aus. Als leseerschwerend gelten Satzfolgen, bei denen Leser die semantischen Beziehungen selbständig herstellen müssen. *Herbert kommt nicht ins Büro, weil er krank ist* wird schneller und sicherer verarbeitet als *Herbert kommt nicht ins Büro. Er ist krank* (Bamberger/Vanecek 1984: 40). Trotz des Nebensatzverbotes ist deshalb auch in Leichter Sprache äußerste Sorgfalt darauf zu verwenden, die semantischen Relationen zwischen den Sätzen zu versprachlichen. Dabei gilt es, Alternativen zu den Subjunktionen zu finden, die die nicht lizenzierten Nebensatzstrukturen in der Standardsprache erzeugen.

10.1.2.1 Konditionalität

Eine konditionale Beziehung zwischen Teilsätzen liegt vor, wenn ein Bedingungs-Konsequenz-Verhältnis zwischen Haupt- und Nebensatz besteht; im Nebensatz wird häufig eine Bedingung formuliert, deren Eintreten zu dem im Hauptsatz verbalisierten Ereignis führt (1) (zu anderen Fällen vgl. Reis/Wöllstein 2010; zu Konditionalkonstruktionen im Konjunktiv s. Kap. 8.1.1.2 und 11.3):

(1)   Wenn der Angeklagte Steuern hinterzogen hat, muss er ins Gefängnis.

Das Besondere an konditionalen Verknüpfungen wie in (1) ist, dass mit dem *wenn*-Satz eine nur hypothetische und so noch nicht auf die außersprachliche Wirklichkeit abzutragende Aussage getroffen wird (s. o.). Die Übersetzung des *wenn*-Satzes in einen einfachen Aussagesatz (hier: *Der Angeklagte hat Steuern hinterzogen*) würde dazu führen, dass aus einer hypothetischen Aussage eine faktische wird.

Eine mögliche Übersetzungsstrategie ist es, den *wenn*-Satz in Frageform zu bringen, mit der die Wahrheit des *wenn*-Satzes in der Schwebe bleibt (1'). Der Anschluss mit *dann* stellt sicher, dass auch die Konsequenz nur dann den Wert ,wahr' erhält, wenn die vorangegangene Frage mit Ja beantwortet werden kann.

(1')   Der Angeklagte hat seine Steuern **nicht** bezahlt?
         Dann muss der Angeklagte ins Gefängnis.

Noch einen Schritt weiter kann man gehen, wenn man den Bedingungssatz selbst in Fragesatzstruktur bringt:

(1")   Hat der Angeklagte seine Steuern **nicht** bezahlt?
         Dann muss der Angeklagte ins Gefängnis.

Zwar ist Konstruktion (1") weniger akzeptabel als Konstruktion (1'), sie ist aber geeignet, eine strukturelle Eigenschaft offenzulegen: Denn (1") nähert sich einer Satzstruktur an, die im Deutschen als V1-Konditional bezeichnet wird (2), eine Struktur, bei der der Bedingungssatz nicht über eine Subjunktion, sondern über die Wortstellung (Verb steht an erster Stelle) zum Ausdruck gebracht wird:

(2)   Hat der Angeklagte seine Steuern nicht bezahlt, muss er ins Gefängnis.

Wie gezeigt, ist die Nähe zwischen Konditionalgefügen und Frage-Antwort-Strukturen mit der Möglichkeit des V1-Konditionals bereits in der Standardsprache angelegt. Diese Nähe gilt sprachenübergreifend und wurde bereits vielfach nachgewiesen (im Überblick Reis/Wöllstein 2010). In dieser Perspektive erscheint die hier vorgeschlagene Übersetzungslösung, das Umsetzen des Bedingungssatzes in einen Fragesatz, also ausgesprochen attraktiv. Jedoch heißt es in den Netzwerkregeln (BMAS 2013: 49):

> **Vermeiden Sie Fragen im Text.**
> Manche Menschen fühlen sich dadurch belehrt.
> Manche Menschen denken:
> Sie müssen darauf antworten.
> Aber: Fragen als Überschrift sind manchmal gut.

Alternativ zur Fragekonstruktion wäre eine Doppelpunktstruktur möglich (dazu auch Kap. 7.2.4):

(1''') Der Angeklagte hat seine Steuern **nicht** bezahlt:
Dann muss der Angeklagte ins Gefängnis.

Diese Lösung ist jedoch mit einer erheblichen Hypothek belastet; denn mit dem Doppelpunkt kann – anders als mit dem Fragezeichen – nicht ausgeschlossen werden, dass die Aussage des Bedingungssatzes *(Der Angeklagte hat seine Steuern **nicht** bezahlt)* für wahr gehalten wird.

Eine empirische Prüfung müsste nicht nur zeigen, ob die Fragestruktur oder die Doppelpunktstruktur leichter verständlich ist, sondern zugleich, ob beide Strukturen gleich gut geeignet sind, die konditionale Bedeutung zu transportieren.

10.1.2.2 Kausalität

Eine kausale Relation liegt vor, wenn ein Ursache-Wirkungs-Verhältnis zwischen Haupt- und Nebensatz besteht. Im Nebensatz ist die Ursache, im Hauptsatz die Wirkung versprachlicht. Ursache und Wirkung implizieren zugleich eine zeitliche Relation: Die Ursache tritt vor der Wirkung ein. Die Grammatik bildet dieses Nacheinander jedoch nicht ab: Der kausale Nebensatz, also der Satz, in dem die Ursache versprachlicht ist, kann nach dem Hauptsatz stehen, der die Wirkung versprachlicht. Die Nachstellung des Nebensatzes ist sogar der häufigere Fall. Denn informationsstrukturell ist es oft sinnvoller, das, was zu begründen ist, voranzustellen und die Begründung folgen zu lassen.

Die Transformation von Kausalkonstruktionen in Leichte Sprache steht vor der Aufgabe, zwischen der chronologischen Perspektive (Ursache vor Wirkung) und der informationsstrukturellen Perspektive (Wirkung vor Ursache) abzuwägen (1):

(1) Weil der Angeklagte Steuern hinterzogen hat, muss er ins Gefängnis.

Informationsstrukturelle Perspektive:
Der Angeklagte muss ins Gefängnis.
Der Angeklagte hat seine Steuern **nicht** bezahlt.

Chronologische Perspektive:
Der Angeklagte hat seine Steuern **nicht** bezahlt.
Der Angeklagte muss ins Gefängnis.

Wird die chronologische Perspektive gewählt, ist es möglich, die kausale Semantik durch Hinzufügen eines kausalen Pronominaladverbs *(deshalb, deswegen)* auch explizit zu versprachlichen *(deshalb muss der Angeklagte ins Gefängnis).* Bei der informationsstrukturellen Perspektive liefert *nämlich* die Absicherung der kausalen Semantik *(der Angeklagte hat nämlich seine Steuern* **nicht** *bezahlt).*

Welche Perspektivierung leichter zu verarbeiten ist und deshalb bei der Transformation von Kausalkonstruktionen in Leichte Sprache präferiert werden sollte, ist bislang unerforscht.

10.1.2.3 Temporalität

Eine temporale Relation liegt vor, wenn Haupt- und Nebensatz in Bezug auf ihre zeitliche Folge markiert sind, wobei logisch und sprachlich drei verschiedene Verhältnisse ausgedrückt werden können: Gleichzeitigkeit – die in Haupt- und Nebensatz versprachlichten Ereignisse finden zur selben Zeit statt (1), Nachzeitigkeit – das im Nebensatz versprachlichte Ereignis findet nach dem im Hauptsatz versprachlichten Ereignis statt (2), Vorzeitigkeit – das im Nebensatz versprachlichte Ereignis findet vor dem im Hauptsatz versprachlichten Ereignis statt (3).

(1) Gleichzeitigkeit: Als die Atomkraftwerke in Betrieb gingen, dachte niemand an den Strahlenmüll.
(2) Nachzeitigkeit: Bevor Kraftwerke in Betrieb gehen, müssen sie eine strenge Sicherheitsprüfung durchlaufen.
(3) Vorzeitigkeit: Die Strompreise schnellten in die Höhe, nachdem die Atomkraftwerke vom Netz genommen worden waren.

Weil die zeitlichen Verhältnisse konjunktional ausgedrückt sind, gilt auch hier, dass die Reihenfolge der Sätze variabel ist *(Niemand dachte an den Strahlenmüll, als die Atomkraftwerke in Betrieb gingen* etc.). Bei einer Transformation in Leichte Sprache bietet sich die Einhaltung der natürlichen Chronologie an: Zeitlich vorangehende Ereignisse stehen vor zeitlich folgenden Ereignissen (2'), (3').

(2') Bevor Kraftwerke in Betrieb gehen, müssen sie eine strenge Sicherheitsprüfung durchlaufen.

Jedes Kraft·werk muss geprüft werden.
Die Menschen müssen nämlich wissen:
Das Kraft·werk ist sicher.
Das Fachwort dafür ist Sicherheits·prüfung.
Nach der Sicherheits·prüfung kann das Kraft·werk arbeiten.
Das heißt: Das Kraft·werk kann in Betrieb gehen.

(3') Die Strompreise schnellten in die Höhe, nachdem die Atomkraftwerke vom Netz genommen worden waren.

Die Regierung hat die Atom·kraft·werke abgeschaltet.
Die Atom·kraft·werke machen keinen Strom mehr.
Der Strom von den Atom·kraft·werken war billig.
Jetzt ist der Strom teuer.

Eine strikte Einhaltung des Prinzips der natürlichen Chronologie ist bei Gebrauchsanweisungen geboten. Hier kann die Reihenfolge der durchzuführenden Handlungsschritte zusätzlich durch Nummerierung markiert werden (4):

(4) Bevor Sie den Computer neu starten, schließen Sie alle Programme.

(4') 1. Schließen Sie alle Programme.
2. Starten Sie den Computer neu.

10.1.2.4 Adversativität

Bei Gleichzeitigkeitsrelationen liegt semantisch häufig Adversativität vor. In Adversativsätzen werden zwei zugleich geltende Sachverhalte als gegensätzlich bzw. widersprüchlich zueinander behauptet. Ob Adversativität gegeben ist, kann durch den Permutationstest entschieden werden; gelingt er, liegt einfache Gleichzeitigkeit vor (1), misslingt er, ist die Konstruktion adversativ (2):

(1) Als Cora im Garten arbeitete, räumte Karl das Zimmer auf.
Als Karl das Zimmer aufräumte, arbeitete Cora im Garten.

(2) Als die Atomkraftwerke in Betrieb gingen, dachte niemand an den Strahlenmüll.
*Als niemand an den Strahlenmüll dachte, gingen die Atomkraftwerke in Betrieb.

10 Syntax

Bei der Übersetzung solcher Konstruktionen muss die Adversativität an die Oberfläche geholt werden:

(2') Atom·kraft·werke machen Müll.
Der Müll ist gefährlich.
Die Menschen haben die Atom·kraft·werke trotzdem gebaut.
Die Menschen haben **nicht** über den Müll nach·gedacht.

Für viele Konstruktionen bietet sich auch die Konjunktion *aber* an (s. zu *aber* auch Kap. 10.2.2).

(3) Während die Politik die Atomkraft noch umfassend begrüßte, formierte sich in der Bevölkerung bereits Widerstand.

(3') Die Politiker haben lange Zeit gedacht:
Die Atomkraft ist gut.
Aber gleichzeitig haben viele Menschen gesagt:
Die Atomkraft ist schlecht.
Die Menschen wollten die Atomkraft nicht haben.
Die Menschen haben sich gegen die Atomkraft gewehrt.

10.1.2.5 Konzessivität

Mit einer konzessiven Relation wird ausgedrückt, dass zwei Ereignisse erwartungswidrig miteinander auftreten bzw. zwei Sachverhalte erwartungswidrig zugleich gelten (umfassend dazu Breindl 2005).

(1) Obwohl von Atomkraftwerken eine große Gefahr ausgeht, werden in vielen Ländern neue Anlagen geplant.

Auch hier ist die Reihenfolge umkehrbar *(Von vielen Ländern werden neue Atomkraftwerke geplant, obwohl von den Anlagen eine große Gefahr ausgeht)*.

Eine mögliche Übertragung in Leichte Sprache kann mit dem Pronominaladverb *trotzdem* geleistet werden (1'); dabei ist die Reihenfolge festgelegt: Die Information aus dem *obwohl*-Satz des Ausgangstextes steht vor der Information aus dem Hauptsatz.

(1') Atom·kraft·werke sind gefährlich.
Die Menschen bauen trotzdem Atom·kraft·werke.

Manchmal kann es sinnvoll sein, die in der Konzessivstruktur enthaltene Erwartungsstruktur zu explizieren, etwa dann, wenn angenommen werden muss, dass das erforderliche Wissen nicht im Common Ground (s. Kap. 6) der Zielleser verankert ist (2) oder dann, wenn für die Interpretation der Erwartungswidrigkeit Kontextinformation herangezogen werden muss (3):

(2) Obwohl das Gebäude Asbest enthält, wird es nicht für den Publikumsverkehr gesperrt.

(2') In dem Haus ist Asbest.
Asbest macht krank.
Trotzdem dürfen die Menschen in das Haus.

(3) Obwohl der Bürger·meister heute spricht, kommen die Gäste.

(3') Der Bürger·meister spricht heute.
Die Menschen mögen den Bürger·meister **nicht**.
Die Menschen kommen trotzdem.

10.1.2.6 Finalität

Finalität liegt vor, wenn zwischen den Teilsätzen eine Zweck/Ziel-Mittel-Relation besteht. Im Gegensatz zu kausalen Relationen implizieren finale Relationen Intentionalität. Es geht um das absichtsvolle Herbeiführen eines Ziels oder Zwecks:

(1) Gustav lernt, damit er sein Abitur besteht.

(2) Damit eine ausreichend hohe Spannung entsteht, ist es zweckmäßig, den Magneten durch die Spule hindurchfallen zu lassen (siehe nebenstehendes Bild; Quelle: http://www.sn.schule.de/~physik/induktion/i15.php; geprüft am 30.10.2015).

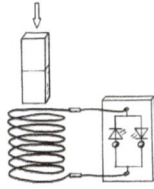

Abbildung 1: Magnetspule

Bei der Transformation finaler Relationen in Leichte Sprache muss die Intentionalität bzw. genereller die Zielorientierung mit lexikalischen Mitteln (z. B. Modalverben) ausgedrückt werden (1'); der Zweck / das Ziel steht vor der Handlung, die es herbeiführen soll.

(1') Gustav will sein Abitur bestehen.
Deshalb lernt Gustav.

(2')   Die Spannung muss hoch sein.
        Deshalb soll der Magnet durch die Spule fallen.
        Das Bild zeigt den Aufbau von dem Versuch.

Um die Quelle der Intentionalität herauszuarbeiten, bedarf es in manchen Fällen breiterer Kontextinformationen. So könnte es sein, dass Gustav selbst kein gesteigertes Interesse am Bestehen des Abiturs hat, wohl aber seine Eltern. (1) wäre unter dieser Bedingung wie unter (1") zu explizieren.

(1")   Gustav soll sein Abitur bestehen.
        Das wollen seine Eltern.
        Deshalb lernt Gustav.

10.1.3 Ergänzungssätze

Ergänzungssätze sind Nebensätze mit Satzgliedstatus. Sie können Subjekt (1) oder Objekt (2) sein (zum Subjektsatz umfassender Taborek 2008, Cosma/Engelberg 2014; zum Objektsatz Oppenrieder 2006). Die wichtigsten Ergänzungssätze sind *dass*-, *ob*- und *w*-Sätze, bei einem weiten Satzbegriff zählen auch Infinitivgruppen *(Verloren zu haben ärgert ihn)* dazu.

Dass-Sätze werden manchmal „Inhaltssätze" genannt, *ob*- und *w*-Sätze „indirekte Fragesätze". Wir bleiben bei der abstrakten Redeweise und sprechen allgemein von *dass*-, *ob*- und *w*-Sätzen und zusammenfassend vom Ergänzungssatz. Und weil der übergeordnete Satz kein Hauptsatz ist (ihm fehlt das Subjekt/Objekt), spricht man nicht vom Hauptsatz, sondern vom Matrixsatz.

(1)   Allen ist bekannt, dass in Limburg Käse gemacht wird.
        Ob in Limburg Käse gemacht wird, ist für alle fraglich.
        Alle interessiert, warum in Limburg Käse gemacht wird.

(2)   Alle wissen, dass in Limburg Käse gemacht wird.
        Alle wissen, ob in Limburg Käse gemacht wird.
        Alle wissen, wie in Limburg Käse gemacht wird.

Neben Verben, die Subjektsätze lizenzieren (z. B. *missfallen, interessieren, beschäftigen*), verlangen auch einige Adjektive *(bekannt, fraglich, fremd)* eine Ergänzung, die dann als Subjektsatz fungieren kann. Bei einer Übersetzung in Leichte Sprache bietet sich in vielen Fällen eine verbale Konstruktion an. Der Leichte-Sprache-Text enthält dann einen Einzelsatz mit nominativischem Subjekt, das in Leichter Sprache den Normalfall darstellt (3'):

(3) Beinahe jedem ist bekannt, dass dauerhaftes Sitzen beispielsweise auf der Arbeit oder auch zuhause nicht der Fitness oder der Gesundheit dienlich ist. [...]
(http://www.direktbroker.de/news/beinahe-jedem-ist-bekannt-dass-dauerhaftes-sitzen-35463075; geprüft am 30.10.2015)

(3') Fast alle Menschen wissen das:
Die Menschen sollen **nicht** immer sitzen.
Immer sitzen ist **nicht** gesund.
Immer sitzen ist **nicht** gut für die Fitness.

Auch bei von Verben regierten Subjektsätzen sollte die Matrix in eine Form mit einem Subjekt im Nominativ gebracht werden:

(4) Besonders freut den Minister, dass mit den gewerblichen Anlagen auch Arbeitsplätze im ländlichen Raum geschaffen werden.
(http://bio-based.eu/news/minister-tillich-91-biogasanlagen-in-sachsen/; geprüft am 30.10.2015, Über die Entstehung von Biogasanlagen; Übersetzung hier unter Verzicht auf die Erklärung des Begriffs *Biogasanlage*.)

(4') In Sachsen gibt es neue Bio·gas·anlagen.
Die neuen Bio·gas·anlagen bringen auch neue Arbeits·plätze.
Deshalb freut sich der Minister von Sachsen besonders über die neuen Bio·gas·anlagen.

Die wichtigste Unterscheidung, die bei Objektsätzen zu treffen ist, ist die zwischen faktiven, implikativen und nicht faktiven Verben (Hoffmann 2013: 211).
Bei faktiven Verben wird die Wahrheit des im Ergänzungssatz verbalisierten Sachverhalts vorausgesetzt (5). Im Satz *Max versteht, dass in Limburg Käse gemacht wird* gilt, dass tatsächlich in Limburg Käse gemacht wird; der Wahrheitswert bleibt auch unter Negation der Matrix erhalten *(Max versteht nicht, dass in Limburg Käse gemacht wird)*.
Bei nicht faktiven Verben (6) kann dem im Ergänzungssatz verbalisierten Sachverhalt überhaupt kein Wahrheitswert zugewiesen werden: *Max vermutet, dass in Limburg Käse gemacht wird*. Die Negation hat keinen Effekt *(Max vermutet nicht, dass in Limburg Käse gemacht wird)*.

Diese Unterscheidung hat Folgen für die Transformation in Leichte Sprache. Sätze, deren Wahrheitswert offen ist, können nicht in einfache Hauptsätze überführt werden; Sätze, bei denen der Wahrheitswert feststeht, schon:

(5) faktiv:
In Limburg machen die Menschen Käse.
Max versteht das.

(6) nicht faktiv:
Machen die Menschen in Limburg Käse?
Max vermutet das.

Unter Einhaltung des Frageverbots (vgl. BMAS 2013: 49) muss die Reihenfolge umgekehrt werden:

(6') Max vermutet das:
Die Menschen in Limburg machen Käse.

Bei implikativen Verben (7) gilt die Wahrheit des im Ergänzungssatz verbalisierten Sachverhaltes wie bei den faktiven Verben als gegeben, er verliert aber unter Negation seinen Wahrheitswert:

(7) Es stimmt, dass in Limburg Käse gemacht wird.
Es stimmt nicht, dass in Limburg Käse gemacht wird.

Bei implikativen Verben wird es manchmal nötig, die im Verb des Matrixsatzes enthaltenen Implikationen offenzulegen. Ein Satz wird nur dann mit *es stimmt* eingeleitet, wenn vorher Zweifel bestanden haben, die nun ausgeräumt werden. Für eine Übersetzung muss recherchiert und verbalisiert werden, wer Zweifel geäußert hat und wer sie ausräumt.

In Texten können diese Informationen häufig dem Kontext entnommen werden; im folgenden Beispiel geht es um das Verb *erreichen*.

(8) Das BMAS setzt sich dafür ein, dass möglichst alle Menschen in unserem Land gute Arbeit haben und sozial abgesichert sind. Wir wollen erreichen, dass es überall fair und gerecht zugeht.
(Quelle: http://www.bmas.de; geprüft am 30. 10. 2015)

(8')   Das will das Bundes·ministerium für Arbeit und Soziales:
       Alle Menschen in Deutsch·land sollen gute Arbeit haben.
       Alle Menschen sollen sicher sein.
       Kein Mensch soll in Not sein.
    In Deutsch·land ist es noch **nicht** überall gerecht.
    Aber überall soll es gerecht sein.
    Dafür arbeitet das Bundes·ministerium für Arbeit und Soziales.

10.1.4 Zusammenfassung

Durch das strikte Verbot von Nebensatzstrukturen ist Leichte Sprache auf Ersatzkonstruktionen verwiesen, die die semantischen Relationen, die in Satzgefügen ausgedrückt werden, mit anderen Mitteln verbalisieren:

Bei den Relativsätzen haben wir vier Strukturen unterschieden, restriktive, nicht restriktive, Satzrelativsätze und freie Relativsätze. Die Anforderungen an die jeweiligen Ersatzkonstruktionen waren jeweils verschieden; während restriktive und nicht restriktive Relativsätze noch vergleichsweise unproblematisch waren, sind Satzrelativsätze auf eine Komplexanapher angewiesen. Der tiefste Eingriff in die Ausgangsstruktur war bei den freien Relativsätzen erforderlich; weil mit ihnen ‚indefinite oder generalisierende Referenz' ausgedrückt wird (s. o.), die in Leichte-Sprache-Texten konkretisiert werden muss.

Für die adverbialen Nebensätze wurden die folgenden Ersatzkonstruktionen vorgestellt:

Kausalität: Ursache > *deshalb* Wirkung (chronologisch)
                  Wirkung > *nämlich* Ursache (informationsstrukturell)
Temporalität: Ereignis 1 > *dann* Ereignis 2
Konditionalität: Bedingung? > *dann* Folge
Adversativität: Ereignis 1 > *aber/trotzdem* Ereignis 2
Konzessivität: Gegengrund > *trotzdem* Ereignis
Finalität: Intendierter Zweck > *deshalb* Ereignis

Gemeinsam ist den meisten Ersatzkonstruktionen die Verwendung eines *d*-Ausdrucks (***d****-eshalb,* ***d****-ann, trotz****d****-em*); *d*-Ausdrücke sind deshalb besonders geeignet, weil sie – ähnlich wie es bei adverbialen Nebensatzkonstruktionen der Fall ist – eine gesamte Proposition aufgreifen und die gegebenen Teilinformationen so aufeinander beziehen:

> Atom·kraft·werke sind gefährlich.

Die Menschen bauen trotz-**d**-em Atom·kraft·werke.

Es ist jedoch keinesfalls sicher, dass diese Interpretation von allen Leser(inne)n Leichter-Sprache-Texte geleistet werden kann. Hier fehlen empirische Studien. Als besonders problematisch haben sich diejenigen Konstruktionen erwiesen, bei denen nicht jedem Einzelsatz ein Wahrheitswert zugewiesen werden kann (Konditionalgefüge); in diesen Fällen ist besondere Sorgfalt darauf zu verwenden, dass die in Leichte Sprache übertragene Konstruktion nicht zu Fehlinterpretationen führt. Ein weiteres Problem war die Informationsverteilung und -gewichtung; die Frage danach, in welche Reihenfolge die Teilinformationen zu bringen sind, konnte nicht überall abschließend beantwortet werden (vgl. chronologische vs. informationsstrukturelle Reihenfolge bei Kausalsätzen). Empirische Studien müssten hier zeigen, welche Konstruktionen leichter zu verarbeiten sind.

Für den dritten Nebensatztyp, die Ergänzungssätze, waren vor allem die Verben in den Blick zu nehmen, die solche Konstruktionen fordern. Wir haben hier zwischen faktiven, nicht faktiven und implikativen Verben unterschieden, die jeweils verschiedene Transformationsstrategien erfordern; hier haben sich die implikativen Verben als die problematischsten erwiesen, weil die in ihnen angelegten Implikationen an die Oberfläche gebracht werden müssen.

10.2 Satzreihen – Koordination

Unter Koordination versteht man die Verknüpfung syntaktisch gleichwertiger Einheiten, die semantisch unter einer gemeinsamen Einordnungsinstanz (GEI) subsumiert werden (Lang 1977):

Beispiel	GEI
(1) Auf der Straße befanden sich ein Auto und ein LKW.	Fahrzeuge
(2) Zur Fortbewegung benötigt er ein Auto oder eine Gehhilfe.	Fortbewegungsmittel
(3) Viele wünschen sich ein Auto und ein Reihenhaus.	Besitz
(4) *Er hat sich ein Auto und einen Opel angesehen.	keine Konstruktion einer GEI, weil die Konjunkte in einer hypo- und hyperonymischen Beziehung zueinander stehen

Je nach GEI werden verschiedene Aspekte eines Ausdrucks aktiviert; vgl. Beispiele (1) bis (3). Ambige Ausdrücke können durch die GEI vereindeutigt werden: In *Blätter und Blüten* ist mit *Blätter* etwas anderes gemeint als in *Blätter und Stifte* (Lang 1977).

Die korrekte Auswertung von Koordinationsstrukturen stellt damit eine wichtige Ressource bei der Textinterpretation dar.

Wir untersuchen im Folgenden vier für Leichte Sprache relevante Perspektiven auf Koordinationsstrukturen: die Art der Verknüpfung (10.2.1), die Verknüpfer (10.2.2), die verknüpften Einheiten (10.2.3) und das Verknüpfungsergebnis (10.2.4).

10.2.1 Die Art der Verknüpfung: Asyndese und Syndese

Bei den koordinativen Verknüpfungsarten werden die Syndese (mit Konjunktion) und die Asyndese (ohne Konjunktion) unterschieden.

Asyndese: *Er kam, er sah, er siegte.*
Syndese: *Er kam und er sah und er siegte.*

Es ist leicht zu sehen, dass die Syndese die Art der Verknüpfung explizit macht, während sie in der Asyndese implizit bleibt und nur durch die Gleichförmigkeit der Konjunkte, deren unmittelbare Adjazenz und das Komma interpretierbar wird.

Zur besseren Interpretierbarkeit der asyndetischen Koordination empfiehlt Inclusion Europe (2009: 18) Folgendes:

Verwenden Sie Aufzählungs-Zeichen.
Wenn viele Wörter nur durch
Beistriche oder Kommas getrennt sind,
ist das schwer lesbar.

Die (satzinterne) syndetische Koordination ist in Leichter Sprache nicht lizenziert (Inclusion Europe 2009: 16):

Schreiben Sie kurze Sätze. Machen Sie das so:
Schreiben Sie nur einen Gedanken in einen Satz.
Schreiben Sie nicht ‚und'.

Als Ersatzkonstruktionen werden in Leichter Sprache syntaktisch eigenständige Sätze gebildet und jeweils mit einer Konjunktion eingeleitet. Damit würde im gegebenen Beispiel die folgende Konstruktion entstehen:

(1)   Caesar kam.
      Und Caesar sah.
      Und Caesar siegte.

Die asyndetische Notation sähe wie folgt aus:

(2)   Caesar kam.
      Caesar sah.
      Caesar siegte.

Die voneinander separierten Konjunkte werden in beiden Formaten jeweils einzeln verarbeitet. Um sicherzustellen, dass die Einzelinformationen unter einer GEI subsumiert werden, ist die explizite Verknüpfung mit *und* jedoch vorzuziehen.

Nötig ist *und* (oder ein anderer, die Verknüpfung anzeigender Ausdruck, z. B. *auch*) immer dann, wenn die in den Sätzen ausgedrückten Sachverhalte mengenbildend sind (3), (4). Beispiele aus: ‚vererben – erben' (Niedersächsisches Justizministerium 2014: 49; 51):

(3)   Mit der Kopie bekommen Ihre Erben Ihr Geld von der Bank.
      Und mit der Kopie bekommen Ihre Erben Ihr Geld von der Versicherung.

      *Mit der Kopie bekommen Ihre Erben Ihr Geld von der Bank.
       Mit der Kopie bekommen Ihre Erben Ihr Geld von der Versicherung.

(4)   Sie erben einen Hof.
          Es gibt land·wirtschaftliche Höfe.
          Und es gibt forst·wirtschaftliche Höfe.

      *Sie erben einen Hof.
          Es gibt land·wirtschaftliche Höfe.
          Es gibt forst·wirtschaftliche Höfe.

10.2.2 Die Verknüpfer

Eine Entscheidung zwischen syndetischen und asyndetischen Koordinationen ist nur bei *und* möglich; *und* ist die unspezifischste und damit die unmarkierteste unter den Konjunktionen: „Rein sprachtheoretisch gesehen, ist das Wörtchen ‚und' unschuldig an dem einen oder anderen; denn es häuft und bündelt hier und dort." (Bühler 1934:318). Mit *und* werden die Konjunkte als gleichrangig konstruiert. Der Koordinationseffekt lässt sich mit dem Konzept der Addition beschreiben (vgl. umfassend zu *und* Selmani 2012), die, wie wir gesehen haben, teilweise auch durch asyndetische Reihung erzeugt werden kann.

Daneben unterscheidet das Deutsche weitere, spezifischere Koordinationstypen:

Semantik	Prototyp
additiv	*und*
adversativ	*aber*
disjunktiv	*oder*
kausal	*denn*
komparativ	*als, wie*

Tabelle 2: Koordinationstypen

In Leichter Sprache sind satzeinleitend *und, aber, oder* erlaubt (BMAS 2013: 46, s. o.). Über *als/wie* machen die Regelwerke keine Aussage; sieht man sich Texte in Leichter Sprache an, ist anzunehmen, dass sie ohne Einschränkung gebraucht werden können. Nicht erlaubt ist *denn*. An seine Stelle tritt den Netzwerkregeln zufolge das satzeinleitende *weil* (s. o.); begründet ist dies sicherlich auch durch die Medienneutralität von *weil*: *Weil* kommt sowohl in der gesprochenen als auch in der geschriebenen Sprache vor, wohingegen *denn* ein typisch schriftsprachliches Mittel ist, das Leser(inne)n mit wenig Leseerfahrung nicht mit derselben Selbstverständlichkeit wie *weil* zur Verfügung steht. Wie wir aber auch gesehen haben, entstehen durch die Extraktion von *weil*-Sätzen aus dem Satzgefüge ungrammatische Konstruktionen (s. o.). Soll das Konzept der Kausalität also in Leichter Sprache mit einem Konnektor ausgedrückt werden, sollte erwogen werden, *denn* zu lizenzieren.

Bei der Verwendung von *aber* und *oder* sind bestimmte Auffälligkeiten zu beachten, die von diesen Konjunktionen ausgehen und die Auswirkungen auf ihre Verwendung in Leichter Sprache haben können.

Bei *oder*, mit dem Alternativen verbalisiert werden, unterscheiden wir eine inklusive Lesart (1) und eine exklusive Lesart (2); bei der inklusiven Lesart kann die Verknüpfung häufig mit *und* wiedergegeben werden. Bei der exklusiven Lesart muss *oder* erscheinen; je nachdem wie komplex die mit *oder* aufgerufenen Alternativen sind, ist es sinnvoll, die entsprechenden Szenarien getrennt voneinander zu entfalten (dazu weiter unten):

(1) Inklusives *oder*; A oder B oder beides:
Die Hals·tabletten gibt es in der Apotheke oder in der Drogerie.

(1') Sie wollen Hals·tabletten kaufen?
Sie bekommen die Hals·tabletten in der Apotheke.
Oder Sie bekommen die Hals·tabletten in der Drogerie.

Sie wollen Halstabletten kaufen?
Sie bekommen die Hals·tabletten in der Apotheke.
Und Sie bekommen die Hals·tabletten in der Drogerie.

(2) Exklusives *oder*; A oder B, aber nicht beides:
Die Rückenbeschwerden können mit Tabletten oder mit einer Spritze gelindert werden.

(2') Sie haben Rückenschmerzen?
Sie können sich entscheiden:
Sie können Tabletten nehmen.
Oder wir geben Ihnen eine Spritze.

Die semantisch komplexeste der drei in Leichter Sprache erlaubten Konjunktionen ist zweifellos *aber*, denn hier ist das schreiber-/leserseitige Erwartungssystem betroffen, das mit *aber* aufgehoben bzw. korrigiert wird. Mit *aber* wird ein Gegensatz zur bzw. eine Einschränkung gegenüber der Vorgängerkonstruktion eingeleitet:

(3) Mein Lehrer ist streng, aber gerecht.

Um diesen Satz verstehen zu können, muss ein Konzept von *streng* aktiviert werden, das mit dem Konzept der Gerechtigkeit nicht harmoniert. Mit dem *aber*-Anschluss wird dem Lehrer das Gerechtsein als nicht erwartetes Merkmal hinzugefügt.

Bei der Übertragung in Leichte Sprache muss das Erwartungskonzept, das vom Vordersatz ausgelöst wird, gegebenenfalls expliziert werden. Dies könnte im vorliegenden Fall etwas so aussehen:

(3') Mein Lehrer ist streng.
Strenge Lehrer sind oft nicht gerecht.
Aber mein Lehrer ist trotzdem gerecht.

Mit dieser Übertragung ist die einfache Vorstellung verknüpft, dass strenge Lehrer keine gerechten Lehrer sind.

Der Widerspruch zwischen Strenge und Gerechtigkeit kann jedoch auch auf andere Art interpretiert werden. Der Ausgangssatz wäre dann so zu verstehen, dass das Strengsein eine unangenehme Eigenschaft von Lehrern ist, die aber durch das Gerechtsein (teilweise) kompensiert wird. Die Übertragung könnte dann etwa wie folgt aussehen:

(3")   Mein Lehrer ist streng.
        Das ist **nicht** angenehm.
        Aber mein Lehrer ist auch gerecht.
        Und das ist gut.

Dieses Beispiel macht zugleich deutlich, dass Übersetzungsentscheidungen immer auch eine Interpretation der Ausgangsstruktur voraussetzt; die ggf. in der Ausgangsstruktur enthaltene Mehrdeutigkeit wird in Leichter Sprache zugunsten einer Interpretation vereindeutigt.

Durch das Fehlen weiterer standardsprachlicher Konjunktionen (etwa *denn, sondern, beziehungsweise, jedoch, sowie, allein, außer, doch*) und durch das Fehlen von zweigliedrigen Konjunktionen *(weder – noch, entweder – oder, nicht nur – sondern auch)* sowie durch das Fehlen von Satzgefügen (s. Kap. 10.2) sind die drei verbliebenen Konjunktionen erheblichen Mehrbelastungen ausgesetzt.

Welche Probleme auftreten können, wenn nur *und*, *oder* und *aber* zur Verfügung stehen, zeigt der folgende Ausschnitt der Übersetzung der Broschüre ‚vererben – erben' (Niedersächsisches Justizministerium 2014) in Leichte Sprache. Zur Orientierung fügen wir hier den Ausgangstext hinzu:

Ausgangstext: Ausschlagung der Erbschaft (‚vererben – erben', Niedersächsisches Justizministerium 2013: 28)

> Wenn alle Verpflichtungen zusammen genommen höher sind als die den Erben zufallenden Vermögenswerte oder wenn man dies jedenfalls für möglich halten muss, werden die Erben zu überlegen haben, ob die Erbschaft nicht besser ausgeschlagen werden soll. Falls die Erben das tun, erhalten sie zwar die Vermögenswerte des Nachlasses nicht, werden aber auch nicht mit Schulden belastet.

Übersetzung in Leichte Sprache („vererben – erben", Niedersächsisches Justizministerium 2014: 53):

| Die Erben können das Erbe nehmen. Oder die Erben können das Erbe **nicht** nehmen. | exklusives *oder*; GEI: Erbentscheidung |

| Die verstorbene Person hatte Sachen. Und die verstorbene Person hatte Geld. | GEI: Besitz |

Aber die verstorbene Person hatte vielleicht auch Schulden. ----------- Erwartungswidrigkeit
Und die Schulden von der verstorbenen   GEI: Schuldenstand
Person sind höher als der Rest vom Erbe.

Dann sollten die Erben das Erbe **nicht** nehmen.
Dann haben die Erben **nicht** die Schulden von der verstorbenen Person.

Erwartungswidrigkeit
(zum Konzept Erben)

<u>Aber</u> die Erben bekommen auch **nicht** -----------
die Sachen von der verstorbenen Person.   GEI: Resultat
<u>Und</u> die Erben bekommen auch **nicht**   ausgeschlagenes Erbe
das Geld von der verstorbenen Person.

Das globale konzeptionelle Problem der vorliegenden Übersetzung ist die unzureichende Trennung der beiden Szenarien (Annahme oder Ausschlagen des Erbes), die durch das exklusive *oder* angekündigt ist. Dies schlägt sich auch in der Verwendung der Koordinationsstrukturen nieder: Die *aber*-Konstruktionen müssen auf zum Teil nicht explizierte bzw. nur schwach explizierte Erwartungssysteme bezogen werden (gestrichelte Linien). Zusätzlich sind die unter *aber* fallenden Sachverhalte in sich komplex; zur Erwartungswidrigkeit gehört nicht nur, dass die Erben beim Ausschlagen des Erbes die Sachen von der verstorbenen Person nicht bekommen, sondern zugleich, dass sie das Geld nicht bekommen. Dieser zweite Sachverhalt wird jedoch nicht mit *aber* ausgewiesen, sondern mit *und* an die *aber*-Konstruktion angeschlossen; es entsteht so eine interne Informationshierarchie, die unexpliziert bleibt.

Eine Alternative Übertragung könnte wie folgt aussehen:

| Die Erben können entscheiden: Die Erben nehmen das Erbe. <u>Oder</u> die Erben nehmen das Erbe nicht. | exklusives *oder*; GEI: Erbentscheidung |

Wie sollten die Erben entscheiden?

Die Erben nehmen das Erbe:

Die verstorbene Person hatte keine Schulden.
Oder die Schulden von der verstorbenen Person
sind niedriger als der Rest vom Erbe.

exklusives *oder*,
GEI: Schuldenstand 1

Dann sollten die Erben das Erbe nehmen.

Die Erben bekommen dann die Sachen
von der verstorbenen Person.
Und die Erben bekommen das Geld
von der verstorbenen Person.
Und die Erben bezahlen die Schulden
von der verstorbenen Person.
Die Erben haben dann trotzdem
noch etwas übrig.

GEI: Annahme des Erbes

Die Erben nehmen das Erbe nicht:

Die verstorbene Person hatte Schulden.
Und die Schulden von der Person sind
höher als der Rest vom Erbe.

GEI: Schuldenstand 2

Dann sollten die Erben das Erbe nicht nehmen.

Die Erben bekommen dann auch **nicht**
die Sachen von der verstorbenen Person.
Und die Erben bekommen auch nicht das Geld
von der verstorbenen Person.
Und die Erben müssen die Schulden
von der verstorbenen Person **nicht** bezahlen.
Die Erben bekommen **nichts**.

GEI: Ablehnung des Erbes

Die mit dem exklusiven *oder* eingeleitete Entscheidungsalternative wird in zwei Entscheidungsszenarien zerlegt, die mit Zwischenüberschriften angekündigt und einzeln ausgeführt werden (die zweite exklusive *oder*-Verwendung muss nicht in gesonderte Szenarien zerlegt werden, weil beide Alternativen zu demselben Resultat führen [Annahme des Erbes]).

Die Szenarien, die vom ersten exklusiven *oder* ausgehen, werden jeweils vollständig entfaltet. Damit werden Rückverweise mit *aber* ebenso wie die Einbettung weiterer *und*-Konstruktionen in *aber*-Strukturen vermieden. Freilich ist diese Alternative mit einem quantitativen Mehraufwand belastet. Deshalb sind Explikationen wie die vorgeschlagene in der Übersetzungspraxis nur dann angeraten, wenn es sich um Schlüsselstellen handelt. Mit dem gegebenen Beispiel dürfte jedoch eine solche vorliegen.

Weitere Möglichkeiten, Sätze in Leichter Sprache explizit miteinander zu verknüpfen, sind Adverbien (in den Beispielen oben *dann*), die ebenso wie die in Leichter Sprache verbliebenen koordinierenden Konjunktionen *(und, oder, aber)* stärker belastet sind als in der Standardsprache (dazu s. Kap. 9.2.2).

10.2.3 Die verknüpften Einheiten: Satzexterne und satzinterne Koordination

Bei der Beschreibung der Einheiten, die koordiniert werden, wird neben der Art der Verknüpfung zwischen verschiedenen Elementen unterschieden, die koordiniert werden. Wir unterscheiden hier zunächst satzexterne und satzinterne Koordinationen:

(1) Satzexterne Koordination:
Gerd ist krank und Max hilft ihm.
Gerd muss Verantwortung übernehmen oder Max verliert seine Arbeit.
Gerd soll nachgeben, aber Max verharrt auf seiner Position.

(2) Satzinterne Koordination:
Gerd und Max helfen beim Umzug.
Wir vergeben den Preis an Gerd oder an Max.
Maria kennt Gerd nicht, aber Max.

Bei der satzexternen Koordination sind vollständige Sätze mit einem Konjunktor verknüpft; beide Konjunkte sind syntaktisch unabhängig voneinander interpretierbar. Bei Übertragungsprozessen können diese Konstruktionen deshalb ohne weitere Strukturänderungen in zwei unabhängige Sätze gebracht werden (zu möglichen konzeptionellen Problemen s. u.):

(3) Gerd ist krank.
Und Max hilft ihm.

Schwieriger stellt sich der Fall der satzinternen Koordination dar. Es handelt sich um elliptische Strukturen (Koordinationsellipsen), die über Tilgungsprozesse erklärt werden:

(4) Wir vergeben den Preis an Gerd oder ~~wir vergeben den Preis~~ an Max.

Bei der Dekomposition der satzinternen Koordination in zwei Teilsätze in Leichter Sprache ist es möglich, die Tilgung beizubehalten (5 a) oder die getilgten Bestandteile zu reaktivieren (5 b):

(5)   a. Wir vergeben den Preis an Gerd.
           Oder an Max.

        b. Wir vergeben den Preis an Gerd.
           Oder wir vergeben den Preis an Max.

Bisweilen sieht man in Übersetzungen Lösungen wie unter (5 a).

(6)   Dafür zeigen Sie dem Amts·gericht zum Beispiel
        Ihre Geburts·urkunde.
        Oder Ihre Heirats·urkunde.
        (,vererben – erben', Niedersächsisches Justizministerium 2014: 51)

Ob die Verständlichkeit mit solchen Konstruktionen tatsächlich erhöht wird, ist unter sprachverarbeitungstheoretischer Perspektive durchaus fraglich: Für eine korrekte Interpretation der *und/oder*-Konstruktion *(oder an Max; oder ihre Heirats·urkunde)* muss der Leser nämlich die vorangegangene Satzkonstruktion (insbesondere die getilgten Einheiten) im Arbeitsgedächtnis aktiv halten (zur Ellipsendetektion im Einzelnen vgl. Hofmann 2006, Bryant 2006). Der Punkt und der Zeilenwechsel könnten diesen Prozess weiter erschweren; denn er kann zugleich die Interpretation der Konjunktion ändern: Wie Selmani (2012: 170) gezeigt hat, drückt das satzinitiale *und* in der Standardsprache „nicht in erster Linie die Gleichrangigkeit der Konjunktdenotate aus, sondern dient vielmehr einer verbalen Neueröffnung." In der mündlichen Kommunikation leitet es sogar häufig Themenwechsel ein *(... Und wie geht es Dir?)*, der in den vorliegenden Beispielen gerade nicht intendiert ist.

Die möglichen Koordinationskonstruktionen und ihre jeweiligen Nachteile sind in der Tabelle auf der folgenden Seite gebündelt:

	Tilgung	keine Tilgung	
satzinterne Koordination	*Wir vergeben den Preis an Gerd oder an Max.*	*Wir vergeben den Preis an Gerd oder wir vergeben den Preis an Max.*	Nachteil: komplexe bzw. lange Satzkonstruktion
satzexterne Koordination	*Wir vergeben den Preis an Gerd. Oder an Max.*	*Wir vergeben den Preis an Gerd. Oder wir vergeben den Preis an Max.*	Nachteil: Punkt als Satzgrenze; satzinitiale Koordination als thematische Neueröffnung
	Nachteil: Aktivhalten des Arbeitsgedächtnisses getilgter Bestandteile (Ellipsendetektion)	Nachteil: fehlende Ökonomie; reduzierte grammatische Kohärenz	

Tabelle 3: Koordinationskonstruktionen

Bei der Kombination satzexterne Koordination / Tilgung kommen zwei Nachteile zusammen, die sich gegenseitig verstärken: Der Punkt instruiert zur Deaktivierung syntaktischer Informationen, die Auswertung der Tilgung macht aber gerade das Aufrechterhalten syntaktischer Informationen erforderlich.

Eine Auszählung von drei Leichte-Sprache-Texten (Wahlprogramm der Bündnisgrünen von 2013, Wahlbroschüre zur Landtagswahl in Bayern 2013 und die Erbrechtsbroschüre ‚vererben – erben' (Niedersächsisches Justizministerium Niedersachen 2014 bis einschl. S. 34) zeigt dann auch das nicht erstaunliche Ergebnis, dass diese Art der Koordination tatsächlich nicht präferiert ist; nur 20 von insgesamt 233 Koordinationsfällen (8,5 %) folgen diesem Muster (+ T = Tilgung; – T = keine Tilgung; ex = externe Koordination; int = interne Koordination):

Satzreihen – Koordination

		+ T/ex	+ T/int	– T/ex	– T/int
und	Bündnisgrüne	2	40	6	–
	Landtag Bayern	–	11	–	–
	Erbrecht	16	43	56	–
oder	Bündnisgrüne	–	14	1	–
	Landtag Bayern	–	5	4	1
	Erbrecht	2	–	9	–
aber	Bündnisgrüne	–	–	3	–
	Landtag Bayern	–	–	3	–
	Erbrecht	–	–	17	–
Σ		20	113	99	1

Tabelle 4: ‚und' – ‚oder' – ‚aber' in Leichte-Sprache-Texten

Zugleich ist zu sehen, dass trotz der in den Regelwerken nicht lizenzierten satzinternen Koordination knapp die Hälfte aller Koordinationskonstruktionen in den drei gewählten Texten auf eben die satzinterne Koordination entfällt, auf die offensichtlich nicht verzichtet werden kann. Das nächste Kapitel zeigt, warum das so ist.

10.2.4 Das Verknüpfungsresultat: Distributive und nicht distributive Koordination

Bis hierher haben wir Koordinationsbeispiele analysiert, bei denen eine Dekomposition in zwei Teilaussagen grundsätzlich möglich ist. Das ist jedoch nur bei der distributiven (1), nicht aber bei der nicht distributiven Koordination (2) der Fall.

Bei der distributiven Lesart trifft das im Satz Ausgedrückte auf das Koordinationsresultat ebenso zu wie auf jeweils beide Konjunkte für sich genommen. Bei der nicht distributiven Lesart trifft das im Satz Ausgedrückte nur auf das Koordinationsresultat zu.

(1)　distributiv:
　　　Gerd und Max haben beim Umzug geholfen.
　　　→ Gerd hat beim Umzug geholfen.
　　　　 Und Max hat beim Umzug geholfen.

(2)　nicht distributiv:
　　　Gerd und Max sind seit vier Jahren ein Paar.
　　　→ *Gerd ist seit vier Jahren ein Paar.
　　　　 Und Max ist seit vier Jahren ein Paar.

　　　Gerd und Max haben sich gegen die ganze Klasse verschworen.
　　　→ *Gerd hat sich gegen die ganze Klasse verschworen.
　　　　 Und Max hat sich gegen die ganze Klasse verschworen.

　　　Gerd und Maria haben 4 Kinder.
　　　→ *Gerd hat 4 Kinder.
　　　　 Und Maria hat 4 Kinder.

Für die Übersetzung in Leichte Sprache leitet sich daraus ein grundsätzlicher Befund ab: Die satzinterne Koordination lässt sich nur im distributiven Fall vermeiden; nicht distributive Koordinationen können ohne satzinterne Koordination nicht ausgedrückt werden.

Ob eine Ersatzkonstruktion mit *mit (zusammen)* eine Lösung anbieten könnte, die immer eines der beiden Konjunkte als Leitausdruck extrahiert und damit thematisch macht (3), muss von Fall zu Fall geprüft werden:

(3)　Gerd ist seit vier Jahren mit Max zusammen.
　　　Gerd ist (zusammen) mit Max gegen die ganze Klasse.
　　　Gerd hat (zusammen) mit Maria 4 Kinder.

Manchmal ist einem Satz nicht anzusehen, ob die distributive oder nicht distributive Lesart gemeint ist; hier entscheidet der Kontext:

(4)　Gerd und Max haben ein Buch geschrieben.
　　　distributiv: Jeder von den beiden hat je ein Buch geschrieben.
　　　nicht distributiv: die beiden haben zusammen ein Buch geschrieben.

10.2.5 Zusammenfassung

Die koordinative Verknüpfung ist keine einfache Addition; ihre Interpretation erfordert die Konstruktion einer gemeinsamen Einordnungsinstanz (GEI), unter die die Konjunkte subsumiert werden. Insofern handelt es sich bei der Koordination um ein stark strukturierendes und kohärenzsicherndes Verfahren, das jedoch weniger voraussetzungsarm ist, als häufig angenommen wird.

Unterschieden haben wir zunächst die asyndetische und die syndetische Verknüpfung; weil bei der asyndetischen Verknüpfung die Verknüpfungsstruktur selbst implizit bleibt, ist in Leichter Sprache die syndetische Verknüpfung vorzuziehen, wobei besondere Sorgfalt darauf verwendet werden muss, dass die Verknüpfungsbezüge selbst transparent sind.

Als Verknüpfer kommen laut BMAS *und*, *aber* und *oder* infrage. Weil die satzinterne Koordination in Leichter Sprache nicht lizenziert ist, werden sie überwiegend satzinitial gebraucht.

Ob mit dieser Separierung die Sichtbarkeit der Verknüpfungsstruktur tatsächlich erleichtert wird, ist bislang nicht erforscht; gezeigt haben wir vor allem, welche Probleme bei der Interpretation von Konstruktionen entstehen können, die die für Koordinationskonstruktionen typischen Tilgungen aufweisen.

Zuletzt haben wir uns die Koordinationsresulate angesehen und zwischen distributiver und nicht distributiver Lesart unterschieden. Es konnte gezeigt werden, dass nicht distributive Koordinationen nicht ohne erhebliche Eingriffe in die gesamte Textstruktur ersetzt werden können. In diesen Fällen sollte die satzinterne Koordination in Leichter Sprache lizenziert sein; und wie wir gesehen haben, machen die bislang vorliegenden Leichte-Sprache-Texte trotz des Verbots davon auch intensiven Gebrauch.

10.3 Wortstellung

Die Netzwerkregeln (BMAS: 2013: 45) machen nicht nur Aussagen über Satzverknüpfungen, sondern auch über die innere Struktur von Sätzen:

Benutzen Sie einen einfachen Satz-Bau.

Beispiel
Gut: Wir fahren zusammen in den Urlaub.
Schlecht: Zusammen fahren wir in den Urlaub.

Angesprochen ist die Wortfolge; der Empfehlung ist zu entnehmen, dass ein wesentliches Einfachheitskriterium die Subjektvoranstellung ist. Und auch in Ausgangstexten ist diese Struktur präferiert. Dies gilt zumindest dann, wenn keine weiteren syntaktischen oder informationsstrukturellen Erfordernisse eine andere Reihenfolge erzwingen: Syntaktisch ist eine Wortumstellung erforderlich, um die Satzart festzulegen (1). Informationsstrukturell ist sie erforderlich, wenn über die Wortstellung eine kommunikative Gewichtung erreicht werden soll (2).

(1) Das Volk wählt den Bundestag. (Aussagesatz)
Wählt das Volk den Bundestag? (Fragesatz)
..., weil das Volk den Bundestag wählt. (Nebensatz)

(2) Heute wählt das Volk den Bundestag.
Das Volk wählt heute den Bundestag.
Das Volk wählt den Bundestag heute.
Den Bundestag wählt das Volk heute.
Den Bundestag wählt heute das Volk.

Beliebige Varianz gibt es jedoch nicht. Für eine systematische Beschreibung der Wortstellung steht das topologische Feldermodell zur Verfügung. Es besteht aus fünf Kernfeldern, die sich durch verschiedene Besetzungsoptionen voneinander unterscheiden (zum topologischen Feldermodell umfassend vgl. Wöllstein 2010):

	Vorfeld	linke Klammer	Mittelfeld	rechte Klammer	Nachfeld
a.	Das Volk	wählt	heute den Bundestag		
b.		wählt	das Volk heute den Bundestag		
c.	Heute	wählt	das Volk den Bundestag		
d.		dass	das Volk heute den Bundestag	gewählt hat	
e.	Den Bundestag	hat	das Volk heute	gewählt	

Im Vorfeld steht entweder kein (b, d) oder genau ein Element (a. *das Volk*, c. *heute*, e. *den Bundestag*). Die linke Klammer ist die Position für das finite Verb (a. – c. *wählt*, e. *hat*), in Nebensätzen steht dort eine Subjunktion (d. *dass*). In der rechten Klammer steht in Hauptsätzen der infinite Verbrest (e. *gewählt*), in Nebensätzen das gesamte Prädikat (d. *gewählt hat*). Im Mittelfeld stehen alle Elemente, die nicht anderen Feldern zugewiesen sind. Im Nachfeld können bestimmte nachgetragene Informationen stehen *(sie will nur den Deutschlandfunk hören mit ihrem neuen Radio)*. Nachfeldbesetzungen sind jedoch in Leichter Sprache nur für einen Fall, Konstruktionen mit *als* und *wie*, vorgesehen; sie bleiben hier unberücksichtigt.

Bedeutsam für die Analyse von Leichter Sprache sind vor allem drei Aspekte der Topologie: die Satzklammer, die Vorfeldbesetzung und die Abfolge im Mittelfeld. Wir werden uns nacheinander damit befassen.

Exkurs: Position der konnektiven Mittel
Auf der Basis des topologischen Feldermodells kann auch die Position der konnektiven Mittel bestimmt werden, die in diesem Kapitel thematisch geworden sind: Konjunktionen (z. B. *und, oder, aber*) stehen vor dem Vorfeld und damit außerhalb der Felderstruktur. Subjunktionen (z. B. *dass, als, während, obwohl*) stehen in der linken Satzklammer, Adverbien (z. B. *dann, dennoch, trotzdem, deshalb*) sind vorfeldfähig:

	Vorfeld	linke Klammer	Mittelfeld	rechte Klammer
KONJ **und**	Gabi	isst	Kuchen	
	ADV **dann**	isst	Gabi Kuchen	
		SUBJ **dass**	Gabi Kuchen	isst

Diese Darstellung zeigt auch, warum es bei Subjunktionen zu größeren Verarbeitungsproblemen kommen kann: Sie heben die kanonische Hauptsatzstruktur (SVO) auf; das finite Verb (hier *isst*) steht in der rechten Klammer. Demgegenüber bleibt die Verbposition von Adverbien unangetastet; stehen sie im Vorfeld, muss das Subjekt aber im Mittelfeld stehen; die Funktion der Vorfeldstellung von Adverbien und insgesamt von Adverbialen wird weiter unten skizziert (Kap. 10.3.2). Vollständig unbeeinflusst ist die Linearstruktur von den Konjunktionen. Sie sollten damit am leichtesten zu verarbeiten sein.

10.3.1 Die Satzklammer

Kennzeichnend für das Deutsche ist die Klammerstruktur, die bedeutsame Auswirkungen hat: Sie führt dazu, dass mehrteilige Prädikate diskontinuierlich realisiert werden: In der linken Klammer steht der finite Prädikatsbestandteil, in der rechten Klammer der infinite Verbrest.

Grundsätzlich werden in Leichter Sprache analytische vor synthetischen Formen bevorzugt, also auch das Perfekt vor dem Präteritum (s. Kap. 3.2). Deshalb ist die Struktur von Sätzen in Leichter Sprache systematisch mit der diskontinuierlichen Realisierung von Prädikatsteilen belastet.

Dieses Problem kann nur durch eine möglichst schlanke Mittelfeldstruktur behoben werden, also die Auflösung einer mittelfeldstarken Konstruktion (1) in Einzelkonstruktionen (1'):

(1) Im letzten Monat **ist** durch zahlreiche Spenden ein Betrag von über 1 000,- Euro für unsere diesjährige Jubiläumsfeier **zusammengekommen**.

(1') Im letzten Monat haben viele Menschen Geld gespendet.
Wir haben jetzt über 1 000,- Euro.
Die 1 000,- Euro sind für die Jubiläums·feier.
Die Jubiläums·feier ist in diesem Jahr.

Ebenfalls betroffen von der diskontinuierlichen Realisierung des Prädikats sind Hauptsatzstrukturen mit sogenannten Partikelverben (2). Mark Twain spricht davon, dass „die Deutschen [...] ein Verb in zwei Teile zerhacken und dessen eine Hälfte an den Anfang und die andere Hälfte ans Ende eines spannenden Kapitels setzen [...]. Diese Dinger heißen ‚teilbare Verben', und die deutsche Grammatik ist von teilbaren Verben wie mit Pusteln übersät" (Twain 1880 [2010]: 23).

(2) stattfinden: Die Feier **findet** im April diesen Jahres **statt**.
aufstellen: Die Handwerker **stellen** die Tische am Morgen **auf**.
anliefern: Die Getränkefirma **liefert** den Sekt um die Mittagszeit **an**.
einladen: Die Heimleitung **lädt** alle Bewohner zum Mitfeiern **ein**.

In Leichter Sprache sollte möglichst behutsam Gebrauch von Partikelverben gemacht werden. Dort, wo es ohne gravierenden Bedeutungsverlust möglich ist, wird ein Verb mit einteiliger Prädikatsstruktur und prototypischer Semantik (s. Kap. 9.2.1) gewählt (hier: *stattfinden – sein, aufstellen – bringen, anliefern – bringen*) oder es wird nach Ersatzkonstruktionen gesucht (*einladen – willkommen sein*):

(2')   stattfinden: Die Feier **ist** im April.
       aufstellen: Die Hand·werker **bringen** die Tische am Morgen.
       anliefern: Die Getränke·firma **bringt** den Sekt am Mittag.
       einladen: Alle Bewohner **sind** willkommen.

10.3.2 Vorfeldbesetzung

Im Vorfeld kann ein und nur ein Element stehen. In psycholinguistischen Studien konnte gezeigt werden, dass Leser Vorfeldbesetzungen mit einem agentivischen Subjekt vor allen anderen präferieren (s. auch Kap. 8.1.2.2.1). Sätze mit einem Subjekt im Vorfeld stellen somit den unmarkierten Fall dar. In Abhängigkeit vom Kontext können sich die Markiertheitsrelationen jedoch auch umkehren. So konnten Weskott/Hörning/Fanselow und Kliegl (2011) zeigen, dass in bestimmten Strukturen das Objekt im Vorfeld zur rascheren Verarbeitung führt *(Sie hat sehr viele Bekannte. Einen Freund hat sie nicht.)*. In solchen Konstruktionen ist das Subjekt im Vorfeld markiert, das Objekt unmarkiert.

Befunde wie diese führen dazu, die einfache These vom Subjekt als unmarkiertem Vorfeldelement zunächst aufzugeben und mit Speyer (2007) und Zybatow (2014) davon auszugehen, dass die entscheidende Funktion des Vorfelds in der Informationsstrukturierung von Texten liegt: Die Vorfeldeinheit zeigt an, ob ein Thema weitergeführt oder gewechselt wird. Im Fall der Weiterführung ist das Subjekt als Vorfeldausdruck präferiert; es sichert Kohärenz. Themenwechsel werden mit alternativen Vorfeldbesetzungen angezeigt.

Die stärkste Konkurrenz erhält das Subjekt aber nicht durch Objekte, sondern durch die adverbiale Bestimmung. Speyer (2007: 110) spricht in diesem Zusammenhang von rahmenbildenden Elementen, die „einen Wechsel des Standpunkts oder anderer Rahmenbedingungen an[zeigen] und […] deshalb für das Diskursuniversum insgesamt […] wichtig [sind]."

Wie häufig in Texten solche Wechsel erfolgen, hat Zybatow (2014) exemplarisch an Schulbuchtexten ermittelt. Eine Auszählung von über 600 Sätzen aus Schulbüchern der Fächer Deutsch, Biologie und Geschichte hat gezeigt, dass in 47 % aller Sätze das Subjekt im Vorfeld steht, in 45 % der Fälle waren es adverbiale Bestimmungen und in 8 % der Fälle Objekte.

Die Autorin führt die variable Vorfeldbesetzung an einem Beispieltext aus einem Biologiebuch für die Klassen 5/6 vor (Vorfeldausdrücke hier unterstrichen; fett = Fachausdrücke, so im Original):

> <u>Den ganzen Tag</u> hat die Füchsin, **die Fähe**, bei ihren Jungen im **Fuchsbau** verbracht. <u>Im Schutz der Dämmerung</u> verlassen ihre Jungen, die **Welpen**, zum ersten Mal den Bau. <u>Sie</u> sind jetzt vier Wochen alt. <u>Vor einer Woche</u> hatten sie kein Fell und waren blind. <u>Sie</u> lagen in einem der unterirdischen Wohnkessel des Fuchsbaus. <u>Nun</u> verlassen sie ihn über eine der vier Röhren, die ins Freie führen. <u>Obwohl die Welpen bereits feste Nahrung zu sich nehmen, wie zum Beispiel Würmer und Mäuse</u>, werden sie noch von ihrer Mutter gesäugt und so mit Milch versorgt. <u>Der Fuchs</u> gehört also zu den **Säugetieren**.
> (Quelle: Biologie heute entdecken 1, Schroedel, Hannover 2003: 50 f.)

Nur in drei von acht Sätzen steht im Vorfeld ein Subjekt *(Sie sind jetzt ..., Sie lagen in ..., Der Fuchs gehört ...)*. Alle anderen Vorfelder sind mit adverbialen Bestimmungen besetzt. Das Verhältnis 8 : 3 übertrifft die herkömmliche Relation in Schulbüchern (s. o.) bei Weitem.

Folgt man Speyer (2007), lässt der intensive Einsatz von adverbialen Bestimmungen im Vorfeld eine hohe Zahl von Themen- bzw. Rahmenwechseln und auf entsprechend geringe Kohärenz schließen. Und tatsächlich werden hier mindestens fünf verschiedene Informationsstränge (IS) aufgemacht, die mehrfach verschachtelt sind:

IS 1: Situationsbeschreibung (Tag, an dem die Füchsin bei ihren Jungen im Fuchsbau verbracht hat)
IS 2: Handlungsbeschreibung (das Verlassen des Fuchsbaus durch die Jungen)
IS 3: Zustandsbeschreibung (aktueller Zustand der Jungen [vier Wochen alt])
IS 4: Zustandsbeschreibung (Zustand der Jungen vor einer Woche)
IS 2: Handlungsbeschreibung (das Verlassen des Fuchsbaus durch die Jungen)
IS 3: Zustandsbeschreibung (aktueller Zustand der Jungen [feste Nahrung; und Gesäugtwerden])
IS 5: Generalisierung: Fuchs als Säugetier

Der Text teilt sich ein Problem mit vielen anderen Schulbuchtexten der Biologie insbesondere für junge Schüler(innen): Das kategorial-begriffliche Fachwissen wird mit narrativ-episodischem Situationswissen fusioniert. Beabsichtigt ist eine Verankerung der den Kindern noch fremden

Abstraktion in altersgerechte Textmuster (Erzählung) und erlebnisnahe Frames (Mutter verbringt den Tag bei ihren Kindern, Kinder werden groß und verlassen das Haus).

Im Ergebnis aber entsteht hier eine Textstruktur, die weder tragfähiges episodisches noch in systematischer Form Fachwissen vermittelt. Ein Indikator dafür ist die Überinvestition von Themen- und Rahmenwechseln, die sich in den adverbialen Vorfeldbesetzungen zeigt. Weitere Indikatoren, deren Analyse wir hier jedoch nicht vertiefen können, sind die Implementierung der fettgedruckten Fachbegriffe in die episodischen Passagen hinein, die für eine Erzählung untypische Überinformation (z. B. *einer der unterirdischen Wohnkessel, über eine der vier Röhren*) sowie der Mix aus spezifischer Referenz *(den ganzen Tag hat die Füchsin ...)* und generischer Referenz *(Der Fuchs ist ein Säugetier)*.

In Texten in Leichter Sprache wird mit Themen- und Rahmenwechseln möglichst sparsam verfahren. Wenn erforderlich werden neue Themen durch Zwischenüberschriften angekündigt (s. Kap. 12.4.1) und damit erwartbar gemacht. Dies ist schon deshalb erforderlich, weil Texte in Leichter Sprache durch ihre aufgebrochene typografische Struktur und durch Erläuterungen, die die thematische Entfaltung unterbrechen, in besonderer Weise von kohärenzstörenden Strukturen belastet sind (Kap. 12). Schon deshalb wird in Leichter Sprache die kohärenzerhaltende Besetzung des Vorfelds mit dem Subjekt bevorzugt.

Bei einer Transformation in Leichte Sprache ist ein tiefer Eingriff in den Ausgangstext erforderlich; vor allem gilt es, die vielfältigen Informationsstränge zu entflechten und kategoriale und episodische Wissensbestände zu separieren.

> **Die Füchsin und ihre Jungen**
> Eine Füchsin ist ein weiblicher Fuchs.
> Das Fach·wort für Füchsin ist **Fähe**.
> Die Jungen von der Füchsin heißen **Welpen**.
> Die Welpen wohnen mit der Füchsin im **Fuchs·bau**.
> Ein Fuchs·bau besteht aus Wohn·kesseln.
> Die Wohn·kessel sind unter der Erde.
> Wohn·kessel sind kleine Höhlen.
> Die Welpen liegen in einem Wohn·kessel.
> Von den Wohn·kesseln gehen mehrere Wege nach draußen.
> Die Wege sind wie Röhren.

Die Welpen bei der Geburt
Bei der Geburt haben die Welpen **kein** Fell.
Die Welpen sind nackt.
Und die Welpen sind blind.
Die Welpen trinken nur Milch.
Die Milch ist in der Füchsin.
Die Welpen saugen an der Füchsin.
Die Füchsin säugt die Welpen.
    Viele Tiere säugen ihre Jungen.
    Diese Tiere heißen **Säuge·tiere**.
    Füchse sind Säuge·tiere.

Die Welpen vier Wochen nach der Geburt
Vier Wochen nach der Geburt haben die Welpen ein Fell.
Und die Welpen können sehen.
Die Füchsin gibt den Welpen noch Milch.
Aber die Welpen können jetzt auch festes Essen essen.
Die Welpen essen zum Beispiel Würmer und Mäuse.
Die Welpen können jetzt aus dem Fuchs·bau gehen.
Die Welpen gehen am frühen Abend aus dem Fuchs·bau.
    Viele Tiere schlafen am Tag.
    Die Tiere werden erst am Abend wach.
    Diese Tiere heißen **nacht·aktive** Tiere.
    Füchse sind nacht·aktive Tiere.

Der Text weist nun eine gleichförmige Struktur mit Subjektausdrücken im Vorfeld auf (Konjunktionen stehen außerhalb des topologischen Feldes, s. o.; vgl. auch Zifonun et al. 1997). Der Rahmenwechsel wird jeweils durch den ersten Satz eines Absatzes gesichert. Mehr rahmensetzende Elemente sind in diesem Text weder erforderlich noch sinnvoll.

    Hinzu könnte ein Lexikon treten, das die wichtigsten (oben fett gesetzten) Begriffe erläutert:

Fachwort	Erklärung
Fuchs·bau	Im Fuchs·bau leben Füchse.
Fähe	So heißt die Füchsin in der Fachsprache.
Welpen	Die Jungen von Füchsen heißen Welpen. Die Ein·zahl von Welpen ist Welpe. Auch die Jungen von Wölfen heißen Welpen. Und die Jungen von Hunden heißen Welpen.
Säuge·tier	Einige Tiere geben ihren Jungen Milch. Die Jungen saugen die Milch aus der Mutter. Die Mutter säugt ihre Jungen. Deshalb heißen diese Tiere Säuge·tiere. Füchse sind Säuge·tiere.
nacht·aktiv	Viele Tiere schlafen am Tag. Die Tiere werden erst in der Nacht wach. Diese Tiere heißen nacht·aktive Tiere. Füchse sind nacht·aktive Tiere.

10.3.3 Die Satzgliedabfolge im Mittelfeld

Nicht nur für die Vorfeldbesetzung, sondern auch für die Wortfolge im Mittelfeld gibt es unmarkierte Abfolgen. Für nominale Satzglieder hat Lenerz (1977) gezeigt, dass die Abfolge Subjekt > Dativobjekt > Akkusativobjekt den Normalfall bildet (1).

(1)   Der Direktor behauptet, dass der Pfleger dem Patienten
                                           Subjekt   *Dativobjekt*
    einen Gesprächstermin angeboten hat.
    Akkusativobjekt

Treten adverbiale Bestimmungen dazu, sind sie präferiert vor dem Akkusativobjekt platziert (2).

(2)   Der Direktor behauptet, dass der Pfleger dem Patienten
                                           Subjekt   *Dativobjekt*
    heute einen Gesprächstermin angeboten hat.
    Adv.   *Akkusativobjekt*

Wie für die Vorfeldbesetzung gilt, dass besondere Kontexte vorliegen müssen, damit andere Wortfolgen möglich sind. Lenerz (1977) führt hier den Fragetest ein:

Die Frage nach dem Subjekt führt dazu, dass nur die Abfolge S > DO > AO lizenziert ist, alle anderen Abfolgen sind ungrammatisch (3), bei der Frage nach einem der Objekte kann dieses Objekt vor dem Subjekt erscheinen, die Normalabfolge S > DO > AO bleibt aber akzeptabel (4).

(3)   Wer hat dem Patienten einen Gesprächstermin angeboten?
Der Pfleger hat dem Patienten einen Gesprächstermin angeboten.
*Dem Patienten hat der Pfleger einen Gesprächstermin angeboten.
*Einen Gesprächstermin hat der Pfleger dem Patienten angeboten.

(4)   Wem hat der Pfleger einen Gesprächstermin angeboten?
Der Pfleger hat dem Patienten einen Gesprächstermin angeboten.
Dem Patienten hat der Pfleger einen Gesprächstermin angeboten.
*Einen Gesprächstermin hat der Pfleger dem Patienten angeboten.

Was hat der Pfleger dem Patienten angeboten?
Der Pfleger hat dem Patienten einen Gesprächstermin angeboten.
*Dem Patienten hat der Pfleger einen Gesprächstermin angeboten.
Einen Gesprächstermin hat der Pfleger dem Patienten angeboten.

Wenn Sätze in Leichte Sprache zu bringen sind, die keine Reduktion des Mittelfelds zulassen (s. o.), ist eine Orientierung an der Normalabfolge S > DO > (Adv) > AO geboten (vgl.: *die Füchsin gibt den Jungen auch noch Milch*).

10.3.4 Zusammenfassung

Leichte Sprache weist im Kern ein Vierfelderschema aus Vorfeld, linker Klammer, Mittelfeld und rechter Klammer auf; das Nachfeld wird nur in seltenen Fällen gebraucht.
  Die Besetzung der Felder folgt der für das Deutsche kanonischen Wortfolge: Das Vorfeld ist die präferierte Position für das Subjekt; damit wird thematische Fortführung indiziert und somit textuelle Kohärenz erzeugt. Ein Wechsel der Vorfeldbesetzung indiziert einen Rahmen-/Themenwechsel und damit einen Kohärenzbruch. Andere als Subjektausdrücke sollten deshalb nur dann im Vorfeld stehen, wenn ein Rahmen- oder Themenwechsel angezeigt werden soll. Ausgangstexte mit reichen Rahmen- und Themenwechseln müssen gegebenenfalls durch einen tiefen Eingriff in die Textstruktur kohärentisiert werden.
  Wegen der Besonderheit des Deutschen, dass die Bestandteile des Prädikats auf linke und rechte Klammer verteilt und durch das Mittelfeld voneinander separiert sind, empfehlen sich einteilige Verbkonstruktionen.

Werden wie beim Perfekt oder bei Partikelverben zweiteilige Verbkonstruktionen gebraucht, sollte die Mittelfeldbesetzung möglichst schlank sein, um die Distanz zwischen den Verbteilen zu verkürzen.

Wenn das Mittelfeld mit mehr als einem Element besetzt wird, empfiehlt sich die kanonische Mittelfeldabfolge: Dativobjekt > Adverbial > Akkusativobjekt, wenn das Subjekt im Vorfeld steht; Subjekt > Dativobjekt > Akkusativobjekt, wenn das Adverbial im Vorfeld steht.

11 Semantik

Die Semantik widmet sich der Bedeutung von einzelnen Zeichen und Zeichenverbünden. In der linguistischen Semantik liegt dabei der Schwerpunkt auf *sprachlichen* Zeichen bzw. Zeichenverbünden, d.h. der Bedeutung von Wörtern und Aussagen. In den Regelwerken wird kaum auf die semantische Ebene eingegangen. Jedoch sprechen sich alle drei Regelwerke dafür aus, Negation (wenn möglich) zu vermeiden. Inclusion Europe und das Netzwerk Leichte Sprache formulieren ein Metaphernverbot und postulieren, dass ein Satz nur eine Aussage (BMAS 2009: 44) bzw. einen Gedanken (Inclusion Europe 2009: 17) enthalten solle.

Wir verfolgen hier einen kognitiv-linguistischen Ansatz, da dieser die Ebene des Erzeugens und Verarbeitens von Bedeutung mit berücksichtigt. Hier sind Unterschiede bei der primären Adressatenschaft von Leichte-Sprache-Texten mit Bezug auf den Standard zu erwarten.

11.1 Frames bzw. Frames und Scripts

Die Frame-Semantik nach dem Ansatz von Fillmore (1982 und öfter) geht davon aus, dass Wörter nur dann verstanden werden können, wenn die Sprachnutzer(innen) zu ihrer Interpretation auf Frames zugreifen können, in denen die Bedeutung dieser Wörter motiviert und interpretiert wird (Fillmore/Baker 2010: 318). Frames sind strukturierte Bündel von Wissensbeständen, Glaubenseinstellungen und typischen Handlungen, die unser Agieren in der Welt bestimmen und es uns gestatten, unsere Erfahrungen zu begreifen und einzuordnen (Fillmore/Baker 2010: 214). Andere Ansätze unterscheiden zwischen Frames, die Wissen über Objekte und deren Eigenschaften abspeichern, und Scripts, verstanden als Repräsentationen stereotyper Abläufe insbesondere der sozialen Interaktion (Schank/Abelson 1977). Menschen haben Zugang zu diesen Frames bzw. Frames und Scripts, indem sie als körperliche Wesen auf der Erde leben und ihre Umgebung wahrnehmen; indem sie als Mitglieder von Kulturgemeinschaften enkulturiert werden und sich zu den Institutionen, Symbolen, Artefakten und Werten ihrer Kulturgemeinschaft in einer bestimmten Weise verhalten (Fillmore 2010: 214).

Frames und Scripts sind folglich kulturell geprägt und haben sich durch Erfahrung und Erlernen ausgebildet. Die Verwendung eines bestimmten Wortes kann dann im Kopf eines Textrezipienten einen Frame bzw. ein Script aufrufen, der bzw. das es ihm gestattet, eine sprachliche Äußerung einzuordnen und letztlich zu verstehen. Jeder Mensch verfügt über

Frames und Scripts; da jedoch Erlernen und kulturgebundene Erfahrungen wesentlich zur deren Ausbildung beitragen, gibt es erhebliche gruppenspezifische und individuelle Abweichungen zwischen den einzelnen Sprachnutzer(inne)n. Das Sprach- und Textverstehen eines Sprachnutzers / einer Sprachnutzerin hängt also davon ab, ob er/sie zu Wörtern oder Aussagen eines Texts passende Frames und Scripts aktivieren kann. Frames und Scripts sind als kognitive Repräsentationen nicht direkt zugänglich, so dass im Einzelfall unklar bleibt, über welche Frames und Scripts ein Sprachnutzer / eine Sprachnutzerin tatsächlich in aufrufbarer Form verfügt.

Die folgenden Ausführungen basieren im engeren Sinne auf Fillmore (1982), so dass der Frame-Begriff im umfassenderen Sinne verwendet und nicht zwischen Frames und Scripts unterschieden wird. Die primären Adressaten von Leichte-Sprache-Texten greifen, ebenso wie alle Sprachnutzer(innen), für das Verstehen von Wörtern und Äußerungen auf ihren eigenen Bestand an Frames zu. Es ist davon auszugehen, dass es hier Unterschiede zu durchschnittlichen Sprachnutzer(inne)n gibt, die in der Frame-Semantik üblicherweise als Standard angesetzt werden. Diese Unterschiede liegen auf der Ebene des Welt-, aber auch des Sprachwissens.

Onomasiologische Perspektive – Unterschiede im Weltwissen
Möglicherweise hat der Adressat/die Adressatin von Leichte-Sprache-Texten einen Frame, der üblicherweise durch Instruktion angelegt wird, nicht zur Verfügung. Oder die Sprachbarriere, die seine bzw. ihre Teilhabe an schriftlich (oder im Falle der Gehörlosen: schriftlich oder mündlich) vermittelten Informationen erschwert, hat dazu geführt, dass der Sprachnutzer/die Sprachnutzerin für bestimmte Wissensbereiche keine oder nur wenige Frames ausbilden konnte. Vielleicht war die Rezeption von dargebotener Information auch dahingehend gestört, dass der Sprachnutzer/die Sprachnutzerin Frames auf unkorrekte Annahmen aufgebaut hat. Ist das der Fall, dann können die im Text gegebenen Informationen nicht oder nicht korrekt eingeordnet werden. Ein Wort oder eine Aussage wird dann nicht oder falsch verstanden.

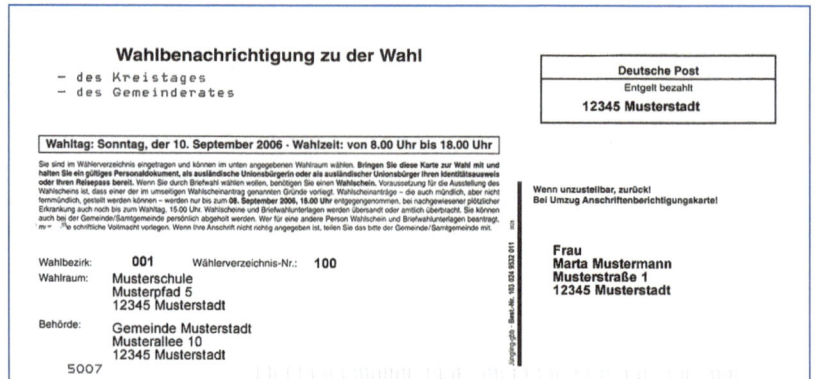

Abbildung 1: Frame Wahlbenachrichtigung (Quelle: http://www.yulix.de/ images/wahlbenachrichtigung.gif; geprüft am 30. 10. 2015)

Mit Wahlbenachrichtigungskarten werden beispielsweise Bürger(innen) über anstehende Wahlen und ihre möglichen Handlungen im Vorfeld oder während der Wahl (Briefwahl, Wahllokal etc.) informiert. Um die Bedeutung von Begriffen wie „Wahlbenachrichtigungskarte" zu verstehen, muss man auf verschiedene Frames zugreifen: „Wählen gehen", „Wahlbüro", „Briefwahl", „Wahltag", aber auch „politische Parteien" (wer steht überhaupt zur Wahl?), „Wahlsystem in einem demokratischen Land", „politische Vertretung auf regionaler und kommunaler Ebene" etc. Sind diese Frames beim Rezipienten bzw. bei der Rezipientin nicht oder nur unzureichend angelegt, so können die im Text gegebenen Informationen nicht eingeordnet werden. Der Text selbst ist erheblich unterspezifiziert; fehlen dem Rezipienten bzw. der Rezipientin die Frames, so sind seine/ihre Möglichkeiten, den Text zu verstehen und adäquat zu handeln, begrenzt. Damit die Bedeutung eines Worts wie „Wahlbenachrichtigung" für den Rezipienten / die Rezipientin nachvollziehbar wird, muss er/sie folglich in die Lage versetzt werden, die nötigen Frames auszubilden, sofern sie noch nicht angelegt sind. Der Rezipient / die Rezipientin muss also Informationen über Gegenstände und Zusammenhänge erhalten, die bei vielen, mit der Wahlkultur vertrauten Leser(inne)n bereits als aktivierbare Frames vorliegen.

Eine Wahlbenachrichtigungskarte ist in ihrer medialen und rechtlichen Gegebenheitsweise dafür nicht geeignet. Sie ist einerseits ein Rechtsdokument, das nicht direkt in Leichte Sprache überführt werden kann, ohne seine Justiziabilität zu verlieren (s. Kap. 6.8). Andererseits ist sie als Karte schlicht nicht groß genug, um umfangreichere Erklärungen und Hintergrundinformationen aufzunehmen. Der Aufbau von Frames kann hier also nicht über die Karte selbst, sondern muss flankierend erfolgen, etwa über Informationsbroschüren. In der Tat gehören Broschüren in Leichter Sprache, die „Wählen gehen" und benachbarte Konzepte erklären und das Anlegen von Frames ermöglichen sollen, zu den frühesten Dokumenten in Leichter Sprache überhaupt. Solche Broschüren sind in großer Stückzahl gedruckt worden – allein die von Ulrike Ernst verantwortete Wahlhilfebroschüre zur Schleswig-Holsteinischen Kommunalwahl, aus der das folgende Beispiel stammt, ist mit über 100 000 Exemplaren erschienen – und werden im Vorfeld von Wahlen stets intensiv nachgefragt. Dabei ist bei den aktuell vorliegenden Broschüren häufig keine große Konvergenz mit den Leichte-Sprache-Regeln festzustellen, sie geben aber immerhin grundlegende Informationen zum Parteiensystem und zum konkreten Ablauf der Wahl. Aus der Wahlhilfebroschüre von Ernst greifen wir die Passage heraus, in der das Wort *Gemeinderat* erklärt wird:

(1) Der Gemeinderat
In Schleswig-Holstein sollen alle mitbestimmen.
Doch nicht alle können überall mitreden.
Deshalb lassen wir uns durch Abgeordnete vertreten.
In jedem 5. Jahr wählen wir die Abgeordneten, die im Gemeinderat sitzen.
Die Zahl der Mitglieder des Gemeinderates richtet sich nach der Einwohnerzahl.
Diese Männer und Frauen entscheiden über Fragen, die Ihren Wohnort betreffen.
Wie und wo Menschen mit Behinderung wohnen, arbeiten und zur Schule gehen zum Beispiel sind solche Fragen.
(Schleswig-Holsteinische Kommunalwahl; http://www.sovd.de/fileadmin/downloads/wahlhilfe/pdf/wahlhilfe_slh-komm.pdf; geprüft am 30. 10. 2015)

Sprachlich sind diese Informationen von den Regeln Leichter Sprache weit entfernt. Aber sie führen immerhin aus, wie das Wort *Gemeinderat* zu verstehen ist, das auf der Wahlbenachrichtigungskarte steht. Mit den Informationen aus der Broschüre können die Wähler (sofern die Informationen sprachlich leicht genug für sie sind) Frames aufbauen, die es ihnen dann ermöglichen, die Informationen auf der Wahlbenachrichtigungskarte besser zu verstehen.

Semasiologische Perspektive – Unterschiede im Sprachwissen
Denkbar ist andererseits, dass die Adressaten über die nötigen Frames verfügen, um einen Sachverhalt entsprechend einzuordnen, sie aber ein

im Text verwendetes Wort nicht kennen, und es damit nicht geeignet ist, diesen Frame zu aktivieren. Beispielsweise ist auf der oben abgebildeten Wahlbenachrichtigungskarte vermerkt, dass ausländische Unionsbürger einen *Identitätsausweis* mitzuführen haben. Es handelt sich dabei um ein Hyperonym zu *Personalausweis*, wobei letzterer der deutsche Identitätsausweis ist. *Identitätsausweis* bezieht sich auf Personaldokumente anderer EU-Bürger, die kohyponymisch zu *Personalausweis* sind und in den jeweiligen Rechtssystemen eine leicht abweichende konzeptuelle Ausprägung haben (z. B. Italien: *carta d'identità*, Kroatien: *osobna iskaznica*). Wer einen deutschen Personalausweis besitzt, verfügt mit guter Wahrscheinlichkeit über einen Frame, in den er dieses Wort einordnen kann: Personalausweise müssen in offiziellen Kontexten mitgeführt werden; es kann passieren, dass man sie in bestimmten, meist administrativen Kontexten vorzeigen muss; sie enthalten ein Lichtbild, das dann mit der eigenen Erscheinung abgeglichen wird etc. Dieser Frame wäre auch geeignet, sich eine Vorstellung über die Verwendung des Worts *Identitätsausweis* zu machen und folglich seine Bedeutung nachzuvollziehen. Jedoch aktiviert das Wort *Identitätsausweis* möglicherweise nicht den Frame *Personalausweis* und wird folglich nicht verstanden.

Wir haben für die Leichte-Sprache-Adressatenschaft die Annahme ausgesprochen, dass sie über einen weniger großen Wortschatz verfügt. In Kap. 9 haben wir ausgeführt, dass die zentralen, prototypischen Vertreter eines Wort- bzw. Begriffsfelds in Leichte-Sprache-Texten vorzuziehen sind. Dabei handelt es sich um solche Wörter, die im Vergleich zu ihren Wortfeldnachbarn eine höhere Gebrauchsfrequenz und eine größere diskursive Reichweite aufweisen, die denotativ präzise und konnotativ wie stilistisch neutral sind. Wir gehen davon aus, dass peripherere Vertreter häufig nicht dazu geeignet sind, bestehende Frames aufzurufen, selbst wenn diese Frames vorliegen und grundsätzlich geeignet wären, Verständnis zu ermöglichen. Wenn also ein Text sprachliche Zeichen enthält, die den Adressat(inn)en nicht bekannt sind, können diese die Verbindungen zu Frames, die sie eigentlich zur Verfügung hätten, nicht aktivieren und die Bedeutung von Wörtern und Aussagen nicht herleiten. Sind periphere Vertreter eines Wort- bzw. Begriffsfelds unbedingt nötig, so sollten sie mit zentraleren Vertretern verknüpft werden, z. B. über eine Erläuterung:

(2) Bringen Sie ein Personal·dokument mit.
　　　　Ein Personal·dokument ist ein Ausweis.
　　　　Auf einem Personal·dokument ist ein Foto von Ihnen.
　　　　Auf einem Personal·dokument steht:
　　　　　　So heißen Sie.
　　　　　　Hier wohnen Sie.

Das Beispiel zeigt, dass es nicht notwendig die hierarchiehohen Begriffe sind, die besser verstanden werden (*Personalausweis* → *Identitätsausweis* bzw. *Personaldokument* vs. *Gartengrasmücke* → *Vogel*). Entscheidend ist vielmehr ihre Zentralität und damit verbunden die Wahrscheinlichkeit, dass die Sprachnutzer(innen) über aktivierbare Frames zu diesen Begriffen verfügen.

11.2 Semantische Phänomene jenseits des Einzelworts

Semantische Phänomene jenseits des Einzelworts sind ebenfalls in kognitiv-linguistischer Perspektive darstellbar. Das Darstellen von zeitlichen und räumlichen Strukturen, von Kontrafaktischem, Potenziellem und Fiktionalem, die Verwendung von Analogien und Metaphern – all das stellt in Leichter Sprache eine Herausforderung dar. Denn das System der Leichten Sprache weist erhebliche Beschränkungen bei denjenigen sprachlichen Mitteln auf, die für solche Bedeutungsstrukturen eingesetzt werden, etwa der Konjunktiv (s. Kap. 8.1.2.2) oder das Präteritum (s. Kap. 8.1.2.3). Dafür gibt es gute Gründe: Diese Formen sind häufig synthetisch, schriftgebunden und/oder peripher. Allerdings sind auch die Konzepte, die mit diesen sprachlichen Mitteln dargestellt werden, komplex; ihr Wegfall kann nur teilweise kompensiert werden.

Die Regelwerke von Inclusion Europe und des Netzwerks Leichte Sprache sprechen zusätzlich ein Metaphernverbot aus; dieses wird zu differenzieren sein, aber es liegt nahe, dass Metaphern wie *das Kind mit dem Bade ausschütten* in einem Text eine Verständnishürde darstellen. Zur korrekten Interpretation benötigt man Sprach- und Weltwissen in einem Umfang, der bei den primären Leichte-Sprache-Adressat(inn)en nicht vorausgesetzt werden kann.

11.3 Mentale Räume

Die Theorie der mentalen Räume von Fauconnier bietet einen kognitiv-linguistischen Erklärungsansatz für semantische Phänomene jenseits des Einzelworts. Fauconnier (1997) geht in seinem Ansatz u. a. auf Temporalität, Mögliches/Kontrafaktisches/Fiktionales und auf Metaphern in semantischer Perspektive ein, Phänomene, deren Umsetzung in Leichter Sprache untersucht werden muss.

Mentale Räume sind kognitive Repräsentationen im Kopf des Rezipienten bzw. der Rezipientin, die in einem Gespräch oder bei der Rezeption eines Texts spontan gebildet werden. Sie bilden hierarchisch strukturierte Netzwerke, die untereinander über unterschiedliche Relationen verbunden sind. Intern sind sie durch Frames strukturiert. Die mentalen Räume werden beim Rezipieren eines Texts (1) aufgebaut, (2) ausgestattet und (3) verknüpft.

1. Aufbau mentaler Räume: Eine Äußerung geht von einem **Basis**-Raum („Base [B]") aus (Fauconnier 1997 kennzeichnet die Frames mit Buchstaben bzw. mit Buchstaben und Ziffern; diese Kennzeichnung erfolgt ad hoc und dient der Vereindeutigung bei der Wiederaufnahme im Text; wir verfahren im Folgenden ebenso). Der Basis-Raum ist der Ausgangspunkt, von hier aus können weitere mentale Räume eröffnet und an die Basis angebunden werden; die Basis bleibt in dem Sinne zugänglich, dass immer wieder auf sie zugegriffen werden kann. Über **Spacebuilder** (raumschaffende Operatoren) können nun neue Räume eröffnet werden; es kann auch die Aufmerksamkeit auf bereits eröffnete Räume zurückgelenkt werden. Solche Spacebuilder können unterschiedliche grammatische Formen haben: Präpositionalphrasen *(in dieser Geschichte)*, Adverbien *(wirklich, vielleicht)*, Subjekt-Verb-Komplexe *(Lisa glaubt)*, Subjunktion + Nebensatz *(wenn es regnet)* (Fauconnier 1997: 40).

2. Ausstattung mentaler Räume: Mit nominalen Ausdrücken und Prädikationen werden neue Elemente in mentale Räume eingeführt. Sie aktivieren Frames und statten damit die mentalen Räume aus.

3. Verknüpfung mentaler Räume: Ein Raum, der in einem bestimmten Moment ausgestattet wird, steht im **Fokus** („Focus"). Dabei kann ein mentaler Raum aus unterschiedlichen **Perspektiven** („Viewpoints") fokussiert werden. Das heißt, Fauconnier geht davon aus, dass auf einen mentalen Raum aus der Perspektive eines anderen Raums, aus einem bestimmten Blickwinkel, zugegriffen werden kann. Das kann, muss aber nicht der Basis-Raum (B) sein. Perspektive und Fokus können gleichzeitig auf der Basis liegen, so dass die drei Begriffe nicht distinkt sein müssen (Fauconnier 1997: 49). Die Basis kann der Fokus sein – wenn sie gerade eröffnet und ausgestattet bzw. wenn auf sie zurückgegriffen wird. Die Basis kann auch die Perspektive sein, von der aus auf einen anderen Raum geschaut wird.

Betrachten wir ein Beispiel (s. auch Abbildung 2):

(1)   tagesschau.de: *Vor Krisengipfel zu Griechenland: EU-Kommission lobt Tsipras' Liste*, Stand: 22. 06. 2015, 08:22 Uhr: [...] Das Büro von Alexis Tsipras teilte am heutigen Vormittag mit, dass dieser noch mit Juncker, Dijsselbloem, Draghi und Lagarde zusammentreffen werde, bevor der Gipfel beginne.

- Der **Basis-Raum (B)** ist bei Tagesnachrichten der Rezeptionszeitpunkt durch den Leser / die Leserin. Er wird hier durch zwei Zeitangaben eingegrenzt: Er liegt zwischen der Freischaltung der Mitteilung auf der Internetseite des Nachrichtenportals (22. 06. 2015 um 08:22 Uhr) und dem für denselben Abend terminierten Krisengipfel. Die Informationen, die in der Überschrift gegeben werden, rufen Frames zu europäischen und internationalen politischen Institutionen, deren Führungskräften und typischen Abläufen in diesen Institutionen sowie zur Griechenland-Krise auf.
- Mit *am heutigen Vormittag* wird ein raumschaffender Operator (Spacebuilder) eingeführt, der einen **zeitlich zurückliegenden Raum (T)** eröffnet und in den Fokus setzt – die Mitteilung durch das Büro liegt zeitlich vor dem Basis-Raum (B). Zugegriffen wird auf diesen zeitlich zurückliegenden Raum (T) vom Basis-Raum (B) aus, der also die Perspektive des Zugriffs darstellt. Der neue Raum wird mit der Information ausgestattet, dass das Büro von Tsipras etwas mitteilt. Diese Information ist darauf angelegt, einen Frame über die Amtsführung eines hochrangigen Politikers zu eröffnen – Existenz einer unterstützenden bürokratischen Struktur; autorisierte Personen sprechen in seinem Namen. Zusätzlich wird eine neue Redeinstanz eingeführt: Tsipras' Büro teilt etwas mit. *Mitteilen* ist ein redeeinleitendes Verb, das geeignet ist, eine Sprechdomäne („Speech domain") zu eröffnen, die den Raum der Redeeinleitung und mindestens einen Zitierraum enthält. In unserem Falle sind es zwei: (Z) und (Z_1).
- *… teilte mit, dass er zusammentreffen werde* ist der erste der beiden Zitierräume. Er ist temporal bestimmt, denn er liegt von Raum (T) aus in der Zukunft. Der Konjunktiv Präsens kennzeichnet die Aussage als Zitat, der neue Raum ist also ein **Zitierraum (Z)**. Der neue Raum (Z) wird aus der Perspektive von (T) eröffnet, was typisch für Zitierräume im Deutschen ist.
- *… bevor der Gipfel beginne* schließlich eröffnet einen weiteren **temporalen Zitierraum (Z_1)**, der das Zeitfenster von (Z) von der Zukunft her einschränkt: Der Zitierraum (Z) hat eine zeitliche Ausdehnung, die nach der Äußerung des Büros beginnt und direkt vor dem Beginn des Gipfels endet. Die Perspektive auf (Z_1) ist (Z), zudem gibt es eine Anbindung an (T), da dieser zur selben Sprechdomäne gehört.

11 Semantik

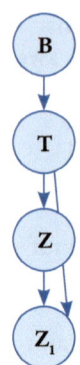

Eröffnung temporaler Raum:
am heutigen Vormittag

Eröffnung Sprechdomäne:
teilte mit

Eröffnung temporaler Raum:
bevor der Gipfel beginnt

Abbildung 2: Die Struktur mentaler Räume

Das Beispiel ist geeignet, einen weiteren Begriff der Theorie der mentalen Räume zu erläutern: die **Zugänglichkeit** (Access). Dabei handelt es sich um eine Identifikationsrelation von einem Element in einem Raum mit seinen Entsprechungen in anderen Räumen. Die Zugänglichkeit kann partiell sein, sie kann aber auch nur für einige der aufgerufenen Räume gelten, während andere blockiert sind. In unserem Beispiel sind die Zitierräume vom Basisraum aus nur partiell zugänglich. Tsipras hat eine Entsprechung in allen Räumen: Im Basis-Raum (B) wird er als Teil des Themas eingeführt. In Raum (T) spricht sein Büro für ihn. In den Zitierräumen (Z) und (Z_1) ist er als Handelnder gesetzt. Er verhandelt mit weiteren Personen, er nimmt am Gipfel teil. Anders sieht es für die Handlungen und Ereignisse aus, die in den Räumen (Z) und (Z_1) eingeführt werden: Für sie liegt keine Zugänglichkeit (Access) vom Basis-Raum (B) aus vor. Weder lassen die Ausführungen in der Art ihrer Darstellung im Text den sicheren Schluss zu, dass das Treffen wirklich in der Zukunft liegt, noch, dass die Aussagen tatsächlich zutreffen; denkbar und grammatisch möglich wäre z. B. der Fortgang (2') bzw. (2"):

(2) Das Büro von Alexis Tsipras teilte am heutigen Vormittag mit, dass dieser noch mit Juncker, Dijsselbloem, Draghi und Lagarde zusammentreffen werde, bevor der Gipfel beginne.

(2') Unbestätigten Meldungen zufolge hat dieses Treffen bereits direkt nach dieser Ankündigung begonnen und dauert aktuell noch an.

(2") Tatsächlich dürfte ein solches Treffen jedoch kaum noch zustande kommen: Sowohl Dijsselbloem, als auch Lagarde lehnten weitere Verhandlungen im Vorfeld des Gipfels ab.

In Anschlussmöglichkeit (2') wird ein weiterer Zitierraum eingeführt, der das Zeitfenster für das Treffen weiter einschränkt und den Beginn des Treffens in die Vergangenheit verschiebt. Der Zitierraum in (2") schränkt dagegen die Gültigkeit der in den anderen Zitierräumen (Z) und (Z_1) eingeführten Informationen ein und schließt einen Übertrag auf (B) explizit aus.

Auch in Texten in Leichter Sprache werden zwangsläufig mentale Räume eröffnet; der Formulierungsaufwand variiert dabei je nach Art des Raums. Bei der Lektüre können sich Räume eröffnen, die zeitlich zurückliegende oder sich potenziell in der Zukunft und mit unterschiedlicher Wahrscheinlichkeit ergebende Ereignisse entwerfen, es können unterschiedliche Stimmen zitiert werden, es kann über Fiktionales, Hypothetisches und Kontrafaktisches berichtet werden.

In den nachfolgenden Teilkapiteln besprechen wir einige Beispiele (u. a. das bereits eingeführte Griechenland-Beispiel). Die Anforderungen an die Spacebuilder in Leichter Sprache sind dabei die folgenden:

1. Sie müssen den Regeln der Leichten Sprache entsprechen.
2. Sie müssen erkennen lassen, von welcher Art der neu erschaffene Raum ist: Wird beispielsweise ein Möglichkeitsraum eröffnet? Ein Zitierraum? Ein Vergangenheitsraum?
3. Sie müssen in einer Weise salient sein, dass sie nicht leicht überlesen werden können.

Das lässt einige Typen von Spacebuildern geeigneter erscheinen als andere. Mentale Räume können in der Standardsprache allein mithilfe morphologischer Mittel aus dem Verbalparadigma eröffnet werden:

(3)   Es hatte in Strömen gegossen und das Wasser im Fluss stieg an.

Es handelt sich hier ganz offensichtlich um einen Raum, der nicht mit dem Rezeptionszeitpunkt identisch ist. Er liegt in der Vergangenheit oder ist auf eine andere Weise verschoben, beispielsweise ins Fiktionale. Die Art der Verschiebung muss in Leichter Sprache deutlich gemacht werden:

(4)   **Gestern** hat es den ganzen Tag geregnet.
       Deshalb ist jetzt sehr viel Wasser im Fluss.

(5)   **Vor einem Jahr im Mai** hat es viele Tage lang stark geregnet.
       Deshalb war dann sehr viel Wasser im Fluss.

(6)   **In unserer Geschichte** hat es stark geregnet.
       Jetzt ist sehr viel Wasser im Fluss.

Adverbien *(gestern, vielleicht, hier)* und Präpositionalphrasen *(in unserer Geschichte, vor einem Jahr im Mai, im Garten)* sind, genau wie im Standarddeutschen, als Spacebuilder geeignet. Sie sind morphologisch selbständig und damit visuell besser wahrnehmbar als Tempus bzw. Modus des Verbs, die mit dem lexikalischen Bestandteil des Verbs verschmelzen (s. auch Kap. 8.1.2). Nicht alle Adverbien sind jedoch gleichermaßen geeignet. Wir verweisen hier auf Kap. 9, insbesondere auf die Ausführungen zu den Funktionswörtern (Kap. 9.2.2).

Fauconnier sieht ausdrücklich die Möglichkeit vor, dass Teilsätze als Spacebuilder eingesetzt werden. Dieses Mittel entfällt in Leichter Sprache, da in ihr keine Satzgefüge erlaubt sind. Allerdings können entsprechende Ersatzformen gewählt werden (Kap. 10.1.2):

(7) Lisa glaubt, dass... → Das glaubt Lisa: ...
     Wenn es regnet, dann ... → Es regnet? Dann ... bzw. Vielleicht regnet es. Dann ...

Die Salienz der Spacebuilder kann auf unterschiedliche Weise gesichert werden:

- **Explizitheit:** Mentale Räume werden im Diskurs häufig implizit eröffnet (Ehmer 2011: 38) oder nur über das Verbaltempus ausgedrückt. In Leichter Sprache sollten die Spacebuilder explizit an der sprachlichen Oberfläche erscheinen.

- **Mehrgliedrigkeit/Redundanz:** Je geringer die Zeichenzahl bzw. je kürzer die Artikulationsdauer, desto größer ist die Wahrscheinlichkeit, dass ein Operator überlesen oder überhört wird. Wenn neue Räume eröffnet werden, die sich deutlich von der bisherigen Linie eines Texts abheben, oder wenn die Art der Korrelation unerwartet oder ungewöhnlich ist, dann sollten auffallende Mittel gewählt werden, statt eines Adverbs möglicherweise (zusätzlich) eine Nominal- oder Präpositionalphrase:

(8)   Ben ist oft auf den Spielplatz gegangen.
(8') → Ben ist viele Male auf den Spielplatz gegangen.

Es handelt sich dabei jedoch um eine Nominalisierungsstrategie, die in Leichter Sprache kontraindiziert ist und die Anzahl der Wörter pro Satz steigert. Darum ist dieses Mittel mit Bedacht einzusetzen. Zu prüfen ist darüber hinaus, ob Grad- oder Modalpartikeln ebenfalls die Sichtbarkeit erhöhen oder ob sie das Verständnis der Aussage eher erschweren:

(8) Ben ist oft auf den Spielplatz gegangen.
(8″) → Ben Ben ist schon (sehr) oft auf den Spielplatz gegangen.

- **Position:** Adverbien oder Präpositionalphrasen können an unterschiedlichen Positionen im Satz erscheinen. Besonders auffällig ist die Initialposition; sie hat jedoch Auswirkungen auf die syntaktische Struktur des Satzes (s. Kap. 10.3.2):

(8) Ben ist oft auf den Spielplatz gegangen.
(8‴) → Schon oft ist Ben auf den Spielplatz gegangen.

Wir haben also einen Regelkonflikt zwischen syntaktischer und semantischer Ebene vorliegen, der im Einzelfall durch Priorisierung aufgelöst werden muss.

- **Einrückung:** In Kap. 7.3 haben wir bereits herausgearbeitet, dass Leichte-Sprache-Texte im Listenmodus verfasst sind und daher über das Mittel der Einrückung verfügen. Die Einrückung ist ein Signal für einen Ebenenwechsel im Text. Die Einrückung sollte daher bestimmten Arten von mentalen Räumen – z. B. Zitierräumen – vorbehalten bleiben (s. 7.3.2).

(9) Lisa hat der Lehrerin gesagt:
„Ben ist oft auf den Spielplatz gegangen."

- **Fettdruck:** Fettdruck ist in einem ansonsten formatierungsarmen Text ein machtvolles Salienzinstrument. Der Negationsmarker sollte, aber auch andere Spacebuilder können durch Fettdruck hervorgehoben werden. Dieses paraverbale Mittel muss jedoch über die Markierung der Negation hinaus sparsam eingesetzt werden, da es sonst seine Schlagkraft einbüßt. Es kann deshalb keine allgemeine Empfehlung ausgesprochen werden, wonach Spacebuilder generell fett zu setzen wären:

(10) Ben ist **nicht** selten auf den Spielplatz gegangen:

(11) Ben ist **oft** auf den Spielplatz gegangen.

Probleme treten dort auf, wo die Standardsprache über grammatikalisierte Spacebuilder verfügt, die in Leichter Sprache durch die allgemeine Regelreduktion nicht mehr zur Verfügung stehen. Das betrifft die Kategorien Zugänglichkeit („Access") und Perspektive („Viewpoint"), die in standardsprachlichen Texten häufig über die Kategorien Tempus und Modus umgesetzt werden. Diese Kategorien sind in Leichter Sprache nur noch in rudimentärer Form vorhanden: die Kategorie Tempus verfügt in Leichter Sprache nur über Präsens und Perfekt. Präteritum und Präteritum Perfekt, die in der Standardsprache als grammatikalisierte Spacebuilder genutzt werden, stehen nicht zur Verfügung (s. Kap. 8.1.2.3). Die Kategorie Modus verfügt nur über den Indikativ; der Konjunktiv gehört nicht zum System der Leichten Sprache (s. Kap. 8.1.2.2). In der Standardsprache werden über Tempus und Modus unterschiedlichste Arten von Beziehungen zwischen mentalen Räumen sowie unterschiedliche Perspektivierungen und Arten der Gültigkeitsbeschränkung von Aussagen verbalisiert. Ein mentaler Raum kann aus der Perspektive eines beliebigen zuvor eröffneten Raums aus fokussiert werden; es können Beziehungen wie Vor- oder Nachzeitigkeit, Stärke der Wahrscheinlichkeit oder auch Unmöglichkeit des Eintretens etc. dargestellt werden.

Da diese grammatischen Kategorien, die es uns im Standarddeutschen ermöglichen, zwischen den Räumen in wechselnden Perspektiven zu navigieren, in Leichter Sprache nicht vorhanden bzw. auf ein Minimum reduziert sind, müssen die Relationen in Form indikativischer Einzelsätze ausgedrückt werden. Daher kommt es hier in Leichter Sprache zu Einschränkungen und Unterschieden gegenüber dem Standard, die in den folgenden Abschnitten thematisiert werden.

11.3.1 Faktisches

Gegenstände und Ereignisse können in mentalen Räumen als faktisch konzeptualisiert werden. Dabei ist Faktizität hier ein Konstrukt, d.h. es geht nicht notwendig um tatsächlich „Reales", sondern darum, ob Ereignisse als faktisch *konstruiert* werden. Von einem Basis-Raum ausgehend wird über einen Spacebuilder ein mentaler Raum oder ein zusammenhängendes Set mentaler Räume aufgerufen. Der Spacebuilder benennt die Art der Beziehung zum Basisraum. Faktisch sind mentale Räume, in denen Gegenstände und Ereignisse thematisiert werden, die in der Vergangenheit stattgefunden haben, die räumlich fern liegen, die gegenwärtig „tatsächlich" ablaufen, die mit unterschiedlichen Abstraktheitsstufen generisch formuliert werden oder auch als fiktional konzipiert werden.

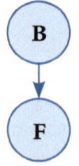 Spacebuilder für einen faktischen (F), also z. B. temporalen, lokalen, fiktionalen etc. Raum

Abbildung 3: Faktische Räume

11.3.1.1 Vergangenes

Temporalität verfügt in der Standardsprache über ein differenziertes morphologisches Inventar (s. Kap. 8.1.2.3); es handelt sich um eine grammatikalisierte Kategorie. Insbesondere für die Verbalisierung von Vergangenem stellt die Reduktion des Regelinventars in Leichter Sprache daher eine Herausforderung dar. Es wird in der Standardsprache über die Vergangenheitstempora sowie über Adverbiale wie *gestern, im Jahr(e) 1525* etc. verbalisiert. Adverbiale in Form von Adverbien und Präpositionalphrasen stehen auch in Leichter Sprache zur Verfügung, die Kategorie Tempus verfügt in Leichter Sprache jedoch nur über Präsens und Perfekt, während Präteritum und Präteritum Perfekt (sowie für die Darstellung von Potenziellem und Zukünftigem Futur und Futur Perfekt) nicht angelegt sind. Eine Ausnahme bilden die Kopula und Modalverben, für die das Präteritum lizenziert ist.

Das Präteritum wird in temporaler Verwendung für die Eröffnung von mentalen Räumen verwendet, die zeitlich vor der Basis liegen und über Faktisches berichten. Wenn das Präteritum nicht verfügbar ist, besteht eine naheliegende Lösung darin, auf das Perfekt aus der Tempusgruppe I (s. Kap. 8.1.2.3) zurückzugreifen, das ein Nicht-Jetzt markiert und damit die größte Verwandtschaft mit dem Präteritum aufzuweisen scheint.

(1) Nach der Schiffskatastrophe im April, bei der 800 Menschen im Mittelmeer den Tod fanden, versprach Europa eine bessere Migrationspolitik.

(1') Im April ist im Mittelmeer ein Schiff untergegangen.
800 Menschen sind dabei gestorben.
Diese Menschen waren Flüchtlinge.
    Flüchtlinge heißt:
    Diese Menschen kommen aus anderen Ländern.
    In diesen Ländern geht es den Menschen **nicht** gut.
    Deshalb verlassen viele Menschen diese Länder.
    Die Menschen fahren mit einem Schiff nach Europa.
Die Politiker in Europa haben jetzt versprochen:
    „Wir wollen eine bessere Politik für Flüchtlinge
    machen."

Bereits hier wird deutlich, dass in diesem Beispiel mehrere mentale Räume in unterschiedlichen Zeitschichten eröffnet werden, denn die Absichtserklärungen der Politiker liegen zeitlich nach dem Tod der Flüchtlinge und ihr Status als Flüchtlinge erlischt mit ihrem Tod, ist also vorzeitig. In der standardsprachlichen Variante liegen alle mentalen Räume zeitlich vor dem Basis-Raum; in der Leichte-Sprache-Variante werden zusätzliche mentale Räume mit Erläuterungen im Präsens eingefügt, die den Rezipienten ermöglichen sollen, Frames aufzubauen. Konkret wird hier nicht nur das Perfekt verwendet *(ist untergegangen, sind gestorben)*, sondern auch das Präteritum einer Kopula *(waren)*. Das Präsens *(kommen, geht, verlassen, fahren)* ist nicht Teil von Vergangenheitsräumen, sondern erscheint in der Erläuterung in generischer Verwendung.

Es zeigt sich, dass es nicht immer möglich ist, das Präteritum einfach durch das Perfekt zu ersetzen, wenn die im Text eröffneten mentalen Räume unterschiedlichen Zeitschichten angehören. Das dokumentiert auch das folgende Beispiel aus einem Geschichtsbuch für das 7./8. Schuljahr (denk|mal 2009: 21). Es geht hierbei um die Folgen der Bauernkriege:

(2) **Das Strafgericht der Fürsten**
Nach den Entscheidungsschlachten von Mitte Mai bis Mitte Juni 1525 begannen die Fürsten mit ihren Strafgerichten. Sie zogen in ihren Herrschaftsgebieten mit einigen Hundert [sic] Landsknechten und dem Henker von Ort zu Ort und zeigten ihre Macht durch öffentliche Hinrichtungen und grausame Folter.
Die Überlebenden wurden gezwungen, den Herren Treue und Gehorsam zu schwören. Sie mussten die Waffen abgeben und versprechen, nie mehr in ein Bündnis gegen die Obrigkeit einzutreten. Schließlich wurden sie dazu verurteilt, den angerichteten Schaden zu ersetzen.
Die Männer wurden zum Wiederaufbau der zerstörten Burgen, Schlösser und Klöster verpflichtet. Allen Städten, die sich den Bauern angeschlossen hatten, wurden hohe Straf- und Bußgelder auferlegt.

In diesem Text werden faktische mentale Räume eröffnet, die zueinander zeitlich versetzt sind, vom Zeitpunkt der Textrezeption jedoch sämtlich in der Vergangenheit liegen: Eigentliches Thema sind die Folgen der Bauernkriege (Hinrichtungen, Folter und Unterdrückung der Bevölkerung); die Bauernkriege selbst liegen zeitlich vor diesen Ereignissen und werden zur Erklärung aufgerufen.

(2') **Die Straf·gerichte von den Fürsten**

Wir **sind** im Jahr 1525.
Wir **sind** in Deutschland.
Der Bauern·krieg ist zu Ende.

Im Bauern-krieg haben die Fürsten und die Bauern
gegeneinander **gekämpft**.
Die Fürsten **haben gewonnen**.
Die Fürsten **wollen** nie mehr einen Bauern-krieg.
Die Fürsten **wollen** allen Leuten **zeigen**:
Wir sind die Stärksten.

Öffentliche Hinrichtungen
Die Fürsten machen Straf-gerichte.
Das heißt:
Die Fürsten kommen jetzt zu den Menschen in ihre Gebiete.
Die Fürsten bringen ihre Soldaten mit.
Die Soldaten heißen Lands-knechte.
Und die Fürsten bringen die Henker mit.
Die Fürsten lassen die Henker öffentliche Hinrichtungen machen.
Das heißt:
Die Henker töten Menschen.
Und andere Menschen müssen zusehen.
Mit den öffentlichen Hinrichtungen zeigen die Fürsten:
Wir sind sehr stark.
Und wir haben sehr viel Macht.

Die Überlebenden
Im Bauern-krieg sind viele Menschen gestorben.
Aber viele Menschen haben auch überlebt.
Die Menschen heißen Überlebende.
Die Überlebenden müssen den Fürsten Gehorsam schwören.
Das heißt:
Die Überlebenden müssen versprechen:
Wir machen alles für die Fürsten.
Die Überlebenden müssen ihre Waffen abgeben.
Und die Überlebenden müssen versprechen:
Wir kämpfen **nie** wieder gegen die Fürsten.

Wiederaufbau
Im Krieg sind Burgen kaputt-gegangen.
Und im Krieg sind Schlösser kaputt-gegangen.
Und im Krieg sind Klöster kaputt-gegangen.
Die Überlebenden müssen alles wieder aufbauen.
Viele Städte waren im Bauern-krieg für die Bauern.
Diese Städte müssen nun hohe Strafen bezahlen.

Wir sind im Jahr 1525 eröffnet einen temporalen mentalen Raum in der weit zurückliegenden Vergangenheit und bildet den Viewpoint für die sonstigen Ereignisse. Der Spacebuilder ist hier ausschließlich die Präpositionalphrase *im Jahr 1525*, während statt eines Vergangenheitstempus das Präsens als unmarkierte Zeitform gewählt wurde. Das Präsens wird hier als Leittempus etabliert, mit dem auf das Thema referiert wird. Das Perfekt (bzw. im Fall der Kopula und der Modalverben das Präteritum) kann so für Einführung der zeitlich dahinter zurückliegenden Vorgeschichte verwendet werden. Denkbar ist eine Visualisierung der zeitlichen Situierung der Ereignisse über einen Zeitstrahl (s. Kap. 7.2.2).

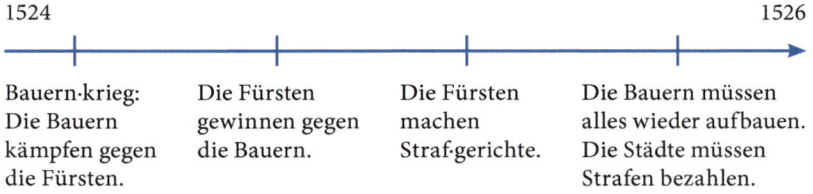

Abbildung 4: Zeitstrahl als Stützungssystem

Wie wichtig eine ereignisinterne zeitliche Differenzierung ist, zeigt vor allem die Passage mit der Zwischenüberschrift *Wiederaufbau*, in der das Verhältnis zwischen Zerstörung und Wiederaufbau sowie die Straf- und Bußgelder als unmittelbare Folge der Kollaboration der städtischen Bevölkerung mit den Bauern angesprochen sind. Die Verwendung nur einer Tempusform würde die Differenzen, die zwischen Ursache und Folge jeweils bestehen, einebnen und die Perspektive, von der aus die neu eröffneten mentalen Räume in den Blick genommen werden, verwischen.

11.3.1.2 Räumlich Fernes

Raum ist keine grammatikalisierte Kategorie, räumliche Ferne wird auch in der Standardsprache mit lexikalischen Mitteln ausgedrückt; der Unterschied zur Leichten Sprache ist hier weniger ausgeprägt als beim Ausdruck von Temporalität. Der Ausdruck von räumlicher Ferne stellt darum in Leichter Sprache kein konzeptuelles Problem dar. Mit Hilfe lokaler Adverbiale (sowie in der Standardsprache zusätzlich auch über Nebensätze) können mentale Räume eröffnet werden, die räumlich ferne Welten in den Blick nehmen:

(3) Der 32-jährige Denis Luiz lebt seit 15 Jahren **auf dem Flughafen „São Paulo-Guarulhos" in Brasilien.** Er sagt: „Der Airport ist mein Zuhause, die Angestellten sind meine Familie!" Ein Leben

mit seinen Verwandten kann er sich schon lange nicht mehr vorstellen.

Auf dem Flughafen ‚São Paulo-Guarulhos' in Brasilien ist ein lokaler Spacebuilder, der in dieser Form auch in Leichter Sprache zur Verfügung steht. Die Salienz des Operators kann, wenn in einem Text ein lokaler Rahmenwechsel durchgeführt wird, über eine Positionierung am Satzanfang hergestellt werden (s. Unterstreichung) (s. hierzu auch Kap. 10.3.2):

(3') <u>Auf dem Flug·hafen von Sao Paulo in Brasilien</u> lebt ein Mann.
Der Mann heißt Denis Luis.
Denis Luis ist 32 Jahre alt.
Denis Luis lebt seit 15 Jahren auf dem Flug·hafen von Sao Paolo.
Denis Luis sagt:
„Der Flug·hafen ist mein Zuhause.
Die Mitarbeiter am Flughafen sind meine Familie."
Denis Luis möchte **nicht** zu seiner richtigen Familie zurück.

Wenn vermutet wird, dass der lokale Operator nicht eingeordnet werden kann, kann eine Erläuterung hinzugefügt werden, damit die Aktivierung eines passenden Frames gelingen kann:

(3") Auf dem Flug·hafen von Sao Paulo in Brasilien lebt ein Mann.
Brasilien ist ein Land in Süd·amerika.

Allerdings wird dazu der lokale Rahmen verlassen und vom Basis-Raum ausgehend ein neuer mentaler Raum eröffnet. Das setzt den Rezipienten zwar möglicherweise in die Lage, sich einen Frame zu eröffnen, unterbricht jedoch den Aufbau von Räumen ausgehend von den zuvor eröffneten mentalen Räumen und gestaltet die Sinnentnahme jenseits des Einzelraums so insgesamt schwieriger.

Zusätzlich zur räumlichen kann eine zeitliche Entfernung treten. Dies war in Beispiel (1), Kap. 11.3.1.1, der Fall, in dem über zeitlich Zurückliegendes (Schiffkatastrophe im April 2015) berichtet wird, das an einem entfernten Ort (Mittelmeer) stattgefunden hat.

11.3.1.3 Fiktionales

Auf den ersten Blick erscheint die Einordnung von „Fiktionalem" unter „Faktisches" als unpassend, denn Fiktionales weist eine Welten-Verschiebung auf, fiktionale Räume sind der tatsächlichen, gegenständlichen Begutachtung durch die Diskurspartner entzogen, vom Basisraum aus besteht keine Zugänglichkeit (Access) zu den in diese Räume eingeführten Protagonisten und Ereignissen. Diese Eigenschaft haben jedoch auch die Vergangenheitsräume und die lokal versetzten Räume. In dieser Hinsicht sind fiktionale Räume also nicht real. Aber sie haben die Konsistenz des Faktischen: Zwar können in fiktionalen Welten sprechende Tiere und Zauberer auftreten, diese aber werden ganz selbstverständlich als existierend entworfen und sind in diesen fiktionalen Räumen faktisch gegeben.

Fiktionale Räume werden als faktisch konstruiert, wobei temporale und lokale Distanzmarker metaphorisch übertragen werden. Der klassische Eröffner eines fiktionalen (Märchen-)Raums, „Es war einmal", fingiert temporale Distanz, ebenso wie das Präteritum als Tempus der erzählten Welt (s. Kap. 8.1.2.3). Auch über unerreichbare lokale Distanz können fiktionale Räume eröffnet werden:

(1) In einem unbekannten Land, vor gar nicht allzu langer Zeit, war eine Biene sehr bekannt ...

Diverse Schlussformeln von Märchen suggerieren wiederum, der Märchenraum und der Basisraum der Rezeptionssituation wiesen dieselbe Form der Faktizität auf:

(2) Und wenn sie nicht gestorben sind, dann leben sie noch heute.
(3) Ich aber habe sie dort gelassen – sie bedurften meiner ja nicht, um glücklich zu sein – und bin zu euch gekommen. Denn wer hätte euch sonst diese Geschichte erzählt? (Der Traum des Edelmannes, in: Elisabeth und Walter Hering 1956: Märchen aus Rumänien, Berlin: Groszer)
(4) Und, Himmel! Was für eine Hochzeit! Von der wird man reden, so lange die Welt steht! Ich aber schwang mich in den Sattel dann, damit ich's dir – und dir – erzählen kann! (Jon Milea, in: Elisabeth und Walter Hering 1956: Märchen aus Rumänien, Berlin: Groszer)

In Leichter Sprache steht kein Präteritum als Erzähltempus zur Verfügung. Über eine Rahmensetzung kann wiederum ein mentaler Raum eröffnet werden, der die Art des Weltentwurfs deutlich macht. Der fiktionale Text als solcher kann dann im Präsens entfaltet werden:

(5) Es war einmal. So fangen Märchen an.
    Ein Märchen ist eine sehr alte Geschichte.
    Dieses Märchen heißt: Rot·käppchen.
    Das Märchen geht so: ...

Imaginiertes kann auch abseits genretypischer fiktionaler Erzählungen Gegenstand mentaler Räume sein, beispielsweise im kindlichen Spiel oder in diskursiven Interaktionen mit spielerischem Hintergrund. Solche untersucht Ehmer (2011) unter dem Blickwinkel der Theorie der mentalen Räume. Er kann zeigen, dass Diskurspartner häufig szenisch strukturierte mentale Räume schaffen und ausstatten. Sie können dann sowohl über die Vorgänge in imaginierten Szenen als auch in den Rollen imaginierter Personen sprechen (Ehmer 2011: 429 f.). Dabei werden die Grenzen vom Fiktionalen zum Potenziellen teilweise bewusst und in spielerischer Weise verwischt. In Leichter Sprache würden derartige Interaktionen das Explizitheitsgebot verletzen. Die Art des mentalen Raums, d. h. die Fiktionalität seines Weltentwurfs, müsste deutlich herausgestellt werden.

11.3.1.4 Gegenstände und Ereignisse ohne räumliche, temporale oder fiktionale Verschiebung

Vom Basis-Raum aus direkt zugriffsfähige Gegenstände und Ereignisse ohne zeitliche, räumliche oder fiktionale Verschiebung werden in der Standard- und in Leichter Sprache normalerweise im Präsens formuliert.

(1)   Lisa ist meine Schwester.
(2)   Morgen habe ich Geburts·tag.
(3)   Die Erde dreht sich um die Sonne.
(4)   Brasilien ist ein Land in Süd·amerika.

Unproblematisch ist der Fall zumeist, wenn diese Gegenstände dem Lebensbereich der Leserschaft entstammen. Bei fachlichen Kontexten ist dies aber häufig nicht der Fall. Dann stehen keine Frames zum Verstehen des fachlichen Gegenstands zur Verfügung, so dass die eröffneten Räume nicht genügend ausgestattet werden können. In Kap. 11.1 haben wir Beispiele dafür gesehen. Es müssen dann Erläuterungen und Exemplifizierungen eingefügt bzw. nicht fachliche Alternativen aus demselben Wort- bzw. Begriffsfeld ausgewählt werden.

11.3.1.5 Zusammenfassung

Als faktisch konzeptualisierte mentale Räume in Leichter Sprache darzustellen, ist im Regelfall kein größeres Problem. Das rudimentäre Tempussystem (bestehend aus Präsens und Perfekt sowie dem Präteritum der Kopula- und Modalverben) erlaubt im Zusammenspiel mit Adverbialen und raumeröffnenden Aussagesätzen eine relativ differenzierte Darstellung faktischer Relationen innerhalb eines Netzes mentaler Räume.

Mentale Räume, die Vergangenes konzeptualisieren, können über temporale Adverbialien als Spacebuilder eröffnet werden. Die Ausstattung und Darstellung der Ereignisfolgen erfolgt über das Präsens, das Perfekt und die Präteritumformen der Kopula- und Modalverben.

Mentale Räume, die räumlich Fernes konzeptualisieren, können über lokale Adverbialien eröffnet werden; das dafür nötige Inventar steht in Leichter Sprache zur Verfügung. Die Spacebuilder müssen jedoch in ausreichender Weise salient gemacht und ggf. erläutert werden.

Mentale Räume, die vom Basis-Raum aus ohne zeitliche und räumliche Verschiebung zugänglich sind, werden mit Präsens gebildet.

Bei mentalen Räumen, die Fiktionales als faktisch konzeptualisieren, muss die Art der Fiktionalität transparent gemacht werden, z. B. durch eine Benennung als Märchen oder Geschichte. Das Präteritum steht nicht zur Verfügung.

Typ des mentalen Raums	Standardsprache	Leichte Sprache
Vergangenes	grammatikalisiert: Präteritum, Präteritum Perfekt	degrammatikalisiert: Perfekt (Präteritum nur bei Kopula und Modalverben)
	Historisches Präsens, Perfekt	Historisches Präsens, Perfekt
	Temporalangaben: *gestern, vor 100 Jahren*	Temporalangaben: *gestern, vor 100 Jahren*
Fiktionales	grammatikalisiert: Präteritum („Es war einmal"), Präteritum Perfekt	nicht grammatikalisiert: explizite Benennung des Typs fiktionaler Erzählung als Rahmen („Ein Märchen ist eine alte Geschichte")
Räumlich Fernes	nicht grammatikalisiert	nicht grammatikalisiert
	Lokalangaben: *dort, in Brasilien*	Lokalangaben: *dort, in Brasilien*
Gegenstände und Ereignisse ohne räumliche, temporale oder fiktionale Verschiebung	unmarkiert	unmarkiert

Tabelle 1: Faktische Räume in der Standardsprache und in Leichter Sprache

11.3.2 Potenzielles

Gegenstände und Ereignisse können in mentalen Räumen als potenziell vorliegend oder potenziell eintreffend konzeptualisiert werden. Dabei werden Möglichkeitsräume eröffnet, die mindestens zwei unterschiedliche Realisierungsweisen bzw. Szenarien zulassen. Die Wahrscheinlichkeit, mit der die eine oder andere Lösung eintritt, kann unterschiedlich ausgeprägt sein, erreicht aber nie das Niveau einer Faktizität, die gerade durch das Fehlen von expliziten Alternativen charakterisiert ist. Dabei erscheint nicht immer dasjenige der beiden Szenarien (S_1 und S_2 und an sie jeweils anschließende mentale Räume) auf der sprachlichen Oberfläche, dessen Eintreten für wahrscheinlicher erachtet wird; die eingefärbten Kreise werden jeweils sprachlich realisiert, die weißen bleiben implizit:

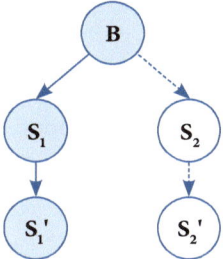

Abbildung 5: Potenzielle mentale Räume

11.3.2.1 Zukünftiges

Zukünftiges ist noch nicht eingetreten und mithin nicht faktisch, selbst wenn das Eintreten als wahrscheinlich dargestellt wird. Mithin erscheint hier das als wahrscheinlich konzipierte Szenario auf der sprachlichen Oberfläche. Das mögliche (wenn auch unwahrscheinliche) Nichteintreten des Ereignisses ist im Futur aber impliziert. Für die Eröffnung und Ausstattung von mentalen Räumen, die Zukünftiges thematisieren, stehen in der Standardsprache Adverbiale in Form von Adverbien und Präpositionalphrasen *(morgen, in dreißig Jahren)* zur Verfügung. Das ist auch in Leichter Sprache der Fall. Zusätzlich kann in der Standardsprache jedoch Futur und Futur Perfekt eingesetzt werden:

(1)   Bald werden wir uns wiedersehen.

(2)   In ein paar Jahrzehnten wird der Wald gestorben sein.

Futur und Futur Perfekt stehen in Leichter Sprache nicht zur Verfügung, stattdessen kommt hier das Präsens zum Einsatz (s. Kap. 8.1.2):

(1')   Bald sehen wir uns wieder.

(2')   In 30 oder 40 Jahren ist **kein** Wald mehr da.

Das hat zur Folge, dass hier eine Faktizität unterstellt wird, die in diesem Ausmaß möglicherweise gar nicht vorliegt. Mit Blick auf die Theorie der mentalen Räume wird dann unterstellt, dass die gemachten Aussagen als Fakten gelten und vom Basis-Raum aus als wahr angenommen werden dürfen. Hier kann mit Satzadverbien (hier *sicher* bzw. *vielleicht*; s. dazu auch Kap. 9.2.2.4) gegengesteuert werden:

(1")   Sicher sehen wir uns bald wieder.

(2")   In 30 oder 40 Jahren ist vielleicht **kein** Wald mehr da.

Wird Futur für zukünftige Ereignisse eingesetzt, so wird also gerade betont, dass sie noch nicht faktisch sind. Für faktische Ereignisse ist Futur dagegen nicht einsetzbar, auch wenn sie in der Zukunft liegen. Die Option des möglichen Nichteintretens ist hier nicht gegeben:

(3)   Morgen ist Samstag.

(3')   *Morgen wird Samstag sein.

Der Satz ist aber grammatisch, wenn Futur modalisierend eingesetzt wird:

(3")   Morgen wird (wohl) Samstag sein.

Im ersten Fall ist der Raum vom Basisraum direkt zugänglich, alle Gegenstände und Ereignisse haben direkt einen entsprechenden Gegenpart in dem zukünftigen Raum. Er kann als faktisch gelten. In modalisierender Verwendung wird dagegen ein Möglichkeitsraum eröffnet, in dem der folgende Tag ein Samstag ist. Es eröffnet sich dann ein Frame mit typischen Samstagsaktivitäten. Der Sprecher übernimmt aber keine Verantwortung für die Faktizität seiner Aussage; er expliziert damit, dass er sich möglicherweise irren kann, so dass der Frame in diesem Falle nicht zur Anwendung käme.

In Kap. 8.1.2.3 haben wir ausgeführt, dass die modalisierende Verwendung des Futurs – Futur: *Er wird (wohl) zu Hause sein*. Futur Perfekt: *Er wird schon gut nach Hause gekommen sein* – in der Standardsprache häufiger ist als die temporale. Es ist umstritten, ob es sich dabei wirklich um distinkte Funktionen handelt, oder ob es nicht vielmehr die Funktion des Futurs ist, noch nicht definitiv Faktisches auszudrücken, mag es nun zeitlich vorausliegen oder aus anderen Gründen nicht verifizierbar und damit Gegenstand von Vermutungen sein. In jedem Falle besteht kein voller Zugriff auf Gegenstände und Ereignisse in mentalen Räumen, die in der Standardsprache mit Futur ausgeführt sind. Entsprechend muss diese Funktion in Leichter Sprache über Adverbiale kompensiert werden.

11.3.2.2 Modales

Die Modalverben *dürfen, können, mögen, müssen, sollen* und *wollen* eröffnen ebenfalls mentale Räume mit unterschiedlicher Wahrscheinlichkeit des Eintretens von Ereignissen (hier *einen Antrag stellen* bzw. *helfen*). Die alternative Entwicklung ist dabei möglich:

(1) Sie dürfen/können/müssen/sollen/wollen einen Antrag stellen.
 → Es wird letztlich kein Antrag gestellt.

(2) Diese Broschüre kann/soll Ihnen helfen.
 → Leider ist die Broschüre nicht im Mindesten hilfreich.

Im Gegensatz zu *werden* (s. o. Kap. 11.3.2.1), das einen unspezifischen mentalen Raum öffnet, der einfache (temporale oder modale) Nichtfaktizität eines Ereignisses indiziert, öffnen Modalverben spezifischere mentale Räume: Über die einfache Nichtfaktizität hinaus machen sie Angaben über die Voraussetzungen, die für das Eintreten eines Ereignisses ausschlaggebend sind (vgl. Zifonun et al. 1997), wobei jedes Modalverb einen prototypischen Voraussetzungstyp kodiert:

Modalverb	Voraussetzungstyp
dürfen	Erlaubnis
wollen, mögen	Wunsch
können	Möglichkeit/Fähigkeit
müssen	Notwendigkeit
sollen	Auftrag/Empfehlung

Tabelle 2: Die Basissemantik der Modalverben

Hinter diesen Voraussetzungstypen stehen verschiedene Quellen: Bei *wollen/mögen* ist die Quelle der mit dem Subjekt kodierte Aktant (er will, dass das Ereignis eintritt), bei *sollen* und *dürfen* nicht (jemand anderer als das Subjektaktant will/erlaubt, dass das Ereignis eintritt). *Müssen* und *kön-*

nen sind ambig (die Notwendigkeit/Möglichkeit kann vom Subjektaktanten oder von einer Instanz, die nicht der Subjektaktant ist, ausgehen). Unterschiede zwischen den Modalverben ergeben sich außerdem über die Stärke der Obligation: Während *müssen* eine starke Handlungsverpflichtung zum Ausdruck bringt (Notwendigkeit), ist mit *sollen* eine schwächere Handlungsverpflichtung intendiert (Empfehlung).

In Abhängigkeit vom Quelltyp und von der Stärke der Obligation, die von einem Modalverb ausgeht, unterscheiden sich auch die Konsequenzen des Eintretens/Nichteintretens des Ereignisses:

Bei *Sie müssen einen Antrag stellen* liegt eine starke, externe Obligation vor: Bei Unterlassung kann das mit dem Antrag verbundene Ziel nicht erreicht werden. Bei *Sie sollen einen Antrag stellen* ist die – ebenfalls externe – Obligation abgeschwächt; es könnte auch andere Möglichkeiten geben, das mit dem Antrag verbundene Ziel zu erreichen. Mit *Sie wollen einen Antrag stellen* liegt eine schwache, interne Obligation vor; zugrunde liegt jedoch eine externe Obligationsquelle (die Institution, die Antragstellungen verlangt), die mit der *wollen*-Konstruktion aber nicht zum Ausdruck gebracht wird: Der Wille des Antragstellers bezieht sich hier ja nicht auf das Stellen eines Antrags, sondern auf das Ergebnis, zu dem ein positiver Bescheid auf einen gestellten Antrag führt.

In Texten in Leichter Sprache ist es sinnvoll, nicht nur die verschiedenen Obligationsstärken zu explizieren (etwa durch Angabe der Folgen, die aus einer Unterlassung resultieren), sondern auch die tatsächlichen Obligationsverhältnisse explizit zum Ausdruck zu bringen. Die exhaustiven Übersetzungen von *Sie müssen einen Antrag stellen* und *Sie wollen einen Antrag stellen* unterscheiden sich deshalb nicht:

(3) Sie müssen/wollen einen Antrag stellen.

(3') Sie wollen XXX.
Dafür müssen Sie einen Antrag stellen.
Sie stellen **keinen** Antrag?
Dann bekommen Sie XXX **nicht**.
So stellen Sie den Antrag:
…

Bei *sollen*-Konstruktionen ist es erforderlich, die möglichen Alternativen zu ermitteln (z. B. *einen Antrag stellen* oder *persönlich vorsprechen*), die in der Übersetzung dann beide expliziert werden müssen. Wird *sollen* im Ausgangstext nur strategisch, aus Gründen der Höflichkeit genutzt, um den Eingriff in das hörer-/leserseitige Handeln, das von der Obligationsstärke von *müssen* ausgeht, abzumildern, sollte in der Übersetzung die *müssen*-Konstruktion gewählt werden (zur Höflichkeit in Leichter Sprache s. Kap. 12.4.2).

(4)   Sie sollen einen Antrag stellen.

(4')   Sie wollen XXX.

Dann haben sie zwei Möglichkeiten:

1. Sie stellen einen Antrag.
oder
2. Sie sprechen direkt mit dem Sach·bearbeiter.

Sie stellen **keinen** Antrag.
Und Sie sprechen nicht direkt mit dem Sach·bearbeiter.
Dann bekommen Sie XXX nicht.

Bisher war der sogenannte deontische Gebrauch von Modalverben angesprochen. Die Möglichkeit/Notwendigkeit etc. bezieht sich auf das Eintreten des Ereignisses. Im sogenannten epistemischen Gebrauch werden Sprechereinstellungen aufgerufen: die Möglichkeit/Notwendigkeit ist eine gedankliche Konstruktion, die sich als Vermutung äußert:

(5)   Herbert muss den Antrag gestellt haben.

(6)   Herbert soll den Antrag gestellt haben.

(7)   Herbert will den Antrag gestellt haben.

In Leichter Sprache sind Modalverben mit deontischem Gebrauch lizenziert; geprüft werden muss, ob und wann die Explikation der Stärke der Obligation sowie die Explikation der Obligationsquellen erforderlich ist (s. o.).

Nicht lizenziert in Leichter Sprache ist der epistemische Gebrauch von Modalverben; für eine Übersetzung müssen Ersatzkonstruktionen gefunden werden, bei der auch die Art der epistemischen Quelle herausgearbeitet wird.

(5')   Ich bin mir sicher:
        Herbert hat den Antrag gestellt.
        oder:
        Herbert hat den Antrag bestimmt gestellt.

(6')   Viele Leute glauben das:
       Herbert hat den Antrag gestellt.

(7')   Herbert behauptet:
       „Ich habe den Antrag gestellt."

In manchen Fällen ist an der Oberfläche nicht sichtbar, ob der deontische oder der epistemische Gebrauch angezielt ist; hier entscheidet der Kontext:

(8)   Sie muss den Hund ausführen.

(8')   Deontische Lesart: Es ist nötig, dass sie den Hund ausführt.

(8")   Epistemische Lesart: Es spricht alles dafür, dass sie den Hund ausführt.

11.3.2.3 Konditionales

Ein weiteres, in der Standardsprache verfügbares Mittel zur Eröffnung eines mentalen Raumes, in dem Gegenstände und Ereignisse als potenziell vorliegend oder potenziell eintreffend konzeptualisiert werden, ist der Konditionalsatz (s. hierzu auch Kap. 10.1.2, wo die strukturellen Eigenschaften dieser Konstruktionen am Beispiel indikativischer Konditionale besprochen wurden).

(1)   Wenn Peter das Los findet, bekommt er 100 000 Euro.

(1')   Peter findet das Los?
       Dann bekommt Peter 100 000 Euro.

Hier wird ein Möglichkeitsraum mit zwei potenziellen Szenarien eröffnet:

Szenario 1)
Der bedingende Satz *Peter findet das Los* trifft zu. Von diesem Möglichkeitsraum aus wird ein weiterer Raum eröffnet: *Peter bekommt die 100 000 Euro*. Dieser zweite Satz ist faktisch formuliert. Er ergibt sich aus dem Vorliegen der Bedingung im ersten Satz. Der zweite Satz, der die sich aus dem ersten Satz ergebende Konsequenz formuliert, kann aber für den Basis-Raum nicht als gültig angenommen werden. Das verhindert der zwischengeschaltete Möglichkeitsraum. Nur wenn dieser zutrifft, kann auch der zweite Raum als faktisch angenommen werden.

Mentale Räume

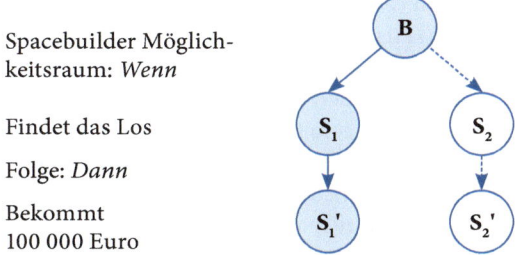

Spacebuilder Möglichkeitsraum: *Wenn*

Findet das Los

Folge: *Dann*

Bekommt 100 000 Euro

Abbildung 6: Struktur mentaler Räume beim Konditional – Szenario 1

Szenario 2)
Der bedingende Satz *Peter findet das Los* trifft nicht zu. Dann ist die geschilderte Folge aufgehoben, d. h. sie tritt nicht ein: Peter erhält das Geld nicht:

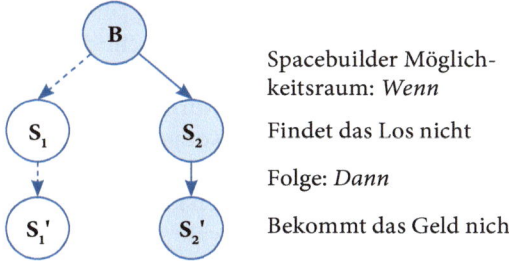

Spacebuilder Möglichkeitsraum: *Wenn*

Findet das Los nicht

Folge: *Dann*

Bekommt das Geld nicht

Abbildung 7: Struktur mentaler Räume beim Konditional – Szenario 2

An der sprachlichen Oberfläche wird jeweils ein Szenario vollständig ausgeführt. Das andere bleibt implizit.

Diese Art der Weltkonzeption ist alles andere als einfach, so dass Konditionalität eine Herausforderung für Teile der Adressatenschaft von Leichte-Sprache-Texten darstellt, selbst wenn ihre sprachliche Umsetzung den Regeln Leichter Sprache entspricht und z. B. nicht als Satzgefüge, sondern in einer Folge von Einzelsätzen ausgeführt ist (s. Kap. 10.1.2).

In der Standardsprache kann Potenzialität in Konditionalgefügen indikativisch und konjunktivisch realisiert sein.

(2)   Wenn Peter das Los findet, bekommt er 100 000 Euro.

(3)   Wenn Peter das Los fände, bekäme er 100 000 Euro.

11 Semantik

Damit sowie mit weiteren Markern (z. B. Satzadverbien oder Abtönungspartikeln) werden Wahrscheinlichkeitsindizes gesetzt, d. h. es wird verbalisiert, wie wahrscheinlich das Eintreten der Bedingung ist, die als Voraussetzung für die geschilderte Folge angegeben wird.

Es gibt jedoch einen grundlegenden semantischen Unterschied zwischen den beiden Fällen: Wird die Bedingung mit Indikativ eingeführt, so sind beide Szenarien ähnlich wahrscheinlich. Kommt jedoch Konjunktiv Präteritum zum Einsatz, so wird das Eintreten des an der sprachlichen Oberfläche erscheinenden Szenarios als relativ unwahrscheinlich konzeptualisiert. Auch das Eintreten der Folge ist vom Basis-Raum aus gesehen dann nicht wahrscheinlich. Durch den Konjunktiv Präteritum wird eine über die reine Potenzialität des *wenn* weit hinausgehende Distanzierung vom Basisraum signalisiert: Das Szenario *Peter findet das Los nicht* ist hier die wahrscheinlichere Option. Sprachlich realisiert wird jedoch die unwahrscheinlichere Option, wobei der Konjunktiv Präteritum die Distanzierungsfunktion übernimmt. Ansonsten folgt die Darstellung demselben Muster wie in der indikativischen Variante, in der beide Szenarien von ähnlicher Wahrscheinlichkeit sind: Es wird nur das unwahrscheinlichere der beiden Szenarien sprachlich realisiert, was allein über morphologische Mittel signalisiert wird. Hier bestehen potenziell Verstehensprobleme für die primäre Adressatenschaft Leichter Sprache. In Leichter Sprache haben wir keinen Konjunktiv zur Verfügung. Es muss also explizit in Form eines Einzelsatzes formuliert werden, dass ein Eintreten der Bedingung unwahrscheinlich ist und dass das zweite potenzielle Szenario *(Peter findet das Los nicht)* wahrscheinlicher ist. Es werden hier vom Basis-Raum aus explizit zwei separate mentale Räume eröffnet: Peter findet das Los (S_1) und Peter findet das Los nicht (S_2).

Dann wird die Wahrscheinlichkeit ihres Eintretens explizit gemacht. So kann die Wahrscheinlichkeit des Eintretens der Folge ebenfalls abgeschätzt werden. Der erhöhte Formulierungsaufwand, der typisch ist für Leichte Sprache, hat hier seine ausweisbare Entsprechung in einer kognitiven Komplexität des dargestellten Sachverhalts.

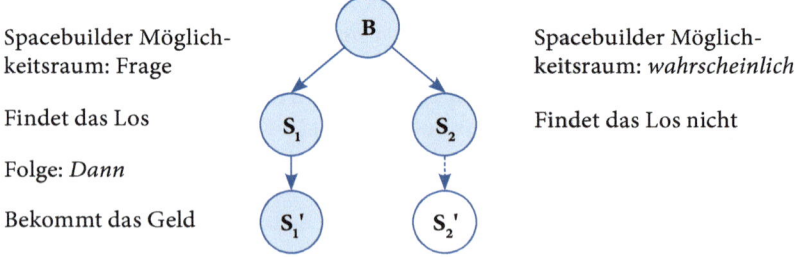

Abbildung 8: Konditionaler Möglichkeitsraum – Wahrscheinlichkeiten

Die Übersetzungsanforderungen an die indikativische und die konjunktivische Konditionalität unterscheiden sich deshalb:

(2') Peter findet das Los? (S_1)
Dann bekommt Peter 100 000 Euro. (S_1')

(3') Peter kann das Los einfach nicht finden. (S_2)
Peter findet das Los doch noch? (S_1)
Dann bekommt Peter 100 000 Euro. (S_1')

Auch zukünftige Ereignisse können auf diese Weise dargestellt werden:

(4) Sollte der Zeuge noch kommen, möge er sofort in den Verhandlungssaal gebracht werden.

Hier eröffnet *sollte* einen zukunftsbezogenen Möglichkeitsraum; es wird keine konditionale Subjunktion verwendet *(Wenn der Zeuge noch kommen sollte, ...)*. Der Spacebuilder hat hier keinen eigenständigen Träger. Er wird über den Modus (Konjunktiv Präteritum des Modalverbs) und die Verbstellung (V1) ausgedrückt. Mit *sollen* im Konjunktiv Präteritum wird hier ausgedrückt, dass der Sprecher die genannte Option zwar für potenziell realisierbar, jedoch nicht für wahrscheinlich hält. In Leichter Sprache muss dies wiederum explizit gemacht werden:

(4') Der Zeuge ist noch **nicht** da. (B)
Wir glauben:
      Der Zeuge kommt **nicht** mehr. (S_2)
Der Zeuge kommt doch noch? (S_1)
Dann bringen Sie den Zeugen sofort in den Saal. (S_1')

Hier werden explizit mehrere Räume eröffnet. Im Basis-Raum (B) wird der faktische Stand ausgeführt. Dann wird ein Raum eröffnet, in dem eine Sprecherperspektive angekündigt wird. Der darauffolgende Raum ist durch den vorangehenden Doppelpunkt und die Einrückung als Zitierraum gekennzeichnet; er enthält das mögliche Szenario, das der Sprecher für das wahrscheinliche hält. Es folgt der Möglichkeitsraum, der eine potenzielle, wenn auch in Sprecherperspektive weniger wahrscheinliche Entwicklung schildert. Der letzte Raum enthält schließlich die Handlungsfolge, die sich an das Eintreten der zweiten Option anschließen soll.

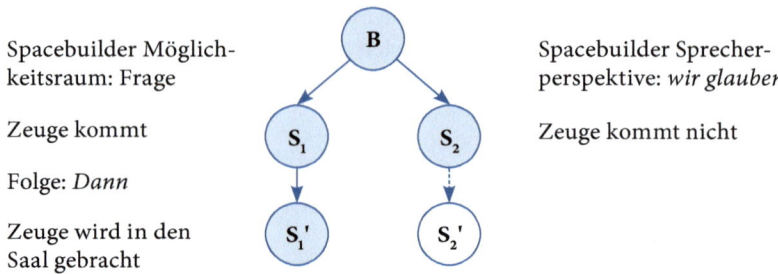

Spacebuilder Möglichkeitsraum: Frage	Spacebuilder Sprecherperspektive: *wir glauben*
Zeuge kommt	Zeuge kommt nicht
Folge: *Dann*	
Zeuge wird in den Saal gebracht	

Abbildung 9: Zukunftsbezogener Möglichkeitsraum

Es zeigt sich, dass die Darstellung potenzieller Räume in Leichter Sprache möglich ist; die entstehenden Raum-Konstruktionen sind aber semantisch komplex und kognitiv anspruchsvoll, wobei der Formulierungsaufwand immer dann steigt, wenn das unwahrscheinlichere Szenario im Fokus der Darstellung steht.

11.3.2.4 Zusammenfassung

Zukünftiges wird in Leichter Sprache mit Präsens ausgedrückt. Über Kommentaradverbien *(wahrscheinlich, sicher, vielleicht)* kann der Grad der Zugänglichkeit der gegebenen Informationen zum Basisraum verbalisiert werden.

Modalverben können dazu verwendet werden, die Modalität und Wahrscheinlichkeit des Eintretens von Ereignissen zu versprachlichen. Dabei sind nur die deontischen Verwendungen der Modalverben lizenziert.

Zum Ausdruck potenzialer Konditionalität steht kein Konjunktiv Präteritum zur Verfügung. Die eröffneten mentalen Räume werden ausgeführt und die Wahrscheinlichkeit ihres Eintretens wird explizit gemacht. Sollen Szenarien mit großer Distanz zum Basis-Raum versprachlicht werden, erhöht sich der Formulierungsaufwand.

Typ des mentalen Raums	Standardsprache	Leichte Sprache
Zukünftiges	Futur oder Präsens	Präsens
	Adverbial: *vielleicht, sicher*	Adverbial: *vielleicht, sicher*
Modales	deontisch: Modalverben	deontisch: Modalverben
	epistemisch: Modalverben	epistemisch: Ersatzkonstruktionen
Potenziales	Indikativ Präsens: Darstellung eines für möglich und wahrscheinlich gehaltenen Szenarios (S_1 **oder** S_2)	Indikativ Präsens: Darstellung eines für möglich und wahrscheinlich gehaltenen Szenarios (S_1 **oder** S_2)
	Konjunktiv Präteritum: Darstellung eines für möglich, aber unwahrscheinlich gehaltenen Szenarios (S_1)	Indikativ Präsens: Benennung des wahrscheinlichen Szenarios und Kennzeichnung als (S_2), Ausformulieren des für möglich gehaltenen Szenarios (S_1) ⟶ Formulierungsaufwand steigt

Tabelle 3: Potenziale Räume in der Standardsprache und in Leichter Sprache

11.3.3 Kontrafaktisches

Kontrafaktische Konstruktionen sind kognitiv sehr anspruchsvolle Weltentwürfe. Mit Hilfe von entsprechend eingeführten und ausgestatteten mentalen Räumen wird eine Welt entworfen, die in dieser Form gar nicht existiert und die vom Basis-Raum aus nicht zugänglich ist; es wird auch keine Alternative angeboten, vielmehr wird diese konstruierte Welt als Ganze oder in Teilen verworfen. Dabei wird ein alternativer Weltverlauf angeboten, in dem das jetzt Faktische in einem Horizont möglicher Alternativen als nicht notwendig dargestellt wird. Kontrafaktische Konstruktionen stellen daher im Kontext Leichter Sprache eine Herausforderung dar.

Irreale Konditionalgefüge und die Negation weisen hier eine Strukturähnlichkeit auf: sie holen eine hörerseitige Erwartung an die sprachliche Oberfläche und löschen sie im selben Moment explizit. Kontrafaktizität in Form von irrealer Konditionalität oder Negation kann nur dann sinnvoll platziert werden, wenn hörerseitige Erwartungssysteme vermutet werden oder wenn diese im vorausgehenden Diskurs bereits vorgetragen wurden, so dass eine explizite Löschung nötig ist, um eine Anbindung an den Basis-Raum zu verhindern.

Kontrafaktische Entwürfe rufen, wie auch potenzielle, zwei mögliche Szenarien auf; in der Standardsprache ist die sprachliche Oberfläche für Negation und irreale Konditionalsätze jedoch unterschiedlich realisiert: Häufig bleibt bei der Negation ein Szenario implizit, während irreale Konditionalsätze Aspekte aus beiden Szenarien realisieren (dazu s. u.). In Leichter Sprache zeigt sich jedoch die Strukturähnlichkeit der beiden Formen von Kontrafaktizität.

11.3.3.1 Irreale Konditionalität

Wie im vorangegangenen Abschnitt dargestellt, kann Konditionalität als potenziell ausgeführt werden. Dann werden mögliche Ereignisfolgen unterschiedlicher Wahrscheinlichkeitsstufen gegeben. Konditionalität kann aber auch als irreal ausgeführt werden. Dann werden Gelingensbedingungen gegeben und negiert: Solcher Art wären die Umstände gewesen, unter denen die genannte Folge hätte eintreten können. Die Umstände kamen jedoch nicht zustande und die Folge blieb darum aus:

(1) Wenn Sie bis zum 31.5. einen Antrag beim Integrationsamt gestellt hätten, dann wäre Ihnen ein Nachteilsausgleich zugesprochen worden.

Auch hier werden wieder unterschiedliche Szenarien entworfen:

Szenario 1)
Gelingensbedingung liegt vor: Der Antrag wurde innerhalb einer bestimmten Frist bei einer bestimmten Behörde gestellt; Folge: Der Nachteilsausgleich wird gewährt.

Szenario 2)
Gelingensbedingung liegt nicht vor: Der Antrag wurde nicht, nicht fristgerecht oder nicht bei der zuständigen Behörde gestellt; Folge: Der Nachteilsausgleich wird nicht gewährt.

In der kontrafaktischen Konstruktion erscheint das kontrafaktisch verschobene Szenario 1 an der sprachlichen Oberfläche: Gelingensbedingung und daraus resultierende Folge werden formuliert, jedoch als nicht (mehr) zugänglich dargestellt. Die Gelingensbedingung wird dabei in nicht negierter Form, aber im Konjunktiv Präteritum Perfekt formuliert. Damit wird sie weit vom Basis-Raum abgerückt und ist von diesem aus nicht zugänglich. Entsprechend ist die Folge aus der Gelingensbedingung ebenfalls nicht zugänglich. Sie wird darum ebenfalls mit dem Konjunktiv Präteritum Perfekt in eine vom Basis-Raum aus nicht zugängliche, kontrafaktische Welt verschoben. Faktisch ist demnach Szenario 2, das aber nicht an der sprachlichen Oberfläche erscheint.

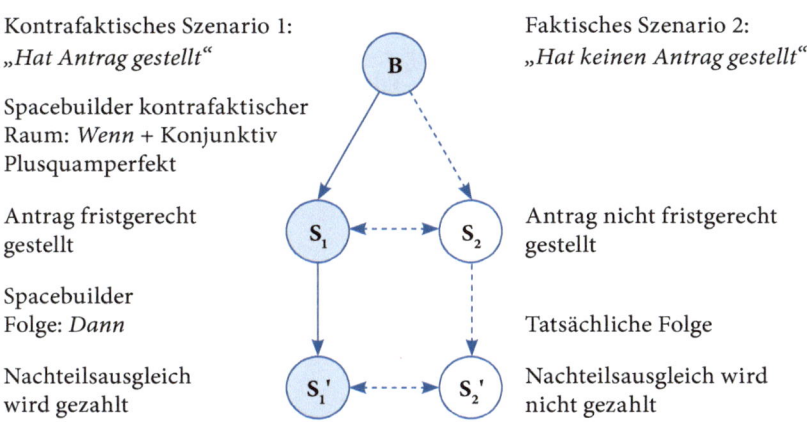

Kontrafaktisches Szenario 1:
„Hat Antrag gestellt"

Spacebuilder kontrafaktischer Raum: *Wenn* + Konjunktiv Plusquamperfekt

Antrag fristgerecht gestellt

Spacebuilder Folge: *Dann*

Nachteilsausgleich wird gezahlt

Faktisches Szenario 2:
„Hat keinen Antrag gestellt"

Antrag nicht fristgerecht gestellt

Tatsächliche Folge

Nachteilsausgleich wird nicht gezahlt

Abbildung 10: Irreale Konditionalität

In Leichter Sprache ist irreale Konditionalität nur mit größerem Formulierungsaufwand darstellbar. Vordergründig liegt das an der Tatsache, dass Leichte Sprache nicht über den Modus Konjunktiv (und damit auch nicht über Konjunktiv Präteritum Perfekt) verfügt, den irreale Konditionalgefüge in der Standardsprache aufweisen. Tatsächlich ist jedoch die Art des Weltentwurfs so komplex, dass der Ausdruck solcher Verhältnisse allein mit grammatischen Mitteln ohnehin kontraindiziert wäre. Irreale Konditionalität muss darum expliziter gemacht werden, als das in der Standardsprache üblicherweise der Fall ist.

Die Gelingensbedingungen aus Szenario 1 müssen angeführt und dann negiert werden. Dann kann die Folge aus Szenario 2 angegeben werden. Hier zeigt sich deutlich der Zusammenhang von irrealer Konditionalität mit der Negation (s. Kap. 11.3.3.2). Im folgenden Beispiel rahmt die Folge aus Szenario 2 die Erklärungen, die sich aus den negierten Gelingensbedingungen ergeben:

(1') Sie bekommen leider **keinen** Nachteils·ausgleich. (S_2')
Für den Nachteils·ausgleich mussten Sie nämlich einen Antrag stellen. (S_1)
Dieser Antrag musste bis zum 31. Mai beim Integrations·amt sein. (S_1)
Sie haben **keinen** Antrag gestellt. (S_2)
Deshalb bekommen Sie keinen Nachteils·ausgleich. (S_2')

Szenario 2 rahmt hier Szenario 1, denn letzteres liefert die Begründung für das Eintreten der Handlungsfolge. Das Szenario 1 ist dabei faktisch: Es gibt eine in der Vergangenheit liegende Gelingensbedingung an und enthält auch die sich anschließende Folge. Szenario 2 ist dagegen kontrafaktisch, denn das Vorliegen der Gelingensbedingung wird negiert, was eine andere Folge hat als S1. Lediglich die faktische Folge wird verbalisiert. Die Kontrafaktizität wurde hier von der einen möglichen Realisierungsform (irreale Konditionalität) auf die andere (Negation) verschoben.

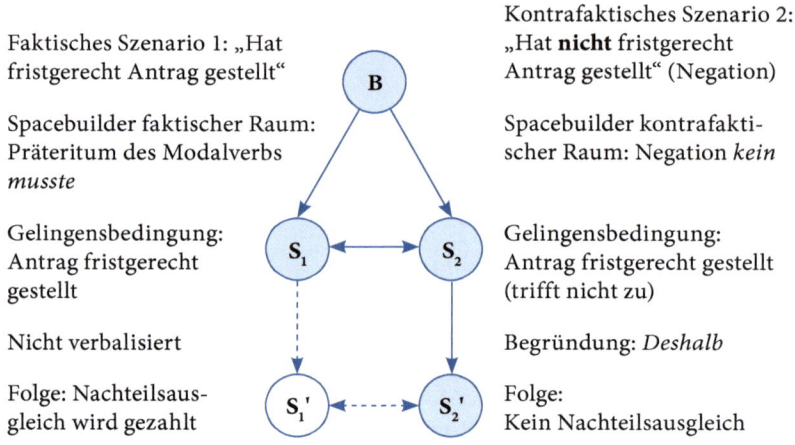

Faktisches Szenario 1: „Hat fristgerecht Antrag gestellt"

Spacebuilder faktischer Raum: Präteritum des Modalverbs *musste*

Gelingensbedingung: Antrag fristgerecht gestellt

Nicht verbalisiert

Folge: Nachteilsausgleich wird gezahlt

Kontrafaktisches Szenario 2: „Hat **nicht** fristgerecht Antrag gestellt" (Negation)

Spacebuilder kontrafaktischer Raum: Negation *kein*

Gelingensbedingung: Antrag fristgerecht gestellt (trifft nicht zu)

Begründung: *Deshalb*

Folge: Kein Nachteilsausgleich

Abbildung 11: Irreale Konditionalität in Leichter Sprache

11.3.3.2 Negation

Wir haben eben gezeigt, dass irreale Konditionalität ohne Konjunktiv Präteritum Perfekt zum Ausdruck gebracht werden kann, wenn man die Gelingensbedingungen negiert und die daraus entstehenden Folgen benennt. Es zeichnet sich damit ab, dass wir auf Negation als Kategorie nicht verzichten können. Das ist nicht verwunderlich: Negation ist eine sprachliche Universalie. Allerdings können Szenarien, die Negationen enthalten, kognitiv anspruchsvoll sein. Insofern überrascht es nicht, dass die Regelwerke der Negation reserviert gegenüberstehen. Die Regel, wonach Negation zu vermeiden sei, ist eine der wenigen Regeln, die in allen drei Regelwerken (Netzwerk Leichte Sprache, Inclusion Europe, BITV 2.0) erscheint; gleichzeitig ist es die einzige übergreifende Regel, die die Semantik betrifft. Im Regelwerk des Netzwerks Leichte Sprache ist sie so formuliert:

> Benutzen Sie positive Sprache.
> Vermeiden Sie negative Sprache.
> Negative Sprache erkennt man an dem Wort: **nicht**.
> Dieses Wort wird oft übersehen.
> **Beispiel**
> **Schlecht:** Peter ist nicht krank.
> **Gut:** Peter ist gesund.

Das Regelwerk geht hier davon aus, dass es möglich ist, Negation zu vermeiden, und führt ein Beispiel an, bei dem scheinbar dieselbe Aussage ohne Negation realisiert werden kann. Solche Fälle gibt es tatsächlich, wobei fraglich ist, ob es sich im gegebenen Beispiel um ein solches handelt. Andererseits gibt es Fälle, bei denen Negation aus unterschiedlichen Gründen nicht vermieden werden kann. Es gilt nun zu unterscheiden, wann Negation vermeidbar ist und wann nicht.

Sprachlich wird Negation auf unterschiedliche Weise realisiert, neben dem häufigsten Ausdruck *nicht* auch durch eine Menge weiterer sprachlicher Mittel, etwa *nein, kein, nirgends, niemand, nie* (im Überblick Blühdorn 2012).

Vermeidbare Negation
(1) Es darf keine Neigung zu Sehnenscheidenentzündungen vorhanden sein. → Sie müssen gesunde Hände haben.
(2) Bitte gehen Sie nicht ohne mich los. → Bitte nehmen Sie mich mit.
(3) Es ist leider kein Kuchen mehr übrig. → Der Kuchen ist alle.

Eine übliche Auffassung ist, dass die Negation zur Umkehrung von Wahrheitswerten führt; mit dem negierten Satz werde das Gegenteil des nichtnegierten Satzes behauptet (kritisch dazu Blühdorn 2012: 253). Übertragen auf das in den BMAS-Regeln gewählte Beispiel wäre der Satz *Peter ist nicht krank* die Umkehrung des Satzes *Peter ist krank*. Und weil *nicht krank* mit *gesund* paraphrasiert werden kann, scheint sich der Satz *Peter ist nicht krank* recht problemlos in eine Konstruktion ohne Negation überführen zu lassen *(Peter ist gesund)*. Entsprechend wurde hier in Beispiel (1) verfahren, das aus einer tatsächlich realisierten Leichte-Sprache-Übersetzung stammt. Auch die anderen beiden Beispiele sind von dieser Art: *ohne jemanden losgehen* vs. *jemanden mitnehmen*; *kein Kuchen ist übrig* vs. *Kuchen ist alle*. Diesen Beispielen ist gemeinsam, dass die negierten Ausdrücke über ein direktes Antonym verfügen. Es ist also tatsächlich möglich, an manchen Stellen ohne Negation auszukommen. Das betrifft z. B. auch die doppelte Negation:

(4) Das ist nicht uninteressant. ⇝ Das ist vielleicht (für uns) interessant.

Hier zeigt sich jedoch schon, dass zweimal negativ nicht einfach positiv ist: Die doppelte Negation hat hier die Funktion eines Hedge; diese Funktion übernimmt im Leichte-Sprache-Beispiel das Adverb *vielleicht*. Es zeichnet sich ab, dass Negation über die im engeren Sinne semantische, propositionsorientierte Perspektive auch eine pragmatische, diskursorientierte Komponente haben kann.

Nichtvermeidbare Negation
(5) Wir haben hier keine roten Bücher. ⇝ ?Wir haben hier nur blaue, grüne, gelbe, violette ... Bücher.
(6) Niemand darf wegen seiner Behinderung benachteiligt werden. ⇝ ?Alle müssen gleich behandelt werden.
(7) Martina sieht mit der neuen Bluse nicht gerade besonders gut aus. ⇝ ?Martina sieht mit der neuen Bluse schlecht aus.

Diese Beispiele zeigen, dass Negation häufig nicht ohne Weiteres vermieden werden kann. Was wäre eine geeignete Paraphrase von (5)? Weil die Farbskala nicht wie das Begriffspaar *krank – gesund* zwei, sondern beliebig viele, nicht antonymisch geordnete Elemente enthält, die in ihrer Gesamtheit das Farbspektrum ausmessen, ist die Vermeidung der Negation hier nicht umstandslos möglich. Die Umkehrung von Wahrheitswerten ist hier kein geeignetes Negationskonzept; vielmehr benötigen wir eine flexiblere Negationstheorie.

Wie Blühdorn (2012) argumentiert, ist die Negation eine Operation, mit der aus der Menge von möglichen Alternativen die mit der Negation bezeichnete ausgeschlossen wird. Mit *Peter ist nicht krank* wird *krank sein* aus der Menge der möglichen Gesundheitszustände abgewählt. Alle anderen sind ausgewählt. Im Sinne der Theorie der mentalen Räume werden damit wieder zwei Räume vom Basis-Raum her eröffnet, die unterschiedliche Szenarien entwerfen, von denen eine Alternative ausgewählt, die andere aber abgewählt wird. Sprachlich realisiert wird die abgewählte Alternative. Wir wollen die abgewählte Alternative (hier: *krank sein*) mit dem Kürzel NA (nicht ausgewählt) bezeichnen; die ausgewählte Alternative (hier: *nicht krank* bzw. *gesund sein*) soll mit AA abgekürzt werden.

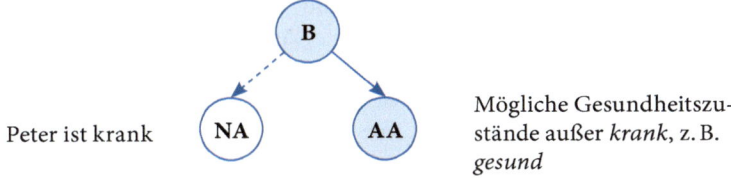

Abbildung 12: Negation – Peter ist nicht krank

Wenn Peter also *nicht krank* ist, so kann man schließen, dass er mit einer guten Wahrscheinlichkeit *gesund* ist. Was Negation kognitiv kompliziert macht, ist, dass die ausgewählte Alternative über die Negation der nicht ausgewählten versprachlicht wird. Damit werden Texte tatsächlich verständlicher, wenn die Möglichkeit besteht, die ausgewählte Alternative (AA) direkt zu benennen und nicht über die Negation von NA erschließbar zu machen.

Dies ist jedoch nicht immer möglich. Betrachten wir das Beispiel mit den roten Büchern: Wer behauptet, das Buch sei nicht rot, schließt das Rotsein aus der Menge aller Farbcharakterisierungen aus. Ausgesagt wird zugleich etwas über die nichtnegierte Alternativmenge. Im vorliegenden Fall könnte das Buch also blau, grün, gelb oder violett sein; es könnte auch eine beliebige andere Farbe haben, es könnte gemustert oder mit Fotos bedruckt sein, nur rot ist es nicht.

Die Alternative ist hier aber keine konkrete Farbe des Buchs und auch keine (endliche) Liste von Farben. Vielmehr ist *nicht rot* die Alternative zu *rot*, denn auf die tatsächliche Farbe der Bücher wird nicht eingegangen. Sie steht nicht zur Disposition. Insofern wäre es keine sinnvolle (und schon gar keine leicht verständliche) Lösung, alle möglichen Farben aufzuzählen und davon auszugehen, dass der Rezipient merkt, dass *rot* in der Liste fehlt. Gegenstand der Aussage ist nämlich gerade die Röte bzw. Nichtröte der Bücher, die anderen Farben des Spektrums bleiben ausgeblendet. Eine Vermeidung der Negation ist hier weder möglich, noch erleichtert sie das Verständnis.

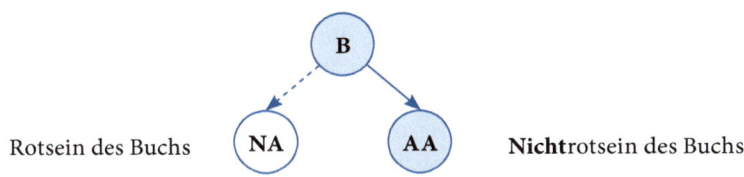

Abbildung 13: Negation – Das Buch ist nicht rot

Anders als bei Peters Gesundheitszustand, den man mit einer gewissen Plausibilität als *gesund* bezeichnen konnte, lässt sich in *rot* vs. *nicht rot* die Negation nicht eliminieren. Sie ist essentieller Teil der Aussage.

Auch das Beispiel (6), *Niemand darf wegen seiner Behinderung benachteiligt werden*, ist von ähnlicher Art: Es gibt kein direktes Antonym zu *benachteiligen*. *Gleich behandeln* ist nur eine Möglichkeit des Umgangs mit Menschen mit Behinderung, aber im gegebenen Kontext keine angemessene: Menschen mit Behinderung können nicht immer gleich behandelt werden, vielmehr haben sie sogar gesetzlichen Anspruch auf Nachteilsausgleich. Eine Gleichbehandlung würde sie letztlich benachteiligen. Die Gegensetzung ist hier wiederum *benachteiligen* vs. *nicht benachteiligen*; die Negation ist unhintergehbar.

Beispiel (7), *Martina sieht mit der neuen Bluse nicht gerade besonders gut aus*, ist etwas anders gelagert, denn die nicht negierten Varianten sind hier unangemessen. Martinas Bluse führte in den von uns durchgeführten Workshops regelmäßig zu großer Heiterkeit und politisch unkorrekter Kreativität:

(7') ?Martina sieht mit der neuen Bluse schlecht aus.

(7") ?Martina ist eine schöne Frau. Martinas neue Bluse ist aber hässlich.

(7''') ?Martina. Zieh die Bluse aus.

Es dürfte klar sein, dass es sich bei (7') bis (7''') nicht um angemessene Realisierungen handelt. Die bestehende Antonymie von *gut* vs. *schlecht* kann hier nicht genutzt werden, denn die Negation wird hier abtönend eingesetzt und minimiert den gesichtsbedrohenden Akt. Hier wäre im konkreten Fall eine andere Höflichkeitsstrategie zu wählen, die jedoch ohne Kontext nicht zur Verfügung steht und daher in den Bereich der Pragmatik und nicht der Semantik gehört, z. B.:

(7'''') Die blaue Bluse steht Martina besser.

Für jede negierte Proposition müssen die ausgewählte und die nicht ausgewählte Alternative bestimmt werden, um festzustellen, was der Skopus, also die Reichweite der jeweiligen Negationspartikel ist.

Wie wichtig diese Differenzierung für die Realisierung von Negation in Leichter Sprache ist, lässt sich zeigen, wenn im Satz des fingierten Ausgangstextes *Peter ist nicht krank* der Negationsausdruck verschoben wird.

(8)   Peter ist nicht krank.

(9)   Nicht Peter ist krank.

Zwar gilt auch hier weiterhin, dass die Sätze (8) und (9) Wahrheitswertumkehrungen des Satzes *Peter ist krank* sind. Wir können also in beiden Fällen davon ausgehen, dass Peter gesund ist. Das aufgerufene Szenario ist jedoch jeweils ein anderes, denn es sind verschiedene Alternativmengen angesprochen, aus denen *Peter ist krank* als NA ausgeschlossen wird:

(8')   Peter ist nicht krank. → NA: Kranksein von Peter; AA: Gesundsein von Peter

(9')   Nicht Peter ist krank. → NA: Kranksein von Peter; AA: Kranksein einer anderen Person, z. B. Karls.

Die Rezipienten müssen den Skopus der Negationspartikel bestimmen. Gerade für Personen, für die Deutsch nicht Erstsprache ist (zum Beispiel prälingual Hörgeschädigte) und deren Erstsprachen eine abweichende Syntax haben, ist das eine schwierige Aufgabe.

Der Einfachheit halber wollen wir hier annehmen, dass die andere, kranke Person hier, in (10), Karl heißt:

(10)   Peter ist gesund. (AA)
       Karl ist krank. (AA)

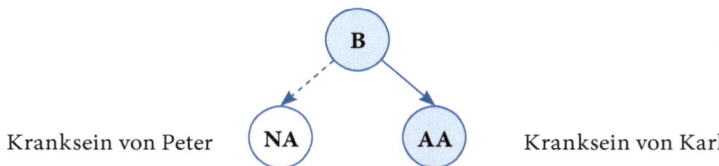

Abbildung 14: Negation – Nicht Peter ist krank

Karl ist krank gibt jedoch *Nicht Peter ist krank* nur teilweise wieder, denn ein Sprecher, der *Nicht Peter ist krank* äußert, sagt nicht einfach etwas über AA (also den Gesundheitszustand von Karl) aus, sondern macht zugleich eine Aussage über Peter.

Hier kommt die diskursive Funktion von negierten Äußerungen ins Spiel: Negationen werden kommunikativ häufig dann relevant, wenn mindestens ein Diskursteilnehmer von der Wahrheit der nichtnegierten Variante überzeugt ist; es wird mit Negationen also eine Diskursposition explizit abgewählt. Wann immer das der Fall ist, kann die Negation nicht ersetzt werden, da sie zentral für die Aussage ist. Im vorliegenden Fall muss es also Personen geben, die glauben, dass Peter (und nicht Karl) krank sei. Mit der Äußerung *Nicht Peter ist krank* wird diese Aussage korrigiert. Wir sehen nun aber auch, dass *Peter ist nicht krank* mit *Peter ist gesund* nur bezüglich der Semantik des Ausgangssatzes angemessen wiedergegeben ist, während die Diskursfunktion nicht realisiert wird: Wer den Satz *Peter ist nicht krank* äußert, meint damit nicht einfach, dass Peter gesund ist, sondern er widerspricht der (ausgesprochenen oder unausgesprochenen) Erwartung, Peter sei krank.

Eine sowohl semantisch als auch in Bezug auf die Diskursfunktion adäquate Übersetzung würde damit beide aufgerufenen Alternativen (NA: Peter ist krank vs. AA: Peter ist gesund) ausführen und könnte wie folgt aussehen:

(10') Viele denken:
       Peter ist krank. (NA)   } Diskursfunktion

       Aber das ist falsch.
       Peter ist gesund. (AA) } Semantik

Damit wird sowohl die nicht ausgewählte, als auch die ausgewählte Alternative versprachlicht und der Gegensatz deutlich gemacht:

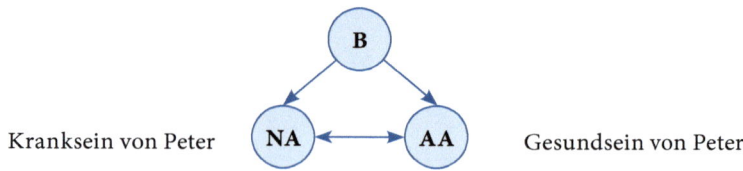

Abbildung 15: Negation – Semantik und Diskursfunktion

Bei maximaler Explikation konvergiert folglich die sprachliche Umsetzung von Negation mit derjenigen von irrealer Konditionalität in Leichter Sprache: Es werden beide Alternativen respektive beide Szenarien benannt, die Art ihrer Beziehung wird offengelegt.

Dass die konkrete Diskursfunktion erst über den Kontext erschlossen werden kann, zeigt folgendes Beispiel:

(11)   Peter ist nicht krank. Er simuliert.

Die wesentliche Information von Beispiel 11 ist nicht, dass Peter nicht krank bzw. dass Peter gesund ist, sondern dass er so tut, als sei er krank.

Diese Information kann durch eine entsprechende Übersetzung der Diskursfunktion zum Ausdruck gebracht werden. Die Alternativen sind hier NA: Peter ist krank vs. AA: Peter simuliert; beide werden sprachlich realisiert:

(11')   Peter simuliert.
        Das heißt:
        Alle Leute sollen denken: } Diskursfunktion
        Peter ist krank. (NA)

        Aber Peter ist gesund. (AA)   } Semantik

Nicht für jede Negation müssen in Leichter Sprache die semantische und die diskursive Funktion explizit gemacht werden. Der Bedarf ist von Fall zu Fall zu prüfen, wobei auch der Umfang des Gesamttexts beachtet werden muss, der durch solche Additionsstrategien außerordentlich anwächst. Die maximale Explikation ist aber grundsätzlich in allen Fällen möglich und kann zum Einsatz kommen, wenn sonst das Verständnis an wichtiger Stelle im Text gefährdet wäre.

Negation ist also häufig nicht vermeidbar. Es gibt jedoch Strategien der Umsetzung in Leichter Sprache, die den Umgang der Zielgruppe mit negierten Aussagen erleichtern können. Negation ist ein Spacebuilder. Damit kommen die Strategien zum Einsatz, die die Salienz von Spacebuildern erhöhen (s. o.):

- **Explizitheit:** Negation muss einen expliziten Marker aufweisen. Strategien, die die Negation verschleiern, etwa um das Negationsverbot der Regelwerke zu umgehen, erhöhen nicht die Verständlichkeit. Es ist nicht sinnvoll, *Ich kann nicht schwimmen* mit *Ich gehe in tiefem Wasser unter* zu ersetzen (was Nicht-Schwimmen-Können impliziert). Wird also ein Negationsraum eröffnet, so ist auch ein Negationsmarker erforderlich.
- **Mehrgliedrigkeit/Analytizität:** In *kein* verschmilzt der Negationsmarker mit dem Artikel. Mit *nicht* negierte Aussagen enthalten dagegen einen eigenen Negationsmarker. Allerdings sind *nicht* und *kein* häufig Negationsvarianten, die nicht gegeneinander ausgetauscht werden können. Darüber hinaus unterscheiden sie sich auch semantisch: *nicht*-Negation wird tendenziell zur Satznegation, *kein*-Negation tendenziell zur Satzteilnegation eingesetzt. Besteht jedoch die Möglichkeit, so ist die Negation mit *nicht* derjenigen mit dem synthetischem Negationsmarker *kein* vorzuziehen.

- **Position:** Die Initialposition ist dem Verstehen zuträglich. Insbesondere wenn die Negation unerwartet auftritt, kommt eine Fokusstruktur mit textdeiktischem Verweis in Frage: *So nicht: ...*
- **Fettdruck:** Der Fettdruck des Negationsmarkers ist die wichtigste der Salienzstrategien. Negationsmarker sollten generell fettgesetzt werden, damit sie weniger oft übersehen werden.

Auch die Offenlegung der diskursiven Funktion kann dazu beitragen, dass die Negation besser verarbeitet wird, wobei diese additive Strategie mit Augenmaß eingesetzt werden muss, da sie sonst zu Problemen auf der Textebene führt.

11.3.3.3 Zusammenfassung

Bei irrealer Konditionalität und bei Negation werden jeweils zwei sich ausschließende Szenarien aufgerufen. Die Rezipienten müssen, um korrekt zu verstehen, beide Szenarien für sich rekonstruieren können. Dabei können sie vom Text unterstützt werden, indem beide Szenarien an die sprachliche Oberfläche geholt werden (Strategie der maximalen Explikation). Diese additive Strategie bringt jedoch einen großen Formulierungsaufwand mit sich, so dass im Einzelfall abgewogen werden muss, ob nicht Alternativen denkbar sind:

> Wenn der Angeklagte Steuern hinterzogen hätte, hätte er ins Gefängnis gemusst. → Der Angeklagte muss **nicht** ins Gefängnis.
> Der Angeklagte muss **nicht** ins Gefängnis. → Der Angeklagte darf nach Hause gehen.

Wenn alternative Strategien nicht in Frage kommen und die irreale Konditionalität für den ausgedrückten Sachverhalt bedeutsam ist (was z. B. bei Rechtstexten häufig der Fall ist), so kann statt des Konjunktivs Präteritum Perfekt, der in Leichter Sprache nicht zur Verfügung steht, auf alternative Spacebuilder und andere Arten von mentalen Räumen zurückgegriffen werden: Die nicht realisierte Gelingensbedingung aus Szenario 1 wird als Vergangenheitsraum eingeführt. Außerdem wird das faktische Szenario, das die Gelingensbedingung negiert, samt der sich daraus ergebenden Folge benannt. Wird der Irrealis ohne Konjunktiv Präteritum Perfekt realisiert, so tritt zwangsläufig ein Negationsmarker als Spacebuilder auf. Solche Raumentwürfe sind stets kognitiv anspruchsvoll, selbst wenn die sprachliche Oberfläche Leichter Sprache entspricht.

Negation ist ebenfalls ein kognitiv anspruchsvolles Konzept, denn die ausgewählte Alternative wird hier als Negation der nicht ausgewählten Alternative dargestellt. Wir haben aber gezeigt, dass die ausgewählte

Alternative häufig nicht genauer bestimmbar bzw. dass eben ihre Negation eigentlicher Mitteilungsinhalt ist. Negation ist mithin häufig irreduzibel. Der Negationsmarker als Spacebuilder sollte dann explizit und wahrnehmbar ausgeführt werden (*nicht* vor *kein*; Fettdruck des Negationsmarkers).

Typ des mentalen Raums	Standardsprache	Leichte Sprache
Irreale Konditionalität	Konjunktiv Präteritum Perfekt: irreales Szenario 1 erscheint an der sprachlichen Oberfläche	Kein Konjunktiv zur Verfügung **Strategie 1:** Maximale Explikation. Versprachlichung beider Szenarien, Szenario 2 rahmt Szenario 1 **Strategie 2:** Versprachlichung des faktischen Szenarios 2
Negation	Nicht ausgewählte Alternative an der sprachlichen Oberfläche	**Strategie 1:** Maximale Explikation. Versprachlichung der ausgewählten und der nicht ausgewählten Alternative; ggf. ergänzt um die diskursive Funktion **Strategie 2:** Nur Versprachlichung der ausgewählten Alternative *(nicht krank > gesund)*

Tabelle 4: Kontrafaktische Räume in der Standardsprache und in Leichter Sprache

11.3.4 Metaphern

11.3.4.1 Zum Metaphernverbot bei Inclusion Europe und beim Netzwerk Leichte Sprache

Im Abschnitt „Wörter" formuliert Inclusion Europe (2009: 10) ein Metaphernverbot:

Verwenden Sie keine schwierigen Begriffe
wie zum Beispiel Metaphern.
Eine Metapher ist ein Satz, der nicht wörtlich gemeint ist.
Zum Beispiel:
„Es schüttet wie aus Eimern",
statt: „Es regnet sehr stark".

Ebenfalls unter „Wörter" formuliert das Netzwerk Leichte Sprache ein Verbot „bildlicher Sprache" (BMAS 2013: 33):

> Vermeiden Sie Rede-Wendungen und bildliche Sprache.
> Viele Menschen verstehen das falsch.
> Sie verstehen diese Sprache wörtlich.
> Zum Beispiel:
> Das Wort **Raben-Eltern** ist bildliche Sprache.
> Raben-Eltern sind nicht die Eltern von Raben-Küken.
> Mit Raben-Eltern meint man: schlechte Eltern.

Redewendungen können nicht vollständig vermieden werden, sofern man überhaupt eine funktionierende Sprache behalten möchte; die Regel fokussiert aber nachfolgend vor allem auf Metaphern, die ebenfalls zu vermeiden seien. Ein Metaphernverbot als solches ist bedenkenswert, denn Metaphern sind eine kognitiv anspruchsvolle Versprachlichungsstrategie. Darauf gehen wir im nächsten Abschnitt ein, bevor wir uns dann der Frage widmen, ob auf Metaphern, wenn sie so schwer sind, in Leichter Sprache verzichtet werden sollte bzw. kann. Unter Rückgriff auf kognitiv-semantische Ansätze wie den von Lakoff/Johnson (1980) oder Fauconnier/Turner (2003) zeigt sich, dass dies kaum möglich ist, weil Metaphern allen natürlichen Sprachen inhärent sind. Wir fragen uns darum im darauffolgenden Schritt, wie man das Feld der Metaphern intern in einer Weise aufschließen kann, die es gestattet, problematische Metaphernverwendung von notwendiger zu unterscheiden.

11.3.4.2 Metaphern und Blending

Laut Fauconnier (1997) und Fauconnier/Turner (2002) entstehen Metaphern durch Blending, also durch Verschmelzung, aus unterschiedlichen **Input Spaces**. Diese Input Spaces weisen eine partielle Übereinstimmung auf, wobei dieser partiellen Übereinstimmung auf einer abstrakten Ebene ein weiterer mentaler Raum – der **Generic Space** – entspricht. Im Generic Space sind die gemeinsamen Merkmale von Input Space I_1 und Input Space I_2 abgelegt, die wir als Ähnlichkeit der beiden Spaces wahrnehmen. Während traditionelle Metapherntheorien Metaphorik als Dreierkonstellation entwerfen – Bildempfänger (Input I_1), Bildspender (Input I_2) und Tertium Comparationis (Generic Space) – entfaltet sich die Metapher nach Fauconnier (1997) durch einen vierten Raum, den Blend Space. Dieser Blend Space (oder einfach Blend) weist überlappende Eigenschaften beider Input Spaces und die Tatsache der Ähnlichkeit (Generic Space) auf und ist folglich mit Input Spaces I_1 und I_2 sowie mit dem Generic Space verbunden. Darüber hinaus aber entfaltet sich hier eine eigene, kreative Dynamik: Der Blend nimmt nämlich sowohl die übereinstimmenden Elemente aus den Input Spaces, als auch weitere Elemente aus den einzelnen Input Spaces auf, für die zwischen den Input Spaces *keine* Übereinstimmung besteht. Dieser Input wird im Blend Space elaboriert, d.h. innerhalb des Blends werden eigene Bedeutungen und Konnotationen aufgerufen, die keinem der Input Spaces zugehören, sondern die durch die Kombination der Input-Elemente ausgelöst werden. Es entsteht eine neue Struktur, die mehr ist als die Summe des Inputs, und die eine ganz eigene Bezeichnungskraft und eigene Konnotationen entfalten kann.

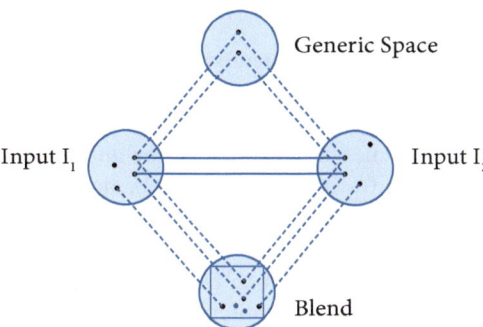

Abbildung 16: Metaphern nach Fauconnier (1997)

Zum eigenständigen Verarbeiten von Metaphern müssen also gleichzeitig mindestens vier mentale Räume eröffnet werden: Mindestens zwei Input Spaces, über deren Überschneidungsbereiche sich eine abstrakte Gemeinsamkeit erschließt (Generic space) und die in eine kreative Struktur münden (Blend), an die sich dann auch weitere Metaphern anschließen können, die nicht mehr unbedingt Eigenschaften desselben Generic Space elaborieren.

Zeichnen wir diesen Ansatz mit einem Beispiel nach. Wenn die Kinder wieder einmal zu langsam ihre Schuhe und Jacken anziehen, obwohl die Uhr unerbittlich vorrückt, sind (1) oder (2) denkbar:

(1)   Nun beeilt Euch mal.
(2)   Nun gebt mal bisschen Gummi.

(2) ist mit Hilfe einer Metapher ausgeführt, die folgende Eigenschaften aufweist:

Input 1: Die Kinder sollen sich beeilen, damit man losgehen kann.

Input 2: Ein Motorradfahrer startet seine Maschine mit quietschenden Reifen, d. h. er gibt Gas und lässt dann die Kupplung schnell kommen, so dass er nicht langsam anfährt, sondern sehr schnell eine hohe Geschwindigkeit erreicht. Es wird ein Gummiabrieb auf der Fahrbahn erzeugt. Hier können auch weitere Metaphern aus dem Frame angeschlossen und so ein Metaphernfeld eröffnet werden *(Nun gebt mal bisschen Gummi! Schutzhelme auf, Benzinkanister unter den Arm und los geht's!)*. Die Schutzhelme hätten dann beispielsweise ihre Entsprechung in den aufzusetzenden Base-Caps, die Benzinkanister in den mitzuführenden Taschen.

Generic Space: Schnell und druckvoll starten.

Blend: Gemeinsam ist die Situation der räumlichen Bewegung, des Übergangs von der Ruhe in die Bewegung und der Wunsch, dass dies möglichst schnell geschehen möge. Widersprechend im Blend ist die Art der Fortbewegung; die Kinder sollen laufen, während der Frame aus Input 2 eine Fortbewegung auf Rädern aufruft. Der Gummiabrieb, das Quietschen oder gar Qualmen der Reifen hat keine Entsprechung im Input 1, wird aber in den Blend überführt und trägt zur Wahrnehmung der aufgerufenen Situation als ausgesprochen dynamisch bei. Der Blend kann sich nun verselbständigen und den Aspekt des druckvollen Starts elaborieren, auch wenn kein direkter Bezug zum Motorradfahren besteht *(Nun gebt mal bisschen Gummi! Drei-zwei-eins-null-Raketenstart!)*.

Diese Art des kreativen Umgangs mit Sprache findet sich in spontaner Mündlichkeit, aber auch in Texten aller Art. Untersuchungen gibt es z. B. zum Einsatz von Metaphorik in Fußballkommentaren (vgl. z. B. Buchauer 2004 und die Beiträge in Lavric et al. 2008), wo sich eine besonders metaphernreiche Sprache etabliert hat. Die Sprache ist hier voll kreativen Witzes und zeigt die emotionale Beteiligung des Sprechers. Leicht ist sie jedoch nicht. Wer sich mit dem Verständnis eines Texts ohnehin schwer tut, dem ist nicht damit gedient, wenn er statt einer nachvollziehbaren Information wie *Das wünsche ich mir: Ihr sollt jetzt schnell sein* eine metaphorisch verfremdete Variante geboten bekommt, die auch noch einen Input Space in sehr impliziter Weise aufruft – für das Verständnis *Gib Gummi* ist immerhin das Aufrufen eines Frames über das im Grunde unsachgemäße und reifenschädigende Starten von Motorrädern erforderlich und ein Übertrag in einen Blend, in dem die Strukturähnlichkeiten kreativ ausgedeutet werden.

Vor diesem Hintergrund ist der Vorbehalt, den sowohl Inclusion Europe als auch das Netzwerk Leichte Sprache Metaphern gegenüber vorbringen, gerechtfertigt: Metaphern sind semantisch komplex und erfordern zu ihrer Erschließung einen erheblichen kognitiven Aufwand.

11.3.4.3 Die Rolle der Metaphern im menschlichen Denken und Sprechen

Daraus könnte nun geschlussfolgert werden – und die beiden Regelwerke tun dies auch –, dass Metaphern in Leichter Sprache gänzlich vermieden werden sollten.

Dies ist jedoch nicht möglich. Wie die kognitive Metapherntheorie herausgearbeitet hat, sind Metaphern für menschliches Denken und Sprechen zentral. Metaphern ermöglichen es überhaupt, über abstrakte Gegenstände wie Temporalität zu sprechen, über nicht mehr perzeptiv wahrnehmbare Mikrowelten wie die Welt der Krankheits-„erreger" in Blut-„bahnen" oder über Makrowelten wie Planetensysteme in der „Milch"-„straße". Metaphern gestatten es uns, neue Gegenstandsbereiche zu konstituieren und zu benennen (man denke z. B. an den Desktop, Surfen, Browser, Internet etc., alles metaphorische Überträge). Fauconnier (1997) und Fauconnier/Turner (2003) zeigen, wie metaphorisches Blending Verständnis ermöglicht und erleichtert, indem Bekanntes mit Neuem verschmolzen wird und dadurch Schneisen der Verständlichkeit in neu zu erschließende Bereiche geschlagen und kreativ Zusammenhänge aufgezeigt werden. Metaphern finden sich überall in der Sprache, nicht nur im nominalen Bereich oder im Bereich von Kollokationen, sondern auch bei Adjektiven oder Präpositionen. Die Präposition *auf* in *auf jemanden warten* ist ein metaphorischer Übertrag von ihrer eigentlich lokalen Bedeutung. In *vor drei Stunden* wird eine lokale Präposition metaphorisch für den Ausdruck einer temporalen Beziehung eingesetzt.

Metaphern sind mithin so tief in unserer Sprache verwurzelt, sie sind so prägend und tragend, dass eine Regel wie „vermeiden Sie Metaphern" letztlich nicht vollständig umsetzbar ist. Auch „Leichte Sprache" ist eine Metapher – ebenso wie „Netzwerk", so dass „Netzwerk Leichte Sprache" gleich zwei Metaphern enthält. Es liegt nahe, dass man sich bei der Namenwahl nicht darüber klar war, sondern den Namen „Netzwerk Leichte Sprache" mitsamt den zwei Metaphern verständlich und sprechend fand. Offensichtlich sind also die Metaphern nicht in ihrer Gesamtheit problematisch, sondern können durch ihre Plastizität das Verständnis sogar stützen. Es liegt daher nahe, das Feld zu differenzieren und herauszuarbeiten, wann Metaphern dem Verständnis entgegenstehen und wann sie es möglicherweise sogar erleichtern, sowie aufzuzeigen, wann Metaphern in Leichter Sprache Verwendung finden müssen bzw. dürfen und wann nicht.

11.3.4.4 Arten des Umgangs mit Metaphern

Das Feld des Metapherneinsatzes kann als dreigeteilt entworfen werden; unterschieden werden können unvermeidliche Metaphern (1), Metaphern, die das Verstehen erleichtern (2), und Metaphern, die den Verstehensprozess erschweren.

(1) Unvermeidliche Metaphern
Manche Metaphern sind für ein Funktionieren der Sprache nötig. Dabei können sie lexikalische oder grammatische Funktionen übernehmen. Ein Reden über abstrakte Bereiche der menschlichen Konstitution oder gesellschaftlichen bzw. intersubjektiven Verfasstheit oder über nicht perzeptiv wahrnehmbare Mikro- und Makrowelten ist teilweise ohne Metaphern nicht möglich. Elektrischer „Strom" „fließt" und es gibt hier keine synonymische Benennungsmöglichkeit, die nicht metaphorisch und dabei gleichzeitig nicht fachsprachlich wäre.

Auch manche unserer Alltagsgegenstände haben metaphorische Benennungen – mit welcher nicht metaphorischen Benennung könnte man Wörter wie „Wasserhahn" oder „Tischbein" ersetzen? Auch grammatische Funktionswörter, z. B. Präpositionen, werden häufig metaphorisch übertragen und verschmelzen teilweise mit anderen Wörtern zu Kollokationen oder gar Derivaten: „sich *auf* etw. *vor*bereiten", „*über*setzen", „*Vor*sicht" etc. Damit ist nicht gesagt, dass diese Wörter notwendig leicht zu verstehen sind. In Kap. 9.2.2 haben wir darauf hingewiesen, dass insbesondere grammatische Funktionswörter in ihrem polysemischen Oszillieren zwischen mehr oder weniger metaphorischen Verwendungen häufig nicht leicht verständlich sind. Dennoch gibt es hier in der Regel keine oder keine guten Benennungsalternativen. Unvermeidliche Metaphern stehen häufig im Zentrum von Wortfeldern, d. h. es gibt kein Synonym, das dem Grundwortschatz zugehört. *Tischbein* oder *warten auf* sind solche Beispiele. Das bedeutet aber auch, dass viele dieser Metaphern mit dem Grundwortschatz erlernt werden. Treten solche Metaphern in einem Text auf, so müssen nicht vier miteinander vernetzte Frames aufgerufen werden, um ihre Bedeutung zu entschlüsseln. Sie werden, wie der nicht metaphorische Teil des Wortschatzes auch, als arbiträr und konventionell wahrgenommen. Der Sprachnutzer / die Sprachnutzerin weiß, mit welchem Begriff eine bestimmte Benennung verbunden ist und auf welche Art von Gegenstand damit referiert werden kann. Es ist nicht nötig, dass sie als Metaphern erkannt werden und häufig geschieht das auch nicht. Wenn den Rezipient(inn)en notwendige Metaphern nicht bekannt sind, so muss der Text Informationen geben, die es ihm oder ihr ermöglichen, Frames anzulegen und auszustatten. Ob dabei überhaupt auf den metaphorischen Ursprung eingegangen werden muss, ist fallabhängig: So gehört es eher nicht zur Erklärung des Worts *Wasserhahn*, dass es sich um einen bildlichen Übertrag handelt, der sich auf die Form gründet.

(2) Verstehenserleichternde Metaphern
Besteht ein Weltwissen über einen bestimmten Bereich, der eine Strukturähnlichkeit zu einem anderen Bereich aufweist, so kann es in der Tat

hilfreich sein, sich metaphorisch anzunähern. Man baut dann Analogiensysteme und Vergleiche auf, die dabei helfen können, die Art der Gegenstände und Relationen in dem neu erschlossenen Feld zu verstehen. Elektrischer „Strom" „fließt" – wir hatten bereits gezeigt, dass es hier keine angemessene, nicht metaphorische Alternative gibt. Darüber hinaus stützt das Metaphernfeld durch die aufgerufenen Frames aber gerade das Verständnis: Stromkabel sind dabei Flussbetten oder auch „Leitungen", die eine feste Struktur vorgeben und die von etwas in einer bestimmten Richtung passiert werden. Wie Flüsse können sie sich teilen und wieder zusammenfließen, wie bei Flüssen kann es Widerstände (elektrische Widerstände vs. Biberburgen) geben, die den Durchfluss behindern. Die Stärke des Durchflusses, die Stromstärke, kann sich verändern. Wer fließendes Wasser kennt, kann einige Eigenschaften von Elektrizität, die nicht perzeptiv wahrnehmbar sind, durch den metaphorischen Übertrag plastischer erfahren. Elektrizität hat aber auch Eigenschaften, die deutlich anders sind als die von Wasser. Und hier werden andere Metaphern herangezogen: Man kann einen elektrischen „Schlag" bekommen. De facto müsste hier das Metaphernfeld gar nicht schwenken, denn tatsächlich entsteht der Schlag dadurch, dass Elektrizität durch den Körper „strömt" bzw. „fließt". Der plötzliche Schmerz und die Gefährlichkeit der Situation werden jedoch über andere Bildfelder treffender bedient. Dass hier eine neue Struktur entsteht, die nicht mehr durch eine ternäre Relation zwischen Input Spaces und Generic Space erklärlich ist, zeigt sich in der Metapher „Stromschlag". Wir haben hier also das Bild fließenden Wassers, das uns Schläge verpasst. Elektrizität als Phänomen ist hier in der emergierenden Struktur sehr gut getroffen und hilft uns, eine abstrakte Erscheinung in Natur und Technik mit konkreten Kategorien zu beschreiben und damit gerade durch Metaphernverwendung Verständnis zu erzeugen.

Auch „Leichte Sprache" ist eine unverzichtbare Metapher: eine angemessene alternative Benennung ist nicht in Sicht und sie erleichtert außerdem auch das Verstehen des Konzepts. „Leicht" ist eine Lakoff'sche Orientierungsmetapher, die zahlreiche Konnotationen und entsprechende metaphorische Übertragsmöglichkeiten aufweist; die folgenden Sätze enthalten Metaphern, die auf dem Gegensatz *leicht* vs. *schwer* aufbauen:

(1) Das lastet auf mir.
    Das ist echt leichte Kost.
    Die unerträgliche Leichtigkeit des Seins.
    Er hat die Aufgabe geschultert.
    Die Mathearbeit war aber leicht!
    Eine schwere Erkrankung
    Ein schwerwiegendes/gewichtiges Argument

Ich finde das Arbeitsklima hier echt belastend.
Er ist ein schwerstgestörter Mensch.
Ich habe leichte Zweifel.
Da bin ich jetzt aber erleichtert.
Es tut dir leid? Das nehme ich dir nicht ab!

Leicht ist demnach *zugänglich, leichtgewichtig, bekömmlich, verständlich*, aber auch *primitiv, unwichtig* und *simpel*. Alle diese Konnotationen schwingen bei „Leichte Sprache" mit und führen zum einen oder anderen Missverständnis bei der Wahrnehmung, was genau Leichte Sprache ist. Eine grundsätzliche Zugänglichkeit zum Konzept verständlicher Sprache ist damit aber durchaus gewährleistet.

(3) Verständniserschwerende Metaphern
Es gibt jedoch auch Metaphern, die das Verständnis nicht erleichtern, sondern erschweren. Das betrifft solche Exemplare, die nicht zum Grundwortschatz gehören und darum tatsächlich über das Viererset von Blends (Input I_1 und I_2, Generic Space, Blend) erschlossen werden müssen. Hierfür müssen die Rezipienten in der Lage sein, derartig komplexe kognitive Operationen eigenständig auszuführen. Wenn davon auszugehen ist, dass die Rezipienten dazu nicht in der Lage sind, können solche Metaphern nicht unkommentiert in Leichte-Sprache-Texten stehenbleiben. Daher ist dem Netzwerk Leichte Sprache zuzustimmen, dass „Rabeneltern" ohne Erläuterung nicht in einen Leichte-Sprache-Text gehört. Das betrifft im Übrigen nicht nur Leichte Sprache:

(2) SPORT BILD befragte Top-Interviewer zu Klopp. Das Ergebnis: auch viele lobende Worte. „Er ist ein Löwe, der mit seiner Rhetorik sein Revier, also seinen Verein, verteidigt", sagt Jessica Kastrop (Sky). (Sport Bild 10.04.2014)

Hier wird die Metapher „Löwe" verwendet, um Trainer Klopp zu charakterisieren. Die Metapher wird auch direkt elaboriert, indem mit „Revier" eine weitere Metapher aus demselben Feld aufgerufen wird. Offenbar ist sich die Sprecherin aber nicht sicher, ob dieser Übertrag verstanden wird; sie erläutert ihre Metapher: „sein Revier, also seinen Verein, verteidigt".
Hier sehen wir ein mögliches Vorgehen für den Fall, dass der Text das Verständnis einer Metapher nicht voraussetzen kann: Statt eines Verzichts ist eine Erläuterung möglich. Auch die Metapher im engeren Sinne durch einen Vergleich zu ersetzen, ist eine valide Strategie: Hier würde man explizit machen, welche Art von Input man aus dem Input Space entnimmt: „Er ist stark bzw. wild wie ein Löwe". Das *wie* zeigt dabei den

Vergleich an und fungiert hier als Operator, der anzeigt, dass Input aus einem anderen mentalen Raum gegeben wird, der als vergleichbar postuliert wird. Bei Metaphern bleibt der Raumwechsel implizit, während Vergleiche eine analytische Variante – mit eigenem Operator *(wie)* – darstellen. Allerdings ist durch die explizite Benennung der Eigenschaften, die aus dem Input Space übernommen werden sollen (stark, wild) das kreative Ausdeuten der möglichen Reichweite der Metapher im Blend blockiert.

Was ist nun aber der Unterschied zwischen „Er ist ein Löwe" und „Leichte Sprache"? Im ersten Beispiel wurde nicht der zentrale Vertreter eines lexikalischen Felds gewählt. Man hätte sagen können „er ist stark", jedoch hat man sich für die expressive, periphere Variante entschieden. Gleiches gilt für die „Rabeneltern" oder für das von Inclusion Europe gewählte Beispiel „es schüttet wie aus Eimern" für „es regnet sehr stark". Als Beispiele für die Regel „vermeiden Sie Metaphern" werden also in beiden Fällen solche Metaphern genommen, die nicht die zentralen Vertreter des entsprechenden Wortfelds sind, sondern die aus seiner Peripherie stammen. Entsprechend ist es dann den Regelkonstrukteuren sehr leicht gefallen, eine Alternative – nämlich einen zentraleren Vertreter aus demselben Wortfeld – als präferierte Variante anzuführen. Manche Metaphern – *Wasserhahn, Tischbein, Strom* – sind aber die zentralen Kandidaten ihres Felds. Es ist keine zielführende Strategie, hier periphere Vertreter zu wählen – *Armatur, Elektrizität* – nur um die offenkundige Metapher zu vermeiden. Bei *Tischbein* wird selbst dieser Versuch scheitern, weil kein nichtmetaphorischer Vertreter vorliegt.

Wir stellen somit eine Regelüberlagerung fest: Für den Metapherngebrauch greifen die Lexikregeln (s. Kap. 9.2.1). Demnach soll stets derjenige Kandidat eines Wortfelds gewählt werden, der über die folgenden Eigenschaften verfügt:

hohe Gebrauchsfrequenz
große diskursive Reichweite
Medienneutralität
denotative Präzision
konnotative Neutralitität
stilistische Neutralität
keine Metaphorik
morphologische, graphematische und phonologische Einfachheit
morphologische Irregularität
früher Erwerbszeitpunkt
später Verlust

Hohe Gebrauchsfrequenz, hohe diskursive Reichweite, denotative Präzision und konnotative wie stilistische Neutralität sind hier aus gutem Grund höher priorisiert als „keine Metaphorik". Es sind jeweils die zentralen Vertreter eines Wortfelds zu wählen, denn die können am ehesten als bekannt vorausgesetzt werden.

Metaphern werden gern in expressiver Sprachverwendung eingesetzt, weil sie im Blend Bedeutungsstrukturen erschaffen, die stilistisch markiert und reich an Konnotationen sind. Das ist kreativ, suggestiv und manchmal geradezu manipulativ; expressive Metaphern sind in diesem Sinne sehr leistungsfähig. Sie sind aber weniger frequent als ihre nicht expressiven Gegenstücke, sie können nicht in allen Situationen verwendet werden und sie sind konnotativ und stilistisch nicht neutral. Damit verstoßen sie gegen eine ganze Reihe von hierarchiehohen Lexikregeln, noch bevor überhaupt ein Metaphernverbot zum Tragen käme.

Metaphern wie *Wasserhahn*, *Strom* oder *warten auf* dagegen haben eine hohe Gebrauchsfrequenz, eine höhere diskursive Reichweite als ihre Synonyme im Feld, sie sind denotativ präzise und konnotativ wie stilistisch neutral. Die Regeln, die für ihren Einsatz sprechen, sind sämtlich hierarchiehöher als das Metaphernverbot, das dadurch außer Kraft gesetzt wird.

11.3.4.5 Zusammenfassung

Sowohl Inclusion Europe als auch das Netzwerk Leichte Sprache sprechen sich gegen die Verwendung von Metaphern aus. Wir haben gezeigt, dass Metaphern in der Sprache unverzichtbar sind, so dass ein generelles Verbot nicht funktional ist. Wir haben aber auch gezeigt, dass das eigenständige Erschließen von Metaphern eine kognitive Herausforderung darstellt.

Metaphern, die zentrale Vertreter ihres Feldes sind, können nicht einfach ersetzt werden. Für alltagsweltliche Bereiche werden sie mit dem Grundwortschatz erlernt. Es kann dann davon ausgegangen werden, dass bei den Rezipienten ein Frame vorliegt, der wie bei einem nichtmetaphorischen Wortschatzelement aufgerufen werden kann. Solche Metaphern stehen auch in Leichter Sprache zur Verfügung. Haben die Rezipienten keine Frames (z. B. weil es sich um fachliche Domänen handelt), so müssen Informationen in einer Weise gegeben werden, die das Anlegen eines Frames ermöglicht.

Anders liegt der Fall bei Metaphern, die in expressiver Funktion verwendet werden. Sie sind nicht die zentralen Vertreter ihres Felds, sondern ein situationales Synonym mit bestimmten Konnotationen. Solche markierten Verwendungen können in Leichter Sprache nicht bzw. nicht unkommentiert stehen.

Die von Netzwerk Leichte Sprache und Inclusion Europe formulierte Regel, wonach möglichst keine Metaphern verwendet werden sollen, ist

Teil der Lexikregeln. Innerhalb der Lexikregeln ist diese Regel jedoch eher hierarchieniedrig, so dass andere als semantische Kriterien über die Verwendung der Metaphern entscheiden.

11.4 Zusammenfassung

Semantische Fragestellungen mit Blick auf die Leichte Sprache haben wir aus kognitiv-linguistischer Perspektive dargestellt. Diese Ansätze erscheinen uns für Leichte Sprache im Besonderen geeignet, da sie die Rezipienten und ihre Fähigkeit, mentale Repräsentationen zu erstellen, im Fokus haben und wir davon ausgehen, dass die Leichte-Sprache-Leserschaft hier ein vom Durchschnitt abweichendes Profil aufweist.

Auf der Ebene des Einzelworts haben wir auf Fillmores (1982 und öfter) Ansatz der Frame-Semantik zurückgegriffen, wobei Frames als strukturierte Bündel von Wissensbeständen, Glaubenseinstellungen und typischen Handlungen definiert wurden. Auf der Grundlage unserer Annahmen über die Adressatenschaft Leichter Sprache haben wir postuliert, dass diese durch ihr eingeschränktes Sprach-, Intertextualitäts- und Weltwissen insgesamt weniger Frames zur Verfügung hat als durchschnittliche Leser(innen) standardsprachlicher Texte, so dass die Texte entsprechend aufbereitet werden müssen. In semantischer Hinsicht werden Texte damit verständlicher, wenn sie die Leser(innen) dabei unterstützen, Frames zu den Gegenständen des Texts aufzubauen. Das gelingt durch Deskription, Explizierung und Exemplifizierung, wobei sowohl verbale als auch para- und nonverbale Zeichenressourcen zum Einsatz kommen können (s. Kap. 7, insbesondere 7.1.4 und 7.4.1).

Jenseits des Einzelworts, auf Aussagenebene, haben wir die Theorie der mentalen Räume nach Fauconnier (1997 und öfter) herangezogen. Mentale Räume sind kognitive Repräsentationen im Kopf der Rezipienten, die in sprachlichen Interaktionen spontan aufgebaut werden und hierarchische Netzwerke bilden. Intern sind sie wiederum durch Frames strukturiert. Mentale Räume werden durch Spacebuilder eröffnet. Diese Spacebuilder können eine lexikalische Ressource (z. B. diverse Raum- und Zeitangaben) oder grammatikalisiert sein (z. B. Vergangenheitstempora oder Konjunktiv). Raum und Fiktionalität oder Zukünftiges beispielsweise sind nicht über das morphologische Paradigma grammatikalisiert, sondern werden mit lexikalischen Mitteln ausgedrückt. Temporalität oder Kontrafaktizität sind dagegen grammatikalisiert und haben mithin eine morphologische Entsprechung im Präteritum bzw. Konjunktiv Präteritum Perfekt.

Immer dort, wo solche morphologischen Kategorien die hauptsächlichen Spacebuilder sind, treten beim Übertrag in Leichte Sprache ausgeprägte Probleme auf. Diese Probleme sind nur teilweise darauf zurückzuführen, dass die Kategorien Tempus und Modus in Leichter Sprache stark reduziert sind und kein Präteritum bzw. kein Konjunktiv (und damit auch kein Präteritum Perfekt) zur Verfügung steht. Vielmehr liegt die Schwierigkeit darin, dass sie komplexe Weltverhältnisse versprachlichen, die den Leser(inne)n in konzeptueller Hinsicht einiges abfordern und sie ggf. an ihre Verständnisgrenzen bringen. Wir haben aufgezeigt, wie diese Weltverhältnisse über elaborierende Verfahren („Addition", s. Kap. 12.3.1) dennoch versprachlicht werden können. Auf lokaler Ebene kann auf diese Weise die Verständlichkeit von Aussagen erheblich gesteigert werden. Auf Textebene führt ein massiver Einsatz von Additionsverfahren, die das Anlegen von Frames und das Eröffnen von mentalen Räumen ermöglichen sollen, jedoch zu Problemen (s. Kap. 12.3).

12 Text

Leichte Sprache ist, wie wir in den vorangegangenen Kapiteln herausgearbeitet haben, im Vergleich zur Standardsprache durch eine erhebliche *Reduktion* des grammatischen und lexikalischen Inventars gekennzeichnet. Vieles, was in der Standardsprache über grammatische Kategorien ausgedrückt wird, muss in Leichter Sprache deshalb auf die Textebene verschoben werden: Statt über Nominalphrasen oder Satzgefüge müssen komplexe Gegenstände mit Hilfe von Einzelsätzen verbalisiert werden. Die Kategorie Tempus existiert nur noch in rudimentärer Form und muss z. B. über explizite Rahmensetzungen aufgefangen werden etc.

Zusätzlich besteht durchgehend die Notwendigkeit, bei den Leser(inne)n Frames zu den Gegenständen des Texts aufzubauen, so dass Leichte-Sprache-Texte in großem Umfang Erklärungen und Exemplifizierungen enthalten *(Addition)*.

Die Kombination aus Reduktion und Addition erhöht auf lokaler Ebene (also auf Ebene der Morphologie, Lexik, Syntax, Semantik) potenziell die Verständlichkeit, ist ihr jedoch auf Textebene gerade abträglich. Reduktive Verfahren führen zu einem Abbau von Textkohärenz, additive behindern die thematische Entfaltung und können dazu führen, dass gerade ungeübte Leser(innen) die Textebene aus dem Blick verlieren.

Dabei handelt es sich um ein Dilemma: Die primäre Leichte-Sprache-Leserschaft erreicht möglicherweise die Textebene gar nicht erst, wenn die Verständlichkeit auf lokaler Ebene nicht entscheidend erhöht wird. Genau diese Verfahren der lokalen Verständlichkeitsoptimierung torpedieren jedoch die Textgestalt.

In diesem Kapitel gehen wir zunächst auf die Regeln auf Textebene ein, die sich in den drei hier thematisierten Regelwerken finden. Im nächsten Schritt erläutern wir unter Rückgriff auf Brinker (2001) verschiedene Aspekte des Textbegriffs und legen dar, inwiefern die Textebene in Leichter Sprache eine Herausforderung darstellt. Im nächsten Schritt zeigen wir im Einzelnen auf, welche destruktive Wirkung bestimmte Regeln auf den unterschiedlichen sprachlichen Ebenen, die lokal die Verständlichkeit durchaus erhöhen, auf die Textebene haben. Abschließend stellen wir Kompensationsstrategien vor, die zur Stabilisierung der Textebene in Leichter Sprache beitragen.

12.1 Die Textebene in den Leichte-Sprache-Regelwerken

Die Textebene wird in allen drei Regelwerken bearbeitet, am umfänglichsten bei Inclusion Europe. Keines der Regelwerke benennt jedoch die dilemmatische Ausprägung der Textebene in Leichter Sprache im Kontext der anderen Regeln.

Inclusion Europe fordert die klare Benennung von Textthema und Textfunktion und formuliert die Regel, dass die zur Verfügung gestellte Information in ihrem Umfang an die Adressatenschaft angepasst werden müsse, d. h. dass möglicherweise nur ein Teil der Informationen des Ausgangstexts in den Zieltext umgesetzt werden kann. Dass dies in der Tat notwendig sein kann, haben wir in Kap. 6.8 im Zusammenhang mit der funktionsgerechten Übersetzung in Leichte Sprache dargelegt (s. dazu auch Kap. 12.4.3). Die Umsetzung dieser Regel führt dazu, dass auf der Ebene der Einzelsequenz keine Äquivalenz zwischen Ausgangs- und Zieltext besteht; vielmehr wird aus den Informationen des Ausgangstexts ausgewählt und ein funktionaler Zieltext erstellt. Die Regeln auf den anderen sprachlichen Ebenen treten hier hinter die Textebene zurück. Gleiches ist für die Regel der Fall, wonach die Reihenfolge der Informationen im Text verändert werden dürfe und relevante Informationen oben im Text platziert werden sollten; diese Regel findet sich in allen drei Regelwerken (Netzwerk Leichte Sprache: BMAS 2013: 51; Inclusion Europe 2009: 11; BITV 2.0 2011: 8). Inclusion Europe (2009: 11) und das Netzwerk Leichte Sprache (BMAS 2013: 50) geben außerdem den Hinweis, dass thematisch Zusammengehörendes auch zusammen erscheinen solle. Vor dem Hintergrund der Frame-und-Script-Semantik ist dieser Hinweise sinnvoll, da neu hinzukomme, aber thematisch verwandte Informationen in die aktivierten Frames integriert werden können. Bedenkt man aber zusätzlich die Brückenfunktion von Leichter Sprache (Kap. 1.3.3), muss hier sorgfältig abgewogen werden. Nur bei Inclusion Europe wird das Gebot ausgesprochen, „wichtige Informationen und Erklärungen" zu wiederholen (Inclusion Europe 2009: 11); diese Strategie ist hilfreich, um zu gewährleisten, dass die für das Verständnis nötigen Konzepte jeweils ein ausreichend hohes lokales Aktivierungsniveau aufweisen. Jedoch stört diese Strategie die thematische Entfaltung, da der Aufmerksamkeitsfokus zulasten der Textillokution, verstanden als Kommunikationsabsicht des Textautors / der Textautorin, auf die lokale Begrifflichkeit gelenkt wird.

Alle drei Regelwerke schlagen vor, dass Texte mit Zwischenüberschriften zu gliedern seien und die Leserschaft direkt adressieren sollten (Netzwerk Leichte Sprache: BMAS 2013: 61; Inclusion Europe 2009: 11; BITV 2.0 2011: Regel 7). Beide Verfahren sind funktional zur Stützung der Textebene (s. Kap. 12.4.1 und 12.4.2).

Das Verbot von Fußnoten (Inclusion Europe 2009: 16) ist sinnvoll, denn Leichte Sprache orientiert sich an der konzeptionellen Mündlichkeit und weist insgesamt eine Tendenz zur Proximität (s. Kap. 13) auf. Glossare oder Wortlisten, wie sie vom Netzwerk Leichte Sprache (BMAS 2013: 24) und von Inclusion Europe (2009: 15) gefordert werden, haben eine ambivalente Rolle: Sie entfernen additive Komponenten aus dem Fließtext und wirken sich damit auf Textebene kohärenzsteigernd aus, jedoch nur dann, wenn sie für das Textverständnis nicht benötigt werden – andernfalls greifen sie in die Ganzheit und Begrenzung von Texten ein (s. u. Kap. 12.3.4).

Ein besonders tiefer Texteingriff ergibt sich durch das Verbot von referenzieller Varianz, das alle drei Regelwerke enthalten (Netzwerk Leichte Sprache: BMAS 2013: 25; Inclusion Europe 2009: 10; BITV 2.0 2011: Regel 3), das jedoch nur Inclusion Europe (2009: 15) konsequent auf ein Vermeidungsgebot anaphorischer Pronomen ausweitet. Hier wird auf lexikalischer Ebene in den Funktionswortschatz eingegriffen, die Auswirkungen auf die Textebene sind jedoch beträchtlich. Dennoch ist diese Regel in Leichter Sprache alternativlos (s. Kap. 9.2.2.3 und 12.2.2.2).

Weiter verschärfend wirkt sich das Verbot von Textverweisen aus, das vom Netzwerk Leichte Sprache ausgesprochen wird, wobei in der betreffenden Regel die Grenze zwischen intra- und intertextuellen Verweisen nicht ausgearbeitet ist:

Netzwerk Leichte Sprache (BMAS 2013: 50):

Schreiben Sie alles zusammen,
was zusammen gehört.
Vermeiden Sie Verweise.
Verweisen Sie nicht auf andere Stellen im Text.
Verweisen Sie nicht auf andere Texte.
Das schwere Wort dafür heißt: Quer-Verweis.
Wenn Sie doch einen Verweis machen:
- Heben Sie ihn gut hervor.
- Erklären Sie ihn genau.

Beispiel
Schlecht: (siehe: Heft 3)
Gut: In Heft 3 steht mehr dazu.

Für dieses Verbot spricht, dass Textverweise kognitiv anspruchsvoll sind. Sie sind Teil der Metakommunikation, d. h. sie verlassen die Objektebene und machen die Oberfläche des Texts selbst zum Thema. Sie ziehen den Leser / die Leserin aus der Lektüre des Fließtexts heraus und fordern ihn bzw. sie zu komplexen Handlungen am Text auf (z. B. Vorblättern und Verknüpfen von Aussagen in nicht benachbarten Textteilen). Allerdings sind sie ein wirkungsvolles Instrument zur Offenlegung der Struktur von Texten, und so bietet das Netzwerk Leichte Sprache auch bereits eine Ausnahmeregelung für einen intertextuellen Verweis an („Gut: In Heft 3 steht mehr dazu." s. o.). Diese Lösung lässt sich auch auf die intratextuelle Ebene übertragen („In Kapitel 3 steht mehr dazu."). Textverweise sind insgesamt ein wichtiges Mittel der textuellen Kohärenz und darum unverzichtbar. In Kap. 12.4.3 werden wir Vorschläge einbringen, wie Textverweise in Leichter Sprache gestaltet werden können, damit sie das Textverstehen unterstützen.

12.2 Eigenschaften von Texten

Wir legen unserer Darstellung den Textbegriff von Brinker zugrunde, wie er in Brinker (2001: 17) formuliert ist: „Der Terminus ‚Text' bezeichnet eine begrenzte Folge von sprachlichen Zeichen, die in sich kohärent ist und die als Ganzes eine erkennbare kommunikative Funktion signalisiert." In ihrer Bearbeitung von Brinker formulieren Cölfen und Pappert (Brinker/Cölfen/Pappert 2014: 20 ff.) die Einschränkung, dass diese Definition nur auf prototypische Vertreter von Texten zutrifft. Insbesondere der Bereich der Online-Kommunikation weist für fast alle diese Aspekte Auffälligkeiten auf. Brinker selbst fokussiert auf die Offline-Kommunikation, die im Gegensatz zur Online-Kommunikation Einwegkommunikation ist. Dieser Zuschnitt ist unserem Gegenstand angemessen, weil die Adressat(inn)en der Leichte-Sprache-Texte selbst keine Textproduzenten sind.

Brinker setzt in seiner Definition den Schwerpunkt auf die folgenden Aspekte: 1) Begrenzung, 2) Kohärenz, 3) kommunikative Funktion und 4) Ganzheit. Auf jeden dieser Aspekte soll im Folgenden eingegangen werden.

12.2.1 Begrenzung

Ein Text hat normalerweise wahrnehmbare Grenzen, wobei die Art der Wahrnehmbarkeit mit der medialen Gegebenheitsweise des Texts korreliert. Die Begrenzung des Textkörpers hat häufig auch eine Entsprechung auf der Ebene der thematischen Entfaltung, wobei es bestimmte Textsortenüblichkeiten gibt (*„Es war einmal..."*; *„und wenn sie nicht gestorben sind, dann leben sie noch heute."*). Für Hypertexte ist das Kriterium der Begrenzung hinfällig.

In Leichter Sprache stellen Texte ohne Begrenzung dann ein Problem dar, wenn der Übertritt zwischen den Teiltexten mit einem Wechsel in die

Standardsprache verbunden ist. Das ist bei Online-Angeboten in Leichter Sprache gegenwärtig häufig der Fall: Nur ein Teil einer Seite wird in Leichter Sprache vorgehalten, mit dem Leichte-Sprache-Angebot sind weitere Informationsangebote vernetzt, die nicht in Leichter Sprache vorliegen. Durch die Vorgaben der BITV 2.0, wonach behördliche Online-Angebote nicht in Gänze in Leichter Sprache vorgehalten werden müssen, sondern nur eine Inhaltsangabe und die Erklärung der Navigation in Leichter Sprache vorliegen muss (s. Kap. 2.2.3), ist diese Struktur quasi der Normalfall. Die Leser(innen) geraten damit immer wieder aus dem verständlichen in unverständliche Bereiche des Informationsangebots. Eine erfolgreiche Textrezeption ist auf diese Weise in Frage gestellt.

12.2.2 Kohärenz

Während andere Ansätze, wie z. B. De Beaugrande / Dressler (1981), Kohärenz und Kohäsion voneinander abgrenzen, vertritt Brinker in seinem Ansatz einen weiten Kohärenzbegriff und verzichtet auf den Begriff der Kohäsion. Er unterscheidet grammatische, thematische, pragmatische und kognitive Textkohärenz, wobei er explizit nur auf die grammatische und die thematische systematisch eingeht.

12.2.2.1 Grammatische Kohärenz

Die grammatische Kohärenz betrifft „die für den Textzusammenhang relevanten syntaktisch-semantischen Beziehungen" (Brinker 2001: 21); sie wird durch explizite und implizite Wiederaufnahme sowie durch weitere Verknüpfungsrelationen – Brinker nennt Konjunktionen und Adverbien – realisiert.

In Kap. 9.2.2.3 haben wir verschiedene Formen von wiederaufnehmenden Ausdrücken und ihre Rolle bei der Herstellung von textueller Kohärenz angesprochen; in Kap. 9.2.2.4 wurde die kohärenzstiftende Kraft der Adverbien besprochen, in Kap. 10.2 die kohärenzherstellende Wirkung der Konjunktionen. Insbesondere haben wir die Erfordernisse der korrekten Interpretation dieser Mittel skizziert und gezeigt, warum sie in Leichter Sprache trotz ihrer großen Leistungsfähigkeit für die Herstellung der Textkohärenz nicht oder nur eingeschränkt erlaubt sind.

In den folgenden Ausführungen legen wir den Fokus auf verschiedene Formen der NP-Anapher (Nominalphrase; dazu Kap. 9.2.2.3), die ebenso wie die pronominale Wiederaufnahme in Leichter Sprache nicht erlaubt sind, weil mit ihnen jeweils verschiedene Verarbeitungsschwierigkeiten verknüpft sein können.

Bei den NP-Anaphern unterscheidet Brinker (2001: 43) textimmanente, sprachimmanente und sprachtranszendente Wiederaufnahmerelationen:

Sprachtranszendente Wiederaufnahmerelationen beruhen auf geteiltem Wissen *(Angela Merkel > die Kanzlerin)*; schon mit Blick auf den gering ausgebildeten Common Ground zwischen Autor(inn)en des Ausgangstexts und Adressat(inn)en des Zieltexts in Leichter Sprache ist ihre Verwendung in Leichter Sprache kontraindiziert.

Bei textimmanenten Indizien werden die Beziehungen zwischen Bezugsausdruck und wiederaufnehmendem Ausdruck im Text hergestellt *(ein 43 Jahre alter Mann > der Facharbeiter > der Betrunkene > der Gefangene)*. Diese Wiederaufnahmerelation setzt voraus, dass der Leser dem Text so folgt, dass er für die Identifizierung des Antezedenten die Nominalphrasen im Leseprozess einander zuordnet. Wegen der potenziell eingeschränkten Merkfähigkeit der primären Adressat(inn)en kann es hier jedoch zu Interpretationsproblemen kommen.

Bei sprachimmanenten Indizien haben Bezugsausdruck und wiederaufnehmender Ausdruck z. B. eine hyponymische bzw. hyperonymische Beziehung oder sind teilsynonym *(ein Profi-Fußballspieler > der Abwehr- und Mittelfeldspieler)*. Die Zuordnung dieser Ausdrücke zum selben Textreferenten setzt die Kenntnis des Begriffsfeldes voraus, was bei Leser(inne)n von Leichte-Sprache-Texten nicht umstandslos vorausgesetzt werden kann.

Eine vierte Form der semantischen Wiederaufnahmerelation liegt mit der indirekten Anapher auf der Basis von Ankerausdrücken vor (vgl. Schwarz-Friesel/Consten 2014: 118 sowie Kap. 9.2.2.2 im vorliegenden Band). Wie voraussetzungsreich die Verknüpfung von NP-Anaphern mit Ankerausdrücken ist, zeigt das folgende Beispiel:

> Der Ex-HSV-Spieler Marcell Jansen beendet seine Profifußballkarriere.

Der Ankerausdruck *(Ex-HSV-Spieler)* öffnet einen Frame, an den Begriffe anknüpfen können, die ebenfalls zu diesem Frame gehören, hier der Ausdruck *Profifußballkarriere*. Bestimmte Informationen (der HSV ist ein Profi-Fußballverein; Marcell Jansen war also nicht irgend ein Spieler, sondern Profifußballer; nur bei Profifußballern spricht man von Karrieren) bleiben implizit und müssen über die indirekte Anapher überbrückt werden.

In Leichter Sprache gilt das Gebot der Explizierung solcher Informationen; auf Textebene stößt dieses Prinzip jedoch an seine Grenzen, da maximale Explizierung die thematische Entfaltung behindert. Indirekte Anaphern sind deshalb in gewissem Umfang unumgänglich; wegen der Komplexität und der Kompaktheit der mit indirekten Anaphern gegebenen Informationsstruktur kann es dennoch zu Verstehensproblemen kommen.

12.2.2.2 Thematische Kohärenz

Auf der thematischen Ebene muss nach Brinker (2001: 21) der kognitive Zusammenhang erschlossen werden, „den der Text zwischen den in den Sätzen ausgedrückten Sachverhalten (Satzinhalten, Propositionen) herstellt". Die Rezipient(inn)en müssen in einem Ableitungsprozess die Gesamtinformation des Texts erschließen, den Textinhalt, der „Resultat der Entfaltung eines Inhaltskerns nach bestimmten Prinzipien" (ebd.) ist. Diese Prinzipien sind jenseits des Einzeltexts angesiedelt und stellen die Rezipient(inn)en vor Herausforderungen: Sie müssen in der Lage sein, bestimmte Arten der thematischen Entfaltung und bestimmte Textfunktionen zu erkennen, um Indizien dafür zu erhalten, was genau ihnen der Text signalisiert.

Wie auf den anderen Ebenen des Sprachsystems gilt auch auf Textebene in Leichter Sprache, dass für alle Aspekte der Textkohärenz tendenziell explizite und nicht implizite Formen der Signalisierung gewählt werden. Verknüpfungssignale sind nur dann entbehrlich, „wenn der Rezipient über ein ausreichendes thematisches und kontextuelles Hintergrundwissen verfügt" (Brinker 2001: 44).

Davon kann bei den Leichte-Sprache-Adressat(inn)en nicht ausgegangen werden. Sie sind vielmehr darauf angewiesen, dass ihnen die Art der Verknüpfung explizit signalisiert wird, damit sie den Text für sich als kohärent erschließen können.

12.2.3 Kommunikative Funktion

Texte sind in einen kommunikativen Zusammenhang eingebunden und haben eine dominierende Funktion.

Die Textfunktion wird mit konventionellen Mitteln signalisiert, die sich in Sprach- und Kulturgemeinschaften über einen längeren Zeitraum herausgebildet haben. Sie sollen dafür sorgen, dass die Rezipient(inn)en die Kommunikationsabsicht der Verfasser(innen) erkennen können. Die typischen Mittel der Signalisierung der Textfunktion werden von den Teilnehmer(inne)n einer Kulturgemeinschaft entweder in Instruktionssituationen oder durch praktische Teilhabe erlernt. Kompetente Leser(innen) erkennen typische Realisationsformen von Texten, die sie in ihrer Praxis des Umgangs mit Texten kennengelernt haben, und sind in der Lage zu erfassen, in welcher Funktion ihnen ein Text entgegentritt. Personen mit eingeschränkter Lesekompetenz haben hier das Problem, dass ihnen möglicherweise die Schriftsprachenkompetenz und die Textsortenerfahrung fehlen, um die Textfunktion sicher feststellen zu können. Das Erkennen der Textfunktion ist aber ein zentraler Faktor für das Textverstehen.

Leichte-Sprache-Texte sollten darum deutlich zu erkennen geben, was ihre Aussageabsicht ist. Dafür bedarf es expliziter Formen der Signalisierung, z. B. über erklärende einleitende Textteile oder, bei einem Online-Angebot, eine erklärende Eingangsseite. Indikatoren für indirekte Signalisierung, wie wir sie aus der Standardsprache kennen (Abtönungspartikeln oder Modalwörter, aber auch die Präsenz bestimmter Satztypen und Satzmuster), stehen durch die Reduktion des grammatischen und lexikalischen Inventars nur in begrenztem Maße zur Verfügung.

12.2.4 Ganzheit

Sowohl die grammatischen und thematischen Aspekte der Textkohärenz als auch die Ermittlung der Textfunktion liegen dezidiert jenseits der Satzebene. Soll Verstehen auf Textebene erzeugt werden, so darf ein Text nicht als Folge von Sätzen verstanden, sondern muss als Ganzheit erschlossen werden.

Das Thema eines Texts ergibt sich aus dem Gedankengang des Gesamttexts, es muss vom Rezipienten / von der Rezipientin interpretativ erschlossen werden und ist daher „abhängig von dem Gesamtverständnis, das der jeweilige Leser von dem Text gewinnt" (Brinker 2001: 56). Das Thema wird im Text in einer bestimmten Weise entfaltet, die „durch kommunikative und situative Faktoren" (Brinker 2001: 61), aber auch durch konventionelle Vertextungstraditionen bestimmt ist.

Brinker unterscheidet allgemein die deskriptive, die narrative, die explikative und die argumentative Form der thematischen Entfaltung, wobei sich jede wiederum durch bestimmte, einschlägige sprachliche Mittel mitteilt, sofern die Leser(innen) mit diesen Konventionen vertraut sind.

Es müssen also nicht nur die Sätze und einzelne Satzverknüpfungen in einem Text verstanden werden, dem Leser muss es darüber hinaus gelingen, zentrale Aussagen zu identifizieren und miteinander zu verknüpfen. Dazu gehört auch die Nutzung von Textsorten, verstanden als spezifische „Muster für komplexe sprachliche Handlungen" (Brinker 2001: 135) mit bestimmten, beschreibbaren Merkmalen. Textsorten sind konventionell, d. h. sie haben sich in einer Sprachgemeinschaft historisch entwickelt und prägen unsere Textwahrnehmung. Sie erleichtern „den kommunikativen Umgang, indem sie den Kommunizierenden mehr oder weniger feste Orientierungen für die Produktion und Rezeption von Texten geben" (Brinker 2001: 135), und geben den Sprachnutzer(inne)n einen Rahmen vor, in den ein Einzeltext eingeordnet und innerhalb dessen er interpretiert und evaluiert werden kann.

In Kap. 5.2 haben wir die Lesekompetenz der anvisierten Leichte-Sprache-Leserschaft auf dem Niveau der PISA-Lesekompetenzstufe 1 verortet

(PISA. Die Kompetenzstufen 2002: 35), die gerade in Bezug auf die Nutzung der Globalstruktur für das Verstehen und die Interpretation von Texten nur gering ausgeprägte Kompetenzen ausweist. Welches der oben genannten Basismuster, das narrative, das deskriptive, das explikative oder das argumentative für die primären Adressat(inn)en von Leichter Sprache besser zugänglich ist, ist bislang unerforscht.

Die als schriftlich konzipierte, standardsprachliche oder gar fachsprachliche Kommunikation ist der primären Adressatenschaft von Leichte-Sprache-Texten jedoch teilweise dauerhaft verschlossen; sie haben in diesem Bereich deutlich unterdurchschnittliche Intertextualitätserfahrungen. Darum verfügen sie auch nur teilweise über das erforderliche Muster- und Intertextualitätswissen, das für das erfolgreiche Bestimmen der Textsortenzugehörigkeit eines Textexemplars nötig ist; die Textsortenzugehörigkeit gibt jedoch häufig Aufschluss über die Textfunktion. In Leichter Sprache ist aber nicht nur die Einordnung der Textexemplare zu bestimmten Textsorten durch die Adressat(inn)en, sondern die sprachliche Ausprägung der Texte selbst in einer Weise beeinträchtigt, dass Textsorten kaum wirksam gestaltet werden können (dazu s. u. Kap. 12.3.1).

12.3 Divergenzen zwischen Text- und Sprachstruktur

12.3.1 Reduktion und Addition

Die beiden Grundrichtungen des Eingriffs in die Standardsprache, wie er in Leichter Sprache erfolgt, haben wir oben als Reduktion und Addition beschrieben.

Reduktion auf einen als zentral definierten Bereich der grammatischen Regeln und Ausdrucksmittel findet sich allenthalben: Nur wenige Interpunktionszeichen, Dreikasussystem, Einmodussystem, reduziertes Tempussystem, Verzicht auf einen Großteil des Lexikons und auf Satzgefüge aller Art etc. Leichte Sprache ist hier gegenüber der Standardsprache nur noch rudimentär ausgestattet; die darzustellenden Gegenstände bleiben jedoch komplex. Durch die Beschränkungen auf den unterschiedlichen Sprachebenen werden de facto die Anforderungen von den unteren Ebenen auf die Textebene verlagert.

Neben der systematischen Reduktion im Bereich des Sprachsystems steht das Prinzip der Addition, das wiederum lokal zum Verständnis beiträgt, auf Textebene aber die Problemlage weiter verschärft. Addition ist eine Kompensationsstrategie für die Reduktion, beispielsweise auf lexikalischer, aber auch auf syntaktischer Ebene.

Reduktionsverfahren machen aus kompakten hierarchischen Strukturen eine Vielzahl von einzelnen Aussagen, die insgesamt das Textvolumen erhöhen – und dies angesichts einer Leserschaft, die ohnehin Probleme mit der Textebene hat. Noch ausgeprägter kommen jedoch additive Verfahren zum Einsatz, wenn Erläuterungen eingebracht werden. Auch diese erhöhen lokal das Verständnis und erlauben es, dass bei den Leser(inne)n Frames aufgebaut werden, die für das Verständnis eines Gegenstands unumgänglich sind und die Sachverhaltskonstruktion unterstützen. Für die Textprogression sind diese Einschübe aber nicht förderlich. Zugespitzt formuliert besteht die Gefahr darin, dass additive Verfahren wie z. B. eingeschobene Erläuterungen und Exempel den Leser(inne)n zwar gestatten, einen Frame aufzubauen, dass sie im Anschluss aber vergessen haben, wofür sie diesen eigentlich benötigten, weil sie den Überblick im Text verloren haben.

Die Anwendung von Reduktions- und Additionsverfahren führt insgesamt zu einer Homogenisierung der Leichte-Sprache-Texte. Das hat Auswirkungen auf die Ausprägung der Textsorten in Leichter Sprache. Textsorten schöpfen das Inventar der Standardsprache selektiv, in ihrer Gesamtheit jedoch breit aus. D.h. bestimmte Textsorten bedienen sich eines bestimmten Teils des Gesamtinventars der Sprache; ein Roman greift auf einen anderen Ausschnitt der sprachlichen Mittel zu als ein Kochrezept, ein Nachrichtentext oder ein wissenschaftlicher Fachaufsatz. Leichte Sprache reduziert jedoch die sprachlichen Mittel auf einen eng umgrenzten Bereich, der für alle Textsorten denselben Kriterien – u.a. diskursive Reichweite, Zentralität, konnotative und stilistische Neutralität – unterliegt. Textsorten leiten in Leichter Sprache keinen selektiven Zugriff auf das sprachliche Gesamtinventar an. Die prägenden sprachlichen Eigenschaften der Textsorten sind in Leichter Sprache nicht mehr oder kaum noch vorhanden. Es stellt sich also die Frage, inwiefern es die historisch gewachsenen Textsorten in Leichter Sprache – abgesehen von der rein inhaltlichen Perspektive selbst: ein Reisewetterbericht berichtet auch in Leichter Sprache über Reisewetter – überhaupt noch geben kann. Damit geht jedoch eine wichtige Interpretationshilfe auf Textebene verloren, denn die Zuordnung eines Textexemplars zu einer Textsorte stellt eine Vorentscheidung dahingehend dar, welche Themen, welche Textfunktionen, welche Illokutionstypen erwartet und welche Arten von Frames und Scripts als aktiviert betrachtet werden dürfen.

Textsortenunterschiede sind in Leichter Sprache folglich nur noch schwer erkennbar, denn in der Standardsprache erfolgt die Differenzierung der Textsorten genau über diejenigen Mittel, die in Leichter Sprache in beide Richtungen nivelliert werden: Die Reduktion des sprachlichen Inventars verhindert eine je nach Textsorte divergierende Ausschöpfung des Sprachsystems. Implizites wird stets in gleicher Weise über additive Verfahren aufgelöst. Textsorten unterscheiden sich damit auch nicht mehr über den Grad ihrer referentiellen Spezifizierung. Die Entscheidungen auf den untergeordneten Ebenen summieren sich damit auf der Textebene und generieren dort eine ganze Reihe von Problemen.

12.3.2 Zeichenebene

12.3.2.1 Interpunktion
Im Bereich der Interpunktion ist Leichte Sprache erheblich reduziert und beschränkt sich bei den syntaktischen Zeichen auf diejenigen, die syntaktische Autonomie signalisieren (s. Kap. 7.2.4). Interpunktionszeichen wie das Semikolon oder die Auslassungspunkte verweisen in standardsprachlichen Texten auf nachfolgende Texträume, machen Andeutungen *(Peter hat schon die dritte Flasche ausgetrunken...)* und verweisen intertextuell; in Leichter Sprache stehen sie nicht zur Verfügung. Der größte Eingriff ist jedoch das Fehlen des Kommas, das massive Auswirkungen auf die syntaktische und insbesondere auch die textuelle Ebene hat (s. Kap. 12.3.5).

12.3.2.2 Listen- statt Textmodus
Die Regeln Leichter Sprache greifen in die visuelle Darstellung des Texts so weit ein, dass die Textur als solche aufgelöst wird: Leichte-Sprache-Texte sind nicht mehr im Textmodus verfasst (zu den Begriffen Textmodus und Listenmodus s. Kap. 7.3), sondern sind an der Textoberfläche Listen, eine Aufreihung von einzelnen Sätzen, wobei jeder neue Satz auf einer neuen Zeile steht. Die Texte werden dadurch entflochten und optisch verlängert. Das mag der Wahrnehmung der einzelnen Aussagen zuträglich sein; es destabilisiert aber potenziell die Textebene. Gerade die Listenstruktur bringt jedoch ein neues Instrument der textuellen Gliederung mit sich: die Einrückung, die in Leichter Sprache wichtige Funktionen für die grammatische Kohärenz übernimmt (s. Kap. 12.4.1.2).

12.3.2.3 Bilder in Leichte-Sprache-Texten
Bildgebrauch kann auf Textebene stützend oder störend wirken. Besonders problematisch sind divergente Bildverwendungen (s. Kap. 7.4.1); doch auch konvergent eingesetzte Bilder, die periphere lokale Textgegenstände visualisieren, können auf Textebene kohärenzzerstörend wirken.

Werden Bilder zum Aufbau von Frames oder zum Desambiguieren von Konzepten eingesetzt (s. Kap. 7.4.3), so handelt es sich um eine additive Strategie. Sie schließen dann an einen Teilaspekt oder ein einzelnes Konzept im Text an und elaborieren dieses mit einer nonverbalen Zeichenressource. Die Bilder werden auf der Seite vor der eigentlichen Lektüre der verbalen Anteile wahrgenommen und prägen die Erwartungen an den Text.

Insgesamt strecken die Bilder den Text optisch und führen zu längeren Textfassungen in Leichter Sprache. Das wirft drucktechnische Fragen auf und kann auch potenzielle Leser entmutigen, die lange Texte scheuen. Zu einem textstützenden Einsatz von Bildern s. u. Kap. 12.4.1.

12.3.3 Morphologie

12.3.3.1 Flexionsmorphologie
Kasus
Leichte Sprache verfügt nicht über einen Genitiv und weist somit ein Dreikasus-System auf (s. Kap. 8.1.1). Der Genitiv hat viele Funktionen, die auf Textebene wirksam sind. Er ermöglicht hoch verdichtete nominale Konstruktionen, die eine effiziente Darstellung von komplexen Sachverhalten erlauben und darüber hinaus Anzeiger für eine Textsortenzugehörigkeit sein können. Andererseits stellen sie eine unakzeptable Verstehenshürde für die primären Zielgruppen von Leichte-Sprache-Texten (und häufig auch für sekundäre Rezipient(inn)en von Leichte-Sprache-Texten) dar.

In Kap. 8.1.2 haben wir die Gründe für den Verzicht auf den Genitiv erläutert und dargestellt, dass die Auflösung mit einer *von*-Konstruktion in vielen Fällen nicht gelingen kann bzw. nicht zu Konstruktionen führt, die verständlich genug sind. Werden nominale Strukturen in verbale Strukturen überführt, so kann man in der Standardsprache auf Satzgefüge zurückgreifen. Die Auflösung morphologischer Komplexität wird dann mit syntaktischer Komplexität erkauft.

In Leichter Sprache stehen jedoch keine Satzgefüge zur Verfügung. Damit müssen komplexe nominale Strukturen in einer reinen Einzelsatzstruktur reformuliert werden (s. Kap. 12.3.5). Der Wegfall des Genitivs hat damit in Leichter Sprache Auswirkungen bis hin zur Textebene.

Genus Verbi
Das Passiv führt einerseits dazu, dass der Handlungsträger nicht oder nicht direkt benannt wird. Das kann lokal zu Verstehensproblemen führen. Auf der anderen Seite kann es für die textuelle Entfaltung aber auch hilfreich sein, wenn die Ereignisse im Vordergrund stehen und nicht ihre Urheber oder Verursacher. Standardsprachliche Texte stufen hier ab und fokussieren gemäß der Intention des jeweiligen Texts. In Leichter Sprache fehlen die morphologischen Mittel dazu. Handlungsträger müssen ermittelt und an der textuellen Oberfläche benannt werden, was lokal dem Verständnis auch meist zuträglich ist. Dadurch führt aber die Reduktion der sprachlichen Mittel („kein Passiv") zu einem additiven Verfahren („Hinzufügen des Handlungsträgers") (s. Kap. 8.1.2.1), was insgesamt Kohärenz und Ganzheitserfahrung schmälert.

Modus
Der Wegfall des Konjunktivs hat Auswirkungen auf die Darstellbarkeit von potenziellen und kontrafaktischen Ereignissen. In Kap. 11.3 haben wir gezeigt, dass es prinzipiell möglich ist, Ereignisse mit einer derart modifizierten Anbindung an den Basis-Raum darzustellen. Jedoch muss der Konjunktiv über additive Strategien kompensiert werden, d. h. es entsteht ein erhöhter Formulierungsaufwand. Aus einem kompakten Satzgefüge mit kontrafaktischer Semantik werden so leicht fünf oder sechs Einzelsätze, jeder auf einer neuen Zeile ausgeführt, was das Textvolumen insgesamt erheblich erhöht. Auch hier muss also der Wegfall einer morphologischen Kategorie auf der Textebene kompensiert werden.

Tempus
Die Verbalkategorie Tempus ist ein wichtiges Instrument des Verstehens auf textueller Ebene. Sie ist dazu geeignet, nichtlineare Konzepte in eine textuell abbildbare, lineare Form zu bringen: Vorzeitigkeit, Gleichzeitigkeit, Nachzeitigkeit von Ereignissen lässt erkennen, welche Gegenstände und Ereignisse wie miteinander verknüpft sind, inwiefern sie sich bedingen oder voraussetzen, was erwartbar oder unerwartet ist usw. Gemäß den Leichte-Sprache-Regeln sollen Temporalsätze, in denen Vor- oder Nachzeitigkeit auftritt, chronologisch in der Reihenfolge ihres Eintretens im Text dargestellt werden (s. Kap. 10.1.2.3). Das ist zwar grundsätzlich möglich; Vor- und Nachzeitigkeit haben auf textueller Ebene jedoch eine Funktion: sie sind ein Mittel zur Fokussierung des Gegenstands. In chronologischer Reihenfolge gerät diese Fokussierung aus dem Blick, was auch Auswirkungen auf die Signalisierung der Textfunktion und die Ausprägung der Textsorten hat.

So benennen Nachrichtentexte zunächst die eigentliche Nachricht, die meist eine enge zeitliche Nähe mit dem intendierten Rezeptionszeitpunkt hat, ehe sie auf Genese, Ursachen und Folgen zu sprechen kommen. Entsprechend weisen Nachrichtentexte eine ausgeprägte Vielfalt an Tempusformen auf. Würde man die Ereignisse in Nachrichtentexten in eine chronologische Reihenfolge bringen, so ginge der Nachrichtencharakter weitgehend verloren und die Anbindung an den Rezeptionszeitpunkt wäre gestört. Die Reduktion in der Kategorie Tempus muss also wiederum über textuelle Strategien, etwa eine Rahmensetzung, kompensiert werden – womit wiederum der Textebene eine Funktion zufällt, die zuvor auf einer untergeordneten Sprachebene ausgefüllt worden war.

12.3.3.2 Mittelfeldentlastung

Leichte Sprache verfügt bis auf wenige Ausnahmen (Kopula- und Modalverben) nicht über das Präteritum (s. Kap. 8.1.2.3). Das Perfekt entspricht dem Leichte-Sprache-Prinzip, wonach analytische den synthetischen Realisierungen einer Kategorie vorzuziehen sind. Die analytische Realisierung hat bei den Tempusformen jedoch den Nachteil, dass der finite Prädikatsbestandteil und der infinite Verbrest an unterschiedlichen Stellen des Satzes erscheinen – nämlich in der linken respektive der rechten Klammer. Es ist davon auszugehen, dass die Verstehenshürde umso größer ist, je weiter die Verbbestandteile im Satz voneinander entfernt sind. Damit müssen bei Perfektkonstruktionen komplexe Mittelfelder entlastet werden *(Ben hat gestern Abend sein Brot in der Küche gegessen)* (s. Kap. 10.3.1). Folglich sind bei Perfektkonstruktionen besonders kurze Sätze angezeigt, was sich wiederum störend auf die thematische Entfaltung auswirkt. Hier hat also der Wegfall einer verbalmorphologischen Kategorie Auswirkungen auf die Syntax und in Konsequenz auch demnach auf die Textebene.

12.3.3.3 Wortbildungsmorphologie

Das Standarddeutsche hat eine ausgeprägte Neigung zu langen Komposita. Diese sind morphologisch und semantisch komplex und müssen in Leichter Sprache nach Möglichkeit vermieden werden. Bleibt die semantische Komplexität der Aussage auf Textebene erhalten, so muss das Kompositum in einem Einzelsatz oder einer Folge von Einzelsätzen aufgelöst werden. Damit vergrößert sich das Textvolumen und es verändert sich die Art der thematischen Fokussierung.

Wo lange Komposita nicht vermieden werden können, weil sie für die Textfunktion und die thematische Entfaltung zentral sind, ziehen sie häufig Erläuterungsstrategien nach sich (s. Kap. 9.2.1), wobei diese lokalen Elaborationen den Gang der thematischen Entfaltung unterbrechen und somit auf Textebene kontraproduktiv wirken.

12.3.4 Lexik

12.3.4.1 Beschränkung der lexikalischen Vielfalt

Die Lexik der Leichten Sprache beschränkt sich auf einen kleinen Teil der eigentlichen lexikalischen Mittel des Deutschen, wobei zentrale Vertreter eines Wortfelds bevorzugt werden, die früh erlernt wurden, denotativ präzise, konnotativ und stilistisch neutral und strukturell einfach sind (häufig ist ein Zusammenfall dieser Kategorien zu konstatieren, s. Kap. 9.2.1). Es liegt hier eine erhebliche Reduktion des Lexikons vor, die gesamte Peripherie der sprachlichen Mittel wird abgewählt.

Expressivität, Höflichkeit, aber auch Literarizität oder Fachlichkeit von Texten und insgesamt die Textsortenzugehörigkeit werden in der Standardsprache großenteils über einen selektiven Zugriff auf unterschiedliche, häufig periphere lexikalische Ressourcen getragen. In Leichter Sprache können sie nicht mehr hierüber dargestellt werden. Dieser Eingriff in die Sprache kann auch auf Textebene nur teilweise kompensiert werden. Wenn überhaupt, dann können metasprachliche oder sonstige explizierende Verfahren an die Stelle dieser Funktionen des Lexikons treten. Diese Verfahren sind wiederum additiver Natur und erhöhen das Textvolumen. So zieht auch an dieser Stelle die Reduktion einer Sprachebene eine Addition auf der Textebene nach sich. Die Homogenisierung der Sprache in morphologischer, lexikalischer und syntaktischer Hinsicht wirkt sich insgesamt nivellierend auf die Kategorie Textsorte aus, denn Textsorten werden sprachlich u.a. über lexikalische und syntaktische Diversität geprägt. Die Zuordnung eines Texts zu einer Textsorte ist wiederum eine wichtige Interpretationshilfe für Textthema und -funktion.

12.3.4.2 Reduktion des Funktionswortschatzes

Auch der Funktionswortschatz ist in Leichter Sprache erheblich reduziert. Manche Paradigmen weisen eine ausgedünnte Funktionalität auf – so sind die Konjunktionen oder adverbialen Verknüpfer um Exemplare dezimiert, die auf eine satzinterne Verwendung festgelegt sind. Insgesamt werden auch hier nur zentrale Vertreter des Felds verwendet, um eine Wiedererkennung zu erleichtern und auch hier hat dies Auswirkungen auf die thematische Entfaltung, die Signalisierung der Textfunktion und insgesamt die Wahrnehmbarkeit der Textsorten.

Noch dramatischer wirkt sich der Verzicht auf Personalpronomen in anaphorischer Verwendung aus, der einen tiefen Eingriff in die Textkohärenz darstellt (s. Kap. 9.2.2.3). Der standardsprachliche Ausgangstext zeigt im Beispiel auf der folgenden Seite die Wiederaufnahmekette *Jansen* → *Ex-HSV-Spieler Marcell Jansen* → *Jansen* → pronominales *ihn* → *der Abwehr- und Mittelfeldspieler* → relativisches *der* → pronominales *er* → *Jansen*. In der Leichte-Sprache-Version steht ausschließlich die identische Wiederholung des Namens zur Verfügung:

Jansen$_i$ beendet Fußball-karriere mit 29 Jahren	Marcell Jansen$_j$ beendet seine Fußball-karriere
Ex-HSV-Spieler Marcell Jansen$_i$ beendet im Alter von 29 Jahren seine Profi-fußballerkarriere. „Der Schritt ist nicht einfach. Ich habe im Urlaub viel überlegt. Es gab sehr tolle Angebote. Aber für mich ist ein Weitermachen keine Option", sagte Jansen$_i$ der „Bild"-Zeitung (8. Juli).	Marcell Jansen$_j$ beendet seine Fußball-karriere. Marcell Jansen$_j$ ist erst 29 Jahre alt. Marcell Jansen$_j$ war viele Jahre lang Fußball-profi. Das heißt: Der Beruf von Marcell Jansen$_j$ war Fußball spielen. Marcell Jansen$_j$ war ein sehr erfolgreicher Fußball-profi.
	Marcell Jansen$_j$ hat für den Hamburger Sport-verein gespielt. Die Abkürzung ist: HSV. Beim HSV hat Marcell Jansen$_j$ 7 Jahre lang gespielt. Jetzt gibt der HSV Marcell Jansen$_j$ keinen neuen Vertrag. Das heißt: Marcell Jansen$_j$ darf nicht weiter für den HSV spielen.
Vor allem die sieben Jahre in Hamburg seien für ihn$_i$ „sehr emotional" gewesen, erklärte der Abwehr- und Mittelfeldspieler$_i$, der$_i$ bei den Hanseaten keinen neuen Vertrag erhalten hatte. Deshalb könne er$_i$ nicht noch zwei, drei Jahre irgendwo spielen, wo er$_i$ nicht zu 100 Prozent dahinterstehe: „Ich kann jetzt nicht plötz-lich ein anderes Wappen küssen." Er$_i$ habe nun einige neue Projekte im Kopf, sagte Jansen$_i$, etwa ein Start-up.	Marcell Jansen$_j$ hatte Angebote von anderen Vereinen. Trotzdem beendet Marcell Jansen$_j$ seine Karriere mit nur 29 Jahren.
	Marcell Jansen$_j$ sagt: Ich habe lange nachgedacht. Aber ich möchte nicht weiter spielen. Die 7 Jahre beim HSV waren für mich besonders. Deshalb will ich nicht bei einem anderen Verein spielen. Jetzt möchte ich neue Dinge machen. Vielleicht gründe ich eine Firma.

Auf Textebene ist der Verzicht auf anaphorische Personalpronomen einschneidend, denn sie signalisieren Themenkonstanz und wirken damit in hohem Maße themenstabilisierend. Die Informationen, die über die variierenden Nominalphrasen in den Text eingebracht werden, müssen in eigenen Propositionen in Einzelsatzform in den Text eingebracht werden – wiederum eine additive Strategie. Auch die Akzeptabilität ist beeinträchtigt: Werden Konstruktionen durch einen Text hindurch identisch wiederaufgenommen, so führt das bei durchschnittlichen Leser(inne)n häufig zu Abwehrreaktionen gegenüber Leichte-Sprache-Texten. Dieses Dilemma ist jedoch für Leichte Sprache nicht aufzulösen.

12.3.4.3 Umgang mit Fach- und Fremdwörtern

Fach- und Fremdwörter gehören nicht zum Inventar der Leichten Sprache (Kap. 9.2.1.1 und Kap. 9.2.1.2). Sie sind üblicherweise nicht die zentralen Vertreter eines Wort- oder Begriffsfelds und es kann nicht vorausgesetzt werden, dass die primären Adressat(inn)en von Leichte-Sprache-Texten einen funktionierenden Frame zu diesen Einheiten des Lexikons besitzen. Fach- und Fremdwörter entfallen daher tendenziell in Leichte-Sprache-Texten, was Auswirkungen auf die Wahrnehmbarkeit der Textsortenzugehörigkeit eines Texts hat. Sind diese lexikalischen Einheiten für den Text zentral, so erscheinen sie im Text und werden mit einer Erläuterung versehen und ggf. bebildert, was den Aufbau eines Frames ermöglichen soll. Das ist unumgänglich, wenn das Verstehen des betreffenden Worts Grundlage für die weitere Lektüre ist.

Die Erläuterung und die Einfügung von Bildern sind additive Strategien. Um den Umfang der Erläuterung kenntlich zu machen, kann mit Einrückungen gearbeitet werden (s. Kapitel 7.3.2; für die Platzierung von Bildern s. Kap. 7.4.1.4). Dennoch unterbricht die Erläuterung den Textfluss und der Rezipient muss möglicherweise im Text zurückgehen, um den Anschluss an die nachfolgenden Ausführungen zu erfassen.

Neben einer Einrückung direkt im Text wird aktuell häufig auch mit einem Glossar gearbeitet (s. Kap. 9.2.1.2). Glossare sind aber nur von eingeschränktem Nutzen: Sie haben den Vorteil, dass der Textfluss rein optisch zunächst einmal weniger unterbrochen wird. Wenn jedoch ein Wort nicht verstanden wird, so muss in diesem Falle sogar der Leseprozess unterbrochen werden und der Leser / die Leserin muss im Text blättern oder einem Link aus der aktuellen Seite heraus folgen. Sofern ein Glossar tatsächlich genutzt wird, also für diejenigen, die den Frame nicht zur Verfügung haben, stellt es eine noch stärkere Unterbrechung der Textrezeption dar. Es macht einen zweistufigen Leseprozess nötig: In einem ersten Schritt müssen die unverständlichen Wörter erschlossen werden;

dann muss unter Einbeziehung der neu aufgebauten Frames noch einmal gelesen werden.

Es ist fraglich, ob die Adressatenschaft tatsächlich in der Lage ist, mit diesem Verfahren die Textebene zu erreichen. Es ist kaum denkbar, dass die intendierten Leser(innen) zunächst alle im Glossar enthaltenen unbekannten Wörter erschließen und die neu eröffneten Frames dann sofort in einer Weise präsent haben, die eine problemlose Erfassung des Gesamttexts möglich machen. Es ist eher davon auszugehen, dass hier satzweise oder höchstens absatzweise vorgegangen wird, so dass die Rezeption des Gesamttexts durch das Glossar eher behindert wird. Ein Glossar ist nur dann sinnvoll, wenn man davon ausgeht, dass der größere Teil der Adressat(inn)en es nicht benötigt, oder wenn ein Text von derselben Adressatengruppe mehrfach rezipiert werden soll, so dass ein Lerneffekt zu erwarten ist. Ansonsten korrumpiert ein Glossar das Textkriterium „Begrenzung" und stellt einen Eingriff in die Wahrnehmung des Texts als Ganzheit dar. Die thematische Kohärenz wird auch beeinträchtigt.

Nicht nur in den Text eingeführte Erläuterungen, sondern auch Glossare affizieren daher die Textebene. Wir konstatieren einen unüberbrückbaren Gegensatz zwischen den Erfordernissen auf Lexem- und auf Textebene.

12.3.5 Syntax

12.3.5.1 Verzicht auf komplexe nominale Strukturen und Nebensätze

Komplexe nominale Strukturen stellen Sachverhalte kompakt dar, der Handlungsträger bleibt jedoch häufig ungenannt. In der Standardsprache können sie in Satzgefüge aufgelöst werden:

(1) Ein Schwerpunkt der Frauenpolitik als Querschnittsaufgabe liegt im Bereich der Umsetzung der „Gender-Mainstreaming-Strategie" der EU. Hier wirkt das Ministerium in Zusammenarbeit mit allen anderen Ressorts, um die tatsächliche Gleichberechtigung von Männern und Frauen zu forcieren. (Homepage des Niedersächsischen Sozialministeriums; geprüft am 30.10. 2015)

Auflösung in Satzgefüge:

(1') Das Ministerium setzt sich für seine Frauenpolitik das Ziel, die Gender-Mainstreaming-Strategie der EU umzusetzen. Es arbeitet hier mit allen anderen Ressorts zusammen, damit Männer und Frauen bald tatsächlich gleichberechtigt sind.

Die Auflösung morphologischer Komplexität ist in der Standardsprache mit syntaktischer Komplexität erkauft, wenn Nominalgruppen in Nebensätze umgewandelt werden. Weil Leichte Sprache jedoch nicht über Satzgefüge verfügt (s. Kap. 10.1), steht diese Strategie nicht zur Verfügung. Die syntaktisch komplexe Struktur muss also in eine reine Einzelsatzstruktur aufgelöst werden, die dann auch noch durch Erläuterungen unterbrochen ist. Der Gegenstand wird nun jenseits der Satzgrenze und mithin auf Textebene in einer Vielheit von Einzelsätzen abgehandelt:

(1") Das Ministerium will die Gender-Mainstreaming-Strategie der EU umsetzen.
   Gender Mainstreaming-Strategie der EU heißt:
   Die Länder in der EU wollen mehr Gleich·berechtigung von Männern und Frauen.
   Das heißt: Männer und Frauen sollen die gleichen Rechte haben.
Das Ministerium findet Gleich·berechtigung von Männern und Frauen sehr wichtig.
Dafür arbeitet das Ministerium mit anderen Ministerien zusammen.
   Zum Beispiel:
   Mit dem …
   Und mit dem …
Gemeinsam wollen die Ministerien mehr Gleich·berechtigung von Männern und Frauen erreichen.

Dies hat Auswirkungen auf die thematische Entfaltung, auf die Fokussierung von Informationen und, nicht zuletzt, wiederum auf den Umfang des Texts. Für die Darstellung desselben Gegenstands mit demselben Informationsumfang sind viel mehr Wörter und Sätze (und folglich in typografischer Hinsicht: Zeilen) erforderlich als in einer kompakten nominalen Struktur. Dies entspricht zwar dem Leichte-Sprache-Prinzip „analytisch vor synthetisch", löst aber tendenziell den Textverbund auf. Wiederum wird eine Funktion von einer untergeordneten sprachlichen Ebene auf die Textebene verschoben.

12.3.5.2 Satzgliedstellung

Leichte Sprache favorisiert die Satzgliedstellung Subjekt-Prädikat-Objekt (SPO), da sie der regulären Syntax unmarkierter Hauptsätze entspricht (Kap. 10.3). Die homogene, unmarkierte Satzgliedfolge erleichtert die Strukturerkennung, führt aber auf Textebene dazu, dass Themen- und Rahmenwechsel nicht durch Wortstellungsvarianz signalisiert werden können.

Sind die Erfordernisse der Textebene hier als höherrangig einzustufen, kann die Realisierung des Prinzips SPO dahinter zurücktreten. Die lokale Verständlichkeit wird dann niedriger gewichtet als die Textverständlichkeit.

12.3.6 Semantik

12.3.6.1 Aufbau von Frames als additive Strategie

Wenn Texte über Gegenstände und Sachverhalte berichten, die nicht als bekannt vorausgesetzt werden können, dann müssen Erläuterungen eingefügt werden, die es dem Leser ermöglichen, einen Frame aufzubauen. Bei Leichte-Sprache-Leser(inne)n können viel weniger Vorkenntnisse vorausgesetzt werden als bei kompetenten Leser(inne)n standardsprachlicher Texte. Dies gilt umso mehr, wenn der Gegenstand, über den berichtet wird, fachlicher Natur ist und nicht dem alltäglichen Lebensbereich entstammt. Dann erscheinen in einem Leichte-Sprache-Text häufig mehrere Erläuterungen auf kleinem Raum. Erläuterungen sind stets additive Strategien; sie fügen dem Text Erklärungen hinzu und unterbrechen den Textfluss. Der Aufbau von Frames wirkt sich negativ auf Textkohärenz und speziell die thematische Entfaltung aus. Außerdem vergrößert er insgesamt das Textvolumen, was wiederum negative Auswirkungen auf die Rezipierbarkeit des Gesamttexts hat.

12.3.6.2 Reduktion bei den Spacebuildern

Mittels Spacebuildern werden neue mentale Räume eröffnet (Kap. 11.3), wobei der Spacebuilder auch über die Art des neu eröffneten Raums Auskunft gibt (Möglichkeitsraum, fiktionaler Raum, Zitierraum, Vergangenheitsraum, kontrafaktischer Raum). Zwar ist es grundsätzlich möglich, die unterschiedlichen Arten von Räumen auch in Leichter Sprache zu eröffnen. Durch die Reduktionen auf den unterschiedlichen Ebenen des Sprachsystems steht jedoch nicht das volle Repertoire an Spacebuildern zur Verfügung, das der Standardsprache zur Verfügung steht. Insbesondere fehlen morphologische Kategorien wie Präteritum und Präteritum Perfekt im Indikativ und Konjunktiv. Wenn die entsprechenden Räume dennoch eröffnet werden sollen, so muss auf additive Strategien zurückgegriffen werden: Es muss explizit formuliert werden, um welche Art von mentalem Raum es sich handelt. Das kann z. B. über temporale oder lokale Angaben geschehen, aber auch über Rahmensetzungen, die die Art des Zugangs zum Basis-Raum explizit machen. Alle diese Strategien führen zu mehr Textumfang als die kompakten grammatischen Mittel von Tempus und Modus. Gerade Rahmensetzungen sind jedoch ein wichtiges Mittel, das auch auf textueller Ebene zur Stützung der thematischen Entfaltung eingesetzt werden kann.

12.3.6.3 Darstellung von Kontrafaktizität ohne Konjunktiv

Eine besondere Herausforderung stellt die Darstellung von wenig wahrscheinlicher Potenzialität und insbesondere von Kontrafaktizität dar, da das eigentlich dafür benötigte Mittel – der Konjunktiv – nicht zur Verfügung steht. Kontrafaktische Aussagen sind in ihrer Konzeption kognitiv höchst anspruchsvoll; darum wäre den primären Adressat(inne)n auch nicht damit gedient, wenn der Konjunktiv einfach zugelassen würde. Vielmehr benötigen sie hier explizite Aufklärung über die dargestellten Zusammenhänge und die präsentierten Weltentwürfe. Das aber ist eine additive Strategie, die zwar lokal für Verständnis sorgen mag, die aber auf Textebene Probleme bereitet, weil sie lokal elaboriert und damit den Blick auf das Textganze verstellt. Dabei ist der Formulierungsaufwand üblicherweise umso umfassender, je weniger Faktizität vorliegt. Eine Potenzialität, die einfach zwei Szenarien mit ähnlicher Wahrscheinlichkeit des Eintretens aufzeigt, bereitet dabei noch kaum Probleme *(Wenn Sie sich beeilen, schaffen Sie den Zug noch)*. Bei wenig wahrscheinlicher Potenzialität, bei der in der Standardsprache die unwahrscheinliche Variante an der Oberfläche realisiert wird *(Wenn Sie sich beeilten, dann schafften Sie den Zug noch)*, sieht das schon anders aus, denn es muss hier realisiert werden, dass der Sprecher/Schreiber das Eintreten des an der Oberfläche Versprachlichten für wenig wahrscheinlich hält. Die größten Probleme bereiten kontrafaktische Konstruktionen *(Wenn Sie sich beeilt hätten, dann hätten Sie den Zug noch geschafft)*, bei denen ein alternativer Weltentwurf präsentiert wird, der jedoch nicht mehr eintreten kann (s. Kap. 11.3.3). Wenn sich solche Konstrukte in einem Text häufen, so gelangt man in Leichter Sprache auf Textebene an die Grenzen des Darstellbaren, denn es ist fraglich, ob man dann noch einen Text erstellen kann, der in der Art der Verknüpfung der eröffneten mentalen Räume für die primären Adressat(inn)en überhaupt zugänglich ist.

12.3.6.4 Auflösen von Implizitem

Leichte Sprache erfordert es, dass Implizites überall dort aufgelöst wird, wo die primären Adressat(inn)en beim Auflösen auf Schwierigkeiten treffen könnten. Texte sind jedoch niemals vollständig explizit. Sie werden vielmehr aus verschiedenen Gründen inakzeptabel, wenn ihr Explizierungsniveau zu hoch liegt. Einerseits eröffnet sich wiederum das Problem der Addition: Jede Explizierung macht einen Text länger und elaboriert auf lokaler Ebene, was den Leser daran hindert, das Textganze im Blick zu behalten. Texte sind immer referentiell unterspezifiziert. Das ist jedoch nicht allein eine Frage der Textlänge, sondern auch der Akzeptabilität mit Blick auf die Leseransprache (s. Kap. 1.2.2).

Daher bleibt auch in Leichte-Sprache-Texten vieles implizit; ein deutliches Anzeichen ist das Vorhandensein indirekter Anaphern, die auf Überbrückung von implizit bleibenden Informationen schließen lassen (s. Kap. 9.2.2.2 und Kap. 12.2.2).

12.4 Strategien auf Textebene

Wir hatten Text mit Brinker (2001: 17) über die Kriterien Begrenzung, Kohärenz, kommunikative Funktion und Ganzheit definiert. Die wichtigsten Erfordernisse an einen Text, auch in Leichter Sprache, sind damit benannt. Ein Text sollte als abgeschlossen wahrnehmbar sein. Er sollte im weiten, Brinker'schen Sinne als kohärent wahrnehmbar sein. Seine globale Struktur sollte in einem Maße zugänglich sein, das es den Adressat(inn)en gestattet, seine Funktionalität zu erschließen.

Wir benennen nachfolgend Verfahren, die eine Gestaltung der Textebene auch bei Leichte-Sprache-Texten gestatten:
- Verfahren der medialen und typografischen Gestaltung
- Verfahren der Adressierung
- Verfahren der metakommunikativen Kommentierung

12.4.1 Verfahren der typografischen Gestaltung

Alle Texte, nicht nur solche in Leichter Sprache, haben eine typografische Gestalt, die auch verständnisrelevant ist. In Leichter Sprache gehört die typografische Gestaltung jedoch mit zum Regelsystem und wird in den existierenden Regelwerken ausführlich thematisiert. Die Regelung der typografischen Gestaltung (z. B. Schriftgröße und Schriftschnitt, Zeilenausrichtung, Bilder), die primär die Perzipierbarkeit der Texte erhöhen soll, führt insgesamt zu einer Wahrnehmbarkeit von Texten als Texten in Leichter Sprache und stützt damit die Intertextualität.

Da die primäre Adressatenschaft von der Rezeption standardsprachlicher Texte weitgehend ausgeschlossen bleibt, ist dies ein starkes Rezeptionssignal: die typografische Gestaltung indiziert Lesbarkeit und insgesamt Verständlichkeit, da sich inzwischen bei den Leser(inne)n Erwartungen an Leichte-Sprache-Texte herausgebildet haben.

Während einige der typografischen Regeln vor allem die Perzipierbarkeit erhöhen (Schriftgröße und Schriftschnitt auf Wortebene, Zeilengestaltung auf Satzebene), wirken sich andere Regeln positiv auf die Verständlichkeit auf Textebene aus. Alle drei Regelwerke konvergieren in der Forderung nach Zwischenüberschriften (s. Kap. 7.3.2.2); auch Randglossen, in den Regelwerken bisher nicht berücksichtigt, können hier funktional sein. Darüber hinaus schlagen wir die Arbeit mit Einrückungen vor

(s. Kap. 7.3.2.3). Bilder können so eingesetzt werden, dass sie die textuelle Entfaltung stützen (s. Kap. 7.4.3). Wir gehen nun auf alle drei Gestaltungsressourcen ein.

12.4.1.1 Zwischenüberschriften und Randglossen
Zwischenüberschriften oder auch Randglossen gliedern den Textfluss und lassen zentrale Themen einzelner Textabschnitte an die Oberfläche treten. Damit wird es dem Leser erleichtert, den Text informationell zu erschließen und die dargebotenen Informationen zu gewichten. Der Text kann insgesamt als strukturiert wahrgenommen werden. Unterbricht der Leser die Lektüre, beispielsweise weil er ein Wort im Glossar nachschlagen muss, so kann er leichter wieder in den Text hineinfinden, wenn er sich an einer explizit ausgewiesenen Binnenstruktur ausrichten kann.

Zwischenüberschriften sind in Leichte-Sprache-Texten bereits etabliert; sie sind den Leser(inne)n, die bereits Kontakt mit Leichte-Sprache-Texten hatten, daher bekannt. Darüber hinaus kann mit Randglossen gearbeitet werden, wie sie in standardsprachlichen Texten beispielsweise bei Lehrwerken verbreitet sind. Wir gehen davon aus, dass sie in gleicher Weise positiv die Wahrnehmung der Textstruktur unterstützen; empirische Belege liegen dafür aber noch nicht vor. Wir gehen jedoch davon aus, dass diese typografischen Verfahren die Verknüpfung von Textgegenständen über Einzelaussagen hinaus erleichtern, weil bereits rezipierter Text qua Schlagwort zugriffsfähig und damit auf einem höheren Aktivierungsniveau bleibt.

12.4.1.2 Einrückungen
Wie in Kap. 7.2.4 und Kap. 7.3.2 zur Typografie gezeigt, können Einrückungen den Unterschied zwischen verschiedenen Textebenen deutlich machen. Dabei können sie Wechsel zwischen Objekt- und Metasprache und auch Stimmenwechsel im Text anzeigen und Informationen hierarchisieren. Diese Prozesse liegen jenseits der Satzebene und haben Auswirkungen auf die Erfassung der thematischen Entfaltung; werden sie über Einrückungen visualisiert, so erhöht sich die Kohärenz des Texts.

Einrückungen machen den Umfang des Einschubs deutlich und zeigen auf, an welcher Stelle das ursprüngliche Thema wieder aufgenommen wird. Sie erlauben damit einen Blick auf die Makrostruktur eines Texts und stützen so die Textebene. Dabei können auch mehrfach gestufte Erläuterungsstrukturen visualisiert werden:

Ein Gericht hat das Betreuungs·geld verboten.
    Das ist Betreuungs·geld:
    Viele Kinder gehen in eine Kita.

> Eine Kita kann eine Kinder·krippe sein.
> Oder ein Kinder·garten.
> Manche Kinder gehen **nicht** in eine Kita.
> Die Eltern betreuen diese Kinder zu Hause.
> Für die Betreuung zu Hause bekommen die Eltern Geld.
> Das Geld heißt: Betreuungs·geld.
>> Das Betreuungs·geld zahlt der Bund.
>> Der Bund ist der ganze Staat Deutschland.

Das sich bietende Bild entspricht der tatsächlichen Komplexität des Texts: Ein Konzept wird mit einem weiteren erläuterungsbedürftigen Konzept erläutert. Das ist grundsätzlich möglich, erfordert aber von den Rezipient(inn)en eine komplexe Verstehensleistung, die sich auch visuell widerspiegelt. Es zeigt sich hier erneut eine Grenze von Leichter Sprache auf der Textebene: Es können nicht beliebig komplexe Themen voraussetzungslos eingeführt werden. Angesichts der zu etablierenden Frames würde in diesem Falle die Informationsstruktur zu komplex, selbst wenn die Regeln der Leichten Sprache auf den anderen Sprachebenen konsequent befolgt werden.

12.4.1.3 Listen

Einrückungen werden für Wechsel zwischen Objekt- und Metaebene und für Stimmenwechsel im Text eingesetzt. Die Listenstruktur (s. Kap. 7.3.2) der Leichte-Sprache-Texte kann auch noch in einer anderen Weise nutzbar gemacht werden, und zwar für die Signalisierung von Koordinationsrelationen.

Auch Koordinationsrelationen können in Leichter Sprache nicht satzintern ausgeführt werden und werden darum auf die Textebene verlagert, wo sie das Volumen erhöhen. Aussagen, zwischen denen eine Koordinationsrelation besteht, sind untereinander enger verbunden als der Kotext. In standardsprachlichen Texten werden sie daher satzintern ausgedrückt. Dieses Mittel steht in Leichter Sprache nicht zur Verfügung (Kap. 10.2). In manchen Fällen bietet es sich an, die Beziehung zwischen diesen Textteilen über eine Einrückung als mit Gliederungssignalen markierte Liste zum Ausdruck zu bringen. Im folgenden Ausgangstext werden drei Ziele einer Parkinson-Broschüre in einer parataktischen Konstruktion aufgeführt (Hervorhebung U.B., C.M.):

(1) Mit dieser Broschüre möchten wir Sie über die Parkinson-Erkrankung informieren. Wir werden darüber sprechen, **was Parkinson eigentlich ist, welche Behandlungen es gibt und was Sie selber tun können**, damit es Ihnen gutgeht.

Im Zieltext in Leichter Sprache erscheint an dieser Stelle eine Liste mit Punkten als Gliederungsmarkierungen (Hervorhebung U.B., C.M.). Die Einrückung ergibt sich aus dem Status der Passage als direkte Rede; die Gliederungsmarkierungen visualisieren die parataktische Struktur (zur Verwendung der Anführungszeichen s. Kap. 7.2.4.2):

(1') Lieber Leser,
      Liebe Leserin,

      vielleicht hat Ihr Arzt Ihnen heute gesagt:
      „Sie haben Parkinson."
                  Parkinson ist eine Krankheit.

      Jetzt sind Sie vielleicht überrascht.
      Und Sie haben viele Fragen.
      Sie möchten wissen:

      • **Was für eine Krankheit ist Parkinson?**
      • **Was kann mein Arzt gegen Parkinson machen?**
      • **Und was kann ich gegen Parkinson machen?**

      Dieses Heft beantwortet einige von Ihren Fragen.
      So können Sie Parkinson besser verstehen.

Dieses Verfahren ist auch aus standardsprachlichen Texten bekannt. Es wird in Leichter Sprache aber systematischer eingesetzt, weil insbesondere syntaktische Alternativen nicht zur Verfügung stehen. Listen können also dazu beitragen, die kohärenzzerstörende Wirkung der Regelreduktion im Bereich der Syntax zu mildern.

12.4.1.4 Einsatz von Bildern
Bilder, die zentrale Textgegenstände aufgreifen, können sich stützend auf die Textebene auswirken (Kap. 7.4).

Analog zu den Zwischenüberschriften oder Randglossen (bzw. zusätzlich zu ihnen) können Bilder eingesetzt werden, um Teilthemen darzustellen; sie stützen dann die Textkohärenz und die Wahrnehmbarkeit des Textganzen. Ein derartiger Einsatz von Bildern ist in Leichte-Sprache-Texten jedoch bislang eher selten.

Bilder können auch das räumliche Erfassen der Informationsverteilung im Textganzen und das Memorieren von Informationen unterstützen. Dabei können unterschiedliche Arten von Bildern zum Einsatz kommen. Abbilder oder Piktogramme können eingesetzt werden, um in unbekannte

Konzepte einzuführen, Visualisierungen (s. Kap. 7.4.2) wie etwa Organogramme oder Flowcharts können den Argumentationsverlauf oder eine zeitliche Abfolge von im Text dargestellten Ereignissen greifbar machen.

Wenn durch die Verwendung einschlägiger Bildersätze oder bestimmter etablierter Illustrationstechniken ein Text als Text in Leichter Sprache gekennzeichnet wird, dann werden die Texte homogenisiert, in denen diese Bildersätze erscheinen. Die Texte werden dann als Texte in Leichter Sprache wahrnehmbar, was den Aufbau von Intertextualitätsrelationen im Hinblick auf das Leichte-Sprache-Textuniversum erleichtert. Der Unterschied zwischen den einzelnen Texten und Textsorten jenseits der Zugehörigkeit zu Leichter Sprache wird dagegen nivelliert.

12.4.2 Verfahren der Adressierung

Verfahren der Adressierung haben das Potenzial, einen metakommunikativen Raum zu eröffnen. Dadurch wird es ermöglicht, die Illokution für die Leserschaft offenzulegen, was erheblich zur thematischen Kohärenz und zur Wahrnehmbarkeit der kommunikativen Funktion beiträgt. Durch Adressierungverfahren erhalten die Texte eine erklärende und orientierende Instanz, die Textfunktion wird für die Adressatenschaft greifbar. Adressierungsverfahren ermöglichen Höflichkeit in Texten: Der Textautor / die Textautorin wendet sich konkret von Person zu Person an die Adressatenschaft. Damit wird die persönliche Ebene in die Abstraktheit der Schriftlichkeit hineingeholt und die Texte werden in gewissem Maße an konzeptioneller Mündlichkeit orientiert, insgesamt eine Eigenschaft Leichter Sprache (s. Kap. 13.2.1).

12.4.2.1 Orientierung und direkte Adressierung der Adressat(inn)en

Texte in Leichter Sprache haben eine ausgeprägte Orientierungsfunktion – meist in höherem Maße als ihre standardsprachlichen Entsprechungen. Diese Orientierungsfunktion zeigt sich in der Vermeidung unpersönlicher Konstruktionen wie dem Passiv: idealerweise werden in Leichte-Sprache-Texten stets die Handlungsträger benannt. Diese Verfahren können sich auf Textebene negativ auswirken, da es sich um additive Verfahren auf lokaler Ebene handelt. Sie sind jedoch andererseits Teil leserorientierender Verfahren, die insgesamt auf Textebene verständnisförderlich sind.

Nicht nur im Text agierende Dritte werden in Leichte-Sprache-Texten benannt, auch die Adressat(inn)en werden häufig direkt angesprochen, ihre Handlungsmöglichkeiten werden explizit gemacht. Die direkte Leseransprache ist eine der wenigen Regeln, in der alle drei hier untersuchten Regelwerke (Netzwerk Leichte Sprache, Inclusion Europe, BITV 2.0) konvergieren. Sie ist ein prägendes Charakteristikum Leichter Sprache und hilft den Leser(inne)n dabei, die Funktion eines Texts für das eigene Handeln zu erkennen. Im folgenden Beispiel, in dem es um Nachteilsausgleiche geht (Quelle ist die Internetpräsenz des Niedersächsischen Landessozialamts), werden die Leser in der standardsprachlichen Variante nicht direkt adressiert; in der Leichte-Sprache-Version werden die Adressat(inn)en direkt angesprochen und erhalten handlungsleitende Informationen, in denen ihre eigenen möglichen Aktionen sowie mögliche Interaktionspartner benannt werden und die Art der Interaktion erläutert wird (Beispiel aus: http://www.soziales.niedersachsen.de; geprüft am 30.10.2015):

Hörbehinderte Menschen haben allgemein das Recht, zur Verständigung in der Amtssprache Gebärdensprache zu verwenden; Aufwendungen für Dolmetscher sind von der Behörde oder dem für die Sozialleistung zuständigen Leistungsträger zu tragen (§ 19 Abs. 1 SGB X).	Sie dürfen beim Amt immer Gebärden·sprache benutzen. Dafür können Sie einen Dolmetscher haben. Das Amt muss den Dolmetscher bezahlen. Der Dolmetscher kann Gebärden·sprache. Der Dolmetscher kann auch sprechen und hören. Der Dolmetscher übersetzt für Sie. Der Dolmetscher ist ein Gebärden·sprach-Dolmetscher.

Diese Verfahren der direkten Adressierung kommen nicht für alle Textsorten in Betracht, sondern beschränken sich auf solche Texte, die den Leser(inne)n eine Aktionsmöglichkeit eröffnen. Da bei der Bereitstellung von Angeboten in Leichter Sprache jedoch gegenwärtig die aktive Teilhabe von Personen mit Beeinträchtigung der Lesefähigkeit an allen Bereichen des öffentlichen Lebens im Fokus steht, ist der Anteil von Leichte-Sprache-Texten, die über eine reine Information hinaus auch eine Orientierungsfunktion aufweisen, vergleichsweise groß. Diese Texte enthalten häufiger als ihre standardsprachlichen Entsprechungen direkte Adressierungen.

12.4.2.2 Höflichkeit

Höflichkeit ist eine Kategorie, die in Leichter Sprache ebenso wie in der Standardsprache existiert. Leichte-Sprache-Texte enthalten, wie eben beschrieben, durch die Benennung der Handlungsträger mehr direkte Adressierungen als durchschnittliche standardsprachliche Texte. Insgesamt weist die Kategorie Höflichkeit in Leichte-Sprache-Texten eine auffällige Ausprägung auf.

Das Netzwerk Leichte Sprache weist lediglich darauf hin, dass die Adressatenschaft nicht pauschal geduzt werden dürfe. Diese Regel hat in diesem Bereich eine besondere Brisanz: Werden Personen geduzt, die eigentlich gesiezt werden müssten, so handelt es sich um einen eklatanten Regelverstoß. Unangemessenes Duzen verstößt sowohl gegen die Gebote der negativ-schonenden als auch der positiv-entgegenkommenden Höflichkeit (Unterscheidung nach Brown-Levinson 1987, Terminologie nach Weinrich 1986: 9), insofern ist es einerseits unangemessen vertraulich und andererseits asymmetrisch.

In Leichter Sprache dominieren auch mit Bezug auf sprachliche Höflichkeit direkte Versprachlichungsverfahren gegenüber den indirekten. Hier liegt eine Abweichung im Vergleich zur Standardsprache vor, wo negative Höflichkeit, die also auf Schonung des Gesprächspartners und auf Vermeidung von sozialen Übergriffen ausgerichtet ist, häufig indirekt signalisiert wird. Solche Verfahren sind in Leichter Sprache aber nicht adressatengerecht. Typische Strategien der negativen Höflichkeit, die sich wenig für einen Übertrag in Leichte Sprache eignen, sind u. a. die folgenden, jeweils dargestellt am Beispiel des Erfragens der Uhrzeit:

- Indirekte Formulierungen: „Wenn man nur wüsste, wie spät es jetzt ist."
- Unpersönliche Formulierung: „Wie spät es jetzt wohl ist?"
- Formulierung einer Aufforderung in Form einer Frage: „Können Sie mir sagen, wie spät es ist?"
- Hedging: „Ich wüsste ja schon gern, wie spät es jetzt ist."
- Verbalisierung der nicht präferierten Variante: „Sie können mir nicht zufällig sagen, wie spät es ist?"

Dem Gesprächspartner werden mit solchen Verfahren auf sprachlicher Ebene selbst dort unterschiedliche Handlungsmöglichkeiten suggeriert, wo eine bestimmte Handlungsoption deutlich präferiert wird. Das schützt zwar dessen negative Face, d.h. er sieht sich nicht fremdbestimmt und alternativlos zu Handlungen verpflichtet. Im Leichte-Sprache-Kontext sind diese Formulierungen aber nicht handlungsleitend genug. Durch das Grice'sche Kooperationsprinzip sind standardsprachliche Adressat(inn)en in der Lage, die präferierte Option zu ermitteln. Sie müssen allerdings in der Lage sein einzuschätzen, inwiefern in einer gegebenen Situation die Konversationsmaximen (Quantität, Qualität, Relevanz, Modalität; Grice 1975) gewahrt sind. Dafür ist eine sichere Kenntnis dessen erforderlich, was mit Bezug auf eine bestimmte Textsorte als quantitativ, qualitativ und stilistisch angemessen und was als relevant gelten kann. Bei Leichte-Sprache-Leser(inne)n kann dieses Verständnis nicht vorausgesetzt werden, weshalb auch mit Bezug auf sprachliche Höflichkeit direkte Formulierungen bevorzugt werden („Bitte sagen Sie mir: Wie spät ist es?").

Direkte Verfahren der negativen Höflichkeit gelten als tendenziell weniger höflich als die indirekten Verfahren (so schon bei Brown und Levinson 1987), so dass diese Beschränkung der Mittel Auswirkung auf die Wahrnehmung der Texte hat. Es kann darum zusätzlich mit Mitteln der positiven Höflichkeit gearbeitet werden. Dabei wird explizit Kooperation mit dem Gesprächspartner demonstriert. Die höfliche, handlungsleitende Ansprache der Adressat(inn)en auf Textebene ist ein Charakteristikum von Leichte-Sprache-Texten (für ein Beispiel s. o. den Abschnitt 12.4.1.3).

12.4.3 Verfahren der metakommunikativen Kommentierung

12.4.3.1 Explizite Benennung der Textfunktion

Eine der zentralen Eigenschaften eines Texts ist, dass ihm eine Hauptfunktion zugewiesen werden kann. Ob ein Text erfolgreich rezipiert werden kann, hängt entscheidend davon ab, ob seine Funktion für die Rezipient(inn)en wahrnehmbar ist. Geübte Leser(innen) können Erkenntnisse über die Funktion von Texten häufig bereits auf den ersten Blick über die Zuordnung zu einer Textsorte gewinnen. Leichte-Sprache-Leser(innen) haben weniger Intertextualitätserfahrung. Die Sprachfunktion muss darum für diese Leserschaft deutlich herausgearbeitet werden. Es kann dabei auch expliziert werden, was ein Text gerade nicht leistet (etwa fehlende Justiziabilität).

12.4.3.2 Verwendung von Textverweisen

Texte sind, wie bereits oben ausgeführt, nur oberflächlich linear strukturiert. Textdeiktische Verweise tragen dem Rechnung: Sie helfen den Leser(inne)n, den logischen Zusammenhalt des Texts zu erkennen, seine Linien und Zusammenhänge, aber auch seine Strukturiertheit und die Gegliedertheit seiner Argumente. Textdeiktische Verweise sind darum ein Mittel, um komplexe Inhalte und ihre interne Vernetzung verständlich zu machen. Sie sind ein wichtiges Instrument zur Umsetzung des Anliegens Leichter Sprache – verständliche Darstellung schwieriger Zusammenhänge. Auch das Netzwerk Leichte Sprache bedient sich im Übrigen häufig textdeiktischer Verweise: Die formelhafte Wendung *Das schwere Wort dafür ist: …* ist ein textdeiktischer Verweis vom Typ Komplexbildung (s. u.). Dazu handelt es sich um einen besonders anspruchsvollen Verweistyp: Um zu verstehen, worauf sich *dafür* bezieht, muss die Leserichtung umgekehrt und im bereits rezipierten Text der Skopus ermittelt werden. In Prüfgruppentests schneidet dieser Verweistyp entsprechend schlecht ab. Leichter verständlich sind Verweise in Leserichtung (s. u.).

In Leichte-Sprache-Texten findet sich eine große Fülle an intratextuellen deiktischen Verweisen, die durch die typischen Paraphrase- und Erläuterungsstrukturen generiert werden. Auch metasprachliche Verweise im engeren Sinne, die in standarddeutschen Texten nicht sehr oft vorkommen, treten in Leichte-Sprache-Texten gehäuft auf.

Textinterne Verweise können entgegen der Leserichtung (anadeiktisch) oder in Leserichtung (katadeiktisch) referieren; zudem können sie auf Textteile in der Nähe (proximal) ihres Vorkommens oder auf entfernte Textstellen (distal) verweisen. Das folgende Beispiel enthält einen proximalen anadeiktischen Textverweis (Hervorhebung U.B., C.M.):

(1)   Sie bekommen eine Ladung.
          Eine Ladung ist ein Brief vom Gericht.
          Mit diesem Brief werden Sie als Zeuge geladen.
     Sie haben eine Ladung erhalten?
     Dann müssen Sie zum Gericht kommen.
     Sie müssen vor dem Gericht eine Zeugen-aussage machen.
     Das ist die Pflicht von jedem Bürger.

Die dem verweisenden *das* (s. auch Kap. 9.2.2.3) vorangehenden beiden Sätze werden hier durch den Textverweis inkapsuliert und kommentiert. Der Leser muss dabei erkennen, dass sich *das* auf etwas direkt vorher Geäußertes bezieht, und er muss den Umfang der Inkapsulation selbst erfassen. Katadeiktische Komplexbildungen sind leichter zu erfassen, insbesondere wenn sie eingerückt erscheinen und damit eine Hilfestellung bezüglich ihres Umfangs gegeben wird. Die vom Leser erwartete Handlung – die Auflösung einer Komplexbildung – wird hier vorab angekündigt:

(2)   **So** muss ein Richter sein:
          Ein Richter muss sehr genau sein.
          Und ein Richter muss seine Entscheidungen gut überlegen.
          Und ein Richter muss mitfühlen können.

Katadeiktische Komplexbildungen treten in Leichter Sprache vergleichsweise häufiger auf als in der Standardsprache, wo anadeiktische Komplexbildungen den weitaus frequenteren Fall darstellen (Maaß 2010). Durch die textdeiktische Wendung und den Doppelpunkt wird die Aufmerksamkeit des Lesers auf den nachfolgenden Textteil gelenkt. Die textdeiktische Wendung stellt einen Wechsel von der Objekt- auf die Metaebene her und leitet eine Erläuterung oder Exemplifizierung ein.

Insgesamt enthalten standardsprachliche schriftliche Texte üblicherweise mehr anadeiktische Verweise als katadeiktische und mehr proximale als distale (Maaß 2010): Die Verstehenswahrscheinlichkeit bei Verweisen, bei denen nur die Augen bewegt werden müssen, ist größer als bei Verweisen, bei denen im Text geblättert oder gescrollt werden muss. Für Texte in Leichter Sprache liegen hier noch keine Studien vor. Dennoch ist davon auszugehen, dass proximale Verweise in der Tendenz gegenüber solchen distalen Verweisen zu bevorzugen sind, die großräumigere Bewegungen im Text erfordern. Die Bevorzugung proximaler vor distalen Strukturen verdichtet sich in Leichter Sprache zu einem Prinzip (s. o. Kap. 12.3.2, aber auch Kap. 7.4.1.4 und Kap. 13)

Darüber hinaus liegt aufgrund erster Befunde aus den Prüfgruppentests die Vermutung nahe, dass anadeiktische Textverweise schlechter verstanden werden als katadeiktische: Anadeiktische Textverweise beziehen sich auf bereits Rezipiertes. Dieses muss entweder für den Leser noch im Arbeits- oder Langzeitgedächtnis zugänglich sein, oder es wird eine Umkehr der Leserichtung nötig, um herauszufinden, worauf sich der Verweis bezieht. Katadeiktische Verweise gestatten dem Leser dagegen eine Fortsetzung des Leseprozesses und geben zugleich eine Vorausorientierung. Insbesondere wenn auf entferntere Textstellen verwiesen wird, muss der Verweis semantisch gehaltvoll sein. Verweise wie *Adresse siehe unten* sind für Leichte Sprache nicht angemessen. Der Verweis bedarf einer eindeutigen Handlungsanweisung: *Die Adresse finden Sie ganz unten auf dieser Seite.*

Textverweise stützen insgesamt besonders die Textkriterien Kohärenz und kommunikative Funktion.

12.4.3.3 Verfahren der Themenrahmung

Die Themenrahmung, die in Leichter Sprache häufiger und bei einer größeren Zahl von Textsorten auftritt als in der Standardsprache, ist ein weiteres Explizierungsverfahren, allerdings auf der Makroebene. Dabei wird zu Beginn die Art der Anbindung der nachfolgend eröffneten mentalen Räume an den Basis-Raum explizit gemacht (für ein Beispiel in einem historischen Text, s. Kap. 11.3.1). Nicht zuletzt kann auf diese Weise auch der Wegfall des Präteritums kompensiert werden. Eine Rahmung kann auch bei journalistischen Texten eingesetzt werden, die mit der eigentlichen Nachricht beginnen und im Anschluss deren chronologisch vorgängige Genese und ihre Folgen bringen. Hier hilft die Rahmung dabei, mit den weniger komplexen temporalen Mitteln der Leichten Sprache auszukommen.

Dass die Rahmung dazu führt, dass der Text letztlich mit den zur Verfügung stehenden morphologischen Ressourcen zur Versprachlichung von Tempus auskommt, zeigt, wie groß die explikative Kraft dieses Verfahrens ist. Ein Text, der zu Beginn deutlich ausführt, was er ist und welche Art von thematischer Entfaltung nachfolgend zu erwarten ist, orientiert den Leser in besonders offensichtlicher Weise auf die Textfunktion, was seiner Verständlichkeit zuträglich ist. Neben einer Stützung der thematischen Kohärenz und einer Explizierung der kommunikativen Funktion wird auch die Wahrnehmung des Texts als Ganzheit erleichtert.

12.5 Zusammenfassung

Sowohl mit Blick auf Verstehen als auch auf Verständlichkeit stellt die Textebene in Leichter Sprache eine Herausforderung dar. Auf der Seite des Textverstehens sind Probleme der primären Adressat(inn)en mit dem Leseprozess als solchem zu konstatieren (s. Kap. 4.1). Nicht immer genügt das Leseniveau, um Prozesse jenseits der Satzgrenze zu erfassen. Nur dann können jedoch Textthema oder kommunikative Funktion eines Texts verstanden werden und die Leser(innen) zu einem hinreichenden Verständnis eines Texts gelangen.

Auf Seiten der Verständlichkeit haben wir eine Kollision zwischen den für Leichte Sprache kennzeichnenden additiven und reduktiven Verfahren, die zu einer besseren Verständlichkeit der lokalen Ebene führen, und den Anforderungen der Textebene festgestellt. Texte sind Ganzheiten. Sie haben üblicherweise Begrenzungen; sie weisen grammatische und thematische Kohärenz und eine kommunikative Funktion auf und sind Vertreter von Textsorten. Manche additiven Verfahren greifen in das Kriterium der Begrenzung ein (Glossare), sehr viele reduktive und additive Verfahren wirken sich negativ auf die Textkohärenz und auf die Wahrnehmbarkeit der kommunikativen Funktion und des Textganzen aus.

Auf der anderen Seite haben wir eine Reihe von Verfahren offengelegt, die in Leichter Sprache stabilisierend auf die Textebene wirken. Auch hier sind es wieder Verfahren der Explizierung, die diesmal jedoch den Gesamttext als Skopus haben: Zwischenüberschriften und Randglossen, Adressierungen, Textverweise und Themenrahmungen machen die Strukturen, Funktionen von Abschnitten, intendierte Handlungen und Verläufe explizit. So können in Leichter Sprache funktionierende Texte erstellt werden, die sich an den Verstehensvoraussetzungen der primären Adressatenschaft ausrichten. Insbesondere die typografischen Verfahren stellen selbst Intertextualitätsbeziehungen her, wodurch sich aktuell ein wahrnehmbarer Textkosmos von Leichte-Sprache-Texten herausbildet.

Auf Textebene zeigen sich gleichwohl die Grenzen Leichter Sprache: Durch Verfahren der Reduktion und Addition wird die Ästhetik der Leichte-Sprache-Texte erheblich beeinflusst. Textsorten sind in sprachlicher Hinsicht nur noch in eingeschränktem Maße umsetzbar. Implizites wird explizit, was Auswirkungen auf die Umsetzbarkeit von pragmatischen Kategorien wie sprachliche Höflichkeit hat. Bei Textsorten, die das sprachliche Inventar in besonderer Weise ausschöpfen, etwa poetischen oder fachlichen Texten, gelangt die Darstellbarkeit in Leichter Sprache an ihre Grenzen. Das reduziert die Akzeptabilität von Texten in Leichter Sprache, insbesondere für Personengruppen, die nicht zu den primären Adressat(inn)en gehören. Allerdings darf dabei nicht vergessen werden, dass die primären Adressat(inn)en ohne Leichte Sprache von der Teilnahme am Diskurs ausgeschlossen blieben und keinen Zugriff auf schriftliche Informationen hätten. Leichte Sprache gewinnt hier eine Bedeutung für die Inklusionsbemühungen der Gesellschaft, die die genannten Nachteile mehr als aufwiegt.

13 Strukturprinzipien Leichter Sprache

13.1 Die Kernfunktion Leichter Sprache

Die Kernfunktion der Leichten Sprache ist es, geschriebene Information so aufzubereiten, dass sie auch von Leser(inne)n mit geringer Leseerfahrung und/oder Beeinträchtigungen, die das Lesen erschweren (Kap. 5), selbständig rezipiert werden kann. Konstitutiv für Texte in Leichter Sprache sind deshalb die **Verständlichkeit** und die **Perzipierbarkeit** (s. Kap. 4), wobei letztere die Voraussetzung für erstere ist. Alle anderen Sprach- und Textparameter treten hinter diese beiden Funktionen zurück.

13.1.1 Verständlichkeit – Orientierung an der konzeptionellen Mündlichkeit

Um maximale Verständlichkeit zu erzielen, nutzt die Leichte Sprache Strukturen der konzeptionellen Mündlichkeit, greift also die primären sprachlichen Ressourcen der Adressat(inn)en auf:

Mündliche Kommunikation ist durch Unmittelbarkeit ausgezeichnet. Sie ist konkret und situationseingebunden, die Kommunikationspartner sind während des Kommunikationsaktes anwesend; die Verständigung kann so während der Kommunikation überprüft und sichergestellt werden. Neben sprachlichen können parasprachliche (Intonation, Lautstärke …) sowie nichtsprachliche Mittel (Mimik, Gestik) als Interpretationsressource genutzt werden.

Die sprachlichen Mittel und die Diskursstrukturierung der Mündlichkeit sind auf das unmittelbare, simultane Verstehen hin ausgerichtet. Koch/Oesterreicher (1985; s. dazu Kap. 1.1.2) sprechen zusammenfassend von der „Sprache der Nähe", die auch ein wesentliches Kennzeichen für Leichte Sprache ist:

Leichte Sprache ist adressiert (persönliche Ansprache, Begleitung durch Leitfiguren), situiert (Personifizierung, Polyphonie) und multikodal (Bildunterstützung); sie bevorzugt den verbalen vor dem nominalen Stil, vermeidet komplexe Nominalstrukturen (Präpositional- statt Genitivkonstruktionen), bevorzugt insgesamt analytische vor synthetischen Strukturen (Perfekt statt Präteritum), präferiert lineare vor hierarchischer Informationsstrukturierung (Satzreihen statt Satzgefüge) und ist eher handlungs- als geschehensorientiert (Aktiv statt Passiv).

13.1.2 Perzipierbarkeit – Typografische und informationelle Aufbereitung

Auch in der Medialität brauchen die Adressaten von Leichter Sprache eine im hohen Maß aufbereitete und an die Bedürfnisse angepasste Oberfläche, weil durch die fehlende Leseerfahrung und teilweise auch zusätzlich durch eine Behinderung (Minderung der Aufmerksamkeits- und Gedächtnisspanne, mangelnde räumliche Orientierungsfähigkeit im Text und im Textkörper, manchmal schon im Einzelwort) eine Beeinträchtigung der Perzeptionsfähigkeit vorliegt.

Zur Sicherung der Perzipierbarkeit werden Texte deshalb typografisch so aufbereitet, dass die Informationsstruktur optisch leicht und unmittelbar zugänglich ist.

Die auffälligste und wichtigste Oberflächeneigenschaft von Leichte-Sprache-Texten ist die Präferenz für eine typografische statt einer sprachlichen Gliederung. Dazu gehören die listenmodale Schreibweise (ein Satz pro Zeile), die Einrückungen zur optischen Gliederung von Informationshierarchien sowie die intensive Nutzung von Zwischenüberschriften, die den Text in typografisch unmittelbar wahrnehmbare Abschnitte gliedern.

Zur Vermeidung des Split-Attention-Effekts werden Bilder und Worterklärungen nah am Text, im integrativen Format präsentiert. Auf Wortebene werden komplexe Wörter mit dem Mediopunkt gekennzeichnet. Mit der Wahl von serifenlosen, unverbundenen Antiquaschriften und dem Verzicht auf jede Form von Ornamentalität und dekorative Elemente beschränkt sich Leichte Sprache auf prototypische Schriftelemente, die nur das visualisieren, was für die basale Sinnentnahme erforderlich ist. Hervorhebungen (Fettdruck, Unterstreichungen) werden insgesamt dosiert verwendet; sie werden gebraucht, um potenzielle Verstehenshürden zu reduzieren (Negation), um thematische Fokussierungen vorzunehmen (Kernbegriffe) und um Textverweise anzuzeigen (ausgelagerte Worterklärungen). Die Schriftgröße (mind. 14 Punkt) erleichtert Leser(inne)n mit Sehbeeinträchtigungen die Wahrnehmbarkeit.

Eine zweite, dynamische Dimension der Perzipierbarkeit betrifft den Vorgang des Lesens selbst: Lesen ist ein Prozess, bei dem Informationen nacheinander erschlossen werden. Bei geringer Aufmerksamkeits- und Gedächtnisspanne können bereits gegebene Informationen häufig nicht in allen erforderlichen Dimensionen gespeichert und für die Rezeption des Folgetextes ausgewertet werden. Deshalb werden zusammengehörende Informationen möglichst nah beieinander angeordnet.

Aber auch auf der Mikroebene greift das Prinzip der möglichst unmittelbaren Verfügbarkeit von Information: Präferiert werden kurze Sätze; lange Mittelfeldkonstruktionen, die das Auffinden des Hauptverbs und damit die Interpretation des Gesamtsatzes erschweren, werden vermieden. Worterklärungen werden nicht nur beim ersten Auftreten, sondern bei jedem Auftreten des entsprechenden Ausdrucks angeboten. Darüber hinaus verzichtet die Leichte Sprache auf anaphorische Verweisungen mit drittpersonigen Personalpronomen, für deren Auswertungen grammatisch kodierte Vorinformationen aktiviert werden müssen; der gemeinte Referent wird stets an Ort und Stelle aktiviert. Bei erforderlich werdenden Textverweisen wird, wegen der nach vorn orientierten Leserichtung, die Vorverweisung (Kataphorik) vor der Rückverweisung (Anaphorik) präferiert.

13.2 Leitprinzipien Leichter Sprache

13.2.1 Das Prinzip der Proximität

Aus den beschriebenen Merkmalen, die von den primären Adressaten ausgehen (Basis der Verständlichkeit auf der Grundlage von Mündlichkeit; Basis der Perzeption auf der Grundlage der Anpassung an die Perzeptionsfähigkeit), ergibt sich nun als übergreifendes Leitprinzip für Leichte Sprache das Prinzip der Proximität.

Nahezu alle Eigenschaften der Leichten Sprache sind die Folge einer Ausrichtung des Textes an der maximalen Nähe zum Leser, an dessen unmittelbarem Ich, Hier und Jetzt im Sinne Bühlers (1934). Das gilt für die konzeptionelle Orientierung an der Mündlichkeit („Sprache der Nähe") ebenso wie für die mediale Orientierung an der unmittelbaren, kleinräumigen Perzeption.

Es gilt aber auch für die mentalen Räume, die in Texten eröffnet, ausgestattet und miteinander verknüpft werden. Wie in Kap. 11.3 in Anlehnung an Fauconnier (1997) ausgeführt wurde, startet die mentale Repräsentation der Welt von einem Basisraum aus, von dem aus weitere, ferner liegende mentale Räume etabliert werden können. Fauconnier nennt hier temporal ferne (Vergangenes, Künftiges) und modal ferne Welten (Mögliches/Kontrafaktisches/Fiktionales).

Der Basisraum selbst wird sprachlich mit dem Indikativ Präsens aufgerufen, mit dem wahre Aussagen, die im Hier und Jetzt gelten, verbalisiert werden. Eben diese Form, der Indikativ Präsens, der eine maximale Nähe zum Hier und Jetzt aufweist, ist in Leichter Sprache vor allen anderen Verbformen präferiert. Der Konjunktiv, mit dem Mögliches und Kontrafaktisches aufgerufen wird, ist nicht lizenziert; mögliche und kontrafaktische Welten müssen über teilweise aufwendige Explikationen, die die Potenzialität und die Kontrafaktizität in das Hier und Jetzt hereinholen, verbalisiert werden.

Und auch das, was in der Standardsprache mit dem Präteritum erreicht wird, die Versetzung in einen zeitlich oder fiktional fernen mentalen Raum, wird in Leichter Sprache, etwa durch rahmensetzende Elemente (*Wir sind im Jahr 1525*, s. Kap. 11.3.1), zugeschnitten und so in das Hier und Jetzt des Lesers hineingeholt.

Auf das Prinzip der Proximität lässt sich auch die Anforderung zurückführen, bei abstrakten Konzepten nach Vergleichsgrößen zu suchen, die konkret und aus dem Alltag bekannt sind (s. Kap. 7.2.2), oder abstrakte soziale Konfigurationen bzw. Rollen mit konkreten, alltagsnahen Szenarien bzw. Personen zu exemplifizieren (s. Kap. 9.2.1.3). Dadurch wird den Leser(inne)n von Leichte-Sprache-Texten eine erfahrungsnahe, dem Ich-Hier-Jetzt entsprechende Verarbeitung abstrakter Konzepte ermöglicht.

Das Prinzip der Proximität, also die Orientierung am unmittelbaren Ich-Hier-Jetzt des Lesers bildet den Gegenpol zur konzeptionellen Schriftlichkeit, die sich gerade der Emanzipation von Alltags- und Erfahrungsnähe verdankt: Das gesamte standardsprachliche Textuniversum ist durch die „Sprache der Distanz" (Koch/Oesterreicher 1985) geprägt.

Die Transformation von distanzsprachlichen in nähesprachliche Mittel und Muster hat notwendig gravierende Auswirkungen auf die Textstruktur, insbesondere auf die Möglichkeiten der Herstellung von **Textkohärenz**. Auch Textkonventionen oder Textsortendifferenzen werden weitgehend nivelliert.

In Kap. 12.4 haben wir aufgezeigt, welche Möglichkeiten zur Herstellung von Textualität mit den Mitteln der Leichten Sprache gegeben sind. Einer Annäherung an konventionelle Textmuster oder Textsorten bleiben jedoch unter Einhaltung des Prinzips der Proximität enge Grenzen gesetzt.

13.2.2 Das Prinzip der maximalen Explizitheit

Obwohl Leichte Sprache an der konzeptionellen Mündlichkeit orientiert ist, bleibt sie medial auf die Schriftlichkeit verwiesen. Der direkte Kommunikationspartner fehlt, die Möglichkeit der unmittelbaren, situativen Verständnissicherung ist gekappt.

Die Abwesenheit eines Kommunikationspartners macht es erforderlich, Verstehensschwierigkeiten zu antizipieren, die sich auf der Basis fehlender Welt-, Sprach- und Intertextualitätserfahrungen ergeben: Vieles von dem, was in standardsprachlichen Texten durch einfache Konventionen gesetzt ist, z.B. das Textmuster, die Textsorte, die erwartbare Themenentfaltung, aber auch die Frames und Scripts, die ein Text aufspannt, müssen in Leichter Sprache expliziert werden. Darüber hinaus müssen auch lokale

Implikaturen an die Oberfläche geholt werden und Fach- oder Fremdwörter erklärt werden.

Auch die Typografie folgt mit dem Verfahren des Setzens von Zwischenüberschriften dem Prinzip der maximalen Explizitheit.

Durch den hohen Explizitheitsgrad können Leichte-Sprache-Texte dem Gebot der **Ökonomie** nicht folgen. Sprachliche Kompaktheit, die standardsprachlichen Texten hohe Informationsdichte auf engem Raum erlaubt, ist in Einzelaussagen aufgelöst. Die erforderliche Erklärintensität lässt die Texte weiter quantitativ, aber auch qualitativ erodieren.

Hinzu kommt, dass die Texte eine hohe Redundanz aufweisen, da bedingt durch die geringe Leseleistung und Aufmerksamkeitsspanne vieler primärer Adressat(inn)en Erklärungen lokal erfolgen und bei Wiederauftreten eines Terminus auch wiederholt im Text erscheinen müssen. Auch dadurch verlieren Texte in Leichter Sprache ein Kriterium für Textualität, was nur teilweise ausgeglichen werden kann (Kap. 12).

13.2.3 Das Prinzip der Kontinuität

Durch die Intensität der erforderlich werdenden Erklärungen wird die Themenentfaltung von Leichte-Sprache-Texten in vielfacher Weise unterbrochen, was durch eine typografische Auslagerung der Erklärungen nur teilweise kompensiert werden kann. Texte in Leichter Sprache weisen deshalb überall dort, wo es möglich ist, maximale Kontinuität auf: Sie greifen auf prototypische Ausdrucksmittel zu (lexikalische Einfachheit), die stets konstant verwendet werden (Synonymievermeidung). Strukturell wird eine möglichst hohe Wiederholungsgenauigkeit angestrebt (gleichbleibende syntaktische Muster [SPO]), die Themenentwicklung enthält möglichst keine logischen Brüche, bei Ereignisfolgen wird die chronologische Ordnung vor Vor- oder Rückblenden präferiert.

Auch in der Typografie wird das Prinzip der Kontinuität befolgt: Leichte-Sprache-Texte weisen keine textinternen Schriftartenwechsel auf, Schreibungen bei Zahlen, Datums- oder Zeitangaben werden konstant gehalten, eine Worttrennung am Zeilenende ist nicht lizenziert. In den Netzwerkregeln wird darüber hinaus geregelt, dass „alle Wörter in eine[r] Zeile, die vom Sinn her zusammen gehören" (BMAS 2013: 59), gemeint sind syntaktische Konstituenten, zusammen in der Zeile stehen. Auch Sätze und Absätze sollen, den Netzwerkregeln folgend, wenn möglich zusammenbleiben (BMAS 2013: 60; ähnlich Inclusion Europe 2009: 17).

Mit dem Prinzip der Kontinuität wird die **ästhetische Dimension** von Texten, die in der Standardsprache etwa durch das bewusste Herbeiführen von Mehrdeutigkeit, durch Variantenreichtum, durch das Aufbrechen von Logik und Chronologie, aber auch durch selbstbezügliche

Sprachspiele ausgezeichnet ist, gekappt. Versteht man Ästhetik insgesamt als ein Experimentieren mit Sprache, ist die Realisierung der poetischen Sprachfunktion (Jakobson) mit Leichter Sprache konstitutiv unerreichbar; Inclusion Europe (2009: 8) äußert sich hier wie folgt: „Es ist auch wichtig, dass es verständliche Geschichten oder Gedichte gibt. Aber das Projekt ‚Pathways' hat sich nur mit Informationen beschäftigt. Wir haben keine Zeit gehabt zu prüfen, ob die Regeln auch für Geschichten oder Gedichte passen." Folgt man den hier vorgetragenen Überlegungen, sind der Übersetzung, aber auch der Produktion von literarästhetischen Texten in Leichter Sprache enge Grenzen gesetzt.

13.3 Die Struktur Leichter Sprache im Überblick

Die Tabelle auf den folgenden Seiten fasst die hier aufgeführten Kerneigenschaften, geordnet nach den übergreifenden konzeptionellen Gesichtspunkten, zusammen. In der jeweils linken Spalte steht das entsprechende Merkmal; es folgen die konkreten sprachlichen Realisierungsformen, die wir im vorliegenden Band ermittelt und beschrieben haben. In der rechten Spalte stehen die Regeln des Netzwerks (BMAS 2013), von Inclusion Europe (2009) und von BITV 2.0 (2011), die sich auf das jeweilige Merkmal beziehen. Dabei haben wir Doppelnennungen, also sich überschneidende Regeldokumentationen, vermieden (zum Vergleich der Regelwerke s. Kap. 3); ebenso wurden hier zur Erhöhung der Lesbarkeit die Seitenverweise unterdrückt. Einige Regeln der Regelwerke sind für mehr als ein Merkmal relevant; sie werden dann jeweils an diesen Stellen genannt, so dass vereinzelt Doppelungen auftreten.

13 Strukturprinzipien Leichter Sprache

1. Proximität

Verständlichkeit / Konzeptionelle Mündlichkeit — BMAS, Inclusion Europe, BITV 2.0

adressiert	• persönliche Ansprache • Begleitung durch Leitfiguren	**Sprechen Sie Leser und Leserinnen persönlich an.** *Es muss klar sein: für wen ist die Information und worum geht es.*
situiert	• Personifizierung von Rollenträgern durch Eigennamen • Verteilung von Informationen auf verschiedene Stimmen (Polyphonie) • direkte vor indirekter Rede	–
multikodal	Einsatz von (konvergenten) Bildern	**Benutzen Sie Bilder.**
linear	Verzicht auf Satzgefüge	**Machen Sie in jedem Satz nur eine Aussage.**
analytisch	• Perfekt statt Präteritum • Verbal- oder Präpositionalphrase statt Genitiv • Satzstrukturen statt Substantivierungen	*Wenn Sie von etwas schreiben, das in der Vergangenheit war: verwenden Sie das Perfekt. Verwenden Sie nicht die Mitvergangenheit (Präteritum).* **Vermeiden Sie den Genitiv. Benutzen Sie Verben. Vermeiden Sie Hauptwörter.**
handlungsorientiert	Verzicht auf Passivkonstruktionen	**Benutzen Sie aktive Wörter.**
redundant	Wiederholungen	*Es ist in Ordnung, wenn Sie wichtige Informationen wiederholen.*

Verständlichkeit / Mentale Modelle und Textgegenstände

faktisch	Indikativ	**Vermeiden Sie den Konjunktiv.**
gegenwärtig	Präsens	–
wahr	Negationsvermeidung	**Benutzen Sie positive Sprache.**
exemplifizierend	alltagsnahe Beispiele	*Verwenden Sie Beispiele, um Dinge zu erklären. Die Beispiele soll jeder aus dem Alltag kennen.*

Die Struktur Leichter Sprache im Überblick

konkret	alltagsnahe Vergleichsgrößen für abstrakte Konzepte	Abstrakte Begriffe und Fremdwörter sind zu vermeiden oder mit Hilfe konkreter Beispiele zu erläutern.	
zentral	prototypische lexikalische Ausdrücke	**Benutzen Sie einfache Wörter. Benutzen Sie Wörter, die etwas genau beschreiben. Benutzen Sie bekannte Wörter. Verzichten Sie auf Fach-Wörter und Fremd-Wörter. Vermeiden Sie Rede-Wendungen und bildliche Sprache.**	

Perzipierbarkeit

typografisch gegliedert	• Listenmodus • Einrückung • Zwischenüberschriften • Hyperstruktur • Mediopunkt • Hervorhebungen (fett, unterstrichen) • Schwarz auf Weiß • keine Hintergrundbilder • Linksbündigkeit	**Schreiben Sie jeden Satz in eine neue Zeile. Lassen Sie genug Abstand zwischen den Zeilen. Machen Sie viele Absätze und Überschriften. Trennen Sie lange Wörter mit dem Bindestrich. Heben Sie wichtige Dinge hervor.** *Sorgen Sie dafür, dass man die wichtigste Information leicht finden kann.* **Benutzen Sie dunkle Schrift. Und helles Papier. Benutzen Sie Bilder nicht als Hintergrund. Schreiben Sie immer linksbündig.**
basal	• serifenlose, unverbundene Antiquaschriften • reduzierter Sonderzeichensatz • reduziertes Interpunktionsinventar	**Benutzen Sie eine einfache Schrift. Vermeiden Sie Sonder-Zeichen.** *Vermeiden Sie zu viele Satz-Zeichen.*

13 Strukturprinzipien Leichter Sprache

vernetzt	• inhaltliche Bündelungen • integriertes Format (Bilder, ausgelagerte Erläuterungen) • Color Coding; Labelling; grafische Verbindung	**Schreiben Sie alles zusammen, was zusammen gehört.** *Die wichtigste Information an den Anfang des Textes schreiben.* **Verweisen Sie nicht auf andere Stellen im Text.** *Verwenden Sie niemals Fußnoten.*
leserichtungstreu	Vorverweisungen (Kata- vor Anaphorik)	**Kündigen Sie schwere Wörter an.**
leseprozessnah	• Verzicht auf Personalpronomina • kurzes Mittelfeld • redundante Worterklärungen	*Seien Sie vorsichtig, wenn Sie Pronomen verwenden.* **Benutzen Sie einen einfachen Satzbau.** *Es ist in Ordnung, wenn Sie schwierige Wörter öfter als einmal erklären.* *Wenn möglich, erklären Sie die Wörter gleich.* *Vermeiden Sie alles, was die Leute verwirren kann. Zum Beispiel Zeit-Lupe oder Zeit-Raffer (Bezug: Video).*

2. Maximale Explizitheit

erklärend	• Erläuterung von Textsorten • Erläuterung von Scripts/Frames • Wort- und Begriffsklärungen • Auflösung von Implikaturen	*Erklären Sie genau, um was es bei Ihren Informationen geht.* **Erklären Sie schwere Wörter.** *Sie können am Ende vom Text ein Wörter-Buch machen.*
maximal informativ	• exhaustive Information • Verzicht auf Abkürzungen	*Geben Sie dem Leser immer alle Informationen, die er braucht.* **Verzichten Sie auf Abkürzungen.**
orientierend	Zwischenüberschriften	**Machen Sie viele Absätze und Überschriften.**

3. Kontinuität

homogen	• SPO als präferiertes syntaktisches Muster • lineare Themenentwicklung • chronologische Ereignisabfolge • kalkulatorische Zahlen in Ziffernschreibweise • gleichbleibende Auszeichnungspraktiken • Verzicht auf Worttrennung am Zeilenende	**Schreiben Sie kurze Sätze.** **Benutzen Sie einen einfachen Satzbau.** **Vermeiden Sie Fragen im Text.** *Achten Sie darauf, dass Ihr Textaufbau logisch ist. Man muss dem Text leicht folgen können und die Informationen leicht verstehen können.* *Vermeiden Sie alles, was die Leute verwirren kann. Zum Beispiel Zeit-Lupe oder Zeit-Raffer (Bezug: Video).* **Schreiben Sie Zahlen so, wie die meisten Menschen sie kennen.** *Unterstreichen Sie keine Überschriften oder Wörter, die keine „Links" sind. Sonst wollen die Leute draufklicken.* **Trennen Sie keine Wörter am Ende einer Zeile.**
konstant	• Synonymievermeidung • textinterne Schriftartentreue • Konstanthalten von Datums-, Zeit- und Maßeinheiten	**Benutzen Sie immer die gleichen Wörter für die gleichen Dinge.** **Benutzen Sie am besten immer nur eine Schrift-Art.**

13.4 Leichte Sprache und Standardsprache im Vergleich – Isolation vs. Integration

Die Entwicklung der deutschen Standardsprache ist schriftbasiert. Die wichtigsten Entwicklungsschübe hängen zusammen mit den „Erfordernisse[n] modernisierender, hochkomplexer Strukturen und Praktiken des Schreibens, Druckens und Lesens" von sich ausdifferenzierenden Textsorten (von Polenz, 2013: 262). Einer der entscheidenden Mechanismen des damit angestoßenen Sprachwandels ist die Grammatikalisierung. Darunter wird ganz allgemein ein Prozess verstanden, bei dem lexikalische Ausdrücke zu grammatischen Ausdrücken bzw. Ausdrucksmitteln werden.

In loser Anlehnung an Lehmann (1995) lassen sich bei der Grammatikalisierung verschiedene Ebenenwechsel mit zunehmender Integrationstiefe unterscheiden:

Ebene:	Lexikon/Diskurs	Syntax	Morphologie
Integrationstiefe:	isoliert	analytisch	synthetisch/integriert
	----------▶	----------▶	
	Syntaktisierung		Morphologisierung
Beispiel:	*in der Folge*	*in Folge*	*infolge*
	der Trotz	*x zum Trotz*	*trotz* [Präposition]

In synthetischen Formen sind lexikalische und grammatische Bedeutungen maximal integriert; dadurch nimmt die Informationsdichte der Sprache mit zunehmender Grammatikalisierung insgesamt zu.

Grammatikalisierungsprozesse sind unidirektional, d. h. es gibt keine Rückentwicklungen. Insgesamt lassen sich Prozesse, bei denen grammatische Ausdrücke bzw. Formen sich aus der Grammatik herauslösen und zu lexikalischen Ausdrücken werden, so gut wie nicht belegen. Dort, wo Sprachentwicklungen Degrammatikalisierungen zu zeigen scheinen, handelt es sich häufig um die Aktivierung von Sprachformen, die parallel zur Entwicklung des Standards in der weniger grammatikalisierten gesprochenen Sprache ohnehin vorhanden sind (Henn-Memmesheimer 2006).

Mit ihrer Orientierung an der konzeptionellen Mündlichkeit kehrt die Leichte Sprache die Grammatikalisierungstendenz um: Die am wenigsten präferierten Ausdrucksformen von Leichter Sprache sind die synthetischen; insgesamt selegiert die Leichte Sprache aus ihrer Quellsprache (Standard) überall diejenigen Formen mit der geringsten morphologischen und syntaktischen Belastung und damit diejenigen mit der geringsten Integrationstiefe. Ihre Gesamtstruktur ist damit tendenziell als isoliert zu bezeichnen.

Auf flexionsmorphologischer Ebene betrifft das die Abwahl des Präteritums, des Konjunktivs und des Passivs. Auf syntaktischer Ebene die Präferenz von Präpositional- oder Verbalphrasen (Verbgebot) vor komplexen Nominalkonstruktionen (Genitivverbot) sowie die lexikalische statt grammatische Wiederaufnahme von Textreferenten (Pronominalisierungsverzicht).

Noch weiter geht die Tendenz zur Isolation bei Texten: In der Standardsprache syntaktisch, mit Satzgefügen ausgedrückte Relationen zwischen

Sachverhalten werden in isolierte Einzelsätze aufgelöst. Zusätzlich geht die Sichtbarkeit des Zusammenhalts der Einzelaussagen durch die typografische Ordnung (Listenmodus) weiter verloren.

Ebenso wird auf Wortebene die Isolation präferiert, wenn in komplexen Wortbildungen Wortbausteine mit dem Mediopunkt voneinander separiert werden, um sie isoliert wahrnehmbar zu machen.

Die Isolation (auf Wortebene, auf Satzebene und auf Textebene), die ebenso wie die Prinzipien der Proximität, der maximalen Explikation und der Kontinuität das Resultat der Herstellung von maximaler Verständlichkeit und maximaler Perzipierbarkeit ist, kann zusammenfassend als das zentrale Format Leichter Sprache und damit als der herausragende formale Unterschied zum Format der Standardsprache gesehen werden, die zur Integration tendiert.

14 Leichte Sprache – Einfache Sprache – Standardsprache

Leichte Sprache richtet sich an Leser(innen) mit erheblichen Lesebeeinträchtigungen (s. Kap. 5). Wie aus den großen Studien leo (Grotlüschen/Riekmann 2011a), PISA (PISA. Die Kompetenzstufen 2002) und PIAAC (PIAAC 2013) bekannt ist, gibt es neben diesen Extremausprägungen aber gleichzeitig eine vielfältige Abstufung von Lesekompetenzniveaus; nicht alle schwachen Leser(innen) benötigen Texte in Leichter Sprache, aber bei Weitem nicht alle von ihnen verfügen über hinreichende Kompetenzen, standardsprachliche Texte zu verstehen.

Lehnt man sich an die quantitativen Befunde von leo und PIAAC an und bezieht sich dort auf das Niveau α4 (leo) bzw. die Kompetenzstufe II (PIAAC), so dürfte dies auf ein Drittel der erwachsenen Bevölkerung zutreffen.

Für Leser(innen), für die standardsprachliche Texte zu hohe Hürden darstellen, gilt, dass sie „das Lesen und Schreiben häufig [vermeiden]" (Grotlüschen/Riekmann 2011a: 2).

Um diesen Trend zu stoppen und möglichst viele Gesellschaftsmitglieder für die Partizipation am schriftsprachlichen Diskurs zu gewinnen, bedarf es deshalb eines Textangebots mit zunehmender, an die Lesefähigkeiten der verschiedenen Lesergruppen angepasster Komplexität.

Eine Graduierung von Erleichterungssystemen wird bereits in den 1997 erschienenen Guidelines for easy-to-read materials der International Federation of Library Associations and Institutions (IFLA) (s. Kap. 2.1.3) empfohlen: „Easy-to-read materials should be produced at various levels of difficulty" (Guidelines for easy-to-read materials 2010: 14). In der Tat haben seither unterschiedliche Praxisprojekte und praxisgeleitete Ansätze diesen Raum ausgemessen (vgl. zuletzt Ziegler/Eser/Abend/Piasecki/Ziegler 2015). Jedoch muss Bock noch 2014 feststellen, dass „eine eindeutige Abgrenzung [zwischen verschiedenen Schwierigkeitsausprägungen] […] mangels umfassenderer Forschung derzeit schwierig [ist]" (Bock 2014: 21). Und auch die Guidelines verlassen sich eher auf Erfahrungswissen als auf begründete Strukturkriterien (Guidelines for easy-to-read materials 2010: 10).

14.1 Einfache Sprache und Leichte Sprache – Abgrenzungen

Der Begriff für das Varietätenspektrum zwischen Leichter Sprache und Standardsprache ist der der Einfachen Sprache. Ein Modell für die Einfache Sprache, das auch einen Vorschlag zur Abgrenzung von Leichter Sprache beinhaltet, wurde von Wagner (2015) zur Diskussion gestellt; es wurde auf der Basis der praktischen Anforderungen an die Anpassung von Prüfungsaufgaben für Lehrlinge mit eingeschränkten Lesefähigkeiten ausgearbeitet (vgl. dazu auch Wagner/Schlenker-Schulte 2006). Die Besonderheit dieser Konstellation ist, dass solche Aufgaben zwar sprachlich variabel gestellt werden können, bei den Inhalten aber keine Anpassungen bzw. Reduktionen vorgenommen werden dürfen. Auf dieser Grundlage stellt Wagner das Spektrum aus Leichter, Einfacher und Standardsprache wie folgt dar:

	Leichte Sprache	Einfache Sprache	Standardsprache
sprachliche Reduktion	+	+	–
inhaltliche Reduktion	+	–	–

Tabelle 1: Leichte, Einfache und Standardsprache nach Wagner (2015)

Verbunden mit diesem Modell ist weniger eine Systembeschreibung als vielmehr eine in gewisser Hinsicht idealtypische Basis für Übersetzungs- bzw. Textoptimierungsentscheidungen: Als in Leichter Sprache verfasst gelten dann Texte, bei denen die inhaltliche Reduktion bereits Teil der Textplanung ist.

Im vorliegenden Band haben wir Leichte Sprache nicht als spezifische Textqualität, sondern als Sprachvarietät modelliert, die formal bestimmbare, feste Konturen aufweist, nicht aber in Bezug auf inhaltliche Eigenschaften festgelegt ist. Ein Leichte-Sprache-Text ist dann ein Text, der bestimmte sprachliche Eigenschaften aufweist und dies unabhängig vom Grad der inhaltlichen Reduktion. Ob und in welcher Intensität inhaltlich reduziert wird, ist in dem von uns vertretenen Modell jeweils abhängig von der intendierten Zielsituation (vgl. Kap. 6). Gleiches gilt, bei größerer sprachlicher Variabilität (s. u.), für die Einfache Sprache.

14 Leichte Sprache – Einfache Sprache – Standardsprache

Eine solche Modellvorstellung scheinen auch Magris/Ross (2015) und Bock (2014) zu verfolgen, die verschiedene Reduktionsvarietäten kontrastieren. Magris/Ross (2015: 12) stellen auf der Basis von Kellermann (2014) die Unterscheidungskriterien zwischen Leichter und Einfacher Sprache tabellarisch wie folgt gegenüber:

Leichte Sprache	Einfache Sprache
durch Richtlinien geregelt	weniger strikt geregelt
v. a. für Leute mit Lernschwierigkeiten nützlich	auch für andere Leser nützlich (ältere Menschen, Menschen mit geringen Deutschkenntnissen, Lernende einer Fremdsprache usw.)
kurze Hauptsätze, weitgehender Verzicht auf Nebensätze	längere Sätze; auch Nebensätze
Verwendung bekannter Wörter, Erklärung schwieriger Wörter	Verwendung auch schwieriger Begriffe
klares und großes Schriftbild	
ein neuer Absatz nach jedem Satzzeichen	nicht unbedingt ein neuer Absatz nach jedem Satzzeichen
übersichtliche Optik von Bild und Schrift	keine strenge Regulierung der Optik von Bild und Schrift
	Erscheinungsbild von Schrift und Bild weniger streng geregelt

Tabelle 2: Leichte Sprache – Einfache Sprache (Magris/Ross 2015: 12)

Eine ähnliche Übersicht stellt Bock (2014: 26) zur Verfügung, die wir auf der folgenden Seite in leicht reduzierter Form wiedergeben:

Einfache Sprache und Leichte Sprache – Abgrenzungen

	„bürgernah"	„einfach"	„leicht"
1. Zielgruppengröße und Zielgruppenspezifik	groß, eher unspezifisch	groß, spezifischer	klein, sehr spezifisch
2. Fach(sprach)lichkeit [sic]	fach(sprach)lich	fach(sprach)lich und alltäglich	fach(sprach)lich und alltäglich
3. sprachliche Komplexität	am komplexesten	[dazwischen]	am wenigsten komplex
4. Normiertheit und Kodifizierung	stark normiert, Kodifizierungen	wenig normiert, (bisher) keine Kodifizierung	unterschiedlich stark normiert, Kodifizierung

Tabelle 3: bürgernah – einfach – leicht (Bock 2014: 26, leicht gekürzt)

Bei Bock (2014) wird das Spektrum der Reduktionsvarietäten um die bürgernahe Sprache ergänzt. Die Anordnung in der Tabelle, aber auch die Einzelbeschreibungen legen die Annahme nahe, es handele sich hier um eine dritte Komplexitätsstufe im Spektrum der Reduktionsvarietäten. Tatsächlich aber ist die bürgernahe Sprache, wie auch Bock (2014: 22) schreibt, „auf die Kommunikationsbereiche Verwaltung und Recht beschränkt". Die bürgernahe Sprache ist demnach nicht einfach eine Reduktionsvarietät der Standardsprache, sondern eine Reduktionsvarietät von Fachsprachen, die ihrerseits spezifische (diastratische) Subvarietäten (s. Kap. 1.1.1) der Standardsprache bilden:

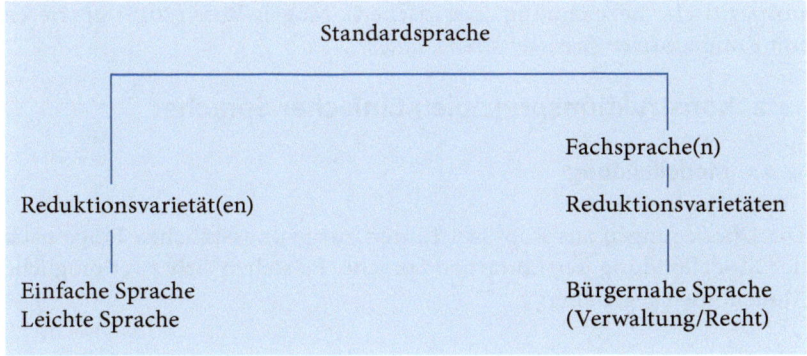

Abbildung 1: Die Systematik von Reduktionsvarietäten

Eine Beschreibung der bürgernahen Sprache, bei der durchaus auch graduierende Abstufungen denkbar sind, setzt die Beschreibung der Fachsprache voraus; diese wichtige Aufgabe wird im Rahmen der Fachsprachenforschung sowie der Erforschung der Experten-Laien-Kommunikation bearbeitet; sie ist nicht Gegenstand des vorliegenden Bandes. Wenn Texte in Einfacher oder in Leichter Sprache Übersetzungen fachsprachlicher Texte sind, wird auch hier die fachsprachenspezifische Verfasstheit des Ausgangstextes relevant; konstitutiv für Einfache oder Leichte Sprache ist die fachsprachliche Basis aber nicht.

Überschneidungen weisen die vergleichenden Gegenüberstellungen von Leichter und Einfacher Sprache in Bezug auf die Normiertheit/Kodifiziertheit, die Zielgruppenbeschreibung und die Struktur auf:

Die strengere Normiertheit der Leichten gegenüber der Einfachen Sprache, die in beiden Übersichten betont wird, verweist auf die Existenz von Regelwerken für Leichte Sprache (Kap. 2), die kein Pendant in der Einfachen Sprache haben. Die Zielgruppenbeschreibung bleibt in beiden Übersichten recht vage; anvisiert ist aber eine Gruppe von Rezipient(inn)en, die über mehr als rudimentäre Lesefähigkeiten verfügen. Darüber hinaus wird bei Magris/Ross (2015) explizit auf Lerner(innen) verwiesen und damit auch die Lernfunktion von Erleichterungssystemen in den Blick genommen; diese wird bereits in den Guidelines for easy-to-read materials (1997, in der Fassung von 2010: 5) angesprochen: „Readers with limited language or reading proficiency who, for a period of time, may find this kind of material useful. For these persons, easy-to-read publications can be a door-opener and a useful training resource. These materials can create interest and be a tool to improve reading skills."

Ebenso wie in Bezug auf die Adressat(inn)en bleiben beide Gegenüberstellungen auch in Bezug auf die Struktur vage; Bock (2014) wählt die sehr unspezifische Bezeichnung „dazwischen", Magris/Ross (2015) operieren mit Komparativen *(weniger streng, länger)*.

14.2 Konstruktionsprinzipien Einfacher Sprache

14.2.1 Modellbildung

Die Überlegungen aus Kap. 14.1 führen zur grundsätzlichen Frage nach der Modellbildung der Einfachen Sprache. Es stehen sich zwei mögliche Modelltypen gegenüber:

Konstruktionsprinzipien Einfacher Sprache

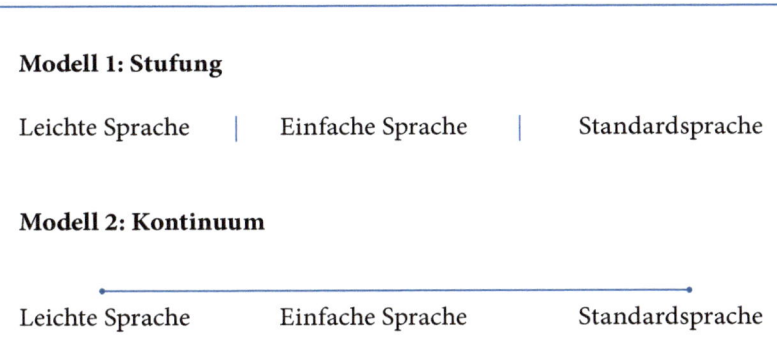

Abbildung 2: *Modelltypen für Einfache Sprache*

Das Stufenmodell (Modell 1) konzipiert Einfache Sprache als statisches System. Die Umsetzung dieses Modells wäre die Erstellung eines Regelsystems, das die Einfache Sprache analog zur Leichten Sprache beschreibt. Sowohl für sprachliche als auch für typografische Ausprägungen müssten eigene Anforderungen formuliert werden. Im Konzept des Kontinuums (Modell 2) ist Einfache Sprache ein in sich variables System, das in Abhängigkeit von den Zwecken und den intendierten Adressat(inn)en unterschiedlich komplex sein kann. Angesichts der weitreichenden Erfordernisse von sprachlichen Erleichterungen für breite Leserschaften scheint uns dieses zweite, dynamische Modell angemessener zu sein.

Geht man davon aus, dass Einfache Sprache im Gegensatz zur Leichten Sprache keine statische, sondern eine dynamische Varietät ist, kann es bei ihrer Beschreibung nicht um eine Kodifizierung gehen; vielmehr müssen Verfahren qualifiziert werden, mit denen es gelingen kann, graduierte Erleichterungs- bzw. Anreicherungspfade zu identifizieren. Wir werden im Folgenden solche Verfahren ausarbeiten und jeweils exemplarisch zeigen, welchen Beitrag sie bei Entscheidungen für die Konstruktion von Texten in Einfacher Sprache leisten können.

14.2.2 Orientierungskriterien

Zur Konstruktion von graduierten Erleichterungs- bzw. Aneignungspfaden muss ein definierter Begriff von Einfachheit vorliegen. Hier sind grundsätzlich zwei Leitorientierungen möglich: (1) die Orientierung an Sprach- und Texteigenschaften, (2) die Orientierung an der Leserschaft. Im ersten Fall (1) geht die Entscheidung, ob sprachliche Mittel oder Konstruktionen zugelassen sind oder nicht, von diesen Mitteln selbst und ihrer Relevanz für die Textherstellung aus:

Wie wir in Kap. 12 gesehen haben, haben die Eingriffe in lokale Konstruktionen unterschiedlich starke Auswirkungen auf die Textualität; so hat die Unterdrückung der pronominalen Wiederaufnahme ganz erhebliche Konsequenzen für die Kohärenzherstellung; das Fehlen des Konjunktivs macht eine aufwendige Explikation des angezielten mentalen Modells erforderlich (Kap. 11.3.2 und 11.3.3); der Genitiv verhindert an vielen Stellen kompakte Sachverhaltsdarstellungen (Kap. 8.1.1.2), Wort- und Begriffserklärungen stören den Textfluss (12.4.3).

Eine Entscheidung darüber, welche sprachlichen Mittel in komplexer werdenden Strukturen der Einfachen Sprache zugelassen werden, könnte sich dann nach den Konsequenzen richten, die man vermeiden will (z. B. Störung des Textflusses oder aufwendige Explikation mentaler Modelle), oder danach, welche Struktur den maximalen Gewinn für die (Wieder-) Herstellung von Textualität ergibt.

Im zweiten Fall (2) wird von der angenommenen Lesefähigkeit der intendierten Leserschaft ausgegangen.

Eine Möglichkeit zur Antizipation der Lesefähigkeit ist die Bezugnahme auf (empirisch gestützte) Kompetenzniveaus. Einen solchen Weg schlägt Capito ein; hier wird ein abgestuftes Leicht-Lesen-System vorgeschlagen, das auf den Kompetenzstufenbeschreibungen des Gemeinsamen Europäischen Referenzrahmens (GER) basiert. Weil der GER sich aber an Fremdsprachenlerner(inne)n orientiert und zudem stärker an produktiven als an rezeptiven und, gerade bei den unteren Niveaustufen, stärker auf mündliche als auf schriftliche Kommunikation bezogen ist, eignet sich diese Herangehensweise u. E. nur bedingt (s. auch Kap. 5.2.). Eine sinnvolle Orientierung könnten die Niveaubeschreibungen von leo, PIAAC oder PISA erbringen, die sich explizit auf die Lesekompetenz beziehen, aber auch allgemeine Erkenntnisse aus der Verstehens- und Verständlichkeitsforschung (Kap. 4). Eine weitere Möglichkeit der leserbezogenen Orientierung ist die Beobachtung von Erwerbs- und Abbauprozessen; was früh gelernt und spät verlernt wird, ist basaler und bietet sich eher an als später erworbene und früher verlernte Konstruktionen (s. beispielhaft Kap. 9.2.1).

Wir werden sehen, dass beide Orientierungen, die sprachliche/textuelle (1) und die leserbezogene (2), für eine Modellierung der Einfachen Sprache gebraucht werden.

14.2.3 Ableitungsrichtung

In der Übersicht von Bock (2014) steht die Einfache Sprache links, die Leichte rechts; dies legt eine Ableitungsrichtung vom Komplexen zum Einfachen nahe. Die Einfache Sprache wäre dann von der Standardsprache (bei Bock eventuell sogar von der bürgernahen Sprache) aus zu beschreiben, die Leichte Sprache von der Einfachen Sprache aus. Umgekehrt ist es bei Magris/Ross (2015): Die Autorinnen konzipieren die Einfache Sprache auf der Basis der Regularien der Leichten Sprache.

Wir schließen uns bei der Beschreibung der Einfachen Sprache der von Magris/Ross intendierten Ableitungsrichtung an, gehen also bei der Beschreibung der Einfachen Sprache nicht von der Standardsprache, sondern von der Leichten Sprache aus.

14.2.4 Addition und Reduktion/Auf- und Abbau

In Kap. 12.3.1 haben wir zwei Grundrichtungen des Eingriffs von Leichter Sprache in die Standardsprache unterschieden: Reduktion und Addition. Mit den Reduktionsverfahren ist die Unterdrückung von standardsprachlichen Mitteln angesprochen, mit der Addition kompensatorische Formen der Vertextung (etwa die intensive Erläuterungspraxis), die auch deshalb nötig werden, weil die Adressat(inn)en der Leichten Sprache nur über geringes Weltwissen und über geringe oder keine Texterfahrung verfügen.

Bei dem nun folgenden Entwurf des Konstrukts der Einfachen Sprache konzentrieren wir uns überwiegend auf den Rückbau der Reduktionen, konturieren die Einfache Sprache – ausgehend von der Leichten Sprache – also auf der Basis von sprachlichen Anreicherungsverfahren.

Tendenziell gilt: Die in Leichter Sprache eingesetzten additiven Verfahren können in Einfacher Sprache in dem Maß zurückgenommen werden, wie das sprachliche Spektrum erweitert wird.

14.3 Sprachliche Komplexität als Kontinuum – Verfahren der Anreicherung

Als statisches System schließen die Leichte-Sprache-Regeln global ganze Kategorien aus (z. B. Genitiv, anaphorische Pronomen, Satzgefüge); damit wird, wie in Kap. 13 gezeigt, eine erhebliche Degrammatikalisierung in Kauf genommen.

Mit der Einfachen Sprache ist eine sanfte Umkehrung dieser Degrammatikalisierung verknüpft. Dabei werden in Leichter Sprache global verbotene Kategorien sukzessive zugelassen (Kap. 14.3.1), wobei zusätzlich berücksichtigt wird, dass es innerhalb von jeder Kategorie unterschiedlich komplexe Vertreter gibt, die ebenfalls einer internen Zulassungsreihenfolge unterliegen (Kap. 14.3.2). In der Zusammenschau muss schließlich geprüft werden, wie die insgesamt angewählten Kategorien und ihre Vertreter zusammenspielen (Kap. 14.3.3).

14.3.1 Kategoriale Anreicherungsskalen

Die Reihenfolge, in der Kategorien zugelassen werden, ist am besten auf der Basis von Sprach- und Textkriterien (s. o.) zu modellieren, wobei die drei Dimensionen Textualität (Potenzial zur Herstellung von Kohärenz), Ökonomie (kompensatorischer Formulierungsaufwand) und Ästhetik (stilistische Akzeptabilität), die wir in Kap. 13 im Zusammenhang mit den Prinzipien der Leichten Sprache diskutiert haben, von entscheidender Bedeutung sind: Je tiefer ein Kategorienverbot der Leichten Sprache in diese Dimensionen eingreift, desto rascher sollte es in Einfacher Sprache zugelassen werden.

Die folgende Tabelle gibt eine Übersicht über die Eingriffstiefe in die jeweilige Dimension, die durch das Verbot grammatischer Kategorien (Kap. 8.1.; 9.2.2.3; 10.1) ausgelöst wird, wobei wir auf der Basis unserer Analysen ein vierstufiges System annehmen (gravierend (+++), hoch (++), gering (+), sehr gering (–). Dabei kommen den jeweiligen Kategorien nach dem Stand unserer Erkenntnis die folgenden Werte zu:

	Textualität/ Kohärenz	Ökonomie	Ästhetik
Pronomen	+++	+	+++
Satzgefüge	++	++	++
Konjunktiv	+	+++	+
Genitiv	–	+	+++
Präteritum	+	++	++
Passiv	+	+	+

Tabelle 4: Anreicherungskriterien

Aus dieser Einschätzung lassen sich Anreicherungspräferenzen für die Einfache Sprache ableiten.

Früh zugelassen werden sollten Pronomen und Satzgefüge; sie sind diejenigen, die den gravierendsten Einfluss auf alle Ebenen der Textqualität haben; insbesondere ist ihre Unterdrückung in hohem Maße kohärenzverweigernd. Als recht undramatisch in Bezug auf die Kohärenzherstellung erweist sich indessen die Unterdrückung des Genitivs; sie stellt jedoch ein erhebliches ästhetisches Problem dar – die kompensatorische *von*-Phrase als Genitivsatz *(das Haus von dem Lehrer)* wird von Kritiker(inne)n der

Leichten Sprache praktisch immer als Erstes aufgegriffen (s. Kap. 1.2.1), um die Leichte Sprache zu diskreditieren.

Auch die Vermeidung des Konjunktivs (Präsens, Präteritum) und des Präteritums (Indikativ) haben einen weniger starken Einfluss auf die Kohärenzsicherung als die Unterdrückung von Pronomen und Satzgefügen; dafür ist die Kompensation der mit ihnen aufgerufenen mentalen Modelle in Leichter Sprache vergleichsweise komplex (s. Kap. 11.3), was Folgen für die Textökonomie hat.

Die geringste Belastung für Texte scheint von der Passivvermeidung auszugehen; die Lizenzierung von Passivkonstruktionen kommt deshalb im Vergleich zu den anderen hier angeführten Strukturen in einem recht fortgeschrittenen Stadium von Einfacher Sprache hinzu.

14.3.2 Kategorieninterne Anreicherungsskalen

Ist eine Kategorie zugelassen, heißt das noch nicht, dass alle Vertreter dieser Kategorie in gleicher Weise für die Einfache Sprache geeignet sind. Denn die konkreten Ausprägungen, die sich unter einer Kategorie versammeln, sind mehr oder weniger leicht zu verarbeiten. Für die Erstellung von kategorieninternen Komplexitätsskalen ist deshalb nicht mehr die Text-, sondern die Leserperspektive leitend.

Wir demonstrieren das am Beispiel der Satzgefüge: In Kap. 10.1 haben wir unter Aussparung der Infinitivsätze zwischen verschiedenen Nebensatzformen unterschieden: adverbiale Nebensätze, Relativsätze, Ergänzungssätze.

Adverbiale Nebensätze bringen zwei Aussagen in eine semantische Relation zueinander; diese Relation wird mit einer Subjunktion (z. B. *obwohl*, *weil*, *als*) zum Ausdruck gebracht und damit an der Textoberfläche expliziert, was das Verstehen stützt. Die nachträgliche semantische Zuordnung der in Haupt- und Nebensatz ausgedrückten Sachverhalte belastet, wenn diese wie in Leichter Sprache in zwei autonomen Sätzen dargestellt sind, den Leseprozess (s. Kap. 10.1).

Ergänzungssätze *(Karl weiß, dass Maria Franz eingeladen hat)* werden mit den semantisch leeren Subjunktionen *ob* oder *dass* mit ihrem Matrixsatz verknüpft, deren Auswertung gegenüber den inhaltlich gefüllten Subjunktionen bei den adverbialen Nebensätzen vergleichsweise komplex ist. Weil die Nebensätze Subjekt- oder Objektfunktion haben, muss bei einer Zerlegung in zwei Teilsätze das Demonstrativum *das* einspringen, um bei der Isolierung des Matrixsatzes diese Relation auszudrücken *(Karl weiß das: Maria hat Franz eingeladen)*. Kann dies von Leser(inne)n gut verarbeitet werden, ist die Zerlegung in Teilaussagen vergleichsweise unkompliziert und möglicherweise einfacher als die Auswertung von nebensatzeinleitendem *ob* und *dass*.

Relativsätze reichern eine Sachverhaltsdarstellung satzintern mit zusätzlichen Informationen an; das Relativpronomen muss (bei restriktiven und nichtrestriktiven Relativsätzen) auf ein Bezugsobjekt bezogen werden, bei Satzrelativsätzen *(Franz hat geschwiegen, was ihn teuer zu stehen kam)* auf einen Sachverhalt; bei freien Relativsätzen liegt eine generische Referenz vor *(Franz hilft, wem auch immer er kann)*, die nur schwer zu verarbeiten sein dürfte. Eine Zerlegung in autonome Teilsätze, wie sie in Leichter Sprache vorgenommen wird, kann in allen Fällen eine Entlastung des Leseprozesses darstellen.

Der größte Verstehenszugewinn ist also bei der Verwendung von adverbialen Nebensätzen erwartbar. Weniger deutlich ist dies bei den Ergänzungssätzen, noch weniger bei den Relativsätzen.

Adverbiale Nebensätze sollten also in Einfacher Sprache als erste zugelassen werden, gefolgt von Ergänzungssätzen, gefolgt von Relativsätzen (in dieser Reihenfolge: restriktive Relativsätze > nichtrestriktive Relativsätze > Satzrelativsätze > freie Relativsätze). Entscheidet man sich für die Einführung von Nebensatzkonstruktionen (zunächst den adverbialen Nebensätzen), ist weiter ihre Platzierung von Interesse. Aus der Sprachverarbeitungsforschung wissen wir, dass die Reihenfolge Hauptsatz – Nebensatz *(Franz gibt Karla den Nachtisch, weil er schon satt ist)* leichter zu verarbeiten ist als die Reihenfolge Nebensatz – Hauptsatz *(Weil Franz schon satt ist, gibt er Karla den Nachtisch)* oder eine in einen Hauptsatz eingebettete Nebensatzstruktur *(Franz gibt, weil er schon satt ist, Karla den Nachtisch)*. Außerdem sind einfache Einbettungen aus zwei Teilsätzen leichter zu verarbeiten als Mehrfacheinbettungen *(Franz gibt Karla den Nachtisch, weil er schon satt ist, obwohl er sein Mittagessen kaum angerührt hat)*.

Der erste Anreicherungsschritt in Richtung eines ausgebauteren Systems auf der Einfache-Sprache-Skala bei Satzgefügen wäre demnach die Verwendung von zweigliedrigen Satzgefügen mit einem vorangestellten Hauptsatz und einem nachgestellten adverbialen Nebensatz. Dieser erste Anreicherungsschritt harmoniert auch mit der Beschreibung der Lesekompetenz auf Kompetenzstufe II nach PISA: „Schülerinnen und Schüler, die Kompetenzstufe II erreichen, sind in der Lage, einfache Verknüpfungen zwischen verschiedenen Teilen eines Textes herzustellen [...]. Sie verfügen auch über die Fähigkeit, die Bedeutung einzelner Elemente durch simple Schlussfolgerungen zu erschließen." (Kompetenzstufe II nach PISA, 36).

Die Reihenfolge, in der Ausprägungen einer Kategorie in Einfacher Sprache hinzukommen, muss für jedes Phänomen separat entschieden werden; als Kriterium kann die jeweilige Verarbeitungsproblematik dienen, die von einem Phänomen bzw. seiner Übertragung in Leichte Sprache ausgeht:

Im Bereich der Inhaltswörter etwa spielt die Zentralität eines Ausdrucks die entscheidende Rolle. Je ausgebauter die Lesekompetenz der adressierten Leserschaft ist, desto eher können die gewählten Ausdrücke eines Wortfeldes vom Begriffszentrum abweichen (s. Kap. 9.2.1).

Bei den Pronomen sollten diejenigen zuerst zugelassen werden, bei denen die Zuordnung zu einem Bezugsnomen eindeutig ist; Pronomenverwendungen mit komplexeren Auflösungsanforderungen kommen später hinzu (9.2.2.3).

Bei der Negation (Kap. 11.3.3) steht *nicht* am Anfang des Anreicherungsverfahrens, auf das auch in Leichter Sprache nicht verzichtet werden kann. Die schwerer zu verarbeitende k-Negation *(kein)*, die in Leichter Sprache nur dann gebraucht wird, wenn die n-Negation *(nicht)* nicht möglich ist, kann in Einfacher Sprache schon früh freier verwendet werden. Eine eigene Fettung ist nicht erforderlich. Zuletzt kommen komplexe Negationsausdrücke wie *keinesfalls, nie und nimmer* oder *mitnichten* zum Zug. Auch die doppelte Negation *(nicht uninteressant)* steht relativ weit hinten auf der Anreicherungsskala.

Die systematische Erarbeitung von Anreicherungsskalen für die wichtigsten Phänomene reduzierter Varietäten ist ein drängendes Forschungsdesiderat.

14.3.3 Interrelationen

Die Entscheidungen unter 14.3.1 und 14.3.2 stehen nicht isoliert nebeneinander. Sie müssen in Relation zueinander ausgewertet werden; denn jede Anreicherung steigert die Verarbeitungskomplexität. Es gilt folgende Tendenz: Die Anreicherung im Kontinuum der Einfachen Sprache mit einer Kategorie zieht eine Zurückhaltung in Bezug auf Anreicherungen mit anderen Kategorien nach sich.

Wenn etwa alle Pronominalisierungsformen und alle Nebensatztypen zugelassen sind, ist die syntaktische und textuelle Komplexität hoch. Werden zusätzlich im lexikalischen Bereich neben den Prototypen auch periphere Ausdrücke, Fach- und Fremdwörter genutzt, erhöht sich die Verarbeitungskomplexität weiter. Werden stattdessen lexikalische Prototypen gewählt, kann die Verarbeitungskapazität des Lesers/der Leserin sich an der syntaktischen Komplexität (Auflösung der Pronomen, Verarbeitung von Nebensatzstrukturen) ausrichten.

Wenn die Forschung hier weit genug vorangekommen ist, könnte am Ende eine Art von kombinatorischem System stehen, das verschiedene Szenarien konturiert und beim Übersetzen oder beim Konstruieren von Texten als Orientierungshilfe zur Verfügung steht, wie das Schema auf der folgenden Seite zeigt:

Satzgefüge	Genus Verbi	Pronomen (Funktionswörter)	lexikalische Mittel (Inhaltswörter)
adverbiale Nebensätze	Aktiv	eindeutig auflösbar	Prototypen
Ergänzungssätze	Passiv	komplexe Auflösung	alle Kernwörter
Relativsätze		widersprüchliche Auflösung	Fremdwörter
Infinitivsätze		ambig	Fachwörter

Abbildung 3: Kombinatorik von Anreicherungsverfahren

In diesem Szenario entscheidet der Übersetzer/Verfasser die lexikalische Breite voll auszuschöpfen, hier die Komplexität also maximal anzuheben; diese Entscheidung zieht eine Zurückhaltung auf der syntaktischen Ebene, der morphologischen Ebene und beim Gebrauch von Funktionswörtern nach sich. Der Entwurf solcher Szenarien mit wechselnden Komplexitätsanpassungen kann jedoch erst auf der Basis intensiver Forschungsarbeit geleistet werden, die zeigt, welche Interrelationen zwischen verschiedenen Verarbeitungsanforderungen tatsächlich bestehen.

Der hier gemachte Vorschlag ähnelt in gewisser Hinsicht den Ansätzen neuerer Verständlichkeitsindizes, die Phänomene, die als verständniserschwerend gelten, insgesamt quantifizieren und dann Reduktionsvorschläge machen: Dabei wird bei einer Textprüfung für jedes Vorkommen eines Phänomens, das zu einer verstehenserschwerenden Kategorie gehört, ein Malus vergeben, aus dem sich ein Gesamtquotient für die Verständlichkeit des Einzeltexts errechnet; durch die gezielte Komplexitätsreduktion einzelner Phänomene oder Phänomenbereiche kann der Quotient systematisch beeinflusst werden (vgl. Kap. 4.3.2.1 und 6.7.2.4).

14.4 Typografische Komplexität als gestuftes Kontinuum

In der Übersicht von Magris/Ross (s. o.) werden drei Hinweise für die typografische Gestaltung von Texten in Einfacher Sprache gegeben: „nicht unbedingt ein neuer Absatz nach jedem Satzzeichen", „keine strenge Regulierung der Optik von Bild und Schrift" und „Erscheinungsbild von Schrift und Bild weniger streng geregelt".

Auf der Basis der Analysen zur typografischen Struktur von Leichter Sprache im vorliegenden Band (Kap. 7) können diese eher vagen Bestimmungen präzisiert werden. Wir beginnen unsere Darstellung mit der typografischen Mikrostruktur (Kap. 14.4.1) und der typografischen Makrostruktur (14.4.2) in Einfacher Sprache. Die Frage nach der Multikodalität/Bildlichkeit ist Gegenstand von Kap. 14.4.3. Zuletzt behandeln wir kursorisch Fragen des Inventars und der Form der Schriftzeichen (14.4.4).

14.4.1 Mikrostruktur

Texte in Leichter Sprache sind listenmodal angelegt: Die typografische Mikrostruktur Leichter Sprache ist dadurch geprägt, dass die Zeile eine grammatisch relevante Strukturierungseinheit bildet (Kap. 7.3.2.1).
Der erste Schritt in Richtung der Einfachen Sprache wäre die textmodale Repräsentation zur Rückgewinnung der Textur von Texten. Sätze stehen dann nicht mehr isoliert in einer Zeile, sondern im Textverbund.
Der Zeilenumbruch ist in Leichter Sprache jedoch noch in zwei weiteren Dimensionen relevant: Vermieden wird eine Separierung von Phrasen und die Worttrennung am Zeilenende; die Unterdrückung ungünstiger Zeilenumbrüche sollte in einem ersten Schritt hin zu verschiedenen Graden Einfacher Sprache beibehalten werden. Als nächstes kann die Unterdrückung des Phrasenumbruchs, am Ende die Unterdrückung der Worttrennungen aufgegeben werden.

14.4.2 Makrostruktur

Das Hauptmerkmal der typografischen Makrostruktur ist die intensive Nutzung von Absätzen zur thematischen Bündelung und von Zwischenüberschriften zur thematischen Vorausorientierung (7.3.2.2 und 12.4.1); beide Verfahrensweisen, die typische Additionsverfahren der Leichten Sprache sind (s. o.), scheinen uns insgesamt nützliche Verstehenshilfen zu sein. Sie sollten aus unserer Sicht bei allen Ausprägungen der Einfachen Sprache erhalten bleiben.

14.4.3 Multikodalität/Bilder

Auch die Bildunterstützung in Leichter Sprache ist ein Additionsverfahren. Bei der Analyse der Verwendung von Bildern in Leichter Sprache haben wir in Anlehnung an Weidenmann (1991, 2002) zwischen der Zeigefunktion (in ihren Ausprägungen als Ersatz, Fokussierung und Aktivierung), der Situierungs- und der Konstruktionsfunktion unterschieden; ebenfalls in Anlehnung an Weidenmann konnten unterschiedliche Erfordernisse an die Bebilderung in Relation zum Vorwissen der Adressat(inn)en lokalisiert werden (Kap. 7.4.3):

Je weniger Vorwissen bei den Adressat(inn)en vorausgesetzt werden kann, desto eher sind Bilder in Zeigefunktion, allem voran solche mit Ersatzfunktion erforderlich (7.4.3.1). Weil davon ausgegangen werden kann, dass die Adressat(inn)en von Texten in Einfacher Sprache über ein größeres Vorwissen verfügen, sind diese Typen von Bildern im graduierten Varietätenspektrum der Einfachen Sprache wahrscheinlich diejenigen, die zuerst weggelassen werden können. Auch Bilder mit Fokussierungs- und Aktivierungsfunktion sind Mittel mit tendenziell kompensierender Funktion, die dann nicht gebraucht werden, wenn die intendierten Adressat(inn)en von Texten in Einfacher Sprache über hinreichende Weltwissens- und Gedächtnisleistungen verfügen.

Bilder in Situierungsfunktion werden gebraucht, um unvertraute Konzepte in bekannten Szenarien zu lokalisieren (Kap. 7.4.3.2); für einen Großteil der Leserschaft von Texten in Einfacher Sprache dürften auch sie verzichtbar sein.

Am Ende der Abbaukette stehen sicherlich Bilder in Konstruktionsfunktion (Kap. 7.4.3.3); sie werden gebraucht, um im Text aktivierte Argumentationszusammenhänge visuell zu präsentieren und bleiben deshalb auch in Einfacher Sprache ein unterstützendes Anschauungsinstrument.

14.4.4 Schriftzeichen – Form und Inventar

In Kap. 7.1 und 7.2 haben wir uns mit der Form und dem Inventar der Schriftzeichen in Leichter Sprache befasst. In Bezug auf die Form war vor allem die Perzeptionsfähigkeit der intendierten Adressat(inn)en ausschlaggebend. Den Regelwerken für Leichte Sprache folgend haben wir herausgearbeitet, dass gerade, serifenlose, unverbundene Antiquaschriften (Kap. 7.1) die Perzeptivität auch bei eingeschränkter visueller Wahrnehmungsfähigkeit am besten unterstützen.

Weil die visuelle Perzeptionsfähigkeit grundsätzlich von der kognitiven Disposition losgelöst ist und weil Leser(innen) von Einfache-Sprache-Texten von eingeschränkter visueller Wahrnehmungsfähigkeit betroffen sein können, plädieren wir hier für eine Beibehaltung dieses Zeichensatzes für alle Grade im Varietätenraum der Einfachen Sprache.

Ein etwas anderes Bild ergibt sich beim Zeicheninventar: Ein Zuwachs an Interpunktionszeichen in Einfacher Sprache ergibt sich aus der Lizenzierung von Strukturen, die diese Interpunktionszeichen verlangen. Die Frage danach, welche Interpunktionszeichen in Einfacher Sprache zugelassen sind oder sein sollten, ist deshalb unmittelbar mit den jeweils getroffenen Entscheidungen über zugelassene Konstruktionsentscheidungen (s. o.) verknüpft.

Bei der Zahldarstellung in Einfacher Sprache sind schon wegen der Alltagsfrequenz und -präsenz sicherlich ebenso wie in Leichter Sprache die indisch-arabischen gegenüber den römischen Zahlzeichen zu präferieren (Kap. 7.2.2); die Ziffernschreibweise für die Darstellung von Kardinalzahlen (Kap. 7.2.2.1) kann in Einfacher Sprache zugunsten der Wortschreibweise aufgehoben werden.

Bei Zahlkonzepten und Zahlen in Maßangaben (Kap. 7.2.2.2 und 7.2.2.3) muss geprüft werden, ob die Adressat(inn)en von Texten in Einfacher Sprache über die aufgerufenen Konzepte verfügen. Gegebenenfalls muss – analog zur Leichten Sprache – eine Orientierung der Leser(innen) an alltagstauglichen Vergleichsgrößen erhalten bleiben.

14.5 Textpragmatik

Bislang nicht angesprochen wurden Verfahren der Leichten Sprache, die das Prinzip der Proximität auf Diskursebene ansprechen: Leichte-Sprache-Texte sind situiert und adressiert (Kap. 13). Ob für Texte in Einfacher Sprache die Situierung und die Adressierung in gleicher Weise relevant sind, hängt vom intendierten Adressatenkreis ab. Allerdings sind sie in hohem Maße verständnisstützend, so dass ein Verzicht hier wohl abgewogen und nicht mit zu vielen weiteren Anreicherungsstrategien kombiniert werden sollte. Verzichtbar in Einfacher Sprache ist jedoch sicherlich das Konzept der Leitfiguren, dessen Einsatz bereits in Leichte-Sprache-Texten Probleme aufwirft (Kap. 7.4.1.2).

Unter den Mitteln der verbalen Höflichkeit präferiert Leichte Sprache diejenigen, die explizit und direkt ausgerichtet sind. Mittel der negativen Höflichkeit, die also darauf ausgerichtet sind, den persönlichen Bereich des Adressaten / der Adressatin nicht zu verletzen und seinen/ihren Handlungsspielraum nicht ungebührlich zu beschränken, sind in Leichter Sprache nicht lizenziert. In Einfacher Sprache kann ein maßvoller Einsatz erwogen werden.

14.6 Zusammenfassung

Im vorliegenden Kapitel haben wir auf der Basis der gesellschaftlichen Anforderung an gestufte Leichtigkeitsformen die Skala zwischen Leichter und Standardsprache ausgelotet. Der Begriff der Einfachen Sprache, der dieses Spektrum füllt, ließ sich im Gegensatz zur Leichten Sprache, die als statisches System recht umfassend reguliert ist, als dynamisches System profilieren. An die Stelle einer umfassenden Beschreibung der Einfachen

Sprache ist deshalb die Beschreibung von Verfahren getreten, die es erlauben, jeweils text- und leserangepasste Entscheidungen für die Konstruktion zunehmend komplexer werdender Texte treffen zu können; an konkreten Beispielen haben wir gezeigt, wie diese Verfahren bei konkreten Übersetzungsentscheidungen zusammenwirken können.

Ob die herausgearbeiteten Verfahren tatsächlich bereits geeignet sind, das gesamte Spektrum der Einfachen Sprache hinreichend abzubilden, muss indessen offen bleiben. Die Forschung hat bei der theoretischen und empirischen Fundierung nicht nur der Leichten, sondern auch der Einfachen Sprache noch ganz erhebliche Arbeit vor sich.

Literatur

Aitchison, Jean (1997): Wörter im Kopf. Eine Einführung in das mentale Lexikon, Tübingen: Niemeyer.

Albert, Marilyn S. / Heller, Hope S. / Milberg, William (1988): Changes in naming ability with age. In: Psychology and Aging 3 (2), 173–178.

Albrecht, Jörn (1987): Wissenschaftstheoretischer Status und praktischer Nutzen der Übersetzungswissenschaft. In: Ehnert, Rolf / Schleyer, Walter (Hrsg.): Übersetzen im Fremdsprachenunterricht, Regensburg: Wolf, 9–23.

Amstad, Toni (1978): Wie verständlich sind unsere Zeitungen? Dissertationsschrift Universität Zürich.

Amtliche Regelung der deutschen Rechtschreibung (2006): Regeln und Wörterverzeichnis entsprechend den Empfehlungen des Rats für deutsche Rechtschreibung, München/Mannheim. (http://rechtschreibrat.ids-mannheim.de/download/regeln2006.pdf; geprüft am 30. 10. 2015)

Anderson, John R. (2007): Kognitive Psychologie, Berlin, Heidelberg: Spektrum.

Ariel, Mira (1990): Accessing noun-phrase antecedents, London: Routledge.

Aronson, Elliot / Wilson, Timothy D. / Akert, Robin M. (2008): Sozialpsychologie, 6. Auflage, München u. a.: Pearson Studium.

Auberlen, Wieland (1989): Der Einfluß makrotypographischer Markierungen auf die Textverarbeitung in Abhängigkeit von der Leseintention. In: Kegel, Gerd et al. (Hrsg.): Sprechwissenschaft & Psycholinguistik 3. Beiträge aus Forschung und Praxis, Opladen: Westdeutscher Verlag, 99–150.

Babka von Gostomski, Christian (2008): Türkische, griechische, italienische und polnische Personen sowie Personen aus den Nachfolgestaaten des ehemaligen Jugoslawien in Deutschland. Erste Ergebnisse der Repräsentativbefragung „Ausgewählte Migrantengruppen in Deutschland 2006/2007". Herausgegeben vom Bundesamt für Migration und Flüchtlinge (RAM). (http://www.migration-online.de/data/wp11ramersteergebnisse.pdf; geprüft am 30. 10. 2015)

Baddeley, Alan (2002): Is Working Memory Still Working? In: European Psychologist 7, 85–97.

Ballstaedt, Steffen-Peter (1990): Integrative Verarbeitung bei audiovisuellen Medien. In: Böhme-Dürr, Karin / Jürgen, Emig / Seel, Norbert (Hrsg.): Wissensveränderung durch Medien, München: Saur, 185–196.

Ballstaedt, Steffen-Peter (2005): Visualisierung. Bilder in der technischen Kommunikation, Fachhochschule Gelsenkirchen. (http://www.ballstaedt-kommunikation.de/wp-content/uploads/Skript_Bilder_Technischen-Kommunikation.pdf; geprüft am 30. 10. 2015)

Ballstaedt, Steffen-Peter (2012): Visualisieren. Bilder in wissenschaftlichen Texten, Wien: Huter & Roth.

Bamberger, Richard / Vanecek, Erich (1984): Lesen – Verstehen – Lernen – Schreiben. Die Schwierigkeitsstufen von Texten in deutscher Sprache, Wien: Jugend und Volk.

Bayles, Kathryn A. / Kazniak, Alfred W. (1987): Communication and cognition in normal aging and dementia, Boston: Little, Brown & Comp.

Beckers, Sylvia (2014): Grimms Märchen in Leichter Sprache. Zum Nutzen von Häufigkeitslisten für die Wortwahl, Masterarbeit Universität Hildesheim.

Literatur

Bermann, Sandra / Porter, Catherine (2014): A companion to translation studies, III: Intralingual Translation and Questions of History, Malden u. a.: Blackwell.

Bertelson, Paul / Mousty, Philippe / D'Alimonte, Graziella (1985): A study of Braille reading: Patterns of hand activity in one-handed and two-handed reading. In: Quarterly Journal of Experimental Psychology 37, 235–256.

Bielefeld, Heiner (2009): Zum Innovationspotenzial der UN-Behindertenrechtskonvention. Deutsches Institut für Menschenrechte. Essay No. 5, 3. aktualisierte und erweiterte Auflage. (http://www.institut-fuer-menschenrechte.de/fileadmin/user_upload/Publikationen/Essay/essay_zum_innovationspotenzial_der_un_behindertenrechtskonvention_auflage3.pdf; geprüft am 30. 10. 2015)

Bindel, Rolf W. (1993): Zurück zur Sprache, Heusweiler: Pressevertrieb Saar.

BITV 2.0 (2011): Verordnung zur Schaffung barrierefreier Informationstechnik nach dem Behindertengleichstellungsgesetz. (Barrierefreie-Informationstechnik-Verordnung – BITV 2.0. (http://www.gesetze-im-internet.de/bitv_2_0/BJNR184300011.html; geprüft am 30. 10. 2015)

Björnsson, Carl H. (1978): Lesbarkeit durch Lix, Stockholm: Pedagogiskt Centrum.

Blühdorn, Hardarik (2012): Negation im Deutschen. Syntax, Informationsstruktur, Semantik, Tübingen: Narr.

BMAS (2011): Unser Weg in eine inklusive Gesellschaft. Der Nationale Aktionsplan der Bundesregierung zur Umsetzung der UN-Behindertenrechtskonvention. (https://www.bmas.de/SharedDocs/Downloads/DE/PDF-Publikationen/a740-nationaler-aktionsplan-barrierefrei.pdf?__blob=publicationFile; geprüft am 30. 10. 2015)

BMAS (2013): Leichte Sprache. Ein Ratgeber. Abdruck der „Regeln für Leichte Sprache" des Netzwerks Leichte Sprache e. V. (http://www.bmas.de/SharedDocs/Downloads/DE/PDF-Publikationen/a752-ratgeber-leichte-sprache.pdf?__blob=publicationFile; geprüft am 30. 10. 2015)

BMJV (2015): Erben und Vererben. Informationen und Erklärungen zum Erbrecht. (https://www.bmjv.de/SharedDocs/Downloads/DE/Broschueren/DE/Erben_und_Vererben.pdf?__blob=publicationFile; geprüft am 30. 10. 2015)

Bock, Bettina M. (2015): Anschluss ermöglichen und die Vermittlungsaufgabe ernst nehmen. In: Didaktik Deutsch 38, 9–17.

Bock, Bettina M. (2014): „Leichte Sprache": Abgrenzung, Beschreibung und Problemstellungen aus Sicht der Linguistik. In: Jekat, Susanne J. / Jüngst, Heike E. / Schubert, Klaus / Villiger, Claudia (Hrsg.): Sprache barrierefrei gestalten. Perspektiven aus der Angewandten Linguistik. Berlin: Frank & Timme, 17–51.

Bosshard, Hans R. (1996): Sechs Essays zu Typografie, Schrift, Lesbarkeit, Sulgen: Niggli.

Bredel, Ursula (2008): Die Interpunktion des Deutschen. Ein kompositionelles System zur Online-Steuerung des Lesens, Tübingen: Niemeyer.

Bredel, Ursula (2011): Interpunktion, Heidelberg: Winter.

Bredel, Ursula / Lohnstein, Horst (2003): Zur Verankerung von Sprecher und Hörer im verbalen Paradigma des Deutschen. In: Hoffmann, Ludger (Hrsg.): Funktionale Syntax. Die pragmatische Perspektive, Berlin u. a.: de Gruyter, 122–154.

Breindl, Eva (2005): Konzessivität und konzessive Konnektoren im Deutschen. In: Deutsche Sprache 4/03, 2–31.

Brettschneider, Frank/Kercher, Jan (2011): Nach der Wahl ist vor der Wahl? Themenschwerpunkte und Verständlichkeit der Parteien vor und nach der Bundestagswahl 2009. In: Niedermayer, Oskar (Hrsg.): Die Parteien nach der Bundestagswahl 2009, Wiesbaden: VS Verlag für Sozialwissenschaften, 325–353.

Brinker, Klaus (2001): Linguistische Textanalyse. Eine Einführung in Grundbegriffe und Methoden, 5. Auflage, Berlin: Schmidt.

Brinker, Klaus/Cölfen, Hermann/Pappert, Steffen (2014): Linguistische Textanalyse. Eine Einführung in Grundbegriffe und Methoden, Berlin: Schmidt.

Bromme, Rainer/Jucks, Regina/Rambow, Riklef (2004): Experten-Laien-Kommunikation im Wissensmanagement. In: Reinmann, Gabi/Mandl, Heinz (Hrsg.): Der Mensch im Wissensmanagement: Psychologische Konzepte zum besseren Verständnis und Umgang mit Wissen, Göttingen: Hogrefe, 114–126.

Brown, Penelope/Levinson, Steven (1987): Politeness: Some Universals in Language Usage, Cambridge: Cambridge University Press.

Bryant, Doreen (2006): Koordinationsellipsen im Spracherwerb. Die Verarbeitung potentieller Gapping-Strukturen, Berlin: Akademie Verlag.

Buchauer, Klaus (2004): Kontrastive Metaphorik und Metonymie in der Fußballberichterstattung Deutsch – Spanisch: eine interkulturelle Textsortenkontrastierung aus synchroner und diachroner Sicht, Dissertationsschrift Universität Innsbruck.

Bühler, Karl (1934): Sprachtheorie. Die Darstellungsfunktion der Sprache, Jena: Fischer.

Bundesagentur für Arbeit (2015): Berufsbeschreibung „Koch/Köchin" (http://berufenet.arbeitsagentur.de/berufe/start?dest=profession&prof-id=3726; geprüft am 30.10.2015)

Bundesverband für die Rehabilitation der Aphasiker (http://www.aphasiker.de)

Bundesvereinigung Lebenshilfe für Menschen mit geistiger Behinderung et al. (2001): Positionspapier gesundheitliche Versorgung von Menschen mit geistiger Behinderung. In: Bundesverband evangelischer Behindertenhilfe (Hrsg.): Gesundheit und Behinderung. Expertise zu bedarfsgerechten gesundheitsbezogenen Leistungen für Menschen mit geistiger und mehrfacher Behinderung als notwendiger Beitrag zur Verbesserung ihrer Lebensqualität und zur Förderung ihrer Partizipationschancen, Reutlingen: Diakonie-Verlag.

Chmieliauskaitė, Jurgita (2007): Die Funktionen des Genitivs im Deutschen und Litauischen. Eine kontrastive Analyse. Magisterarbeit Pädagogische Universität Vilnius. (http://vddb.library.lt/fedora/get/LT-eLABa-0001:E.02~2007~D_20070816_164906-55578/DS.005.2.02.ETD; geprüft am 30.10.2015)

Chur, Jeanette (1993): Generische Nominalphrasen im Deutschen: Eine Untersuchung zu Referenz und Semantik, Tübingen: Niemeyer.

Clark, Herbert (1996): Using Language, New York: Cambridge University Press.

Consten, Manfred (2004): Anaphorisch oder deiktisch? Zu einem integrativen Modell domänengebundener Referenz, Tübingen: Niemeyer.

Coseriu, Eugenio (1988): Sprachkompetenz. Grundzüge der Theorie des Sprechens, Tübingen: Francke.

Cosma, Ruxandra/Engelberg, Stefan (2014): Subjektsätze als alternative Argumentrealisierungen im Deutschen und Rumänischen. Eine kontrastive quantitative Korpusstudie zu Psych-Verben. In: Cosma, Ruxandra/Engelberg, Stefan/Schlotthauser, Susan/Stanescu, Speranța/Zifonun, Gisela (Hrsg.): Komplexe Argumentstrukturen. Kontrastive Untersuchungen zum Deutschen, Rumänischen und Englischen, Berlin u. a.: de Gruyter, 339–420.

Cutts, Martin (2013): Oxford Guide to Plain English, 4. Auflage, Oxford: Oxford University Press.

Dale, Edgar/Chall, Jeanne S. (1948): A Formula for Predicting Readability. In: Educational Research Bulletin 27, 11–20 und 37–54. (http://www.ecy.wa.gov/quality/plaintalk/resources/classics.pdf; geprüft am 30.10.2015)

Dale, Edgar/Tyler, Ralph (1934): A study of the factors influencing the difficulty of reading materials for adults of limited reading ability. In: Library quarterly 4, 384–412.

De Beaugrande, Robert/Dressler, Wolfgang (1981): Einführung in die Textlinguistik, Tübingen: Niemeyer.

Degener, Theresia (2009): Die UN-Behindertenrechtskonvention als Inklusionsmotor. In: Recht der Jugend und des Bildungswesens 2, 200–219.

denk|mal (2009): denk|mal. Geschichte 7/8, Braunschweig: Schroedel.

Deutscher Gehörlosen-Bund (http://www.gehoerlosen-bund.de)

Díaz Cintas, Jorge/Orero, Pilar/Remael, Aline (2007): Media for All: Subtitling for the Deaf, Audio Description, and Sign Language, Amsterdam u. a.: Rodopi.

Dick, Malcolm B./Kean, Mary-Louise/Sands, Dan (1989): Memory for internally generated words in alzheimer-type dementia: breakdown in encoding and semantic memory. In: Brain & Cognition 9, 88–108.

DIN 1450 (2013): Schriften – Leserlichkeit, Berlin: Beuth.

Do not write for us without us. Guidelines on how to involve people with intellectual disabilities in the writing of texts that are easy to read and understand, o. J. (http://easy-to-read.eu/wp-content/uploads/2014/12/EN_Methodology.pdf; geprüft am 30.10.2015)

Donhauser, Karin (1998): Das Genitivproblem und (k)ein Ende? Anmerkungen zur aktuellen Diskussion um die Ursachen des Genitivschwundes im Deutschen. In: Askedal, John O. (Hrsg.): Historische germanische und deutsche Syntax. Akten des internationalen Symposiums anläßlich des 100. Geburtstages von Ingerid Dal, Oslo, 27. 9–1. 10. 1995, Frankfurt/M. u. a.: Lang, 69–86.

Dorn, Friedrich/Bader, Franz (1993): Physik – Sekundarbereich I, Braunschweig: Schroedel.

DuBay, William H. (2006): The Classic Readability Studies, Costa Mesa: Impact Information. (http://www.ecy.wa.gov/quality/plaintalk/resources/classics.pdf; geprüft am 30.10.2015)

Duden (2009): Duden. Die Grammatik. Hrsg. von der Dudenredaktion. 8., überarbeitete Auflage, Mannheim u. a.: Dudenverlag.

Duden (2011): Duden. Deutsches Universalwörterbuch. Das umfassende Bedeutungswörterbuch der deutschen Gegenwartssprache. Hrsg. von der Dudenredaktion. 7., überarbeitete und erweiterte Auflage, Mannheim: Dudenverlag.

Dürscheid, Christa (1999): Die verbalen Kasus des Deutschen: Untersuchungen zur Syntax, Semantik und Perspektive, Berlin u. a.: de Gruyter.

Ehmer, Oliver (2011): Imagination und Animation. Die Herstellung mentaler Räume durch animierte Rede, Berlin u. a.: de Gruyter.

Ehrich, Veronika (2010): Das modale Satzadverb vielleicht – Epistemische (und andere?) Lesarten. In: Kątny, Andrzej/Socka, Anna (Hrsg.): Modalität/Temporalität in kontrastiver und typologischer Sicht, Frankfurt/M.: Lang, 183–202.

Eichinger, Ludwig M. (2013): Die Entwicklung der Flexion: Gebrauchsverschiebung, systematischer Wandel und Stabilität der Grammatik. In: Deutsche Akademie für Sprache und Dichtung und Union der deutschen Akademien der Wissenschaften (Hrsg.): Reichtum und Armut der deutschen Sprache. Erster Bericht zur Lage der deutschen Sprache, Berlin u. a.: de Gruyter, 121–170.

Eisenberg, Peter (2006): Grundriss der deutschen Grammatik. Der Satz. 3. Auflage, Stuttgart, Weimar: Metzler.

Eisenberg, Peter (2011): Das Fremdwort im Deutschen, Berlin u. a.: de Gruyter.

Empfehlungen zum Förderschwerpunkt geistige Entwicklung (1998). Beschluss der Kultusministerkonferenz vom 26. 06. 1998. (http://www.kmk.org/fileadmin/veroeffentlichungen_beschluesse/1998/1998_06_20_FS_Geistige_Entwickl.pdf; geprüft am 30. 10. 2015)

Engelberg, Stefan/Lemnitzer, Lothar (2009): Lexikographie und Wörterbuchbenutzung, 4. Auflage, Tübingen: Stauffenburg.

Ernst, Albert (2005): Wechselwirkung. Textinhalt und typographische Gestaltung, Würzburg: Königshausen & Neumann.

Eustache, Francsi/Cox, Chrisitane/Brandt, Jason/Lechevalier, Bernard/Pons, Louis (1990): Word association responses and severity of dementia in alzheimer's disease. In: Psychological reports 66, 1315–1322.

Fauconnier, Gilles/Turner, Mark (2002): The Way We Think. Conceptual Blending and the Mind's Hidden Complexities, New York: Basic Books.

Fauconnier, Gilles (1997): Mappings in Thought and Language, Cambridge: Cambridge University Press.

Ferguson, Charles A. (1971): Absence of Copula and the notion of Simplicity: A Study of Normal Speech, Baby Talk, Foreigner Talk, and Pidgins. In: Hymes, Dell (Hrsg.): Pidginization and Creolization of Languages, Cambridge: Cambridge University Press, 141–150.

Ferguson, Charles A. (1977): Simplified Registers, Broken Language and Gastarbeiterdeutsch. In: Molony, Carol/Zobl, Helmut/Stölting, Wilfried (Hrsg.): Deutsch im Kontakt mit anderen Sprachen, Kronberg/Ts.: Scriptor, 99–125.

Fillmore, Charles J. (1982): Frame semantics. In: The Linguistic Society of Korea (Hrsg.): Linguistics in the Morning Calm, Seoul: Hanshin, 111–37.

Fillmore, Charles J. / Baker, Colin (2010): A Frames Approach to Semantic Analysis. In: Heine, Bernd / Narrog, Heiko (Hrsg.): The Oxford Handbook of Linguistic Analysis, Oxford: Oxford University Press, 313–340.

Fischer, Sylvia (2011): Verständlichkeit von Bedienungsanleitungen: dysfunktionale Rezeption von Instruktionen, Dissertationsschrift Universität Mainz. (http://ubm.opus.hbz-nrw.de/volltexte/2011/2968/pdf/doc.pdf; geprüft am 30. 10. 2015)

Fiske, Susan T./Cuddy, Amy J. C./Glick, Peter/Xu, Jun (2002): A Model of (Often Mixed) Stereotype Content: Competence and Warmth Respectively Follow From Perceived Status and Competition. In: Journal of Personality and Social Psychology 82, 878–902.

Fix, Ulla (2008): Texte und Textsorten. Sprachliche, kommunikative und kulturelle Phänomene, Berlin: Frank & Timme.

Literatur

Fleischer, Jürg / Schallert, Oliver (2011): Historische Syntax des Deutschen: Eine Einführung, Tübingen: Narr.

Flesch, Rudolf (1948): A New Readability Yardstick. In: Journal of Applied Psychology 32, 221–233. (http://www.ecy.wa.gov/quality/plaintalk/resources/classics.pdf; geprüft am 30.10.2015)

Fornefeld, Barbara (2000): Einführung in die Geistigbehindertenpädagogik, München, Basel: Reinhardt.

Fromm, Davida / Holland, Audry L. / Nebes, Robert D. / Oakley, Mary Ann (1991): A longitudinal study of word-reading ability in alzheimer's disease. In: Cortex 27, 367–376.

Fuhrhop, Nanna (2011): Fremdwortschreibung. In: Bredel, Ursula / Reißig, Tilo (Hrsg.): Weiterführender Orthographieunterricht, Baltmannsweiler: Schneider Hohengehren, 145–163.

Funke, Reinold (1987): Satzverstehen und Rechtschreibung. Beobachtungen zur rechtschreiblichen ‚das'-,daß'-Unter¬scheidung. In: Zeitschrift für erziehungswissenschaftliche Forschung 21, 35–52.

Geilfuß-Wolfgang, Jochen (2007): Worttrennung am Zeilenende: Über die deutschen Worttrennungsregeln, ihr Erlernen in der Grundschule und das Lesen getrennter Wörter, Tübingen: Niemeyer.

Goffman, Erving (1967): Stigma. Über Techniken der Bewältigung beschädigter Identität, Frankfurt/M.: Suhrkamp.

Gomez, Gengoux (2009): Progress made on Project „Pathways". In: Include 1, 8–9.

Göpferich, Susanne (2002): Textproduktion im Zeitalter der Globalisierung. Tübingen: Stauffenburg.

Gress-Heister, Markus (2003): Abbau sprachverarbeitender Prozesse bei dementiellen Syndromen am Beispiel pronominaler Formen. In: Fiehler, Reinhard / Timm, Caja (Hrsg.): Sprache und Kommunikation im Alter, Radolfzell: Verlag für Gesprächsforschung, 292–309.

Grice, Paul (1975): Logic and Conversation. In: Cole, Peter/Morgan, Jerry L. (Hrsg.): Syntax and Semantics, Band 3, 41–58. (http://www.ucl.ac.uk/ls/studypacks/Grice-Logic.pdf; geprüft am 30.10.2015). Dt. Übersetzung in: Meggle, Georg (1993) (Hrsg.): Handlung, Kommunikation, Bedeutung, Frankfurt/M.: Suhrkamp, 243–265.

Griesel, Yvonne (2007): Die Inszenierung als Translat. Möglichkeiten und Grenzen der Theaterübertitelung, Berlin: Frank & Timme.

Grießhaber, Wilhelm (1999) Die relationierende Prozedur. Zu Grammatik und Pragmatik lokaler Präpositionen und ihrer Verwendung durch türkische Deutschlerner, Münster, New York: Waxmann.

Grimm, Hannelore (1975): Verstehen, Imitation und Produktion von Passivsätzen. In: Grimm, Hannelore / Schöler, Hermann / Wintermantel, Margret (Hrsg.): Zur Entwicklung sprachlicher Strukturformen bei Kindern, Weinheim: Beltz, 73–99.

Groeben, Norbert (1982): Leserpsychologie: Textverständnis – Textverständlichkeit, Münster: Aschendorff.

Grotlüschen, Anke / Riekmann, Wibke (2011a): leo. – Level-One Studie Literalität von Erwachsenen auf den unteren Kompetenzniveaus. (http://www.mein-schlüssel-zur-welt.de/_files/leo-Presseheft_15_12_2011.pdf; geprüft am 30.10.2015)

Grotlüschen, Anke/Riekmann, Wibke (2011b): Konservative Entscheidungen – Größenordnung des funktionalen Analphabetismus in Deutschland. In: Report 3/34, 24–35.

Grotlüschen, Anke/Riekmann, Wibke (2012): Funktionaler Analphabetismus in Deutschland. Ergebnisse der ersten leo. – Level-one Studie, Münster: Waxmann.

Guidelines for easy-to-read materials (2010): Guidelines for easy-to-read materials, revision by Misako Nomura, Gyda Skat Nielsen and Bror Tronbacke, International Federation of Library Association and Institutions Professional Reports, No. 120. (http://www.ifla.org/files/assets/hq/publications/professional-report/120.pdf; geprüft am 30.10.2015)

Günther, Hartmut (1988): Schriftliche Sprache. Strukturen geschriebener Wörter und ihre Verarbeitung beim Lesen, Tübingen: Niemeyer.

Günthner, Werner (1999): Lesen und Schreiben an der Schule für Geistigbehinderte. Grundlagen und Übungsvorschläge zum erweiterten Lese- und Schreibbegriff, Dortmund: Verlag Modernes Lernen.

Hamburger, Käte (1957): Die Logik der Dichtung, Stuttgart: Klett.

Hansen-Schirra, Silvia/Gutermuth, Silke/Reuther, Ursula/Schmidt, Paul (2015): Intralinguale, komplexitäts-reduzierende Translation mittels Sprachkontrolle. Vortrag in der Sektion „Barrierefreie Kommunikation" der Tagung der Gesellschaft für Angewandte Linguistik, 23.–25. Oktober 2015, Frankfurt/Oder.

Haug, Sonja (2008): Sprachliche Integration von Migranten in Deutschland. Integrationsreport. Herausgegeben vom Bundesamt für Migration und Flüchtlinge. (http://www.bamf.de/SharedDocs/Anlagen/DE/Publikationen/WorkingPapers/wp14-sprachliche-integration.pdf?__blob=publicationFile; geprüft am 30.10.2015)

Heid, Ulrich/Gojun, Anita (2012): Term candidate extraction for terminography and CAT. In: Vatvedt Field, Ruth/Torjusen, Julie M. (Hrsg.): Proceedings of the 15th EURALEX International Congress, Oslo: Department of Linguistics and Scandinavian Studies, 585–594.

Heimlich, Ulrich (2009): Lernschwierigkeiten. Sonderpädagogische Förderung im Förderschwerpunkt Lernen, Bad Heilbrunn: Klinkhardt.

Hellbusch, Jan E./Probiesch, Kerstin (2011): Barrierefreiheit verstehen und umsetzen. Webstandards für ein zugängliches und nutzbares Internet, Heidelberg: d.punkt.

Heller, Klaus (1980): Zum Problem einer Reform der Fremdwortschreibung unter dem Aspekt von Zentrum und Peripherie des Sprachsystems. In: Nerius, Dieter/Scharnhorst, Jürgen (Hrsg.): Theoretische Probleme der deutschen Orthographie, Berlin: Akademie Verlag, 162–192.

Hennies, Johannes (2009): Lesekompetenz gehörloser und schwerhöriger SchülerInnen: Ein Beitrag zur empirischen Bildungsforschung in der Hörgeschädigtenpädagogik, Dissertationsschrift Humboldt Universität Berlin. (http://edoc.hu-berlin.de/dissertationen/hennies-johannes-2009-07-15/PDF/hennies.pdf; geprüft am 30.10.2015)

Hennig, Mathilde/Niemann, Robert (2015): Junktion in der Attrubution: Ein Komplexitätsphänomen aus grammatischer, psycholinguistischer und praxistheoretischer Perspektive, Berlin u.a.: de Gruyter.

Henn-Memmesheimer, Beate (2006): Grammatikalisierungen in verschiedenen Diskurstraditionen. In: Breindl, Eva/Gunkel, Lutz/Strecker, Bruno (Hrsg.): Grammatische Untersuchungen. Analysen und Reflexionen. Gisela Zifonun zum 60. Geburtstag, Tübingen: Narr, 533–551.

Literatur

Hetland, Jorunn (1992): Satzadverbien im Fokus, Tübingen: Narr.

Hinnenkamp, Volker (1982): Foreigner Talk und Tarzanisch. Eine vergleichende Studie über die Sprechweise gegenüber Ausländern am Beispiel des Deutschen und des Türkischen, Hamburg: Buske.

Hoffmann, Lothar (1976): Kommunikationsmittel Fachsprache, Berlin: Akademie-Verlag.

Hoffmann, Ludger (2013): Deutsche Grammatik: Grundlagen für Lehrerausbildung, Schule, Deutsch als Zweitsprache und Deutsch als Fremdsprache, Berlin: Erich Schmidt.

Hofmann, Monika (2006): Verarbeitung elliptischer Satzkonstruktionen beim Sprachverstehen. Dissertationsschrift Universität Hamburg.
(http://ediss.sub.uni-hamburg.de/volltexte/2006/3139/pdf/DissertationHofmann.pdf; geprüft am 30.10.2015)

Holler, Anke (2013a): d- und w-Relativsätze. In: Altmann, Hans/Meibauer, Jörg/Steinbach, Markus (Hrsg.): Handbuch der Satztypen, Berlin u.a.: de Gruyter, 266–300.

Holler, Anke (2013b): Attributsätze. In: Altmann, Hans/Meibauer, Jörg/Steinbach, Markus (Hrsg.): Handbuch der Satztypen, Berlin u.a.: de Gruyter, 525–534.

Holz-Mänttäri, Justa (1984): Translatorisches Handeln. Theorie und Methode, Helsinki: Suomalainen Tiedeakatemia.

Hönig, Hans G./Kußmaul, Paul (1982): Strategie der Übersetzung. Ein Lehr- und Arbeitsbuch, Tübingen: Narr.

House, Juliane (1996): Mißverstehen in interkulturellen Begegnungen. In: House, Juliane (Hrsg.): Wie lernt man Sprachen – Wie lehrt man Sprachen? Zwanzig Jahre Sprachlehrforschung am Zentralen Fremdsprachinstitut der Univers. Hamburg, Hamburg: Zentrales Fremdspracheninstitut der Universität Hamburg, 154–169.

Hradil, Stefan (1999): Soziale Ungleichheit in Deutschland, 7. Auflage, Opladen: Leske + Budrich.

Huber, Walter/Poeck, Klaus/Springer, Luise (2006): Klinik und Rehabilitation der Aphasie, Stuttgart u.a.: Thieme.

Hubertus, Peter/Nickel, Sven (2003): Sprachunterricht in der Erwachsenenbildung: Alphabetisierung von Erwachsenen. In: Bredel, Ursula/Günther, Hartmut/Klotz, Peter/Ossner, Jakob/Siebert-Ott, Gesa (Hrsg.): Didaktik der deutschen Sprache. Ein Handbuch, Band 2, Paderborn: Schöningh UTB, 719–728.

Hummert, Mary L./Ryan, Ellen (1996): Toward understanding variations in patronizing talk addressed to older adults: Psycholinguistic features of care and control. In: International Journal of Psycholinguistics 12, 149–169.

Illies, Florian (2012): 1913 – Der Sommer des Jahrhunderts, Frankfurt/M.: Fischer.

Iluk, Jan (2009): Verarbeitungs- und lernbehindernde Barrieren in Lehrtexten aus kognitionswissenschaftlicher Sicht. In: Antos, Gerd (Hrsg.): Rhetorik und Verständlichkeit, Tübingen: Niemeyer, 46–60.

Inclusion Europe (2009): Informationen für alle! Europäische Regeln, wie man Informationen leicht lesbar und leicht verständlich macht. Brüssel. (http://easy-to-read.eu/wp-content/uploads/2014/12/DE_Information_for_all.pdf; geprüft am 30.10.2015). Englisches Original: Information for all. European standards on how to make information easy to read and understand for people with intellectual disabilities. Brüssel. (http://easy-to-read.eu/wp-content/uploads/2014/12/EN_Information_for_all.pdf; geprüft am 30.10.2015).

Inclusion Europe: Check-list. Is your text easy to read and understand? (http://www.inclusion-europe.org/checklist_de/, Stand April 2015; Relaunch der Inhalte unter http://easy-to-read.eu/?page_id=44&lang=de; bei Prüfung am 30.10.2015 nicht aufrufbar)

Inclusion Europe: Pathways to Adult Education for People with Intellectual Disabilities, o.J. (http://easy-to-read.eu/?page_id=28; geprüft am 30.10.2015).

Inclusion Europe (o. J.): Training lifelong learning staff. Guidelines on training people to write documents that are easy to read and understand, Brüssel (http://easy-to-read.eu/wp-content/uploads/2014/12/EN_Training_lifelong_learning_staff.pdf; geprüft am 30.10.2015)

Isler, Dieter / Philipp, Maik / Tilemann, Friederike (2010): Lese- und Medienkompetenzen: Modelle, Sozialisation und Förderung, Düsseldorf: LfM.

Jakobson, Roman (1959): On linguistic aspects of translation. In: Browner, Reuben Arthur (Hrsg.): On Translation, Harvard University Press, 232–239.

Jakovidou, Athanasia (1993): Funktion und Variation im „Foreigner-Talk". Eine empirische Untersuchung zur Sprechweise von Deutschen gegenüber Ausländern, Tübingen: Narr.

Jones, Edward E. (1984): Social stigma. The psychology of marked relationships, New York: Freeman.

Just, Marcel A. / Carpenter, Patricia (1992): A Capacity Theory of Comprehension. Individual Differences in Working Memory. In: Psychological Review 99, 122–149.

Kalyuga, Slava / Ayres, Paul / Chandler, Paul / Sweller, John (2003): The Expertise Reversal Effect. In: Educational Psychologist 38/1, 23–31.

Kercher, Jan (2013): Verstehen und Verständlichkeit von Politikersprache. Verbale Bedeutungsvermittlung zwischen Politikern und Bürgern, Wiesbaden: Springer.

Kerkmann, Friederike (2015): Der rechtliche Rahmen. Ein Überblick über Gesetze, Verordnungen, Richtlinien und Normen zu barrierefreier Information und Kommunikation. In: Kerkmann, Friederike / Lewandowski, Dirk (Hrsg.): Barrierefreie Informationssysteme. Zugänglichkeit für Menschen mit Behinderung in Theorie und Praxis, Berlin u. a.: de Gruyter, 11–48.

Kersten, Saskia (2010): Das mentale Lexikon und Vokabellernen in der Grundschule. In: Sahel, Said / Vogel, Ralf (Hrsg.): 10. Norddeutsches Linguistisches Kolloquium (2009), 66–88. (http://biecoll.ub.uni-bielefeld.de/volltexte/2010/5054/pdf/Kersten.pdf; geprüft am 30.10.2015)

Kintsch, Walter / Keenan, Janice (1973): Reading Rate and Retention as a Function of the Number of Propositions in the Base Structure of Sentences. In: Cognitive Psychology 5, 257–274.

Klarigo (2015a): Parkinson. Patienteninformation in Leichter Sprache, Pfungstadt: Klarigo Verlag für Patientenkommunikation.

Klarigo (2015b): Leben mit pulmonal arterieller Hypertonie. Patienteninformation in Leichter Sprache, Pfungstadt: Klarigo Verlag für Patientenkommunikation.

Klockow, Reinhard (1980): Linguistik der Gänsefüßchen. Untersuchungen zum Gebrauch der Anführungszeichen im gegenwärtigen Deutsch, Frankfurt/M.: Haag + Heerchen.

Knigge, Michel (2009): Hauptschüler als Bildungsverlierer? Eine Studie zu Stigma und selbstbezogenem Wissen bei einer gesellschaftlichen Problemgruppe, Münster: Waxmann.

Literatur

Koch, Peter / Oesterreicher, Wulf (1990): Gesprochene Sprache in der Romania, Tübingen: Niemeyer.

Koch, Peter / Wulf Oesterreicher (1985): Sprache der Nähe – Sprache der Distanz. Mündlichkeit und Schriftlichkeit im Spannungsfeld von Sprachtheorie und Sprachgeschichte. In: Romanistisches Jahrbuch 36, 15–43.

Koller, Werner (1990): Zum Gegenstand der Übersetzungswissenschaft. In: Arntz, Reiner/Thome, Gisela (Hrsg.): Übersetzungswissenschaft. Ergebnisse und Perspektiven. Festschrift für Wolfram Wilss zum 65. Geburtstag, Tübingen: Narr, 19–30.

Koller, Werner (2011): Einführung in die Übersetzungswissenschaft, 8. Auflage, Tübingen: Francke.

König, Annerose (2004): Lesbarkeit als Leitprinzip der Buchtypografie. Eine Untersuchung zum Forschungsstand und zur historischen Entwicklung des Konzeptes „Lesbarkeit". Magisterarbeit Universität Erlangen-Nürnberg.

Krammer, Klaudia (2001): Schriftsprachkompetenz gehörloser Erwachsener. Veröffentlichungen des Forschungszentrums für Gebärdensprache und Hörgeschädigtenkommunikation der Universität Klagenfurt, Band 3. (http://www.uni-klu.ac.at/zgh/downloads/krammer.pdf; geprüft am 30.10.2015)

Kramreiter, Silvia (2011): Integration von gehörlosen Kindern in der Grundschule mit Gebärdensprache und Lautsprache in Österreich. Dissertationsschrift Universität Wien. (http://othes.univie.ac.at/14930; geprüft am 30.10.2015)

Kramreiter, Silvia (2012): Aufbau von Schriftsprachkompetenz gehörloser Kinder bei schulischer Integration – Wiener Waldschule. In: Schulheft 146, o. P. (http://www.plig.at/pdf/pressespiegel/KRAMREITER+2012+1.pdf; geprüft am 30.10.2015)

Krausneker, Verena (2004): Viele Blumen schreibt man Blümer. Soziolinguistische Aspekte des bilingualen Wiener Grundschul-Modells mit Österreichischer Gebärdensprache und Deutsch, Hamburg: Signum.

Kuhlmann, Julia (2013): Ein sprachwissenschaftlicher Blick auf das Konzept der ‚Leichten Sprache'. Master-Arbeit Universität Osnabrück. (http://www.alpha-archiv.de/fileadmin/PDFs/Qualifizierungsarbeiten/Masterarbeit_Kuhlmann_Copy.pdf; geprüft am 30.10.2015)

Kühn, Peter (1989): Typologie der Wörterbücher nach Benutzungsmöglichkeiten. In: Hausmann, Franz J. et al. (Hrsg.): Wörterbücher – Dictionaries – Dictionnaires. Ein internationales Handbuch zur Lexikographie. Teilband 1, Berlin u.a.: de Gruyter, 111–127.

Kühne, Carina (2012): „Leichte Sprache: Nur für Menschen mit Handicap?", Blogeintrag. (https://carinakuehne.wordpress.com/2014/11/05/leichte-sprache-nur-fur-menschen-mit-handicap; geprüft am 30.10.2015)

Kulkki-Nieminen, Auli (2010): Selkoistettu uutinen: lingvistinen analyysi selkotekstin erityispiirteistä [Nachrichten in Leichter Sprache: eine linguistische Analyse der Charakteristika des leichtsprachlichen Textes], Tampere: Tampere University Press.

Kulkki-Nieminen, Auli / Leskelä, Leealaura (2015): Selkokirjoittajan tekstilajit [Die Textgenres des Schreibens in Leichter Sprache], Helsinki: Opike.

Kurz, Alexander (2013): Das Wichtigste über die Alzheimer-Krankheit und andere Demenzformen. Ein kompakter Ratgeber, 23. aktualisierte Auflage, Berlin: Deutsche Alzheimer Gesellschaft e. V.

Lang, Ewald (1977): Die Semantik der Koordination, Berlin: Akademie Verlag.

Lang, Ewald (1979): Zum Status der Satzadverbiale. In: Slovo a Slovesnost. Časopis pro otázky teorie a kultury jazyka 40, 200–213.

Langenfeld, Christine (2006): Maßnahmen des Nachteilsausgleichs und des besonderen Schutzes für Schüler und Schülerinnen mit Legasthenie an allgemeinbildenden Schulen, rechtsgutachterliche Stellungnahme erstattet von Prof. Dr. Christine Langenfeld, Institut für öffentliches Recht, Georg-August-Universität Göttingen, für den Bundesverband Legasthenie und Dyskalkulie. In: Bundesverband Legasthenie und Dyskalkulie (Hg.): Chancengleichheit herstellen, Diskriminierung vermeiden, Hannover: Eigenverlag, 5–28. (https://www.bvl-legasthenie.de/images/static/pdfs/bvl/Sonderheft_Recht_10_2006.pdf; geprüft am 30.10.2015)

Langer, Inghard / Schulz von Thun, Friedemann / Tausch, Reinhard (1974): Verständlichkeit in Schule, Verwaltung, Politik, Wissenschaft, 9. Auflage. 2011 unter dem Titel: Sich verständlich ausdrücken, München, Basel: Reinhardt.

Lasch, Alexander (2013): ‚Leichte Sprache' – 10 Gestaltungshinweise. In: Lasch, Alexander: Sprachpunkt.Internet-Blog. (http://alexanderlasch.wordpress.com/2013/02/03/leichte-sprache-10-gestaltungshinweise; geprüft am 30.10.2015)

Laux, Britt D. (2001): Die nicht-restriktive Relativsatzkonstruktion im Deutschen: Diskursfunktion und temporale Interpretation. (http://www.diva-portal.org/smash/get/diva2:125881/FULLTEXT01.pdf; geprüft am 30.10.2015)

Lavric, Eva / Pisek, Gerhard / Skinner, Andrew / Stadler, Wolfgang (2008) (Hrsg.): The Linguistics of Football, Tübingen: Narr.

Lehmann, Christian (1995): Synsemantika. In: Jacobs, Joachim et al. (Hrsg.): Syntax. Ein internationales Handbuch. Band 2, Berlin u. a.: de Gruyter, 1251–1266.

Lenerz, Jürgen (1977): Zur Abfolge nominaler Satzglieder im Deutschen, Tübingen: Niemeyer.

Leuninger, Helen (1989): Neurolinguistik: Probleme, Paradigmen, Perspektiven, Opladen: Westdeutscher Verlag.

Levi, W. Howard / Lentz, Richard (1982): Effects of text illustrations: a review of research. In: Educational Communication and Technology Journal 30/4, 195–232.

Lively, Bertha A. / Pressey, Sidney L. (1923): A Method for Measuring the Vocabulary ‚Burden' of Textbooks. In: Educational Administration and Supervision 9, 389–398.

Löffler, Cordula (2015): Leichte Sprache als Chance zur gesellschaftlichen Teilhabe funktionaler Analphabeten. In: Didaktik Deutsch 38, 17–23.

Long, Michael H. (1983): Linguistic and Conversational Adjustments to Non-Native-Speakers. In: Studies in Second Language Acquisition 5/2, 177–193.

Lorge, Irving (1944): Predicting Readability. In: Teachers College Record 45, 404–419. (http://www.ecy.wa.gov/quality/plaintalk/resources/classics.pdf; geprüft am 30.10.2015)

Lutz, Luise (1992): Das Schweigen verstehen: Über Aphasie, Berlin, Heidelberg: Springer.

Maaß, Christiane (2010): Diskursdeixis im Französischen. Eine korpusbasierte Studie zu Semantik und Pragmatik diskursdeiktischer Verweise, Berlin u. a.: de Gruyter.

Maaß, Christiane (2015): Leichte Sprache. Das Regelbuch, Münster u. a.: Lit.

Magris, Marella / Ross, Dolores (2015): Barrierefreiheit auf Webseiten von Gebietskörperschaften: ein Vergleich zwischen Deutschland, Italien und den Niederlanden. In: trans-kom 8/1, 8–39.

Literatur

Maronitis, Dimitris N. (2008): Intralingual Translation: Genuine and False Dilemmas. In: Lianeri, Alexandra/Zaiko, Vanda (Hrsg.): Translation and the Classic: Identity as Change in the History of Culture, Oxford, New York University Press, 367–386.

Massion, François (2005): Translation Memory Systeme im Vergleich, Reutlingen: Doculine.

Mater, Erich (1971): Deutsche Verben, Leipzig: Bibliographisches Institut.

Max-Planck-Institut für Bildungsforschung (2002): Rückmeldung der PISA 2000-Ergebnisse an die beteiligten Schulen. Teil II und III: Kompetenzstufen in den Bereichen Lesen, Mathematik und Naturwissenschaften, Berlin: Max-Planck-Institut für Bildungsforschung. (https://www.mpib-berlin.mpg.de/Pisa/Rueckmeldung_Teil%20II_III.pdf; geprüft am 30.10.2015)

Mayer, Richard (2014) (Hrsg.): Handbook of Multimedia Learning, Cambridge University Press.

Mazarakis, Athanasios (2009): Kann zu viel Nähe schaden? Revisionen zum split-attention effect. In: Wandke, Hartmut/Kain, Saskia/Struve, Doreen (Hrsg.): Mensch & Computer 2009: Grenzenlos frei!?, München: Oldenbourg Verlag, 403–412.

Meibauer, Jörg (2007): Syngrapheme als pragmatische Indikatoren: Anführung und Auslassung. In: Döring, Sandra/Geilfuß-Wolfgang, Jochen (Hrsg.): Von der Pragmatik zu Grammatik. Leipzig: Leipziger Universitätsverlag, 21–37.

Moberg, Marcia/Ferraro F. Richard/Petros, Thomas V. (2000): Lexical properties of the Boston Naming Test stimuli: age differences in word naming and lexical decision latency. In: Applied Neuropsychology 7/3, 147–153.

Moch, Gaston (1897): La question de la langue internationale et sa solution par l'Espéranto, Paris: Giard & Brière.

Musan, Renate/Noack, Christina (2015): Pronominale Referenzmarkierungen in der Grundschule. In: Averintseva-Klisch, Maria/Peschel, Corinna (Hrsg.): Aspekte der Informationsstruktur für die Schule, Baltmannsweiler: Schneider Hohengehren, 110–128.

Netzwerk People First Deutschland e. V. (http://www.people1.de)

Nickel, Sven (2002): Funktionaler Analphabetismus – Ursachen und Lösungsansätze hier und anderswo, Bundesverband Alphabetisierung e. V., Universität Bremen. (http://elib.suub.uni-bremen.de/publications/ELibD890_Nickel-Analphabetismus.pdf; geprüft am 30.10.2015)

Niedersächsisches Justizministerium (2013): Erbrecht. vererben – erben. Was Sie über das Erbrecht wissen sollten, 16. Auflage. (www.mj.niedersachsen.de/download/8161; geprüft am 30.10.2015)

Niedersächsisches Justizministerium (2014): Das Erb·recht. vererben – erben. Wichtige Informationen zum Erb·recht in Leichter Sprache. (www.mj.niedersachsen.de/download/89286; geprüft am 30.10.2015)

Nord, Christiane (1993): Einführung in das funktionale Übersetzen. Am Beispiel von Titeln und Überschriften, Tübingen, Basel: Francke.

Nübling, Damaris (1992): Klitika im Deutschen. Schriftsprache, Umgangssprache, alemannische Dialekte, Tübingen: Narr.

Nübling, Damaris/Fahlbusch, Fabian/Heuser, Rita (2012): Namen. Eine Einführung in die Onomastik, Tübingen: Narr.

Oomen-Welke, Ingelore (2015): Leichte Sprache – Einfache Sprache und Deutsch als Zweitsprache. In: Didaktik Deutsch 38, 24–32.

Oppenrieder, Wilhelm (2006): Subjekt- und Objektsätze. In: Ágel, Vilmos et al. (Hrsg.): Dependenz und Valenz. 2. Halbband, Berlin u. a.: de Gruyter, 900–913.

Pasch, Renate / Brauße, Ursula / Breindl, Eva / Waßner, Ulrich H. (2003): Handbuch der deutschen Konnektoren. Linguistische Grundlagen der Beschreibung und syntaktische Merkmale der deutschen Satzverknüpfer (Konjunktionen, Satzadverbien und Partikeln), Berlin u. a.: de Gruyter.

Perego, Elisa (2009): Subtitles and line-breaks: Towards improved readability. In: Chiaro, Delia / Heiss, Christine / Bucaria, Chiara (Hrsg.): Between text and image. Updating research in screen translation, Amsterdam: Benjamins, 211–223.

Peschel, Corinna (2002): Zum Zusammenhang von Wortneubildung und Textkonstitution, Tübingen: Niemeyer.

PIAAC (2013): Grundlegende Kompetenzen Erwachsener im internationalen Vergleich Ergebnisse von PIAAC 2012. Rammstedt, Beatrice (Hrsg.), unter Mitwirkung von Ackermann, Daniela / Helmschrott, Susanne / Klaukien, Anja / Maehler, Débora B. / Martin, Silke / Massing, Natascha / Zabal, Anouk, Münster u. a.: Waxmann.

Pieper, Ursula (1979): Über die Aussagekraft statistischer Methoden für die linguistische Stilanalyse, Tübingen: Narr.

Pillière, Linda (2010): Conflicting Voices: An analysis of intralingual translation from British English to American English. In: E-rea: Revue électronique d'études sur le monde Anglophone 8, 2–10.

Pinker, Steven (2002): The blank slate. The modern denial of human nature, New York: Penguin.

PISA. Die Kompetenzstufen (2002): Kompetenzstufen in den Bereichen Lesen, Mathematik und Naturwissenschaften. In: Max-Planck-Institut für Bildungsforschung: Rückmeldung an die Schulen, Teil II, Berlin: Max-Planck-Institut für Bildungsforschung. (https://www.mpib-berlin.mpg.de/Pisa/Rueckmeldung_Teil%20II_III.pdf; geprüft am 30.10.2015)

Pittner, Karin (1995): Regeln für die Bildung von freien Relativsätzen. Eine Antwort an Oddleif Leirbukt. In: Deutsch als Fremdsprache 32/4, 195–200.

Pittner, Karin (2009): Der Genitiv als Prädikativkasus. In: Kramorenko, Galina (Hrsg.): Aktuelle Probleme der Germanistik und Romanistik XIII, Smolensk, 299–315.

Poeck, Klaus (1987) (Hrsg.): Neurologie, Heidelberg: Springer.

Polenz, Peter v. (2013): Deutsche Sprachgeschichte vom Spätmittelalter bis zur Gegenwart, Band II, 17.–18. Jh., 2. Auflage, Berlin u. a.: de Gruyter.

Primus, Beatrice (1993): Sprachnorm und Sprachregularität: Das Komma im Deutschen. In: Deutsche Sprache 3, 244–263.

Primus, Beatrice (2012): Semantische Rollen, Heidelberg: Winter.

Raap, Jürgen (2012): MARCO POLO Reiseführer Köln, 12. Auflage, Ostfildern: Mairdumont.

Ratz, Christoph (2013): Zur aktuellen Diskussion und Relevanz des erweiterten Lesebegriffs. In: Empirische Sonderpädagogik 4, 343–360.

Rayner, Keith / Pollasek, Alexander (1989): The psychology of reading, Hillsdale u. a.: Erlbaum.

Reis, Marga / Wöllstein, Angelika (2010): Zur Grammatik (vor allem) konditionaler V1-Gefüge im Deutschen. In: Zeitschrift für Sprachwissenschaft 29, 111–179.

Reiß, Katharina / Vermeer, Hans J. (1984): Grundlegung einer allgemeinen Translationstheorie, Tübingen: Niemeyer.

Reißig, Tilo (2015): Typographie und Grammatik. Untersuchung zum Verhältnis von Syntax und Raum, Tübingen: Stauffenburg.

Reißig, Tilo / Bernasconi, Tobias (2015): Das Lesen typographischer Dispositive. In: Rautenberg, Iris / Reißig, Tilo (Hrsg.): Lesen und Lesedidaktik aus linguistischer Perspektive, Berlin u. a.: Lang, 217–241.

Richter, Tobias / Christmann, Ursula (2002): Lesekompetenz. Prozessebenen und interindividuelle Unterschiede. In: Groeben, Norbert / Hurrelmann, Bettina (Hrsg.): Lesekompetenz. Bedingungen, Dimensionen, Funktionen, Weinheim, München: Juventa, 25–58.

Rink, Isabel (2014): Nachteilsausgleich im Bereich Hörschädigung: Zur Übersetzung von Mathematikarbeiten in Leichte Sprache, Masterarbeit Universität Hildesheim. (http://hildok.bsz-bw.de/frontdoor/index/index/docId/212; geprüft am 30. 10. 2015)

Risku, Hanna (1998): Translatorische Kompetenz: kognitive Grundlagen des Übersetzens als Expertentätigkeit, Tübingen: Stauffenburg.

Risku, Hanna (2009): Translationsmanagement. Interkulturelle Fachkommunikation im Informationszeitalter, 2. Auflage, Tübingen: Narr.

Roche, Jörg (1989): Xenolekte: Struktur und Variation im Deutsch gegenüber Ausländern, Berlin u. a.: de Gruyter.

Sachweh, Svenja (2003): „so frau adams↓ guck mal↓ ein feines bac-spray↓ gut↑" Charakteristische Merkmale der Kommunikation zwischen Pflegepersonal und BewohnerInnen in der Altenpflege. In: Fiehler, Reinhard / Timm, Caja (Hrsg.): Sprache und Kommunikation im Alter, Radolfzell: Verlag für Gesprächsforschung, 143–160. (http://verlag-gespraechsforschung.de/2004/alter/alter.pdf; geprüft am 30. 10. 2015)

Saß, Henning / Wittchen, Hans-Ulrich / Zaudig, Michael / Houben, Isabel (2001): Diagnostisches und Statistisches Manual Psychischer Störungen DSM-IV, Deutsche Bearbeitung und Einführung, 3. Auflage, Göttingen: Hogrefe.

Schank, Roger / Abelson, Raymond P. (1977): Scripts, Plans, Goals and Understanding, Hillsdale, New Jersey: Erlbaum.

Schätzle, Christin (2013): Eine computerlinguistische Untersuchung des Genitivschwundes. Masterarbeit Universität Konstanz. (http://ling.uni-konstanz.de/pages/home/schaetzle/publications/MA_Christin.pdf; geprüft am 30. 10. 2015)

Schecker, Michael (2003): Sprache und Demenz. In: Fiehler, Reinhard / Timm, Caja (Hrsg.): Sprache und Kommunikation im Alter, Radolfzell: Verlag für Gesprächsforschung, 278–292.

Schindelmeiser, Jochen (2008): Neurologie für Sprachtherapeuten, München: Elsevier.

Schlag, Sabine (2011): Kognitive Strategien zur Förderung des Text- und Bildverstehens beim Lernen mit illustrierten Sachtexten. Theoretische Konzeptualisierung und empirische Prüfung, Berlin: Logos Verlag.

Schmöe, Friederike (Hrsg.) (2002): Das Adverb – Zentrum und Peripherie einer Wortklasse, Wien: Praesens.

Schnotz, Wolfgang (2014): An Integrated Model of Text and Picture Comprehension. In: Mayer, Richard (Hrsg.): The Cambridge Handbook of Multimedia Learning, Cambridge University Press, 72–102.

Schreiber, Michael (1993): Übersetzung und Bearbeitung. Zur Differenzierung und Abgrenzung des Übersetzungsbegriffs, Tübingen: Narr.

Schreiber, Michael (1999): Von der „rechten" und der „linken" Grenze der Übersetzung. In: Greiner, Norbert / Kornelius, Joachim / Rovere, Giovanni (Hrsg.) (1999): Texte und Kontexte in Sprachen und Kulturen. Festschrift für Jörn Albrecht, Trier: Wissenschaftlicher Verlag Trier, 269–279.

Schroeder, Sascha (2006): Interaktion gedächtnis- und erklärungs-basierter Verarbeitungsprozesse bei der pronominalen Auflösung. Analyse der Effekte von Impliziten Kausalitäts- und Gender-Informationen durch die Modellierung von Reaktionszeitverteilungen. (http://kups.ub.uni-koeln.de/2245; geprüft am 30.10.2015)

Schubert, Klaus (2014): Barrierefrei, reguliert, gelenkt. Prinzipien optimierenden Eingreifens in Sprache und Kommunikation. In: Jekat, Susanne J. / Jüngst, Heike E. / Schubert, Klaus / Villiger, Claudia (Hrsg.): Sprache barrierefrei gestalten, Berlin: Frank & Timme, 201–220.

Schwarz-Friesel, Monika / Consten, Manfred (2014): Einführung in die Textlinguistik, Darmstadt: WBG.

Searle, John (1969): Speech Acts. An Essay in the Philosophy of Language, Cambridge University Press.

Seidel, Michael (2013): Geistige Behinderung, eine Einführung. In: Bienstein, Pia / Rojahn, Johannes (Hrsg.): Selbstverletzendes Verhalten bei Menschen mit geistiger Behinderung. Grundlagen, Diagnostik und Intervention, Göttingen u. a.: Hogrefe, 11–28.

Selmani, Lirim (2012): Die Grammatik von und. Mit einem Blick auf seine albanischen und arabischen Entsprechungen, Münster: Waxmann.

Senckel, Barbara (2010): Mit geistig Behinderten leben und arbeiten. Eine entwicklungspsychologische Einführung, München: Beck.

Siever, Holger (2010): Übersetzen und Interpretation. Die Herausbildung der Übersetzungswissenschaft als eigenständige wissenschaftliche Disziplin im deutschen Sprachraum von 1960 bis 2000, Frankfurt/M.: Lang.

Simonnæs, Ingrid (2009): Verstehen und Interpretation in der intralingualen Rechtskommunikation. Voraussetzung und Anwendung in Theorie und Empirie. In: transkom 2, 160–172.

Sinner, Carsten (2014): Varietätenlinguistik. Eine Einführung, Tübingen: Narr.

SPD-Fraktion (2012): Kleine Anfrage – Sachstand zur Förderung der Einfachen Sprache in Deutschland. (http://dip21.bundestag.de/dip21/btd/17/111/1711171.pdf; geprüft am 30.10.2015)

Speyer, Augustin (2007): Die Bedeutung der Centering Theory für Fragen der Vorfeldbesetzung im Deutschen. In: Zeitschrift für Sprachwissenschaft 26, 83–115.

Stolze, Radegundis (2011): Übersetzungstheorien. Eine Einführung, 5. Auflage, Tübingen: Narr.

Strecker, Bruno (2009): Er behauptet, dass er die Lösung gefunden hat oder habe oder hätte? — mit „dass" eingeleitete indirekte Rede (Teil 2). (http://hypermedia.ids-mannheim.de/call/public/fragen.ansicht?v_id=3540; geprüft am 30.10.2015)

Sweller, John (2005): Implications of cognitive load theory for multimedia learning. In: Mayer, Richard E. (Hrsg.): The Cambridge Handbook of Multimedia Learning, New York: Cambridge University Press, 19–30.

Sweller, John/van Merriënboer, Jeroen J. G./Paas, Fred G. W. C. (1998): Cognitive architecture and instructional design. In: Educational Psychology Review 10, 251–296.

Taborek, Janusz (2008): Subjektsätze im Deutschen und Polnischen. Syntaktisches Lexikon und Subklassifizierung der Verben, Frankfurt/M.: Lang

Teaching can be easy, Recommendations for lifelong learning staff to make their courses accessible, Brüssel: Inclusion Europe, o.J. (http://easy-to-read.eu/wp-content/uploads/2014/12/EN_Teaching_can_be_easy.pdf; geprüft am 30.10.2015)

ten Thije, Jan D./Koole, Tom (1994): The construction of intercultural discourse, Amsterdam u.a.: Rodopi.

Tesak, Jürgen (2006): Einführung in die Aphasiologie, 2. Auflage, Stuttgart: Thieme.

Thome (1990): Tendenzen und Perspektiven der Übersetzungswissenschaft zu Beginn der neunziger Jahre. In: Arntz, Reiner/Thome, Gisela (Hrsg.): Übersetzungswissenschaft: Ergebnisse und Perspektiven, Tübingen: Narr: 1–18.

Tinker, Miles A. (1963): Legibility of print, Ames, Iowa: Iowa State University Press.

Tschirner, Erwin P. (2005): Korpora, Häufigkeitslisten, Wortschatzerwerb. In: Heine, Antje/Hennig, Mathilde/Tschirner, Erwin P. (Hrsg.): Deutsch als Fremdsprache. Konturen und Perspektiven eines Fachs, München: Iudicium, 133–149.

Twain, Mark (1880 [2010]): Die schreckliche deutsche Sprache. Zweisprachig Englisch – Deutsch. Übersetzt von Kim Landgraf, Köln: Anaconda.

Un Ko (2002): Der Effekt eines Imaginationstrainings auf die sprachlichen Leistungen bei Aphasikern. Eine empirische Studie, Dissertationsschrift Universität Hannover. (http://d-nb.info/968069363/34; geprüft am 30.10.2015)

United States Securities and Exchange Commission (1998): A Plain English Handbook: How to Create Clear SEC Disclosure Documents, Washington. (http://www.sec.gov/news/extra/handbook.htm; geprüft am 30.10.2015)

Valtin, Renate/Voss, Andreas/Bos, Wilfried (2015): Zur Diagnose von isolierten und kombinierten Leseproblemen. In: Didaktik Deutsch 38, 41–59.

Vennemann, Theo (1987): Tempus und Zeitrelation im Standarddeutschen. In: Sprachwissenschaft 12, 234–249.

Vermeer, Hans J. (1990): Skopos und Translationsauftrag. Aufsätze, Heidelberg: Selbstverlag.

Vinay, Jean-Paul/Darbelnet, Jean (1958): Stylistique Comparée du Français et de l'Anglais, Didier-Harrap.

Vogel, Mabel/Washburne, Carleton (1928): An Objective Method of Determining Grade Placement of Children's Reading Material. In: Elementary School Journal 28, 373–381. (http://www.ecy.wa.gov/quality/plaintalk/resources/classics.pdf; geprüft am 30.10.2015)

von Gontard, Alexander (2003): Genetische und biologische Grundlagen. In: Neuhäuser, Gerhard/Steinhausen, Hans-Christoph (Hrsg.): Geistige Behinderung. Grundlagen, klinische Syndrome, Behandlung und Rehabilitation, 3. Auflage, Stuttgart: Kohlhammer, 24–41.

Wagner, Susanne (2015): Im Spannungsfeld von fachlichen Anforderungen und sprachlichen Barrieren. Einfache Sprache in der Beruflichen Bildung. Vortragsmanuskript auf der Tagung „Barrierefreie Kommunikation in interdisziplinärer Perspektive", 23.–25. Oktober 2015, Hildesheim.

Wagner, Susanne/Schlenker-Schulte, Christa (2006): Textoptimierung von Prüfungsaufgaben. Handreichung zur Erstellung leicht verständlicher Prüfungsaufgaben. 2. überarbeitete Auflage, Halle: FST.

Wahlprogramm der Bündnisgrünen (2013): Zeit für den grünen Wandel (in Leichter Sprache). (https://www.gruene.de/fileadmin/user_upload/Dokumente/Wahlprogramm/Bundestagswahlprogramm2013_LeichteSprache.pdf; geprüft am 30.10.2015)

Wahlbroschüre zur Landtagswahl in Bayern (2013): Einfach wählen gehen. (https://www.bayern.landtag.de/fileadmin/scripts/get_file/wahlbroschuere_2013_web.pdf; geprüft am 30.10.2015)

Wahrig (2006): Deutsches Wörterbuch, Gütersloh, München: Wissen Media Verlag GmbH.

Wallesch, Claus W./Hundsalz, Annette (1994): Language function in delirium: a comparison of single word processing in acute confusional states and probable alzheimer's disease. In: Brain & Language 46, 502–506.

Watson, Nick (2014): Routledge handbook of disability studies, London u.a.: Routledge.

WCAG 2.0: Web Content Accessibility Guidelines. (http://www.w3.org/Translations/WCAG20-de; geprüft am 30.10.2015)

Wegener, Heide (1995): Die Nominalflexion des Deutschen – verstanden als Lerngegenstand, Berlin u.a.: de Gruyter.

Wehde, Susanne (2000): Typographische Kultur. Eine zeichentheoretische und kulturgeschichtliche Studie zur Typographie und ihrer Entwicklung, Tübingen: Niemeyer.

Weidenmann, Bernd (1991): Lernen mit Bildmedien, Weinheim, Basel: Beltz.

Weidenmann, Bernd (1994): Lernen mit Bildmedien. Psychologische und didaktische Grundlagen (= Band 1 der Reihe: Mit den Augen lernen; hrsg. von Will, Hermann), 2. Auflage, Weinheim: Beltz.

Weidenmann, Bernd (1994): Informierende Bilder. In: Weidenmann, Bernd (Hrsg.): Wissenserwerb mit Bildern. Instruktionale Bilder in Printmedien, Film/Video und Computerprogrammen, Bern: Huber, 9–58.

Weidenmann, Bernd (2002): Multicodierung und Multimodalität im Lernprozess. In: Issing, Ludwig J./Klisma, Paul (Hrsg.): Information und Lernen mit Multimedia und Internet, 3. Auflage, Weinheim: Beltz, 45–62.

Weinrich, Harald (1964): Tempus – Besprochene und erzählte Welt, Stuttgart: Kohlhammer.

Weinrich, Harald (1986): Lügt man im Deutschen, wenn man höflich ist?, Mannheim u.a.: Dudenverlag.

Wendt, Dirk (2000): Lesbarkeit von Druckschriften. In: Gorbach, Rudolf P. (Hrsg.): Lesen. Erkennen. Ein Symposium der Typographischen Gesellschaft München, München: Typographische Gesellschaft München, 9–64.

Weskott, Thomas/Hörnig, Robin/Fanselow, Gisbert/Kliegl, Reinhold (2011): Contextual Licensing of Marked OVS Word Order in German. In: Linguistische Berichte 225, 4–18.

Wiese, Heike (2004): Sprachvermögen und Zahlbegriff – zur Rolle der Sprache für die Entwicklung numerischer Kognition. In: Schneider, Pablo v. / Wedell, Moritz (Hrsg.): Grenzfälle. Transformationen von Bild, Schrift und Zahl, Weimar: VDG, 123–145.

Wilkes, Hanna (2015): Ratgeber in Leichter Sprache als Teil der fachexternen Kommunikation, Masterarbeit Universität Hildesheim.

Wöllstein, Angelika (2010): Toplogisches Satzmodell, Heidelberg: Winter.

Wrobel, Arne (2007): Sinnliche Erkenntnis – Zum Zusammenhang von Bildlichkeit und Begriffsbildung in Texten. In: Jost, Roland / Knapp, Werner / Metz, Kerstin (Hrsg.): Arbeit an Begriffen. Fachwissenschaftliche und fachdidaktische Aspekte, Baltmannsweiler: Schneider Hohengehren, 141–155.

Zamenhof, Ludwik L. [Dr. Esperanto] (1887): Meždunarodnyj jazyk, Warschau: Kel'ter. (http://www.onb.ac.at/sammlungen/plansprachen/fruehdrucke.htm; geprüft am 30.10.2015)

Zehrer, Christiane (2014a): Wissenskommunikation in der technischen Redaktion. Die situierte Gestaltung adäquater Kommunikation, Berlin: Frank & Timme.

Zehrer, Christiane (2014b): Kriterien für die Terminus-Auswahl aus prozessbezogener Perspektive – ein Beitrag zur Meta-Lexikographie. In: Mann, Michael (Hrsg.): Digitale Lexikographie. Ein- und mehrsprachige elektronische Wörterbücher mit Deutsch: aktuelle Entwicklungen und Analysen, Hildesheim u.a.: Olms, 35–66.

Zeller, Jochen (1994): Die Syntax des Tempus. Zur strukturellen Repräsentation temporaler Ausdrücke, Opladen: Westdeutscher Verlag.

Zethsen, Karen K. (2009): Intralingual Translation: An Attempt at Description. In: Meta. Journal des traducteurs/Meta. Translators' Journal 54/4, 795–812.

Ziegler, Martina / Eser, Karl-Heinz / Abend, Sonja / Piasecki, Peter / Ziegler, Mechthild (2015): Einfache Sprache in Bildung und Ausbildung. Herausforderungen, Voraussetzungen, Möglichkeiten, Stuttgart: Bundesverband zur Förderung von Menschen mit Lernbehinderungen e. V.

Zielinski, Werner (1998): Lernschwierigkeiten, 3. Auflage, Stuttgart u.a.: Kohlhammer.

Zifonun, Gisela / Hoffmann, Ludger / Strecker, Bruno et al. (1997): Grammatik der deutschen Sprache. 3 Bände, Berlin u.a.: de Gruyter.

Zimmermann, Jaqueline (2015): Die Realisierung von Kardinalzahlen in der Schrift – eine empirische Untersuchung von Schülertexten. Unveröffentlichte Masterarbeit Universität Hildesheim.

Zimmermann, Nina / Wachtel, Peter (2013): Nachteilsausgleich aus pädagogischer Perspektive. In: Schulverwaltungsblatt 11, 449–452. (http://www.landesschulbehoerde-niedersachsen.de/themen/inklusion/inklusion-dokumente/mk/Nachteilsausgleich-SVBL-11-2013.pdf/view; geprüft am 30.10.2015)

Zybatow, Tatjana (2014): Das Vorfeld und seine Besetzung in Lehrbuchtexten. In: Bredel, Ursula / Schmellentin, Claudia (Hrsg.): Wieviel Grammatik braucht der Grammatikunterricht?, Baltmannsweiler: Schneider Hohengehren, 87–105.